LIDERAZGO AL MÁXIMO

MAXIMICE SU POTENCIAL
y CAPACITE A SU EQUIPO

LIDERAZGO AL MÁXIMO

MAXIMICE SU POTENCIAL
y CAPACITE A SU EQUIPO

JOHN C. MAXWELL

GRUPO NELSON
Una división de Thomas Nelson Publishers
Desde 1798

NASHVILLE   DALLAS   MÉXICO DF.   RÍO DE JANEIRO   BEIJING

© 2008 por Grupo Nelson
Publicado en Nashville, Tennessee, Estados Unidos de América.
Grupo Nelson, Inc. es una subsidiaria que pertenece
completamente a Thomas Nelson, Inc.
Grupo Nelson es una marca registrada de Thomas Nelson, Inc.
www.gruponelson.com

Las 21 leyes irrefutables del liderazgo (ISBN: 978-1-60255-027-8)
© 2007 por Grupo Nelson
Título en inglés: *The 21 Irrefutable Laws of Leadership* © 2007 por John C. Maxwell
Publicado por Thomas Nelson, Inc.

Desarrolle el líder que está en usted (ISBN: 978-0-88113-293-9)
© 2007 por Grupo Nelson, © 1996 Editorial Caribe
Título en inglés: *Developing the Leader Within You* © 1993 por Injoy Inc.
Publicado por Thomas Nelson, Inc.

Las 17 leyes incuestionables del trabajo en equipo (ISBN: 978-0-88113-739-2)
© 2008 por Grupo Nelson, © 2001 por Editorial Caribe, Inc.
Título en inglés: *The 17 Indisputable Laws of Teamwork* © 2001 por Maxwell Motivation, Inc.
Publicado por Thomas Nelson, Inc.

Las citas bíblicas usadas son de las siguientes versiones y son usadas con permiso:
La Santa Biblia, Versión Reina-Valera 1960
© 1960 por Sociedades Bíblicas en América Latina,
© renovado 1988 por Sociedades Bíblicas Unidas.

Biblia Dios Habla Hoy, tercera edición
© 1996 por Sociedades Bíblicas Unidas,

La Nueva Versión Internacional® NVI®
© 1999 por la Sociedad Bíblica Internacional.

Diseño de la compilación: *Grupo Nivel Uno, Inc.*
Diseño de la portada: *Bill Chiaravalle, Brittany Beyer; Brand Navigation, LLC*
Diseño de la presentación original: ® *2007 Thomas Nelson, Inc.*
Fotografía del autor: © *Spitfire Studios*

ISBN: 978-1-60255-089-6

Impreso en Estados Unidos de América

08 09 10 11 12 QW 9 8 7 6 5 4 3 2 1

CONTENIDO

LAS 21 LEYES IRREFUTABLES DEL LIDERAZGO

Contenido

Desarrolle el líder que está en usted

Contenido

LAS 17 LEYES INCUESTIONABLES
DEL TRABAJO EN EQUIPO

LAS 21 LEYES IRREFUTABLES DEL LIDERAZGO

Siga estas leyes, y la gente lo seguirá a usted

Este libro se lo dedico a Charlie Wetzel, mi compañero escritor desde 1994. Juntos hemos escrito más de cuarenta libros y he disfrutado de esta clase de colaboración en cada uno de ellos. Así como me he esforzado en añadir valor en los demás al identificar y enseñar principios de liderazgo, Charlie, ha hecho lo mismo conmigo. Charlie, tus consejos y tus aptitudes como artista de la palabra han sido disfrutados por millones de lectores. Como resultado, has hecho un gran impacto en más gente que cualquier otro miembro de mi círculo íntimo. Por esa razón mi profundo agradecimiento.

PREFACIO

de Stephen R. Covey

Cuando John Maxwell me pidió que escribiera el prólogo para esta edición del décimo aniversario de la publicación de su libro *Las 21 leyes irrefutables del liderazgo*, me sentí honrado e intrigado a la vez. Durante las dos últimas décadas, John y yo hemos viajado en senderos paralelos tanto en lo que hablamos como en lo que escribimos. Ambos hemos sido llamados «expertos en liderazgo» con el paso de los años. Conocemos y respetamos el trabajo el uno del otro, pero a pesar de las similitudes entre nuestros mensajes, muy pocas veces hemos hablado al mismo público anteriormente.

Así que el hecho de recomendar este libro me permite presentar a John Maxwell y sus enseñanzas ante los miembros de mi audiencia que no han leído todavía su obra. Y ¿qué mejor libro puedo recomendar que esta versión nueva y mejorada de *Las 21 leyes irrefutables de liderazgo*? Sirve como un tipo de manifiesto para sus enseñanzas y su vida. Estudie este libro y usted llegará a conocer tanto a John Maxwell, la persona, como su filosofía de liderazgo.

Cuando *Las 21 leyes* fue publicado por primera vez en 1998, me di cuenta inmediatamente de lo prácticas y fáciles de aplicar que eran las leyes; todavía lo son. Por más de tres décadas, John Maxwell ha ganado su reputación como comunicador, y como él dice, los comunicadores «hacen sencillo lo que es complicado». Más que un análisis un tanto esotérico del liderazgo, este libro viene a ser más bien un manual de instrucción fundamental. En cada capítulo, usted *conocerá* individuos que obedecieron, o no, la ley en cuestión. La ley misma es definida de manera clara y sencilla; y, lo más importante, John le dará los pasos específicos para aplicarla en el liderazgo de su oficina, comunidad, familia o iglesia.

Respecto a esta revisión, John me dijo que estaba muy entusiasmado con la oportunidad de incluir las lecciones que él ha aprendido desde que *Las 21 leyes* se escribieron por primera vez. Sé muy bien a lo que se refiere. El liderazgo no es estático y tampoco deberían de serlo los libros que hablan al respecto. Yo creo que esta edición revisada tendrá un impacto aun mayor del que tuvo su predecesora. Las leyes han sido actualizadas, las ilustraciones refinadas y las aplicaciones realzadas. Los conceptos fundamentales del liderazgo no han sido abandonados; se diría más bien que han sido actualizados para una nueva generación de líderes. Si la edición original era buena, esta nueva es aun mejor.

Si el libro *Las 21 leyes irrefutables del liderazgo* es nuevo para usted, déjeme decirle que le va a encantar. Cambiará la manera en la que vive y dirige. Conforme lea, será desafiado y su capacidad de liderar aumentará. Si ha leído el original, entonces usted estará maravillado con esta nueva edición. Aprenderá muchas lecciones nuevas, a la vez recordará verdades que le serán de gran ayuda. Al dedicar un tiempo a la aplicación de las actividades, agudizará verdaderamente sus destrezas.

Confío en que usted disfrutará y se beneficiará de la lectura de este libro, de la misma manera en que lo hice yo. ¡Encontrará historias de liderazgo absolutamente inspiradoras y sorprendentes!

STEPHEN R. COVEY
autor del libro *Los 7 hábitos de la gente
altamente efectiva, El 8° hábito* y
Grandeza para cada día

AGRADECIMIENTOS

Me gustaría agradecer a los miles de líderes alrededor del mundo que aprendieron y hasta desafiaron a veces las leyes del liderazgo, afinando mi filosofía en el proceso.

Gracias al equipo de Thomas Nelson por haberme dado la oportunidad de revisar y mejorar este libro, especialmente a Tami Heim por su liderazgo estratégico y a Víctor Oliver quien fuera instrumental en el desarrollo del concepto original.

También deseo agradecer a mi asistente ejecutiva, Linda Eggers, y a su ayudante, Sue Cadwell, por su increíble servicio y disposición de esforzarse tanto cada día.

Por último, deseo agradecer a Charlie Wetzel, mi escritor, y a su esposa, Stephanie. Este libro no hubiera sido escrito sin la ayuda de ellos.

INTRODUCCIÓN

Cada libro es una conversación entre el autor y el individuo que lo lee. Algunas personas toman un libro esperando encontrar un poco de ánimo. Otras devoran la información del libro como si estuvieran asistiendo a un seminario intensivo. Otras más, encuentran en sus páginas un mentor con el que pueden reunirse diariamente, semanalmente o mensualmente.

Lo que me encanta al escribir libros es que me permite «hablar» a muchas personas que nunca podré conocer en persona. Es por eso que tomé la decisión en 1977 de convertirme en autor. Mi deseo de darles más valor a las personas era tan apasionado que me inspiró a escribir. Esa pasión todavía está en mí hasta la fecha. No son muchas las cosas que me gratifican más que estar de gira, encontrarme con alguien que nunca había conocido antes y que me diga: «Gracias. Sus libros realmente me han ayudado». ¡Por eso escribo e intento seguir haciéndolo! A pesar de la gran satisfacción de saber que mis libros les han ayudado a las personas, también hay una frustración que conlleva el ser autor. Una vez que un libro ha sido publicado, se congela en el tiempo. Si usted y yo nos conociéramos personalmente y nos reuniéramos semanalmente o mensualmente para hablar acerca del liderazgo, cada vez que nos reuniéramos, le compartiría algo nuevo que he aprendido. Yo sigo creciendo como persona. Leo constantemente. Analizo mis errores. Converso con grandes líderes para aprender de ellos. Cada vez que usted y yo nos sentáramos a hablar le diría: «No creerías lo que acabo de aprender».

Como conferencista y orador, con frecuencia enseño los principios que presento en mis libros y constantemente estoy actualizando mi material. Utilizo nuevas historias. Refino mis ideas. Y con frecuencia tengo una mejor perspectiva al pararme frente a una audiencia. Sin embargo, cuando vuelvo a los libros que he escrito previamente, me he dado cuenta de lo que he cambiado desde que los escribí. Eso me frustra, porque los libros no pueden crecer y cambiar junto conmigo.

Es por eso que me emocioné cuando mi editorial, Thomas Nelson, me pidió que revisara *Las 21 leyes irrefutables del liderazgo* para una edición especial de décimo aniversario. Cuando escribí el libro originalmente, lo hice para responder a la declaración: «Si yo pudiera reunir todo lo que he aprendido sobre el liderazgo durante todos estos años y lo resumiera en una lista breve, ¿cuál sería?» En papel escribí lo esencial del liderazgo, comunicado de la forma más sencilla y clara posible. Tan pronto el libro salió a la venta y apareció en cuatro listas diferentes de éxitos de librería, me di cuenta de que tenía el potencial de ayudar a muchas personas para que fueran mejores líderes.

CRECIMIENTO = CAMBIO

No obstante ahora, años más tarde, existen algunas cosas que no me satisfacen de la edición original. Sabía que podía mejorar algunas ideas. Algunos de los relatos se han vuelto anticuados y quería remplazarlos con otras historias. También desarrollé un nuevo material para explicar mejor e ilustrar algunos de esos principios. Mientras enseñaba las leyes en docenas de países alrededor del mundo por casi una década, respondí miles de preguntas acerca de ellas. Ese proceso me ayudó a reflexionar más en lo que había escrito. Esta edición del décimo aniversario me ha permitido presentar esas mejorías.

El mayor cambio que quería hacer con respecto al libro original se centra en dos de las leyes, principalmente. Seguro te estás preguntando: *¿Qué? ¿Cómo se puede* cambiar *una de las leyes* irrefutables?

Primero, al enseñarlas descubrí que dos de esas leyes en realidad eran subtemas de otras leyes. La Ley de E. F. Hutton (Cuando un verdadero líder habla, la gente escucha) en realidad era sólo un aspecto más de la Ley de la Influencia, (La verdadera medida del liderazgo es la influencia, nada más, nada menos). Cuando las personas se detienen a escuchar cuando un líder habla, están revelando que esa persona tiene influencia. Ya que las ideas de la Ley de E. F. Hutton eran parte de la Ley de la Influencia, combiné esos dos capítulos. De igual manera, reconocí que la Ley de la Reproducción (Se necesita un líder para levantar otro líder) se asumía en la Ley del Crecimiento Explosivo (Para añadir crecimiento, dirija seguidores; para multiplicarse, dirija líderes). Por esa razón, combiné esas leyes también.

Otra cosa que sucedió fue que comencé a darme cuenta de que había olvidado algunas cosas cuando escribí sobre las leyes del liderazgo al principio. Mi primera omisión la descubrí cuando comencé a enseñar las leyes en países en desarrollo. Descubrí que en muchos de esos lugares, el liderazgo se enfoca en la posición, el privilegio y el poder. En mi paradigma del liderazgo, di algunas cosas por hecho. Como yo veo el liderazgo principalmente como una forma de servicio nunca había identificado una ley que enseñara ese principio. La segunda omisión tuvo que ver con ejemplarizar el liderazgo e impactar la cultura de una organización. El resultado fueron dos nuevas leyes en esta edición del décimo aniversario de *Las 21 leyes irrefutables del liderazgo*:

La Ley de la Adición: Los líderes añaden valor al servir a los demás.
La Ley de la Imagen: Las personas hacen lo que ven.

Desde una perspectiva actual me pregunto: *¿Cómo se me pasaron por alto?* Lo bueno fue que a usted no se le pasaron por alto. Estoy seguro que estas dos leyes le servirán en su habilidad de dirigir. Servir a los demás y mostrarles la forma de hacerlo son componentes vitales de un liderazgo exitoso. Me gustaría revisar cada uno de los libros que he escrito cada diez años para incluir cosas que he pasado por alto.

MÁS LECCIONES APRENDIDAS

Hay otras dos cosas que he visto al enseñar las 21 leyes estos últimos diez años:

1. EL LIDERAZGO REQUIERE LA HABILIDAD DE HACER BIEN MÁS QUE UNA SOLA COSA

Las personas exitosas, instintivamente, comprenden que el enfoque es algo importante para llegar a la meta, pero el liderazgo es muy complejo. Durante un receso en una de las conferencias donde estaba enseñando las 21 leyes, un estudiante universitario se me acercó y me dijo: «Sé que está enseñando las 21 leyes del liderazgo, pero quiero saber qué es lo más importante». Con algo de intensidad, me apuntó con su dedo y me preguntó: «¿Qué es lo único que necesito saber acerca del liderazgo?»

Intentando emular intensidad, le apunté con mi dedo y le respondí: «Lo único que necesita saber acerca del liderazgo es que hay más de una sola cosa que se necesita saber acerca del liderazgo». Para dirigir bien, debemos hacer las veintiuna cosas bien.

2. NADIE REALIZA BIEN TODAS LAS 21 LEYES

A pesar del hecho que debemos realizar las veintiún cosas bien para ser líderes excelentes, la realidad es que ninguno de nosotros puede realizarlas todas completamente bien. Por ejemplo, yo me considero promedio o poco menos que una persona promedio en cinco de las leyes, y yo escribí el libro. Entonces ¿qué debe hacer un líder? ¿Debe ignorar esas leyes? No. Debe desarrollar un equipo de liderazgo.

Al final de este libro existe una evaluación de liderazgo. Le animo para que la realice y así examine su actitud con cada ley. Una vez que haya descubierto en cuales leyes usted es una persona promedio o poco menos que eso, comience a buscar miembros en su equipo cuyas cualidades sean fuertes donde las suyas son débiles. De esa forma se complementarán y todo el equipo saldrá beneficiado. Eso hará que usted desarrolle un equipo de liderazgo excepcional. Recuerde, ninguno de nosotros es tan listo como todos nosotros juntos.

ALGUNAS COSAS NUNCA CAMBIAN

Aun cuando he hecho ajustes a las leyes y he actualizado las formas en que las enseño, algunas cosas no han cambiado en los últimos diez años. Todavía sigue siendo cierto que el liderazgo es liderazgo, sin importar adónde vaya usted o lo que haga. Los tiempos cambian. La tecnología avanza. Las culturas son diferentes de un lugar a otro, pero los principios de liderazgo son constantes, sin importar si estamos analizando a los ciudadanos de la antigua Grecia, a los hebreos en el Antiguo Testamento, los ejércitos del mundo moderno, los líderes de la comunidad internacional, los pastores de las iglesias, o los hombres de negocios de la economía global actual. Los principios del liderazgo pasan la prueba del tiempo. Son irrefutables.

Me gustaría que mientras lee los siguientes capítulos tenga presente las cuatro ideas siguientes:

1. Las leyes pueden ser aprendidas. Algunas son más fáciles de entender y aplicar que otras, pero cada una de ellas puede ser adquirida.
2. Las leyes son independientes. Cada ley complementa todas las demás, pero usted no necesita una para poder aprender otra.

3. Las leyes traen consigo consecuencias. Aplique las leyes, y la gente lo seguirá a usted. Quebrántelas o páselas por alto, y no podrá dirigir a otros.

4. Estas leyes son el fundamento del liderazgo. Una vez que usted aprende los principios, debe ponerlos en práctica y aplicarlos a su vida.

Sea que, como seguidor, esté apenas comenzando a descubrir el impacto del liderazgo, o que sea un líder natural que ya tiene seguidores, usted puede ser un mejor líder. Es posible que cuando lea las leyes se dé cuenta de que ya está practicando eficazmente algunas de ellas; otras leyes expondrán vulnerabilidades que usted no sabía que tenía, pero mientras mayor sea el número de leyes que aprenda, mejor líder llegará a ser. Cada ley es como un instrumento, listo para ser tomado y usado para ayudarle a alcanzar sus sueños y sumar valor a otras personas. Tome aunque sea una de las leyes, y se convertirá en un mejor líder. Apréndalas todas, y la gente lo seguirá gustosamente.

Ahora abramos juntos la caja de herramientas.

1

LA LEY DEL TOPE

La capacidad de liderazgo determina el nivel de eficacia de una persona

A menudo comienzo mis conferencias sobre el liderazgo explicando la Ley del Tope, porque esta ayuda a la gente a entender el valor del liderazgo. Si usted puede asirse de esta ley, podrá visualizar el impacto increíble del liderazgo en cada aspecto de la vida. La capacidad de liderazgo es el tope que determina el nivel de eficacia de una persona. Cuanto menor es la capacidad de dirigir de un individuo, tanto más bajo está el tope de su potencial. Cuanto más alto está su nivel de liderazgo, tanto mayor es su eficacia. Por ejemplo, si su liderazgo obtiene una puntuación de 8, su eficacia no puede obtener más de 7. Si su liderazgo es únicamente de 4 puntos, su eficacia no es de más de 3. Su capacidad de liderazgo, para bien o para mal, siempre determina su eficacia y el impacto potencial de su organización.

Permítame referirle una historia que ilustra la Ley del Tope. En 1930, dos jóvenes hermanos llamados Dick y Maurice se mudaron de New Hampshire a California en busca del «sueño americano». Acababan de salir de la escuela de bachillerato y eran muy pocas las oportunidades que había en su pueblo natal, de modo que partieron rumbo a

Hollywood donde finalmente encontraron empleo en el escenario de un estudio de cinematografía.

Después de un tiempo, el espíritu empresarial y el interés en la industria del entretenimiento que tenían los hermanos los impulsaron a abrir un teatro en Glendale, una ciudad a cinco millas al noreste de Hollywood. Sin embargo, a pesar de todos sus esfuerzos, no les fue posible hacer que el negocio resultara rentable. En los cuatro años que dirigieron el teatro no pudieron generar de manera continua suficiente dinero para pagar el alquiler de cien dólares que les cobraba el propietario.

UNA NUEVA OPORTUNIDAD

Los hermanos tenían un fuerte deseo de triunfo, de modo que siguieron buscando mejores oportunidades para un negocio. Finalmente, en 1937, se les ocurrió algo que sí funcionó. Abrieron un pequeño restaurante de «autoservicio» en Pasadena, al este de Glendale. La gente del sur de California se había hecho muy dependiente de sus autos, y la cultura estaba cambiando para adaptarse a esta realidad, lo cual incluía los negocios.

Los restaurantes de «autoservicio» constituyeron un fenómeno que surgió al principio de los años treinta, y se estaban haciendo muy populares. Los clientes no entraban a un comedor a comer, sino que entraban en su automóvil a un estacionamiento alrededor de un restaurante, ordenaban lo que deseaban a un camarero que se les acercaba, y recibían sus alimentos en bandejas dentro de sus autos. Se usaban platos de loza, vasos de vidrio y cubiertos de metal. Esta era una idea oportuna en una sociedad que se volvía cada vez más móvil y acelerada.

El pequeño restaurante de «autoservicio» de Dick y Maurice resultó un éxito extraordinario, y en 1940, los hermanos decidieron mudar sus operaciones a San Bernardino, ciudad a cincuenta millas al este de Los Ángeles donde la clase trabajadora experimentaba una prosperidad repentina. Construyeron una instalación más grande y expandieron su menú de «perros calientes», papas fritas, y batidos, para incluir emparedados de carne y cerdo a la barbacoa. El negocio floreció. Las ventas anuales llegaron a los $200.000, y cada hermano recibía una ganancia de $50.000 cada año, suma que los colocó en la élite económica de la ciudad.

En 1948, la intuición les dijo que los tiempos estaban cambiando, e hicieron modificaciones a su negocio. Eliminaron el servicio en los autos y comenzaron a servir a los clientes en el interior del local. También aumentaron la eficiencia del proceso de servicio. Redujeron su menú y se concentraron en vender hamburguesas. Eliminaron los platos, los vasos de vidrio, y los cubiertos de metal e introdujeron productos de cartón y de plástico. Redujeron los costos y el precio a los clientes. También crearon lo que llamaron el «Sistema de Servicio Rápido». La cocina se convirtió en algo así como una línea de ensamblaje, en la que cada persona se concentraba en servir con rapidez. La meta de los hermanos era servir la orden de cada cliente en treinta segundos o menos. Y tuvieron éxito. A mediados del decenio de los cincuenta, el ingreso anual llegó a $350.000, y ya para entonces Dick y Maurice recibían cada uno una ganancia anual de $100.000.

¿Quiénes eran estos dos hermanos? En aquellos días, usted hubiese podido conocerlos si hubiera llegado en su auto al pequeño restaurante que tenían en la esquina de la calle Catorce y la Calle E en San Bernardino. Al frente del pequeño edificio octagonal colgaba un letrero de neón que simplemente decía McDonald's Hamburgers. Dick y Maurice McDonald habían ganado el premio gordo norteamericano. Y el resto, como se dice, es historia, ¿no es cierto? Incorrecto. Los McDonald no llegaron más lejos porque su débil liderazgo puso un tope a su capacidad de triunfo.

LA HISTORIA DETRÁS DE LA HISTORIA

Es muy cierto que los hermanos McDonald tenían su futuro económico asegurado. Su restaurante era uno de los más rentables en todo el país, y no hallaban cómo gastar todo el dinero que hacían. La genialidad de los hermanos consistía en el servicio al cliente y la organización de la cocina. Ese talento contribuyó a la creación de un nuevo sistema de servicio de comida y bebida. De hecho, aquel talento era tan conocido en los círculos de servicios de alimentos, que la gente comenzó a escribirles y a visitarlos de todas partes del país para aprender más de sus métodos. Llegaron a un punto en que recibían trescientas llamadas y cartas cada mes. Esto les dio la idea de lanzar al mercado el concepto McDonald's. La idea de la franquicia de restaurantes no era nueva. Había estado en funcionamiento durante varias décadas. Para los hermanos McDonald era una forma de hacer dinero sin tener que abrir ellos mismos otro restaurante. Comenzaron a poner en práctica esta idea en 1952, pero el esfuerzo resultó un fracaso catastrófico. La razón fue muy simple. No tenían el liderazgo necesario para aplicar la idea en forma eficaz. Dick y Maurice eran buenos propietarios de restaurantes. Sabían cómo dirigir un negocio, crear sistemas eficientes, reducir costos, y aumentar las ganancias. Eran gerentes eficientes, pero no eran líderes. Sus patrones de pensamiento pusieron un tope a lo que hubieran podido hacer y llegar a ser. En la cumbre de su éxito, Dick y Maurice se hallaban exactamente contra la Ley del Tope.

LOS HERMANOS SE ASOCIAN CON UN LÍDER

En 1954, los hermanos cerraron un trato con un hombre llamado Ray Kroc, quien sí era un líder. Kroc había estado dirigiendo una pequeña compañía que él mismo había fundado, dedicada a la venta de máquinas para hacer batidos. Él conocía a los McDonald. El restaurante de éstos era uno de sus mejores clientes.

Tan pronto visitó el negocio, tuvo la visión de su gran potencial, pudo ver en su mente al restaurante en toda la nación, en cientos de mercados. Al poco tiempo cerró un trato con Dick y Maurice, y en 1955 creó McDonald's System, Inc. (llamado posteriormente McDonald's Corporation).

Kroc inmediatamente compró los derechos a una franquicia a fin de poder usarla como modelo y prototipo para vender otras franquicias. Entonces comenzó a formar un equipo y a erigir una organización para convertir a McDonald's en una entidad nacional. Reclutó y empleó a la gente más hábil que pudo encontrar, y cuando su equipo creció en tamaño y capacidad, sus asociados reclutaron a otras personas con capacidad de liderazgo.

En los primeros años, Kroc sacrificó mucho. Aunque tenía más o menos cincuenta y cinco años, trabajaba largas horas exactamente como lo había hecho al entrar en los negocios treinta años atrás. Eliminó asuntos superfluos en casa, como su afiliación en el club campestre, lo cual, según dijo él después, añadió diez golpes a su juego de golf. Durante sus primeros ocho años con McDonald's, no recibió salario. Y no sólo eso, sino que personalmente pidió dinero prestado al banco y contra su seguro de vida para ayudar a cubrir los salarios de unos cuantos líderes clave que deseaba mantener en el equipo. Su sacrificio y su liderazgo dieron buenos resultados. En 1961, por la suma de $2.7 millones, Kroc compró los derechos exclusivos de los hermanos McDonald's, y procedió a convertir la compañía en una institución norteamericana y una entidad mundial.

El «tope» en la vida y el liderazgo de Ray Kroc era obviamente mucho más alto que el de sus predecesores.

En los años que Dick y Maurice McDonald habían intentado otorgar la franquicia de su sistema de servicio de comida, solamente pudieron vender el concepto a quince compradores, y sólo diez de éstos realmente abrieron restaurantes. Y aun en esa pequeña empresa, su liderazgo y visión limitados representaron obstáculos. Por ejemplo, cuando su primer concesionario, Henil Fox de Phoenix, les dijo que deseaba llamar McDonald's a su restaurante, la respuesta de Dick fue: «¿Para qué? McDonald's no significa nada en Phoenix».

Por otra parte, el tope del liderazgo en la vida de Ray Kroc iba por las nubes. Entre 1955 y 1959, Kroc tuvo éxito en la apertura de cien restaurantes. Cuatro años después, había quinientos McDonald's. Hoy la compañía ha abierto más de treinta y un mil restaurantes en ciento diecinueve países.[1] La capacidad de liderazgo o más específicamente, la falta de capacidad de liderazgo, fue el tope de la eficacia de los hermanos McDonald.

BUEN ÉXITO SIN LIDERAZGO

Creo que el éxito está al alcance de casi todo el mundo, pero también creo que el éxito personal sin capacidad de liderazgo sólo produce una eficacia limitada. El impacto de una persona representa sólo una fracción de lo que podría ser si esta tuviese un buen liderazgo. Cuanto más alto desee escalar, tanto más necesitará el liderazgo. Cuanto más alto sea el impacto que desee causar, tanto mayor influencia necesitará. Lo que alcance estará restringido por su capacidad de dirigir a otros.

Permítame darle una ilustración de lo que quiero expresar. Digamos que en lo que se refiere al éxito, usted obtiene una puntuación de 8 (en una escala del 1 al 10). Esta es muy buena puntuación. Creo que sería justo decir que los hermanos McDonald estaban en esa categoría.

> *Cuanto más alto desee escalar, tanto más necesitará el liderazgo. Cuanto más alto sea el impacto que desee causar, tanto mayor influencia necesitará.*

Pero digamos, también, que el liderazgo no es algo importante para usted. No le interesa y no hace ningún esfuerzo para desarrollarse en el área de liderazgo. Su capacidad de liderazgo es sólo de 1. Su nivel de eficacia sería algo así:

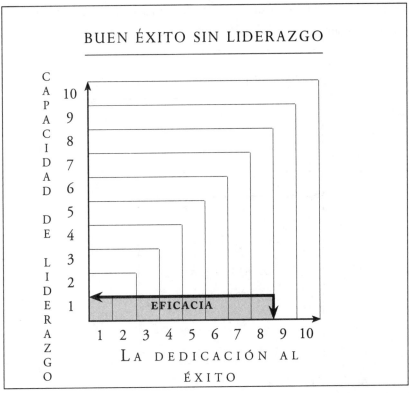

BUEN ÉXITO SIN LIDERAZGO

CAPACIDAD DE LIDERAZGO

EFICACIA

LA DEDICACIÓN AL ÉXITO

Para aumentar su nivel de eficacia, usted tiene varias alternativas. Podría trabajar muy duro para aumentar su dedicación al éxito y a la excelencia de trabajar para llegar a la puntuación de 10. Es posible que pueda llegar a este nivel, aunque según la Ley de los Rendimientos Decrecientes, el esfuerzo que tendría que hacer para aumentar esos últimos 2 puntos podría exigirle más energía de la que usó para alcanzar los primeros 8 puntos. Si realmente hizo un esfuerzo sobrehumano, pudo aumentar su éxito ese veinticinco por ciento.

Sin embargo, usted tiene otra opción. Puede trabajar duro para aumentar su nivel de *liderazgo*. Digamos que su nivel de liderazgo natural es un 4, un poco debajo del nivel promedio. Usando nada más que el talento que le dio Dios, aumenta su nivel de eficacia trescientos por ciento. Pero digamos que usted se convierte en un verdadero estudiante de liderazgo y maximiza su potencial. Su capacidad de liderazgo llega a obtener, digamos, un 7. Visualmente, los resultados serían así:

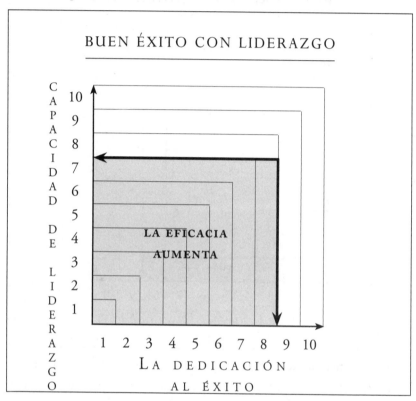

BUEN ÉXITO CON LIDERAZGO

LA EFICACIA AUMENTA

CAPACIDAD DE LIDERAZGO

LA DEDICACIÓN AL ÉXITO

Al aumentar su capacidad de liderazgo, sin aumentar su dedicación al éxito en lo más mínimo, usted puede aumentar su eficacia original ¡500 por ciento! Si fuera a aumentar su liderazgo a 8, y empatara su dedicación al éxito, podría aumentar su eficacia ¡700 por ciento! El liderazgo tiene un efecto multiplicador.

Una y otra vez he visto su impacto en todo tipo de negocios y organizaciones sin fines de lucro. Y por eso he enseñado acerca del liderazgo por más de veinte años.

PARA CAMBIAR EL RUMBO DE LA ORGANIZACIÓN, CAMBIE EL LÍDER

La capacidad de liderazgo siempre es el tope de la eficacia personal y de la organización. Si el liderazgo es fuerte, el tope es alto, pero si no lo es, entonces la organización está limitada.

Por eso, en momentos de dificultad, obviamente las organizaciones buscan un nuevo liderazgo. Cuando el país experimenta tiempos difíciles, elige un nuevo presidente. Cuando una compañía está perdiendo dinero, emplea un nuevo jefe principal. Cuando una iglesia está confusa, busca un nuevo pastor principal. Cuando un equipo deportivo pierde una y otra vez, busca un nuevo entrenador.

La relación entre liderazgo y eficacia es evidente en los deportes. Por ejemplo, si usted observa las organizaciones deportivas profesionales, verá que rara vez se cuestiona el talento del equipo. Casi todos los equipos tienen jugadores sumamente talentosos. El liderazgo del entrenador y de varios jugadores clave es lo que hace la diferencia.

La eficacia personal y dentro de una organización guarda proporción con la fuerza del liderazgo.

Cuando un equipo con talento no gana un evento debemos examinar el liderazgo.

Dondequiera que mire, usted podrá encontrar personas inteligentes, talentosas y exitosas que sólo llegan hasta allí debido a las limitaciones de su liderazgo. Por ejemplo, cuando Apple inició operaciones a fines de los años setenta, Steve Wozniak era el cerebro detrás del computador Apple.

Su tope de liderazgo era bajo, pero ese no era el caso de su socio, Steve Jobs.

Su tope era tan alto que erigió una organización de categoría mundial y le dio un valor de nueve cifras. Ese es el impacto de la Ley del Tope.

Hace algunos años, conocí a Don Stephenson, presidente de Global Hospitality Resources, Inc., de San Diego, California, una compañía internacional de asesoría y consultoría en servicios de hospitalidad. Durante el almuerzo le hice preguntas acerca de su organización. En la actualidad es consultor principalmente, pero al comienzo había asumido la administración de hoteles y centros de turismo a los que no les iba bien económicamente. La compañía supervisaba muchas instalaciones excelentes como La Costa en el sur de California.

Don dijo que cuando ellos asumían la administración de una organización, siempre comenzaban haciendo dos cosas: Primero, capacitaban a todo el personal para mejorar su nivel de servicio a los clientes; y segundo, despedían al líder. Cuando él me dijo eso, al principio me sorprendí.

«¿Siempre lo despiden?», pregunté. «¿Todas las veces?»

«Sí. Todas las veces», dijo él.

«¿No hablan primero con la persona, para ver si es un buen líder?» dije yo.

«No», respondió él. «Si fuera un buen líder, la organización no estuviera en el caos en que está».

Yo pensé: *Por supuesto, es la Ley del Tope.* Para alcanzar el nivel más alto de eficacia, usted debe elevar el tope, en una forma u otra.

La buena noticia es que el despido del líder no es la *única* forma. Así como enseño en mis conferencias que hay un tope, también enseño que usted puede elevarlo, pero eso es tema de otra ley del liderazgo.

Aplique
LA LEY DEL TOPE
a su vida

1. Haga una lista de sus objetivos más importantes. (Intente enfocarse en aquellos objetivos significativos, cosas que requerirán un año o más de su tiempo. Haga una lista de al menos cinco pero no más de diez metas.) Ahora identifique cuáles requieren la participación o la cooperación de otras personas. En estas actividades, su capacidad de liderazgo impacta grandemente su efectividad.

2. Evalúe su habilidad de liderazgo. Haga la evaluación de liderazgo en Apéndice A al final de este libro para darse una idea de su habilidad básica de liderazgo.

3. Pídale a otras personas que califiquen su liderazgo. Hable con su jefe, su cónyuge, dos colegas (del mismo rango) y tres personas que estén bajo su mando y pregúnteles acerca de su habilidad de liderazgo. Pídale a cada uno de ellos que lo enumeren en una escala del 1 al 10 (siendo el 1 lo más bajo y 10 lo más alto) en cada una de las siguientes áreas:

• Don de gente
• Pensamiento planificador y estratégico
• Visión
• Resultados

Promedie las calificaciones y compárelas con su propia evaluación. En base a estas evaluaciones, ¿es su habilidad de liderazgo mejor o peor de lo que esperaba? ¿Existe una brecha entre su evaluación y la de los demás? ¿Cuál cree que sea la causa? ¿Está lo suficientemente dispuesto a crecer en esta área de liderazgo?

2

LA LEY DE LA INFLUENCIA

*La verdadera medida del liderazgo es la influencia,
nada más, nada menos*

¿Cómo son los líderes? ¿Siempre *aparecen* poderosos, impresionantes, carismáticos a primera vista? Y ¿cómo se *mide* la efectividad de un líder? ¿Se puede poner a dos personas una al lado de la otra e instantáneamente saber cuál es el mejor líder entre ellas? Estas son preguntas que las personas se han hecho por cientos de años.

Una de las líderes más efectivas del siglo veinte, a primera vista, no tenía nada de impresionante. Cuando las personas piensan en la Madre Teresa, visualizan una mujer frágil dedicada a servir a los más pobres. Es cierto, así era ella, pero también era una gran líder. Lo digo porque ella tenía una asombrosa cantidad de influencia sobre los demás. Y si uno no tiene influencia, *nunca* podrá dirigir a los demás.

PEQUEÑA ESTATURA—GRAN IMPACTO

Lucinda Vardey, quien trabajó con la Madre Teresa en el libro *Camino de sencillez*, describía a la monja como «la quintaesencia, empresaria dinámica, que había percibido una necesidad y había hecho algo al respecto, que contra viento y marea había levantado una organización, formulado la constitución de la misma, y establecido sucursales en todo el mundo»

> ❧
>
> *Si uno no tiene influencia, nunca podrá dirigir a los demás.*

La organización fundada y dirigida por la Madre Teresa se llama Misioneras de la Caridad. Mientras otras órdenes vocacionales de la iglesia católica decaían, la de ella creció rápidamente, hasta tener más de cuatro mil miembros durante el tiempo que ella vivió (*sin* incluir la gran cantidad de voluntarios). Durante su dirección, sus seguidores sirvieron en veinticinco países en cinco continentes. Sólo en Calcuta estableció un hogar para niños, un centro para personas con lepra, un hogar para personas moribundas y desvalidas, y un hogar para gente que sufre de tuberculosis o de trastornos mentales. Este complejo tipo de organización sólo puede ser creado por un verdadero líder.

La influencia de la Madre Teresa se extendió mucho más allá de su entorno inmediato. Personas de todas las clases sociales de todos los países del planeta la respetaban, y cuando hablaba, la escuchaban. La autora y anterior escritora de discursos presidenciales, Peggy Noonan, escribió acerca de un discurso que dio la Madre Teresa en el Desayuno Nacional de Oración en 1994. Noonan dijo:

La clase dirigente de Washington estaba allí, más unos cuantos miles de cristianos nacidos de nuevo, católicos ortodoxos, y judíos. La Madre Teresa habló de Dios, del amor, de la familia. Dijo que debemos amarnos unos a otros y preocuparnos unos por otros. Muchos mostraron estar de acuerdo, pero cuando el discurso continuó, se volvió más específico. Habló de padres infelices en los asilos de ancianos que están «heridos porque han sido olvidados». Ella preguntó: «¿Estamos dispuestos a dar hasta que nos duela a fin de estar con nuestras familias, o ponemos primero nuestros propios intereses?»

Las personas entre cuarenta y cincuenta años de edad que estaban en el auditorio comenzaron a moverse en sus asientos. Y la madre continuó. «Creo que hoy el mayor destructor de la paz es el aborto», dijo ella, y les explicó el porqué en términos intransigentes. Por unos tres segundos hubo silencio, luego los aplausos llenaron el auditorio. No todos aplaudieron; el presidente Clinton y la primera dama, el vicepresidente Gore y su esposa parecían estatuas de cera del museo Madame Tussaud sin mover un solo músculo. La Madre Teresa tampoco se detuvo allí. Cuando hubo terminado, casi todos los concurrentes habían sido ofendidos.[1]

Si casi cualquier otra persona del mundo hubiese hecho esas declaraciones, las reacciones del público hubieran sido abiertamente hostiles. La gente habría abucheado, insultado, o salido de la sala intempestivamente; pero la oradora era la Madre Teresa, probablemente la persona más respetada del mundo en ese tiempo. De modo que todos escuchaban lo que ella tenía que decir, aunque muchos estuviesen en completo desacuerdo con lo que decía. De hecho, cada vez que la Madre Teresa hablaba, la gente escuchaba. ¿Por qué? Ella era una verdadera líder, y cuando el verdadero líder habla, la gente escucha. El liderazgo es influencia, nada más nada menos.

LIDERAZGO NO ES...

La gente tiene muchos conceptos erróneos acerca del liderazgo. Cuando las personas oyen que alguien tiene un título impresionante o una posición de liderazgo asignada, suponen que la persona es un líder. *A veces* es cierto, pero los títulos no tienen mucho valor cuando se trata del liderazgo.

El verdadero liderazgo no puede ser otorgado, nombrado, ni asignado. Sólo procede de la influencia, y esta no puede imponerse. Debe ser ganada. Lo único que un título puede comprar es un poco de tiempo, sea para aumentar su nivel de influencia sobre otros o para eliminarlo.

CINCO MITOS SOBRE EL LIDERAZGO

La gente ha adoptado muchos mitos o conceptos erróneos acerca de los líderes y el liderazgo. He aquí los cinco más comunes:

1. EL MITO DE LA ADMINISTRACIÓN

Un error muy difundido es que el liderazgo y la administración son lo mismo. Hasta hace unos pocos años, libros que proclamaban ser sobre liderazgo por lo general eran realmente sobre administración. La diferencia principal entre las dos cosas es que el liderazgo consiste en influir en la gente para que siga al líder, mientras que la administración se enfoca en los sistemas y los procesos de mantenimiento. Como antiguo presidente y jefe principal de la Chrysler, Lee Iacocca comentó a manera de parodia: «Algunas veces, hasta el mejor administrador se asemeja al muchacho que pasea un perro grande y espera a ver dónde quiere ir el animal para entonces llevarlo allá».

Lo único que un título puede comprar es un poco de tiempo, sea para aumentar su nivel de influencia sobre otros o para eliminarlo.

La mejor forma de probar si una persona es líder en vez de administrador es pedirle que haga algunos cambios positivos. Los administradores pueden mantener el rumbo, pero no pueden cambiarlo. Para cambiar el rumbo de las personas, se necesita influencia.

2. EL MITO DEL EMPRESARIO

Con gran frecuencia la gente supone que todos los vendedores y empresarios son líderes, pero no siempre es así. Tal vez usted recuerda los comerciales de Ronco que aparecieron por televisión hace años. Vendían artefactos como Veg-O-Matic [procesador de vegetales], Pocket Fisherman [caña plegable de pescar], e Inside the Shell Egg Scrambler [aparato para revolver huevos dentro de la cáscara]. Esos productos eran inventos de un empresario de nombre Ron Popeil. Llamado «el vendedor del siglo», este hombre también ha aparecido en muchos comerciales informativos de diversos productos, como remedios para la calvicie en atomizador y aparatos para la deshidratación de alimentos.

Es muy cierto que Popeil es emprendedor, innovador, y exitoso, especialmente si lo pesa por los $300 millones de ganancia que la venta de sus productos ha dejado; pero esto no lo convierte en un líder. La gente puede estar comprando lo que él vende, pero no lo sigue. En el mejor de los casos, él puede persuadir a la gente por un momento, pero no tiene influencia sobre ellos a largo plazo.

3. El mito del conocimiento

Sir Francis Bacon dijo: «El conocimiento es poder». Mucha gente que cree que el poder es la esencia del liderazgo, naturalmente supone que los que poseen conocimiento e inteligencia son líderes, pero eso no sucede de manera instantánea. Usted puede visitar cualquier universidad importante y conocer hombres de ciencia ocupados en la investigación y filósofos cuyo poder de raciocinio es tan alto que se sale de las gráficas, pero cuya capacidad para dirigir es tan baja que ni siquiera se registra en las gráficas. El coeficiente intelectual (IQ) no necesariamente equivale a liderazgo.

4. El mito del precursor

Otro concepto erróneo es que todo el que está frente a la multitud es un líder, pero ser el primero no siempre es lo mismo que ser el líder. Por ejemplo, Sir Edmund Hillary fue el primer hombre en llegar a la cumbre del monte Everest. Desde su ascenso histórico en 1953, mucha gente lo ha «seguido» en la realización de esa hazaña, pero eso no convierte a Hillary en un líder.

Ni siquiera fue el líder de esa expedición particular. El líder era John Hunt. Y cuando Hillary viajó al Polo Sur en 1958 como parte de la Expedición Transantártica de la Comunidad de Naciones, iba acompañado de otro líder, Sir Vivian Fuchs. Para ser líder, una persona no sólo debe ir al frente, sino que también debe tener gente que intencionadamente viene detrás de ella, sigue su dirección, y actúa sobre la base de su visión.

5. EL MITO DE LA POSICIÓN

Como ya se dijo, el peor de todos los conceptos erróneos acerca del liderazgo, es aquel que se basa en la posición. Observe lo que sucedió hace varios años en Cordiant, la agencia publicitaria conocida antiguamente como Saatchi & Saatchi. En 1994, inversionistas institucionales en Saatchi & Saatchi obligaron a la junta directiva a despedir a Maurice Saatchi, el jefe principal de la compañía. ¿Cuál fue el resultado? Varios de los ejecutivos lo siguieron. También lo siguieron algunas de las cuentas más grandes de la compañía, incluidas British Airways, y Mars, el fabricante de caramelos. La influencia de Saatchi era tan grande que su partida ocasionó que las acciones de la compañía bajaran inmediatamente de $8\,^5/_8$ a $4 por acción.[2] Lo que sucedió fue resultado de la Ley de la Influencia.

> «*No es la posición lo que hace al líder; es el líder quien hace la posición*».
> —STANLEY HUFFTY

Saatchi perdió su título y su posición, pero siguió siendo el líder. Stanley Huffty afirmó: «No es la posición lo que hace al líder; es el líder quien hace la posición».

¿QUIÉN ES UN VERDADERO LÍDER?

Hace muchos años, había un juego en la televisión llamado: *To Tell the Truth* [Decir la verdad]. Funcionaba de la siguiente manera. Al comienzo del espectáculo, había tres concursantes que decían ser la misma persona. Uno de ellos estaba diciendo la verdad; los otros dos eran «actores». Había un panel de jueces compuesto por celebridades. Estos jueces se turnaban para hacer preguntas a las tres personas, y cuando se terminaba el tiempo, cada panelista adivinaba cuál de las tres personas estaba diciendo la verdad. Muchas veces los actores fanfarroneaban tan bien que engañaban a los panelistas y al público.

Cuando se trata de identificar a un líder, la tarea puede ser mucho más fácil, si recuerda qué cosas está buscando. No escuche las afirmaciones de la persona que profesa ser el líder. En vez de eso, observe las reacciones de la gente alrededor que rodea a esa persona. La prueba del liderazgo se encuentra en los seguidores.

Personalmente aprendí la Ley de la Influencia cuando, después de graduarme de la universidad, acepté mi primer trabajo en una pequeña iglesia en la parte rural de Indiana. Entré

La prueba del liderazgo se encuentra en los seguidores.

con todas las credenciales. Fui contratado como pastor principal, lo que significaba que tenía la posición y el título de líder en esa organización. Tenía el título universitario adecuado. Hasta había sido ordenado. Además, mi padre me había preparado; un pastor excelente y notable líder de la denominación. Todo esto servía para preparar un atractivo curriculum vitae pero no me convertía en un líder. En mi primera reunión de la directiva, rápidamente descubrí quién era el verdadero líder de esa iglesia, un granjero llamado Claude. Cuando él hablaba, la gente lo escuchaba. Cuando él daba una sugerencia, la gente le respetaba. Cuando él dirigía, los demás le seguían. Si yo quería causar impacto, tendría que influir en Claude. Él, a su vez, influiría en los demás. Era la Ley de la Influencia en pleno funcionamiento.

EL LIDERAZGO ES...

La verdadera medida del liderazgo es la influencia, nada más ni nada menos. La ex primera ministro británica, Margaret Thatcher observó: «Estar en el poder es como ser una dama. Si tienes que decirle a la gente que lo eres, no lo eres». Si observa las dinámicas entre la gente en prácticamente cada aspecto de la vida, verá que algunas personas lideran y otras siguen, y notará que la posición y el título poco tienen que ver con quien realmente está a cargo.

Siendo este el caso, ¿por qué algunas personas emergen como líderes, mientras que otras no pueden influenciar a los demás, sin importar cuánto se esfuercen en hacerlo? Creo que varios factores juegan un papel importante:

CARÁCTER: QUIENES SON

El verdadero liderazgo siempre comienza con la persona interior. Por esa razón, alguien como Billy Graham puede atraer más y más seguidores con el paso del tiempo. La gente puede percibir la profundidad de su carácter.

RELACIONES: A QUIENES CONOCEN

Usted sólo es líder si tiene seguidores, y eso siempre requiere el desarrollo de relaciones, mientras más profundas sean las relaciones, más fuerte es el potencial para el liderazgo. Cada vez que yo comenzaba en un nuevo puesto de liderazgo, comenzaba a entablar relaciones inmediatamente. Entable suficientes relaciones buenas con la gente adecuada, y usted puede llegar a ser el verdadero líder en una organización.

CONOCIMIENTO: LO QUE SABEN

La información es vital para un líder. Usted necesita comprender los hechos, saber los factores envueltos, y tener una visión para el futuro. El conocimiento por sí solo no hará líder a nadie, pero no se puede ser líder sin él. Siempre pasé mucho tiempo estudiando una organización antes de tratar de dirigirla.

INTUICIÓN: LO QUE SIENTEN

El liderazgo exige más que un simple dominio de datos. Demanda la capacidad de manejar muchas cosas intangibles (tal como lo explico en el capítulo de la Ley de la Intuición).

EXPERIENCIA: DONDE HAN ESTADO

Entre más grandes hayan sido los retos que ha enfrentado en el pasado, más probabilidades habrá de que los seguidores le den una oportunidad. La experiencia no garantiza la credibilidad, pero motiva a las personas a darle una oportunidad de probar que es capaz.

ÉXITOS PASADOS: LO QUE HAN HECHO

Nada convence mejor a los seguidores que un buen historial. Cuando fui a dirigir mi primera iglesia, no tenía historial. No podía señalar buenos éxitos pasados que hicieran que la gente creyera en mí, pero cuando fui a mi segunda iglesia, ya tenía unos cuantos. Cada vez que me esforzaba, corría un riesgo, y tenía éxito, los seguidores tenían otra razón de confiar en mi capacidad de líder y escuchar lo que yo tenía que compartir.

CAPACIDAD: LO QUE PUEDEN HACER

Lo básico para los seguidores es lo que el líder sea capaz de hacer. Esa es la razón principal por la que la gente lo escuchará y lo reconocerá como su líder. Tan pronto dejen de creer en usted, dejarán de escucharlo.

LIDERAZGO SIN INFLUENCIA

Admiro y respeto el liderazgo de mi buen amigo Bill Hybels, pastor principal de la iglesia Willow Creek Community Church en el sur de Barrington, Illinois, una de las iglesias más grandes de Estados Unidos. Bill dice que él cree que no hay empresa de más intenso liderazgo en la sociedad que la iglesia. Mucha gente de negocios que conozco se sorprende cuando oye esta declaración, pero creo que Bill tiene razón. ¿En qué se basa para creer esto? El liderazgo por posición no funciona en las organizaciones voluntarias. Si un líder no tiene fuerza o influencia no es eficaz. En otras organizaciones, la persona que tiene una posición tiene una influencia y una fuerza increíbles. En la milicia, los líderes pueden usar su rango y, si todo lo demás falla, se manda a los soldados a la cárcel militar. En los negocios, los jefes tienen una tremenda fuerza en forma de salario, y beneficios. La mayoría de los seguidores desean cooperar cuando su sustento está en juego.

> «La esencia misma de todo poder para influir, estriba en hacer que la otra persona participe».
> —HARRY A. OVERSTREET

Sin embargo, en las organizaciones voluntarias, como las iglesias, lo único que funciona es el liderazgo en su forma más pura. Lo único que ayuda a los líderes es su influencia. Y como observó Harry A. Overstreet: «La esencia misma de todo poder para influir, estriba en hacer que la otra persona participe». Los seguidores en organizaciones voluntarias no pueden ser obligados a subir a bordo. Si el líder no ejerce ninguna influencia sobre ellos, no lo seguirán.

Cuando compartí esa observación con un grupo de unos ciento cincuenta jefes principales de la industria automovilística, vi cómo se encendían bombillas en toda la sala. Y un consejo que les di, realmente hizo que se emocionaran. Voy a compartir con usted el mismo consejo: Si es una persona de negocios y realmente quiere descubrir si su gente puede dirigir, mándelos a ofrecer voluntariamente su tiempo al servicio de la comunidad. Si pueden lograr que algunas personas lo sigan mientras sirven en la Cruz Roja, en un asilo de United Way, o en su iglesia local, entonces sabrá que realmente tienen influencia y capacidad de liderazgo.

DE COMANDANTE A SOLDADO RASO
A COMANDANTE EN JEFE

Una de mis historias favoritas que ilustra la Ley de la Influencia tiene que ver con Abraham Lincoln. En 1832, años antes de convertirse en presidente, el joven Lincoln reunió un grupo de hombres para combatir en la guerra contra Black Hawk [el indio Black Hawk, Halcón Negro]. En esos días, la persona que reunía una compañía voluntaria para la milicia por lo general se convertía en su líder y asumía el rango de comandante. En este caso, Lincoln obtuvo el rango de capitán, pero Lincoln tenía un problema. No sabía nada de milicia. No tenía experiencia militar, y no sabía nada acerca de tácticas. Le costaba recordar los procedimientos militares más sencillos.

Por ejemplo, un día iba marchando con varias docenas de hombres a lo largo de un campo y debía guiarlos a través de una puerta hacia otro campo. No supo cómo hacerlo. Al referir luego al incidente, Lincoln dijo: «Ni por mi propia vida pude recordar la

Al final de su servicio militar, Abraham Lincoln encontró su lugar adecuado cuando bajó al rango de soldado raso.

palabra de mando correcta para que los soldados de mi compañía se pusieran uno detrás del otro. Finalmente, cuando nos acercábamos [a la puerta] grité: 'Esta compañía romperá filas por dos minutos, y luego formará filas otra vez al otro lado de la puerta'».[3]

Con el paso del tiempo, el nivel de influencia de Lincoln sobre otros en la milicia en realidad *disminuyó*. Mientras otros oficiales se destacaron y obtuvieron rango, Lincoln comenzó a ir en dirección opuesta. Comenzó con el *título* y la *posición* de capitán, pero esto no le sirvió de mucho. No pudo superar la Ley de la Influencia. Al final de su servicio militar, Abraham Lincoln encontró su lugar adecuado cuando bajó al rango de soldado raso. Afortunadamente para él y para el destino de nuestro país Lincoln llegó a superar su incapacidad de influir en otros.

Siguió su tiempo en la milicia, y tuvo trabajos más bien mediocres en la asamblea legislativa del estado de Illinois y en la Cámara de Representantes de Estados Unidos. No obstante, con el tiempo y con mucho esfuerzo y experiencia personal, se convirtió en una persona de impacto e influencia notables.

Este es mi proverbio favorito acerca del liderazgo: «El que se cree líder y no tiene seguidores, sólo está dando un paseo». Si usted no puede influir en otros, estos no lo seguirán. Y si ellos no lo siguen, usted no es un líder. Esa es la Ley de la Influencia. No importa lo que cualquier persona le diga, recuerde que el liderazgo es influencia, nada más, nada menos.

Aplique

LA LEY DE LA INFLUENCIA

a su vida

---

1. ¿Cuáles mitos mencionados en este capítulo eran parte de su pasado: la administración, el empresario, el conocimiento, el precursor, o la oposición? ¿Por qué ha sido susceptible a ese mito? ¿Qué le dice acerca de su percepción del liderazgo hasta ahora? ¿Qué es lo que debe cambiar en su pensamiento actual para que se abra al progreso de su liderazgo en el futuro?

2. ¿En qué cosas se apoya más para persuadir a las personas? Califíquese usted mismo en una escala del 1 al 10 en base a los siete factores mencionados en el capítulo (el 1 significa que usted no lo considera un factor mientras que el 10 significa que se apoya en él continuamente):

- Carácter: quiénes son
- Relaciones: a quienes conocen
- Conocimiento: lo que saben
- Intuición: lo que sienten
- Experiencia: donde han estado
- Éxitos pasados: lo que han hecho
- Capacidad: lo que pueden hacer

¿Cómo puede optimizar o utilizar mejor aquellos factores que tienen calificaciones más bajas?

3. Busque una organización donde pueda trabajar como voluntario. Escoja algo en lo que usted cree apasionadamente: por ejemplo, una escuela, un comedor escolar, o un proyecto comunitario, y entregue

su tiempo y energía. Si cree que tiene la habilidad de liderar, entonces intente dirigir. Aprenderá a dirigir por medio de la influencia.

3

LA LEY DEL PROCESO

*El liderazgo se desarrolla diariamente,
no en un día*

Anne Scheiber tenía 101 años cuando murió en enero de 1995. Durante muchos años vivió en un pequeño y descuidado cuarto alquilado en la ciudad de Manhattan. La pintura de las paredes se estaba pelando, y los viejos libreros se encontraban cubiertos de polvo. El alquiler mensual era de $400.00.

La señora Scheiber vivía del seguro social y de una pequeña pensión mensual que comenzó a recibir en 1943 al jubilarse de su cargo de auditora en el IRS [Internal Revenue Service, Ministerio de Hacienda]. No le había ido bien en este lugar. Para ser más específico, la agencia no había obrado bien con ella. A pesar de tener un título en derecho y de hacer un trabajo excelente, nunca fue ascendida. Y al jubilarse a la edad de cincuenta y uno, sólo estaba ganando $3.150 al año.

«La trataron muy, muy injustamente», dijo Benjamín Clark, quien la conocía mejor que nadie. «Verdaderamente tuvo que arreglárselas por sí sola en todos los aspectos. Realmente fue una tremenda lucha».

Anne Scheiber era un modelo del ahorro. No gastaba dinero en sí misma. No compraba muebles nuevos aunque los que tenía se le desgastaran. Ni siquiera se suscribió a un periódico. Una vez a la semana iba a la biblioteca pública a leer el *Wall Street Journal.*

¡LLOVIDO DEL CIELO!

Imagine la sorpresa de Norman Lamm, el rector de Yeshiva University en la ciudad de Nueva York, cuando descubrió que Anne Scheiber, una ancianita de la que nunca había oído hablar y que nunca asistió a Yeshiva dejó casi todas sus propiedades a la universidad.

«Cuando vi el testamento, fue algo increíble, algo llovido del cielo en forma tan inesperada», dijo Lamm. «Esta mujer se ha convertido en una leyenda de la noche a la mañana». La herencia que Anne Scheiber dejó a Yeshiva University valía 22 millones de dólares.[1]

¿Cómo pudo una solterona que había estado jubilada durante cincuenta años amasar una fortuna de 8 cifras? Esta es la respuesta. Al momento de jubilarse del IRS en 1943, Anne Scheiber había podido ahorrar $5.000. Invirtió este dinero en acciones. En 1950 había obtenido suficientes ganancias para comprar mil acciones de la Schering-Plough Corporation, que tenían en ese tiempo un valor de $10.000. Y ella continuó con esas acciones, dejando que adquirieran más valor. Hoy, esas acciones originales se han dividido lo suficiente como para producir ciento veintiocho mil acciones, con un valor de $7.5 millones.[2]

El secreto del éxito de Scheiber fue que esta dama pasó la mayor parte de su vida acumulando su fortuna. Aunque el valor de sus acciones subieran o bajaran, nunca pensó: *Ya he acabado de acumular; es tiempo de obtener el efectivo.* Ella había decidido tomar el camino largo, el *verdadero* camino largo. Cuando ganaba dividendos, que se iban acrecentando cada vez más, volvía a invertirlos. Pasó acumulando todo el tiempo de su vida.

Mientras otras personas mayores se preocupan porque pueden quedarse sin fondos al final de sus días, Scheiber se hacía más rica mientras más tiempo vivía. Cuando se trataba de finanzas, Scheiber entendía y aplicaba la Ley del Proceso.

EL LIDERAZGO ES COMO LA INVERSIÓN: SE INCREMENTA

Ser un líder es como invertir exitosamente en la bolsa de valores. Si usted espera hacer una fortuna en un día, no tendrá éxito. Lo que más importa es lo que hace día a día a largo plazo. Mi amigo Tag Short sostiene: «El secreto de nuestro buen resultado se encuentra en nuestro orden a diario». Si invierte continuamente en el desarrollo de su liderazgo, y permite que sus «bienes» incrementen, el resultado inevitable es el crecimiento paulatino. ¿Qué puede ver cuando observa la agenda diaria de una persona? Las prioridades, pasiones, habilidades, relaciones, actitudes, disciplina personal, visión e influencia. Observe lo que la persona está haciendo cada día, día tras día, y sabrá quién es esa persona y en lo que se está convirtiendo.

En las conferencias cuando enseño acerca del liderazgo, la gente inevitablemente me pregunta si el líder nace. Siempre respondo: «Sí, por supuesto que nace... ¡aún no he conocido a uno que haya venido al mundo en otra forma!» Todos nos reímos, y luego respondo la verdadera pregunta, si el liderazgo es algo que el individuo posee de forma innata o no.

Ser un líder es como invertir exitosamente en la bolsa de valores. Si usted espera hacer una fortuna en un día, no tendrá éxito. Lo que más importa es lo que hace día a día a largo plazo.

Aunque es verdad que alguna gente nace con dones naturales más grandes que otros, la capacidad de dirigir es en realidad una combinación de destrezas, que en su mayor parte pueden ser aprendidas y mejoradas. Sin embargo, ese proceso no tiene lugar de la noche a la mañana. El liderazgo es algo complejo. Tiene muchas facetas: respeto, experiencia, fuerza emocional, destreza en las relaciones con las personas, disciplina, visión, impulso, momento oportuno, y la lista sigue. Como puede ver, muchos de los factores que entran en juego en el liderazgo son intangibles. Por eso es que los líderes necesitan mucha experiencia para ser eficaces. Y por eso es que sentí que, sólo después de haber alcanzado los cincuenta años, fue que verdaderamente comencé a entender con claridad los muchos aspectos del liderazgo.

LOS LÍDERES SON APRENDICES

En un estudio de noventa líderes principales de varios campos, los expertos en liderazgo Warren Bennis y Burt Nanus hicieron un descubrimiento acerca de la relación entre el crecimiento y el liderazgo: «Es la capacidad de desarrollar y mejorar las destrezas lo que marca la diferencia entre los líderes y sus seguidores». Los líderes exitosos son aprendices. Y el proceso del aprendizaje es un continuo resultado de la autodisciplina y la perseverancia. La meta de cada día debe ser mejorar un poco, edificar sobre el progreso del día anterior. El problema es que la mayoría de las personas le dan demasiada importancia a los eventos y subestiman el poder de los procesos. Queremos arreglos instantáneos. Queremos el efecto compuesto que Anne Scheiber recibió después de cincuenta años en menos de cincuenta minutos.

No me tome a mal, a mí me encantan los eventos. Pueden ser catalizadores muy efectivos, pero si desea una progreso duradero, si desea poder, entonces debe apoyarse en el proceso. Considere la diferencia entre los dos:

> «Es la capacidad de desarrollar y mejorar las destrezas lo que marca la diferencia entre los líderes y sus seguidores».
> —BENNIS Y NANUS

UN EVENTO	UN PROCESO
Estimula las decisiones	Estimula el desarrollo
Motiva a las personas	Madura a las personas
Es un asunto de calendario	Es un asunto de cultura
Desafía a la gente	Cambia a la gente
Es algo sencillo	Es algo difícil

Si deseo sentirme inspirado para seguir adelante, entonces asisto a un evento. Si deseo mejorar, entonces me involucro en un proceso y me adhiero a él.

LAS FASES DEL CRECIMIENTO DEL LIDERAZGO

¿Cómo es el proceso de crecimiento en el liderazgo? Es diferente en cada persona. No obstante, aunque usted no tenga una gran capacidad natural para el liderazgo, su desarrollo y su progreso probablemente se producirán basándose en las cinco fases siguientes:

FASE 1: NO SÉ LO QUE NO SÉ
La mayoría de las personas no reconocen el valor del liderazgo. Creen que el liderazgo es sólo para unos cuantos, para las personas que están en las más altas posiciones de la compañía. No tienen idea de las oportunidades que están desaprovechando por no aprender a dirigir. Me di cuenta de esto cuando el rector de una universidad me dijo que sólo unos cuantos alumnos se habían anotado en el curso de liderazgo que allí se ofrecía. ¿Por qué? Sólo unos pocos creían tener la capacidad para ser líderes. Si hubiesen sabido que el liderazgo es influencia, y que en el transcurso de un día la mayoría de los individuos tratan de influir por lo menos en cuatro personas, el deseo

> *Cuando un individuo no sabe lo que no sabe, no crece.*

43

de aprender más acerca del tema hubiera surgido en ellos. Esto es una lástima porque cuando un individuo no sabe lo que no sabe, no crece.

FASE 2: SÉ QUE NECESITO SABER

Por lo general, en algún momento de la vida somos colocados en una posición de liderazgo, y miramos a nuestro alrededor y descubrimos que nadie nos está siguiendo. Nos damos cuenta de que necesitamos *aprender* a dirigir. Y naturalmente, en ese momento el proceso puede comenzar. El Primer Ministro inglés Benjamín Disraeli hizo un sabio comentario: «El ser conscientes de que ignoramos los hechos, es un paso decisivo hacia el conocimiento».

Eso fue lo que me sucedió cuando ocupé mi primera posición de liderazgo en 1969. Toda mi vida había sido capitán de equipos deportivos y había sido presidente del gobierno estudiantil en la universidad, de modo que pensaba que ya era un líder, pero cuando intenté dirigir a las personas en el mundo real, descubrí la cruel realidad. Estar a cargo de algo no es lo mismo que ser un líder.

FASE 3: SÉ LO QUE NO SÉ

Por un tiempo tuve dificultades en esa primera posición de liderazgo. Para ser honesto, tuve que apoyarme en mi energía y en el carisma que poseía. Pero llegó un momento cuando me di cuenta que el liderazgo iba a ser la clave de mi carrera profesional. Si no mejoraba en el liderazgo, mi carrera se acabaría y nunca hubiera alcanzado las metas que me había impuesto. Afortunadamente, fui a desayunar con Kurt Kampmeir de Succes Motivation Inc. [*Motivación al éxito*]. Durante ese desayuno, él me hizo una pregunta que cambiaría mi vida: «Juan, ¿cuál es tu plan de crecimiento personal?»

Me puse a pensar en una respuesta y finalmente le dije que no tenía ninguna. Esa noche, mi esposa, Margaret y yo decidimos realizar algunos sacrificios financieros para que yo pudiera asistir al programa que Kurt ofrecía. Ese fue un paso hacia el crecimiento. Desde ese momento hasta la fecha, me he disciplinado a leer libros, escuchar cintas de audio e ir a conferencias sobre liderazgo.

En la época cuando conocí a Kurt, también tuve otra idea: Escribí a los diez mejores líderes en mi campo y les ofrecí cien dólares por media hora de su tiempo para poder hacerles algunas preguntas. (Esta era una suma bastante considerable para mí en 1969.) Durante los siguientes años, mi esposa Margaret y yo planeamos cada vacación en áreas donde vivían estas personas. Si un gran líder en Cleveland respondía que sí a mi solicitud, ese año pasábamos las vacaciones en Cleveland para que yo pudiera conocerlo. Y mi idea dio muy buenos resultados. Esos hombres compartieron conmigo conceptos únicos que no hubiera podido aprender de otra forma.

FASE 4: SÉ, ME DESARROLLO Y COMIENZA A NOTARSE
Cuando usted reconoce su falta de destreza y empieza una disciplina diaria de crecimiento en el liderazgo, comienzan a suceder cosas muy emocionantes.

Una vez estaba enseñando a un grupo de Denver y noté entre la multitud a un joven inteligente de diecinueve años llamado Brian. Por unos días observé el mucho interés con que tomaba notas. Conversé con él unas cuantas veces durante algunos descansos. Cuando llegué a la parte del seminario en la que enseño la Ley del Proceso, pedí a Brian que se pusiera de pie para que todos escucharan lo que iba a decirle.

Le dije: «Brian, te he estado observando aquí, y tu anhelo de aprender y crecer me ha impresionado mucho. Quiero decirte un secreto que cambiará tu vida». Todo el mundo en el auditorio se inclinó hacia adelante.

«Creo que en unos veinte años, podrás llegar a ser un *gran* líder. Quiero animarte a que te conviertas en un aprendiz del liderazgo durante toda tu vida. Lee libros, escucha con regularidad cintas de audio, y sigue asistiendo a seminarios. Y cuando te encuentres con una verdad de oro o una cita importante, anótala y archívala para usarla en el futuro.

«No va a ser fácil», le dije. «Pero en cinco años verás progreso a medida que aumenta tu influencia. En diez años irás desarrollando una competencia que hará muy eficaz tu liderazgo. Y en veinte años, cuando apenas tengas treinta y nueve años de edad, si has seguido aprendiendo y creciendo, otros comenzarán a pedirte que les enseñes acerca del liderazgo. Y algunos quedarán asombrados, se mirarán unos a otros y dirán: «¿Cómo se volvió tan sabio de repente?»

«*El secreto del éxito en la vida, es que el hombre esté listo cuando le llega su tiempo*».
—BENJAMÍN DISRAELI

«Brian, tú puedes ser un gran líder, pero no sucederá en un día. Comienza a pagar el precio ahora». Lo que es cierto para Brian también es cierto para usted. Comience a desarrollar su liderazgo hoy, y algún día experimentará los efectos de la Ley del Proceso.

FASE 5: CAMINO HACIA DELANTE PORQUE AHORA SÉ A DONDE VOY

Cuando está en la fase cuatro, puede ser muy eficaz como líder, pero tiene que pensar bien cada acción que ha de tomar. Sin embargo, cuando se halla en la fase cinco, su capacidad de dirigir es casi instantánea. Usted desarrolla grandes instintos. Y es allí donde la recompensa es más grande que la vida, pero la única forma de llegar a ese lugar es obedeciendo la Ley del Proceso y pagando el precio.

PARA DIRIGIR MAÑANA, APRENDA HOY

El liderazgo se desarrolla diariamente, no de un día para otro. Esta es una realidad dictada por la Ley del Proceso. Benjamín Disraeli dijo: «El secreto del éxito en la vida es que el hombre esté listo cuando le llega su tiempo». Lo que una persona hace de manera disciplinada y consecuente la prepara, independientemente de cuál sea su meta.

Uno puede ver el efecto de la Ley del Proceso en cualquier estilo de vida. La leyenda del baloncesto, Larry Bird, llegó a ser muy sobresaliente en los tiros libres porque practicaba quinientos tiros cada mañana antes de ir a la escuela. Demóstenes, de la antigua Grecia, llegó a ser el más grande de los oradores porque recitaba versos con piedras en la boca y practicaba ante el rugido de las olas en la costa y pudo hacerlo a pesar de haber nacido con un defecto de pronunciación. Usted necesita la misma dedicación para llegar a ser un gran líder.

LUCHANDO POR ESCALAR

Hay un viejo refrán que dice: «Los campeones no se convierten en campeones en el cuadrilátero, simplemente se les reconoce allí». Esto es cierto. Si usted quiere ver cómo alguien se forja como campeón, mire su rutina diaria. El antiguo campeón de peso pesado Joe Frazier dijo: «Puede trazar el plan de una pelea o el plan de una vida, pero cuando comienza la acción, usted depende de sus reflejos. Allí es donde se demuestra el trabajo que ha hecho durante cada día. Si hizo trampas en la oscuridad de la madrugada, la gente se va a dar cuenta ahora bajo las luces brillantes».[3] El boxeo es una buena analogía del desarrollo del liderazgo porque consiste en una preparación diaria.

Aunque la persona tenga talento natural, debe entrenarse y prepararse para tener éxito .

Uno de los más grandes líderes de este país era fanático del boxeo: el presidente Theodore Roosevelt. De hecho, en una de sus citas más famosas usa una analogía del boxeo:

> *Los campeones no se convierten en campeones en el cuadrilátero, simplemente se les reconoce allí.*

No es el crítico lo que cuenta, ni el hombre que señala cómo el hombre fuerte dio un traspié, ni qué hubiera hecho mejor el que realizaba el acto. El crédito es del hombre que se halla en la arena, cuya cara está estropeada por el polvo, el sudor, y la sangre; que lucha esforzadamente; que se equivoca y se queda corto una y otra vez; que conoce los grandes entusiasmos, las grandes devociones, y se dedica a una buena causa; que, en el mejor de los casos, conoce al final el triunfo de una gran realización; y que, en el peor, si falla, ha hecho al menos un intento extraordinario, de modo que su lugar nunca estará cerca de aquellas almas frías y tímidas que no conocen ni la victoria ni la derrota».

Roosevelt, que era también boxeador, era la máxima expresión de un hombre de acción. No sólo era un líder eficaz, sino que también fue el más pintoresco de todos los presidentes de Estados Unidos. El historiador británico Hugh Brogan lo describió como «el hombre más capaz que se ha sentado en la Casa Blanca desde Lincoln; el más dinámico desde Jackson; el más estudioso desde John Quincy Adams».

UN HOMBRE DE ACCIÓN

TR (sobrenombre de Roosevelt) es recordado como un hombre de acción, franco, y defensor de la vida dinámica. Mientras estaba en la Casa Blanca, era conocido por sus sesiones regulares de boxeo y lucha, veloces paseos a caballo, y caminatas largas y agotadoras. Un embajador francés que visitó a Roosevelt acostumbraba a hablar de la ocasión en que acompañó al presidente a una caminata en el bosque. Cuando los dos hombres llegaron a la orilla de un arroyo que era muy profundo para ser atravesado a pie, TR se quitó la ropa y esperó que el dignatario hiciera lo mismo para que ambos pudieran nadar a la otra orilla. Nada representaba un obstáculo para Roosevelt.

En distintos momentos de su vida, Roosevelt fue vaquero en el oeste norteamericano, explorador y cazador de caza mayor, y soldado de caballería en la guerra contra España. Su entusiasmo y vigor parecían ilimitados. Como candidato a la vicepresidencia en 1900, dio 673 discursos y viajó 20 mil millas haciendo campaña a favor del presidente McKinley. Y años después de su presidencia, mientras se preparaba para dar un discurso en Milwaukee, Roosevelt recibió un disparo en el pecho. Fue víctima de un atentado. Con una costilla rota y con la bala dentro de su pecho, Roosevelt insistió en terminar su discurso antes de permitir que lo trasladaran al hospital.

ROOSEVELT COMENZÓ DESPACIO

De todos los líderes que ha tenido esta nación, Roosevelt fue uno de los más fuertes, física y mentalmente, pero no comenzó así. El presidente vaquero de Estados Unidos nació en Manhattan en el seno de una familia rica y eminente. Cuando niño era débil y muy enfermizo. Sufría de un asma debilitante, tenía muy mala visión, y era terriblemente delgado. Sus padres no creían que sobreviviría.

Cuando tenía doce años, su padre le dijo: «Tienes la mente, pero no tienes el cuerpo, y sin la ayuda del cuerpo la mente no puede llegar tan lejos como debiera. Debes *desarrollar* el cuerpo». Y Roosevelt lo hizo. Vivió según la Ley del Proceso.

TR comenzó a dedicar un tiempo *todos los días* a cultivar su cuerpo y su mente, y lo siguió haciendo por el resto de su vida. Se ejercitaba con pesas, caminaba, patinaba sobre hielo, cazaba, remaba, montaba a caballo, y boxeaba. En años posteriores, Roosevelt evaluó su progreso y admitió que cuando niño era «nervioso y tímido. Sin embargo», dijo él, «al leer acerca de las personas a las que admiraba… y conociendo a mi padre, sentía gran admiración por los hombres audaces que se mantienen firmes en el mundo, y yo tenía un gran deseo de ser como ellos».[4]

Cuando TR se graduó de Harvard, *era* como uno de ellos, y estaba listo para entrar en el mundo de la política.

NO HAY ÉXITO DE LA NOCHE A LA MAÑANA

Roosevelt tampoco se convirtió en un gran líder de la noche a la mañana. Su camino a la presidencia fue de crecimiento lento y continuo. Mientras sirvió en varias posiciones, desde jefe de policía de la ciudad de New York hasta presidente de Estados Unidos, siguió aprendiendo y creciendo. Se mejoró a sí mismo, y con el tiempo llegó a ser un líder fuerte. Esto prueba que vivía según la Ley del Proceso.

La lista de hechos de Roosevelt es notable. Bajo su liderazgo, Estados Unidos emergió como una potencia mundial. Ayudó al país a desarrollar una marina de guerra superior. Bajo su mandato se construyó el Canal de Panamá. Negoció la paz entre Rusia y Japón, y durante ese proceso obtuvo el Premio Nobel de la Paz. Y cuando el pueblo cuestionó su liderazgo, tomó la presidencia después del asesinato de McKinley, hizo campaña y fue reelegido por el mayor número de votantes que jamás hubiera elegido a un presidente hasta ese momento.

Como era siempre un hombre de acción, al completar su período presidencial en 1909, inmediatamente viajó a África donde dirigió una expedición auspiciada por The Smithsonian Institution (El Instituto Smithsoniano). Unos cuantos años después, en 1913, con la colaboración de otro líder dirigió una expedición a un río inexplorado de Brasil. Esta era una aventura de aprendizaje que no podía desaprovechar. «Era mi última oportunidad de ser niño», admitió posteriormente. Tenía cincuenta y cinco años. El 6 de enero de 1919, en su hogar en Nueva York, Theodore Roosevelt murió mientras dormía. Entonces el vicepresidente Marshall dijo: «La muerte tenía que llevárselo dormido, porque si Roosevelt hubiera estado despierto, hubiera habido una pelea». Cuando lo levantaron de su lecho, encontraron un libro debajo de su almohada. Hasta el último momento, Theodore Roosevelt estaba luchando por aprender y mejorarse a sí mismo. Aun se hallaba practicando la Ley del Proceso.

Si usted desea ser líder, le tengo buenas noticias: puede serlo. Todo el mundo tiene el potencial, pero no es algo que se alcanza de la noche a la mañana. Se necesita perseverancia. Y absolutamente no podrá pasar por alto la Ley del Proceso. El liderazgo no se desarrolla de un día para el otro. Toma toda una vida.

Aplique
LA LEY DEL PROCESO
a su vida

1. ¿Cuál es su plan de crecimiento? Si usted es como yo era antes cuando Kurt Kampmeir me hizo esta pregunta, tiene una intención vaga de crecer, no tiene un plan específico. Escriba un plan. Le recomiendo que lea un libro cada mes, que escuche al menos una cinta de audio, o un mensaje por medio de la Internet, y también asista a una conferencia cada año. Seleccione los materiales con anticipación. Separe el tiempo para su crecimiento utilizando un calendario y empiece a hacerlo inmediatamente. Si desarrollar un plan desde cero le parece algo difícil, quizás desee leer mi libro: *Hoy es importante*. Contiene el plan de crecimiento personal que utilicé por varios años.

2. Lo que separa a los líderes sobresalientes de los buenos es la forma en que invierten en las personas que los siguen. De la misma forma en que usted necesita un plan de crecimiento para progresar, también los que trabajan para usted lo necesitan. Puede ayudar a sus empleados por medio de libros, trayendo entrenadores capacitados, reuniones privadas, lo que sea necesario. Provéales oportunidades de crecimiento. Esa es su responsabilidad.

3. Si es líder de un negocio, una organización o un departamento, debe crear una cultura de crecimiento. Cuando las personas que pertenecen a su esfera de influencias saben que el crecimiento personal y el desarrollo de liderazgo son algo valorado, respaldado y gratificado, el crecimiento explotará. Y el ambiente que usted ha creado empezará a atraer a personas con gran potencial.

4

LA LEY DE LA NAVEGACIÓN

*Cualquiera puede gobernar un barco, pero se
necesita que un líder planee la ruta*

En 1911, dos grupos de exploradores emprendieron una misión increíble. Aunque usaron estrategias y rutas diferentes, los líderes de los equipos tenían la misma meta: ser los primeros en la historia en llegar al Polo Sur. La historia de estos grupos son ilustraciones claras de la Ley de la Navegación.

Uno de los grupos fue dirigido por el explorador noruego Roald Amundsen. Irónicamente, la intención original de Amundsen no era ir a la Antártica. Su deseo era ser el primer hombre en llegar al Polo *Norte*, pero cuando supo que Robert Peary hizo la proeza antes que él, Amundsen cambió su meta y se dirigió hacia el otro extremo del mundo. Norte o Sur, él sabía que su plan valdría la pena.

AMUNDSEN TRAZA SU RUTA CON MUCHO CUIDADO

Antes de la salida de su equipo, Amundsen había planeado su viaje con mucho esmero. Estudió los métodos de los esquimales y de otros experimentados viajeros del Ártico y determinó que su mejor plan sería transportar todo su equipo y todas sus provisiones en trineos tirados por perros. Al reunir su equipo, escogió expertos esquiadores y entrenadores de perros. Su estrategia era sencilla. Los perros harían la mayor parte del trabajo mientras el grupo avanzaba de quince a veinte millas en un período de 6 horas cada día. Esto daría suficiente tiempo tanto a los perros como a los hombres para descansar cada día después de una jornada.

La previsión y la atención que Amundsen dio a los detalles fueron increíbles. Ubicó y surtió depósitos de provisiones a lo largo de toda la ruta. De esa manera, su grupo no tendría que llevar cada parte de la provisión durante todo el viaje. También equipó a su grupo con la mejor ropa posible. Amundsen había considerado detenidamente todo aspecto posible del viaje, lo había estudiado a fondo, y había hecho planes conforme a ello. Y obtuvo buenos resultados. El peor problema que sucedió en el viaje fue que a uno de los hombres se le infectó un diente y tuvieron que sacárselo.

SCOTT VIOLÓ LA LEY DE LA NAVEGACIÓN

El otro equipo de hombres fue dirigido por Robert Falcon Scott, un oficial de la marina británica que previamente había hecho algunas exploraciones en el área antártica. La expedición de Scott fue la antítesis de la de Amundsen. En vez de usar trineos tirados por perros, Scott decidió usar trineos motorizados y caballos. Sus problemas comenzaron cuando los motores de los trineos dejaron de funcionar a sólo cinco días de haber comenzado el viaje. Los caballos tampoco viajaron bien en esas temperaturas glaciales. Cuando llegaron al pie de las montañas antárticas, fue necesario sacrificar a todos esos pobres animales. Como resultado, los miembros del equipo quedaron arrastrando aquellos trineos de doscientas libras. Fue un trabajo arduo.

Scott no había puesto suficiente atención en el resto del equipo del grupo. La ropa estaba tan mal diseñada que todos los hombres sufrieron de congelación. Uno de los miembros del grupo necesitaba una hora todas las mañanas para ponerse las botas en sus pies hinchados y gangrenosos. Todos fueron cegados por el reflejo de la nieve debido a las gafas inadecuadas que Scott había proporcionado. Lo peor de todo era que el grupo siempre estuvo escaso de comida y agua. Esto también fue consecuencia del mal planeamiento de Scott. Los depósitos de provisiones que Scott estableció no fueron abastecidos adecuadamente, estaban demasiado lejos uno de otro, y muy mal señalados, por lo cual era difícil encontrarlos. Como tenían poco combustible para derretir la nieve, todos se deshidrataron. Las cosas empeoraron aun más porque Scott tomó la decisión de último minuto de llevar consigo a un quinto hombre, aunque sólo tenían provisiones suficientes para cuatro.

Después de abarcar ochocientas penosas millas en diez semanas, el exhausto grupo de Scott finalmente llegó al Polo Sur el 17 de enero de 1912. Allí encontraron la bandera noruega que ondeaba al viento y una carta de Amundsen. El otro equipo, bien dirigido, había llegado primero a la meta ¡con más de un mes de antelación!

SI USTED NO VIVE SEGÚN LA LEY DE LA NAVEGACIÓN...

El viaje de este grupo al Polo fue muy malo, pero esa no es la peor parte de la historia. El largo viaje de regreso fue terrible. Scott y sus hombres se estaban muriendo de hambre y contrajeron la enfermedad del escorbuto. Pero Scott, incapaz de guiar hasta el fin, no era consciente de la situación difícil en la que se encontraban. Estaban contra el tiempo y tenían muy pocos alimentos, y sin embargo insistió en recolectar treinta libras de muestras geológicas para llevar de regreso, más peso que aquellos hombres ya exhaustos iban a tener que cargar.

El progreso del grupo era cada vez más lento. Uno de los hombres murió. Otro, Lawrence Oates, se encontraba muy mal. El antiguo oficial del ejército que había sido traído originalmente para ocuparse de los caballos, se sentía tan entumido que casi no podía avanzar. Como creía que estaba poniendo en peligro la supervivencia del equipo, a propósito se lanzó a una ventisca para librar al grupo de la responsabilidad de cargar con él. Antes de salir de la carpa y en medio de la tormenta, dijo: «Sólo voy a salir un rato, tal vez me tarde un poco».

> Los campeones no se convierten en campeones en el cuadrilátero, simplemente se les reconoce allí.

Scott y los dos hombres que quedaban sólo avanzaron un poco más al norte antes de darse por vencidos. El viaje de regreso ya había tomado dos meses y aún faltaban ciento cincuenta millas para llegar al campamento base. En aquel lugar murieron. Hoy sabemos su historia porque pasaron sus últimas horas escribiendo unos diarios. Algunas de las últimas palabras de Scott fueron: «Moriremos como caballeros. Creo que esto demuestra que el brío y el poder para aguantar no se ha ido de nosotros».[1] Scott tenía valor, pero no tenía liderazgo. Como no pudo vivir según la Ley de la Navegación, esta acabó con él y sus compañeros.

Los seguidores necesitan líderes que puedan «navegar», guiar eficazmente con ellos. Y cuando enfrentan situaciones de vida o muerte, la necesidad es más que obvia. Sin embargo, aun cuando las consecuencias no sean tan serias, la necesidad es igualmente grande. La verdad es que casi cualquier persona puede gobernar el barco, pero se necesita de un líder para trazar la ruta. Esta es la Ley de la Navegación.

LOS NAVEGANTES CONSIDERAN EL VIAJE QUE TIENEN POR DELANTE

Jack Welch, presidente de la General Electric, afirma: «Un buen líder se mantiene enfocado… Controlar su rumbo es mejor que ser controlado por este». Welch tiene razón, pero los líderes que «navegan», que guían, hacen aun más que controlar el rumbo en el que ellos y su gente viajan. Ven mentalmente todo el viaje antes de salir del muelle. Tienen una visión de su destino, saben lo que costará llegar allá, saben a quién necesitarán en el equipo para triunfar, y reconocen los obstáculos mucho antes de que aparezcan en el horizonte. Leroy Eims, autor de *Be the Leader You Were Meant to Be* [*Cómo ser el líder que debieras ser*], escribe: «Un líder es un individuo que ve más que los demás, ve más allá que los demás, y ve antes que los demás».

Cuanto más grande sea la organización, tanto más capaz debe ser el líder de mirar el futuro. Eso es así porque el tamaño de la organización dificulta más las correcciones que se hacen a medio camino. Y si se cometen errores, más personas resultarán afectadas. El desastre presentado por James Cameron en 1997 en la película *Titanic* fue un buen ejemplo de este tipo de problema. La tripulación no podía mirar lo suficientemente hacia adelante como para evadir el iceberg y, debido al tamaño del barco, el más grande que había sido construido en esa época, no pudo hacer la maniobra debida para cambiar el rumbo de este cuando el objeto fue divisado. El resultado de este incidente fue que más de mil personas perdieron sus vidas.

> «*Un líder es un individuo que ve más que los demás, ve más allá que los demás, y ve antes que los demás*».
> —LEROY EIMS

DONDE VA EL LÍDER...

Los navegantes de primera categoría siempre tienen presente que otras personas dependen de ellos y de su capacidad de trazar un buen rumbo. Leí una observación que hizo James A. Autry en *Life and Work: A Manager's Search for Meaning* [Vida y trabajo: La búsqueda de un gerente por el sentido de la vida] que ilustra esta idea. Él sostuvo que de vez en cuando se oye la noticia del choque de cuatro aviones militares que vuelan juntos en formación. La razón de la pérdida de los cuatro es la siguiente: Cuando los aviones de guerra vuelan en grupos de cuatro, un piloto, el líder, decide hacia dónde debe volar la cuadrilla. Los otros tres aviones vuelan según los dirija el líder, observándolo y siguiéndolo adondequiera que vaya. Cualquiera que sea la movida que haga, el resto de su equipo la hará con él. Y esto es así, ya sea que se eleve en las nubes o se estrelle en la cima de una montaña.

Antes de llevar a su gente a una jornada, el líder atraviesa por un proceso a fin de que el viaje tenga la mejor oportunidad de ser exitoso:

LOS NAVEGANTES SE BENEFICIAN DE LA EXPERIENCIA PASADA

Cada éxito y cada fracaso pasado pueden ser una fuente de información y sabiduría, si se permite que lo sean. Los buenos éxitos le enseñan sobre sí mismo y lo que es capaz de hacer con sus dones y talentos particulares. Sin embargo, sus fracasos generalmente le enseñan grandes lecciones. Los fracasos señalan qué tipo de malas suposiciones ha hecho y en qué han fallado sus métodos. Irónicamente, muchas personas odian tanto sus fracasos que los encubren rápidamente en lugar de analizarlos y aprender de ellos. Tal como lo expliqué en mi libro: *El lado positivo del fracaso*, si usted no aprende de sus errores, fracasará una y otra vez. ¿Por qué le menciono algo que parece tan sencillo? Lo hago porque la mayoría de los líderes naturales son activistas. Tienden a mirar hacia delante y no hacia atrás, toman decisiones y siguen adelante. Lo sé porque esa es mi tendencia, pero para que los líderes se conviertan en buenos navegantes, necesitan reflexionar y aprender de sus propias experiencias. Es por esa razón que he desarrollado la disciplina de la reflexión. Hablo de ello con más detalle en mi libro: *Piense, para obtener un cambio*, pero permítame darle algunas ventajas acerca de la reflexión. La reflexión:

• Le da una perspectiva correcta.

- Le da una integridad emocional a sus pensamientos.
- Aumenta su confianza en la toma de decisiones.
- Clarifica la imagen completa.
- Toma una buena experiencia y la convierte en experiencia valiosa. [2]

Cada beneficio le da al líder una gran ventaja cuando planea los siguientes pasos de un equipo o una organización.

Los navegantes examinan las condiciones antes de contraer compromisos

Extraer de la experiencia significa mirar internamente. Examinar las condiciones significa mirar externamente. Un buen líder no planea un curso de acción sin poner mucha atención a las condiciones actuales. Sería como navegar contra la marea, o seguir el curso hacia un huracán. Los buenos navegantes analizan todo *antes* de realizar un compromiso con ellos o con los demás. No sólo examinan los factores medibles como las finanzas, los recursos y el talento sino también los recursos intangibles como el tiempo, la moral, el ímpetu, la cultura, etc. (Hablaremos más al respecto en las Leyes de la Intuición y del Momento oportuno.)

No importa cuánto aprenda del pasado, este nunca le dirá todo lo que necesita saber sobre el presente.

Los navegantes escuchan lo que otros dicen

No importa cuánto aprenda del pasado, este nunca le dirá todo lo que necesita saber sobre el presente. No importa cuán buen líder es, usted no tendrá todas las respuestas. Por eso los navegantes de primera clase reúnen información de diversas fuentes. Por ejemplo, antes de que Roald Amudsen hiciera la expedición hacia el Polo Sur, aprendió de un grupo de indígenas en Canadá acerca de la ropa que se debía usar y técnicas de supervivencia árticas. Esas nuevas habilidades marcaron la diferencia entre el fracaso y el éxito de su equipo en la Antártica.

Los líderes navegantes obtienen ideas de los miembros de su equipo de liderazgo. Hablan con la gente de su organización para descubrir qué está pasando al nivel de las bases populares y pasan algún tiempo con líderes que no son de la organización, pero que pueden ser sus mentores. Siempre piensan en términos de apoyarse en un equipo y no hacerlo solos.

LOS NAVEGANTES SE ASEGURAN QUE SUS CONCLUSIONES REPRESENTEN TANTO LAS EXPECTATIVAS COMO LOS HECHOS

El poder «navegar», dirigir a los demás, exige al líder una actitud positiva. Usted debe tener fe de que puede llevar a su gente a lo largo de toda la jornada. Si no puede hacer el viaje confiando en su mente, no podrá concretarlo en la práctica.

Es difícil equilibrar el optimismo y el realismo, la intuición y la planeación, las expectativas y los hechos, pero eso es lo que se necesita para ser un líder navegante eficaz.

Por otra parte, usted también debe ser capaz de ver los hechos de manera realista. No puede minimizar los obstáculos ni racionalizar los retos. Si no empieza con los ojos bien abiertos, se encontrará con una sorpresa. Como observa Bill Easum: «Los líderes realistas son lo suficientemente realistas para minimizar las ilusiones. Saben que el engañarse a sí mismos puede costarles su visión».

Jim Collins confirmó este equilibrio entre las expectativas y los hechos en su libro: *Good to Great (Empresas que sobresalen)*. Él lo llama la paradoja de Stockdale. Él dice: «Uno debe tener la expectativa de que al final prevalecerá pero *además* debe confrontarse con los hechos más brutales de su realidad actual».[3] A veces es difícil equilibrar el optimismo y el realismo, la intuición y la planeación, las expectativas y los hechos, pero eso es lo que se necesita para ser un líder navegante eficaz.

La ley de la navegación

UNA LECCIÓN DE NAVEGACIÓN

Recuerdo la primera vez que realmente entendí la importancia de la Ley de la Navegación. Tenía treinta y ocho años, y estaba dirigiendo la iglesia Faith Memorial en Lancaster, Ohio, (mi segunda iglesia). Antes de mi llegada allí en 1972, el crecimiento de la congregación se había estancado por aproximadamente una década. Pero en 1975, nuestra asistencia había aumentado de cuatrocientos a más de mil. Yo sabía que podíamos seguir creciendo y alcanzar a más personas, si tan sólo construíamos un nuevo auditorio.

La buena noticia era que ya yo tenía cierta experiencia en construir y reubicar una iglesia porque había dirigido a mi primera a través de ese proceso. La mala noticia era que la primera iglesia era muy pequeña en comparación con la segunda. Iba a ser un proyecto multimillonario veinte veces mayor que el primero. Sin embargo aun ese no era el mayor obstáculo.

Poco antes de que yo entrara a la junta directiva como líder de la iglesia, había tenido una gran confrontación con respecto a otra propuesta de construcción, y el debate había sido fuerte, divisivo, y encarnizado. Por

> *Si el líder no puede navegar guiando a su gente a través de aguas turbulentas, puede hundir la nave.*

eso yo sabía que por primera vez estaba experimentando una gran oposición a mi liderazgo. Me esperaba una situación difícil, y si yo como líder no navegaba a través de ella bien, podía hundir la nave.

TRAZANDO EL RUMBO CON UNA ESTRATEGIA DE NAVEGACIÓN

Creo que debo confesar en este momento que no soy un navegante muy bueno. A mí no me llama la atención involucrarme en los detalles, prefiero seguir mi instinto natural, algunas veces demasiado rápido para mi propio beneficio. En los últimos quince o veinte años, he complementado mi debilidad empleando buenos líderes navegantes que me ayuden en la organización. Por ejemplo, por muchos años, cuando era líder de la iglesia, Dan Reiland era parte de mi personal. Él es un excelente navegante. En EQUIP, la organización sin fines de lucro que fundé en 1996, tengo como presidente a John Hull, que es un fantástico líder navegante. Sin embargo, en 1975, yo estaba encargado del proceso de navegación. Para no fracasar, desarrollé una estrategia que desde entonces he usado varias veces en mi liderazgo. Escribí los pasos de la misma para recordarla siempre:

Predetermine un programa de acción.

Trace sus metas.

Ajuste sus prioridades.

Notifique al personal clave.

Dé cierto tiempo a la aceptación.

Comience a actuar.

Espere problemas.

Señale los buenos éxitos siempre.

Revise su plan diariamente.

Esto se convirtió en mi plan para navegar guiando a mi gente.

Yo sabía exactamente cuál debía ser nuestro plan de acción. Si queríamos seguir creciendo debíamos construir un nuevo auditorio. Yo había considerado todas las alternativas posibles, y sabía que esa era la única solución viable. Mi meta era diseñar y construir la instalación, pagarla en diez años, y unificar a toda la gente en el proceso, que no es poca cosa.

Comencé a prepararme para la reunión de la congregación. La programé con un par de meses de antelación a fin de darme tiempo para preparar todas las cosas. Lo primero que hice fue encargarles a los miembros de la junta directiva y a un grupo de líderes financieros clave que efectuaran un análisis de nuestros patrones financieros y de crecimiento en veinte años. El análisis abarcaba los diez años anteriores y proyecciones para los siguientes diez años. Basados en eso, determinamos los requisitos de la instalación.

Luego formulamos un presupuesto de diez años que explicaba detenidamente cómo manejaríamos las finanzas. También pedí que se incluyera toda la información que estábamos reuniendo en un informe de veinte páginas que daríamos a los miembros de la congregación. Sabía que los obstáculos principales para el planeamiento exitoso eran el temor al cambio, la ignorancia, la incertidumbre acerca del futuro, y la falta de imaginación. Yo iba a hacer todo lo posible para prevenir que esos factores fueran un obstáculo para nosotros.

Mi siguiente paso era notificar a los líderes clave. Comencé con los que tenían más influencia, y me reuní con ellos individualmente y a veces en grupos pequeños. En el transcurso de varias semanas, me reuní con más o menos cien líderes. Les presenté la visión y respondí sus preguntas. Y cuando percibía que una persona

Los obstáculos principales para el planeamiento exitoso eran el temor al cambio, la ignorancia, la incertidumbre acerca del futuro, y la falta de imaginación.

no se sentía segura respecto al proyecto, planeaba reunirme de nuevo con ella a solas. Luego esperé algún tiempo para que esos líderes influyeran al resto de la gente y que poco a poco la congregación fuera aceptando el proyecto.

Cuando llegó el tiempo de la reunión, estábamos listos para entrar en acción. Tomó varias horas presentar el proyecto a ellos. Distribuí el informe de veinte páginas que contenía los planos del edificio, el análisis financiero, y los presupuestos. Traté de responder todas las preguntas que pudiesen existir antes de que tuvieran la oportunidad de preguntar. También pedí a algunas de las personas más influyentes de la congregación que dijeran unas palabras.

Yo esperaba cierta oposición, pero cuando concedí la palabra para dar lugar a las preguntas, me quedé pasmado. Sólo hubo dos preguntas: Una persona quería saber cuál sería la ubicación de las fuentes de agua en el edificio, y la otra preguntó el número de lavatorios. En ese momento supe que había navegado con éxito en las aguas turbulentas. Cuando llegó el momento de hacer la moción de que todos votaran, el laico más influyente de la iglesia la hizo. Y yo había hecho arreglos para que el líder que se había opuesto a la construcción, secundara la moción. Cuando se hizo el cómputo final, noventa y ocho por ciento de la gente había votado a favor.

Cuando terminamos de navegar a través de esa fase, el resto del proyecto no fue difícil. Mantuve continuamente la visión ante la gente con informes de las buenas noticias de nuestras metas logradas, y periódicamente revisaba nuestros planes y los resultados para verificar que todo iba viento en popa. La ruta había sido trazada, todo lo que teníamos que hacer era dirigir la nave.

Esta fue una maravillosa experiencia de aprendizaje para mí. Sobre todo descubrí que el secreto de la Ley de la Navegación es la preparación. Cuando usted se prepara bien, infunde confianza y esperanza en su gente. La falta de preparación produce el efecto opuesto. No es el tamaño del proyecto lo que determina su aceptación, apoyo, y éxito, sino el tamaño del líder. Es por eso que digo que cualquiera puede *gobernar* un barco, pero se necesita que un líder planee la ruta. Los líderes que son buenos navegantes pueden llevar a su gente casi a cualquier parte.

No es el tamaño del proyecto lo que determina su aceptación, apoyo, y éxito, sino el tamaño del líder.

Aplique
LA LEY DE LA NAVEGACIÓN
a su vida

1. ¿Reflexiona de manera regular sobre sus experiencias negativas y positivas? Si no es así, se perderá las lecciones que esas experiencias puedan ofrecer. Realice una de estas cosas: separe tiempo para reflexionar cada semana, examinando su calendario o su diario. O separe tiempo para reflexionar en su horario inmediatamente después de cualquier éxito o fracaso. Escriba lo que aprendió durante ese proceso de descubrimiento.

2. Los líderes navegantes hacen su tarea. En cada proyecto o asignación en los cuales sea actualmente responsable, extraiga de su experiencia, busque conversaciones con expertos y miembros del equipo para reunir información y examinar las condiciones actuales que puedan impactar el éxito de su tarea. Después de tomar estos pasos realice un plan de acción.

3. ¿En cual área se apoya más, en las expectativas o los hechos? Es muy difícil encontrar un líder que sea talentoso en ambas áreas (soy una persona de expectativas, muy visionario y creo que todo es posible. Por lo general me apoyo en mi hermano, Larry, en lo que respecta a un pensamiento más realista). No obstante los buenos navegantes pueden hacer ambas cosas.

Para practicar exitosamente la Ley de la navegación, usted debe saber cuál es su fortaleza. Si no está seguro, pregúnteles a sus amigos y colegas confiables. Luego asegúrese de tener a alguien que tenga la capacidad en la otra área para que puedan trabajar juntos.

5

LA LEY DE LA ADICIÓN

*Los líderes añaden valor por medio
del servicio a los demás*

En un mundo donde muchos líderes políticos disfrutan su poder y su prestigio y donde los ejecutivos de las empresas ganan ingresos astronómicos, viviendo con lujos y preocupándose más por sus propias ganancias, Jim Sinegal, es una contradicción.

Sinegal es el cofundador y presidente ejecutivo de Costco, la cuarta cadena de supermercados más grande en Estados Unidos y la novena cadena más grande alrededor del mundo. A él parecen no interesarle mucho los beneficios extras. Trabaja en una oficina con sillas y mesas plegables. Si invita a alguien a reunirse con él en las oficinas corporativas, él mismo baja al vestíbulo a recibirlo. Responde a sus propias llamadas. Y su salario es únicamente de $350.000 al año, colocándolo en el diez por ciento de presidentes ejecutivos que reciben el menor salario de parte de grandes corporaciones.

La senda de Sinegal al liderazgo corporativo tampoco fue algo común. No asistió a una escuela privada de gran reputación. No es abogado, ni contador. Cuando era un adolescente, pensó en hacerse doctor, pero sus notas escolares no eran impresionantes. Así que decidió ir a la universidad y sacar un título menor. Mientras estaba asistiendo a la Universidad de San Diego, le ayudaba a un amigo suyo a descargar colchones en una tienda local llamada Fed-Mart. Poco después ese se convirtió en su trabajo. Una vez que recibió una promoción dejó de estudiar. Había encontrado su carrera. Con el tiempo también había encontrado un mentor, Sol Price, el presidente de la junta directiva de Fed-Mart. Bajo su guía, Sinegal, logró convertirse en el vicepresidente ejecutivo de la sección de mercadeo. Sinegal le ayudó después a Price a fundar Price Club, y después a ser el cofundador de Costco en 1983 junto con Jeffrey Brotman. El crecimiento de la compañía fue muy rápido. Costco compró Price Club diez años más tarde.

AÑADIENDO GANANCIAS POR MEDIO DEL VALOR

Los expertos en el mercado ponen mucha atención a la fórmula exitosa de Sinegal: ofrecer una cantidad limitada de artículos, apoyarse en ventas de alto volumen, mantener los costos lo más bajo posible y no gastar dinero en publicidad. Pero hay algo que lo separa de aquellos competidores que emplean estrategias similares: la forma en que trata a sus empleados. Él cree en pagarles a los empleados bien y ofrecerles un buen paquete de beneficios. Los empleados de Costco reciben un cuarenta y dos por ciento más de ganancias que sus rivales. Además los empleados de Costco pagan sólo una fracción del promedio nacional por beneficios médicos. Sinegal cree que si uno les paga bien a las personas «va a obtener buenas personas y una gran productividad».[1] Además de eso obtiene lealtad de los empleados. Costco es la compañía que tiene menos empleados abandonando sus posiciones en el campo de las ventas de supermercados.

Además el estilo de liderazgo de Sinegal de añadir valor no acaba con la compensación de los empleados. Él les demuestra a sus empleados que se preocupa por ellos. Mantiene una política de puertas abiertas con todos ellos. Utiliza un gafete como los demás empleados, y los conoce por sus nombres personales, además se asegura de visitar cada tienda de Costco al menos una vez al año.

«Ningún gerente o parte del personal de algún negocio se siente bien si el jefe no se interesa lo suficiente como para venir a verlos», dice Sinegal. Y cuando él se aparece, su personal disfruta verlo. «Los empleados saben que quiero saludarlos, porque los aprecio».[2]

Sinegal una vez viajó desde Texas hasta San Francisco cuando supo que un ejecutivo de Costco fue hospitalizado de emergencia, algo que no sorprendió al ejecutivo ya que esa es la forma en que Sinegal siempre dirige.

LECCIONES DE LIDERAZGO APRENDIDAS
DESDE EL PRINCIPIO

Sol Price, el mentor de Sinegal dice: «Jim ha realizado un magnífico trabajo en equilibrar los intereses de los accionistas, los empleados, y los clientes. La mayoría de las compañías tienden a apoyarse más en un área que en otra». Sinegal aprendió muchas de las lecciones de Price, un hombre que cree también en tratar a las personas bien y darles el mérito. Durante una reunión en Fed-Mart, Sinegal notó que un gerente buscaba el mérito en algunas cosas y culpaba a los empleados en otras. Sin embargo Price vio más allá.

«Deseando enseñarnos una lección», recuerda Sinegal, «Sol utilizó una reunión semanal para mostrar su desagrado acerca de algo que estaba sucediendo en las tiendas. Yo no entendía por qué lo hizo. Pero cuando él vio que su gerente culpaba a dos de sus empleados, lo despidió una semana después.

»No es correcto que una persona reciba el mérito cuando se necesitan muchas personas para crear una organización exitosa», afirma Sinegal. «Cuando uno intenta ser el más importante, no está creando lealtad.

Si no puede dar el mérito a los demás (o aceptar la culpa personalmente) se desvanecerá en su incapacidad de inspirar a los demás».[3]

Las únicas personas que critican a Sinegal son los de Wall Street. Los analistas creen que Sinegal es demasiado generoso con su gente. Ellos quisieran verlo pagándoles menos dinero a sus empleados y en cierta manera explotándolos, pero Sinegal nunca haría eso. Él considera que si uno trata bien a los empleados y a los clientes, las ganancias vendrán por sí solas. «Wall Street», dice él «vive para hacer dinero entre hoy y el próximo jueves. No lo digo amargamente, pero nosotros no podemos hacer lo mismo. Queremos desarrollar una compañía que siga aquí en los próximos cincuenta a sesenta años».[4]

«*No es correcto que una persona reciba el mérito cuando se necesitan muchas personas para crear una organización exitosa*».

—JIM SINEGAL

Otras personas fuera de la organización aprecian su enfoque. Nell Minow, un experto en gobierno corporativo recalcó: «Me encantaría clonarlo. De las 2000 compañías que tenemos en nuestra base de datos, él es la persona que tiene el contrato de empleo más pequeño como presidente ejecutivo». Es menos de una página. «Y es el único contrato que específicamente dice que puede ser despedido por una mala causa».[5]

Sinegal está más enfocado en añadir valor a las personas mediante el servicio, que en servirse a sí mismo, o hacerse rico con un salario exorbitante. Él vive de acuerdo a la Ley de la Adición. «Lo que pasa es que pienso que si uno va a intentar dirigir una organización consciente de los costos, no puede tener esas discrepancias. Tener un individuo que está ganando 100, 200 o 300 veces más que el empleado promedio que está trabajando en el edificio, no es algo correcto».[6]

Sinegal lo sintetiza de esta manera: «Esto no es algo altruista. Esto es un buen negocio». Él también podría decir que eso es un buen liderazgo.

¿IMPORTAN LOS MOTIVOS?

¿Por qué deben dirigir los líderes? Y cuando lo hacen ¿cuál es su primera responsabilidad? Si les preguntamos a varios líderes, quizás las respuestas sean muy variadas. Probablemente dirían que el trabajo del líder es:

• Estar a cargo.
• Hacer que la organización camine sin problemas.
• Hacer dinero para los accionistas.
• Desarrollar una gran compañía.
• Ser mejor que la competencia.
• Triunfar.

¿Importan los motivos de un líder, o lo importante es sencillamente realizar un trabajo? ¿Qué es lo más importante?

Hasta hace diez años no había pensado mucho en ello. Recuerdo vívidamente cuando estaba enseñando aspectos de liderazgo con un grupo de oficiales en el gobierno de una nación en desarrollo. Estaba hablando de que los líderes añadieran valor sirviendo a los demás. Pude notar que muchos en la audiencia no se sentían muy cómodos al escuchar lo que les decía. Cuando terminé la conferencia le mencioné esta observación a uno de mis anfitriones, él me dijo: «Claro que se sentían incómodos. Tiene que darse cuenta que probablemente más de la mitad de las personas que estaban aquí habrían matado a alguien para obtener su posición actual en el poder». He visto muchas cosas en mis viajes alrededor del mundo pero debo admitir que eso me impresionó. En ese momento, me di cuenta que uno no debe dar por hecho la razón por la cual los líderes dirigen y la forma en que lo hacen.

ANÁLISIS

Muchas personas ven el liderazgo de la misma forma en que ven el éxito, tratando de llegar lo más lejos posible, de escalar, y lograr la mayor posición debido a su talento. Pero en contraste con el pensamiento convencional, yo creo que lo más importante en el liderazgo no es que tan lejos avancemos, sino qué tan lejos ayudemos a los demás a avanzar. Esto se logra sirviendo a los demás y añadiéndoles valor a sus vidas.

> *Lo más importante en el liderazgo no es qué tan lejos avancemos, sino qué tan lejos ayudemos a los demás a avanzar.*

La interacción entre los líderes y los seguidores es una relación, y todas las relaciones añaden o sustraen algo de la vida de una persona. Si usted es un líder, está teniendo un impacto positivo o negativo en las personas que dirige. ¿Cómo lo puede saber? Por medio de una pregunta vital: *¿Está usted mejorando las cosas para las personas que lo siguen?* Si no puede responder afirmativamente a esta pregunta, ni dar evidencia que lo respalde, entonces es alguien que resta valor de los demás. Aquellos que quitan o disminuyen valor a las personas, con frecuencia no se dan cuenta de que están sustrayendo de los demás. Yo diría que el noventa por ciento de las personas que sustraen de los demás no lo hacen de manera intencional. No se dan cuenta de su impacto negativo en los demás. Y cuando un líder es el que resta en vez de sumar valor, y no cambia su manera de hacer las cosas, no pasará mucho tiempo antes de que su impacto en los demás pase de sustraer a dividir.

En contraste, noventa por ciento de las personas que añaden valor a los demás lo hacen de manera intencional. ¿Por qué lo digo? Porque los humanos por naturaleza somos egoístas. Yo soy egoísta. Ser una persona que añade a los demás requiere que deje mi zona de comodidad diariamente y piense en añadir valor a los demás. Pero eso es lo que se necesita para ser un líder que las demás personas sigan. Si lo hace, no solamente empezará a darles valor a los demás sino también a multiplicar ese valor.

Las personas que marcan las diferencias más grandes parecen entender esto. Si uno piensa en las personas que han ganado los premios Nobel de la paz, por ejemplo, Albert Schweitzer, Martin Luther King Jr., la Madre Teresa y el obispo Desmond Tutu, puede ver líderes que estaban más interesados en un impacto positivo en los demás que en su propia posición. Si lee sus escritos, o estudia sus trayectorias, se nota que deseaban mejorar las cosas para los demás, y querían añadirle valor a sus vidas. Su meta no era recibir un premio Nobel; ellos deseaban involucrarse en un servicio noble para sus compañeros, los seres humanos. La mentalidad de siervo permeaba sus pensamientos. El ganador del premio Nobel en 1952, Albert Schweitzer aconsejaba: «Intente hacer algún bien en algún lugar. Todos los seres humanos debemos buscar la forma de darnos cuenta de nuestro verdadero valor. Hay que compartir con nuestro prójimo. Recuerde. Usted no vive en su propio mundo. Sus hermanos están aquí también».

Añadir valor a los demás a través del servicio no sólo beneficia a las personas que reciben ese servicio. Les permite a los líderes experimentar lo siguiente:

- Una realización especial en dirigir a los demás
- Un liderazgo con motivos correctos
- La habilidad de realizar actos significativos como líderes
- El desarrollo de un equipo de liderazgo
- Una actitud de servicio para un equipo

El mejor lugar de un líder no siempre es la posición más alta, el lugar más prominente o poderoso. Es el lugar donde ellos pueden servir y añadir valor a los demás.

Albert Einstein, ganador del premio Nobel de física en 1921 dijo: «Solamente una vida que se vive para el servicio a los demás es la que vale la pena vivirse». Un gran liderazgo significa un gran servicio. ¿Cómo sirven los líderes a su gente? Jim Sinegal paga buenos salarios y trata a sus empleados con respeto. Martin Luther King, Jr. marchó por los derechos civiles. La Madre Teresa cuidó de los enfermos y estableció lugares donde otras personas pudieran hacer lo mismo. Los aspectos específicos dependen de la visión, equipo de trabajo y la organización pero la intención siempre es la misma, añadir valor. Cuando usted les añade valor a las personas, las está elevando, ayudándoles a avanzar, haciéndoles parte de algo más grande que ellos mismos y apoyándolos para que sean lo que ellos fueron diseñados a ser. Por lo general su líder es la única persona que puede ayudarles a hacer esas cosas.

AÑADA VALOR, CAMBIE VIDAS

He desarrollado cuatro directrices que me ayudan a añadir valor a los demás. Tres de ellas son fundamentales y pueden ser utilizadas por cualquiera que desee practicar la Ley de la Adición. La cuarta se basa en mi fe personal. Si eso pudiera ofenderle o usted no tiene interés en esa área, simplemente puede pasarla por alto.

1. AÑADIMOS VALOR A LOS DEMÁS CUANDO...

REALMENTE VALORAMOS A LOS DEMÁS

Darryl Hartley Leonard, presidente pensionado de la junta directiva de la corporación de los hoteles Hyatt y que actualmente es presidente y ejecutivo oficial de Production Group International dice: «Cuando una persona entra en una posición de autoridad, cede su derecho de abusar de las personas». Creo que es cierto. Pero ese es solamente el principio de un buen liderazgo. Los líderes eficaces no sólo dejan de dañar a los demás sino que intencionalmente les ayudan. Para hacer eso ellos deben valorar a las personas y demostrarles que las aprecian de tal forma que lo sepan sus seguidores.

Dan Reiland, quien fuera por muchos años mi mano derecha, es un líder excelente y valora mucho a las personas. Pero cuando él comenzó a trabajar para mí, no lo demostraba. Un día cuando apenas comenzaba con su empleo, yo estaba hablando con algunas personas en el vestíbulo

«*Cuando una persona entra en una posición de autoridad, cede su derecho de abusar de las personas*».
—Darryl Hartley-Leonard

y Dan entró con su portafolio. Pasó a nuestro lado sin decir una palabra y siguió hacia su oficina. Yo me quedé atónito. ¿Cómo puede un líder pasar en frente de un grupo de personas con las que trabaja y ni siquiera saludarles? Dejé la conversación por un momento y seguí a Dan a su oficina.

«Dan», le pregunté después de saludarlo: «¿cómo puedes pasar en frente de nosotros sin decir nada?»

Dan respondió: «Tengo mucho trabajo que hacer hoy, y deseaba comenzar».

«Dan», le dije: «acabas de pasar por tu trabajo. No olvides que el liderazgo tiene que ver con las personas». A Dan le importaban las personas y quería servirles como líder. Simplemente no lo estaba mostrando.

Me han dicho que en el lenguaje de señas estadounidense, la señal que se utiliza para la palabra servicio se realiza poniendo las manos al frente hacia arriba y moviéndolas de atrás hacia delante. Me parece una buena metáfora de la actitud que los líderes siervos deben poseer. Deben ser personas abiertas, confiables, cuidadosas, ofreciendo su ayuda y dispuestos a ser vulnerables. Los líderes que añaden valor por medio del servicio creen en su personal mucho antes de lo que ese personal cree en ellos mismos y sirven a los demás antes de recibir algún servicio.

2. AÑADIMOS VALOR A LOS DEMÁS CUANDO...

NOS HACEMOS MÁS VALIOSOS PARA ELLOS

Todo este asunto de añadir valor a los demás depende de la idea de que uno tenga algo de valor para dar. No puede dar lo que no posee. ¿Qué es lo que usted puede dar a los demás? ¿Puede enseñarles alguna habilidad? ¿Puede darles alguna oportunidad? ¿Puede darles algún consejo o una perspectiva por medio de la experiencia? Ninguna de estas cosas viene gratis.

Si usted tiene habilidades, las ha obtenido a través del estudio y la práctica. Si tiene oportunidades que dar, las ha adquirido por medio del esfuerzo. Si posee sabiduría, la ha obtenido al evaluar intencionalmente las experiencias que ha tenido. Entre más intencional haya sido acerca de su crecimiento personal, mayor será lo que tiene que ofrecer. Entre más continúe buscando el crecimiento personal, más tendrá que ofrecer.

3. AÑADIMOS VALOR A LOS DEMÁS CUANDO...

CONOCEMOS Y NOS RELACIONAMOS CON LO QUE LOS DEMÁS VALORAN

La asesora administrativa Nancy K. Austin dice que una vez miró debajo de la cama de su cuarto en uno de sus hoteles favoritos y se sorprendió cuando encontró una tarjeta. La tarjeta decía: «Así es, nosotros también limpiamos aquí abajo». Dijo Austin: «No recuerdo el vestíbulo, el número de candelabros, o la cantidad de metros cuadrados de mármol que hacía nuestra experiencia placentera». Lo que ella recordaba era esa tarjeta. El personal de limpieza había anticipado lo que era importante para ella y le sirvieron correctamente.

Pensamos que eso es un buen servicio al cliente, y cuando somos clientes o huéspedes esperamos recibir esa clase de servicio. Pero como líderes, no esperamos darlo de manera automática. Sin embargo, esa es la clave del liderazgo efectivo. Como líderes, ¿cómo conocemos y nos relacionamos con lo que valora nuestro personal? Debemos escucharlos. Los líderes sin experiencia se ponen a dirigir sin saber nada sobre las personas que intentan dirigir. Por el contrario los líderes maduros, escuchan, aprenden y luego dirigen. Ellos *escuchan* las historias de su personal. Averiguan cuáles son sus sueños y esperanzas. Se familiarizan con sus aspiraciones. Y ponen atención a sus emociones. Sabiendo esto, *aprenden* de su gente. Descubren lo que es valioso para ellos. Y *luego dirigen* basados en lo que han aprendido. Cuando hacen eso, todos ganan, la organización, el líder y los seguidores.

> *Los líderes sin experiencia se ponen a dirigir sin saber nada sobre las personas que intentan dirigir. Por el contrario los líderes maduros, escuchan, aprenden y luego dirigen.*

4. Añadimos valor a los demás cuando…
hacemos las cosas que Dios valora

Ya le mencioné que usted puede saltarse este punto, pero para mí no es un aspecto negociable. Yo creo que Dios no sólo quiere que tratemos a las personas con respeto, sino que también nos acerquemos a ellas y les sirvamos. La Escritura nos provee muchos ejemplos y descripciones de cómo debemos conducirnos, pero este es mi ejemplo favorito, tomado de la versión Dios Habla Hoy:

«Cuando el Hijo del hombre venga, rodeado de esplendor y de todos sus ángeles, se sentará en su trono glorioso. La gente de todas las naciones se reunirá delante de él, y él separará unos de otros, como el pastor separa las ovejas de las cabras. Pondrá las ovejas a su derecha y las cabras a su izquierda. Y dirá el Rey a los que estén a su derecha: "Vengan ustedes, los que han sido bendecidos por mi Padre; reciban el reino que está preparado para ustedes desde que Dios hizo el mundo. Pues tuve hambre, y ustedes me dieron de comer; tuve sed, y me dieron de beber; anduve como forastero, y me dieron alojamiento. Estuve sin ropa, y ustedes me la dieron; estuve enfermo, y me visitaron; estuve en la cárcel, y vinieron a verme". Entonces los justos preguntarán: "Señor, ¿cuándo te vimos con hambre, y te dimos de comer? ¿O cuándo te vimos con sed, y te dimos de beber? ¿O cuándo te vimos como forastero, y te dimos alojamiento, o sin ropa, y te la dimos? ¿O cuándo te vimos enfermo o en la cárcel, y fuimos a verte?" El Rey les contestará: "Les aseguro que todo lo que hicieron por uno de estos hermanos míos más humildes, por mí mismo lo hicieron"».[7]

Ese parámetro en mi conducta incluye todo lo que hago, no solamente como parte del liderazgo sino especialmente en mi liderazgo. Porque entre más poder tengo, mayor es mi impacto en los demás, para bien o para mal. Siempre quiero ser alguien que añade valor a los demás, no que sustraiga de ellos.

NO TIENE QUE VER SÓLO CON EL POLLO

Cuando mudé mis compañías a Atlanta en 1997, no pasó mucho tiempo antes de que recibiera una llamada de Dan Cathy, presidente de Chick-fil-A, la cadena privada nacional de restaurantes. Él me hizo una pregunta: «John, ¿cómo te podemos ayudar a ti y a tu organización?»

Me sorprendió. ¿Con qué frecuencia una compañía que es más grande y más fuerte que la de uno aparece de la nada y ofrece darle una mano? Eso fue exactamente lo que Dan hizo. Él trajo a 200 hombres de negocios del área de Atlanta a una reunión donde me presentó y me permitió hablarles por cuarenta minutos. Instantáneamente me dio credibilidad ante ellos, algo que me hubiera tomado varios años lograr, asumiendo que lo hubiera podido hacer sin su ayuda. Él le añadió un gran valor a mi organización y a mí personalmente.

Lo que descubrí al ir conociendo a Dan, a Truett Cathy, su padre y fundador de Chick-fil-A y a su organización es que la actitud de servicio permea todo lo que hacen. Y por esa razón, junto con su dedicación a la excelencia, debo admitir que Chick-fil-A es una de las compañías que más admiro y respeto.

En el año 2005, cuando fui el anfitrión de Exchange, una experiencia de crecimiento del liderazgo para ejecutivos durante un fin de semana, llevé a los participantes a las oficinas centrales de Chick-fil-A en el sur de Atlanta. Todos pudieron ver las operaciones de la compañía, conocer a Truett Cathy y escuchar a Dan Cathy hablar acerca de la organización. Compartieron con nosotros muchos aspectos reveladores acerca de su dedicación al servicio y de cómo añadían valor a sus empleados y a sus clientes. Por ejemplo, Dan se dedica a conocer a los clientes el día antes de la apertura de un nuevo restaurante.

También habló del deseo de la compañía de dar «un servicio extra». Ya que Chick-fil-A es una compañía privada, es una compañía mucho más pequeña que McDonalds, KFC u otros competidores. Es por eso que él cree que la compañía puede competir y ganar por medio del servicio y no por medio de la fortaleza. Entonces, la compañía les enseña a sus empleados, muchos de los cuales son adolescentes, reglas de etiqueta. Dan decía en broma: Hay evidencia de que las palabras *etiqueta* y *comida rápida* nunca han sido mencionadas en una misma oración antes».

Pero el enfoque de Dan hacia el liderazgo se hizo claro cuando se preparó a darle a cada persona en Exchange lo que llamó una herramienta de desarrollo en las relaciones de liderazgo. Dan dijo:

Tengo en mis manos un cepillo para lustrar zapatos. Este es un cepillo industrial. Lo mejor que se puede conseguir de la compañía Johnston and Murphy. Quiero entregarle uno a cada uno de ustedes. Y John, ¿puedes venir un momento? He hecho un compromiso de nunca entregar una de esas herramientas de desarrollo de relaciones de liderazgo a nadie sin primero demostrar cómo se usa, así que John, ven aquí para que te puedan ver. Quiero desafiarlos para que observen atentamente. Realmente esto es algo que tiene sustancia y verdadero significado cuando se practica con personas que realmente conoces y con personas con las que trabajas mucho tiempo. Permítanme mostrarles cómo funciona.

Dan me hizo sentarme, se arrodilló a mis pies y comenzó a limpiar mi zapatos con el cepillo.

Esto funciona sin importar si la persona trae zapatos deportivos, o de vestir, así que no te preocupes por la clase de zapatos que tenga la persona. Uno no dice nada mientras lo hace, esa es una de las claves principales. Tampoco es algo que se hace de prisa. Después cuando uno termina, se levanta y le da un gran abrazo.

En ese momento Dan se levantó, me dio un gran abrazo, y se dirigió al público una vez más:

Me he dado cuenta, que en un ambiente correcto cuando uno tiene suficiente tiempo para hacer esto y para hablar de esto, se puede tener un impacto poderoso en las vidas de las personas. Yo creo que 'limpia' nuestras relaciones con los demás.[8]

Una gran parte de un buen liderazgo es no tener conflictos relacionales con las demás personas. Servir a las personas que le siguen realmente purifica sus motivos y le ayuda a obtener una mejor perspectiva. Además trae a la superficie cualquier motivo impuro de los seguidores. Cada vez que pueda remover agendas incorrectas en una relación de liderazgo, está abriéndose paso a una meta fantástica.

Cuando Truett Cathy respondía algunas de las preguntas al final de la reunión, citó a Benjamín Franklin diciendo: «El saludo del anfitrión afecta el sabor del brindis». Otra forma de decirlo es que la actitud del líder afecta la atmósfera de la oficina. Si usted desea añadir valor a los demás mediante el servicio, usted será un mejor líder. Su personal logrará mayores cosas, desarrollará una mayor lealtad y disfrutará más de realizar las cosas. Ese es el poder de la Ley de la Adición.

Aplique
LA LEY DE LA ADICIÓN
a su vida

1. ¿Tiene usted una actitud de siervo en lo que respecta al liderazgo? No se apresure en contestar afirmativamente. Piense primero lo siguiente: en situaciones donde necesita satisfacer las necesidades de los demás, ¿cómo responde? ¿Es impaciente? ¿Se resiente? ¿Cree que ciertas tareas no son de su dignidad o posición? Si su respuesta es afirmativa a alguna de esas preguntas, su actitud no es tan buena como debiera ser. Realice pequeñas tareas de servicio a los demás regularmente sin buscar el mérito o el reconocimiento de ellos. Continúe haciéndolas hasta que no las resienta.

2. ¿Qué es lo que valoran las personas más cercanas a usted? Haga una lista de las personas más importantes de su vida, de su hogar, su trabajo, la iglesia, etc. Después de hacer esa lista, escriba lo que cada persona valora más. Luego califíquese usted en una escala del 1 al 10. Uno es la calificación menor y 10 la calificación más alta sobre cómo se relaciona usted con los valores de esa persona. Si no puede expresar lo que alguien valora o su calificación es menor de 8 con respecto a su relación a ella, dedique más tiempo a mejorar su relación con esa persona.

3. Haga que el añadir valor sea su estilo de vida. Comience con las personas más cercanas a usted. ¿Cómo puede añadirle valor a las personas de su lista relacionándose con lo que *ellos* valoran? Comience a hacerlo. Luego haga lo mismo con todas las personas que dirige. Si son sólo unas pocas, añada valor de manera individual. Si dirige grupos grandes, piense en servirles de manera colectiva e individual.

6

———— ❧ ————

LA LEY DEL
TERRENO FIRME

La confianza es el fundamento del liderazgo

¿Qué tan importante es la confianza en un líder? *Es lo más importante.* La confianza es el fundamento del liderazgo. Es lo que hace que una organización se mantenga unida. Los líderes no pueden romper la confianza repetidamente y seguir influyendo en la gente. Simplemente no sucede así.

Como nación, hemos visto la forma en la que la confianza en nuestros líderes ha subido y bajado durante las últimas décadas. Watergate fue un golpe muy fuerte en la confianza de los estadounidenses en el liderazgo. La confianza en el presidente Richard Nixon era tan baja que no le quedó otra opción que renunciar; había perdido su habilidad de influir en las personas. Bill Clinton era un líder muy talentoso, pero la duda acerca de la confianza minó su liderazgo. Los escándalos corporativos de los noventas sacudieron la confianza de las personas en el liderazgo de los negocios. Los informes sobre el acoso sexual en las academias militares minaron la confianza en el liderazgo de los servicios armados. Y los incidentes de abusos en la iglesia católica desilusionaron a muchos acerca de su liderazgo. Los líderes no pueden perder la confianza y continuar influyendo en los demás. La confianza es el fundamento del liderazgo. Esa es la Ley del Terreno Firme.

NO FUERON LAS DECISIONES, FUE EL LIDERAZGO

Personalmente aprendí el poder de la Ley del Terreno Firme en el otoño de 1989. Era el pastor principal de la iglesia Skyline en San Diego, y estaba muy ocupado. Estábamos iniciando varios programas nuevos en la iglesia, y la preparación del espectáculo navideño iba en plena marcha. Además yo tenía que viajar a varias partes del país a dictar conferencias. Como estaba tan ocupado, permití que mi naturaleza colérica se apoderara de mí y cometí un grave error. Tomé tres decisiones importantes de manera apresurada y las implementé sin proporcionar el liderazgo necesario. En una semana cambié algunos componentes del espectáculo navideño, descontinué en forma permanente el culto dominical vespertino, y despedí a un miembro del personal.

Lo interesante de todo esto es que ninguna de mis decisiones era incorrecta. El cambio en el programa navideño era beneficioso. Aunque algunos miembros viejos de la congregación disfrutaban el culto dominical vespertino, este no estaba edificando a la iglesia ni supliendo una necesidad que no fuera ya satisfecha en alguna otra parte del ministerio local. El miembro del personal que despedí tenía que irse, y era importante que no retrasara más su despido. Mi error fue la forma en que tomé esas tres decisiones. En una organización hecha con voluntarios, las decisiones necesitan ser procesadas correctamente.

Como todo en la iglesia iba tan bien, pensé que podía seguir adelante con mis decisiones sin llevar a todos los demás a través de los pasos necesarios en aquel proceso. Comúnmente reunía a los líderes, les comunicaba la visión, respondía preguntas, y los guiaba a través de todos los aspectos involucrados. Luego les daba tiempo para ejercer su influencia en el siguiente nivel de líderes. Por último, cuando era el momento adecuado, daba un anuncio general a todos, les daba a conocer las decisiones, los tranquilizaba y los motivaba a participar en la nueva visión. Pero en aquella ocasión no hice ninguna de estas cosas, sabiendo que debía hacerlas.

EL RESULTADO FUE DESCONFIANZA

Poco después comencé a percibir inquietud entre la gente. Oí algunos rumores. Al principio, mi actitud fue que todos debían reponerse y seguir adelante, pero luego me di cuenta de que el problema no estaba en ellos sino en mí. No había hecho las cosas bien. Lo peor era que mi actitud no era muy positiva, y esto no es conveniente cuando uno es el autor de libros sobre la actitud. Me di cuenta de que había quebrantado la Ley del Terreno Firme. Por primera vez en mi vida, mi gente no confiaba en mí completamente.

Apenas supe que me había equivocado, me disculpé públicamente ante mis feligreses y les pedí que me perdonaran. Su gente se da cuenta cuando usted comete errores. Lo importante es si usted está dispuesto a reconocer y confesar esos errores. Si lo hace, por lo general puede volver a ganar rápidamente la confianza de ellos. Eso me sucedió a mí tan pronto como me disculpé. Desde ese momento, siempre me esfuerzo por hacer bien las cosas. Aprendí por experiencia propia que cuando se trata del liderazgo, sencillamente no se pueden tomar atajos, no importa cuánto tiempo se haya estado dirigiendo.

La confianza es como cambio en el bolsillo de un líder. Cada vez que toma una buena decisión como líder, obtiene cambio que guarda en su bolsillo. Cada vez que toma una mala decisión, debe pagar a su gente parte de ese cambio. Cada líder lleva cierta

Cuando se trata del liderazgo, sencillamente no se pueden tomar atajos, no importa cuánto tiempo se haya estado dirigiendo.

cantidad de cambio en su bolsillo cuando comienza una nueva posición de liderazgo. Desde ese momento, o acumula cambio, o lo paga. Si toma malas decisiones, seguirá pagando. Entonces un día, después de tomar una última mala decisión, mete su mano en su bolsillo y se da cuenta de que no le queda más cambio. El error puede haber sido garrafal o pequeño; pero cuando se le acaba el cambio, su liderazgo termina.

En cambio, un líder que toma buenas decisiones y se mantiene registrando victorias para su organización acumula cambio. Y aunque cometa un error garrafal, sigue teniendo mucho cambio. Así fue mi experiencia en Skyline. Por ocho años había tomado buenas decisiones y ganado la confianza de mi gente. Por eso pude recuperarla rápidamente.

LA CONFIANZA ES EL FUNDAMENTO DEL LIDERAZGO

La confianza es el fundamento del liderazgo. Para ganar la confianza de los demás, el líder debe ser ejemplo de las siguientes cualidades: aptitud, conexión y carácter. La gente perdonará errores ocasionales relacionados con la capacidad, especialmente si son conscientes de que usted es un líder en proceso de crecimiento. Pero no confiarán en un individuo con fallas en el carácter. A este respecto, aun equivocaciones ocasionales pueden resultar letales. Todos los líderes eficaces saben esta verdad. El presidente de la junta directiva y jefe principal de Pepsi Co., Craig Weatherup, admite lo siguiente: «La gente tolera errores honestos; pero si usted viola la confianza de ellos, le será muy difícil recuperarla. Esa es una de las razones por las que la confianza debe ser para usted una de sus posesiones más valiosas. Puede engañar a su jefe, pero jamás podrá engañar a sus colegas o a sus subordinados».

El general H. Norman Schwarzkopf señala la importancia del carácter: «El liderazgo es una potente combinación

> *Para ganar la confianza de los demás, el líder debe ser ejemplo de las siguientes cualidades: aptitud, conexión y carácter.*

de estrategia y carácter. Pero si usted debe prescindir de uno de los dos, prescinda de la estrategia». El carácter y la credibilidad relacionados con el liderazgo siempre van de la mano. Anthony Harrigan, presidente del Consejo Empresarial e Industrial de Estados Unidos, dijo:

El papel del carácter ha sido siempre el factor clave en la grandeza y en la caída de las naciones. Podemos estar seguros de que Estados Unidos de América no es la excepción a esta regla histórica. No sobreviviremos como país porque somos más inteligentes o más sofisticados, sino porque somos (eso creemos) más fuertes en nuestro interior. En pocas palabras, el carácter es el único baluarte eficaz contra las fuerzas internas y externas que provocan la desintegración o el derrumbe de un país.

El carácter hace posible la confianza. Y la confianza hace posible el liderazgo. Esta es la Ley del Terreno Firme.

EL CARÁCTER COMUNICA

Cuando uno dirige individuos, es como si estos consintieran en hacer un viaje juntos. Su carácter predice en qué irá a parar ese viaje. Si tiene un buen carácter, cuanto más largo es el viaje, tanto mejor se ve. Pero si tiene fallas de carácter, cuanto más largo es el viaje, tanto peor se vuelve. ¿Por qué? Porque a nadie le gusta pasar tiempo con una persona en quien no confía.

El carácter comunica muchas cosas a los seguidores. Las siguientes son las más importantes:

EL CARÁCTER COMUNICA COHERENCIA

No se puede contar día tras día con los líderes que no tienen fuerza interior porque su capacidad de desempeño cambia constantemente. El gran Jerry West, de la NBA [National Basketball Association: Asociación Nacional de Baloncesto], comentó una vez: «Usted no podrá obtener mucho en la vida si sólo trabaja los días en los que se siente bien». Si su gente no sabe qué esperar de usted como líder, en algún momento dejarán de buscar su liderazgo.

Cuando pienso en líderes que personifican el fruto del carácter, la primera persona que se me viene a la mente es Billy Graham. Independientemente de las creencias religiosas personales, todo el mundo confía en él. ¿Por qué? Porque ha sido ejemplo de un gran carácter por más de medio siglo. Todos los días vive según sus valores. Nunca adquiere un compromiso si no puede cumplirlo, y personifica muy bien la integridad.

> *El carácter hace posible la confianza. Y la confianza hace posible el liderazgo. Esta es la Ley del Terreno Firme.*

EL CARÁCTER COMUNICA POTENCIAL

El político y autor inglés John Morley observó: «Ningún hombre puede escalar más allá de las limitaciones de su carácter». Un carácter débil limita a una persona. ¿Quién cree usted que tiene el mayor potencial de lograr grandes sueños y de tener un impacto positivo en los demás: una persona que es honesta, disciplinada y que se esfuerza o una persona que es engañosa, impulsiva y perezosa? Es obvio cuando se presenta de tal forma, ¿no es cierto?

El talento por sí mismo nunca es suficiente. Si una persona desea ir lejos debe ser reforzado por el carácter. Piense en alguien como el jugador de la NFL [National Football League: Liga Nacional de Fútbol

Americano] Terrell Owens. Muy pocos jugadores tienen su talento. Sin embargo parece no llevarse bien con ninguno de sus compañeros de equipo. Si sigue por el mismo camino, nunca realizará todo su potencial como jugador. Un carácter débil es como una bomba de tiempo. Sólo es cuestión de tiempo antes de que explote la habilidad de una persona para realizar algo y su capacidad para dirigir. ¿Por qué? Porque las personas que tienen un carácter débil no son confiables y la confianza es el fundamento del liderazgo. Craig Weatherup explica: «No se gana la confianza de otros por hablar simplemente de ella. Se gana cuando se obtienen resultados, siempre con integridad, y de tal forma que muestre una verdadera consideración personal hacia la gente con quien se trabaja».[1]

Cuando el líder tiene un carácter firme, las personas confían en él y en su capacidad de emplear su potencial. Esto no sólo infunde en los seguidores esperanza en el futuro, sino que también promueve una confianza sólida en ellos mismos y en su organización.

EL CARÁCTER COMUNICA RESPETO

Si usted no tiene fuerza interior, no podrá ganar el respeto de los demás. El respeto es algo absolutamente esencial para que un liderazgo sea duradero. ¿Cómo ganan respeto los líderes? Tomando sabias decisiones, admitiendo sus errores, y anteponiendo a sus planes personales lo que es mejor para sus seguidores y la organización.

Hace años se filmó una película sobre el Quincuagésimo Cuarto regimiento de infantería de Massachussets y su coronel, Robert Gould Shaw. La película se titula: *Glory* [Gloria], y aunque parte de la trama es ficticia, la historia de la jornada emprendida por Shaw y sus hombres durante la Guerra Civil y del respeto que ganó de ellos, es real.

La película describe la formación de este primer batallón del ejército de la Unión, compuesto de soldados afroamericanos. Shaw, quien era un

oficial blanco, asumió el mando del regimiento, supervisó el reclutamiento, seleccionó los oficiales (blancos), equipó a los hombres, y los
entrenó en las artes militares. Los hizo trabajar duro, pues sabía que el
desempeño de ellos en la batalla vindicaría o condenaría en la mente de
muchos blancos norteños el valor de los negros como soldados y ciudadanos. En el proceso, Shaw ganó el respeto de los soldados, y estos ganaron el respeto de Shaw.

¿Cómo ganan respeto los
líderes? Tomando sabias
decisiones, admitiendo sus
errores, y anteponiendo a sus
planes personales lo que es
mejor para sus seguidores y la
organización.

Pocos meses después de acabar
el entrenamiento, los hombres del
Quincuagésimo Cuarto tuvieron la
oportunidad de probarse a sí mismos en el ataque al Fuerte Wagner de
los confederados en Carolina del Sur.
Russell Duncan, biógrafo de Shaw,
comentó lo siguiente acerca del ataque: «Shaw dio la admonición final
a sus soldados: "Prueben su propia
hombría", se puso al frente y ordenó:
"¡Adelante!" Años después, un soldado recordó que el regimiento peleó
duro porque Shaw estaba al frente, no detrás».

Casi la mitad de los seiscientos hombres del Quincuagésimo Cuarto que pelearon ese día resultó herida, capturada, o asesinada. Aunque
pelearon esforzadamente, los soldados no pudieron tomar el Fuerte Wagner, y Shaw, que en el primer ataque había dirigido valientemente a sus
hombres a la parte superior del terraplén del fuerte, fue asesinado junto con sus hombres.

Las acciones de Shaw ese último día solidificaron el respeto que sus
hombres ya sentían por él. Dos semanas después de la batalla, Albanus
Fisher, un sargento del Quincuagésimo Cuarto, dijo lo siguiente: «Ahora
tengo más ganas que nunca de luchar, porque ahora deseo vengar a nuestro valeroso coronel».[2] J. R. Miller observó una vez: «Lo único que regresa

de la tumba con los dolientes y se niega a ser enterrado es el carácter del hombre. Esto es verdad. Lo que un hombre es, nunca muere. Nunca puede ser enterrado». El carácter de Shaw, fuerte hasta el final, había transmitido a sus hombres un nivel de respeto que sobrevivió a su muerte. El buen carácter de un líder infunde confianza a sus seguidores, pero cuando un líder la quebranta pierde su capacidad de dirigir. Esa es la Ley del Terreno Firme.

EL PRINCIPIO DEL FINAL DE LA CONFIANZA

Anteriormente mencioné Watergate y otros escándalos públicos que han minado la confianza del público en los líderes durante los últimos treinta años. Pero el evento que pienso comenzó a erosionar la fe del pueblo en sus líderes y que desarrolló un fuerte escepticismo en el país fue la guerra de Vietnam. Las acciones que los miembros de la administración Johnson tomaron, los errores cometidos por Robert McNamara y su falta de disposición para enfrentar y admitir esos errores rompió la confianza del pueblo estadounidense. Desde entonces, Estados Unidos ha estado sufriendo las repercusiones.

Vietnam ya estaba en guerra cuando el presidente Kennedy y Robert McNamara, su secretario de defensa, asumieron el cargo en enero de 1961. La región de Vietnam había sido un campo de batalla durante décadas y Estados Unidos se involucró a mediados de la década de los cincuenta, cuando el presidente Eisenhower envió un pequeño número de tropas estadounidenses a Vietnam como asesores. Cuando Kennedy asumió la presidencia, continuó la política de Eisenhower. Su

> *«Lo único que regresa de la tumba con los dolientes y se niega a ser enterrado es el carácter del hombre. Esto es verdad. Lo que un hombre es, nunca muere. Nunca puede ser enterrado».*
>
> —J. R. Miller

intención siempre fue que Vietnam del Sur peleara y ganara su propia guerra, pero con el tiempo, Estados Unidos se fue involucrando cada vez más. Antes de que la guerra terminara, más de medio millón de tropas norteamericanas había servido en Vietnam.

Si usted recuerda esos años de guerra, tal vez le sorprenda saber que el apoyo norteamericano a la guerra era muy fuerte, aun cuando el número de tropas enviadas aumentaba rápidamente y la cantidad de víctimas crecía. En 1966, más de doscientos mil estadounidenses habían sido enviados a Vietnam, aunque dos tercios de todos los norteamericanos entrevistados por Louis Harris creían que Estados Unidos debía «permanecer y pelear contra el comunismo». La mayoría de las personas expresaban esa opinión de que las tropas debían quedarse y pelear hasta que la guerra terminara.

PRIMERO CONFIANZA, LUEGO APOYO

Sin embargo, el apoyo no continuó por mucho tiempo. La guerra de Vietnam se estaba manejando muy mal. Lo peor fue que nuestros líderes siguieron la guerra aun después de darse cuenta de que no podíamos ganarla. Pero el peor error de todos fue que McNamara y el presidente Johnson no fueron honestos con el pueblo estadounidense. Quebrantaron la Ley del Terreno Firme, y finalmente destruyeron el liderazgo de la administración. En su libro *In Retrospect* [Retrospectivamente], McNamara relata que repetidamente minimizaba las bajas estadounidenses y sólo decía verdades a medias respecto a la guerra. Por ejemplo, él dice: «A mi regreso a Washington [desde Saigón] el 21 de diciembre [1963], no fui completamente sincero cuando dije a la prensa: "Observamos los resultados de un incremento muy sustancial de la actividad en Vietcong" (cierto); pero después añadí: "Revisamos los planes de los vietnamitas del sur y creemos firmemente que tendrán éxito" (en el mejor de los casos, una exageración)».

Durante un tiempo, nadie cuestionó las declaraciones de McNamara porque no había ninguna razón de desconfiar en el liderazgo del país. Pero con el tiempo, el pueblo reconoció que sus palabras y los hechos no coincidían. Fue entonces cuando el pueblo estadounidense comenzó a perder fe. Años después McNamara admitió su falta: «Nosotros, los de las administraciones de Kennedy y Johnson, que participamos en las decisiones sobre Vietnam, actuamos según lo que pensábamos que eran los principios y las tradiciones de esta nación. Tomamos las decisiones a la luz de esos valores, pero estábamos equivocados, terriblemente equivocados».[3]

PARA ENTONCES ERA DEMASIADO TARDE

Muchos dirían que la admisión de McNamara llegó treinta años y cincuenta y ocho mil víctimas tarde. El costo de Vietnam fue alto, y no sólo en cuanto a vidas. Así como la confianza del pueblo estadounidense en sus líderes mermó, también su deseo de seguirlos. La era que había comenzado con la esperanza y el idealismo caracterizados por John F. Kennedy, terminó con la desconfianza y el cinismo asociados con Richard Nixon.

Cuando un líder quebranta la Ley del Terreno Firme, su liderazgo paga un precio. McNamara y el presidente Johnson perdieron la confianza del pueblo norteamericano y, en consecuencia, su capacidad de dirigir sufrió. A la larga, McNamara renunció al cargo de secretario de defensa. Johnson, político consumado, reconoció su posición debilitada y no participó como candidato a la reelección. Pero las repercusiones de la confianza perdida no terminaron allí. La desconfianza del pueblo estadounidense en los políticos ha continuado hasta este día, y sigue aumentando.

Ningún líder puede traicionar la confianza de su pueblo y esperar influirlo. La confianza es el fundamento del liderazgo. Rompa la Ley del Terreno Firme, y no podrá seguir siendo el líder.

Aplique
LA LEY DEL TERRENO FIRME
a su vida

1. ¿Qué tan confiable dirían sus seguidores que es usted? ¿Cómo se puede medir su confianza? Por medio de lo abiertos que ellos sean con usted. ¿Comparten ellos con usted sus opiniones incluyendo las negativas? ¿Le dan ellos malas noticias tanto como buenas noticias? ¿Le hacen saber ellos lo que está sucediendo en sus áreas de responsabilidad? Si no es así, es probable que no confíen en su carácter.

¿Y qué tal sus colegas y su líder? ¿Ponen su confianza constantemente en usted? ¿Cómo puede medir su confianza? Por la responsabilidad que ellos ponen en usted. Si ellos le entregan a grandes responsabilidades, es una buena señal de que usted es confiable. Si no es así, necesita averiguar si ellos dudan de su competencia o de su carácter.

2. La mayoría de las personas que buscan lograr metas altas ocupan su tiempo desarrollando sus aptitudes profesionales. Quieren ser altamente competentes. Pocas veces se enfocan en su carácter. ¿Qué está haciendo usted actualmente para desarrollar su carácter?

Le recomiendo que se enfoque en tres áreas principales: integridad, autenticidad y disciplina. Para desarrollar la integridad haga un compromiso con usted mismo de ser escrupulosamente honesto. No moldee la verdad, no diga mentiras blancas, y no invente números. Sea honesto aunque duela. Para desarrollar la autenticidad, sea usted mismo con todos. No sea demagogo, no actúe o pretenda ser algo que no es. Para reforzar su disciplina, haga cosas correctas todos los días a pesar de cómo se sienta.

3. Si ha roto la confianza de otras personas en el pasado, entonces su liderazgo siempre sufrirá hasta que intente restaurar las cosas. Antes que

nada, discúlpese con aquellas personas que haya dañado o traicionado. Si usted puede hacer alguna enmienda o restitución, hágala y comprométase a volver a ganarse la confianza de ellos. Entre mayor sea la traición, más tiempo necesita para repararla. La responsabilidad de confiar no está en ellos. Usted debe ganarse la confianza de ellos (si ha roto la confianza en su hogar, comience primero allí antes de tratar de reparar las relaciones profesionales).

7

LA LEY DEL RESPETO

*Por naturaleza, la gente sigue a los líderes
que son más fuertes*

Si usted la hubiese visto, es probable que su primera reacción no hubiera sido de respeto. No era una mujer de aspecto muy impresionante, tenía poco más de metro y medio de estatura, casi llegaba a los cuarenta años, y su piel era oscura y curtida. No sabía leer ni escribir. Usaba ropa gruesa y desgastada. Cuando sonreía, la gente podía ver que le faltaban los dos dientes frontales superiores.

Vivía sola. Había dejado a su esposo a la edad de veintinueve años. Se fue sin darle aviso. Un día, él despertó, y ella se había ido. Después de varios años, ella le habló sólo una vez más, y a partir de allí no volvió jamás a mencionar el nombre de él.

El trabajo de esta mujer era intermitente. La mayor parte del tiempo aceptaba trabajos domésticos en hoteles pequeños: limpiando pisos, arreglando las habitaciones, y cocinando. Pero casi todas las primaveras y los otoños ella desaparecía de su trabajo, regresaba sin un céntimo, y trabajaba nuevamente para reunir poco a poco el dinero que pudiese juntar. Cuando estaba presente en su empleo, trabajaba duro y parecía fuerte físicamente, pero se sabe que también tenía ataques en los que de repente se quedaba dormida, a veces en medio de una conversación. Ella atribuía su aflicción a un golpe en la cabeza que le habían dado en una pelea durante su adolescencia.

¿Quién hubiera respetado a una mujer así? La respuesta es: más de trescientos esclavos que la siguieron a la libertad porque conocían y respetaban su liderazgo, al igual que casi todos los abolicionistas de Nueva Inglaterra. Era el año de 1857. El nombre de la mujer era Harriet Tubman.

UNA LÍDER CON OTRO NOMBRE

Harriet Tubman tenía apenas unos treinta años cuando comenzó a ser llamada «Moisés» por su habilidad de ir a la tierra de cautiverio y libertar del yugo de la esclavitud a muchas personas de su pueblo. Tubman nació esclava en 1820 y creció en los sembradíos de Maryland. Cuando tenía trece años recibió un golpe en la cabeza que le causó problemas toda su vida. Estaba en una tienda, y un supervisor blanco le ordenó unirse a él para poder golpear a un esclavo que estaba intentando escaparse. Cuando ella se negó y bloqueó el camino del supervisor, el hombre le arrojó una pesa de dos libras que golpeó su cabeza. Esto casi provocó su muerte, y su recuperación tomó meses.

A la edad de veinticuatro años se casó con John Tubman, un hombre negro libre. Cuando ella le habló de escapar a la libertad del norte, él no quiso escuchar. Le dijo que si intentaba escapar, él la entregaría a las autoridades. Cuando ella decidió correr el riesgo e irse al norte en 1849, lo hizo sola, sin decirle una palabra. Su primera biógrafa, Sarah Bradford, afirmó que Tubman le dijo: «Pensé esto bien: había dos cosas a las que yo tenía *derecho*, la libertad o la muerte. Si no podía tener una, tendría la otra, porque ningún hombre me iba a capturar viva. Debía pelear por mi libertad mientras tuviera fuerzas, y cuando llegara el tiempo de marcharme, el Señor iba a permitir que ellos me mataran».

Tubman pudo llegar a Filadelfia, Pennsylvania, por el «Underground Railroad», una red secreta de escape de los negros libres, de los abolicionistas blancos, y de los cuáqueros que ayudaban a los esclavos a escapar. Aunque ya era libre, juró que volvería a Maryland y libertaría a su familia. En 1850, hizo su primer viaje de regreso como «conductora» del «Underground Railroad» alguien que sacaba y guiaba a los esclavos con la ayuda de simpatizantes a lo largo de todo el camino.

UNA LÍDER DE ACERO

Cada verano e invierno, Tubman trabajaba como doméstica, reuniendo poco a poco los fondos necesarios para hacer sus viajes de regreso al sur. Cada primavera y otoño arriesgaba su vida yendo al sur y regresando con más gente. Era intrépida, y su liderazgo era inquebrantable. Era una tarea sumamente peligrosa, y cuando la gente a su cuidado flaqueaba, ella permanecía fuerte como el acero. Tubman sabía que si los esclavos que habían escapado regresaban, serían golpeados y torturados hasta que dieran información de quiénes los habían ayudado. De modo que nunca permitió que la gente que guiaba se rindiera. «Los muertos no cuentan historias», decía a un esclavo temeroso mientras lo apuntaba en la cabeza con una pistola cargada. «¡Sigues, o mueres!»

Entre 1850 y 1860, Harriet Tubman guió a más de trescientas personas, incluidos muchos miembros de su propia familia. Hizo diecinueve viajes en total y se enorgullecía del hecho de que nunca perdió a una persona bajo su cuidado. «Mi tren nunca se descarriló», decía, «y nunca perdí un pasajero». Los blancos sureños pusieron a la cabeza de Tubman el precio de $12.000, una fortuna. Al comienzo de la Guerra Civil, había sacado más gente de la esclavitud que ningún otro norteamericano en la historia, blanco o negro, hombre o mujer.

RESPETO EN AUMENTO

La reputación y la influencia de Tubman imponían respeto, y no sólo entre los esclavos que soñaban con obtener su libertad. Norteños influyentes de ambas razas la buscaban. Hablaba en reuniones y en hogares a lo largo de Filadelfia, Pennsylvania; Boston, Massachussets; St. Catharines, Canadá; y Auburn, New York, donde finalmente se estableció. Gente prominente la buscaba, como el senador William Seward, que posteriormente se convirtió en el secretario de estado de Abraham Lincoln, y el franco abolicionista y antiguo esclavo Frederick Douglass. El consejo y el liderazgo de Tubman también fueron buscados por John Brown, el famoso abolicionista revolucionario. Brown siempre se refería a la antigua esclava como «general Tubman», y se han citado sus palabras cuando dijo que ella: «era mejor oficial que la mayoría de los que él había visto, y podía dirigir un ejército con el mismo éxito que había dirigido sus pequeños grupos de fugitivos».[1] Esa es la esencia de la Ley del Respeto.

UNA PRUEBA DE LIDERAZGO

Harriet Tubman no parecía ser candidata al liderazgo porque la suerte estaba contra ella. No había recibido educación. Vivía en una cultura que no respetaba a los afroamericanos. Y trabajaba en un país donde las mujeres aún no tenían derecho al voto. A pesar de sus circunstancias, se convirtió en una líder increíble. La razón es sencilla: Los individuos, por naturaleza, siguen a los líderes más fuertes. Todo el que entraba en contacto con ella reconocía su poderoso liderazgo y se sentía obligado a seguirla. Así es como funciona la Ley del Respeto.

Cuanto más capacidad de liderazgo tiene una persona, tanto más rápido reconoce el liderazgo, o la falta de este, en otros.

NO ES UN JUEGO DE ADIVINANZAS

La gente no sigue a otros por accidente. Siguen a individuos cuyo liderazgo respetan. Alguien que tiene un liderazgo de 8 (en una escala de 1 a 10, en la que 10 es lo más alto) no sale a buscar un 6 para seguirlo, por naturaleza sigue a un 9 o a un 10. Los menos capacitados siguen a los altamente capacitados y dotados. En ocasiones, un líder fuerte decide seguir a alguien más débil que él. Pero cuando eso sucede, hay una razón. Por ejemplo, el líder más fuerte sigue a uno débil por respeto a la posición de la persona o a sus realizaciones pasadas. O tal vez esté siguiendo la cadena de mando. Sin embargo, por lo general, los seguidores son atraídos a personas que son mejores líderes que ellos. Esa es la Ley del Respeto.

Observe lo que ocurre cuando un grupo de personas se reúne por primera vez. Tan pronto empiezan a interactuar, los líderes que hay en el grupo se hacen cargo inmediatamente. Piensan en términos de la dirección en la que desean ir y a quiénes quieren llevar con ellos. Al principio, la gente se mueve tentativamente en varias direcciones, pero después de conocerse unos a otros, al poco tiempo reconocen los líderes más fuertes y los siguen.

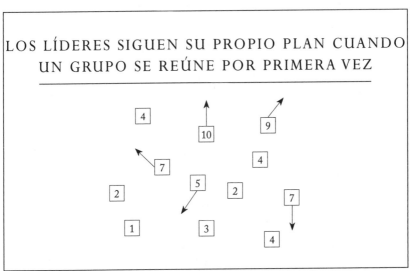

LOS LÍDERES SIGUEN SU PROPIO PLAN CUANDO UN GRUPO SE REÚNE POR PRIMERA VEZ

LA GENTE CAMBIA DE DIRECCIÓN PARA SEGUIR A LOS LÍDERES MÁS FUERTES

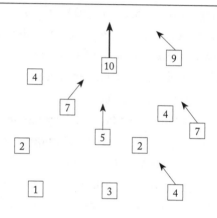

LA GENTE SE ALINEA NATURALMENTE Y SIGUE A LOS LÍDERES MÁS FUERTES

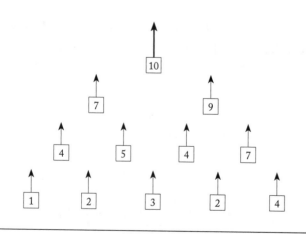

Usualmente, cuanto más capacidad de liderazgo tiene una persona, tanto más rápido reconoce el liderazgo, o la falta de este, en otros. Con el tiempo, la gente del grupo sube a bordo y sigue a los líderes más fuertes. Hacen eso, o abandonan el grupo y siguen sus propios planes. Recuerdo haber oído una historia que muestra cómo la gente comienza a seguir a los líderes más fuertes. Ocurrió a principio de la década de los setentas, cuando Bill Walton, el central de baloncesto, ahora en el Salón de la Fama, entró al equipo de UCLA [Universidad de California, Los Ángeles] dirigido por John Wooden. Se cuenta que el entrenador les dijo a los jugadores que no se les permitía tener vello facial. Walton, en un intento de asegurar su independencia, dijo que él no se afeitaría la barba. La respuesta sensata de Wooden fue: «Bueno, Bill, te vamos a extrañar». Walton se afeitó la barba.

GÁNESE EL RESPETO

¿Qué es lo que hace que una persona respete y siga a otra? ¿Son las cualidades del líder? ¿Es debido al proceso en que el líder y el seguidor participan? ¿Sucede debido a las circunstancias? Yo creo que todos los factores forman parte de ello. Basado en mis observaciones y en mi experiencia personal aquí están las seis formas principales en que los líderes obtienen el respeto de los demás:

Cuando las personas le respetan a usted como persona, le admiran. Cuando le respetan como amigo, le aprecian. Cuando le respetan como líder, le siguen.

1. HABILIDAD NATURAL DE LIDERAZGO

Antes que nada, la habilidad de liderazgo. Algunas personas nacen con mayores aptitudes y habilidades para dirigir que otras. Todos los líderes no son creados de la misma forma. No obstante, tal como lo declaré en la Ley del Tope y en la Ley del Proceso, cada persona puede mejorar como líder.

Si usted posee una habilidad natural de liderazgo, las personas quieren seguirle. Quieren estar alrededor suyo. Le escucharán. Se emocionan cuando usted les comunica una visión. No obstante, si no exhibe algunas de las prácticas y características adicionales que se presentan seguidamente, usted no logrará su potencial en el liderazgo y puede ser que las personas no continúen siguiéndole. Uno de los posibles errores más grandes en los líderes naturales, es apoyarse solamente en su talento.

2. Respeto por los demás

Los dictadores y otros líderes autocráticos se apoyan en la violencia y en la intimidación para hacer que las personas hagan lo que ellos quieren. Eso realmente no es liderazgo. En contraste, los buenos líderes se apoyan en el respeto. Ellos comprenden que todo liderazgo es voluntario. Cuando los líderes muestran respeto por los demás, especialmente por las personas que tienen menos poder o una menor posición que ellos, obtienen su respeto. Y las personas *quieren* seguir a personas que respetan grandemente.

Obtener el respeto de los demás sigue un patrón:
Cuando las personas le respetan a usted como persona, le *admiran*.
Cuando le respetan como amigo, le *aprecian*.
Cuando le respetan como líder, le *siguen*.
Si usted respeta a los demás continuamente y les dirige bien constantemente, continuará teniendo seguidores.

3. Valor

Algo que hizo que las personas respetaran tanto a Harriet Tubman era su tremendo valor. Ella se había determinado a triunfar o al menos moriría intentándolo. A ella no le preocupaba el peligro. Su misión era muy clara y ella no tenía miedo.

El ex secretario de estado Henry Kissinger dijo: «Un líder no merece ese título a menos que esté dispuesto a pararse sólo de vez en cuando». Los buenos líderes hacen lo que es correcto, aun arriesgándose al fracaso, en medio de un gran peligro o bajo una crítica despiadada. No recuerdo ningún líder de la historia que no haya tenido valor. La valentía de un líder tiene gran valor: hace que sus seguidores tengan esperanza.

4. Éxito

El éxito es algo muy atractivo. Las personas por naturaleza se sienten atraídas a él. Esa es la razón por la cual las personas de nuestra sociedad se enfocan tanto en la vida de las celebridades. Por esa razón vitorean a su equipo favorito de deportes y por eso siguen las carreras de los artistas musicales.

El éxito es aun más importante cuando se aplica a las personas que dirigimos. Las personas respetan los logros de otras personas. Es muy difícil llevarle la contraria a alguien que tenga un buen historial. Cuando los líderes tienen éxito en sus tareas, las personas los respetan. Cuando triunfan en hacer llevar un equipo a la victoria, los seguidores creen que pueden hacerlo otra vez. Como resultado, los seguidores van tras ellos porque quieren ser parte del éxito en el futuro.

> «Un líder no merece ese título a menos que esté dispuesto a pararse sólo de vez en cuando».
> —Henry Kissinger

5. Lealtad

Vivimos en la era de la libre empresa. Los atletas profesionales pasan de equipo a equipo, buscando el mejor contrato. Los presidentes ejecutivos negocian altos paquetes financieros y luego se van como millonarios cuando las cosas salen mal. El trabajador promedio, de acuerdo con una información, cambiará de ocupación diez veces antes de tener treinta y seis años.[2]

En una cultura de cambios y transiciones constantes, la lealtad es algo muy valioso. Cuando los líderes se mantienen con el equipo hasta que el trabajo se realice, cuando se mantienen leales a la organización aun en medio de dificultades y cuidando de sus seguidores aunque esto les afecte, eso hace que ellos le sigan y le respeten por sus acciones.

6. Añadirle valor a los demás

Quizás la fuente más grande de respeto de un líder surge de su dedicación al añadir valor a los demás. Ya que he hablado de esto extensamente en la Ley de la Adición, probablemente no necesito decir más en este capítulo. Pero puede estar seguro que los seguidores valoran a los líderes que les añaden valor. Y su respeto por ellos se mantiene aun después de que la relación ha terminado.

MIDA SU NIVEL DE RESPETO

Si usted desea medir cuánto respeto tiene como líder, lo primero que debe hacer es mirar a quien atrae. Dennis A. Peer dijo: «El liderazgo se puede medir por el calibre de las personas que deciden seguirle». Otra cosa que debe hacer es ver cómo responden las personas cuando usted les pide que hagan un compromiso o un cambio.

> «El liderazgo se puede medir por el calibre de las personas que deciden seguirle».
> —Dennis A. Peer

Cuando los líderes son respetados y piden un compromiso, su gente da un paso al frente y lo apoyan. Están preparados para tomar riesgos, atacan la colina, trabajan por largas horas, o hacen lo que sea necesario para realizar el trabajo. De la misma forma, cuando los líderes respetados piden un cambio, los seguidores están dispuestos a aceptarlo. Pero cuando los líderes no son respetados y ellos piden un compromiso o un cambio, las personas dudan, se excusan, o simplemente se alejan. Es muy difícil que un líder que no se ha ganado el respeto logre hacer que otras personas le sigan.

UN LÍDER RESPETADO SE RETIRA

En octubre de 1997, el baloncesto universitario presenció el retiro de otro gran líder, alguien que inspiraba respeto, pues pasó más de treinta años de su vida dándose a los demás. Su nombre es Dean Smith, y era el entrenador principal de baloncesto de la Universidad de Carolina del Norte. Acumuló un récord notable mientras dirigió a los Tar Heels y es considerado uno de los mejores entrenadores de todos los tiempos. En los treinta y dos años como entrenador principal en Carolina del Norte, ganó 879 juegos.[3] Sus equipos registraron veintisiete temporadas consecutivas de veinte juegos ganados. Ganaron trece títulos de la Conferencia de la Costa Atlántica, jugaron en once cuartos de finales, y ganaron dos campeonatos nacionales.

El respeto que Smith ha ganado entre sus iguales es tremendo. Cuando programó la conferencia de prensa para anunciar su jubilación, personas como John Thompson, entrenador de Georgetown, a quien Smith venció en el campeonato nacional de 1982, y Larry Brown, vinieron a mostrarle su apoyo. Michael Hooker, rector de la Universidad de Carolina del Norte, dio a Smith una invitación abierta a hacer lo que quisiera en la universidad en los años siguientes. Aun el presidente de Estados Unidos llamó a Smith para darle honores.

«*El líder tiene que saber, debe saber que sabe y debe comunicarlo abundantemente claro a aquellos que él conoce*».
—CLAREANCE B. RANDALL

LOS MÁS CERCANOS A ÉL LE RESPETABAN MÁS.

Pero la Ley del Respeto se puede apreciar más sobre el desempeño profesional de Smith en la forma en que sus jugadores interactuaban con él. Lo respetaban por muchas razones. Les enseñaba mucho, de baloncesto y de la vida. Los motivaba a desenvolverse bien académicamente, y casi todos los jugadores obtuvieron un título. Los convirtió en ganadores. Les mostraba lealtad y un respeto increíble. Charlie Scott, que jugaba para Smith y se graduó de Carolina del Norte en 1970, avanzó a jugar baloncesto profesional y luego continuó para trabajar como director de mercadeo de los productos Champion. Respecto a su tiempo con Smith, comentó:

> Como uno de los primeros atletas universitarios negros en la ACC [Atlantic Coast Conference: Conferencia de la Costa Atlántica], experimenté muchos momentos difíciles durante mi tiempo en Carolina del Norte, pero siempre pude contar con el entrenador Smith. En una ocasión íbamos saliendo de la cancha después de un juego en Carolina del Sur, y uno de los fanáticos de ellos me llamó gran mandril negro. Dos ayudantes tuvieron que impedir que el entrenador Smith correteara al hombre. Fue la primera vez que vi al entrenador Smith visiblemente molesto, y quedé pasmado. Pero más que todo, yo estaba orgulloso de él.[4]

Durante su tiempo en Carolina del Norte, Smith causó un tremendo impacto. Su liderazgo no sólo ganó juegos y el respeto de sus jugadores, sino que también ayudó a producir cuarenta y nueve hombres extraordinarios que siguieron jugando baloncesto profesional. En esa lista hay grandes como Bob McAdoo, James Worthy, y por supuesto, Michael Jordan, no sólo uno de los mejores jugadores en «driblar» o engañar al contrario sin perder el balón, sino también un magnífico líder por derecho propio.

James Jordan, padre de Michael, dio crédito a Smith y a su liderazgo por gran parte del éxito de su hijo. Antes de un juego durante las eliminatorias de desempate en Chicago en 1993, el anciano Jordan observó:

> La gente subestima el programa que Dean Smith dirige. Él le ayudó a Michael a darse cuenta de su capacidad atlética y a pulirla. Sin embargo, lo más importante fue que formó en Michael el carácter que lo llevó a través de su profesión. No creo que Michael tuviera el privilegio de recibir más enseñanza que los demás. Tenía la personalidad que encajaba con la enseñanza, y en Carolina pudo mezclar ambas cosas. Esa es la única forma en la que puedo verlo, y creo que eso fue lo que hizo a Michael el jugador que es.[5]

Michael Jordan se mostró firme en su deseo de jugar para un solo entrenador: Phil Jackson, el hombre que según él es el mejor en el negocio. Esto es comprensible. Un líder como Jordan quiere seguir a un líder fuerte. Esa es la Ley del Respeto. Es posible que el deseo de Jordan haya tenido sus raíces en el tiempo en que el joven de Carolina del Norte, aún en desarrollo, estaba siendo dirigido por su fuerte mentor y entrenador, Dean Smith.

Si alguna vez se frustra porque la gente que usted quiere que le siga no lo hace, puede ser que esté tratando de dirigir personas personas cuyo liderazgo es más fuerte que el suyo. Eso crea una situación difícil. Si usted es un líder de categoría 7 y ellos lo son de categoría 8, 9 o 10 es probable que no le sigan, no importa cuán convincente sea su misión o cuán bien planeado esté su proyecto.

El matemático André Weil dijo: «Un hombre de primera clase intentará rodearse con personas iguales o mejores que él. Un hombre de segunda clase se rodeará con personas de tercera clase. Asimismo, un hombre de tercera clase se rodeará con personas de quinta clase». Eso no necesariamente es así por diseño o porque los líderes son más débiles o inseguros. Se debe a la Ley del Respeto. Nos guste o no, esa es la forma en que el liderazgo funciona.

¿Qué puede hacer entonces? Conviértase en un mejor líder. Siempre hay esperanza para un líder que desea crecer. Las personas que por naturaleza son de categoría 7 nunca llegarán a ser de categoría 10, pero pueden llegar a ser de categoría 9. Siempre hay espacio para crecer. Y entre más se desarrolle, mejor personal usted atraerá. ¿Por qué? Porque las personas por naturaleza siguen a los líderes que son más fuertes que ellos.

⧽❦⧼

Aplique
LA LEY DEL RESPETO
a su vida

---

1. Piense en la última vez que le pidió a sus empleados, seguidores o voluntarios un compromiso o un cambio. ¿Cuál fue su reacción? En general, ¿qué tan rápido hace que la gente le siga en esas situaciones? Ese puede ser un medidor bastante real de su nivel de liderazgo.

2. Observe las cualidades que hacen que un líder obtenga respeto:

- La habilidad de liderazgo (habilidad natural)
- Respeto por los demás
- Valor
- Historial de éxito
- Lealtad
- Añadirles valor a los demás

Evalúese usted en cada área en una escala del 1 (bajo) al 10 (alto). Una de las mejores maneras de elevar su «número de liderazgo» es mejorar en cada área. En cada una de ellas escriba una oración mencionando una práctica, hábito o meta que le ayudará a mejorar en esa área. Luego dedíquese un mes a cada una de ellas hasta que se vuelva una parte rutinaria de su vida.

3. Una de mis definiciones favoritas del éxito es tener el respeto de las personas más cercanas a mí. Creo que si mi familia (que me conoce mejor) y mis colegas más cercanos (que trabajan conmigo todos los días) me respetan, entonces soy un éxito y mi liderazgo será eficaz.

Si tiene el valor, pregúnteles a esas personas qué es lo que ellas respetan más de usted. Y también pregúnteles en qué áreas necesita crecer. Luego determine cómo mejorar basado en esa retroalimentación honesta.

8

LA LEY DE LA INTUICIÓN

*Los líderes evalúan todas las cosas
con pasión de liderazgo*

Durante la década en la que di conferencias acerca de las 21 leyes de liderazgo, he descubierto que la Ley de la Intuición es la más difícil de enseñar. Cuando hablo al respecto, los líderes naturales la entienden instantáneamente, los líderes aprendices la entienden con el tiempo y los que no son líderes no la entienden del todo.

Los líderes miran las cosas de manera diferente a los demás. Ellos evalúan todo según su predisposición hacia el liderazgo. Poseen la intuición del liderazgo que les informa lo que hacen. Es una parte inseparable de lo que son.

TODAS LAS PERSONAS SON INTUITIVAS

No todas las personas son intuitivas en el área del liderazgo, pero todas las personas poseen intuición. ¿Por qué digo eso? Porque las personas son intuitivas en sus áreas fuertes. Permítame darle un ejemplo. Ya que soy un comunicador y realizo muchas conferencias, las personas desean escuchar a mi esposa, Margaret, y de vez en cuando recibe invitaciones

para hablar en un evento. Cuando la fecha se aproxima, Margaret trabaja en su presentación, pero inevitablemente si hablamos de ello nuestra
conversación es más o menos así:

–John, ¿cómo crees que debo empezar? –me pregunta.

–Depende –le respondo.

–Eso no me ayuda mucho.

–Margaret, no estoy tratando de portarme difícil. Cada conferencia
es diferente.

–Muy bien, pero ¿qué debo hacer?

–Yo hablaría con los asistentes antes de que comenzara el evento para
saber cómo es el ambiente, tú sabes, ver cuál es la actitud. También escu-
charía lo que el anfitrión dijera y a las personas que hablaron antes de mí
para saber si debo hablar o mencionar algo que se dijo antes. Buscaría
una forma de tener una conexión con la audiencia.

–Eso no me ayuda –me dice frustrada.

Para ser honesto, sus preguntas me frustran tanto como a ella lo
hacen mis respuestas. Me cuesta explicarle lo que haría porque la comunicación es algo intuitivo para mí; es una de mis grandes fortalezas.

EL OTRO LADO DE LA MONEDA

No estoy tratando de burlarme de Margaret, ella es mucho más talentosa que yo en muchas áreas. Para darle una idea, cuando me estoy preparando para hablar en un evento y estoy decidiendo que ropa ponerme,
soy un desastre. Pueden pasar dos cosas: me paro enfrente del ropero,
paralizado sin poder saber que va con qué. O escojo algo, me lo pongo, voy
al cuarto y Margaret me dice: «Oh, John, no irás vestido *así*, ¿cierto?»

> *Las personas son intuitivas en sus áreas fuertes.*

«Oh no, por supuesto que no», le respondo. «¿Qué crees *tú* que debo usar?»

En un par de segundos Margaret encuentra lo que debo usar. «No te he visto en esta chaqueta todavía, así que ¿qué tal esta?», pregunta mientras comienza a agarrar cosas. «Y si usas esta camisa y esta corbata, realmente resaltará». Mientras ella selecciona los pantalones, yo trato de ayudarla escogiendo los zapatos. «No, no puedes usar esos zapatos con esto», dice ella. «Ten, usa estos con este cinturón».

Cuando llego al evento, recibo halagos de varias personas por la forma en que voy vestido y por eso cuando regreso a casa, cuelgo todo el traje junto porque sé que combina bien. Luego, la próxima vez que voy a otra conferencia, me pongo el mismo traje, salgo al cuarto y Margaret me dice: «No vas a usar *eso* otra vez», y el proceso empieza nuevamente.

Margaret tiene instintos increíbles en lo que respecta a cualquier cosa artística. Tiene un gran sentido del estilo y del color. Ella puede pintar, hacer arreglos florales, diseñar, encontrar antigüedades, trabajar en el jardín, decorar, etc. Ella es intuitiva en sus áreas de fortaleza. Gracias a ella, nuestra casa siempre se ve hermosa. Estoy seguro que ella puede competir con cualquier decorador de interiores de la televisión. Me siento afortunado de beneficiarme de su talento.

MÁS QUE LOS HECHOS

La intuición es algo tan difícil de explicar porque no es algo concreto. No se apoya solamente en la evidencia empírica. ¿Recuerda el programa de televisión *Dragnet*? Si lo recuerda, probablemente conoce la frase que Jack Webb hizo famosa en ese programa: «Sólo los hechos, señora, sólo los hechos». La Ley de la Intuición depende de *mucho más que sólo los hechos*. La Ley de la Intuición está basada en los hechos más el instinto más otros factores intangibles, tales como la moral del empleado, el momento en la organización y las dinámicas relacionales.

Collin Powell, general pensionado del ejército y ex secretario de estado nos da una buena explicación del uso de la intuición del liderazgo y de su importancia. Él se dio cuenta que muchos líderes tenían problemas cuando deseaban tener una gran cantidad de información o si esperaban que todas las preguntas estuvieran contestadas antes de tomar una decisión. Powell dice que él toma decisiones de liderazgo reuniendo entre un cuarenta y un sesenta por ciento de la información que se puede obtener y luego utiliza su propia experiencia como factor de apoyo. En otras palabras, él basa sus decisiones de liderazgo tanto en intuición como en hechos. Él se apoya en la Ley de la intuición. Y eso, por lo general, separa a los grandes líderes de los líderes promedios.

EL LIDERAZGO ES SU PREDISPOSICIÓN

El tipo de intuición informada que los entrenadores y mariscales de campo tienen el día del juego es similar a la que tienen los líderes. Los líderes ven todo con una predisposición del liderazgo, y como resultado, de manera instintiva, casi automática, saben qué hacer. Usted puede ver este tipo de instinto de reacción inmediata en todos los grandes líderes. Por ejemplo, observe el desempeño profesional del general del ejército de Estados Unidos, H. Norman Schwarzkopf. Una y otra vez se le asignaban comandos que otros evitaban, pero él podía cambiar totalmente la situación debido a su excepcional intuición del liderazgo y a su capacidad de actuar. A menudo los líderes pueden hacer cosas parecidas.

Schwarzkopf había estado diecisiete años en el ejército, cuando finalmente obtuvo la oportunidad de comandar un batallón. Esto sucedió en diciembre de 1969 durante su segundo recorrido por Vietnam como teniente coronel. El comando, que nadie quería, era el del Primer Batallón de la Sexta Infantería, conocido como el «Primero de la Sexta». Pero como el grupo tenía tan mala reputación, le pusieron de sobrenombre el «peor de la Sexta». Un hecho que confirmaba esto era que cuando

Schwarzkopf asumió el comando, le informaron que el batallón acababa de salir mal en la inspección anual. Habían sacado una puntuación de dieciséis de un total de cien puntos. Sólo tenía treinta días para poner a estos hombres en forma.

VEA A TRAVÉS DE LOS LENTES DEL LIDERAZGO

Después de la ceremonia de cambio de comando, Schwarzkopf conoció al comandante saliente, quien le dijo: «Esto es para usted», entregándole una botella de whisky escocés. «La va a necesitar. Bueno, espero que a usted le vaya mejor que a mí. Traté de dirigir lo mejor que pude, pero es un batallón malísimo que tiene la moral muy baja y una pobre misión. Le deseo buena suerte».

Y después de decir esto, se marchó. La intuición de Schwarzkopf le dijo que estaba ante una situación terrible, pero era peor de lo que había imaginado. Su predecesor no tenía idea de lo que era el liderazgo. El hombre nunca había salido de la seguridad del campamento base para inspeccionar sus tropas y los resultados habían sido espantosos. Todo el batallón estaba en caos. Los oficiales eran indiferentes, no se estaban siguiendo los procedimientos básicos de seguridad, y los soldados estaban muriendo innecesariamente. El comandante saliente tenía razón: era un batallón malísimo con la moral muy baja, pero lo que no decía es que la culpa era de él. Según la descripción de Schwarzkopf, era obvio que el antiguo comandante no tenía la capacidad de interpretar la situación, y había fallado como líder a su gente.

Durante las semanas que siguieron, la intuición de Schwarzkopf le dio algunas claves, y tomó ciertas medidas. Implementó procedimientos

Schwarzkopf podía cambiar totalmente la situación debido a su excepcional intuición del liderazgo y a su capacidad de actuar.

militares, volvió a entrenar las tropas, formó a sus líderes, y dio a los hombres dirección y propósito. Cuando llegó la hora de la inspección a los treinta días, obtuvieron una puntuación aceptable. Y los hombres comenzaron a pensar de sí mismos: *Oye, podemos hacerlo bien, podemos tener éxito. Ya no somos el peor de la Sexta.* Como resultado, menos hombres murieron, la moral se elevó, y el batallón comenzó a cumplir su misión con eficacia. El liderazgo de Schwarzkopf fue tan fuerte y el cambio que produjo fue tan eficaz, que después de pocos meses de haber asumido el mando, su batallón fue escogido para llevar a cabo misiones más difíciles; el tipo de misiones que sólo podría realizar un grupo disciplinado, bien dirigido, con la moral muy alta.

LO QUE USTED ES DETERMINA LO QUE VE

¿Cómo pudo Schwarzkopf dar un giro total a asignaciones difíciles una y otra vez? La respuesta se encuentra en la Ley de la Intuición. Los otros oficiales tenían la ventaja del mismo entrenamiento en la milicia y en las tácticas. Tenían además total acceso a los mismos recursos, de modo que esa no era la respuesta. Schwarzkopf no necesariamente era más inteligente que sus contrapartes. Su contribución fue su fuerte intuición del liderazgo. Todo lo veía con la predisposición del liderazgo.

Lo que usted es determina lo que ve. Si ha visto la película *The Great Outdoors* [La gran naturaleza], tal vez recuerda una escena que ilustra perfectamente esta idea. En la película, John Candy hace el papel de Chet, un hombre que está de vacaciones con su familia en el lago de una pequeña comunidad en el bosque. Recibe la sorpresiva visita de su cuñada y el esposo de esta, Román, papel representado por Dan Aykroyd. Los dos hombres están sentados en la terraza de la cabaña, la cual tiene vista al lago y millas de un hermoso bosque, y comienzan a conversar. Román, quien se percibe como un comerciante poco escrupuloso, comparte su visión con Chet: «Te diré lo que veo cuando miro aquí afuera... veo los recursos subdesarrollados del norte de Minnesota, Wisconsin, y Michigan. Veo un consorcio de desarrollo sindicado que explota más de mil millones de dólares en productos forestales. Veo una fábrica de papel y, si hay metales estratégicos, una operación minera; una zona verde entre los condominios del lago y una instalación de manejo de los desperdicios...

Ahora te pregunto a ti, ¿qué ves tú?»

«Yo, eh, yo sólo veo árboles», responde Chet.

«Bueno», dice Román, «nadie podrá decir que tienes una visión grandiosa».

Chet veía árboles porque estaba allí para disfrutar la escena. Román veía oportunidades porque era un hombre de negocios cuyo deseo era hacer dinero. Lo que usted es determina la forma en que ve el mundo que lo rodea.

CÓMO PIENSAN LOS LÍDERES

Debido a su intuición, los líderes evalúan todo con una predisposición típica del liderazgo. La gente que nació con una capacidad de liderazgo natural es especialmente fuerte en el área de la intuición de liderazgo. Otros tienen que hacer un gran esfuerzo para desarrollarla y pulirla. Pero independientemente de cómo se produzca, la intuición es el resultado de dos cosas: la combinación de la habilidad natural, que se haya en las áreas fuertes de una persona, y las destrezas aprendidas. Esta intuición informada hace que los asuntos del liderazgo salten a la vista de un líder en una manera única. Yo considero la intuición de liderazgo como la capacidad de un líder de interpretar lo que está sucediendo. Es por esta razón que yo digo que los líderes son intérpretes:

> *Lo que usted es determina lo que ve.*

LOS LÍDERES SON INTÉRPRETES DE SU SITUACIÓN
En la actualidad tengo muchas ocupaciones: escribo, doy conferencias, soy mentor, y hago conexiones. También soy dueño de dos compañías. Aunque hablo con los presidentes de mis compañías semanalmente, ellos se encargan de la operación diaria de las compañías y voy a sus oficinas de vez en cuando.

Recientemente, John Hull, presidente de EQUIP, me comentó: «John, cuando vienes a la oficina, puedes entrar a nuestro mundo fácilmente». Las palabras que usó fueron muy interesantes y le pregunté que quería decir con ello.

«Estás muy familiarizado con la atmósfera y el ambiente» me explicó. «Haces muy buenas preguntas y rápidamente te amoldas al mismo paso que nosotros. Nunca sentimos que tu llegada a la oficina causa incomodidad». Mientras reflexionaba en ello, me di cuenta de que lo que él estaba describiendo era la forma en que utilizo mi intuición de liderazgo.

En toda clase de circunstancias, los líderes retoman detalles que otros no ven. Pueden «sintonizarse» a la dinámica de liderazgo. Muchos líderes describen esto como una habilidad para «oler» las cosas en la organización. Pueden percibir la actitud de las personas. Pueden detectar la química del equipo. Pueden saber cuando las cosas marchan muy bien, cuando van en descenso, o cuando van a detenerse. No necesitan mirar estadísticas, leer reportes o examinar una hoja de balance. Conocen la situación *antes* de tener todos los hechos. Ese es el resultado de su liderazgo de intuición.

La habilidad natural y las destrezas aprendidas crean una intuición informada que hace que los asuntos del liderazgo salten a la vista de los líderes.

Los líderes son intérpretes de las tendencias

La mayoría de los seguidores se enfocan en su trabajo actual. Piensan en términos de asignaciones, proyectos o metas específicas. Así debe ser. La mayoría de los gerentes se preocupan de la eficiencia y la efectividad. Con frecuencia tienen un punto de vista más amplio que los empleados, pensando en términos de semanas, meses y años. No obstante, los líderes tienen una perspectiva aun más amplia. Ellos se fijan con anticipación en años y hasta en décadas.

Todo lo que sucede a nuestro alrededor ocurre en el contexto de un panorama más amplio. Los líderes tienen la capacidad y la responsabilidad de apartarse de lo que está pasando en el momento y ver no sólo hasta dónde ellos y su gente han llegado, sino también visualizar hacia dónde se dirigen en el futuro. A veces pueden lograr esto por medio del análisis, pero con frecuencia los mejores líderes lo perciben primero y luego encuentran información para explicarlo después. Su intuición les dice que algo está sucediendo, que las condiciones están cambiando y que el problema o la oportunidad se están acercando. Los líderes siempre se encuentran unos pasos al frente de los demás, si no lo hicieran no estarían dirigiendo. Ellos pueden hacer eso solamente si pueden interpretar las tendencias.

Los líderes son intérpretes de sus recursos

Una de las diferencias más importantes entre los líderes y el resto de las personas, es su forma de ver los recursos. Un buen trabajador encuentra un desafío y piensa: *¿Qué puedo hacer para ayudar?* Una persona con muchos logros se pregunta: *¿Cómo puedo resolver este problema?* El máximo ejecutor se pregunta: *¿Qué debo hacer para llegar al siguiente nivel y poder superar esto?*

No obstante, los líderes piensan diferente. Ellos piensan en términos de recursos y de cómo utilizarlos al máximo. Ellos ven el desafío, el problema o la oportunidad y luego piensan: *¿Quién es la mejor persona que* *puede encargarse de esto? ¿Cuáles recursos, materiales, tecnología, información, etc. poseemos que nos puede ayudar ahora? ¿Cuánto nos costará esto? ¿Cómo puedo estimular a mi equipo para que triunfen?*

Los líderes ven todo por medio de una predisposición. Su enfoque es movilizar a las personas y reforzar los recursos para lograr sus metas más que utilizar sus propios esfuerzos. Los líderes que quieren triunfar utilizan al máximo cada recurso y cada activo que tienen para el beneficio de su organización. Por esa razón, continuamente están conscientes de lo que tienen a su disposición.

> *Los líderes que quieren triunfar utilizan al máximo cada recurso y cada activo que tienen para el beneficio de su organización.*

LOS LÍDERES SON INTÉRPRETES DE LAS PERSONAS

El presidente Lyndon Johnson dijo una vez que cuando uno entra a una habitación y no puede saber quién está a favor y quién está en contra de uno, no pertenece al mundo de la política. Esta declaración también se aplica al liderazgo. La intuición ayuda a los líderes a percibir lo que sucede entre las personas y casi instantáneamente conocer sus esperanzas, temores, y preocupaciones. Pueden percibir lo que está pasando en un salón, si hay curiosidad, duda, renuencia, anticipación o alivio.

Interpretar a las personas es quizás la habilidad intuitiva más importante que los líderes pueden poseer. Después de todo, si lo que usted está haciendo no involucra a las personas, entonces no es liderazgo. Y si no puede persuadir a las personas para que le sigan entonces no está dirigiendo.

LOS LÍDERES SON INTÉRPRETES DE SÍ MISMOS

Por último, los buenos líderes desarrollan la capacidad de interpretarse a sí mismos. El poeta James Russell Lovell dijo: «Nadie que no pueda ser completamente sincero consigo mismo puede producir cosas grandes». Los líderes no sólo deben saber cuales son sus puntos fuertes y sus puntos ciegos, sus destrezas y debilidades, sino también su estado de ánimo mental actual. ¿Por qué? Porque los líderes pueden obstaculizar el progreso tan fácilmente como lo pueden ayudar a crear. De hecho, es más fácil dañar una organización de lo que es edificarla. Todos hemos visto organizaciones excelentes que necesitaron muchas generaciones para construirse y que se destruyeron en cuestión de años.

Cuando los líderes se vuelven egocéntricos, pesimistas o rígidos en sus pensamientos, con frecuencia dañan a sus organizaciones porque caen en la trampa de pensar que no pueden o no deben cambiar. Y una vez que eso sucede, las organizaciones tienen mucha dificultad en mejorar. Su declive es inevitable.

TRES NIVELES DE INTUICIÓN

Si usted está pensando: *Me gustaría poder interpretar esta dinámica en mi organización pero no veo las cosas de manera intuitiva,* no se desespere. La buena noticia es que puede mejorar su intuición de liderazgo, aunque no sea un líder natural. Tal como lo mencioné antes, el liderazgo de intuición es una intuición *informada.* Entre menos talento natural de liderazgo tenga, mayor será su necesidad de obtener experiencia y de desarrollar aptitudes. Estas pueden ayudarle a desarrollar patrones de pensamiento y los patrones de pensamiento pueden ser aprendidos.

He visto que todas las personas entran en uno de los tres niveles principales de intuición:

1. Los que comprenden el liderazgo *naturalmente*

Alguna gente nace con dones excepcionales del liderazgo. En forma instintiva entienden a las personas y saben cómo moverlas del punto A al punto B. Aun desde niños actúan como líderes. Obsérvelos en el parque de juegos y podrá ver que todos los siguen. Las personas con una intuición natural de liderazgo pueden pulirla y llegar a ser líderes de categoría mundial del más alto calibre. Esta capacidad natural a menudo es la diferencia entre un 9 (un líder excelente) y un 10 (un líder de categoría mundial).

2. Los que son *cultivados* para comprender el liderazgo

La mayoría de las personas caen en esta categoría. Tienen aptitudes adecuadas y si aceptan la enseñanza, pueden desarrollar la intuición. El liderazgo puede ser aprendido. La gente que no desarrolla su intuición o que no intenta mejorar su liderazgo está condenada a ser tomada por sorpresa en su liderazgo durante el resto de su vida.

3. Los que *nunca* comprenderán el liderazgo

Creo que casi todo el mundo puede adquirir técnicas de liderazgo e intuición. Pero en ciertas ocasiones, me encuentro con algunos que no parecen tener ni una fibra de liderazgo en su cuerpo *y* que no tienen interés en adquirir las técnicas necesarias para dirigir. Usted no es esa clase de persona porque entonces nunca habría comprado este libro.

DESARROLLE LA INTUICIÓN
SUS PENSAMIENTOS

Hace varios años aprendí mucho acerca de cómo se enseña a pensar a los mariscales de campo. El entrenador Larry Smith me había invitado a visitar la Universidad de California del Sur (USC). Me pidió que hablara al equipo de fútbol americano los Trojans antes de un juego importante. Mientras estaba allí, también visité el salón de ofensiva del equipo.

En las pizarras que cubrían las paredes, los entrenadores habían trazado toda situación posible que pudiera enfrentar el equipo de acuerdo a: donde la pelota toque el suelo, longitud, y lugar en el campo. Para cada situación, los entrenadores habían trazado una jugada específica, diseñada para tener éxito, basados en los años de experiencia y en su conocimiento intuitivo del juego.

Mientras estaba allí, noté que había una cama plegable junto a la pared. Cuando pregunté por qué estaba allí, el coordinador de ofensiva dijo: «Siempre paso el viernes en la noche aquí para asegurarme de que me sé todas las jugadas».

«Sí, pero ya las tiene anotadas en la hoja que llevará mañana a la banca», le dije, «¿Por qué no usa sólo eso?»

«No puedo depender de eso», respondió, «no hay tiempo. Mire, en el momento en que la rodilla del que lleva la bola toca el suelo, yo debo saber cuál es la siguiente jugada que se debe efectuar. No hay tiempo para buscar en el papel para decidir qué hacer». Su trabajo era poner en acción en un instante la intuición de los entrenadores.

Un líder tiene la capacidad de ver una situación y saber por intuición la jugada a realizar.

Pero los entrenadores no acabaron allí. Los tres mariscales de campo de USC tenían que memorizar cada una de esas jugadas. La noche anterior al juego, observé a los entrenadores lanzar una situación tras otra a los tres jóvenes, y estos tenían que decirles qué jugada había que efectuar. El trabajo de los mariscales era recitar cual jugada era la correcta para cada situación. Los entrenadores querían que esos jugadores estuvieran tan bien informados y preparados que su intuición se apoderara de ellos durante los momentos más tensos. De esa forma podrían dirigir eficazmente al equipo.

LOS LÍDERES RESUELVEN PROBLEMAS
USANDO LA LEY DE LA INTUICIÓN

Cuando los líderes enfrentan un problema, automáticamente lo miden, y comienzan a resolverlo, aplicando la Ley de la Intuición. Todo lo evalúan con la predisposición del liderazgo. Por ejemplo, usted puede notar cómo entró en acción la intuición del liderazgo en Apple Computer. Casi todo el mundo conoce la historia del gran éxito de Apple. La compañía fue creada en 1976 por Steve Jobs y Steve Wozniack en la cochera del padre de Jobs. Cuatro años después, el negocio se hizo público, abriendo acciones a veintidós dólares cada una y vendiendo 4, 6 millones de acciones. De la noche a la mañana hizo millonarios a más de cuarenta empleados e inversionistas.

Pero la historia de Apple no es toda positiva. Desde aquellos primeros años, su éxito, el valor de las acciones, y la capacidad de capturar clientes han fluctuado mucho. Jobs se fue de Apple en 1985, presionado por una batalla con John Sculley, el jefe principal, antiguo presidente de la junta directiva de la Pepsi, que Jobs había empleado en 1983. Sculley fue sucedido por Michael Spindler en 1993, y luego vino Gilbert Amelio en 1996. Ninguno pudo restablecer el éxito previo de Apple. En sus días de gloria, Apple había vendido 14,6 por ciento de todos los computadores personales en Estados Unidos. En 1997, las ventas disminuyeron a 3,5 por ciento. En ese momento Apple buscó nuevamente el liderazgo de su fundador, Steve Jobs. La gente de la compañía creía que él podía salvarla.

> *Cuando los líderes enfrentan un problema, automáticamente lo miden, y comienzan a resolverlo, aplicando la Ley de la Intuición.*

RENOVACIÓN DE APPLE

Jobs estudió la situación en forma intuitiva e inmediatamente tomó medidas. Sabía que era imposible hacer mejoras si no se hacían cambios en el liderazgo, de modo que rápidamente despidió a todos los antiguos miembros de la junta excepto dos de ellos, e instaló nuevos. También hizo cambios en el liderazgo ejecutivo. También despidió a la agencia publicitaria y puso tres firmas a competir por la cuenta.

Jobs también estudió el enfoque de la compañía. Quería volver a las cosas básicas que Apple siempre había hecho mejor: usar su individualidad para crear productos que hacían una

> La mejora es imposible
> sin el cambio.

diferencia. Jobs dijo: «Hemos revisado la lista de nuevos productos y eliminado setenta por ciento de los proyectos, y nos hemos quedado con el treinta por ciento que eran gemas. Además estamos añadiendo nuevos productos que constituyen toda una nueva forma de ver las computadoras».[1]

Ninguna de estas medidas causó una sorpresa especial. Pero Jobs también hizo algo que verdaderamente mostró la Ley de la Intuición en acción. Tomó una decisión que iba totalmente en contra del pensamiento previo de Apple. Fue un increíble salto intuitivo del liderazgo. Jobs hizo una alianza estratégica con el hombre que los empleados de Apple consideraban su archienemigo, Bill Gates. Jobs explicó: «Llamé a Bill y le dije que Microsoft y Apple debían trabajar más de cerca, pero que teníamos un asunto que resolver: la disputa de la propiedad intelectual. Resolvámoslo».

Rápidamente negociaron un trato, que arregló el pleito legal contra Microsoft. Gates prometió pagar a Apple e invertir $150 millones en acciones sin derecho a votar. Abrieron el camino para futuras sociedades y llevaron a la compañía mucho capital que era necesario. Esto fue algo que sólo un líder intuitivo pudo haber hecho. En Wall Street, el valor de las acciones de Apple de inmediato subió vertiginosamente treinta y tres por ciento y con el tiempo Apple volvió a obtener algo del prestigio que había perdido años antes.

REVOLUCIONANDO LA MÚSICA

En el año 2001, Jobs realizó otro movimiento en el liderazgo basado en su intuición. Mientras que otros fabricantes de computadoras estaban poniendo la mira en las agendas digitales, él se enfocó en la música. Cuando un contratista y experto en hardware independiente llamado Tony Fadell se acercó a Apple con una idea de un reproductor de música digital MP3 y una compañía de ventas de música, Apple la aceptó, aunque varias otras compañías la habían rechazado. Fadell fue contratado y comenzó a trabajar en lo que después sería conocido como iPod.

El liderazgo es realmente más arte que ciencia.

La participación de Jobs con el iPod es un indicio de su liderazgo de intuición. Ben Knauss, quien participó en el proyecto internamente dice: «Lo interesante acerca de iPod es que desde su comienzo, ha ocupado el cien por ciento del tiempo de Steve Jobs. No hay muchos proyectos que puedan hacer eso. Él se involucró en cada aspecto del proyecto».[2] ¿Por qué lo hizo? Porque su intuición como líder lo hizo comprender el impacto que ese aparato podía tener. Algo coherente con su visión de crear un estilo de vida digital.

Jobs tuvo razón. Las ventas han sido fenomenales y han excedido las ventas de las computadoras de la compañía. Apple comenzó a recibir ganancias mientras otras compañías tecnológicas sufrían. Para la primavera del año 2002, Apple había embarcado más de diez millones de unidades.[3] Al final del 2005, Apple poseía el setenta y cinco por ciento del mercado mundial en reproductores digitales de música.[4]

La historia de Jobs es un recordatorio de que el liderazgo es realmente más arte que ciencia. Los principios del liderazgo son constantes, pero la aplicación de los mismos cambia con cada líder y cada situación. Por eso es necesaria la intuición. Sin ella, uno puede ser tomado por sorpresa, y esa es una de las peores cosas que le puede suceder a un líder. Si desea dirigir por largo tiempo, usted debe obedecer la Ley de la Intuición.

Aplique
LA LEY DE LA INTUICIÓN
a su vida

1. ¿Cómo se considera usted en lo que respecta a confiar en su intuición? ¿Es usted una persona que se basa más en los hechos o en los sentimientos? Para mejorar en la Ley de la Intuición, debe estar dispuesto primero a *confiar* en su intuición. Comience trabajando en sus áreas de mayor fortaleza.

Primero, determine cuál es su talento natural más fuerte. Segundo, participe en ese talento, ponga atención a sus sentimientos, instintos e intuición. ¿En qué momento sabe usted que algo es «bueno» antes de tener la evidencia? ¿Cómo puede saber que ese es el lugar exacto? ¿Alguna vez lo han traicionado sus instintos en esta área? Si es así, ¿cuándo y por qué? Conozca su aptitud para la intuición en su área fuerte antes de intentar desarrollarla en el liderazgo.

2. Una de las habilidades más importantes del liderazgo es interpretar a las personas. ¿Cómo se cataloga usted en esta área? ¿Cómo puede saber lo que otras personas están sintiendo? ¿Cómo puede saber cuando las personas están molestas? ¿Felices? ¿Confusas? ¿Anticipa lo que otras personas están pensando?

Si esta no es su área de fortaleza entonces mejore haciendo estas cosas:

- Lea libros sobre relaciones.
- Involucre a más personas en las conversaciones.
- Observe a las personas.

3. Capacítese para pensar en términos de movilizar a las personas y de controlar recursos. Piense en los proyectos o metas actuales. Ahora, imagínese cómo puede alcanzar esas metas *sin* que usted haga ningún otro trabajo que no sea reclutar, motivar y capacitar a los demás. Tal vez desee escribir la siguiente nota y guardarla en su bolsillo o agenda:

- ¿Cuál es la mejor persona que puede encargarse de esto?
- ¿Cuáles recursos, materiales, tecnología, información, etc. poseemos que nos puede ayudar ahora?
- ¿Cuánto nos costará esto?
- ¿Cómo puedo estimular a mi equipo para que triunfen?

9

⚜

LA LEY DEL MAGNETISMO

Usted atrae a quien es como usted

Los líderes eficaces siempre están al acecho de personas valiosas. Creo que cada uno de nosotros lleva una lista mental del tipo de gente que nos gustaría tener en nuestra organización. Piense en lo siguiente: ¿Sabe qué tipo de personas está buscando ahora mismo? ¿Cómo describiría a los empleados perfectos? ¿Qué cualidades poseen estos individuos? ¿Quiere que sean dinámicos y emprendedores? ¿Está buscando líderes? ¿Desea usted que sean personas de veinte, cuarenta, o sesenta años? Deténgase ahora por un momento, y escriba una lista de las cualidades que desea en la gente de su equipo. Busque un lápiz o un bolígrafo, y escriba la lista ahora, antes de continuar leyendo.

Mi personal debería tener estas cualidades:

_____

_____

_____

_____

¿Qué determina si obtiene las personas que desea y si estas poseen las cualidades que busca? La respuesta puede sorprenderlo. Aunque no lo crea, lo que usted *quiere* no determina a quien atrae. Se determina por quién usted *es*.

Observe la lista que acaba de escribir y al lado de cada característica marque si usted posee esa cualidad. Por ejemplo, si escribió que le gustaría tener «grandes líderes» y usted es un líder excelente, entonces coincide. Ponga un gancho (√) al lado de la cualidad. Si su liderazgo no sobrepasa el promedio, ponga una «X» y escriba al lado «sólo un líder promedio». Si escribió que desea gente «emprendedora» y usted posee esa cualidad, coloque un gancho (√). Si no la posee, escriba una «X» y continúe con el resto de las cualidades. Ahora revise toda la lista.

> *Lo que usted quiere no determina a quien atrae. Lo determina lo que usted es.*

Si encuentra muchas «X», está en problemas porque las personas que ha descrito no son el tipo de gente que querrá seguirlo. En la mayor parte de las situaciones, usted atrae a las personas que poseen sus cualidades. Esa es la Ley del Magnetismo: quien es usted es a quien atrae.

DE MAESTRÍA MUSICAL A LIDERAZGO

Cuando yo era niño, mi madre solía decir: «Dios los cría, y ellos se juntan; El que anda con sabios, sabio será». Pensaba que este era un prudente refrán cuando jugaba a la pelota con Larry, mi hermano mayor. Él era un buen atleta, y yo creía que si jugaba con él también lo sería. Cuando crecí, instintivamente me di cuenta que los buenos estudiantes pasan su tiempo con buenos estudiantes, y la gente que sólo desea jugar se reúne con gente semejante. Pero creo que no entendí realmente el impacto de la Ley del Magnetismo hasta que me trasladé a San Diego, California, y me convertí en el líder de la última iglesia que pastoreé.

Mi predecesor en la iglesia Skyline era el doctor Orval Butcher. Este es un hombre maravilloso con magníficas cualidades. Una de ellas es su maestría musical. Toca el piano y tiene una hermosa voz de tenor irlandés, aun hoy a sus ochenta años de edad. Cuando llegué en 1981, Skyline tenía una sólida reputación por su magnífica música. Era conocida a escala nacional por sus sobresalientes producciones musicales. De hecho, la iglesia estaba repleta de músicos y vocalistas talentosos. En los veintisiete años que el doctor Butcher dirigió la iglesia, sólo trabajaron para él dos directores de música, un historial increíble. (Para darle una comparación, durante mis catorce años allí, empleé a cinco personas en esa posición.)

¿Por qué había tantos músicos excepcionales en Skyline? La respuesta se encuentra en la Ley del Magnetismo. La gente con talento musical era, por naturaleza, atraída al doctor Butcher. Lo respetaban y lo entendían, compartían su motivación y sus valores, tenían los mismos intereses. Ellos estaban sintonizados con él. Los líderes ayudan a moldear la cultura de su organización, basados en lo que son y lo que hacen. La música era valorada. Era practicada con excelencia. Era utilizada para alcanzar a la comunidad. Estaba arraigada a la cultura de la organización.

Yo, en cambio, disfruto la música, pero no soy músico. Es gracioso, pero cuando fui entrevistado para la posición en Skyline, una de las primeras preguntas que me hicieron fue si sabía cantar. Se desilusionaron mucho cuando les dije que no. Después de tomar el mando de la iglesia, el número de músicos nuevos disminuyó rápidamente. Aún teníamos más de los que debíamos, porque el doctor Butcher había creado un impulso y había dejado un maravilloso legado en ese aspecto. ¿Sabe usted qué tipo de gente comenzó a llegar a la iglesia? Líderes. Cuando me fui de Skyline, la iglesia no sólo estaba llena de cientos de líderes excelentes, sino que también había preparado y enviado a cientos de hombres y mujeres como líderes durante el tiempo que estuve allí. Esto se debió a la

Ley del Magnetismo. Nuestra organización se convirtió en un imán para las personas con capacidades de liderazgo.

¿EN QUÉ SE PARECEN?

Tal vez usted ha comenzado a pensar en la gente que ha atraído a su organización. Tal vez esté pensando: *Un momento. Puedo mencionar veinte cosas que me hacen diferente a mi gente.* Mi respuesta sería: «Por supuesto que puede». Pero las personas que se sienten atraídas a usted probablemente tengan más similitudes que diferencias, especialmente en unos cuantos aspectos clave. Observe las siguientes características. Probablemente descubrirá que la gente que lo sigue tiene cosas en común con usted en varios de los siguientes aspectos clave:

GENERACIÓN

La mayoría de las organizaciones reflejan las características de sus líderes claves y eso incluye su edad. Durante la época denominada punto-com en los noventas, miles de compañías fueron fundadas por personas mayores de veinte años y menores de cuarenta años. ¿Y a quiénes contrataron? Otras personas contemporáneas. En casi todas las organizaciones, la mayoría del tiempo las personas que son parte de ellas tiene una edad similar a los líderes que les contratan. Por lo general eso ocurre dentro de los departamentos. Y de vez en cuando ocurre en toda la compañía.

> *Si piensa que su gente es negativa, será mejor que vea su propia actitud.*

ACTITUD

Muy pocas veces he visto gente positiva y negativa atraída mutuamente. La gente que ve la vida como una serie de oportunidades y retos emocionantes no quiere escuchar a otros hablar todo el tiempo de lo mal que salen las cosas. Sé que esto se aplica a mí. Y no sólo las personas atraen a otras personas con actitudes similares, sino que también sus actitudes tienden a asimilarse entre ellas. La actitud es una de las cualidades más contagiosas que un ser humano posee. Las personas con buenas actitudes tienden a hacer que las personas a su alrededor se sientan más positivas. Aquellas con actitudes terribles tienden a minar las actitudes de los demás.

Trasfondo

En el capítulo de la Ley del Proceso, escribí acerca de Theodore Roosevelt. Una de sus memorables hazañas fue su osado ataque al cerro San Juan con sus hombres de caballería conocidos como «Rough Riders» [Jinetes rudos] durante la guerra de Estados Unidos contra España. Roosevelt reclutó personalmente a toda la compañía voluntaria de caballería, y se dio cuenta de que este era un grupo extraordinariamente peculiar. Estaba compuesto principalmente por dos tipos de hombres: aristócratas ricos del nordeste y vaqueros del oeste estadounidense. ¿Por qué? Porque T.R. era aristócrata de nacimiento, un neoyorquino educado en Harvard, y se transformó en un cazador de caza mayor en las Dakotas del oeste. Era un líder fuerte y genuino en ambos mundos, y por eso atraía a ambos tipos de personas.

Las personas atraen o son atraídas a otras personas con un trasfondo similar. Los obreros tienden a andar unidos. Los jefes tienden a contratar personas de la misma raza. Las personas con educación tienden a respetar y a valorar a otras que también sean educadas. Este magnetismo natural es tan fuerte que las organizaciones que valoran la diversidad tienen que luchar contra él.

Por ejemplo, en la NFL, los dueños de los equipos son blancos y por décadas todos los directores técnicos eran blancos. Pero debido a los miembros de la liga de la diversidad racial, se creó una política de diversidad que requería que al menos un candidato de una de las minorías estuviera en el proceso de entrevista cada vez que se contrataban directores técnicos. Esa política ha ayudado a que más directores técnicos afroamericanos sean contratados (pero a excepción de la raza, el *trasfondo* de todos los entrenadores se mantiene muy similar).

VALORES

Los individuos son atraídos a líderes cuyos valores son similares a los de ellos. Piense en la turba que acudió ante el presidente John F. Kennedy después de su elección en 1960. Él era un joven idealista que quería cambiar el mundo, y atraía a personas de un perfil similar. Cuando formó el Cuerpo de Paz y llamó al pueblo al servicio, diciendo: «No pregunte qué puede hacer su país por usted; pregunte qué puede hacer usted por su país», miles de personas jóvenes e idealistas dieron un paso al frente en respuesta al llamado.

No importa si los valores comunes son positivos o negativos. De cualquier forma, la atracción es igualmente fuerte. Piense en alguien como Adolfo Hitler. Era un líder muy fuerte (como se puede juzgar por su nivel de influencia), pero sus valores estaban corrompidos hasta la médula. ¿A qué clase de personas atraía? A líderes con valores similares: Hermann Goering, fundador de la Gestapo; Joseph Goebbels, un amargado antisemita que dirigía el aparato propagandístico de Hitler; Reinhard Heydrich, segundo en comando de la policía secreta nazi, que ordenaba las ejecuciones masivas de los oponentes de ese partido; y Heinrich Himmler, jefe de la SS [Schutz-Staffel: Escuadras de protección] y director de la Gestapo, que inició la ejecución sistemática de los judíos. Todos ellos eran líderes fuertes, y también eran hombres totalmente perversos. La Ley del Magnetismo es poderosa. Cualquiera que sea su carácter, es probable que lo encuentre en la gente que lo sigue.

Energía

Es algo bueno que las personas con niveles similares de energía sean atraídas mutuamente porque cuando se une una persona de mucha energía con una persona de muy poca energía y se les pide que trabajen unidas, pueden volverse locas. La persona de alta energía piensa que la persona de poca energía es perezosa y la persona de poca energía piensa que la otra está loca.

Talento

Las personas no salen por allí a buscar líderes mediocres. Las personas se sienten atraídas a la capacidad y a la excelencia, especialmente en el área del talento. Es muy probable que respeten y sigan a alguien que posea su misma clase de talento. Los hombres de negocios quieren seguir personas que tengan habilidad en desarrollar una organización y obtener una ganancia. Los jugadores de fútbol desean seguir entrenadores que tengan un gran talento futbolístico. Las personas creativas quieren seguir líderes que estén dispuestos a pensar sin limitaciones. El talento atrae al talento. Parece muy obvio. Sin embargo, muchos líderes esperan que personas muy talentosas los sigan, aun cuando ellos no poseen ni expresan valor por los talentos de las personas.

Capacidad de liderazgo

Por último, la gente que usted atrae tendrá una capacidad de liderazgo similar a la suya. Como dije al hablar de la Ley del Respeto, la gente, por naturaleza, sigue a los líderes que son más fuertes que ellos. Pero también se debe tomar en cuenta la Ley del Magnetismo, que establece que quien es usted es a quien atrae. Eso significa que si usted, en lo que respecta al liderazgo, es un 7, atraerá más a los 5 y 6 que a los 2 y 3. Los líderes que atraiga tendrán un estilo y una capacidad similares a la suya.

PRACTIQUE EL LIDERAZGO

Al McGuire, ex director técnico de la Universidad de Marquette, dijo una vez: «Un equipo debe ser la extensión de la personalidad del entrenador. Mis equipos eran arrogantes y detestables». Yo pienso que es más que una cuestión de «debe ser». Los equipos no pueden ser otra cosa que una extensión de la personalidad de su líder.

En 1996 yo fundé la organización sin fines de lucro, EQUIP, que existe para capacitar líderes a nivel internacional. ¿Adivine qué clase de donantes se sienten atraídos a EQUIP? ¡Líderes! Hombres y mujeres que dirigen a otros y comprenden el valor y el impacto que surge al capacitar líderes.

EN CONTRA DE LA CORRIENTE

Mientras lee este capítulo, quizás se encuentre en una de las siguientes dos situaciones: puede estar diciendo, *No me encantan las personas que estoy atrayendo. ¿Debo quedarme en esta situación?* La respuesta es no. Si usted no se siente satisfecho con la habilidad del liderazgo de las personas que atrae, utilice la Ley del Proceso y esfuércese para aumentar su capacidad de liderazgo. Si quiere desarrollar una organización, desarrolle al líder. Si ve que las personas que usted atrae no son confiables, entonces examine su carácter. Desarrollar un carácter más fuerte puede ser un camino difícil, pero el resultado vale la pena. Un buen carácter mejora cada aspecto de la vida de una persona.

Es posible que un líder vaya y reclute personas que no son como él, pero no serían las personas que atraería naturalmente.

Por otro lado, tal vez esté diciendo: *Me gusta quien soy y me gusta la clase de gente que atraigo.* ¡Eso es grandioso! ahora, continúe con el siguiente paso del liderazgo eficaz. Reclute personas que sean diferentes a usted para fortalecer sus debilidades. Si no lo hace, algunas tareas organizativas importantes pueden ser pasadas por alto y la organización sufrirá al final. Una organización nunca desarrolla su potencial si todos en ella son visionarios o si todos son contadores. Es posible que un líder vaya y reclute personas que no son como él, pero no serían las personas que atraería naturalmente. Atraer a personas que no son como usted requiere un alto grado de intención. Para triunfar en ello, las personas deben creer en usted y la visión que comparte debe ser convincente. Puede aprender más acerca de ello con la Ley del Apoyo.

CAMBIA EL CURSO DE LA HISTORIA

Una vez que comprende la Ley del Magnetismo, usted puede verla funcionando en casi toda situación: los negocios, el gobierno, los deportes, la educación, la milicia, etc. Cuando lea pasajes de la historia busque las pistas. Podemos ver un ejemplo vívido de la Ley del Magnetismo entre los líderes militares de la Guerra Civil. Cuando los estados del sur se separaron, no se sabía en qué lado pelearían muchos de los generales. Robert E. Lee era considerado el mejor general de la nación, y el presidente Lincoln le ofreció el comando del ejército de la Unión. Pero Lee nunca habría considerado pelear contra Virginia, su estado natal. Rechazó la oferta y se unió a los Estados Confederados, y lo siguieron los mejores generales del país.

Si Lee hubiese decidido dirigir un ejército de la Unión, muchos otros buenos generales lo habrían seguido al norte. Como resultado, probablemente la guerra habría sido mucho

Cuanto mejor sea el líder, mejores líderes atraerá.

más corta. Habría durado dos años en vez de cinco, y cientos de miles de vidas habrían sido salvadas. Esto le demuestra que cuanto mejor sea el líder, mejores líderes atraerá. Y eso causa un impacto increíble en todo lo que usted hace.

¿Cómo es la gente que actualmente usted atrae a su departamento u organización? ¿Son líderes potenciales fuertes y capaces? ¿O podrían ser mejores? Recuerde que la buena calidad de ellos no depende del procedimiento de búsqueda de empleados, ni del departamento de recursos humanos, ni de lo que cree que es la cualidad del grupo de solicitantes. Depende de usted. Quien es usted es a quien atrae. Esa es la Ley del Magnetismo.

Aplique
LA LEY DEL MAGNETISMO
a su vida

1. Si usted se saltó el ejercicio de escribir las cualidades que desea en sus seguidores, hágalo ahora. Una vez que haya terminado (o si ya lo ha hecho) piense *por qué* desea esas cualidades que escribió. Cuando las escribió, ¿pensó que estaba describiendo personas como usted o diferentes? Si existe una incongruencia entre su imagen y la de sus empleados, quizás su nivel de concientización personal pueda ser bajo y quizás esté obstaculizando su desarrollo personal. Hable con un colega o amigo confiable que le conoce bien para que le ayude a identificar esos puntos flacos.

2. Basado en las personas que usted atrae, quizás necesite crecer en el área del carácter y el liderazgo. Busque mentores que estén dispuestos a ayudarle a crecer en cada área. Buenos mentores del carácter pueden ser un pastor o un consejero espiritual, un profesional cuya habilidad usted respete, o un entrenador profesional. Lo ideal es que su mentor de liderazgo trabaje en la misma profesión o en una similar y que se encuentre unos pasos adelante de usted en su carrera.

3. Si usted ya está atrayendo la clase de personas que desea, es tiempo de que eleve su liderazgo al siguiente nivel. Esfuércese en emplear personal que le ayude con sus debilidades y reclute personal que complemente su liderazgo en el área de las actividades. Escriba una lista de las cinco áreas de fortaleza más grandes en lo que respecta a sus habilidades. Luego escriba sus cinco áreas más débiles.

Ahora es el momento de crear el perfil del personal que está usted buscando. Comience con el talento que corresponda a sus debilidades. Añada los valores y las actitudes que son similares a las suyas. También considere si la edad, el trasfondo o la educación son factores. ¿Le ayudaría si fueran diferentes?

Finalmente, busque a alguien que sea un buen líder en potencia o que al menos comprende y aprecia cómo funciona el liderazgo. Pocas cosas son más frustrantes que ser un buen líder con un compañero que tenga una mentalidad burocrática.

10

LA LEY DE LA CONEXIÓN

Los líderes tocan el corazón antes de pedir la mano

Existen incidentes en la vida y las carreras de los líderes que se convierten en momentos cruciales en su liderazgo. Para los seguidores, el público en general y los historiadores, esos momentos por lo general representan lo que son esos líderes y lo que respaldan. Permítame darle un ejemplo. Yo creo que la presidencia de George W. Bush puede ser resumida en dos momentos cruciales que experimentó durante su período como presidente.

UNA CONEXIÓN HECHA

El primer momento ocurrió al principio de su primer término y definió el término completo de su presidencia. El 11 de septiembre de 2001, los Estados Unidos fueron atacados por terroristas que estrellaron aviones en los edificios del Centro de Comercio Mundial y el Pentágono. El pueblo de Estados Unidos estaba furioso. Tenía temor. No tenía seguridad acerca del futuro. Y estaban de luto por las miles de personas que perdieron sus vidas en esos actos terroristas.

Sólo cuatro días después del colapso de las torres, Bush fue allí. Pasó tiempo con los bomberos, los oficiales de policía y los grupos de rescate. Les dio la mano. Los escuchó. Asimiló la devastación. Le agradeció a las personas que estaban trabajando allí y les dijo: «La nación envía su amor y compasión a todos los que están aquí». Se dice que la moral de los grupos de rescate se elevó cuando el presidente llegó y empezó a saludarlos.

Las cámaras captaron a Bush en medio de la destrucción abrazando al bombero Bob Beckwith. Cuando algunos miembros de la multitud gritaron que no podían escucharlo. Bush levantó la voz y les dijo: «Yo los escuché. El mundo entero los escucha. Y las personas que destruyeron esos edificios nos escucharán pronto».[1] El pueblo vitoreó. Se sintieron valiosos. Se sintieron comprendidos. Bush logró conectarse con ellos como nunca antes lo había hecho.

NO HAY NADIE EN CASA

El segundo incidente sucedió durante el segundo término de Bush y definió su presidencia. Ocurrió el 31 de agosto de 2005, dos días después que el huracán Katrina destruyera la ciudad de Nueva Orleans. Después de que los diques de la ciudad se rompieran y el agua la inundara, en lugar de visitar la ciudad como lo había hecho en New York después del 11 de septiembre, Bush voló por encima de la ciudad en el avión presidencial, observando el daño por medio de una de las ventanillas. Para el pueblo de la costa del golfo, eso significó indiferencia.

Mientras se desarrollaba la tragedia, ninguna persona en autoridad en ningún nivel gubernamental se conectó con las personas de Nueva Orleans, ni el presidente, ni el gobernador, ni el alcalde. Para el momento cuando el alcalde Ray Nagin ordenó la evacuación de la ciudad, era muy tarde para muchos residentes pobres. No pudieron irse. Mandó personas al Superdome, aconsejándoles que comieran primero porque el gobierno local no tenía provisiones para ellos. Mientras tanto, daba conferencias de prensa y se quejaba de que no estaba recibiendo ninguna ayuda. Las personas más afectadas por los problemas se sintieron abandonadas, olvidadas y traicionadas.

Después que la tragedia terminara, no importó lo que el presidente Bush dijera o cuanta ayuda proveyera, ya no pudo volver a obtener la confianza del pueblo. Es cierto que cuando el alcalde demócrata Nagin fue reelecto, le agradeció a Bush por la ayuda a los ciudadanos de Nueva Orleans. Y que Donna Brazile, otra demócrata, desde ese entonces describió a Bush como alguien «muy involucrado» en el proceso de reconstrucción y lo elogió por impulsar al Congreso para que dedicara dinero a la reconstrucción de los diques.[2] Pero ya Bush no podía deshacerse de la imagen de indiferencia que ya había creado. Él no se conectó con el pueblo. Él había roto la Ley de la Conexión.

EL CORAZÓN ES PRIMERO

En lo que respecta a trabajar con las personas, el corazón es primero. Eso es cierto en cualquier situación, sea comunicándose en un estadio lleno de personas, dirigiendo una reunión de equipo, o tratando de relacionarse con su cónyuge. Piense cómo reacciona con las personas. Si escucha a un conferencista o un maestro ¿quiere escuchar un montón de estadísticas frías o una gran cantidad de hechos? O ¿preferiría que el orador lo involucrara a un nivel más humano, quizás con un relato o una broma? Si usted ha estado en alguna clase de equipo triunfador sea en los negocios, los deportes o un servicio, sabe que el líder no sólo da instrucciones y luego lo deja sólo. No. Él o ella se conectan con usted a un nivel emocional.

Para ser eficaces, los líderes necesitan conectarse con la gente. Porque

Uno no puede hacer que la gente actúe si primero no conmueve sus emociones… El corazón está primero que la mente.

uno primero debe tocar el corazón de la gente antes de pedirles una mano. Esa es la Ley de la Conexión. Todos los grandes comunicadores reconocen esta verdad y la llevan a la práctica casi de manera instintiva. Uno no puede hacer que la gente actúe si primero no conmueve sus emociones.

Frederick Douglass fue un orador sobresaliente y un líder afroamericano del siglo XIX. Se dice que tenía una habilidad extraordinaria para conectarse con las personas y conmover el corazón de estas cuando hablaba. El historiador Lerone Bennett dijo lo siguiente de Douglass: «Podía hacer *reír* a sus oyentes de un esclavista que predicaba los deberes de la obediencia cristiana; podía hacerlos *ver* la humillación de una sirvienta esclava negra violada por un esclavista brutal; podía hacerlos *escuchar* los sollozos de una madre que era separada de su hijo. Por medio de él, la gente podía llorar, maldecir, y *sentir*; por medio de él podían *vivir* la esclavitud».

EL GRAN CONECTOR

Los buenos líderes buscan conectarse con los demás todo el tiempo, sea de manera colectiva o individual. La conexión con la gente no es algo que sólo debe ocurrir cuando el líder se comunica con un grupo de personas. También debe haber conexión en el plano individual. Entre mejor sea la relación y la conexión entre los individuos, más probabilidades hay de que el seguidor quiera ayudar al líder.

Entre mejor sea la relación y la conexión entre los individuos, más probabilidades hay de que el seguidor quiera ayudar al líder.

Mi personal se quejaba cada vez que yo decía: «A las personas no les interesa cuánto sabe usted hasta que sepan cuánto se preocupa por ellas», pero también sabía que esto era cierto. Usted adquiere credibilidad cuando se conecta con los individuos y les muestra su interés genuino en ayudarlos. Como resultado, ellos responden generalmente con amabilidad y quieren ayudarle.

Ronald Reagan era un ejemplo perfecto de esto. Su capacidad de compenetración con el público se refleja en el sobrenombre que recibió como presidente: el Gran Comunicador. Pero también tenía la capacidad de tocar el corazón de los individuos cercanos a él. En verdad él pudo haber sido llamado el Gran Conector.

Peggy Noonan, antigua escritora de los discursos de Reagan, dijo que cuando el presidente regresaba a la Casa Blanca después de viajes prolongados, y el personal escuchaba que el helicóptero iba aterrizando en el césped, todos dejaban de trabajar, y Donna Elliott, una de las empleadas, decía: «¡Ya llegó papá!» Esto era una indicación del afecto que su gente le tenía. Algunas personas temen cuando su jefe se aparece. El personal de Reagan se sentía estimulado porque él sabía conectarse con ellos.

CONÉCTESE CON UNA PERSONA A LA VEZ

La clave para conectarse con los demás es reconocer que aun en un grupo, usted debe relacionarse con las personas como individuos. El general Norman Schwarzkopf comentó: «Hay líderes competentes que al pararse frente a un pelotón, todo lo que ven es un pelotón. Pero los grandes líderes se paran frente a un pelotón y ven a cuarenta y cuatro individuos, cada uno de los cuales tiene aspiraciones, quiere vivir, y hacer el bien».[3]

Durante mi desempeño profesional he tenido la oportunidad de hablar a algunos auditorios maravillosos. Los más grandes han sido en estadios donde había unos sesenta mil a setenta mil concurrentes. Algunos de mis colegas que también son oradores profesionales me han preguntado: «¿Cómo puedes hablar a tanta gente?» El secreto es sencillo. No trato de hablar a los miles. Me concentro en hablar a una sola persona. Esa es la única forma de conectarse con la gente. Lo mismo sucede cuando escribo un libro. No pienso en los millones de personas que han leído mis libros. Pienso en *usted*. Pienso que si puedo conectarme con usted individualmente, entonces lo que tengo que ofrecer puede ayudarle. Si no lo estoy haciendo, dejará de leer e irá a hacer otra cosa.

Para conectarse con la gente en un grupo, conéctese primero con ellos como individuos.

¿Cómo se conecta usted? Sea que esté hablando en frente de una gran audiencia o conversando en un pasillo con un individuo, las directrices son las mismas:

1. CONÉCTESE CON USTED MISMO

Debe saber quién es y tener confianza en usted mismo si desea conectarse con los demás. Las personas no escuchan el llamado de una trompeta incierta. Tenga confianza y sea usted mismo. Si no cree en sí mismo ni a dónde quiere ir, trabaje en eso antes de hacer cualquier otra cosa.

2. COMUNÍQUESE CON APERTURA Y SINCERIDAD

Las personas pueden detectar la falsedad desde grandes distancias. El entrenador legendario de la NFL, Bill Walsh, dijo: «No hay nada más eficaz que un elogio sincero y no hay nada más feo que un elogio inventado». Los líderes auténticos saben conectarse.

3. CONOZCA SU AUDIENCIA

Cuando trabaja con personas, conocer su audiencia significa aprenderse los nombres, conocer sus historias, preguntarles sus sueños. Cuando se comunica con una audiencia, usted aprende acerca de la organización y de sus metas. Debe hablar sobre lo que *ellos* aprecian, no sobre lo que usted aprecia.

4. Viva lo que predica

Quizás lo más importante que uno pueda hacer como líder y comunicador es practicar lo que se predica. De allí surge la credibilidad. Muchas personas están dispuestas a decir algo a una audiencia pero hacen lo contrario. Esa clase de personas no dura mucho.

5. Búsquelos

Como comunicador, me disgustan las barreras de la comunicación. No me gusta estar muy lejos de la audiencia, o muy alto en el escenario. Y definitivamente no me gusta ninguna barrera física entre las personas y yo. Pero el *método* de comunicación de una persona también puede ser una barrera. Sea que esté hablando en frente de un escenario o sentado junto a alguien en mi oficina. Intento utilizar el mismo idioma de la persona. Busco estar sincronizado con la cultura, el trasfondo, la educación etc. Me adapto a los demás. No espero que ellos se adapten a mí.

6. Enfóquese en ellos, no en usted mismo

Usted se subiera conmigo a un elevador y me preguntara cómo resumiría el secreto de una buena comunicación, le diría que es enfocarse en los demás y no en usted mismo. Es el problema número uno de los conferencistas sin experiencia, y también el problema número uno de los líderes ineficientes. Siempre podrá conectarse más rápido cuando su enfoque no esté en usted.

7. Crea en ellos

Una cosa es comunicarse con las personas porque usted cree que tiene algo de valor que decir. Otra cosa es comunicarse con las personas porque cree que ellos tienen valor. La opinión que las personas tienen de nosotros por lo que ven en nosotros no es tan importante con lo que podemos ayudarles a ver acerca de ellos mismos.

8. OFREZCA DIRECCIÓN Y ESPERANZA

Las personas esperan que los líderes les ayuden a llegar a dónde ellos quieren ir. Pero los buenos líderes hacen eso y más. El general francés Napoleón Bonaparte dijo: «Los líderes son repartidores de esperanza». Eso es muy cierto. Cuando usted le da esperanza a la gente, le está dando un futuro.

ES OBLIGACIÓN DEL LÍDER

Algunos líderes tienen problemas con la Ley de la Conexión porque creen que esta es deber de los seguidores. Esto se aplica especialmente a los líderes por posición. Estos piensan: *Yo soy el jefe, yo estoy a cargo. Ellos son mis empleados, que se acerquen ellos a mí.* Pero los líderes exitosos que obedecen la Ley de la Conexión son siempre los que inician. Dé el primer paso para acercarse a otros y luego haga un esfuerzo por continuar fortaleciendo la relación. Esto no siempre es fácil, pero es importante para el éxito de la organización. El líder debe hacerlo, independientemente de cuántos obstáculos haya.

> *Una cosa es comunicarse con las personas porque usted cree que tiene algo de valor que decir. Otra cosa es comunicarse con las personas porque cree que ellas tienen valor.*

Aprendí esta lección en 1972, cuando tuve que enfrentar una situación muy difícil. Me iba a mudar a Lancaster, Ohio, donde asumiría el liderazgo de una iglesia. Antes de aceptar la posición, un amigo me dijo que la iglesia acababa de atravesar por una gran batalla relacionada con un proyecto de construcción. El dirigente de una de las facciones era la persona más influyente de la iglesia, un hombre llamado Jim Butz, el líder laico electo de la congregación. También escuché que Jim tenía reputación de ser negativo y un disidente. Le gustaba usar su influencia para mover a la gente en direcciones que no siempre ayudaban a la organización.

Como varias veces el pastor anterior había tenido encontronazos con Jim, yo sabía que para tener éxito en mi liderazgo debía conectarme con él, de lo contrario, siempre tendríamos un conflicto los dos. Si usted quiere que alguien esté de su lado, no trate de convencerlo, haga conexión con él. Eso era lo que yo estaba determinado a hacer. Lo primero que hice al llegar allí fue hacer una cita con Jim para verlo en mi oficina.

Tengo que admitir que no anhelaba conocer a Jim. Jim era un hombre grande. Tenía casi un metro noventa de estatura y pesaba un poco más de cien kilos. Era muy amedrentador, y tenía unos sesenta y cinco años. Yo, por otra parte, sólo tenía veinticinco. La cita tenía todo el potencial para que saliera mal.

Cuando él entró le dije: «Jim, sé que es la persona más influyente en esta iglesia, y quiero que sepa que he decidido hacer todo lo que esté a mi alcance para entablar una buena relación con usted. Me gustaría reunirme con usted todos los martes para almorzar en el Holiday Inn y hablar de las cosas. Mientras yo sea el líder aquí, nunca presentaré a las personas una decisión sin haberla discutido primero con usted. Realmente quiero que trabajemos juntos.

»También quiero que sepa que he oído decir que usted es una persona muy negativa», le dije, «y que le gusta entrar en contiendas. Si decide trabajar en contra mía, creo que tendremos que estar en lados opuestos. Y como tiene tanta influencia, sé que

El trabajo del líder es iniciar el contacto con la gente

al principio ganará la mayor parte del tiempo, pero voy a entablar relaciones con las personas y a atraer a gente nueva a esta iglesia y, algún día, tendré mayor influencia que usted.

»Sin embargo, no deseo contender con usted», continué yo. «Tiene ahora sesenta y cinco años. Digamos que tiene por delante otros quince años de buena salud y productividad. Si lo desea, estos pueden ser sus mejores años, y hacer que su vida sea de provecho.

»Juntos podemos hacer cosas grandes en esta iglesia, pero la decisión es suya».

Cuando terminé de hablar, Jim no dijo una sola palabra. Se levantó de su asiento, caminó hacia el pasillo, y se detuvo a beber agua de la fuente. Lo seguí y esperé.

Después de un largo rato, se paró erguido y se volvió hacia mí. Cuando lo hizo, pude ver que lágrimas surcaban sus mejillas. Entonces me dio un abrazo de oso y me dijo: «Puede contar conmigo, estoy de su lado».

Y Jim estuvo de mi lado. Resultó que vivió unos diez años más, y como estuvo dispuesto a ayudarme, juntos realizamos algunas cosas positivas en esa iglesia. Pero esto nunca habría sucedido si yo no hubiera tenido el coraje de hacer una conexión con él ese primer día en mi oficina.

ENTRE MAYOR ES EL RETO, MEJOR ES LA CONEXIÓN

Nunca subestime el poder de entablar relaciones con la gente antes de pedirles que lo sigan. Si alguna vez ha estudiado la vida de grandes comandantes militares, es probable que haya notado que los mejores aplicaban la Ley de la Conexión. Una vez leí que durante la Primera Guerra Mundial en Francia, el general Douglas MacArthur dijo al comandante de un batallón antes de un ataque arriesgado: «Mayor, cuando se dé la señal de lanzarse al ataque, quiero que usted vaya primero, antes que sus hombres. Si lo hace, ellos lo seguirán». Entonces MacArthur quitó de su uniforme la cruz de servicio distinguido y la prendió en el uniforme del mayor. Lo había premiado por su heroísmo antes de pedirle que lo mostrara. El mayor dirigió a sus hombres, estos se lanzaron al ataque, y alcanzaron su objetivo.

No todos los ejemplos militares de la Ley de la Conexión son tan dramáticos. Por ejemplo, se dice que Napoleón acostumbraba aprenderse el nombre de cada uno de sus oficiales y recordar dónde vivían y qué batallas habían peleado con él. Se sabe que Robert E. Lee visitaba a sus hombres en sus campamentos la noche anterior a cualquier batalla importante. A menudo enfrentaba los retos del siguiente día sin haber dormido. También leí que Norman Schwarzkopf siempre encontraba la forma de conectarse con sus tropas. En la Navidad de 1990 durante la Guerra del Golfo Pérsico, pasó el día entre los hombres y mujeres que estaban tan lejos de sus familias. Dice en su autobiografía:

> Estreché las manos de todos los que estaban en la fila, fui detrás del mostrador a saludar a los cocineros y los ayudantes, pude atravesar el comedor, deteniéndome en cada mesa y deseando a todos Feliz Navidad. Luego fui a las otras dos instalaciones para comer e hice lo mismo. Entonces regresé a la primera instalación y repetí el ejercicio, porque a esa hora ya había todo un grupo de caras nuevas. Después me senté a cenar con algunas de las tropas. En el transcurso de 4 horas había estrechado cuatro mil manos.[4]

Schwarzkopf no tenía que hacer eso, pero lo hizo. Usó uno de los métodos más eficaces para conectarse con los demás, algo que yo llamo *caminar lentamente a través de la multitud.* Puede sonar trillado, pero es cierto: A las personas no les interesará cuánto sabe usted hasta que sepan cuánto se interesa por ellas. Como líder, encuentre momentos en que esté disponible para la gente. Aprenda sus

Puede sonar trillado, pero es cierto: A las personas no les interesará cuánto sabe usted hasta que sepan cuánto se interesa por ellas.

nombres. Dígales cuánto los aprecia. Sepa cómo les va. Y lo más importante, escuche. Los líderes que se relacionan con la gente y se conectan realmente, son líderes que la gente sigue hasta el fin de la tierra.

RESULTADO DE LA CONEXIÓN

Cuando el líder se ha esforzado por conectarse con su gente, uno puede percibirlo en la forma en que funciona la organización. Entre los empleados hay una lealtad increíble y una sólida ética laboral. La visión del líder se convierte en la aspiración de la gente. El impacto es increíble.

Una de las compañías que admiro es Southwest Airlines. La compañía ha sido exitosa y ha dado ganancias mientas que otras aerolíneas han declarado bancarrota. La persona responsable por el éxito inicial de la organización y la creación de su cultura es Herb Kelleher, el fundador de la compañía y actual presidente ejecutivo de la junta.

Me encanta lo que los empleados de Southwest hicieron en la celebración del día del jefe en 1994, cuando apareció un anuncio de toda una página en el diario *USA Today*. Fue escrito y pagado por los empleados de Southwest Airlines, e iba dirigido a Herb Kelleher, el jefe principal de la compañía:

Gracias, Herb
Por recordar a cada uno de nosotros por nuestro nombre.
Por apoyar el Hogar de Ronald McDonald.
Por ayudar a subir equipaje en el día de Acción de Gracias.
Por dar a todos un beso (a todos).
Por saber escuchar.
Por dirigir la única aerolínea principal rentable.
Por cantar en nuestra fiesta de fin de año.
Por cantar sólo una vez al año.

Por dejar que usemos pantalones cortos y zapatos deportivos para trabajar.

Por jugar al golf en el Clásico de LUV con un solo palo de golf.

Por hablar más que Sam Donaldson.

Por conducir su Harley Davidson a las oficinas centrales de Southwest.

Por ser un amigo, no sólo un jefe.

Feliz día del jefe de parte de cada uno de sus 16.000 empleados.[5]

Una muestra de afecto como esta sólo ocurre cuando un líder se ha esforzado mucho por conectarse con su gente.

Nunca subestime la importancia de construir puentes en las relaciones entre usted y la gente a quien dirige. Dice un antiguo refrán: Para dirigirse a usted mismo, use su cabeza; para dirigirse a los demás, use su corazón. Esa es la naturaleza de la Ley de la Conexión. Siempre toque el corazón de una persona antes de pedirle una mano.

Aplique
LA LEY DE LA CONEXIÓN
a su vida

1. ¿Qué significa realmente «conectarse con usted mismo»? Significa *conocer* y *apreciar* lo que es. Comience midiendo su nivel de conocimiento sobre sí mismo. Responda cada una de las siguientes preguntas:

- ¿Cómo describiría mi personalidad?
- ¿Cuál es el punto más fuerte de mi carácter?
- ¿Cuál es el punto más débil de mi carácter?
- ¿Cuál es mi mayor activo?
- ¿Cuál es mi mayor déficit?
- ¿Qué tan bien me relaciono con los demás (1-10)?
- ¿Qué tan bien me comunico con los demás (1-10)?
- ¿Qué tan agradable soy (1-10)?

Ahora pregúnteles a tres personas que conozca bien que respondan las mismas preguntas acerca de usted. Compare las respuestas. Si sus respuestas son significativamente diferentes de las suyas, usted tiene un punto flaco que necesita rectificar. Involucre a un mentor, un compañero de crecimiento y responsabilidad o un consejero para que le ayude a ser más consciente de sí mismo y le ayude a valorar sus fortalezas y resolver positivamente sus debilidades.

2. Aprenda a caminar lentamente entre la gente. Cuando esté con los empleados o los colegas, haga que el desarrollo de las relaciones y las conexiones sean una prioridad. Antes de hablar de cosas de trabajo, realice una conexión; con las personas que no conoce todavía, eso puede tomar un tiempo. Con las personas que usted conoce bien, dedique un

momento para conectarse de manera relacional. Eso hará que el lugar de trabajo sea un ambiente más positivo.

3. Los buenos líderes son buenos comunicadores. En una escala del 1 al 10, ¿cómo se calificaría usted como orador? Si se considera menos que un 8, necesita mejorar sus aptitudes. Lea libros sobre comunicación, tome algún curso, o sea parte de un club de preparación de oratoria. Afine sus habilidades practicando su enseñanza y su comunicación. Si no tiene oportunidades para hacerlo en el trabajo, busque hacerlo de manera voluntaria.

11

LA LEY DEL CÍRCULO ÍNTIMO

El potencial de un líder es determinado por quienes están más cerca de él

Cuando vemos a una persona increíblemente talentosa, nos sentimos tentados a creer que el talento por sí solo la hizo exitosa. Creer eso es creer en una mentira. Nadie hace nada grandioso por sí solo. Los líderes no llegan al triunfo por sí mismos. El potencial de un líder se determina por aquellos que están más cerca de él. Lo que marca la diferencia es el círculo íntimo de un líder.

TALENTO INCREÍBLE

Lance Armstrong es uno de los atletas más talentosos de este planeta. Debido a sus dotes físicas, ha sido llamado un fenómeno de la naturaleza. Su deporte, el ciclismo, es quizás el deporte más extenuante. El Tour de France, que ha ganado asombrosamente siete veces seguidas, ha sido comparado con veinte maratones en veinte días consecutivos. Los corredores recorren aproximadamente 2000 millas de terreno montañoso en un período de tres semanas. En los días más fuertes, consumen hasta 10,000 calorías para proveer la energía que necesitan.

Armstrong se ha convertido en una leyenda como conquistador del Tour de France. El escritor Michael Specter provee una perspectiva sobre la habilidad de Armstrong:

> Tres tipos de corredores triunfan en las carreras largas como la del Tour de France: aquellos que se destacan en los recorridos de montaña pero que apenas son atletas promedios en los recorridos de velocidad, donde los ciclistas corren contra el reloj; aquellos que pueden ganar recorridos de velocidad pero tienen dificultades en los recorridos de montaña; y los ciclistas que son moderadamente buenos en ambos casos. Pero existe un cuarto grupo: Armstrong. Se ha convertido en el mejor escalador del mundo... y no existe mejor ciclista en los recorridos de velocidad.[1]

Claramente, Armstrong se encuentra en una clase que pocos pueden alcanzar. Su determinación es incuestionable. Su régimen de entrenamiento es incomparable. Su talento es extraordinario. No obstante, sin un equipo él no podría ganar ningún título.

EQUIPO INCREÍBLE

El ciclismo realmente es un deporte de equipo, aunque no lo parezca para el observador casual. Durante sus carreras del Tour de France, Armstrong tuvo un equipo increíble. Su equipo era formado por Chriss Carmichael, su entrenador; y Johan Bruyneel, un ex ciclista que trabajaba como el director deportivo y pensador táctico del equipo. Ambos hombres eran indispensables, porque al principio cuando Armstrong intentaba seguir su propio régimen de entrenamiento e intentaba sus propias tácticas, perdía fácilmente. Pero una vez que esos dos miembros de su círculo íntimo estuvieron con él, Armstrong comenzó a utilizar su talento al máximo.

Llevando el enfoque del equipo aun más allá, los patrocinadores y los distribuidores de equipo de Armstrong, Trek, Nike, AMD, Bontrager, Shimano y Oakley se unieron como grupo en vez de contribuir individualmente sin saber lo que los demás estaban haciendo. Eso fue algo revolucionario en ese momento y ayudó a elevar al equipo completo a un nivel más alto. Actualmente es una práctica común en el ciclismo profesional. Y también por supuesto, los otros ciclistas que iban con él cada año. En el año 2005, el último año de Armstrong, incluyeron a José Azevedo de Portugal, Manuel Beltrán, Benjamín Noval y José Luis Rubiera de España; Pavel Padmos de la República Checa, Yaroslav Popovych de Ucrania. Paolo Savoldelli de Italia y George Hincapie de Estados Unidos. «Yo quería un equipo experimentado para el último Tour de Lance y ese fue el factor determinante», explicó Bruyneel.[2] Cada persona contribuyó con habilidades singulares al equipo.

«Creo que hemos logrado el equipo más fuerte hasta la fecha con esta formación», dijo Armstrong. «Tiene muchos elementos consistentes de años pasados, como la armada española para las montañas, tipos fuertes como George, Pavel y Benjamín, el ganador de giro en Salvodelli además de un tipo como Popovych con un futuro brillante. Deseo dirigir este equipo e intento darle a la gente de Discovery la camiseta amarilla».

«Lance es el primero en decir que nunca hubiera ganado el Tour de France sin ayuda de sus compañeros de equipo», explica el sitio web del equipo Discovery. «Muchos corredores sacrifican la gloria individual de la carrera para poder trabajar con un corredor, Lance, lo que dice mucho considerando lo que está en juego. No obstante, cada año, Lance logra hacerlo gracias al trabajo de su equipo. Si el equipo se sacrificara y Lance no tuviera lo necesario para llegar al final, tendríamos que rediseñar el plan».[3]

Los líderes tienen que hacer su parte. No existe un sustituto para el desempeño. Pero sin un buen equipo, por lo general el líder no tiene oportunidad. Su potencial se determina por los que están cerca de ellos. Esa es la Ley del Círculo Íntimo.

POR QUÉ NECESITAMOS UN EQUIPO

En años recientes, personas en el mundo de los negocios han vuelto a descubrir el significado de los equipos. En los ochentas, la palabra mágica en los círculos de negocios era la administración. Luego en los noventas, el énfasis era en el liderazgo. Ahora en el siglo XXI el énfasis es en el liderazgo colectivo. ¿Por qué? Porque nadie puede hacerlo todo bien por sí mismo.

> «Usted puede hacer lo que yo no puedo hacer. Yo puedo hacer lo que usted no puede hacer. Juntos podemos hacer grandes cosas».
> —MADRE TERESA

Cuando empecé a enseñar las leyes de liderazgo hace varios años, supe que muchas personas se sentían intimidadas por las 21 leyes. Comprendía sus sentimientos. Creo en simplificar las cosas lo más que se pueda. Siempre he comprendido que un buen comunicador puede tomar algo que sea complicado y simplificarlo. Me hubiera encantado compilar menos de 21 leyes del liderazgo, pero cuando encuentro la esencia de liderazgo, todavía observo que hay veintiuna cosas que un líder debe hacer bien para poder dirigir eficazmente. Al mismo tiempo, también reconozco que un *solo líder* no puede hacer todas las veintiuna cosas bien. Es por eso que un líder necesita un equipo de personas. Tal como lo dijo la Madre Teresa: «Usted puede hacer lo que yo no puedo hacer. Yo puedo hacer lo que usted no puede hacer. Juntos podemos hacer grandes cosas». Ese es el poder de la Ley del Círculo Íntimo.

LA LEY DEL CÍRCULO ÍNTIMO

NINGÚN LÍDER ANDA SOLO

No todos reconocen que las personas más cercanas a usted pueden elevarlo o destruirlo. Todavía hay líderes que siguen aferrándose al modelo del liderazgo del Llanero Solitario.

He leído una de las mejores ilustraciones de lo ilusorio de este ideal de liderazgo en *American Spirit* [Espíritu del estadounidense], por Lawrence Miller:

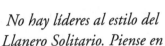

> *No hay líderes al estilo del Llanero Solitario. Piense en esto: Si usted está solo, no está dirigiendo a nadie, ¿cierto?*

> Los problemas se solucionan siempre de la misma forma. El Llanero Solitario y su fiel compañero indio… llegan al pueblo en sus caballos. El Llanero Solitario, con su máscara e identidad, trasfondo, y estilo de vida misteriosos, jamás se relaciona íntimamente con aquellos a quienes ayuda. En parte, su poder se halla en su misterio. En diez minutos ha entendido el problema, ha identificado a los responsables, y se ha lanzado a atraparlos. Burla a los delincuentes con gran rapidez, saca su arma, y los encierra en la cárcel. Al final siempre aparecía aquella escena maravillosa de las víctimas indefensas frente a sus ranchos o en la plaza del pueblo, asombradas y maravilladas por haber sido salvadas».[4]

Esto es ilusorio. No hay líderes al estilo del Llanero Solitario.

Piense en esto: Si usted está solo, no está dirigiendo a nadie, ¿cierto?

Warren Bennis, un experto en el tema del liderazgo, tenía razón cuando afirmaba que «el líder encuentra grandeza en el grupo, y él ayuda a los miembros de este a encontrarla en sí mismos».[5] Piense en cualquier líder altamente eficaz, y podrá ver que este se ha rodeado de un fuerte círculo íntimo. Mi amigo José Fisher me recordó esto cuando habló del impacto causado por el evangelista Billy Graham. Su éxito es resultado de un fantástico círculo íntimo: Ruth Bell Graham, Grady Wilson, Cliff

Barrows, y George Beverly Shea. Ellos lo hicieron mejor de lo que lo hubiera sido él solo. Uno puede ver eso en los negocios, el ministerio, los deportes y hasta en las relaciones familiares. Las personas más cercanas a usted determinan su nivel de éxito.

A QUIÉN ESTÁ USTED TRAYENDO A SU CÍRCULO ÍNTIMO

La mayoría de la gente crea un círculo íntimo de personas a su alrededor. Sin embargo, al hacerlo no meditan mucho cómo hacerlo. Tendemos naturalmente a buscar personas que apreciamos o personas con las que nos sentimos cómodas. Son pocas las personas que analizan de qué manera esas personas impactarán su efectividad o su potencial de liderazgo. Uno puede observar este fenómeno todo el tiempo con atletas cuando son contratados en el ámbito profesional al igual que los artistas que logran el éxito a escala profesional. Algunos de ellos nunca logran su potencial y por lo general es a causa de la clase de gente con la que se rodean.

Si alcanza su potencial como líder su gente tiene una oportunidad de alcanzar su potencial.

Para practicar la Ley del Círculo Íntimo, usted debe poner de su parte al crear relaciones. Debe pensar en el logro de su misión y en el éxito de las personas que le siguen. Solamente si alcanza su potencial como líder su gente tiene una oportunidad de alcanzar su potencial.

Al considerar las personas que deben estar en su círculo íntimo, hágase las siguientes preguntas. Si usted responde afirmativamente a ellas, entonces esas personas son candidatos excelentes para su círculo íntimo:

1. ¿Tienen una gran influencia con los demás?

Una de las claves del liderazgo exitoso es la capacidad de influir en las personas que influyen en otras. ¿Cómo lograrlo? Mediante el reclutamiento de personas de influencia a su círculo íntimo. Eso fue lo que hice con Jim en la iglesia de Lancaster, Ohio (hablé de él en el capítulo de la Ley de la Conexión). Jim era la persona más influyente de la organización cuando llegué. Al desarrollar una relación con Jim e involucrarlo en mi círculo íntimo, estaba haciendo dos cosas. Primero, comencé a ejercer mi influencia en él, compartí mis valores, la visión y la filosofía del liderazgo con él. Quería que él fuera un portador de la visión a otras personas en la organización. Segundo, comencé a averiguar qué pensaba. Si tenía preguntas u objeciones sobre lo que yo quería hacer. Pude conocerlo e inmediatamente empezar a trabajar con él. Y como él tenía muchos años de experiencia con las personas de la organización, con frecuencia me ayudó a navegar lejos de las explosiones potenciales que yo no conocía.

2. ¿Traen algo extra al grupo?

Debido a mi talento en el liderazgo, por naturaleza atraigo a otros líderes, y también me siento muy atraído a ellos. Se dice que los beisbolistas que saben pegarle bien a la pelota, cuando se reúnen con otros beisbolistas iguales a ellos, se la pasan hablando de béisbol. Lo mismo sucede con los buenos líderes. Cuando se juntan, comparten sus experiencias y sus dudas además de probar ideas. Pero una de las mejores cosas que he hecho en mi carrera de liderazgo es traer a mi círculo íntimo las personas claves que posean puntos fuertes que contrarresten mis puntos débiles.

Una de esas personas es Linda Eggers, mi asistente. Siempre les aconsejo a los ejecutivos jóvenes que la primera persona que deben emplear es su asistente. Yo tengo una gema en Linda. Ella ha trabajado para mí por veinte años. Tiene una capacidad mental increíble para los detalles, no se cansa y tiene la capacidad de anticipar lo que necesito antes de que yo me dé cuenta. Es más, ella me conoce tan bien que puede hablar con los demás en mi nombre, sabiendo cómo respondería a las preguntas el noventa por ciento del tiempo.

3. ¿TIENEN UNA POSICIÓN ESTRATÉGICA EN LA ORGANIZACIÓN?

Algunas personas pertenecen a su círculo íntimo debido a su importancia en la organización. Si usted y ellos no van al mismo paso, la organización completa está en problemas. John Hull ciertamente responde a esa descripción en mi vida. Las dos organizaciones no pueden funcionar sin su liderazgo. Algunas de las cosas más significativas que hago se realizan por medio de EQUIP. La organización ya ha capacitado a más de un millón de líderes alrededor del mundo y sigue capacitando más.

Si algo le sucediera a EQUIP que la llevara en la dirección equivocada, muchas cosas en mi vida se detendrían abruptamente. Crearía un caos personal. Por eso tengo a John, un líder sobresaliente, encabezando la organización y es por eso que él sigue siendo parte de mi círculo íntimo.

4. ¿ME AÑADEN VALOR A MÍ Y A MI ORGANIZACIÓN?

En el capítulo de la Ley de la Adición expliqué la forma en que las personas añaden, sustraen, multiplican o dividen en lo que respecta a los demás. Las personas de su círculo íntimo deben saber añadir y multiplicar su influencia en los demás. Deben tener un historial comprobado de activos en su organización. A continuación un antiguo poema de Ella Wheeler Wilcox que mi madre acostumbraba recitar para mí:

Hay dos tipos de personas en la tierra hoy,
Sólo dos tipos, no más, digo yo.
No son los buenos y los malos, pues se sabe bien
Que los buenos son mitad malos y los malos mitad buenos.
¡No! Los dos tipos de personas a los que me refiero

Son los que saben animar y los que se apoyan.
Hay dos tipos de personas en la tierra hoy,
Sólo dos tipos, no más, digo yo.
No son los pecadores y los santos, pues se sabe bien
Que los buenos son mitad malos y los malos mitad buenos...
¡No! Los dos tipos de personas a los que me refiero
Son los que saben animar y los que se apoyan.

Reúna únicamente personas que saben animar a los demás en su círculo íntimo.

Los miembros del círculo íntimo deben añadirle valor a usted también. Eso no es algo egoísta. Si ellos tienen un efecto negativo, eso obstaculizará su capacidad de dirigir correctamente y dañará su gente y su organización.

Un amigo me dijo una vez: «En la cima hay mucha soledad, de modo que mejor es que sepas por qué estás allí». Es cierto que los líderes llevan una carga muy pesada. Cuando usted está al frente, puede convertirse en un blanco fácil, pero no tiene que ir solo. Por eso yo digo: «En la cima hay mucha soledad, de modo que lleve con usted a alguien». ¿Quién resultaría mejor compañero que un hombre que lo anima, no un adulador, sino un sólido apoyo y un amigo? Salomón, del antiguo Israel, reconocía esta verdad: «Hierro con hierro se aguza; y así el hombre aguza el rostro de su amigo».[6] Busque para su círculo íntimo personas que lo ayuden a mejorar.

5. ¿Impactan ellos positivamente a los demás miembros del círculo íntimo?

Soy un gran creyente de la química del equipo. Si usted desea que su círculo íntimo vaya a trabajar unido y funcione como equipo, necesita comprender cómo interactúan entre ellos. Primero, desea que todos se acoplen. Al igual que un equipo de básquetbol de campeonato tiene habilidades complementarias y papeles compatibles, así cada miembro de su círculo íntimo tiene un lugar en su vida donde contribuyen sin pasarle por encima a los demás.

> *En la cima hay mucha soledad, de modo que mejor es que sepas porqué estás allí.*

Segundo, usted debe buscar que los miembros de su círculo íntimo se ayuden a mejorar mutuamente, que eleven el nivel de acción de todos en el grupo. A veces eso sucede porque ellos se animan los unos a los otros. A veces por medio de compartir mutuamente información y sabiduría. Y a veces se da por medio de la competencia amigable. Sin importar como ocurra, si ellos pueden mejorar la habilidad de los demás miembros, ellos mejorarán la habilidad de sus líderes.

IDENTIFICAR… CULTIVAR… RECLUTAR

Hay otra pregunta más que necesita hacerse sobre los miembros potenciales de su círculo íntimo. No la puse con las otras cinco preguntas porque responder afirmativamente a esta pregunta no significa que por eso debemos agregarlos a nuestro círculo íntimo. No obstante, contestarla negativamente definitivamente los excluiría del grupo. La pregunta es: ¿Muestran ellos excelencia, madurez y un buen carácter en todo lo que hacen?

Usted podrá responder a esa pregunta una vez que los haya llegado a conocer bien, lo cual significa que probablemente los estará seleccionando de su propia organización. De hecho, en la mayoría de los casos necesitará desarrollarlos antes de darles un lugar en su círculo íntimo. Mientras lo hace escuche el consejo del por mucho tiempo ejecutivo, ya retirado presidente ejecutivo y presidente de la junta directiva de Agilent Technologies, Ned Barnholt. Él cree que hay tres grupos de personas en una organización cuando se trata de ver su respuesta al liderazgo y al impacto que este causa: (1) los que lo entienden casi de inmediato y funcionan con él; (2) los escépticos que no están seguros de lo que deben hacer con él; y (3) los que comienzan negativos y esperan que este liderazgo desaparezca. «Yo acostumbraba pasar la mayor parte de mi tiempo con los más negativos», dice Barnholt, «tratando de convencerlos de que cambiaran. Ahora paso mi tiempo con las personas del primer grupo. Estoy invirtiendo en mis mejores posesiones».

Nunca deje de mejorar a su círculo íntimo

Tengo que admitir que me siento bendecido de tener un círculo íntimo increíble, formado por familiares, empleados de largo tiempo, colegas que admiro y mentores personales. Todos ellos le añaden valor a mi vida y me ayudan a tener un mayor impacto del que yo pudiera lograr solo. Siempre estoy atento buscando más personas como ellos en mi círculo íntimo, porque he aprendido desde que tenía cuarenta años que uno solo puede lograr ciertas cosas por sí mismo. Una vez que usted haya alcanzado el máximo de su energía y tiempo, la única forma de aumentar su impacto es por medio de los demás. Cada persona de mi círculo íntimo se desempeña con excelencia y extiende mi influencia más allá de mi alcance o me ayuda a ser un mejor líder.

Por supuesto, ningún líder comienza teniendo un círculo íntimo sólido. Cuando los líderes toman nuevas posiciones, con frecuencia deben empezar a reunir su círculo íntimo desde cero. Eso fue lo que me sucedió a mí en 1981 cuando acepté la oferta de dirigir la iglesia Skyline en San Diego, California. La iglesia tenía una gran historia. Había sido fundada en la década de los cincuenta por un hombre maravilloso llamado Orval Butcher, que estaba por jubilarse después de un servicio de veintisiete años. Bajo su liderazgo, el doctor Butcher había tocado la vida de miles de personas, y la iglesia tenía una reconocida, fuerte y buena reputación nacional. Era una buena iglesia, pero tenía un problema: no había crecido en años.

Cuando llegamos me reuní con cada miembro del personal para evaluar las capacidades individuales. Casi inmediatamente descubrí por qué
la iglesia se había estancado. Los miembros del personal eran buenas personas, pero no eran líderes fuertes. Sin importar lo que yo hiciera con
ellos, jamás iban a poder llevar la organización al lugar que deberíamos
llegar. En una iglesia de ese tamaño, el personal es el círculo íntimo del
líder. Vemos, entonces, que el potencial de cada líder está determinado
por las personas más cercanas a él. Si estas son fuertes, el líder podrá causar un gran impacto. Pero si son débiles, el líder no podrá. En eso consiste la Ley del Círculo Íntimo.

*El potencial de cada líder está
determinado por las personas
más cercanas a él.*

Entendía claramente la tarea que
tenía por delante. Debía cambiar los
líderes débiles por líderes más eficaces. Esa era la única forma de transformar completamente la situación.
Mentalmente dividí el personal en
tres grupos, según su capacidad de dirigir y de obtener resultados. Primero quise ocuparme del tercer grupo, compuesto por los empleados cuyas
contribuciones a la organización eran mínimas. Sabía que podía despe-
dirlos inmediatamente, porque el impacto de su partida sería totalmente
positivo. Los reemplacé por los mejores individuos que pude encontrar.
Luego comencé a trabajar con el segundo grupo y después con el tercero. La organización comenzó a crecer de inmediato. Tres años después ya
había limpiado la casa completamente, y sólo había dejado dos miembros del grupo original. Como el círculo íntimo había subido a un nuevo
nivel, la organización también pudo avanzar a un nuevo nivel. Con los
años triplicamos el tamaño de 1.000 a 3.300 asistentes semanales.

El crecimiento y el éxito que experimentamos en Skyline se debieron
a la Ley del Círculo Íntimo. Cuando tuvimos el personal adecuado, el
potencial se disparó hasta las nubes. Cuando me fui de esa iglesia en
1995, los líderes de distintas partes del país procuraron emplear a los

miembros clave de mi personal en sus propias organizaciones. Sabían el poder de la Ley del Círculo Íntimo y quisieron emplear a los mejores líderes que pudiesen encontrar para aumentar el potencial de sus organizaciones.

Lee Iacocca dice que el éxito no procede de lo que usted sabe, sino de la gente que conoce y de cómo se presenta a usted mismo ante cada uno de esos individuos. Hay mucho de cierto en esta afirmación. Si desea aumentar su capacidad y utilizar al máximo su

> *Contrate el mejor personal que pueda encontrar, desarróllelo tanto como pueda y deléguele todo lo que pueda.*

potencial como líder, su primer paso es ser el mejor líder que pueda. Luego rodearse de los mejores líderes que pueda encontrar. Nunca olvide que el potencial de cada líder está determinado por las personas más cercanas a él. Esa es la Ley del Círculo Íntimo. Esa es la única forma en que usted puede alcanzar el nivel más alto posible.

Aplique
LA LEY DEL CÍRCULO ÍNTIMO
a su vida

1. ¿Sabe usted cuáles son los miembros de su círculo íntimo? Esas son las personas a las que busca para obtener un consejo, a las que se vuelve para buscar apoyo y en las que confía para que le ayuden a realizar las cosas. Si se tiene un personal pequeño, todos los empleados son parte de su círculo íntimo.

Escriba los nombres de los miembros de su círculo íntimo. Junto a cada nombre escriba lo que esa persona contribuye. Si algunos no tienen un papel o función clara, escriba lo que cree que ellos tienen como *potencial.* Ponga atención a los baches y a las duplicidades. Luego comience a buscar personas que llenen esos baches y considere cómo puede eliminar las redundancias. Y esté preparado para desafiar a los miembros actuales que tienen potencial para que alcancen sus expectativas.

2. Los buenos círculos íntimos no se unen por accidente. Los líderes eficaces continuamente están desarrollando miembros actuales y futuros de su círculo íntimo. ¿Cómo lo hacen?

- Dedican más tiempo con ellos específicamente para guiarlos y desarrollar sus relaciones.
- Les dan una mayor responsabilidad y colocan mayores expectativas sobre ellos.
- Les dan aun más mérito cuando las cosas van bien y los responsabilizan cuando las cosas van mal.

Examine la lista de miembros de su círculo íntimo para determinar si está usted siguiendo esos pasos con ellos. Si no es así, empiece a realizar cambios. Además, asegúrese de utilizar esta estrategia de desarrollo con nuevos miembros potenciales de su círculo íntimo.

3. Si dirige un personal grande, entonces no todos los que trabajan para usted serán parte del círculo íntimo. ¿Cuándo se realiza la transición a un círculo íntimo más pequeño, algo así como un equipo dentro de un equipo?

- Cuando el número de su personal inmediato es mayor a siete personas
- Cuando no puede dirigir directamente a todas las personas
- En caso de grupos voluntarios, buscando personas además del personal pagado que puedan estar en su círculo íntimo

Si esto describe su situación, comience a pensar en términos de crear un círculo íntimo más pequeño utilizando la estrategia de desarrollo ya mencionada.

12

LA LEY DEL
OTORGAMIENTO
DE PODERES

Sólo los líderes seguros otorgan poder a otros

Casi todo el mundo ha oído hablar de Henry Ford. Fue el revolucionario que innovó la industria automovilística y una leyenda en la historia empresarial de Estados Unidos. En 1903 fundó la Ford Motor Company con la convicción de que el futuro del automóvil estribaba en ponerlo al alcance del norteamericano promedio. Ford dijo:

> Fabricaré un carro para la multitud. Será lo suficientemente grande para la familia, pero suficientemente pequeño como para que un individuo pueda conducirlo y cuidarlo. Será fabricado con los mejores materiales, por los mejores hombres que se puedan contratar, según los diseños más sencillos que la ingeniería moderna pueda idear. Pero tendrá un precio tan bajo que todo hombre que reciba un buen salario podrá poseer uno, y disfrutar con su familia las bendiciones de las horas placenteras en los grandes espacios abiertos de Dios.

Henry Ford llevó a cabo esa visión con el Modelo T y así transformó la faz de la vida norteamericana del siglo XX. En 1914, Ford producía casi cincuenta por ciento de todos los automóviles en Estados Unidos. La Ford Motor Company parecía una historia de éxito norteamericana.

UN CAPÍTULO MENOS CONOCIDO DE LA HISTORIA

Sin embargo, no toda la historia de Ford es de consecuciones positivas; una de las razones fue que él no se adhirió a la Ley del Otorgamiento de Poderes. Henry Ford estaba tan enamorado de su Modelo T, que no tenía intenciones de cambiarlo ni de mejorarlo, ni quería que ninguna otra persona lo intentara. Una vez, cuando un grupo de sus diseñadores lo sorprendieron presentándole el prototipo de un modelo mejorado, Ford sacó las puertas de las bisagras y destruyó el auto con sus propias manos.

Por casi veinte años, la Ford Motor Company sólo ofreció un diseño, el Modelo T, que Ford personalmente había desarrollado. No fue sino hasta 1927 que finalmente, de mala gana, accedió a ofrecer al público un nuevo modelo. La compañía produjo el Modelo A, pero este era muy atrasado en comparación con sus competidores en lo referente a las innovaciones técnicas. A pesar de haber comenzado a la cabeza y de su increíble ventaja sobre sus competidores, el mercado de la Ford Motor Company se fue encogiendo. En 1931 había bajado a veintiocho por ciento, un poco más de la mitad de lo que había producido diecisiete años atrás.

Henry Ford era la antítesis del líder que sabe otorgar poderes. Siempre minaba a sus líderes y miraba a su gente por encima del hombro. Llegó al extremo de crear un departamento sociológico dentro de la Ford Motor Company para investigar a sus empleados y dirigir la vida privada de estos. Con el transcurso del tiempo, Ford se volvió más excéntrico. Una vez fue a su oficina de contabilidad y tiró a la calle los libros de su compañía diciendo: «Echen en un barril grande todo el dinero que ganamos y cuando llegue un cargamento de materiales vayan al barril y tomen el dinero necesario para pagar el cargamento».

Tal vez las relaciones más peculiares de Ford eran aquellas con sus ejecutivos, especialmente con su hijo Edsel. El joven Ford había trabajado en la compañía desde niño. Mientras Henry se volvía más excéntrico, Edsel trabajaba más duro para mantener la compañía en funcionamiento. Si no hubiese sido por él, probablemente la Ford Motor Company se hubiera ido a la quiebra en la década de los treintas. Henry llegó a conceder a Edsel la presidencia de la compañía y afirmó públicamente que bajo el liderazgo de su hijo, el futuro de la Ford Motor Company se veía muy prometedor. Sin embargo, al mismo tiempo lo minaba y apoyaba a otros líderes de la compañía. Cada vez que surgía un líder prometedor, Henry lo derribaba. Como consecuencia perdió a sus mejores ejecutivos. Los pocos que se quedaron lo hicieron por Edsel. Estos imaginaban que en algún momento el viejo Henry moriría, y que finalmente Edsel se encargaría de todo y arreglaría las cosas, pero eso no fue lo que ocurrió. En 1943, Edsel murió a la edad de cuarenta y nueve años.

OTRO HENRY FORD

El hijo mayor de Edsel, Henry Ford II, de veintiséis años de edad, inmediatamente dejó la marina para regresar a Dearborn, Michigan, y hacerse cargo de la compañía. Al principio enfrentó la oposición de los seguidores incondicionales de su abuelo, pero después de dos años obtuvo el apoyo de varias personas claves, recibió el respaldo de la junta directiva (su madre controlaba cuarenta y uno por ciento de las acciones de la Ford Motor Company), y convenció a su abuelo de que le cediera el puesto de presidente.

El joven Henry asumía la dirección de una compañía que no había registrado ganancias en quince años. En aquel tiempo estaba perdiendo

¡un millón de dólares *al día*! El joven presidente sabía que este cargo estaba por encima de su capacidad, de modo que comenzó a buscar líderes. Afortunadamente, un primer grupo se acercó a él. Era un equipo de diez hombres, dirigido por el coronel Charles «Tex» Thornton. Estos querían trabajar juntos, después de haber prestado servicios en el Departamento de Guerra en la Segunda Guerra Mundial. La contribución de estos hombres a la Ford Motor Company fue sustancial. En los años subsiguientes, el grupo produjo seis vicepresidentes y dos presidentes de la compañía.

La segunda afluencia de líderes se dio con la entrada de Ernie Breech, ejecutivo experimentado de la General Motors (GM), y antiguo presidente de Bendix Aviation. El joven Henry lo contrató como vicepresidente ejecutivo de la Ford. Aunque Breech ocupaba la segunda posición después de Henry Ford II, se esperaba que asumiera el mando y transformara completamente la compañía. Y Breech lo hizo. Al poco tiempo trajo a la Ford Motor Company más de ciento cincuenta ejecutivos sobresalientes de la General Motors, y en 1949 la compañía marchaba sobre ruedas nuevamente. Ese año vendió más de un millón de Fords, Mercurys, y Lincolns; las mejores ventas desde el Modelo A.

¿QUIÉN ES EL JEFE?

Si Henry Ford II hubiese cumplido la Ley del Otorgamiento de Poderes, la Ford Motor Company hubiera crecido notablemente y más tarde o más temprano habría sobrepasado a la General Motors para convertirse nuevamente en la compañía automovilística número uno. Sin embargo, sólo los líderes seguros pueden otorgar poder a otras personas. Henry se sintió amenazado. El éxito de Tex Thornton, Ernie Breech, y Lewis Crusoe, un legendario ejecutivo de la GM que Breech había empleado, hizo que Henry viera su puesto en peligro. Su posición no dependía de su influencia, sino de su nombre y del control de su familia de las acciones de la compañía.

Henry comenzó, pues, a poner a los altos ejecutivos unos contra otros. Invitaba a Thornton a su oficina y lo incitaba a criticar a su colega Crusoe. Después de un tiempo, Crusoe se cansó de la insubordinación de Thornton y exigió a Breech que lo despidiera, lo cual Breech hizo. Luego Ford comenzó a respaldar a Crusoe, que trabajaba para Breech. Peter Collier y David Horowitz, biógrafos de Ford, describieron el método del segundo Henry Ford de la siguiente manera:

> *«El mejor ejecutivo es aquel que tiene suficiente intuición para seleccionar buenos hombres que lleven a cabo lo que él desea que se haga, y que sabe refrenarse y evitar entrometerse mientras estos cumplen su deber».*
>
> —THEODORE ROOSEVELT

El instinto de supervivencia de Henry se manifestaba como astucia combinada con algo de debilidad. Había concedido a Crusoe el poder de hacer casi todo lo que este deseaba. Al quitar su favor a Breech y darlo al lugarteniente de este, Henry volvió en antagonistas a los dos hombres más importantes del éxito de la Ford. Aunque había perdido su confianza en Breech, lo había dejado oficialmente a cargo porque esto aumentaba su propia maniobrabilidad. Y como jefe oficial de Crusoe, Breech podía ser útil si Henry deseaba mantener a aquel bajo vigilancia.[1]

Esto llegó a ser un patrón en el liderazgo de Henry Ford II. Cada vez que un ejecutivo obtenía poder e influencia, Henry suprimía la autoridad del mismo cambiándolo a una posición de menos influencia, apoyando a los subordinados del ejecutivo, o humillándolo públicamente. Esto siguió así durante todo el tiempo que Henry II estuvo en la Ford. Como uno de los presidentes de la Ford, Lee Iacocca comentó después de haber dejado la compañía: «Henry Ford, como pude verlo de primera mano, tenía el mal hábito de deshacerse de los líderes fuertes».

Iacocca dijo que Henry Ford II le describió una vez su filosofía del liderazgo, años antes de que Iacocca mismo se convirtiera en el blanco de sus ataques. Ford decía: «No permitas que un hombre que trabaja para ti se sienta muy a gusto. No dejes que se acomode ni que establezca sus costumbres. Siempre haz lo opuesto a lo que él espera. Mantén a tu gente ansiosa y fuera de equilibrio».[2]

¿QUÉ SIGNIFICA DIRIGIR BIEN?

Ninguno de los dos Henry Ford obedeció la Ley del Otorgamiento de Poderes. En vez de encontrar líderes, formarlos, darles recursos, autoridad, y responsabilidad, y luego soltarlos para que cumplieran su trabajo, de manera alternada motivaban y minaban a su mejor gente debido a su propia inseguridad. Pero si usted quiere tener éxito como líder, es necesario que sepa otorgar poderes. Theodore Roosevelt reconocía que «el mejor ejecutivo es aquel que tiene suficiente intuición para seleccionar buenos hombres que lleven a cabo lo que él desea que se haga, y que sabe refrenarse y evitar entrometerse mientras estos cumplen su deber».

Para dirigir a otros correctamente, debemos ayudarles a alcanzar todo su potencial. Eso significa estar de su lado, animarlos, cederles poder y ayudarlos a triunfar. Eso no es lo que se nos enseña tradicionalmente en el liderazgo. ¿Recuerda aquellos dos juegos acerca del liderazgo que aprendimos cuando éramos niños? Rey de la colina y Seguir al líder. ¿Cuál es el objetivo de Rey de la colina? Hacer que los demás caigan para que uno pueda ser el líder. ¿Y el objetivo de Seguir al Líder? Hacer cosas que se *sabe* que los demás no pueden hacer de tal forma que uno se vea más poderoso. El problema que esos dos juegos tienen es que para ganar uno tiene que hacer que los demás pierdan. Los juegos están basados en la inseguridad y son lo opuesto a la forma de elevar líderes.

Cuando viajo a países en desarrollo, me doy cuenta qué difícil es ese concepto para los nuevos líderes. En culturas donde se tiene que luchar para progresar, generalmente la suposición es que uno tiene que pelear con los demás para mantenerse en el liderazgo. Pero eso refleja una mentalidad pobre. La realidad es que si otorgamos algo del poder que tenemos a otros, siempre queda mucho para seguir adelante.

Cuando enseño la Ley de Otorgamiento de Poderes en los países en desarrollo, por lo general pido un voluntario para mostrar visualmente lo que sucede cuando uno intenta mantener a los demás en el suelo en vez de elevarlos. Le pido al voluntario que se pare enfrente de mí, pongo mis manos en sus hombros y comienzo a empujarlo hacia abajo. Entre más bajo quiero empujarlo más tengo que agacharme. Entre más lo empujo, más bajo tengo que estar. Lo mismo sucede con el liderazgo, para hundir a otros, yo tengo que hundirme también y cuando uno hace eso, pierde el poder de elevar a las personas.

> *Dirigir correctamente no significa enriquecerse uno mismo, significa otorgarle poderes a los demás.*

BARRERAS PARA EL OTORGAMIENTO DE PODERES

Dirigir correctamente no significa enriquecerse uno mismo, significa otorgarle poderes a los demás. Los analistas del liderazgo Lynne McFarland, Larry Senn, y John Childress afirman que «el modelo de liderazgo que otorga poderes abandona su posición de poder y da a todas las personas funciones de líder a fin de que puedan emplear su capacidad al máximo».[3] Sólo las personas que han sido investidas con poder pueden explotar su potencial. Cuando un líder no puede, o simplemente no quiere otorgar poderes a otros, levanta en la organización barreras que nadie puede atravesar. Si las barreras permanecen por mucho tiempo, la gente se rinde o se van a otra organización donde puedan explotar al máximo su potencial.

Cuando los líderes no otorgan poderes a otros, por lo general se debe a tres razones:

LA BARRERA # 1 DEL OTORGAMIENTO DE PODERES:
DESEO DE SEGURIDAD EN EL TRABAJO

El enemigo número uno del otorgamiento de poderes es el temor a perder lo que tenemos. Un líder débil piensa que si ayuda a sus subordinados, más adelante se podrá prescindir de él. Pero la verdad es que la única forma de hacerse *indispensable* es llegar al punto en que se pueda *prescindir* de uno. En otras palabras, si de manera continua puede otorgar poderes a otros y ayudarlos a desarrollar esos poderes a fin de que sean capaces de hacer el trabajo que le corresponde a usted, llegará a ser tan valioso para la organización que lo considerará indispensable. Esta es la paradoja de la Ley del Otorgamiento de Poderes.

> *El enemigo número uno del otorgamiento de poderes es el temor a perder lo que tenemos.*

Se puede preguntar, *¿qué tal si me quedo sin trabajo por otorgarle poderes a los demás y mis superiores no reconocen mi contribución?* Eso puede suceder a corto plazo. Pero si usted sigue elevando líderes y otorgándoles poder, desarrollará un patrón de logros, excelencia y liderazgo que será reconocido y gratificado. Si los equipos que usted dirige siempre parecen triunfar, las personas averiguarán que usted haciendo un buen trabajo como líder.

LA BARRERA # 2 DEL OTORGAMIENTO DE PODERES:
RESISTENCIA AL CAMBIO

El autor John Steinbeck, ganador del Premio Nobel, afirmó: «La naturaleza del hombre cuando va madurando es protestar contra el cambio, particularmente el cambio hacia algo mejor». Por su naturaleza misma, el otorgamiento de poderes produce cambios constantes porque estimula a las personas a crecer y a hacer innovaciones. El cambio es el precio del progreso. No siempre es fácil aceptar eso.

A la mayoría de la gente no le gusta el cambio. Ese es un hecho. No obstante, una de las responsabilidades más importantes de los líderes es mejorar continuamente sus organizaciones. Como líder, usted debe entrenarse a sí mismo para aceptar el cambio, para desearlo y para abrirle camino. Los líderes eficaces no sólo están dispuestos a cambiar, sino que ellos mismos se convierten en agentes de cambio.

La barrera # 3 del otorgamiento de poderes: Falta de autoestima

John Peers comentó: «Uno no puede dirigir el ataque de una caballería si cree que se ve gracioso montado en un caballo». Las personas acomplejadas raramente son buenos líderes. Se enfocan en sí mismas, se preocupan por su apariencia, por lo que los demás piensen, etc. Ellas no pueden otorgar poder a nadie porque creen que ellas mismas no tienen poder. Y no se puede dar lo que se no tiene.

Los mejores líderes tienen un sólido sentido de autoestima. Creen en sí mismos, en su misión y en su gente. Tal como lo dice el autor Buck Rogers: «Para los que tienen confianza en sí mismos, el cambio es un estímulo porque creen que una persona puede hacer la diferencia e influir sobre lo que sucede alrededor de ellas. Estos son los hacedores y motivadores». También son los que otorgan poderes.

Únicamente los líderes seguros pueden dar de sí mismos. Mark Twain comentó una vez que cosas grandes suceden cuando a uno no le importa quién se lleva el mérito. Pero puede dar un paso más adelante. Creo

> «Los grandes líderes ganan autoridad cuando se desprenden de ella».
> —James B. Stockdale

que las cosas más grandes *sólo* suceden cuando usted les da el mérito a otros. Esa es la Ley del Otorgamiento de Poderes en acción. El almirante

James B. Stockdale, candidato a la presidencia una sola vez, declaró: «El liderazgo debe estar basado en la buena voluntad... Es un compromiso obvio e incondicional de ayudar a los seguidores... Necesitamos que nuestros líderes sean hombres de un corazón tan amable que, en efecto, no tomen en cuenta la necesidad de su trabajo. Pero líderes como esos nunca están sin trabajo, y nunca les faltan seguidores. Aunque suene extraño, los grandes líderes ganan autoridad cuando se desprenden de ella». Si usted aspira a ser un gran líder, debe practicar la Ley del Otorgamiento de Poderes.

EL PRESIDENTE DEL OTORGAMIENTO DE PODERES

Uno de los líderes más grandes de este país era verdaderamente dotado en lo que se refiere a otorgar a otros su poder y autoridad. Su nombre era Abraham Lincoln. Lo profundo de la seguridad de Lincoln como líder puede apreciarse en la selección de su gabinete. La mayoría de los presidentes eligen aliados de la misma mentalidad, pero eso no fue lo que hizo Lincoln. En un tiempo de desorden en el país, un tiempo en el que las voces dispares eran muchas, Lincoln reunió un grupo de líderes que unificaran su partido y causaran fuerza por medio de la diversidad y el reto mutuo. Un biógrafo de Lincoln dijo lo siguiente del método del presidente:

> Ya había habido presidentes que habían seleccionado algún rival político para ocupar un puesto en el gabinete; pero el acto de rodearse deliberadamente de todos sus decepcionados antagonistas parecía que iba a terminar en desastre. Este fue el sello de sus intenciones sinceras. Lincoln quería el consejo de hombres tan fuertes como él o más fuertes que él. El hecho de que no tuviera temor a ser derribado o desautorizado por esos hombres revelaba una ingenuidad exagerada o una total confianza en sus poderes de liderazgo.[4]

El deseo de Lincoln de unir a su país era mucho más importante que su comodidad personal. Su seguridad y su fortaleza le permitían practicar la Ley del Otorgamiento de Poderes y traer líderes sólidos a su círculo.

ENCUENTRE LÍDERES FUERTES PARA OTORGARLES PODERES

La capacidad de Lincoln para otorgar poderes jugó un papel importante en su relación con sus generales durante la Guerra Civil. Al principio tuvo problemas para encontrar personas merecedoras de su confianza. Cuando los estados del sur se separaron, los mejores generales se fueron al sur a servir a los Estados Confederados. Pero Lincoln nunca perdió las esperanzas, ni tampoco olvidó dar poder y libertad a sus líderes, aunque esa estrategia había fallado con sus generales anteriores.

Por ejemplo, en junio de 1863, Lincoln dio el mando del ejército del Potomac al general George G. Meade. Lincoln esperaba que este hiciera un mejor trabajo que los generales que lo precedieron, Ambrose E. Burnside y Joseph Hooker. Después de unas horas de haberlo nombrado, Lincoln le envió un mensajero. El mensaje del presidente, en parte, decía:

Considerando las circunstancias, nadie nunca ha recibido un mandato más importante; y no me cabe duda de que justificará completamente la confianza que el gobierno ha puesto en usted. No será estorbado por instrucciones de último minuto de estas oficinas centrales. Su ejército tiene la libertad de actuar según usted considere conveniente, conforme surjan las circunstancias… Todas las fuerzas dentro de la esfera de sus operaciones estarán sujetas a sus órdenes.[5]

Sucedió que el primer reto significativo que enfrentó Meade fue cuando dirigió a su ejército a una pequeña ciudad en Pennsylvania llamada Gettysburg. Esta fue una prueba que pasó con autoridad. Sin embargo, al final no fue Meade el general que hizo total uso del poder que Lincoln ofreció. Fue Ulysses S. Grant quien cambió totalmente la guerra. Pero Meade detuvo el ejército de Lee cuando fue necesario, y evitó que el general confederado avanzara a Washington.

> *Para hacer caer a la gente, usted tiene que caer con ellos.*

La aplicación de Lincoln de la Ley del Otorgamiento de Poderes fue tan constante como el hábito de Henry Ford de quebrantarla. Aun las veces que sus generales hicieron algo mal, Lincoln se hizo responsable. Donald T. Phillips, experto en Lincoln, dijo: «A lo largo de toda la guerra, Lincoln siguió aceptando públicamente la responsabilidad por las batallas perdidas y las oportunidades desaprovechadas».[6] Lincoln pudo pararse firme durante la guerra y continuamente otorgar poderes a otros porque su seguridad era sólida como una roca.

EL PODER DEL OTORGAMIENTO DE PODERES

Usted no tiene que ser un líder del calibre de Lincoln para otorgarles poderes a otros. La clave para otorgar poder a otras personas es tener una gran confianza en la gente. Si cree en los demás, ellos creerán en sí mismos.

Cuando recibo una nota de estímulo de alguien cercano, la guardo y aprecio mucho esas cosas. Tiempo atrás recibí una nota de la persona fuera de mi familia, a la que más he otorgado poderes. Su nombre es Dan Reiland. Era mi pastor ejecutivo cuando yo estaba en Skyline. Dan escribió lo siguiente:

John:

Se ha hecho realidad lo máximo que puedo alcanzar como mentor. Se me ha pedido que enseñe acerca del tema del otorgamiento de poderes. Puedo hacerlo solamente porque usted me otorgó poderes a mí primero. Recuerdo ese día como si fuera ayer, cuando usted corrió el riesgo de escogerme como su pastor ejecutivo. Me confió una responsabilidad importante, el liderazgo diario del personal y los ministerios de su iglesia. Me dio autoridad... Creyó en mí, tal vez más de lo que yo creía en mí mismo. Demostró su fe y confianza en mí en tal forma que yo podía aprovecharlas, pero al final yo mismo las adquirí...

Estoy muy agradecido por su impacto transformador sobre mi vida. Decir gracias apenas lo expresa vagamente. «Lo amo y lo aprecio» es mejor. Tal vez la mejor manera de mostrarle mi gratitud es pasar el don que usted me dio a otros líderes que encuentre en mi camino.

Dan

Doy gracias a Dan por todo lo que ha hecho por mí, y creo que él me ha dado mucho más de lo que yo le he dado a él. Y sinceramente disfruté el tiempo que dediqué a ayudarlo a crecer.

La verdad es que el otorgamiento de poderes es poderoso, no sólo para la persona que está en desarrollo, sino también para el mentor. Engrandecer a los demás lo engrandece a usted.

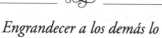

Engrandecer a los demás lo engrandece a usted.

Dan me ha hecho mejor de lo que era, no sólo porque me ayudó a alcanzar mucho más de lo que hubiera podido alcanzar yo solo, sino también porque el proceso completo me convirtió en un mejor líder. Este es el impacto de la Ley del Otorgamiento de Poderes.

Aplique
LA LEY DEL OTORGAMIENTO DE PODERES
a su vida

1. ¿Cómo se catalogaría usted en el área de la autoestima? ¿Tiene confianza en sí mismo? ¿Cree que tiene valor? ¿Funciona bajo la premisa que tiene cosas positivas que ofrecer a las personas y a la organización? ¿Está dispuesto a tomar riesgos?

Si se cataloga débilmente en el área de la seguridad, usted tendrá dificultad con la Ley del Otorgamiento de Poderes. Necesitará dar pasos positivos para añadirse valor o explorar el porqué su autoestima es tan baja.

2. ¿Es de los que cree en las personas? Haga una lista de las personas que trabajan para usted. Si la lista es muy grande, escriba los nombres de las personas más cercanas a usted. Ahora catalogue el potencial, no la habilidad actual de cada persona en una escala del uno al diez.

Si los números son bajos, quizás su concepto de ellos no es muy alto. Hasta que usted cambie eso, tendrá dificultad en otorgarles poderes a los demás. Comience a convivir con las características y las cualidades positivas de las personas. Busque las áreas más fuertes de las personas y visualice cómo puede apoyar esas áreas para lograr cosas significativas. Imagínese lo que los individuos pueden llegar a ser si utilizan al máximo sus talentos y oportunidades.

3. Si su inclinación natural es desarrollar y aferrarse a su poder, entonces debe hacer un cambio de paradigma para convertirse en un líder que otorga poderes. Comience seleccionando su mejor personal y prepárelos para el éxito. Capacítelos, provéales recursos y ayúdelos a lograr las metas que le ayuden a usted y a su organización. Luego déles la responsabilidad y la autoridad que necesitan. Si fracasan al principio,

ayúdeles a seguir intentando hasta que triunfen. Una vez que experimente el gozo y la efectividad organizativa de otorgarle poder a otras personas, tendrá dificultad para *no* otorgarlo.

13

LA LEY DE LA IMAGEN

Las personas hacen lo que ven

Hace varios años, el creador de películas Steven Spielberg y el actor Tom Hanks produjeron una serie de programas de televisión en HBO llamada *Band of Brothers* [Banda de hermanos], basada en el libro del mismo nombre escrito por el historiador Stephen Ambrose. Los diez episodios relataban la crónica de la historia de la compañía Easy, un grupo de patrulleros de la compañía 101 que peleó durante la Segunda Guerra Mundial. Los hombres de la compañía Easy eran los soldados más rudos que había y pelearon heroicamente en la invasión de Normandía al final de la guerra.

La historia de la compañía Easy es un gran estudio sobre el liderazgo, ya que varios de los sargentos, tenientes y capitanes que comandaron a los hombres mostraron muchos estilos de liderazgo, algunos buenos y algunos malos. Cuando el liderazgo era bueno, se notaba la diferencia, no sólo en la forma en que los soldados se desempeñaban sino también en el resultado de sus batallas y de la guerra.

UNA IMAGEN EQUIVOCADA

Desde el primer episodio de la serie de televisión, los estilos de liderazgo contrastantes eran claros. Herbert Sobel, el comandante oficial de la compañía Easy se muestra brutal y autocrático hasta el punto de ser sádico durante los entrenamientos. Él presionó a esos hombres más que cualquier otro comandante del ejército. De manera arbitraria les revocaba sus pases y los castigaba. Pero juzgando por la investigación de Ambrose, Sobel era aun peor que lo que se muestra en las series. Sobel presionó sin misericordia a sus hombres, lo cual era aceptable ya que los estaba preparando para la guerra. Pero no se presionaba a sí mismo de igual manera, apenas era capaz de pasar el examen físico que se requería a los patrulleros. Tampoco mostró el alto nivel de competencia que demandaba de los demás. Ambrose escribe acerca de un incidente que ocurrió durante uno de sus entrenamientos y que representa el liderazgo de Sobel:

Durante una noche de ejercicios Sobel decidió enseñarles una lección a sus hombres. Él y el sargento Evans se escabulleron por en medio de los soldados robándose los rifles de aquellos soldados que se encontraban dormidos. La misión tuvo éxito y para la mañana siguiente Sobel y Evans tenían casi cincuenta rifles. Con grandes fanfarrias, Evans llamó a los soldados y Sobel empezó a decirles lo miserables que ellos eran.[1]

Lo que Sobel no vaticinó era que los hombres a los que él estaba regañando no eran los suyos. Él se había equivocado y robó los rifles de los soldados de la compañía Fox. Sobel no se había dado cuenta de su error hasta que el comandante de la compañía Fox se presentó con cuarenta y cinco de sus soldados.

Los hombres de Sobel se burlaron de él y lo despreciaron. Para el momento en que la compañía Easy se preparaba para la batalla de

Normandía, muchos hombres apostaban quien le dispararía a Sobel tan pronto entraran en combate. Afortunadamente, Sobel fue cambiado de su posición y asignado antes de entrar en combate.

OTRA MALA IMAGEN

Otro liderazgo sumamente incompetente de parte de un oficial fue representado en un episodio titulado: «Punto de quiebra». Relataba la batalla de Las Árdenas, cuando los soldados se preparaban para quitarles a los alemanes el pueblo de Foy. Ya para ese momento, los hombres de la compañía Easy eran veteranos experimentados y estaban enfrentando una de las dificultades más grandes de la guerra. Sufrieron un amargo frío y el bombardeo sin misericordia por parte de la artillería alemana.

Durante ese tiempo, la tropa fue comandada por el teniente Dike, un líder con conexiones políticas pero sin ninguna experiencia previa de combate. El método de liderazgo de Dike era evitar a sus hombres, rehusar tomar decisiones y desaparecer por largos periodos de tiempo con la excusa de ir a «caminar», incluyendo el momento en que lo necesitaban más. Ninguno de sus hombres lo respetaba. Y cuando Dike necesitó dirigirlos en el asalto al pueblo, fracasó miserablemente y fue sacado de su comandancia.

UNA CLASE DIFERENTE DE IMAGEN

Afortunadamente, la mayoría de los líderes de la compañía Easy eran excelentes y uno en particular recibió la medalla de la cruz por un servicio distinguido y fue considerado por los hombres el «mejor líder de combate en la Segunda Guerra Mundial».[2] Esa persona era Dick Winters. Comenzó como líder de la tropa en la compañía Easy durante su entrenamiento, luego fue promovido a comandante de la compañía después de la guerra de Normandía y después a oficial ejecutivo del batallón. Terminó su carrera militar con el rango de mayor.

Una y otra vez, Winters ayudó a sus hombres a desempeñarse en el nivel más alto. Y siempre los dirigió desde el frente, dando el ejemplo, arriesgándose junto con ellos. Ambrose describe la filosofía de liderazgo de Winters como «los oficiales van al frente de los demás».[3] Cada vez que sus tropas necesitaban atacar una posición enemiga, Winters se encontraba al frente dirigiendo el asalto.

Uno de los incidentes más notables que demuestra la forma de Winters de dirigir con el ejemplo ocurrió poco después del día D camino a Carentan, un pueblo que la compañía Easy necesitaba quitarle a los alemanes. Cuando los patrulleros estadounidenses bajo su mando se acercaban al pueblo, fueron recibidos por las ametralladoras alemanas. Todos se tiraron a las trincheras que estaban a los lados del camino y no querían moverse, pero si se quedaban allí los iban a matar. Winters intentó animarlos, convencerlos de que se movieran, hasta los pateaba. Saltaba de una trinchera a otra tratando de convencerlos. Pero finalmente, se levantó, se puso en medio del camino y les gritó a sus hombres que se movieran. Todos así lo hicieron y juntos conquistaron el pueblo.

Más de treinta y cinco años después, Floyd Talbert, quien era sargento en ese momento, le escribió a Winters acerca de ese incidente: «Nunca olvidaré verte a la mitad del camino. Te convertiste en toda mi inspiración. Y todos los que estaban conmigo sentían lo mismo».[4] En el año 2006, Winters resumió su enfoque de liderazgo diciendo: «Puede que no haya sido el mejor comandante de la guerra, pero siempre lo intenté. Mis hombres necesitaban que yo analizara cuidadosamente cada situación táctica, para aprovechar al máximo los recursos que tenía a mi disposición, para pensar en medio de la presión y para dirigirlos con el ejemplo personal».[5]

Cuando le preguntaron a Ambrose qué fue lo que hizo que la compañía Easy se distinguiera tanto durante la guerra y que sobresaliera de los demás, Ambrose respondió: «Ellos no eran necesariamente mejores que los otros patrulleros, soldados o que la infantería de marina. Ellos eran una de muchas unidades especiales en la guerra. Pero lo que los hizo especiales entre los demás era su liderazgo. No todas las unidades tenían la suerte de tener esos líderes, esa fue la diferencia».[6] ¿Qué fue lo que marcó tal diferencia? Sencillamente las personas hacen lo que ven. Esa es la Ley de la Imagen. Cuando los líderes muestran el ejemplo con las acciones correctas, sus seguidores los copiarán y triunfarán.

> *Los grandes líderes siempre personifican dos cualidades aparentemente contradictorias. Los líderes son visionarios y también muy prácticos.*

LA IMAGEN TOMA VIDA

Los grandes líderes siempre personifican dos cualidades aparentemente contradictorias. Los líderes son *visionarios* y también muy *prácticos*. Su visión les permite ver más allá. Pueden visualizar lo que se aproxima y lo que debe hacerse. Los líderes poseen una comprensión sobre cómo:

La misión provee un *propósito*, al responder a la pregunta *¿por qué?*
La visión provee una *imagen*, al responder a la pregunta *¿qué?*
La estrategia provee un *plan*, al responder a la pregunta *¿cómo?*

Tal como lo comentó el autor Hanz Finzel: «A los líderes se les paga por soñar. Entre más alto sea el liderazgo, más hay que analizar el futuro».

Al mismo tiempo, los líderes son lo suficientemente prácticos para saber que una visión sin acción no llega a ningún lado. Se responsabilizan de ayudar a sus seguidores a actuar. Esto puede ser difícil ya que los seguidores con frecuencia no pueden visualizar el futuro de la misma forma que lo hace el líder. No pueden ver qué es lo mejor para el equipo. No entienden cuál es la imagen completa. ¿Por qué? Porque la visión tiene la tendencia a filtrarse.

Los líderes son mayordomos de una visión. ¿Qué pueden hacer ellos para unir la visión que ellos tienen con la de sus seguidores? La tentación de muchos líderes es comunicar la visión. No lo tomé a mal: la comunicación realmente es importante. Los buenos líderes deben comunicar la visión de manera clara, creativa y continua. La *comunicación* de la visión de un líder hace que la imagen sea clara. Pero eso no es suficiente. El líder también debe vivir la visión. El *ejemplo* eficaz de la visión del líder ¡hace que la imagen tome vida!

> *El ejemplo eficaz de la visión del líder ¡hace que la imagen tome vida!*

Los buenos líderes siempre están conscientes del hecho de que están dando un ejemplo y de que otros van a hacer lo que ellos hacen, para bien o para mal. En general entre mejores sean las acciones del líder, mejores serán las acciones de su gente.

Eso no quiere decir que los líderes tienen todas las respuestas. Cualquiera que haya dirigido sabe eso. Los líderes que causan mayor impacto son aquellos que con frecuencia dirigen bien en medio de la incertidumbre. Andy Stanley, un excelente líder y comunicador, habló de este tema. Hace unos años en una conferencia para líderes él dijo:

La incertidumbre no es indicación de un mal liderazgo. Más bien indica la necesidad del liderazgo. La naturaleza del liderazgo demanda que siempre haya un elemento de incertidumbre. La tentación es pensar, *si soy un buen líder, sabré exactamente qué hacer.* Una mayor responsabilidad significará lidiar con aspectos intangibles que crean una incertidumbre más compleja. Los líderes pueden ser inciertos, pero no pueden ser confusos. Las personas no seguirán un liderazgo confuso.

Cuando los momentos son difíciles, cuando la incertidumbre es alta y el caos amenaza con abrumar a todo el mundo, los seguidores necesitan más que nunca una imagen clara de parte de los líderes. Es allí que necesitan un líder que adopte la Ley de la Imagen. Una imagen vívida que puedan ver en el líder produce energía, pasión y motivación para seguir.

LÍDERES DANDO EL EJEMPLO

Si usted desea ser el mejor líder posible, no debe ignorar la Ley de la Imagen. Al esforzarse para mejorar como un ejemplo para sus seguidores, recuerde seguir estas cosas:

1. LOS SEGUIDORES SIEMPRE ESTÁN OBSERVANDO LO QUE USTED HACE

Si es padre de familia, seguramente se ha dado cuenta que sus hijos siempre le están observando. Nos guste o no, nuestros hijos aprenden más por lo que ven que por cualquier otra cosa. Como padres, Margaret y yo nos dimos cuenta de esto desde el principio. Sin importar lo que les enseñábamos, nuestros hijos insistían en comportarse como nosotros. El entrenador de básquetbol de UCLA, John Wooden cita un poema que lo explica adecuadamente:

No hay palabra escrita
   o ruego verbal
que le enseñe a nuestra juventud
   lo que debería ser.

Tampoco todos los libros
   en todos los estantes,
sino lo que los maestros
   son, eso es lo que la juventud aprende.[7]

Así como los niños observan a sus padres y copian su comportamiento, de la misma forma los empleados observan a sus jefes. Si los jefes llegan tarde, los empleados sienten que tienen el mismo privilegio. Si los jefes toman atajos, los empleados los tomarán. Las personas hacen lo que ven.

Los seguidores pueden dudar lo que sus líderes dicen pero por lo general creen en lo que ellos realizan. Y ellos lo imitan. El ex general del ejercito de Estados Unidos y secretario de estado, Colin Powell, comentó: «Uno puede enviar todos los mensajes y todos los discursos motivadores que desee, pero si el resto de las personas en la organización no lo ven dando el mejor esfuerzo cada día, tampoco lo harán ellos».

> *Los seguidores pueden dudar lo que sus líderes dicen pero por lo general creen en lo que ellos realizan.*

Whitley David afirmó: «Un buen supervisor es un catalizador, no un sargento de entrenamiento. Él crea una atmósfera donde las personas inteligentes están dispuestas a seguirle. Él no manda, él convence». No hay nada más convincente que vivir lo que se cree.

2. ES MÁS FÁCIL ENSEÑAR LO QUE ES CORRECTO QUE HACER LO QUE ES CORRECTO

El escritor Mark Twain dijo en broma: «Hacer lo que es correcto es maravilloso. Enseñar lo que es correcto es aun más maravilloso y mucho más fácil». ¿No es cierto? Esa es una de las razones por las cuales muchos padres (y jefes) dicen: «Hagan lo que yo digo, no lo que yo hago».

Uno de mis primeros desafíos como líder fue elevar mi estilo de vida al nivel de mi enseñanza. Todavía recuerdo el día en que decidí que no enseñaría más lo que no intentara practicar. Esa fue una decisión difícil, pero siendo un líder joven, estaba aprendiendo a aceptar la Ley de la Imagen. El autor Norman Vincent Peale declaró: «No hay nada más confuso que las personas que dan un buen consejo pero dan un mal ejemplo». También diría que el siguiente pensamiento es correcto: No hay nada más *convincente* que las personas que dan buen consejo y a la vez dan un buen ejemplo.

Recientemente, dos reporteros me llamaron el mismo día. Uno pertenecía al *Chicago Tribune* y el otro a *USA Today*. Me preguntaron acerca de la enseñanza de la ética en el área de los negocios. Ambos me hicieron preguntas similares, querían saber si la ética podía ser enseñada. Mi respuesta fue afirmativa.

«Pero muchas de las compañías que enseñan clases de ética tienen problemas de ética», me respondió uno de los reporteros.

«Eso sucede porque la ética puede ser inculcada a los demás sólo si es enseñada *y ejemplarizada* por los líderes», le dije. Muchos líderes, yo diría demasiados, son como los malos agentes de viajes. Envían a las personas a lugares donde nunca han estado. En vez de eso, deberían comportarse como guías de turistas, llevando a las personas a lugares que ellos han visitado y compartiendo la sabiduría de su propia experiencia.

John Wooden solía decirle a sus jugadores: «*Muéstrame* lo que puedes hacer; no me *digas* lo que puedes hacer». Yo creo que los seguidores tienen la misma actitud hacia sus líderes. Ellos quieren *ver* a sus líderes en acción, dando lo mejor de sí, mostrando el camino y dando el ejemplo. Featherstone afirmó: «Los líderes pueden decir pero nunca enseñar nada hasta que practiquen lo que predican». Esa es la Ley de la Imagen.

> «*Los líderes pueden decir pero nunca enseñar nada hasta que practiquen lo que predican*».
> —FEATHERSTONE

3. DEBEMOS ESFORZARNOS EN CAMBIARNOS A NOSOTROS MISMOS
ANTES DE INTENTAR MEJORAR A LOS DEMÁS

Los líderes son responsables de la actuación de su gente. La responsabilidad es de ellos. Ellos pueden monitorear el progreso de su gente, darle dirección y responsabilizarla. Para mejorar la actuación de su equipo, los líderes deben actuar como agentes de cambio. Sin embargo, un gran peligro es la tentación de intentar cambiar a los demás sin primero hacer cambios en uno mismo.

Como líder, la primera persona que necesito dirigir es a mí mismo. La primera persona que debo intentar cambiar es a mí mismo. El parámetro de excelencia debe ser más alto para mí que para los demás. Para seguir siendo un líder creíble, debo ser siempre el que primero trabaja, el que se esfuerza más en cambiarse. Esto no es algo natural o fácil, pero es esencial. Honestamente, me parezco al personaje de Lucy en la caricatura de Snoopy que le dice a Charlie Brown que ella quiere cambiar al mundo. Cuando Charlie Brown, abrumado por lo que le dice Lucy le pregunta dónde comenzaría, ella le responde: «Empezaría contigo, Charlie Brown, contigo».

No hace mucho tiempo, estaba enseñando la idea sobre el líder de 360 grados. En otras palabras, un líder que ejerce su influencia no sólo con los que están en una posición inferior a él sino también con aquellos que están en una posición superior o similar a la de él. Durante una sesión de preguntas y respuestas, uno de los asistentes me preguntó: «¿Qué es más difícil: dirigir a las personas que están arriba o al lado de uno o a las personas que están debajo?»

«Ninguna de ellas» le respondí rápidamente, «dirigirme es lo más difícil».

Dirigir de cualquier otra forma que no sea por el ejemplo, hace que presentemos una imagen confusa del liderazgo a los demás. Si nos esforzamos en mejorarnos primero y hacemos que esto sea nuestra misión principal, mejorar a los demás probablemente será lo siguiente.

4. EL REGALO MÁS VALIOSO QUE UN LÍDER LE PUEDE DAR A LOS
DEMÁS ES DAR UN BUEN EJEMPLO.

Una encuesta conducida por la corporación Opinion Research para la
compañía Ajilon Finance le preguntó a los trabajadores estadounidenses
que seleccionaran una característica que consideraban era la más importante en un líder. Los siguientes son los resultados:

RANGO	CARACTERÍSTICA	PORCENTAJE
1	Dirigir con el ejemplo	26%
2	Una moral y ética sólida	19%
3	Conocimiento del negocio	17%
4	Justicia	14%
5	Inteligencia y capacidad en general	13%
6	Reconocimiento de los empleados	10%[8]

Más que cualquier otra cosa, los empleados quieren líderes cuyas
creencias y acciones sean congruentes. Quieren buenos ejemplos que
dirijan desde el frente.

El liderazgo es más algo que se capta en vez de algo que se enseña.
¿Cómo se puede «captar» el liderazgo? ¡Observando a los buenos líderes
en acción! La mayoría de los líderes surgen debido al impacto hecho en
ellos por otros líderes establecidos que ejemplarizaron el liderazgo y se
convirtieron en sus mentores.

Cuando pienso en la jornada de mi liderazgo, siento que he sido
afortunado de haber tenido excelentes ejemplos de liderazgo de quienes
«capté» varios aspectos de liderazgo:

- Capté la perseverancia observando a mi padre enfrentar y vencer
la adversidad.
- Capté la intensidad al observar el liderazgo apasionado de Bill
Hybels

- Capté el estímulo mirando la forma en que Ken Blanchard valoraba a las personas.
- Capté la visión observando cómo Bill Bright convirtió su visión en realidad.

Continúo aprendiendo de buenos ejemplos y me esfuerzo para dar el ejemplo correcto a las personas que me siguen: mis hijos y mis nietos, los empleados de mis compañías y las personas que asisten a las conferencias y leen mis libros. Practicar lo que predico es lo más importante que puedo hacer como líder. El ganador del premio Nobel de la paz, Albert Schweitzer comentó: «El ejemplo es el liderazgo».

SIGA EL EJEMPLO DE SU LÍDER

Una historia que ilustra la Ley de la Imagen es la historia del rey David en el antiguo Israel. Casi todo el mundo ha escuchado un relato de David y Goliat. Cuando el ejército de los filisteos enfrentó al rey Saúl y al pueblo de Israel, Goliat, un poderoso guerrero gigante y profesional presentó un desafío. Él dijo que pelearía con el campeón más grande de Israel y el ganador se lo llevaría todo. ¿Quién aceptaría el desafío? Ni Saúl, el poderoso rey, ni ninguno de sus veteranos soldados. David, un pastor de ovejas fue quien lo enfrentó. Utilizando una honda, le lanzó una piedra a Goliat con tal fuerza que lo noqueó. Luego David le cortó la cabeza a Goliat con su propia espada.

Todos nos identificamos con un relato así porque a nosotros nos gusta vitorear al desvalido. Pero muchas personas no conocen el resto de la historia. David se convirtió en gran guerrero y luego en el rey. Durante ese periodo, desarrolló un grupo de guerreros que fueron llamados sus «hombres fuertes». Al menos cinco de ellos también se convirtieron en asesinos de gigantes, tal como su líder. El ejemplo dado por David le enseñó a sus seguidores cómo convertirse en grandes guerreros y hasta en asesinos de gigantes.

EL LIDERAZGO EN MEDIO DEL TERROR

Un liderazgo por medio del ejemplo siempre tiene un impacto poderoso en los seguidores. Uno de los líderes que admiro es Rudy Giuliani, ex alcalde de la ciudad de Nueva York. Durante su carrera, trabajando primero como abogado para el gobierno de Estados Unidos y luego como oficial elegido, Giuliani dirigía por medio del ejemplo. En su libro *Leadership* [Liderazgo] dice que está muy consciente de que lo que hace marca el paso para los que le siguen.[9] «Uno no le puede pedir a los que trabajan bajo su mando que hagan algo que no estaría dispuesto a hacer por sí mismo. Es nuestra decisión colocar un parámetro para el comportamiento».[10]

Algo vital en la filosofía de liderazgo de Giuliani es el concepto de la responsabilidad. Giuliani escribe:

> Más que cualquier otra cosa, los líderes deben aceptar ser responsables. No hay nada que desarrolle más la confianza en un líder que su disposición a responsabilizarse por lo que sucede durante su mando. También podría añadir que no hay nada mejor para hacer que los empleados tengan un parámetro alto que ver que su jefe tiene un parámetro aun más alto. Eso es cierto en cualquier organización».[11]

La responsabilidad fue la base de una de las prácticas regulares de Giuliani: la reunión matutina que él tenía con su personal principal todos días a las ocho de la mañana. Desde 1981 él realizaba esa reunión. Eso hacía que él y su gente se mantuvieran al mismo ritmo. Ellos tenían que responderle a él y él estaba forzado a tomar decisiones rápidas. Nadie podía esconderse. Todos eran responsables.

Muchas personas reconocían la habilidad de Giuliani como alcalde. Bajo su mando, el crimen en la ciudad disminuyó dramáticamente, Nueva York volvió a recuperar su anterior gloria como destino turístico, los impuestos disminuyeron y los negocios progresaron. Pero el evento que realmente reveló la habilidad de liderazgo de Giuliani fue por supuesto, el 11 de septiembre; cuando ocurrió lo inimaginable y la ciudad estaba en caos, el alcalde se encontraba al frente, dirigiendo muy de cerca junto con los líderes federales y estatales y dirigiendo las varias fases del gobierno de la ciudad.

Y cuando lo peor de la crisis había pasado, Giuliani, seguía dirigiendo con el ejemplo. No solamente se comportó como un defensor de su ciudad, abriendo los cines, estimulando a las personas para que vivieran sus vidas lo más normal posible y pidiéndole a los visitantes que vinieran a Nueva York, sino que también sufrió con aquellas personas que habían perdido seres queridos. Él estima que tras los actos terroristas, había de seis a veinte funerales cada día. Se aseguraba de asistir al menos a seis de ellos cada día y de que un representante del gobierno de la ciudad asistiera a todos los demás servicios.

El ejemplo de liderazgo, la fortaleza y la perseverancia de Giuliani inspiraron a la nación. En muchas maneras, las personas en Estados Unidos aprendieron a conducirse en un mundo después del 11 de septiembre mirando el ejemplo de Rudolph Giuliani. Él no iba a permitir que los terroristas determinaran la forma en que él viviría. Y eso es lo que los buenos líderes siempre hacen: Ellos dan el ejemplo.

Giuliani resume su liderazgo de esta forma:

Toda mi vida, he estado pensando cómo ser un líder, ya sea cuando dirigía a la unidad contra la corrupción de la oficina del fiscal de Estados Unidos en el distrito sur de Nueva York, luego en la unidad de narcóticos, o evitando la bancarrota de una compañía de carbón, observando a Ronald Reagan, al juez MacMahon y a otras personas. Me di cuenta después que mucho de lo que estaba haciendo al estudiar esas personas era preparándome. Inconscientemente, estaba preparándome para dirigir.[12]

En otras palabras, sencillamente él ha hecho lo que ha visto hacer a sus líderes a través de toda su carrera. Él ha practicado la Ley de la Imagen.

Aplique
LA LEY DE LA IMAGEN
a su vida

1. Si usted ya está practicando la Ley del Proceso, entonces está esforzándose en afinar sus habilidades para aumentar su capacidad de liderazgo. (Si no lo está haciendo, comience ya). Pero el liderazgo requiere algo más que sólo habilidades técnicas. El carácter también es vital en el liderazgo y se comunica a través de la Ley de la Imagen. El ejemplo principal que uno da a los seguidores surge debido al área del carácter y ese es el área que necesita usted analizar primero antes de intentar cambiar a los demás.

Hágase una auditoria de su carácter. Primero, haga una lista de los valores principales, tales como la integridad, el esfuerzo, la honestidad etc. Luego piense en sus acciones del mes pasado. ¿Qué incidentes, si es que los hay, sobresalen de manera incoherente con respecto a esos valores? Haga una lista de las muchas cosas que usted recuerde. No pase por alto las cosas ni tampoco las racionalice. Esas cosas le mostrarán en que área necesita esforzarse más. Intente cambiar no sólo sus acciones, sino también su actitud.

2. Pídale a un colega confiable o amigo que lo observe por un largo período de tiempo (al *menos* una semana) para comparar lo que usted enseña con la forma en que se conduce. Pídale que registre cualquier incoherencia. Luego planee una reunión al final del periodo de observación para analizar los resultados. En esa reunión, puede hacer preguntas de clarificación, pero no puede defenderse. Planee cambiar cualquier acción o filosofía para que concuerden unas con otras.

3. Mencione tres o cinco cosas que usted desearía que su gente realizara mejor de lo que las realizan ahora. Escríbalas en una lista. Ahora,

califique *su actuación* en cada una de ellas. (Quizás desee pedirle a alguien que le califique para asegurarse que su percepción es correcta.) Si su puntuación es baja, entonces necesita cambiar su comportamiento. Si su puntuación es alta, entonces necesitará hacer que su ejemplo sea más visible delante de su gente. Haga cambios de manera acorde.

14

⚜

LA LEY DEL APOYO

La gente apoya al líder, luego la visión

En el otoño de 1997, unos cuantos miembros de mi personal y yo tuvimos la oportunidad de viajar a la India y dictar cuatro conferencias acerca del liderazgo. La India es un país sorprendente, lleno de contradicciones. Es un lugar hermoso con gente afectuosa y generosa, aunque al mismo tiempo, millones y millones de sus habitantes viven en extrema pobreza. Fue allí donde recordé la Ley del Apoyo.

Nunca olvidaré cuando nuestro avión aterrizó en Delhi. Al salir del aeropuerto, me sentí como si hubiese sido transportado a otro planeta. Había multitudes por todas partes. Gente en bicicleta, en autos, en camellos, y en elefantes. Había gente en las calles, algunos que dormían en las aceras. Los animales vagaban libremente por todas partes. Todo estaba en movimiento. Mientras íbamos en el auto por la calle principal hacia el hotel, noté algo más. Letreros. Dondequiera que mirábamos, veíamos rótulos que celebraban los cincuenta años de libertad de la India, junto con enormes figuras de un hombre: Mahatma Gandhi.

COMIENZOS OSCUROS

Hoy, la gente da como un hecho que Gandhi fue un gran líder, pero la historia de su liderazgo es además un estudio maravilloso de la Ley del Apoyo. Mohandas K. Gandhi, llamado Mahatma (que significa «gran alma»), fue educado en Londres. Después de terminar su carrera en leyes, regresó a la India y luego se trasladó a Sudáfrica. Allí trabajó veinte años como abogado y activista político. En ese tiempo se formó como líder, peleando por los derechos de los indios y otras minorías oprimidas y discriminadas por el gobierno segregacionista de Sudáfrica.

Cuando regresó a la India en 1914, Gandhi ya era muy conocido y muy respetado por sus compatriotas. En los años siguientes, mientras dirigía protestas y huelgas en todo el país, mucha gente se le unía y lo buscaba cada vez más por su liderazgo. En 1920, apenas unos seis años después de haber regresado a la India, fue elegido presidente de la Liga de Gobierno Nacional de Toda la India.

> *El líder encuentra un sueño, y luego a la gente.*
> *La gente encuentra al líder, y luego al sueño.*

Lo más extraordinario de Gandhi no fue el hecho de haberse convertido en el líder de su gente, sino el haber podido cambiar la visión del pueblo para alcanzar la libertad. Antes de comenzar a dirigirlos, la gente usaba la violencia como un esfuerzo por alcanzar sus objetivos. Por años, las protestas contra las fuerzas británicas habían sido comunes. Pero la visión de Gandhi del cambio en la India se basaba en la desobediencia civil pacífica. Una vez dijo: «La no-violencia es la fuerza más grande a disposición de la humanidad. Es más poderosa que el arma de destrucción más poderosa diseñada por el ingenio humano».

UN NUEVO ENFOQUE

Gandhi desafió al pueblo a enfrentar la opresión con desobediencia y falta de cooperación pacíficas. Aun cuando los militares británicos masacraron a más de mil personas en Amritsar en 1919, Gandhi exhortó al pueblo a permanecer firme, sin contraatacar. Pero como su gente ya lo consideraba su líder, adoptó su visión, y lo siguieron fielmente. Les pidió que no pelearan, y llegó el momento en que dejaron de hacerlo. Cuando exhortó a todos a quemar la ropa hecha en el exterior y usar solamente ropa de materiales hechos en casa, millones de personas comenzaron a hacerlo. Cuando decidió que una marcha al mar para protestar contra la Ley de la Sal sería su punto de reunión para una desobediencia civil contra los británicos, los líderes de la nación lo siguieron doscientas millas a la ciudad de Dandi, donde fueron arrestados por representantes del gobierno.

La lucha de este pueblo por la independencia fue lenta y dolorosa, pero el liderazgo de Gandhi tenía la fuerza suficiente para cumplir la promesa de su visión. En 1947, India obtuvo su gobierno nacional. Como la gente había decidido apoyar a Gandhi, aceptaron su visión. Y una vez que la adoptaron, pudieron llevarla a cabo. Así es como funciona la Ley del Apoyo. El líder encuentra un sueño, y luego a la gente. La gente encuentra al líder, y luego al sueño.

> *Al principio la gente no sigue causas dignas. Siguen a líderes meritorios que promueven causas loables.*

NO LO VEA AL REVÉS

Cuando doy seminarios acerca del liderazgo, contesto muchas preguntas relacionadas con la visión. Siempre alguien se me acerca durante uno de los descansos, me describe una visión en etapa de desarrollo, y me pregunta: «¿Cree usted que la gente apoyará mi visión?»

Mi respuesta siempre es la misma: «Dígame primero, ¿su gente lo apoya a usted?»

Muchos ven el aspecto de la visión en el liderazgo totalmente al revés. Creen que si la causa es lo suficientemente buena, los demás los apoyarán y seguirán, pero el liderazgo no funciona así en realidad. Al principio la gente no sigue causas dignas. Siguen a líderes meritorios que promueven causas loables. Primero apoyan al líder, y luego a la visión del líder. Cuando comprenda esto, sin duda cambiará su método de dirigir a las personas.

Para la persona que asiste a una de mis conferencias y pregunta si su gente lo seguirá, la verdadera pregunta es: «¿He dado a mi gente razones para apoyarme?» Si la respuesta es sí, ellos apoyarán con gusto su visión, pero si no se ha ganado la credibilidad de su gente, no importará cuan grande sea la visión que tenga.

Cada mensaje que la gente recibe es filtrado a través del mensajero que lo lleva.

Una vez estaba leyendo un artículo en *Business Week* que describía a empresarios que se asocian con capitalistas inversionistas en la industria de los computadores. Silicon Valley en California evidentemente está lleno de personas que trabajan por un tiempo en la industria del computador y luego tratan de iniciar sus propias compañías. Cada día, cientos de estos individuos andan buscando de aquí para allá tratando de encontrar inversionistas que los ayuden a hacer factibles sus ideas y empresas. Muchos no tienen éxito, pero si un empresario lo obtiene una vez, la siguiente le es mucho más fácil encontrar el dinero. Muchas veces, los inversionistas no están interesados en saber cuál es la visión del empresario. Si la persona los impresiona, aceptan las ideas con facilidad.

Por ejemplo, la empresaria de software Judy Estrim y su socio han fundado dos compañías durante los años. Ella decía que la fundación de la primera le tomó seis meses e innumerables presentaciones, a pesar de que su idea era factible y creía en ella cien por ciento. Pero el inicio de su segunda compañía sucedió casi de la noche a la mañana. Sólo le tomó dos llamadas telefónicas de unos cuantos minutos para obtener un respaldo de cinco millones de dólares.

Cuando se corrió la voz de que ella iba a iniciar una segunda compañía, alguna gente estaba ansiosa por darle aun más dinero. Ella dijo: «Hay unos capitalistas arriesgados que nos están llamando para rogarnos que aceptemos su dinero».[1]

¿Por qué cambiaron tan drásticamente las cosas para ella? Por la Ley del Apoyo. Había convencido a la gente y obtenido su apoyo, de modo que todos estaban listos para apoyar cualquier visión que ella tuviera, sin haber visto nada.

USTED ES EL MENSAJE

Cada mensaje que la gente recibe es filtrado a través del mensajero que lo lleva. Si el mensajero es digno de confianza, el mensaje tiene valor. Esa es una de las razones de que los actores y los atletas sean contratados para promover productos. La gente compra los zapatos deportivos «Nike» porque confían en Michael Jordán, no necesariamente por la calidad de los mismos.

Lo mismo se aplica a los actores que promueven causas. ¿Son los actores contratados, expertos de la noche a la mañana en la causa que promueven? Por lo general no, pero eso no

> *La gente quiere andar con individuos con quienes se lleva bien.*

tiene importancia. La gente quiere escucharlos porque creen en ellos como personas o porque tienen credibilidad como artistas. Cuando los individuos deciden apoyar a alguien, darán oportunidad a su visión. La gente quiere andar con individuos con quienes se lleva bien.

NO ES UNA PROPOSICIÓN ELECTIVA

No se puede separar al líder de la causa que promueve. Es imposible, por mucho esfuerzo que se haga. No es una proposición electiva, los dos van juntos siempre. Observe el siguiente gráfico. Muestra cómo reacciona la gente ante un líder y su visión en diferentes circunstancias:

LÍDER	+ VISIÓN	= RESULTADO
No consigue apoyo	No consigue apoyo	Buscar otro líder
No consigue apoyo	Consigue apoyo	Buscar otro líder
Consigue apoyo	No consigue apoyo	Buscar otra visión
Consigue apoyo	Consigue apoyo	Apoyar otro líder

CUANDO LOS SEGUIDORES NO SIENTEN AGRADO HACIA EL LÍDER O LA VISIÓN, BUSCAN OTRO LÍDER
La única vez cuando la gente sigue a un líder que no les gusta con una visión en la cual ellos no creen es cuando el líder tiene alguna clase de influencia. Puede ser tan siniestro como la amenaza de violencia física o tan simple como la habilidad de retener un cheque de pago. Si los seguidores pudieran decidir ellos no le seguirían. Y aun cuando no tienen mucho que escoger, comienzan a buscar otro líder. Es una situación imposible.

CUANDO A LOS SEGUIDORES NO LES GUSTA EL LÍDER PERO LES GUSTA LA VISIÓN, TAMBIÉN BUSCAN OTRO LÍDER
Lo siguiente puede causarle sorpresa. La gente puede pensar que una causa es buena, pero si no les gusta el líder, saldrán a buscar otro. Esa es una de las razones por las que en el deporte profesional, los entrenadores

cambian de equipo con tanta frecuencia. La visión de cualquier equipo siempre es la misma: todos quieren ganar el campeonato. Pero no siempre los jugadores creen en su líder. ¿Y qué sucede cuando no creen en él? Los dueños del equipo no despiden a todos los jugadores. Despiden al líder y buscan a alguien que los jugadores apoyen. El nivel de talento de los entrenadores más profesionales es similar. La efectividad de sus sistemas no es muy diferente. Lo que los destaca es su liderazgo y su nivel de credibilidad con los jugadores.

Cuando a los seguidores les gusta el líder pero no la visión, cambian la visión

Cuando los seguidores no están de acuerdo con la visión de su líder, reaccionan de muchas formas. A veces procuran convencer a su líder de que cambie su visión. A veces dejan a un lado su punto de vista y adoptan el de aquel. Otras veces encuentran un término medio, pero mientras apoyen al líder no lo rechazarán totalmente. Continuarán siguiéndolo.

Un excelente ejemplo ocurrió en Gran Bretaña. Tony Blair ejerció por mucho tiempo su puesto como primer ministro. Era un líder popular, reelegido tres veces. Pero al mismo tiempo, la mayoría de las personas en Gran Bretaña estaban en contra de la política de Blair de involucrar a la nación en la guerra con Irak. ¿Cómo pudo Blair mantenerse en su puesto por tanto tiempo? Fue debido a que la gente lo apoyaba como líder. Como resultado, estaban dispuestos a vivir aun con una diferencia filosófica.

Cuando a los seguidores les gusta el líder y la visión, seguirán a ambos

Los individuos seguirán a su líder sin importarles cuán malas sean las condiciones o cuántas desventajas haya. Por eso el pueblo hindú, en días de Gandhi, se negó a contraatacar mientras los soldados lo aplastaban. Eso fue lo que inspiró al programa espacial de Estados Unidos a cumplir la visión de John F. Kennedy y enviar un hombre a la luna. Esa fue la razón por la cual la gente siguió teniendo esperanza y manteniendo vivo el sueño de Martin Luther King Jr., aun después del asesinato de este. Es eso lo que sigue inspirando a los seguidores a continuar en la carrera, aunque sientan que ya no les queda energía y que han dado todo lo que tenían.

El tener una gran visión y una causa noble no será suficiente para que la gente siga a un líder. Primero debe progresar como líder; hacer que la gente lo apoye a él. Ese es el precio que debe pagarse si quiere que su visión tenga la oportunidad de convertirse en realidad. Usted no puede ignorar la Ley del apoyo y seguir siendo un líder exitoso.

ESPERAR UN TIEMPO PARA QUE LA GENTE LO APOYE

Si en el pasado usted intentó que la gente actuara basándose en su visión pero no pudo obtenerlo, probablemente colisionó de frente con la Ley del Apoyo, quizá sin saberlo. La primera vez que reconocí la importancia de la Ley del Apoyo fue en 1972 cuando acepté mi segunda posición de liderazgo. En el capítulo de la Ley de la Navegación mencioné que después de haber estado en la iglesia varios años, llevé a los feligreses a través de un programa de construcción multimillonario para que tuviésemos un nuevo auditorio. Sin embargo, cuando yo llegué a esa iglesia, no era esa la dirección que ellos querían tomar. La semana anterior a mi llegada, más de sesenta y cinco por ciento de los miembros habían votado a favor de la construcción de un nuevo centro de actividades.

Ahora bien, yo había investigado algunas cosas de la iglesia y sabía bien que el crecimiento futuro y el éxito de la misma no dependían de un nuevo centro de actividades, sino de un nuevo auditorio. Mi visión del futuro era totalmente clara para mí, pero no podía llegar y decir: «Olvídense de la decisión que acaban de tomar y de la angustia que pasaron mientras la tomaban. Mejor es que me sigan». Necesitaba esperar un tiempo para ganarme la credibilidad de la gente. Así que desarrollé una estrategia. Hice arreglos para que un comité hiciera un estudio completo de todos los asuntos envueltos en el proyecto del centro de actividades. Dije a los miembros del comité: «Si hemos de invertir este tiempo y dinero, debemos estar seguros de lo que estamos haciendo. Necesito toda la información posible en cada asunto relacionado con el proyecto». Esto les pareció bien a todos, y el comité comenzó a trabajar.

Durante todo el año siguiente, el comité se reunió conmigo cada mes y me daba un reporte de toda la información recabada. Todas las veces que nos reuníamos, yo elogiaba el trabajo que los miembros habían realizado y les hacía varias preguntas que los obligaban a investigar más.

EL APOYO NO TIENE QUE VER CON EL LÍDER

Como líder, yo tenía la responsabilidad de asegurarme que la organización no cometiera un error costoso que le dañara en el futuro. Retrasar la decisión me ayudó a tener el suficiente tiempo para que ellos me apoyaran. Mientras tanto, yo hacía un gran esfuerzo por ganarme la credibilidad de la congregación. Hice relaciones con los líderes de la iglesia. Respondí las preguntas de todos a fin de que pudieran entenderme y conocer mi perspectiva como líder. Compartí mis ideas, esperanzas, y sueños relacionados con la obra que estábamos llevando a cabo. Comencé a fomentar el crecimiento en la organización. Es más, aquello fue lo que le dio a la gente confianza en mí y en mi capacidad.

El éxito se mide por su capacidad de llevar a la gente a la meta que debe alcanzar, pero no podrá realizarlo si primero no apoyan su liderazgo.

Después de unos seis meses, la gente comenzó a ver que la iglesia estaba cambiando y tomando un nuevo rumbo. En un año, los miembros del comité de construcción decidieron que el centro de actividades no era lo más beneficioso para la iglesia, y recomendaron que no lo construyéramos. Pasado otro año, se había llegado a un consenso: La clave del futuro era la construcción de un nuevo auditorio. Y cuando llegó el tiempo, noventa y ocho por ciento de la gente dijo sí al nuevo plan. Entonces comenzamos.

Al llegar a aquella iglesia, yo pude haber tratado de imponer mi visión y mi plan a la gente. Estaba tan seguro de lo que había que hacer en 1972, como lo estaba dos años después, cuando se implementó el nuevo plan. Pero si hubiese actuado así, no hubiera podido ayudar a esas personas a alcanzar lo que realmente necesitaban. Y en el proceso habría perjudicado mi capacidad para dirigirlas.

Como líder, uno no gana puntos por fracasar en una causa noble. No se recibe mérito por «tener razón». El éxito se mide por su capacidad de llevar a la gente a la meta que debe alcanzar, pero no podrá realizarlo si primero no apoyan su liderazgo. Esa es la realidad de la Ley del Apoyo.

Aplique
LA LEY DEL APOYO
a su vida

1. ¿Tiene usted una visión para su liderazgo y el de su organización? ¿Por qué dirige? ¿Qué está tratando de lograr? Escriba sus pensamientos en una declaración de la visión ¿Es esa visión digna de su tiempo y esfuerzo? ¿Es algo en lo que está dispuesto a donar una porción significativa de su vida? (Si no es así vuelva a analizar lo que está haciendo y cuál es la razón.)

2. ¿Cuál es el nivel de compromiso de las personas que usted dirige? Si su equipo es pequeño, haga una lista de todos sus miembros. Si es un grupo grande, haga una lista de las personas claves que influyen en el equipo. Ahora califique el apoyo de cada persona en una escala del 1 al 10 (1 significa que ellos ni siquiera le seguirán en áreas que tengan que ver con su descripción de trabajo. Un 10 significa que le seguirán hasta la muerte). Si las personas no le apoyan, no le ayudarán a ejecutar su visión, aunque esa visión les encante. Ellos buscarán a otro líder.

3. Piense en las formas en que puede usted ganarse la credibilidad de *cada persona*. Existen muchas formas de hacerlo:

- Desarrollando una buena relación
- Siendo honesto, auténtico y desarrollando la confianza
- Midiéndose por parámetros altos y dando un buen ejemplo
- Proveyendo los instrumentos para hacer un mejor trabajo
- Ayudando a que cada persona logre sus objetivos personales
- Desarrollando a cada persona para que sea un líder

Desarrollando una estrategia para cada persona. Si su prioridad es añadirle valor a cada persona de su equipo, su factor de credibilidad se elevará rápidamente.

15

LA LEY DE LA VICTORIA

*Los líderes encuentran la forma de que
el equipo gane*

¿Alguna vez ha pensado en aquello que diferencia a los triunfadores de los que sufren la derrota? ¿Qué se necesita para ser un vencedor? Es difícil distinguir la cualidad que diferencia a un ganador de un perdedor. Cada situación de liderazgo es distinta. Cada crisis trae sus propios retos. Sin embargo, creo que los líderes victoriosos tienen en común la incapacidad de aceptar la derrota. Para ellos es totalmente inaceptable cualquier otra cosa que no sea ganar; por eso averiguan lo que debe hacerse para lograr la victoria, y van tras ella con todo lo que esté a su alcance.

ESTOS LÍDERES PERSEGUÍAN LA VICTORIA

Las crisis parecen sacar a flote lo mejor, y lo peor, de los líderes ya que en esos momentos la presión es intensa y lo que está en juego vale mucho. Podemos ver claramente esta verdad durante la Segunda Guerra Mundial cuando Adolfo Hitler amenazaba con destruir Europa y reconstruirla de acuerdo con su visión. Pero en ese momento, un líder se levantó en contra del poder de Hitler y de su ejército nazi. Un líder que había determinado ganar, un practicante de la Ley de la Victoria: El primer ministro británico Winston Churchill. Él inspiró al pueblo británico a ofrecer resistencia a Hitler y ganar la guerra al final.·

> *Los líderes victoriosos tienen en común la incapacidad de aceptar la derrota. Para ellos es totalmente inaceptable cualquier otra cosa que no sea ganar.*

Mucho antes de convertirse en el primer ministro en 1940, Churchill se pronunció contra los nazis. En 1932 parecía un crítico solitario cuando dijo: «No se engañen... no crean que todo lo que Alemania está pidiendo es un estado de igualdad... Los alemanes están buscando armas, y cuando las tengan, créanme que pedirán la devolución de los territorios y las colonias que han perdido». Como líder, Churchill podía ver lo que iba a suceder, y estaba tratando de preparar al pueblo de Inglaterra para lo que él consideró que sería una pelea inevitable.

Churchill siguió pronunciándose contra los nazis. Y cuando Hitler anexó a Austria en 1938, Churchill dijo a los miembros de la Cámara de los Comunes:

Por cinco años he hablado a la Cámara acerca de estos asuntos con muy poco éxito. He visto que esta isla ha ido descendiendo incontinentemente e irreflexivamente la escalera que lleva a un pozo muy oscuro... Ahora es tiempo de despertar a la nación. Tal vez esta sea la última vez que podremos despertarla y tener la oportunidad de evitar la guerra, o la oportunidad de alcanzar la victoria si fracasa nuestro esfuerzo por evitar la guerra.[1]

Desgraciadamente, el primer ministro Neville Chamberlain y los otros líderes de Gran Bretaña no opusieron resistencia a Hitler. Y casi toda Europa cayó bajo el poder de los nazis.

Así como el primer ministro había convocado a Inglaterra, el presidente reunió al pueblo estadounidense y lo unió en una causa común como hasta entonces nadie lo había hecho, ni lo ha hecho hasta ahora. Para esos dos líderes, la victoria era la única opción. Si hubieran aceptado otra cosa, el mundo sería hoy un lugar muy diferente. Schlesinger dice: «Observe nuestro mundo de hoy. Es manifiesto que no es el mundo de Adolfo Hitler; su Reich de mil años tuvo una duración breve y sangrienta de doce años. Es manifiesto que tampoco es el mundo de Joseph Stalin; ese mundo espantoso se autodestruyó ante nuestros ojos. Tampoco es el mundo de Winston Churchill... El mundo en que vivimos es el mundo de Franklin Roosevelt».[3] Sin Churchill e Inglaterra, toda Europa hubiera caído. Sin Roosevelt y Estados Unidos, tal vez nunca se habría recuperado la libertad. Pero ni siquiera Adolfo Hitler y su ejército del Tercer Reich pudieron permanecer contra dos líderes dedicados a la Ley de la Victoria.

LOS GRANDES LÍDERES ENCUENTRAN LA FORMA DE GANAR

En momentos de presión, los grandes líderes dan lo mejor de sí.

Lo que hay dentro de ellos sale a flote y funciona a favor o en contra de ellos. En 1994, Nelson Mandela fue elegido presidente de Sudáfrica. Fue una victoria grandiosa para el pueblo de ese país, pero esta tomó largo tiempo.

El camino a esa victoria fue empedrado con veintisiete años de la propia vida de Mandela, quien fue puesto en prisión. Mientras tanto, hacía todo lo necesario para dar un paso más hacia la victoria. Se unió al Congreso Nacional Africano, el cual fue declarado una organización ilegal. Organizó protestas pacíficas. En secreto viajó al exterior para tratar de

En momentos de presión, los grandes líderes dan lo mejor de sí. Lo que hay dentro de ellos sale a flote.

227

obtener apoyo. Cuando fue necesario, fue a juicio, y aceptó con dignidad y valentía la sentencia de prisión. Cuando llegó el momento apropiado, negoció cambios en el gobierno con F. W. de Klerk. Mandela se ha esforzado por alcanzar una victoria duradera que cause sanidad al país. Se describe a sí mismo como «un hombre sencillo que se ha convertido en líder debido a circunstancias extraordinarias».[4] Yo digo que es un líder que llegó a ser extraordinario por la fuerza de su carácter y su dedicación a la victoria a causa de su pueblo. Mandela encontró una manera de ganar y eso es lo que los líderes hacen por su gente.

PUEDE VERLA TODOS LOS DÍAS

Los mejores líderes se siente impulsados a enfrentar un desafío y a hacer todo lo que puedan para lograr la victoria de su gente. Desde su perspectiva:

El liderazgo es responsabilidad.
Perder es inaceptable.
La pasión es insaciable.
La creatividad es esencial.
Renunciar es impensable.
El compromiso es indudable.
La victoria es inevitable.

Con esta mentalidad, ellos adoptan la visión y enfrentan los retos con la pasión de llevar a su gente a la victoria.

Fácilmente se puede ver la Ley de la Victoria en acción en las gestas deportivas. En otras áreas de la vida, los líderes hacen tras bastidores la mayor parte de su trabajo, y usted nunca llega a verlo. Pero en un juego de pelota se puede ver al líder mientras trabaja para alcanzar la victoria. Cuando suena el silbato final o se registra el último «fuera», se sabe bien quién ganó y por qué. Los juegos tienen resultados inmediatos que pueden medirse.

Cuando de la Ley de la Victoria se trata, uno de los mayores líderes deportivos en el baloncesto es Michael Jordan. Este es un atleta extraordinario, pero también es un líder excepcional. Vive y respira cada día la Ley de la Victoria. Cuando el juego está en peligro, Jordan encuentra la forma de que su equipo gane. Su biógrafo, Mitchell Krugel, dice que la tenacidad y la pasión de Jordan por la victoria son evidentes en todos los aspectos de su vida. La aplica aun en las prácticas de los Bulls. Krugel explica:

> En las prácticas de los Bulls, los iniciadores eran conocidos como el equipo blanco. Los otros cinco usaban uniforme rojo. Desde el primer día, Loughery [antiguo entrenador de los Bulls] ponía a Jordan a jugar con el equipo blanco. Con Jordan y [su compañero de equipo] Woolridge, el equipo blanco fácilmente iba a la cabeza con puntuaciones de 8-1 ó 7-4 en juegos de 11 puntos. El perdedor de estos juegos tenía que correr «sprints» [carreras alrededor de la cancha] extra después de la práctica. Más o menos en ese momento de la práctica, Loughery cambiaba a Jordan al equipo rojo. Y con frecuencia el equipo rojo terminaba ganando.[5]

Jordan mostró la misma clase de tenacidad cada vez que entró en la cancha. Al principio de su desempeño como jugador profesional, Jordan dependía mucho de su talento y esfuerzo personales para ganar los juegos. Pero conforme maduraba, fue prestando más atención a ser un líder y ayudar a todo el equipo a jugar mejor. Jordan piensa que mucha gente ha pasado esto por alto. Una vez dijo: «Eso es lo que todo el mundo mira cuando yo no participo en uno de los juegos. ¿Podrán ganar sin mí?... ¿Por qué nadie pregunta por qué, o qué contribución hago yo que hace la diferencia? Apuesto que nadie diría que al equipo le hizo falta mi liderazgo o mi capacidad de mejorar a mis compañeros». Sin embargo, eso es exactamente lo que hace Jordan. Los líderes siempre encuentran una forma de que el equipo gane.

Encontrar la forma de ayudar a su equipo a ganar ha sido el distintivo de muchos jugadores de básquetbol sobresalientes del pasado. Por ejemplo, un jugador como Bill Russell, centro de Boston, medía su juego por la ayuda que daba a todo el equipo para que este jugara mejor. Y el resultado fue la cantidad extraordinaria de once títulos de la NBA [National Basketball Association: Asociación Nacional de Baloncesto]. El guarda de los Lakers, Magic Johnson, que fue escogido tres veces como el jugador más valioso de la NBA y ganó cinco campeonatos, era un anotador sobresaliente, pero su contribución principal fue su capacidad de dirigir el equipo y poner la bola en manos de sus compañeros. Larry Bird, quien hacía que las cosas sucedieran en los Celtics de Boston en el decenio de los ochenta, es extraordinario porque fue ejemplo de la Ley de la Victoria, no sólo como jugador, sino también posteriormente como entrenador de los Pacers de Indiana. Cuando estaba jugando en Boston, fue nombrado el novato del año, fue elegido tres veces jugador más valioso, y llevó a su equipo a tres campeonatos de la NBA. En su primer año con los Pacers, fue nombrado entrenador del año después de dirigir a su equipo para lograr un récord de 58-24, el mejor porcentaje de juegos ganados en la historia de la franquicia.

Los buenos líderes encuentran la forma de que sus equipos ganen. Esa es la Ley de la Victoria. El deporte en sí no es lo importante. Michael Jordan, Magic Johnson, y Larry Bird lo hicieron en la NBA. John Elway lo hizo en el fútbol americano, llevando a su equipo a más victorias en el último cuarto del juego que ningún otro mariscal de campo en la historia de la NFL. Pelé lo hizo en el balompié, ganando un número sin precedentes de tres Copas Mundiales para Brasil. Los líderes encuentran la forma de que sus equipos tengan éxito.

TRES COMPONENTES DE LA VICTORIA

Sea que observe un equipo deportivo, un ejército, una empresa, o una organización no lucrativa, la victoria es posible siempre que tenga los siguientes tres componentes.

1. Unidad de visión

Los equipos sólo alcanzan éxito cuando los jugadores tienen una visión unificada, independientemente de cuánto talento o potencial haya. Un equipo no gana el campeonato si los jugadores tienen planes diferentes. Esto se aplica al deporte profesional; es cierto en los negocios y en las organizaciones sin fines de lucro.

Aprendí esta lección en la escuela de bachillerato cuando cursaba el penúltimo año y formaba parte del equipo de baloncesto. Teníamos un grupo de jóvenes muy talentosos y habíamos sido seleccionados para jugar en el campeonato estatal, pero teníamos un problema. Los estudiantes del último año y los del penúltimo se negaban a jugar juntos. La situación se volvió tan difícil, que al final el entrenador tuvo que dividirnos en dos equipos diferentes para los juegos: un equipo de los del último año y otro de los del penúltimo año. El equipo obtuvo pésimos resultados. ¿Por qué? No compartíamos una misma visión.

> *Un equipo no gana el campeonato si los jugadores tienen planes diferentes.*

2. Diversidad de destrezas

Casi no hay ni que decir que el equipo necesita diversidad de destrezas. ¿Puede imaginar un equipo de hockey formado únicamente de goleadores? ¿O un equipo de fútbol americano integrado sólo por mariscales de campo? ¿Y qué tal un negocio donde todos los empleados sean vendedores o todos contadores? ¿Qué tal una organización sin fines de lucro donde todos son recaudadores de fondo? ¿O sólo estrategas? No tiene sentido. En la misma forma, para tener éxito, las organizaciones necesitan diversos talentos, en los que cada jugador cumple con su parte. Algunos líderes sufren problemas en esta área. De hecho, yo solía ser uno de ellos. Me avergüenza decir que hubo un tiempo en mi vida cuando yo pensé que si las personas fueran más como yo era, tendrían éxito. Ahora soy más sabio y comprendo que cada persona tiene algo que contribuir. Somos similares a las partes del cuerpo humano. Si deseamos que ese cuerpo realice su mejor trabajo, necesitamos que *todas* sus partes, hagan su función.

Reconozco que cada persona de mi equipo contribuye utilizando sus propios talentos únicos y yo expreso mi aprecio por ellos. Entre más nuevo sea su rango de liderazgo y más fuerte su habilidad para ello, más probabilidades tendrá de pasar por alto la importancia de los demás en su equipo. No caiga en esa trampa.

3. UN LÍDER DEDICADO A LA VICTORIA Y A EXPLOTAR EL POTENCIAL DE LOS JUGADORES

Es cierto que es importante tener jugadores con diversas destrezas. Como dice Lou Holtz, antiguo entrenador del equipo de fútbol norteamericano de Notre Dame: «Usted debe tener grandes atletas para ganar, no importa quién sea el entrenador. No se puede ganar sin buenos atletas, pero se puede perder con ellos. Es allí donde el entrenador marca la diferencia». En otras palabras, también se necesita del liderazgo para obtener la victoria.

La unidad en la visión no sucede espontáneamente. Los jugadores indicados con la adecuada diversidad de talentos no llegan por cuenta propia. Se necesita que un líder haga estas cosas, se necesita que un líder imparta la motivación, otorgue los poderes, y la dirección necesaria para ganar.

LA LEY DE LA VICTORIA ES SU NEGOCIO

Una de las historias de gran éxito más notables que he escuchado es la de Southwest Airlines y Herb Kelleher, a quien mencioné en el capítulo de la Ley de la Conexión. Su historia es un ejemplo admirable de la Ley de la Victoria en acción. Hoy Southwest se ve como una fuente de energía con todo a su favor.

Domina el mercado de las rutas en las que vuela. La compañía se halla en una curva de crecimiento estable, y sus acciones se desenvuelven muy bien. De hecho, es la única línea de servicio aéreo que ha obtenido ganancias todos los años desde 1973, y la única que ha prosperado tras los acontecimientos del 11 de septiembre.

A los empleados les encanta trabajar allí. La rotación de los mismos es muy baja, y se considera que la compañía tiene la fuerza laboral más productiva en la industria. Es sumamente popular entre los clientes; consecuentemente Southwest tiene una posición superior en lo que respecta al servicio al cliente. Ha mantenido el índice más bajo de quejas por servicio al cliente en total en la industria desde 1987. [6]

«Usted debe tener grandes atletas para ganar, no importa quién sea el entrenador. No se puede ganar sin buenos atletas, pero se puede perder con ellos. Es allí donde el entrenador marca la diferencia».
—LOU HOLTZ

Al ver la posición actual de Southwest, usted no sospecharía que su inicio no fue nada fácil. El hecho de que la compañía exista hoy es un testimonio de la Ley de la Victoria. La aerolínea fue iniciada en 1967 por Rolling King, propietario de un servicio de transporte aéreo en Texas; John Parker, un banquero; y Herb Kelleher, un abogado. Pero les tomó cuatro años despegar su primer avión. Apenas la compañía obtuvo la personalidad jurídica, Braniff, Trans Texas, y Continental Airlines trataron de sacarla del mercado. Por poco lo hacen. Hubo varios litigios, y un hombre, más que ningún otro, libró esta batalla personalmente: Herb Kelleher. Cuando el capital inicial se agotó, y parecía que habían sido derrotados, la junta directiva quiso rendirse. Sin embargo, Kelleher dijo: «Luchemos con ellos un asalto más. Yo seguiré representando a la compañía en el tribunal, pospondré todos los honorarios legales y pagaré de mi propio bolsillo hasta el último centavo de los costos legales». Cuando el caso llegó al Tribunal Supremo de Justicia de Texas, estos hombres ganaron y pudieron poner a volar su primer avión.

Cuando las cosas comenzaron a marchar, la Southwest contrató al experimentado líder de aerolíneas Lamar Muse como su nuevo jefe principal. Él, a su vez, empleó a los mejores ejecutivos que pudo encontrar. Otras aerolíneas seguían tratando de sacarlos del mercado, pero Kelleher y Muse siguieron peleando en el tribunal y en el mercado. Cuando tuvieron problemas para que sus aviones pudieran volar desde Houston, y hacia Houston, la Southwest comenzó a volar al Aeropuerto Hobby de Houston, que era mucho más accesible a los pasajeros debido a su cercanía al centro de la ciudad. Cuando todas las aerolíneas principales se mudaron al nuevo aeropuerto Dallas-Fort Worth, Southwest siguió volando al conveniente Love Field. Cuando la compañía tuvo que vender uno de sus cuatro aviones para sobrevivir, los ejecutivos idearon la forma de que sus aviones no permanecieran en tierra por más de diez minutos entre los vuelos. Así la Southwest podía mantener sus rutas y sus horarios. Y cuando no pudieron idear ninguna otra forma de llenar sus aviones, fueron los primeros en ofrecer precios de temporada alta y temporada baja, lo cual ofrecía a los viajeros que iban en viaje de placer un enorme alivio en el costo de pasajes aéreos.

A través de todo esto, Kelleher siguió peleando y ayudó a mantener con vida a Southwest. En 1978, siete años después de haber ayudado a la compañía a poner en el aire su primera pequeña flota, se convirtió en el presidente de la junta directiva y jefe principal. Hoy sigue luchando y encuentra formas de que la compañía triunfe. Y observe el gran éxito de la misma:

Southwest Airlines ayer y hoy

	1971[7]	2006[8]
Tamaño de la flota	4	468
Empleados al final del año	195	30,000+
Clientes transportados	108,000	88.4 millones
Ciudades servidas	3	51
Promedio de vuelos diarios	17	3,100+
Capital de los accionistas	$3.3 millones	$6.68 billones[9]
Total de bienes disponibles	$22 millones	$14.2 billones

La vicepresidenta administrativa de Southwest, Colleen Barrett, lo resume así: «La mentalidad de guerreros, la lucha misma por sobrevivir, es lo que verdaderamente creó nuestra cultura».[10] Kelleher y Southwest no sólo tienen el deseo de sobrevivir, sino también de ganar. Los líderes que aplican la Ley de la Victoria creen que cualquier cosa que no sea el éxito es inaceptable. No tienen un plan B, o segundo plan. Eso los mantiene luchando y es por eso que ¡siguen ganado!·

¿Cuál es su nivel de expectativa en lo referente al éxito de su organización?

¿Cuánta dedicación tiene para ganar su «juego»? ¿Tendrá en su esquina la Ley de la Victoria mientras pelea, o cuando esta se vuelva difícil va a tirar la toalla?

Los líderes que aplican la Ley de la Victoria no tienen un plan B. Eso los mantiene luchando.

Su respuesta a esta pregunta puede determinar si tendrá éxito o si fracasará como líder, y si su equipo gana o pierde.

Aplique
LA LEY DE LA VICTORIA
a su vida

1. El primer paso para practicar la Ley de la Victoria es responsabilizarse del éxito de su equipo, departamento u organización. Debe convertirse en algo personal. Su compromiso debe ser mayor que el de los miembros de su equipo, su pasión debe ser muy grande y su dedicación debe ser incuestionable.

¿Demuestra usted actualmente esa clase de compromiso? Si no es así, necesita examinarse y determinar si ese compromiso se encuentra en usted. Si en su búsqueda personal no puede convencerse de dar esa clase de compromiso, probablemente una de las siguientes tres cosas es cierta:

- Está buscando la visión equivocada.
- Se encuentra en la organización equivocada.
- No es el líder de ese trabajo.

Tendrá que realizar ajustes adecuadamente.

2. Si usted desea dirigir su equipo a la victoria, podrá lograrlo solamente si tiene el personal adecuado en su equipo. Piense cuáles son las cualidades necesarias para lograr sus metas. Escríbalas en un papel. Ahora compare esa lista con los nombres del personal de su equipo. Si encuentra que existen funciones que nadie de su equipo realiza, necesita añadirle miembros o capacitar a los que ya tiene.

3. El otro componente crucial para dirigir su equipo a la victoria es la unidad de la visión. Realice una pequeña investigación de lo que realmente les importa a los miembros de su equipo. Pregúnteles a ellos

lo que quieren alcanzar personalmente y pídales que escriban el propósito o la misión del equipo, departamento u organización. Si obtiene una diversidad de respuestas, usted necesita esforzarse en comunicar una visión clara, creativa y continua hasta que todos caminen al mismo ritmo. Además debe trabajar con cada miembro del equipo para mostrarle cómo las metas personales pueden alinearse con las metas generales del equipo.

16

❦

LA LEY DEL
GRAN IMPULSO

El impulso es el mejor amigo de un líder

Si usted tiene toda la pasión, los instrumentos y las personas que necesita para lograr una gran visión, pero aun asi no puede hacer que su organización se mueva y vaya en la dirección correcta, su liderazgo en este momento está muerto. Si usted no puede hacer que las cosas caminen, no tendrá éxito. ¿Qué necesita hacer en tales circunstancias? Necesita observar la Ley del Gran Impulso y aferrarse al poder del mejor amigo de líder: el impulso.

COMIENCE DESDE CERO

Si alguna vez ha existido una persona con talento y visión, esta persona era Ed Catmull. Cuando era niño, Catmull creció deseando ser un animador y realizador de películas. Pero cuando fue a la universidad, se dio cuenta de algo: él no era lo suficientemente bueno. Rápidamente cambió su enfoque hacia la física y la ciencia de la informática, obteniendo su título en cada una de esas ramas. Después de trabajar unos cuantos años para Boeing, decidió volver a estudiar y se inscribió en un nuevo campo dentro de la ciencia de la informática: la computación gráfica. Allí descubrió que él podía dibujar con la ayuda de una computadora. Eso hizo que su sueño de realizar películas reviviera. Antes de obtener su doctorado en 1974, Catmull comenzó a desarrollar programas computacionales innovadores y buscaba oportunidades para realizar películas generadas por computadora.

En 1979, George Lucas contrató a Catmull para que se encargara de la división de computación gráfica de Lucasfilm Ltd. Durante los siguientes siete años, Catmull contrató unos de los mejores técnicos del país tales como John Lasseter, que había trabajado anteriormente para Disney. El grupo de Catmull entró en un nuevo terreno, tecnológicamente hablando y produjo obras increíbles, tales como la secuencia «Génesis» en la película *Star Trek II: La ira de Khan*. Sin embargo, el departamento resultó ser muy costoso para mantenerlo. Catmull intentó convencer a Lucas de hacer películas generadas por computadora, pero la tecnología todavía estaba en las primeras etapas y era demasiado caro. Lucas decidió vender ese departamento. En 1986, Steve Jobs lo compró, pagando cinco millones de dólares por la compañía y otros cinco millones que invirtió en ella. El nombre de la compañía es Pixar.

PASOS DE BEBÉ

Aun cuando fue difícil para esa compañía crear ganancias, Pixar comenzó realizando pequeñas películas para demostrar el poder de su tecnología. La primera se llamó: *Luxo Jr.* Mostraba dos lámparas de escritorio animadas interactuando como lo harían un padre y un hijo. Normalmente durante esa época, después de mostrar una película de animación computarizada, los directores contestaban preguntas hechas por expertos en la industria que vieron la película, acerca de algoritmos o del programa de computación utilizado. Catmull y Lasseter supieron que habían dado un paso significativo cuando una de las primeras preguntas que recibieron fue si la lámpara «padre» era la madre o el padre. Fue allí que se dieron cuenta que habían logrado una conexión con su audiencia y que tuvieron éxito al contar una historia, no sólo en demostrar su nueva tecnología. Lasseter dice:

> No teníamos dinero, computadoras, personal ni tiempo para hacer esos movimientos de cámara veloces y extravagantes, los trazos ostentosos y otras cosas que se realizaban en ese tiempo. Sencillamente no teníamos tiempo. La cámara no se movió y no tuvimos un fondo en la pantalla pero hizo que la audiencia se enfocara en lo que realmente era importante, la historia y los personajes. Así que por primera vez, una película estaba entreteniendo a las personas porque estaba hecha con animación computarizada.[1]

Luxo Jr. fue tan buena que fue nominada para recibir un premio de la academia. Sin embargo, Catmull y su equipo necesitaban mucho más tiempo para lograr su sueño de crear una película de larga duración. El desafío más grande de la compañía en ese momento era sobrevivir. Pixar continuaba desarrollando tecnología. La compañía siguió obteniendo reconocimientos y recibiendo premios, incluyendo su primer Oscar en 1989. Para poder pagar las cuentas, el equipo comenzó a realizar comerciales animados de computación. (Quizás haya visto aquel comercial de una botella de Listerine boxeando. Ese comercial fue un trabajo de Pixar.) Pero le era difícil a Pixar obtener ese impulso significativo. La compañía seguía caminando pero a paso lento.

FINALMENTE, ALGO DE CREDIBILIDAD

Entonces en 1991, debido a la credibilidad que Pixar se había ganado, recibió una oportunidad significativa. Los líderes pensaron que la compañía estaba preparada para el siguiente paso, crear un programa de televisión de una hora. Lasseter fue a Disney, la compañía donde trabajaba antes, a venderles la idea. La respuesta lo sorprendió. Disney le ofreció un contrato para crear tres películas de larga duración utilizando animación computarizada. Disney daría los fondos y distribuiría los proyectos. Pixar los crearía y recibiría un porcentaje de las ganancias.

Pixar tuvo la oportunidad de cumplir la visión de Catmull, pero la compañía todavía estaba a una gran distancia de realizarla. La compañía comenzó a trabajar en lo que luego sería: *Toy Story*, pero el equipo tuvo dificultades con los personajes y la trama. Disney presionó a Lasseter para que hiciera personajes más realistas, pero eso hacía que no fueran atractivos. Después de dos años de trabajo, el jefe del departamento de animación de Disney les dijo: «no importa cuánto traten de arreglarla, no está funcionando»[2]. Lasseter rogó que Disney no terminara el contrato y les diera otra oportunidad de resolver el problema. «Todo el grupo se reunió, no dormíamos pero logramos hacer la primera parte de la trama de *Toy Story* en dos semanas», recuerda Lassetter. «Cuando la enseñamos a Disney, quedaron asombrados».[3]

Toy Story continuaba avanzando. Pixar necesitó cuatro años para realizar la película. Mientras tanto, otros estudios estaban utilizando la tecnología que Catmull y su equipo habían desarrollado y estaban produciendo películas como *Jurasic Park* y *Terminator 2*. «Era frustrante para nosotros», dice Catmull, «porque estábamos ocupados realizando esta película para Disney y los demás estaban recibiendo el mérito de esas otras películas. ¡Aunque nosotros habíamos diseñado el software que ellos utilizaban!»[4]

Pese a que el resto del mundo no le estaba viendo todavía, Pixar estaba comenzando a desarrollar impulso. Cuando la película *Toy Story* salió en noviembre de 1995 la realidad era obvia. Cuatro años atrás cuando se hizo el contrato con Disney, el ejecutivo de Pixar, Steve Jobs estimó que si la primera película de esta clase lograba obtener $75 millones en ganancias, al menos quedarían sin deudas. Si lograba obtener 100 millones, ambas compañías obtendrían dinero. Pero si se convertía en éxito y ganaba más de 200 millones de dólares, ambas compañías ganarían muchísimo dinero».[5] Muy pocas personas hubieran predicho que esa película obtendría ganancias de 192 millones de dólares en Estados Unidos y 362 millones alrededor del mundo.[6]

Desde ese momento, el impulso de Pixar ha sido fuerte y sigue creciendo. La organización ha ganado diecisiete premios Oscar además de cuarenta y dos patentes.[7] y desde que salió *Toy Story*, la compañía ha producido grandes éxitos: *A Bug's Life, Toy Story 2, Monsters Inc, Finding Nemo, The Incredibles* y *Cars*. Estas películas a nivel mundial han obtenido una ganancia mayor a los 3,670 millones de dólares.[8]

UN GIRO

Irónicamente, mientras que Pixar estaba obteniendo impulso, Disney, la compañía que le ayudó a obtenerlo, estaba perdiéndolo. El departamento de animación de Disney estaba pasando por momentos difíciles. Su última película significativa fue *Lilo y Stitch* en el año 2002. Y había producido tres películas muy caras, *Atlantis, Treasure Planet* y *Home on the Range*. ¿Cómo podría Disney volver a ganar impulso? Bob Iger, quien se convirtiera en el presidente y director ejecutivo de Disney en octubre de 2005, sabía cómo hacerlo. Él compró Pixar. Las personas que Disney había ayudado, ahora le ayudaban a Disney. Catmull se convirtió en el presidente del departamento de animación de Disney y Lasseter en el jefe del departamento de creatividad. «Disney ha tenido dos momentos de apogeo», dice Catmull. «Vamos a lograr un tercero».[9]

¿Y qué hay de Pixar? Continuará funcionando bajo el cuidado de Catmull y Lasseter. Cuando uno llega a tener un gran ímpetu, desea que nada se entrometa. Después de todo, el impulso es el mejor amigo del líder.

VERDADES ACERCA DEL IMPULSO

¿Por qué digo que el impulso es el mejor amigo del líder? Porque muchas veces es la única diferencia entre ganar y perder. Cuando no hay impulso, aun las labores más sencillas parecen problemas insuperables. La moral disminuye. El futuro se ve oscuro. Una organización sin impulso es como un tren sin vías. No se puede seguir adelante.·

> *¿Por qué digo que el impulso es el mejor amigo del líder? Porque muchas veces es la única diferencia entre ganar y perder.*

Por otro lado, si usted tiene el impulso de su lado, el futuro se ve prometedor, los obstáculos parecen pequeños, y el problema se percibe como algo temporal. Una organización con impulso es como un tren que se mueve a sesenta millas por hora. Aunque se construyera una pared de concreto reforzada con acero en las vías del tren, el tren la despedazaría.

Si usted desea que su organización, su departamento, o equipo triunfen, debe aprender la Ley del Impulso y aprovecharla al máximo en su organización. Las siguientes son algunas cosas acerca del impulso que necesita saber:

1. El impulso es la mejor palanca de exageración

La Ley del Impulso se ve fácilmente en los deportes porque los cambios ocurren en pocas horas ante nuestros ojos. Cuando un equipo logra obtener impulso, todas las jugadas parecen funcionar, todos los lanzamientos parecen anotar, todos los equipos parecen hacer las cosas bien. Lo opuesto también es cierto. Cuando un equipo está estancado, no importa que tanto se esfuercen, o cuántas soluciones intenten, nada parece funcionar. El impulso es como una lupa. Hace que las cosas se vean más grandes de lo que son. Por eso yo le llamo la mejor palanca de exageración. Y esa es una de las razones por la cual los líderes se esfuerzan tanto en controlar el impulso.

Ya que el impulso tiene un gran impacto, los líderes intentan controlarlo. Por ejemplo, en los juegos de básquetbol, cuando el equipo contrario comienza a anotar puntos y a

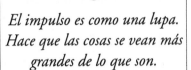

El impulso es como una lupa. Hace que las cosas se vean más grandes de lo que son.

desarrollar el impulso, un buen entrenador pide tiempo. ¿Por qué? Está intentando detener el impulso del otro equipo antes de que sea demasiado tarde. Si no lo hace, su equipo probablemente perderá el juego.

¿Cuándo fue la última vez que usted escuchó a un equipo que estaba en la cúspide del triunfo de un campeonato quejarse de las lesiones? ¿O analizar la habilidad del equipo? ¿O volver a pensar en una nueva estrategia? Eso no sucede. ¿Es porque ninguno está lesionado o todo va bien? No. Sucede porque el triunfo se exagera con el impulso. Cuando uno tiene el impulso, no se preocupa por los pequeños problemas y muchos de los problemas grandes parecen resolverse por sí solos.

2. El impulso hace que los líderes
se vean mejor de lo que son

Cuando los líderes tienen el impulso de su lado, la gente piensa que son genios. Pasan por alto las deficiencias. Se olvidan de los errores que los líderes han cometido. El impulso cambia la perspectiva desde la cual la gente ve a los líderes. A las personas les gusta asociarse con los ganadores.

Los líderes jóvenes con frecuencia no reciben tanto mérito como merecen. Por lo general, estimulo a los líderes jóvenes para que no se desanimen. Cuando los líderes son nuevos en sus carreras, no tienen ningún impulso todavía y por lo general no reciben ningún mérito. Los líderes experimentados piensan que los jóvenes no saben nada al respecto. Una de las razones por las cuales John Lasseter fue sacado de Disney era porque tenía muchas ideas y los ejecutivos de Disney, quienes habían sido animadores anteriormente, no querían que él fuera tan rápido. Lasseter recuerda que uno de los ejecutivos le dijo: «Cállate y haz tu trabajo por los próximos veinte años y entonces quizás te escucharemos». Lasseter sabía más que ellos.

Una vez que un líder crea triunfo para su organización y desarrolla impulso en su carrera, entonces las personas le dan más mérito del que merece. ¿Por qué? Debido a la Ley del Impulso. El impulso exagera el éxito de un líder y lo hace verse mejor de lo que realmente es. Puede que no parezca justo, pero así es.

Por muchos años he intentado añadirles valor a las personas. Después de escribir cincuenta libros y cien elecciones sobre liderazgo y el éxito, he obtenido mucho impulso. Todo lo que hago para darles valor a las personas parece incrementarse de manera positiva. Por lo general, digo que cuando comencé mi carrera, no era tan malo como las personas pensaban. Actualmente, no soy tan bueno como las personas me lo acreditan. ¿Cuál es de diferencia? ¡El impulso!

3. El impulso ayuda a los seguidores a desempeñarse mejor de lo que son

Cuando el liderazgo es fuerte y hay impulso en una organización, la gente es motivada e inspirada a desempeñarse en niveles más altos. Llegan a ser más eficaces de lo que esperaban. Si recuerda el equipo olímpico de hockey de Estados Unidos de 1980, sabe de lo que hablo. El equipo era bueno, pero no lo suficiente como para ganar la medalla de oro. Pero la ganó. ¿Por qué? Porque mientras se encaminaba hacia el juego por el campeonato, ganó juego tras juego contra equipos invencibles. El equipo obtuvo tanto impulso, que se desempeñó por encima de sus capacidades.

> *Hasta las personas promedio pueden desempeñarse mucho más allá de la norma en una organización que tiene un gran impulso.*

Después de ganar a los rusos, nada le pudo impedir regresar a casa con la medalla de oro.

Lo mismo sucede en los negocios y en las organizaciones de voluntarios. Cuando una organización tiene un gran impulso, todos los participantes son más exitosos. Si usted ve líderes (especialmente líderes en los niveles medios) que han tenido un gran éxito en una organización con impulso y luego se van de la organización para darse cuenta que su actuación se convierte en algo normal, sabe que la Ley del Impulso estaba funcionando. Hasta las personas promedio pueden desempeñarse mucho más allá de la norma en una organización que tiene un gran impulso.

4. Es más fácil conducir el impulso que iniciarlo

¿Ha practicado alguna vez el esquí acuático? Si lo ha practicado, sabe que es más difícil levantarse sobre el agua que maniobrar una vez que se ha levantado. Recuerde la primera vez que esquió. Antes de levantarse, el bote lo iba arrastrando, y es posible que haya pensado que sus brazos no iban a aguantar mientras el agua le inundaba el pecho y la cara. Tal vez creyó por un momento que ya no podría sostener más la cuerda, pero entonces la fuerza del agua sacó sus esquís a la superficie, y así comenzó a esquiar. En ese punto pudo girar con un cambio ligero de peso de un pie al otro. Así funciona el impulso del liderazgo. Comenzar es una lucha, pero una vez que está en movimiento, realmente puede empezar a hacer algunas cosas sorprendentes.

5. El impulso es el agente de cambio más poderoso

La historia de Pixar es un gran ejemplo del poder del impulso. Hizo que la organización pasara de ser una compañía sin fondos y sin personal a una compañía de entretenimiento poderosa. Durante sus primeros días antes de tener impulso, la compañía consideraba convertirse en una proveedora de productos de soporte físico para las compañías médicas donde ellas pudieran acceder y almacenar imágenes de resonancia magnética (MRI) por medio de las computadoras. De haber sucedido esto, la organización habría perdido a su gente más talentosa y productiva. En lugar de eso, se transformó en una organización que le está enseñando a Disney, el padre de las películas animadas, cómo volver a obtener su antigua gloria.

> Se necesita un líder para crear impulso.

Si se le da el suficiente impulso, casi cualquier clase de cambio es posible en una organización. Las personas desean estar en el vagón de los ganadores. Los seguidores confían en líderes que tienen un historial comprobado y aceptan los desafíos de las personas que los han dirigido a la victoria antes. El impulso hace que la victoria sea algo alcanzable.

6. El impulso es la responsabilidad del líder

Se necesita un líder para crear impulso. Los seguidores pueden captarlo. Los buenos administradores pueden usarlo para su propio provecho una vez que ha comenzado. Todos pueden disfrutar los beneficios que el impulso trae. Pero *crear* impulso requiere de una persona que tenga visión, que pueda reunir a un buen equipo y que pueda motivar a los demás. Si el líder está buscando que alguien lo motive, entonces la organización tiene dificultades. Si el líder está esperando que la organización desarrolle impulso por sí sola, la organización está en dificultades. Es la responsabilidad del líder crear impulso y mantenerlo. El presidente de Estados Unidos, Harry Truman dijo una vez: «Si usted no puede aguantar el calor, sálgase de la cocina». Para los líderes la declaración debería ser: «Si usted no puede *hacer* calor, sálgase de la cocina».

7. El impulso comienza dentro del líder

El impulso comienza dentro del líder. Comienza con la visión, la pasión y el entusiasmo. Comienza con la energía. La escritora motivadora

Eleanor Doan comentó: «No se puede encender un fuego en otro corazón si el suyo no está ardiendo».

Si usted no cree en la visión ni la busca de manera entusiasta, haciendo lo que pueda para realizarla, entonces no podrá obtener las pequeñas ganancias que se necesitan para hacer que la pelota empiece a rodar. Sin embargo,

> *«No se puede encender un fuego en otro corazón hasta que el suyo no se encuentre ardiendo».*
>
> —ELEANOR DOAN

si ejemplifica el entusiasmo a su personal día tras día, si atrae personas como usted a su equipo, departamento u organización y las motiva para alcanzar la victoria, podrá ver progreso. Una vez que lo haga, comenzará a generar impulso. Si usted es sabio valorará el impulso por lo que es: el mejor amigo del hombre. Una vez que lo tiene, uno puede hacer casi cualquier cosa. Ese es el poder del impulso.

MUEVA LO INMOVIBLE

De todos los líderes que conozco, los que más se frustran son aquellos que quieren progresar y desarrollar impulso en las organizaciones burocráticas. En esas organizaciones, las personas con frecuencia se limitan a un horario. Se han rendido y no quieren cambiar o no creen que sea posible.

Hace varios años vi una película titulada: *Con ganas de triunfar.* Tal vez usted la vio también. Es la historia verídica de un maestro llamado Jaime Escalante que trabajaba en la escuela de bachillerato Garfield, situada en el Este de Los Ángeles, California. La película se concentraba en la capacidad de Escalante como maestro, pero la historia en realidad es un estudio de la Ley del Gran Impulso.

La enseñanza, la motivación, y el liderazgo corrían en la sangre de Escalante aun desde su juventud, en su país natal Bolivia. Comenzó a ayudar a otros niños cuando estaba en la escuela primaria, y a desempeñarse profesionalmente como profesor de física antes de recibir su licenciatura. Poco tiempo después era conocido como el mejor maestro de la ciudad. Cuando tenía unos treinta años, Escalante y su familia emigraron a Estados Unidos. Trabajó varios años en un restaurante y luego en Russell Electronics. Aunque pudo seguir una profesión prometedora en Russell, regresó a la escuela y obtuvo una segunda licenciatura para poder enseñar en Estados Unidos. El deseo ardiente de Escalante era hacer una diferencia en la vida de la gente.

A la edad de cuarenta y tres años, la escuela de bachillerato Garfield lo empleó para enseñar ciencias de la informática, pero el primer día de clases se dio cuenta de que no había fondos para obtener computadoras. Como su título era en matemáticas, enseñaría matemáticas básicas. Decepcionado, fue en busca de su primer grupo, con la esperanza de que su sueño de hacer una diferencia no se le estuviese escapando entre los dedos.

COMBATA MAREJADA DE IMPULSO NEGATIVO

El cambio de computación a matemáticas fue el menor de los problemas de Escalante. La escuela, que había estado tranquila durante su entrevista en el verano, ahora era un caos. No había disciplina, continuamente surgían peleas, y por todas partes había basura y graffiti. Los estudiantes vagaban por todo el edificio durante todo el día. Escalante descubrió que Alex Avilez, el liberal director de la escuela, en realidad fomentaba el reconocimiento de las pandillas dentro de las instalaciones. Avilez había decidido que los estudiantes miembros de pandillas debían recibir validación y más oportunidades de identificarse con la escuela. Motivó a dieciocho pandillas a colocar sus placas (letreros con el símbolo de la pandilla) en varios lugares de la escuela para que estos fueran sus lugares de reunión. Era la peor pesadilla de un maestro. ¿Cómo iba Escalante a poder hacer una diferencia en estas condiciones?

Casi todos los días pensaba en renunciar, pero su pasión por la enseñanza y su dedicación a mejorar la vida de sus estudiantes no le permitían darse por vencido. Sin embargo, al mismo tiempo reconocía que los estudiantes estaban condenados al fracaso si la escuela no cambiaba. Todos retrocedían rápidamente, y necesitaban algo que los hiciera avanzar.

Cuando trajeron un nuevo director, las cosas comenzaron a cambiar para bien. Pero Escalante quería aun más. Él creía que la forma de mejorar la escuela era desafiar a los estudiantes mejores y más inteligentes por medio de una clase de cálculo que los prepararía para recibir una clase de nivel avanzado que les ayudara a obtener unidades de crédito universitarias. Algunos exámenes de nivel avanzado se habían hecho en español en la escuela. De vez en cuando, algún estudiante intentaba hacer un examen de física o historia. Pero el problema era que la escuela no tenía un líder con visión que retomara la causa. Fue allí donde Escalante surgió.

PEQUEÑOS COMIENZOS

En el otoño de 1978, Escalante organizó la primera clase de cálculo. Reuniendo a todos los candidatos que tal vez podrían responder a un curso de cálculo, de una población estudiantil de 3.500, sólo pudo encontrar catorce estudiantes. En las primeras clases les explicó lo que tendrían que hacer para prepararse con el propósito de tomar el examen a fin de año.

Al final de la segunda semana de clases, ya había perdido siete estudiantes, la mitad del grupo. Aun los que se quedaron no estaban bien preparados para comenzar a estudiar cálculo. Al final de la primavera, el grupo se había reducido a cinco estudiantes. Todos tomaron el examen en mayo, pero sólo dos aprobaron.

Escalante estaba decepcionado, pero se negó a darse por vencido, especialmente porque ya había obtenido cierto progreso. Sabía que si daba a los estudiantes unas cuantas victorias, crearía en ellos confianza, les daría esperanza, y podría ayudarlos a seguir adelante. Si necesitaban motivación, les ponía tareas extra, o retaba a uno de los atletas de la escuela a un partido de balonmano. (¡Escalante nunca perdía!) Si necesitaban ánimo, los llevaba al McDonald's como recompensa. Si se volvían perezosos, los inspiraba, los sorprendía, los divertía, y hasta los intimidaba. Y durante todo ese tiempo les daba el ejemplo de duro trabajo, dedicación a la excelencia, y lo que él llamaba *ganas*, deseo.

> *Los líderes siempre encuentran la forma de que sucedan las cosas.*

TODO COMIENZA CON UN PEQUEÑO PROGRESO

En el otoño, Escalante creó otra clase de cálculo, esta vez con nueve estudiantes. Al final del año, ocho tomaron el examen y seis aprobaron. Estaba progresando un poco más. Se regó la voz del éxito, y en el otoño de 1980, su grupo de cálculo era de quince estudiantes. Cuando estos tomaron el examen a fin de año, catorce aprobaron. Los pasos hacia adelante no eran muy grandes, pero Escalante podía ver que el programa estaba creando impulso.

El siguiente grupo de estudiantes, el cual sumaba dieciocho, fue el tema de la película *Con ganas de triunfar*. Al igual que sus predecesores, se esforzaron mucho para aprender cálculo; muchos llegaban a la escuela a las 7:00 A.M. todos los días, hora y media antes del inicio de clases. A menudo se quedaban hasta las 5:00, 6:00, o 7:00 P.M. Y aunque el servicio de exámenes educacionales (ETS) dudó la validez del primer examen, los estudiantes aceptaron volver a tomarlo; el porcentaje de estudiantes de Escalante aprobados fue cien por ciento.

Después de eso, el programa de matemáticas estalló. En 1983, el número de estudiantes que aprobaron el examen casi se duplicó, de dieciocho a treinta y uno. El año siguiente se volvió a duplicar, llegando a sesenta y tres. Y siguió creciendo. En 1987, ciento veintinueve estudiantes tomaron el examen, y ochenta y cinco por ciento recibió créditos universitarios. La escuela de bachillerato Garfield ubicada en el Este de Los Ángeles, que una vez había sido considerada el abismo del distrito, produjo veintisiete por ciento de los exámenes avanzados de cálculo, aprobados por estudiantes méxicoamericanos de todo Estados Unidos.

LA EXPLOSIÓN DEL IMPULSO

Todos los estudiantes de la escuela de bachillerato Garfield sintieron los beneficios de la Ley del Gran Impulso. La escuela comenzó a preparar a los estudiantes para otros exámenes avanzados. Con el tiempo, se comenzaron a dictar cursos avanzados de español, cálculo, historia, historia de Europa, biología, física, francés, gobierno, y ciencias de la informática.

En 1987, nueve años después de que Escalante encabezara el programa, los estudiantes de Garfield tomaron más de 325 exámenes avanzados. Y lo más increíble de todo es que Garfield tenía una lista de espera de más de cuatrocientos estudiantes, de áreas que estaban fuera de sus límites y que deseaban inscribirse. La escuela que una vez había sido el objeto de burla del distrito y que por poco perdió su reconocimiento oficial, se había convertido en una de las tres mejores escuelas localizadas en el centro de la ciudad, en todo el país.[10] Ese es el poder de la Ley del Gran Impulso.

Aplique
LA LEY DEL GRAN IMPULSO
a su vida

1. El impulso comienza dentro del líder y se distribuye desde allí. ¿Se ha responsabilizado por el impulso en su área de liderazgo? ¿Le apasiona su visión? ¿Muestra entusiasmo todo el tiempo? ¿Se esfuerza en motivar a los demás aun cuando usted no se siente así? Debe ejemplificar la actitud y la ética de trabajo que le gustaría que los demás tuvieran. Eso generalmente requiere lo que yo llamo *carácter de liderazgo*.

2. La motivación es el factor clave en desarrollar el impulso. El primer paso para desarrollar la motivación es remover aquellos elementos desmotivadores dentro de una organización. ¿Qué cosa dentro de su área de responsabilidad está causando que las personas pierdan su pasión y entusiasmo? ¿Cómo puede remover o al menos disminuir esos factores? Una vez que haya hecho eso, usted puede dar el siguiente paso, el cual es identificar y poner en funcionamiento elementos específicos que motiven a sus seguidores.

3. Para estimular el impulso, necesita ayudarle a su gente a celebrar sus logros. Desarrolle la práctica de honrar a la gente que hace que «la pelota se ponga en movimiento». Busqué elogiar el esfuerzo continuamente pero *gratifique* los logros. Entre más gratifique el éxito, su gente se esforzará más.

17

LA LEY DE LAS PRIORIDADES

Los líderes entienden que la actividad no es necesariamente logro

Un líder jamás crecerá hasta un punto en el que no necesite trazar sus prioridades. Determinar prioridades es algo que los buenos líderes siguen haciendo, sea que dirijan un grupo pequeño, pastoreen una iglesia, dirijan una pequeña empresa, o una corporación de miles de millones de dólares. Pienso que los buenos líderes intuitivamente saben que eso es cierto. Sin embargo, no todos los líderes practican la disciplina de poner prioridades. ¿Por qué? Creo que hay varias razones.

Primero, cuando estamos ocupados, naturalmente creemos que estamos yendo a algún lugar. Pero una ocupación no equivale a tener productividad. La actividad no es necesariamente logro. Segundo, dar prioridades requiere que los líderes continuamente piensen con anticipación, que sepan lo que es importante, lo que sigue, que puedan ver cómo las cosas se relacionan con la visión general. Eso es algo difícil. Tercero, dar prioridades nos hace hacer cosas que por lo menos son incómodas y de vez en cuando sumamente dolorosas.

HORA DE REVALUAR LAS PRIORIDADES

Entiendo muy bien el dolor de revaluar prioridades por experiencia personal. En 1996, vivía en San Diego, que es uno de mis lugares favoritos del planeta. San Diego es una ciudad preciosa con uno de los mejores climas del mundo. Queda a diez minutos de la playa y a dos horas de las montañas de esquí. Tiene cultura, equipos deportivos profesionales, y muy buenos restaurantes. Y yo podía jugar al golf todo el año. ¿Por qué querría mudarme? Esperaba vivir allí el resto de mi vida. Era muy cómodo. Pero el liderazgo no se trata de comodidad, se trata del progreso.

Sin embargo, un día me senté a revaluar mis prioridades. En ese tiempo viajaba mucho en avión debido a mis compromisos como orador y a mi trabajo de consultoría. Me puse a pensar que por vivir en San Diego, me pasaba gran parte del tiempo viajando haciendo conexiones innecesarias. De modo que le pedí a Linda, mi ayudante, que calculara cuánto tiempo exactamente estaba consumiendo en esto, y lo que descubrí me dejó pasmado. En 1996, pasé veintisiete días viajando una y otra vez entre San Diego y Dallas sólo por las conexiones entre los vuelos. Esto me hizo darme cuenta que necesitaba sentarme y revaluar mis prioridades.

Si iba a vivir en forma coherente con las prioridades que yo me había establecido, iba a tener que mudarme y a mi compañía a una de las ciudades centrales. Fue entonces cuando decidí considerar el traslado de mis compañías a una ciudad donde quedara la central de una aerolínea. Stephen Covey comentó: «Un líder es el que escala el árbol más alto, estudia toda la situación, y grita: "¡Selva equivocada!"» Me sentí igual cuando medité en lo que estábamos a punto de hacer.

> «Un líder es el que escala el árbol más alto, estudia toda la situación, y grita: "¡Selva equivocada!"».
> —STEPHEN COVEY

Finalmente nos establecimos en Atlanta, pues nos pareció la ubicación ideal. En primer lugar, en Atlanta se encuentran las centrales de varias aerolíneas importantes. Desde allí podríamos llegar al ochenta por ciento de Estados Unidos en un viaje de dos horas. Esto me daría tiempo extra en los años subsiguientes. En segundo lugar, el sitio es hermoso y ofrece excelentes oportunidades culturales, recreativas, y de entretenimiento. Sabía que la gente podría gozar de un buen nivel de vida. No sería algo sencillo, pero era algo necesario.

Han pasado diez años desde que nos mudamos. Si usted me preguntara sí valió la pena, le respondería con un enfático sí. Atlanta es un área buena para los negocios. El costo de vida es muy razonable comparado con otras ciudades grandes. Y lo más importante para mí y para los asesores que trabajan en mi compañía, los viajes se han vuelto más sencillos. La mayoría del tiempo puedo viajar, dar conferencias y regresar el mismo día. Como resultado, mi productividad ha aumentado enormemente. ¿Se imagina volver a tener veintisiete días de su vida cada año? En estos diez años, he calculado una ganancia de 270 días. Un año de trabajo normal para la mayoría de personas es de 250 días. Es como tener un año completo añadido al tiempo más productivo de mi vida. Y no hay nada como estar en casa con mi esposa al final del día en vez del cuarto de un hotel.

LAS TRES «R» (ERRES)

Los líderes no pueden arriesgarse a pensar dentro de un molde. A veces tienen que reinventar el molde o deshacerse de él. El autor y gran ejecutivo Max Depree dice: «La responsabilidad principal de un líder es definir la realidad». Eso requiere de la Ley de las Prioridades. Cuando usted es el líder, la responsabilidad es suya.

Cada año dedicó dos semanas en diciembre a revaluar mis prioridades. Analizo el horario del año anterior. Miro mis compromisos futuros.

Evalúo mi vida familiar. Pienso en mis objetivos. Miro el cuadro completo de lo que estoy haciendo para asegurarme que la forma en que estoy viviendo se alinea con mis valores y prioridades.

Uno de las pautas que utilizó durante este proceso es el Principio de Pareto. A través de los años he enseñado mucho este principio en conferencias sobre el liderazgo, y también lo explico en mi libro: *Desarrolle el líder que está en usted*. Esta es la idea: Si concentra su atención en las actividades que están en el veinte por ciento principal, recibirá un retorno del ochenta por ciento de su esfuerzo. Por ejemplo, si tiene diez empleados, debe dedicar el ochenta por ciento de su tiempo y atención a los dos mejores. Si tiene cien clientes, sus mejores veinte clientes lo proveerán del ochenta por ciento de su negocio. Si su lista de pendientes tiene diez elementos, los más importantes le darán un retorno del ochenta por ciento de su tiempo. Si no ha observado este fenómeno antes, compruébelo y verá que realmente funciona. Un año, conforme atravesaba por este proceso, me di cuenta que tenía que volver a enfocarme totalmente y reestructurar una de mis organizaciones.

> *«Muchas cosas atraen mi mirada, pero sólo unas cuantas atraen mi corazón».*
> —Tim Redmond

Otra pauta que deseo exponer es la pauta de las tres «R». Estas tres «R» corresponden a *requisito, retorno* y *recompensa*. Para ser eficaces, los líderes deben ordenar su vida sobre la base de las tres preguntas siguientes:

1. ¿Cuál es el requisito?

Todos somos responsables ante alguien: un jefe, una junta directiva, accionistas, u otras personas. También tenemos que ser responsables ante las personas importantes de nuestras vidas, tales como el cónyuge, los hijos y los padres. Por eso, su lista de prioridades debe comenzar siempre por lo que se requiere de usted.

La pregunta qué debo hacerme es: *¿Qué debo hacer que nadie puede o debe hacer por mí?* Entre más viejo me hago, la lista se ha vuelto más corta. Si estoy haciendo algo que no es necesario, debo eliminarlo. Si estoy haciendo algo que es necesario pero que no requiere mi participación personal, necesito delegarlo.

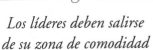

Los líderes deben salirse de su zona de comodidad para quedarse en su zona de fortaleza.

2. ¿QUÉ DA LOS MAYORES RETORNOS?

Como líder, usted debe pasar la mayor parte del tiempo trabajando en sus áreas más fuertes. Marcus Buckingham y Donald O. Clifton han hecho una investigación sobre este asunto, que puede leer en su libro: *Ahora, descubra sus fortalezas*. La gente es más productiva y está más contenta cuando su trabajo se encuentra dentro de sus dones naturales y áreas fuertes. Idealmente, los líderes deben salirse de su zona de comodidad para quedarse en su zona de fortaleza.

¿Cuál es la aplicación de esto? Esta es la regla general. Si otra persona de su organización puede realizar una labor en un ochenta por ciento, delegue esta labor. Si una responsabilidad pudiese *potencialmente* alcanzar ese nivel establecido, entonces prepare a una persona que se encargue de ella. Sólo porque usted *puede* hacer algo no significa que *debe* hacerlo. Recuerde, los líderes comprenden que la actividad no es necesariamente logro. Esa es la Ley de las Prioridades.

3. ¿QUÉ PRODUCE LA RECOMPENSA MÁS GRANDE?

La última pregunta se relaciona con la satisfacción personal. Tim Redmond, presidente del Instituto Redmond de liderazgo admitió: «Muchas cosas atraen mi mirada, pero sólo unas cuantas atraen mi corazón».

La vida es muy corta para dejar de hacer las cosas que uno disfruta. Me encanta enseñar acerca del liderazgo. Me encanta escribir y hablar. Me encanta pasar el tiempo con mi esposa, mis hijos y mis nietos. Me encanta jugar golf. Sin importar que otra cosa haga, sacaré el tiempo para hacer esas cosas. Son las cosas que le dan energía a mi vida. Me apasionan y me llenan de vida. La pasión provee el combustible en la vida de una persona para que siga adelante.

ORDENE NUEVAMENTE LAS PRIORIDADES

Hace unos años cuando pasé por este proceso de revaluación de prioridades, volví a analizar la forma en que estaba utilizando mi tiempo. En ese entonces cuando escribí la primera edición de este libro, determiné ocupar mi tiempo de acuerdo con la siguiente directriz:

AREA	TIEMPO ASIGNADO
1. Liderazgo	19%
2. Comunicación	38%
3. Creación	31%
4. Trabajo en red	12%

Estas cuatro áreas representan mis mayores fortalezas. Son los aspectos más gratificantes de mi carrera. Y por muchos años también mis responsabilidades hacia mis compañías estaban alineadas con ellos. Sin embargo, recientemente mientras estaba revisando estas áreas, me di cuenta que no estaba manteniendo el balance que deseaba. Estaba ocupando demasiado tiempo en la capacitación práctica del liderazgo de una de mis compañías y estaba afectando otras prioridades. Una vez más, tuve que reconocer que la actividad no es necesariamente logro. Sabía que tenía que tomar otra decisión difícil de negocios. Si deseaba seguir siendo efectivo y cumplir mi visión, tendría que cambiar y trabajar de acuerdo con la Ley de las Prioridades. Tomé la decisión de vender una mis compañías. No fue fácil, pero era lo correcto.

La ley de las prioridades

UN ENFOQUE A LA ESCALA MUNDIAL

Es la responsabilidad de los líderes tomar decisiones difíciles basadas en las prioridades. A veces eso los puede hacer perder la popularidad. En el año 1981 cuando Jack Welch se convirtió en el presidente y director ejecutivo de General Electric, la compañía era un buen negocio. Tenía un historial de noventa años, sus acciones tenían un valor de $4 cada una, valía en total unos $12.000 millones, y ocupaba el décimo primer lugar entre las mejores en la bolsa de valores. Era una compañía diversa y enorme que contaba con trescientos cincuenta negocios estratégicos; pero Welch creía que podía ser mejor. ¿Cuál fue su estrategia? Aplicó la Ley de las Prioridades.

Después de unos cuantos meses de asumir la dirección de la compañía, comenzó lo que llamó *la revolución del hardware*. Cambió todo su perfil y enfoque. Welch dijo:

Aplicamos un criterio único con los cientos de negocios y las líneas de productos: ¿Están capacitados para llegar a ser el número 1 o el número 2 en su función en el mercado mundial? De los trescientos cuarenta y ocho negocios o líneas de productos que no podían alcanzar las dos posiciones más altas, cerramos algunos y quitamos otros. La venta de estos últimos produjo casi $10.000 millones. Invertimos $18.000 millones en los que quedaron y los reforzamos con un valor en adquisiciones de $17.000 millones.

Lo que quedó [en 1989], aparte de unas cuantas operaciones de apoyo relativamente pequeñas, son catorce negocios de categoría mundial... todos ocupando una buena posición en la década de los noventas... cada uno posee el primer o segundo lugar en el mercado mundial en el que participa.[1]

Sé que Welch no es muy popular en algunos círculos y recientemente, sus métodos han sido criticados. Pero su liderazgo fue el correcto en ese momento y situación. Él volvió a renovar las prioridades de
General Electric, y su liderazgo sólido junto con su enfoque han pagado dividendos increíbles. Desde que él se hizo cargo, las acciones de
GE se han repartido dos a uno en cuatro ocasiones. Y mientras escribía
este libro, cada acción tenía un valor de más de $80. En la actualidad,
según la revista Fortune la compañía es considerada la más admirada de
la nación, ya que se ha convertido en la más valiosa del mundo. Eso se
debió a la capacidad de Jack Welch de aplicar a su liderazgo la Ley de
las Prioridades. Él nunca confundió la actividad con el logro. Sabía que
el mejor éxito sólo se obtiene cuando usted puede hacer que su gente se
enfoque en lo que realmente es importante.

EL NOMBRE DEL JUEGO ERA «PRIORIDADES»

Estudie la vida de cualquier gran líder, y lo verá enfocándose en sus prioridades. Cada vez que Norman Schwarzkopf asumía un nuevo mando,
no se apoyaba solamente en su liderazgo; también examinaba las prioridades de la unidad. Lance Armstrong pudo ganar siete campeonatos del
Tour de France ya que sus prioridades guiaron su régimen de entrenamiento. Cuando el explorador Roald Amundsen llevó y trajo de vuelta
exitosamente a su equipo al Polo Sur, en parte se debió a su capacidad de
determinar las prioridades correctas.

Los líderes de éxito viven según la Ley de las Prioridades. Reconocen que una actividad no necesariamente significa logro. Pero los mejores líderes pueden poner a funcionar la Ley de las Prioridades a su favor
y satisfacer muchas prioridades con cada actividad. Esto en realidad les
permite aumentar su enfoque y disminuir sus acciones.

Un líder experto en la Ley de las Prioridades era uno de mis ídolos: John Wooden, ex entrenador del equipo de baloncesto los Bruins de

UCLA. Es llamado el Mago de Westwood por las sorprendentes hazañas que realizó en el mundo del deporte universitario.

La evidencia de la capacidad de Wooden para hacer que la Ley de las Prioridades funcionara se apreciaba en la forma en que organizaba la práctica del baloncesto. Wooden decía que había aprendido algunos de sus métodos observando a Frank Leahy, el gran entrenador del equipo de fútbol americano de Notre Dame. Dijo lo siguiente: «A menudo iba a sus prácticas [las de Leahy] y observaba que las dividía en períodos. Yo me iba a casa y analizaba por qué él había hecho las cosas en cierta forma. Como jugador me di cuenta de que se desperdiciaba mucho tiempo. Los conceptos de Leahy reforzaron mis ideas y contribuyeron en el desarrollo final de lo que hago ahora».

BASÁNDOSE EN LAS PRIORIDADES TODO
TENÍA SU PROPÓSITO

Las personas que han estado en la milicia dicen que por lo general tenían que apresurarse y esperar. Esta también parece ser la forma en que trabajan algunos entrenadores de equipo. Piden a sus jugadores que por un minuto practiquen con todas sus fuerzas, y que el próximo minuto se queden por allí sin hacer nada. Wooden no trabajaba así, sino que orquestaba cada momento de la práctica y planeaba cada actividad con propósitos específicos. Él empleaba la economía del movimiento. Funcionaba de la siguiente manera:

Cada año, Wooden determinaba una lista de todas las prioridades para el equipo, basándose en observaciones de la temporada anterior. La lista podía incluir objetivos como: «Crear confianza en Drollinger e Irgovich», o «practicar ejercicios de continuidad tres jugadores con dos, por lo menos tres veces a la semana». Generalmente tenía más o menos una docena de cosas en las que quería trabajar a lo largo de la temporada. Pero Wooden revisaba también todos los días el plan para sus equipos.

Cada mañana, él y su ayudante planeaban meticulosamente la práctica del día. Casi siempre se pasaban dos horas desarrollando las estrategias para una práctica que tal vez no iba a durar esa misma cantidad de tiempo. Sacaba ideas de notas que había escrito en fichas que llevaba con él siempre. Planeaba cada serie de ejercicios, minuto por minuto, y antes de la práctica anotaba la información en una libreta. Wooden una vez hizo alarde de que si uno le preguntaba qué estaba haciendo su equipo en una fecha específica a las tres de la tarde en 1963, él podía decirle exactamente qué ejercicio estaban practicando. Como todos los buenos líderes, Wooden realizó el trabajo de ser previsor y planear por su equipo.

Wooden siempre se mantuvo enfocado y encontró formas en que sus jugadores hicieran lo mismo. Su talento especial era encargarse de varias áreas prioritarias al mismo tiempo. Por ejemplo, para ayudar a los jugadores a mejorar sus tiros libres algo que muchos de ellos encuentran tedioso, Wooden instituyó una política de tiros libres durante los juegos libres que los motivaría a concentrarse, en vez de simplemente matar el tiempo. Entre más rápido un jugador en la banca completaba un número de tiros, más pronto podía entrar nuevamente en acción. Y Wooden cambiaba continuamente el número de tiros que debían hacer los defensas, los delanteros, y los centrales, para que los miembros del equipo rotaran a diferentes ritmos. De esta manera, todos, independientemente de su posición o estado inicial, adquirían experiencia en el juego, una prioridad vital para el desarrollo del trabajo en equipo, según Wooden.

El aspecto más extraordinario de John Wooden, y lo que más habla de su capacidad para concentrarse en sus prioridades, es que nunca observaba a los equipos contrarios, sino que se concentraba en obligar a sus jugadores a alcanzar *su* potencial mediante práctica e interacción personal con ellos. Su meta no era ganar campeonatos ni ganarle al equipo contrario. Deseaba que cada persona jugara según *su* potencial y procuraba llevar a la cancha el mejor equipo posible. Y por supuesto, los resultados del sistema de Wooden fueron asombrosos. En más de cuarenta años como entrenador, sólo perdió *una* temporada, la primera. Y sus equipos de UCLA permanecieron invictos durante cuatro temporadas obteniendo un récord de diez campeonatos en la NCAA [National Collegiate Athletic Association: Asociación Atlética Universitaria Nacional].[2] Ningún otro equipo universitario ha podido romper ese récord. Wooden es un gran líder. Es, quizás, el entrenador más asombroso que ha habido. ¿Por qué? Porque vivía cada día según la Ley de las Prioridades. Nosotros debemos esforzarnos en hacer lo mismo.

Aplique

LA LEY DE LAS PRIORIDADES

a su vida

1. ¿Está usted preparado para sacudir su vida y salirse de su zona de comodidad y para poder vivir y trabajar de acuerdo con sus prioridades? ¿Existe algo en su vida que está funcionando tan mal que le muestra que necesita una mayor revisión de *cómo* hacer las cosas? ¿De qué se trata? Describa *por qué* no está funcionando. ¿Puede pensar más allá del molde (o crear un nuevo molde) para resolver el asunto y volver a alinear sus prioridades? Ignorar un gran problema de alineación en sus prioridades es como alinear su palo de golf de manera incorrecta. Entre más fuerte le pegue a la pelota, más lejos del hoyo se encontrará. Entre más se aleje de su alineación, mayores probabilidades tendrá de errar su visión.

2. Si usted nunca ha hecho eso antes, ocupe tiempo escribiendo las respuestas a las siguientes tres preguntas (Asegúrese de incluir a su familia y otras responsabilidades, no sólo su carrera.):

¿Cuál es el requisito?

¿Qué da los mayores retornos?

¿Qué produce la recompensa más grande?

Una vez que haya respondido a esas tres preguntas, haga una lista de las cosas que está haciendo que no corresponden con ninguna de esas tres preguntas. Usted necesita delegar o eliminar esas cosas.

3. Las personas exitosas viven según la Ley de las Prioridades. Las personas exitosas ayudan a su organización, departamento o equipo para que vivan según la Ley de las Prioridades. Como líder ¿está marcando

prioridades y pensando con anticipación sobre su área de responsabilidad? ¿Dedica usted tiempo específico de manera regular para revaluar sus prioridades en esa área? Si no es así, necesita comenzar a hacerlo inmediatamente. Como líder, no es suficiente el hecho de que sea exitoso. Necesita ayudar a su gente a ser exitosa.

18

LA LEY DEL SACRIFICIO

Un líder debe ceder para subir

¿Por qué un individuo se levanta para dirigir a otras personas? Las respuestas son diferentes. Algunos lo hacen para sobrevivir. Otros lo hacen por dinero. Muchos desean formar un negocio o una organización. Otros lo hacen porque quieren cambiar al mundo. Esa fue la razón de Martin Luther King, Jr.

SEMILLAS DE GRANDEZA

La habilidad de liderazgo de King comenzó a surgir cuando estaba en la universidad. Siempre había sido un buen estudiante. En el bachillerato se saltó su noveno grado y cuando tomó el examen para entrar a la universidad, sus notas fueron tan altas que automáticamente pasó al último año, inscribiéndose en la universidad Morehouse de Atlanta. A los dieciocho años, recibió su certificado ministerial. A los diecinueve había sido ordenado y recibió su título en sociología.

King continuó su educación en el seminario Crozer de Pennsylvania. Mientras estaba allí, pasaron dos cosas significativas. Escuchó un mensaje acerca de la vida y de las enseñanzas de Mahatma Gandhi que marcó su vida para siempre e hizo que estudiara seriamente al líder hindú. Además surgió como líder entre sus compañeros y fue electo presidente de la clase. Después fue a la Universidad de Boston para sacar su doctorado. Fue durante esa época que se casó con Coretta Scott.

SEMILLAS DE SACRIFICIO

King aceptó su primer pastorado en Montgomery, Alabama, en la iglesia Bautista de la avenida Dexter en 1954 y tuvo su primer hijo en noviembre del año siguiente. Pero esa paz no duró mucho tiempo. Menos de un mes después, Rosa Parks rehusó ceder su asiento en autobús a un pasajero de tez blanca y por ello fue arrestada. Los líderes afroamericanos locales acordaron realizar un boicot de un día en el sistema de transporte para protestar por ese arresto y por la política de segregación de la ciudad. Como tuvo éxito, decidieron crear la asociación del progreso de Montgomery (MIA, por sus siglas en inglés) para continuar el boicot. Como ya era reconocido en la comunidad, King fue elegido unánimemente como presidente de esa organización.

Durante el siguiente año, King dirigió a la comunidad afroamericana con el objetivo de cambiar el sistema. MIA negoció con los líderes de la ciudad y demandó un trato cortés por parte de los chóferes de autobús hacia los afroamericanos, una política sin preferencias de raza con respecto a los asientos de autobús y empleo de afroamericanos como chóferes. Mientras se realizaba el boicot, los líderes de la comunidad organizaron transportes colectivos, recolectaron fondos para apoyar financieramente el boicot, reunieron y movilizaron a la comunidad con sermones y coordinaron defensas legales por medio de la NAACP. Finalmente en noviembre de 1956, la Suprema Corte de Justicia de Estados Unidos abrogó las leyes de segregación de los asientos en los autobuses.[1] King y los demás líderes triunfaron. Su mundo comenzaba a cambiar.

El boicot de los autobuses en Montgomery fue un paso brillante en el movimiento de los derechos civiles estadounidenses, y es fácil ver lo que se obtuvo con ello. Pero King comenzó a pagar un costo personal debido a ello. Poco después de que comenzara el boicot, King fue arrestado por una infracción menor de tráfico, le lanzaron una bomba a su pórtico y fue acusado de ser parte de una conspiración para obstaculizar y prevenir la operación de un negocio sin «causa legal o justa».[2] King estaba surgiendo como líder, pero estaba pagando el precio por ello.

EL PRECIO SIGUE AUMENTANDO

Cada vez que King escalaba más alto y avanzaba en su liderazgo por los derechos civiles, mayor era el costo que tenía que pagar. Coretta Scott King, comentó lo siguiente en *Mi vida con Martin Luther King:* «Nuestro teléfono sonaba de día y de noche, y a veces nos lanzaban una retahíla de epítetos obscenos... Con frecuencia las llamadas terminaban con una amenaza de matarnos si no nos íbamos de la ciudad. Sin embargo, a pesar del peligro y el caos de nuestra vida privada, yo me sentía inspirada, casi al grado de la euforia».

King hizo grandes cosas como líder. Se reunió con presidentes. Dio grandes discursos que son considerados como algunos de los mejores ejemplos en oratoria en la historia norteamericana. Él encabezó a 250.000 personas en una marcha pacífica en Washington, D.C. Recibió el premio Nobel de la Paz, creó cambios en este país. Pero la Ley del Sacrificio demanda que cuanto más grande el líder, mayor el sacrificio. Durante este mismo periodo King fue arrestado y encarcelado muchas veces. Fue apedreado, acuchillado, y atacado físicamente. Alguien puso una bomba en su casa y la estalló; pero su visión, y su influencia, siguieron en aumento. Finalmente sacrificó todo lo que tenía. En su último discurso, el cual dio la noche antes de su asesinato en Memphis, dijo:

No sé lo que ha de sucederme ahora. Nos esperan días difíciles, pero ya no me importa porque he estado en la cima de la montaña. No haré caso. Como todo el mundo, quisiera vivir una larga vida. La longevidad es buena, pero eso no me preocupa ahora. Sólo deseo hacer la voluntad de Dios, y Él me ha permitido subir la montaña. He mirado y he visto la Tierra Prometida. Tal vez no llegue allí con ustedes, pero quiero que esta noche sepan que nosotros, como un pueblo, llegaremos a la Tierra Prometida. De modo que estoy feliz esta noche… no temo a ningún hombre. «Mis ojos han visto la gloria de la venida del Señor».[3]

Al día siguiente pagó el máximo precio del sacrificio.

El impacto causado por King fue profundo. Influyó en millones de personas para que se mantuvieran firme y pacíficamente, contra un sistema y una sociedad que luchaba por excluirlas. Estados Unidos ha cambiado y mejorado gracias a su liderazgo.

EL SACRIFICIO ES EL CORAZÓN DEL LIDERAZGO

Hay una mala percepción muy común entre las personas que no son líderes de que el liderazgo tiene que ver con la posición, los beneficios y el poder que surgen al escalar en una organización. Muchas personas actualmente desean escalar la escalera corporativa porque creen que esa libertad, poder y riqueza son los premios que los están esperando en la cima. La vida de un líder puede parecer glamorosa para las personas externas. Pero la realidad es que el liderazgo requiere de sacrificio. Un líder debe ceder para subir. En años recientes hemos observado una gran

> *El corazón de un buen liderazgo es sacrificio.*

cantidad de líderes que utilizaron y abusaron de sus organizaciones para beneficio personal y lo que obtuvieron como consecuencia fueron escándalos corporativos debido a su ambición y egoísmo. El corazón de un buen liderazgo es sacrificio.

Si usted desea convertirse en el mejor líder que hay, necesita estar dispuesto a hacer sacrificios para poder dirigir bien. Si ese es su deseo, entonces las siguientes son algunas cosas que necesita saber acerca de la Ley del Sacrificio:

1. No existe el éxito sin el sacrificio

Toda persona que ha logrado el éxito en la vida ha tenido que sacrificarse para hacerlo. Muchas personas trabajadoras dedican cuatro o más años y pagan miles de dólares para asistir a la universidad y así obtener los instrumentos que necesitan para iniciarse en sus carreras. Los atletas sacrifican incontables horas en el gimnasio y el campo de práctica preparándose para desempeñarse a un alto nivel. Los padres ceden mucho de su tiempo libre y sacrifican sus recursos para poder criar bien a sus hijos. El poeta filósofo Ralph Waldo Emerson ofreció esta opción: «Por cada cosa que usted ha perdido, ha ganado algo más; y por cada cosa que gana, siempre se pierde algo». La vida es una serie de intercambios, se cambia una cosa por otra.

Los líderes ceden para subir. Esto se aplica a todo líder, independientemente de su profesión. Hable con cualquier líder, y descubrirá que este ha hecho sacrificios en varias ocasiones. Por lo general, cuanto más alto ha escalado el líder, tanto mayores han sido sus sacrificios. Los líderes eficaces sacrifican muchas cosas buenas para dedicarse a lo mejor. Así funciona la Ley del Sacrificio.

2. Por lo general los líderes tienen que dar más que los demás

El corazón del liderazgo es buscar el interés de los demás antes que el suyo propio. Es hacer lo mejor por el equipo. Por esa razón yo creo que los líderes tienen que ceder sus derechos. Como dice mi amigo Gerald

Brooks: «Cuando usted se convierte en un líder, pierde el derecho de pensar en sí mismo». Se puede ver en la siguiente ilustración:

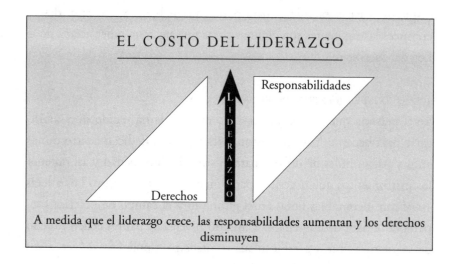

EL COSTO DEL LIDERAZGO

A medida que el liderazgo crece, las responsabilidades aumentan y los derechos disminuyen

Cuando usted no tiene responsabilidades, puede hacer casi todo lo que quiera. Una vez que tiene una responsabilidad, comienza a tener limitaciones en lo que puede hacer. Entre mayor responsabilidad acepte, menores opciones tiene.

Robert Palmer, presidente y ejecutivo principal de Digital dijo en una entrevista: «En mi modelo administrativo, hay muy poca oportunidad para la negociación. Si usted desea un trabajo administrativo, debe aceptar la responsabilidad correspondiente».[4] En realidad se está refiriendo al costo del liderazgo. Los líderes deben estar dispuestos a ceder más que las personas que ellos dirigen.

Para cada persona, la naturaleza del sacrificio puede ser diferente. Toda persona que dirige cede otras oportunidades. Algunas personas tienen que ceder sus entretenimientos favoritos. Muchos ceden aspectos de sus vidas personales. Algunos como King ceden sus propias vidas. Las circunstancias son diferentes de persona a persona pero el principio no cambia. El liderazgo significa sacrificio.

3. Usted debe ceder para permanecer arriba

La mayoría de las personas están dispuestas a reconocer que los sacrificios son necesarios al principio de una carrera de liderazgo para poder progresar. Aceptarán ir a un territorio indeseable para crear reputación. Se mudarán a una ciudad menos deseable para aceptar una mejor posición. Aceptarán un recorte temporal de salario para obtener mayores oportunidades. El problema de los líderes surge cuando ellos piensan que se han ganado el derecho de dejar de hacer sacrificios. En el liderazgo, el sacrificio es un proceso continuo, no temporal.

Si los líderes deben ceder para subir, tendrán que ceder aun más para permanecer arriba. ¿Se ha fijado con cuán poca frecuencia los equipos ganan temporadas de campeonato seguidas? La razón es sencilla: Si un

> *En el liderazgo, el sacrificio es un proceso continuo, no temporal.*

líder puede llevar un equipo a un juego por el campeonato y ganarlo, a menudo supone que puede obtener los mismos resultados el año siguiente sin hacer cambios. Se niega a hacer otros sacrificios fuera de la temporada. Pero lo que lleva a un equipo a la cumbre no es lo que lo mantiene allí. La única forma de permanecer arriba es cediendo aun más. El éxito en el liderazgo exige un cambio, exige mejoramiento, y un sacrificio continuo.

Cuando miro atrás y observo mi carrera, me doy cuenta que siempre el avance ha tenido algún costo. Esto se ha aplicado a mí en el aspecto de las finanzas con todos los cambios profesionales que he hecho, excepto uno. Cuando acepté mi primer trabajo, nuestro ingreso familiar disminuyó porque mi salario era bajo y mi esposa Margaret tuvo que renunciar a su empleo como maestra escolar para que yo pudiera aceptarlo.

Cuando acepté el trabajo de director en las oficinas centrales de la denominación en Marion, Indiana, otra vez acepté un salario inferior. Después de ser entrevistado para mi tercer puesto pastoral, acepté el trabajo sin que la junta directiva me dijera cuál sería mi salario. (Era inferior.) Cuando algunos miembros de la junta expresaron su sorpresa, les dije que si yo hacía mi trabajo bien, el salario se ocuparía de sí mismo. En 1995 cuando finalmente dejé la iglesia después de veintiséis años de desempeño ministerial para poder dedicarme a tiempo completo a enseñar acerca del liderazgo, renuncié a un salario. Cada vez que esté seguro de que está dando un buen paso, no titubee en hacer un sacrificio.

Si los líderes deben ceder para subir, tendrán que ceder aun más para permanecer arriba.

4. ENTRE MAYOR SEA EL NIVEL DE LIDERAZGO, MAYOR ES EL SACRIFICIO

¿Alguna vez ha sido parte de una subasta? Es una experiencia emocionante. Presentan un artículo y las personas en el salón se emocionan. Comienzan las ofertas, muchas personas participan, pero el precio aumenta cada vez más. ¿Qué sucede? Cada vez menos personas ofrecen dinero. Cuando el precio es bajo, todos hacen una oferta. Al final, sólo una persona está dispuesta a pagar el precio de ese costoso artículo. Lo mismo sucede en el liderazgo: entre más alto vaya, más va a costarle. Sin importar qué clase de liderazgo sea, usted tendrá que hacer sacrificios. Tendrá que ceder para subir.

¿Cuál es la posición más alta a la que una persona en liderazgo puede llegar? En Estados Unidos, es a la presidencia. Algunas personas dicen que el presidente es el líder más poderoso del mundo. Sus acciones y palabras, más que las de ninguna otra persona, causan impacto sobre la gente, no sólo en Estados Unidos, sino en todo el mundo.

Piense en lo que él debe ceder para alcanzar el puesto de presidente. Primero, debe aprender a dirigir. Luego, tiene que sacrificarse, por lo general años o hasta décadas en posiciones de liderazgo más bajas. Personas como Ulises S. Grant y Dwight D. Eisenhower, ocuparon mucho tiempo en el ejército antes de buscar el puesto de la presidencia, cada aspecto de su vida pasa por el microscopio. No hay privacidad.

Cuando ellos son elegidos presidentes su tiempo ya no les pertenece. Toda declaración que hacen es examinada constantemente y su familia está bajo una tremenda presión. Y como algo normal deben tomar decisiones que pueden costar la vida de miles de personas. Aun después de dejar su cargo, deberá pasar el resto de su vida en compañía de agentes del Servicio Secreto y bajo su protección. Ese es el precio que muchas personas no están dispuestas a pagar.

APÓYESE EN LOS HOMBROS DE OTROS

No puede haber éxito sin sacrificio. Cada vez que usted vea el éxito, puede estar seguro que alguien hizo un sacrificio para hacerlo posible. Y como líder, si se sacrifica, aunque piense que no ve ningún sacrificio puede estar seguro que alguien en el futuro se beneficiará de lo que usted ha cedido.

Ciertamente, así lo fue para Martín Luther King Jr. Él no vivió para ver la mayoría de los beneficios de su sacrificio, pero muchos más los han disfrutado. Una de esas personas era una niña afroamericana segregada de Birminghan, Alabama en 1974. Una niña precoz que seguía las noticias sobre las luchas de los derechos civiles. Un vecino de ella recuerda que ella «siempre estuvo interesada en la política porque desde niña solía hablarme y decirme cosas como: «¿Viste lo que Bill Connor (un comisionado racista de la ciudad) hizo hoy? Era sólo una pequeña niña y todo el tiempo se la pasaba hablando de ello. Tenía que ver el periódico con esmero porque no sabía de que me iba a hablar ese día».[5]

Aunque tenía un interés en los asuntos actuales, su pasión era la música. Quizá su atracción por la música fue inevitable. Su madre y su abuela tocaban el piano. Comenzó a tomar lecciones de piano de su abuela a los tres años y era considerada una niña prodigio. La música consumía sus años mozos. Hasta su nombre fue inspirado por la música. Sus padres la llamaron Condoleezza, por la pieza musical *con dolcessa*, que significa «con dulzura».

Condoleezza Rice es producto de varias generaciones de sacrificio. Su abuelo, John Wesley Rice Jr., hijo de esclavos, decidió tener una educación y según Condoleezza Rice, «pagó su matrícula con algodón» y asistió a la universidad Stillman en Tuscaloosa, Alabama. Después de graduarse, se convirtió en un ministro presbiteriano. Eso no fue un logro sencillo para un hombre negro en el sur de Estados Unidos en la década de los veinte. Él dispuso el curso de la familia, quienes determinaron ser lo mejor que podían en cualquier cosa que hicieran.

El abuelo Rice le heredó su amor por la educación a su hijo, que también se llamaba John, y por consiguiente a Condoleezza. El lado materno de la familia era igualmente ingenioso y enfocado en la educación. Coit Blacker, un profesor de Stanford y amigo de Rice comentó: «No conozco muchas familias estadounidenses que puedan decir que no sólo sus padres estudiaron en la universidad, sino también sus abuelos, sus primos, sus tíos y sus tías».[6]

SACRIFICARSE PARA SER LA MEJOR

Rice recibió una educación amplia en la escuela y en su hogar. Ella leía extensamente. Estudió francés. Tomó clases de ballet. Aprendió lo intricado del fútbol y el básquetbol que su padre le enseñó, quien a su vez era pastor, consejero en el bachillerato y entrenador de medio tiempo. Durante los veranos cuando la familia iba a Denver para que sus padres tomaran cursos educativos, ella practicaba el patinaje artístico. Pero su corazón se encontraba en la música. Mientras los otros niños estaban jugando, ella estudiaba y practicaba el piano.

Su horario era extenuante. Después que su familia se mudara a Denver cuando tenía trece años, ella se esforzó y se sacrificó más, era muy disciplinada. Para poder competir en el patinaje artístico y en las competencias de piano, se levantaba a las 4:30 de la mañana cada día. Uno de sus maestros comentó: «Había algo en ella que revelaba lo que quería y lo que estaba dispuesta a hacer. Pienso que ella no pensaba que eran sacrificios, sino cosas que tenía que hacer para obtener sus metas».[7] Y sus padres la apoyaban totalmente sacrificándose también para que ella triunfara. Para ayudarle con su meta de ser pianista, dieron un prestamo de $13.000 (en 1969) para comprarle un piano usado Steinway.

Rice se graduó del bachillerato y fue a la universidad de Denver con la intención de obtener un título en música y convertirse en una pianista profesional. Era algo por lo que ella se había sacrificado toda su vida. Pero después de su primer año, asistió al festival de música de Aspen y se dio cuenta de algo. Con todo su esfuerzo ella no lograría estar entre los mejores. Ella dijo: «Conocí niños de once años que podían tocar música de memoria que a mí me había tomado todo el año aprender y pensé que tal vez terminaría tocando el piano en un restaurante o en una tienda de departamentos, pero difícilmente tocaría en el Carniege Hall».[8]

CEDER PARA SUBIR

Rice sabía que si quería lograr su potencial, no sería en la música. Así que realizó un sacrificio que pocas personas en su posición estarían dispuestas a hacer. Dejó su carrera de música. Su identidad había sido envuelta completamente en la música, pero ella estaba dispuesta a seguir una nueva dirección. Comenzó a buscar un nuevo campo de estudio.

Lo encontró en la política internacional. Fue atraída como un imán a la cultura rusa y el gobierno soviético. Durante las siguientes dos décadas, se sumergió en sus estudios, leyó extensamente y aprendió el lenguaje ruso. Había encontrado su lugar. Estaba dispuesta a pagar el precio para subir a un nivel más alto. Después de graduarse, fue a la universidad de Notre Dame para obtener su maestría. Luego regresó a la Universidad de Denver para obtener el doctorado a la edad de 26 años. Cuando recibió una oferta de parte de la Universidad de Stanford, la tomó rápidamente. Unos meses después, fue reclutada como miembro de la facultad de la universidad. Había llegado a su destino.

La mayoría de las personas estarían felices si el resto de la historia fuera de la siguiente manera: Publicó unos artículos, luego un par de libros, obtuvo la titularidad y eventualmente vivió una vida cómoda dentro de la comunidad académica. Pero no Rice. Es cierto que logró obtener un lugar en Stanford, a ella le encantaba ese ambiente. Disfrutó del estímulo intelectual. Era fanática de los equipos deportivos universitarios. Recibía premio tras premio. Trabajó un año en el Pentágono en una posición de consejería con la jefatura del personal. Ella le llamaba a eso una prueba de realidad, experiencia práctica que le informaba sobre su enseñanza y escritura. Rápidamente se convirtió en una profesora asociada. Escribe la biógrafa de Rice, Antonia Felix:

> Condi encontró sus pasiones en los estudios sobre la Unión Soviética y en la enseñanza, y su vida en Stanford fue próspera en muchos niveles. Ella hacía malabarismos con las clases, la consejería, la investigación, la escritura, tocar el piano, levantar pesas, ejercicio, citas y pegarse a la televisión por doce horas para ver partidos de fútbol.[9]

Rice estaba viviendo una vida ideal. Estaba disfrutando al máximo su talento, tenía una gran influencia y estaba ayudando a formar la próxima generación de líderes y pensadores. Pero en 1989, la Casa Blanca la llamó. Ella fue invitada a aceptar una posición del Consejo de Seguridad Nacional como directora de relaciones soviéticas y de la Europa

Oriental. Pidió un permiso en Stanford, que resultó ser una maravillosa decisión. Ella se convirtió en la consejera principal del presidente George H. W. Bush para la Unión Soviética cuando ese gobierno se desintegraba. Y ella ayudó a crear una política para la unificación de Alemania. Esto hizo que se convirtiera en una de las expertas en el tema.

Regresó a Stanford después de dos años en Washington. «No fue una decisión fácil», dijo Rice, «sentí que era difícil mantener intacta una carrera académica si uno no regresaba en dos años... pero me consideraba primeramente una persona académica. O sea que uno quiere mantener algo de coherencia e integridad en la carrera».[10]

De regreso a Stanford, ahora poseía una influencia aun mayor. En dos años llegó a convertirse en profesora a la edad de 38 años. Un mes después, se le pidió que fuera rectora, una posición que ningún afroamericano, ninguna mujer, y ninguna persona tan joven había tenido antes. Todos sus predecesores habían sido al menos veinticinco años mayores que ella cuando aceptaron esa posición y con buenas razones. La rectoría no es sólo la posición principal académica de la universidad, sino también la posición responsable por su presupuesto de 1,5 millones de dólares.

Y a Rice le pidieron que manejara un presupuesto que tenía un déficit de 20 millones de dólares. Aunque eso significaba mantener un horario extenuante y ceder más de su vida personal, aceptó el desafío. Ella tuvo éxito, logrando al final una reserva de 14,5 millones de dólares mientras seguía enseñando como profesora de ciencias políticas.

EN LA CIMA

Como la segunda al mando de una de las universidades más importantes del mundo, Rice lo había logrado. Había probado ser una ejecutiva. Se encontraba ya en muchas juntas corporativas. Y estaba en posición de convertirse en presidente de cualquier universidad de la nación. Es por eso que algunas personas pudieron haberse sorprendido cuando ella renunció a la rectoría y comenzó a asesorar a George W. Bush, quien era entonces gobernador de Texas, sobre la política extranjera. Pero ese era un sacrificio que ella estaba dispuesta a hacer, uno que la llevó a convertirse en consejera de seguridad nacional y luego en secretaria de estado de Estados Unidos.

Al momento de escribir estas palabras, Rice continúa sirviendo en esa función. Lo que una vez parecía un sacrificio la ha hecho más influyente que nunca. Cuando complete su término, ella puede regresar a la enseñanza con gran prestigio. No existe ninguna universidad en el mundo que no quisiera tenerla como parte de su facultad de ciencias políticas. Ella podría convertirse en presidente de alguna de las universidades más importantes. Podría presentar su candidatura para el senado. Podría presentar su candidatura para la presidencia de Estados Unidos. Ella ha sido consecuente en ceder para subir y no hay duda de que hará cualquier sacrificio necesario para subir al siguiente nivel. Eso es lo que sucede cuando un líder comprende y vive la Ley del Sacrificio.

Aplique
LA LEY DEL SACRIFICIO
a su vida

1. Para convertirse en un líder más influyente ¿está dispuesto a hacer un sacrificio? ¿Está dispuesto a ceder sus derechos por amor a las personas que dirige? Piénselo. Y luego haga dos listas: (1) Las cosas que usted está dispuesto a ceder para poder subir y (2) las cosas que *no* está dispuesto a sacrificar para avanzar. Asegúrese de considerar cual lista contendrá cosas como su salud, matrimonio, relación con sus hijos, finanzas etc.

2. Vivir la Ley del Sacrificio por lo general significa estar dispuesto a intercambiar algo de valor que usted posee para ganar algo de más valor que no tiene. King cedió muchas de sus libertades personales para obtener la libertad de los demás. Rice cedió el prestigio y la influencia de Stanford para obtener mayor influencia e impacto alrededor del mundo. Para poder lograr tales intercambios de sacrificio, un individuo debe tener algo de valor que intercambiar. ¿Qué tiene que ofrecer? ¿Y qué está usted dispuesto a intercambiar? ¿Tiempo, energía, recursos que le puedan dar un mayor valor personal?

3. Una de las mentalidades más dañinas de los líderes es lo que yo llamo *la enfermedad del destino*, la idea de que puede sacrificarse por un tiempo y luego «llegar a la cima». Los líderes que piensan de esta forma dejan de sacrificarse y dejan de obtener un mayor nivel en su liderazgo.

¿En cuáles áreas usted peligra de sufrir la enfermedad del destino? Escríbalas. Ahora, desarrolle una declaración de un crecimiento continuo que se convierta en el antídoto de tal concepto. Por ejemplo, si se tiene la mentalidad de que terminará de aprender tan pronto se gradúe de la universidad, quizás necesite escribir: «Mi prioridad será aprender y desarrollarme en un área significativa cada año de manera permanente».

19

LA LEY DEL MOMENTO OPORTUNO

*Cuando ser un líder es tan importante como qué
hacer y dónde ir*

S i alguna vez hubo un ejemplo de la importancia del momento oportuno con relación al liderazgo, se dio en Nueva Orleans a finales de agosto y a principios de septiembre del año 2005.

Nueva Orleans es una ciudad poco común. Al igual que Venecia, Italia, está rodeada de agua. Al norte se encuentra el lago Pontchartrain. Al sur fluye el río Mississippi. Al este y al oeste se encuentran tierras pantanosas. Muchos canales cruzan la ciudad. No se puede pasar por Nueva Orleans sin cruzar puentes. Esto no parecería gran cosa a menos que considerara que la mayoría de la ciudad se encuentra bajo el nivel del mar. Nueva Orleans tiene la forma de un tazón. En promedio, la ciudad se encuentra a seis pies (1.82 metros) bajo el nivel del mar. En los lugares más bajos, a nueve pies (2.75 metros). Y la tierra de Nueva Orleans se hunde más cada año. Por varias décadas los ciudadanos se han preocupado acerca del daño potencial que un huracán poderoso podría causarle a la ciudad.

DESASTRE EN EL HORIZONTE

El miércoles 24 de agosto del 2005, ninguna persona en Nueva Orleans imaginaría que la recién formada tormenta tropical, llamada Katrina se convertiría en ese huracán que la ciudad había temido tanto. No fue hasta el viernes que el centro nacional de huracanes predijo que la tormenta tocaría tierra el lunes cerca de Buras, Louisiana, aproximadamente sesenta millas al sureste de Nueva Orleans. El sábado 27 de agosto, los líderes de varios distritos de Louisiana alrededor de Nueva Orleans ordenaron la evacuación obligatoria: St. Charles, Plaquemines, partes de Jefferson y hasta St. Tammany, la ciudad en la zona más alta del norte de Nueva Orleans.

¿Pero y Nueva Orleans? ¿Por qué el alcalde Ray Nagin, líder de la ciudad, no ordenó una evacuación obligatoria al mismo tiempo? Muchas personas dicen que las personas que viven en Nueva Orleans son pesimistas y no se puede hacer mucho para motivarlas. Otros dicen que Nagin, un hombre de negocios antes de ser elegido, estaba preocupado por las implicaciones legales y financieras de una evacuación. Mi punto de vista es que él y otros en el gobierno no comprendieron la Ley del Momento Oportuno: Cuando ser un líder es tan importante como qué hacer y dónde ir.

El momento de sacar a las personas fuera de Nueva Orleans era cuando los otros líderes de los distritos anunciaron sus evacuaciones obligatorias. Nagin se esperó. El sábado por la tarde, finalmente anunció una evacuación *voluntaria* de la ciudad—solamente cuando Max Mayfield, director del centro nacional de huracanes, llamó a Nagin el sábado por la noche es que el alcalde se preocupó y comenzó a actuar. «Max me asustó», se dice que fue lo que Nagin dijo después de recibir la llamada.[1]

DEMASIADO POCO Y DEMASIADO TARDE

A la mañana siguiente a las nueve de la mañana, Nagin finalmente ordenó la evacuación *obligatoria*, menos de veinticuatro horas antes de que el huracán tocara tierra. Fue demasiado tarde para muchos ciudadanos de Nueva Orleans. Y ¿cómo planeaba ayudar a esas personas que no podían salir de la ciudad al escuchar tal noticia sin anticipación? Les aconsejó que se fueran al Superdome, el albergue de la ciudad que se iba a utilizar como último recurso; pero Nagin no previno verdaderas provisiones para ellos. En una conferencia de prensa Nagin dijo:

> Si usted no puede salir de la ciudad y tiene que venir al Superdome, traiga suficiente comida, artículos no perecederos que le duren entre tres y cinco días. Venga con cobijas y almohadas. No traiga armas, alcohol ni drogas. Tal como el gobernador lo dijo, es como ir de campamento. Si nunca ha acampado antes, sólo traiga suficientes cosas para que pueda dormir y estar cómodo. No va a ser nada fácil, pero al menos estarán a salvo.[2]

Los resultados del liderazgo de Nagin se vieron claramente con la cobertura nacional de Katrina y sus repercusiones. El agua había entrado a la ciudad el lunes por la mañana. Las condiciones para las personas en el Superdome eran muy preocupantes. Otras personas que no pudieron salir de la ciudad se reunieron en el centro de convenciones. Muchos ciudadanos quedaron abandonados en los techos de las casas. ¿Cómo reaccionó Nagin? Se quejó de los medios de comunicación en las conferencias de prensa.

OTRA OPORTUNIDAD

Si alguien se iba a encargar de dirigir la situación, tendría que ser desde otro lugar. La mayoría de las personas comenzaron a buscar en el gobierno federal ese liderazgo, pero ellos también desperdiciaron la Ley del Momento Oportuno. No fue hasta el miércoles 31 de agosto, que el director de seguridad nacional, Michael Chertoff, envió un memorando declarando a Katrina como «incidente de impacto nacional», un título que impulsaría la coordinación federal rápidamente.[3] El presidente Bush no se reunió con su gabinete sino hasta el día siguiente para determinar cómo iniciar una fuerza de apoyo de la Casa Blanca como respuesta al huracán Katrina. Mientras tanto, las personas que se mantenían en Nueva Orleans esperaban ayuda. El jueves 1 de septiembre, la Cruz Roja solicitó permiso para llevar agua, alimentos y suministros a las personas que habían quedado abandonadas en la ciudad, pero esa petición fue denegada por la oficina de seguridad nacional de Louisiana. Se les pidió que esperaran otro día más.[4] Finalmente, el domingo 4 de septiembre, seis días después de que se inundara Nueva Orleans, la evacuación del Superdome se completó.

La forma en que se manejaron las cosas con Katrina muestra el liderazgo del momento oportuno en su peor etapa. Cada nivel era desastroso. Hasta los refugios para animales hicieron un mejor trabajo que el alcalde. Dos días antes de la llegada de Katrina, habían evacuado cientos de animales a Houston, Texas.[5] Al final, más de 1.836 personas murieron como resultado del huracán. 1.577 de esas personas eran de Louisiana.[6] Ochenta por ciento de las muertes en Louisiana ocurrieron en los distritos de Orleans y St. Bernard, con una mayoría abrumadora en Nueva Orleans.[7] Si los líderes hubieran puesto más atención no sólo a *lo que* hicieron sino *cuándo* lo hicieron, se hubieran salvado muchas vidas más.

EL MOMENTO OPORTUNO LO ES TODO

Los buenos líderes reconocen que saber *cuándo* dirigir es tan importante como saber qué hacer y hacia dónde ir. El momento oportuno con frecuencia es la diferencia entre el éxito y el fracaso de una tarea. Cada vez que un líder hace un movimiento, se dan cuatro resultados únicamente:

1. LA ACCIÓN EQUIVOCADA EN EL MOMENTO EQUIVOCADO LLEVA AL DESASTRE

Un líder que realiza la acción equivocada en el momento equivocado con seguridad sufre repercusiones negativas. Así fue en el caso de Nueva Orleans cuando Katrina llegó. El mal liderazgo de Nagin puso en movimiento una serie de acciones equivocadas en el momento equivocado. Esperó hasta que fue demasiado tarde para pedir una evacuación obligatoria. Envió faxes a las iglesias locales, esperando que estas le ayudaran a evacuar a las personas, pero para cuando lo hizo, las personas que habrían recibido los faxes ya se habían ido. Escogió el lugar incorrecto como último recurso de refugio, no los suplió correctamente y no les proveyó una transportación adecuada a las personas para que llegaran allá. Una mala acción tras otra los llevó al desastre.

Obviamente, lo que está en juego en cada decisión de liderazgo no es tan grande como en el caso del alcalde Nagin, pero cada situación de liderazgo requiere que los líderes pongan atención a la Ley del Momento Oportuno. Si usted dirige un departamento o un equipo pequeño y toma la decisión equivocada en el momento equivocado, solamente sufrirán, al igual que su liderazgo.

2. La acción correcta en el momento incorrecto resulta en resistencia

En lo que respecta al buen liderazgo, tener la visión de la dirección de la organización o del equipo y saber cómo llegar allá no es suficiente. Si toma la acción correcta pero la realiza en el momento incorrecto, quizás no pueda tener éxito porque la gente que usted dirige se vuelve resistente.

El buen liderazgo del momento oportuno requiere muchas cosas:

Comprensión: Los líderes deben tener una base firme sobre la situación.

Madurez: Si los motivos de los líderes no son correctos, su tiempo no será el correcto.

Confianza: Las personas siguen a los líderes que *saben* lo que debe hacerse.

Decisión: Líderes inconstantes crean seguidores inconstantes.

Experiencia: Si los líderes no poseen la experiencia, necesitan entonces obtener sabiduría de otros que la posean.

Intuición: El momento oportuno por lo general depende de aspectos intangibles, tales como el impulso y la moral.

Preparación: Si las condiciones no son las correctas, los líderes deben encargarse de crearlas.

He tenido mis errores en el área del momento oportuno. Uno en particular fue mi intento de introducir un programa de grupos pequeños a Skyline, mi iglesia en San Diego. Era lo correcto a hacerse pero falló miserablemente. ¿Por qué? El momento no era el correcto. Estábamos tratando de implementar esto al comienzo de los ochenta y no había muchos líderes con experiencia en esta área, por lo que estábamos intentándolo a ciegas. Pero lo más importante es que la iglesia no estaba preparada para eso. No entendimos que el éxito o el fracaso del lanzamiento de grupos pequeños dependía de cuántos líderes habían sido desarrollados para apoyarlo.

Por algunos años tratamos de hacerlo funcionar con el sistema que habíamos introducido, pero finalmente, fracasó. No fue hasta seis años después que logramos que funcionara, luego de descontinuar el sistema original, entrenar a los líderes y comenzar todo nuevamente. El segundo intento fue muy exitoso.

> *Si un líder demuestra mal juicio repetidamente aun en las cosas pequeñas, la gente comenzará a pensar que tenerlo por líder es el error.*

3. La acción equivocada en el momento adecuado es un error

Las personas que son por naturaleza emprendedoras con frecuencia poseen un fuerte sentido de cuándo es el momento adecuado. Saben intuitivamente cuando deben moverse, cuando tomar la oportunidad. A veces cometen errores con sus acciones en esos momentos claves. Mi hermano Larry, un excelente hombre de negocios, me ha guiado en esa área. Larry dice que el error más grande de los empresarios y de otras personas en los negocios es saber cuando retirarse o cuando aumentar su inversión para obtener el máximo de sus ganancias. Sus errores suceden por actuar mal en el momento correcto.

Otra vez, mi experiencia habla. Ya que soy conocido primordialmente como un comunicador por varias décadas, varios de mis colegas trataron de convencerme de que hiciera un programa de radio. Por mucho tiempo me resistí a la idea, pero hace un par de años reconocí que era el momento adecuado. Entonces creamos un programa llamado *Growing Today* [Creciendo hoy]. Sin embargo, había un problema: el formato. Deseaba poner materiales en las manos de la gente para ayudarla, pero me negaba rotundamente a aceptar donaciones del público. Pensé que la solución era transmitir un programa sobre crecimiento y depender de la venta de productos para cubrir los costos. Nos dimos cuenta de que era un error. Ese tipo de programa ni siquiera podía cubrir los costos. Era el tiempo correcto pero la idea equivocada. La Ley del Momento Oportuno había hablado otra vez.

4. La acción acertada en el momento adecuado da como resultado el éxito

Cuando los líderes hacen las cosas adecuadas en el momento apropiado, el éxito es casi inevitable. Si usted observa el historial de casi todas las organizaciones, se dará cuenta de un momento crucial donde el líder adecuado realizó la acción adecuada y eso transformó la organización. Winston Churchill, cuya grandeza en el liderazgo dependía de la Ley del Momento Oportuno, describió el impacto que los líderes pueden causar y la satisfacción que ellos experimentan cuando actúan correctamente en el momento adecuado. Él dijo: «Llega un momento especial en la vida de todo el mundo, el momento para el cual la persona nació. Cuando ve esa oportunidad especial, cumplirá su misión, misión para la que está singularmente calificado. En ese momento encuentra la grandeza. Es su mejor hora». Todo líder desea experimentar ese momento.

> *Cuando el líder adecuado y el momento oportuno se unen, suceden cosas increíbles.*

EL CRISOL DE LA GUERRA MUESTRA LA LEY DEL MOMENTO OPORTUNO

Cuando lo que está en juego es muy importante los resultados de la Ley del Momento Oportuno son muy dramáticos e inmediatos. Eso es especialmente obvio en tiempo de guerra. Piense en cualquier batalla grande en la historia, y notará la importancia vital del momento oportuno.

La Batalla de Gettysburg durante la Guerra Civil de Estados Unidos es un buen ejemplo.

Cuando el general confederado Robert E. Lee llevó el ejército de Virginia del Norte a Pennsylvania a fines de junio de 1863 tenía tres objetivos: (1) expulsar de Virginia al ejército de la Unión, (2) reabastecer sus tropas con recursos de Pennsylvania, y (3) llevar la lucha al corazón del territorio del enemigo en un intento por obligar al ejército de la Unión a tomar una acción precipitada e involuntaria. La guerra se encontraba en su tercer año, y ambas partes estaban exhaustas. Lee esperaba con sus acciones precipitar el final del conflicto.

Varios días antes de la batalla Lee le dijo al general Trimble:

Nuestro ejército está animado, no muy fatigado, y puede concentrarse en cualquier lugar en menos de veinticuatro horas. No he escuchado aún que el enemigo haya cruzado el Potomac, y estoy esperando noticias del general Stuart. Cuando sepan dónde estamos, harán marchas forzadas... Saldrán... abatidos por el hambre y el cansancio, en una larga caravana y muy desmoralizados. Los aplastaremos en su avanzada, marcharemos con paso de vencedores, enviaremos un batallón tras otro, y mediante resistencias y sorpresas sucesivas, crearemos pánico con lo que prácticamente destruiremos el ejército».[8]

Lee estaba tratando de encontrar la oportunidad de una victoria abrumadora. No fue sino hasta la mañana del 1 de junio que supo que el ejército de la Unión ya había avanzado hacia el norte. Para ese momento, algunas de las fuerzas ya estaban atacando a tropas confederadas en Chambersburg Road al oeste de Gettysburg. Ese hecho acabó con la estrategia de Lee y le arrebató la oportunidad. El primer instinto de Lee fue detenerse y esperar que se replegara todo el poder de su ejército antes de forzar un ataque de mayor dimensión. Pero siempre consciente de la Ley del Momento Oportuno, sabía cuándo sus tropas tenían una ventaja. Lee observaba desde una sierra cercana, y vio que las tropas federales estaban siendo derrotadas e iban en retirada. Todavía había una oportunidad de actuar que tal vez podría llevarles a la victoria.

Las fuerzas confederadas tenían una oportunidad de apoderarse de la cima de Cemetery, montaña defendida únicamente por unas cuantas reservas de infantería y artillería de la Unión. Si capturaban y controlaban esa posición, pensaba Lee, dominarían toda el área. Sería la clave de una victoria confederada y posiblemente pondría fin a la guerra.

Aunque todavía era temprano en el día y tenía la oportunidad de ejecutar un ataque eficaz, el general confederado R. S. Ewell, que estaba en posición de tomar la montaña, se limitó a observar y no atacó al enemigo. Perdió la oportunidad, y el sur no se apoderó de aquella montaña. A la mañana siguiente, las tropas de la Unión habían reforzado sus posiciones anteriores, y ya no había oportunidad para el sur. Los ejércitos del norte y del sur combatieron dos días más, pero al final, las fuerzas de Lee fueron derrotadas, y treinta y tres mil de sus hombres (de un total de setenta y seis mil trescientos) resultaron muertos o heridos.[9] Su única opción fue retirarse y volver a Virginia.

OTRA OPORTUNIDAD DESAPROVECHADA

Después de la derrota del sur, Lee esperó a las fuerzas de la Unión que estaban bajo el liderazgo del general Meade para contraatacar inmediatamente y destruir del todo a su ejército que estaba en retirada. Eso también era lo que Lincoln esperaba después de haber recibido las noticias de la victoria de la Unión. Ansioso de aprovechar al máximo la Ley del Momento Oportuno, desde Washington, D.C., el 7 de julio de 1863 Lincoln envió un comunicado a Meade por medio del general Halleck. En este comunicado, Halleck decía:

He recibido del presidente la siguiente nota, la cual comunico respetuosamente.

«Tenemos cierta información de que Vicksburg se rindió al general Grant el 4 de julio. Ahora, si el general Meade puede terminar el trabajo que tan gloriosamente ha hecho hasta ahora por la destrucción literal o substancial del ejército de Lee, se terminará la rebelión».[10]

Lincoln se dio cuenta de que era el momento oportuno para una acción que podía terminar la guerra. Pero así como las fuerzas del sur no aprovecharon el momento cuando tenían la victoria en sus manos, sus contrapartes del norte tampoco lo hicieron. Meade demoró en aprovecharse de su victoria en Gettysburg, y no persiguió a Lee con suficiente agresividad. Cuando anunció su meta, diciendo: «sacaremos de nuestra tierra todo rastro de la presencia del invasor», la respuesta de Lincoln fue: «Dios mío, ¿es eso todo?» Lincoln sabía que estaba viendo cómo se escapaba la oportunidad de la Unión. Y tenía razón. lo que quedaba del ejército de Virginia del Norte cruzó el Potomac para escapar de la destrucción y la guerra continuó por casi dos años. Cientos de miles de soldados murieron. Lincoln posteriormente dijo que los esfuerzos de Meade le habían recordado «una anciana tratando de ahuyentar su ganso hacia un arroyo».[11] Los líderes de ambos bandos habían tenido la oportunidad de alcanzar la victoria, pero no lo hicieron en el momento exacto.

Leer acerca de una situación y saber qué hacer no son suficientes para hacerlo triunfar en el liderazgo. Si usted desea que su organización, departamento o equipo avance, debe ponerle atención a la Ley del Momento Oportuno. Sólo la acción correcta *en el momento adecuado* tendrá éxito. Cualquier otra cosa exige un alto precio. Ningún líder puede escapar del la Ley del Momento Oportuno.

Aplique
LA LEY DEL MOMENTO OPORTUNO
a su vida

1. Se dice que los administradores hacen las cosas bien mientras que los líderes hacen lo correcto. La Ley del Momento Oportuno dice que los líderes hacen más que eso: ellos hacen las cosas bien en el momento correcto. En su enfoque del liderazgo ¿el momento oportuno es una parte importante de su estrategia? ¿Piensa usted en lo apropiado del momento oportuno tanto como en la certeza de la acción? Analice las actuaciones principales que ha iniciado en el pasado reciente y piense cuánta atención le ha dado al momento oportuno.

2. Dedique un tiempo a analizar varias iniciativas fallidas en su organización, departamento o equipo para determinar si fueron causadas por una mala acción o porque el momento no fue el correcto (esas iniciativas pueden ser suyas o de otros). Para ayudarle, responda a las siguientes preguntas:

- ¿Cuál fue el objetivo de la iniciativa?
- ¿Quién fue el individuo responsable de dirigirla?
- ¿Qué factores se tomaron en cuenta mientras que se planeaba la estrategia?
- ¿En quién se basó la experiencia de donde se trazó la estrategia?
- ¿Cuál fue la condición o el ambiente de la organización al momento del lanzamiento de esa iniciativa?
- ¿Cuáles eran las condiciones del mercado o de la industria?
- ¿Cuál «apoyo» estaba disponible y fue utilizado para ayudar a la iniciativa?

- ¿Qué factores claramente actuaron en contra de ella?
- ¿Habría sido más exitosa la iniciativa si hubiera sido iniciada antes o después?
- ¿Por qué fracasó finalmente la iniciativa?

3. Al irse preparando para participar en planes futuros, utilice la lista de los factores del capítulo para preparar el momento oportuno de sus acciones:

- **Comprensión**: ¿Entiende bien la situación?
- **Madurez**: ¿Son correctos sus motivos?
- **Confianza**: ¿Cree en lo que está haciendo?
- **Decisión**: ¿Puede iniciar una acción con seguridad y ganarse la confianza de las personas?
- **Experiencia**: ¿Llena su estrategia de la sabiduría de otras personas?
- **Intuición**: ¿Ha tomado en cuenta los factores intangibles como el impulso y la moral?
- **Preparación**: ¿Ha hecho todo lo posible para preparar a su equipo para el éxito?

Recuerde, sólo la acción adecuada en el momento adecuado le dará éxito a su equipo, departamento u organización.

20

LA LEY DEL CRECIMIENTO EXPLOSIVO

Para añadir crecimiento, dirija seguidores;
para multiplicarse, dirija líderes

No siempre me he sentido de la misma manera acerca del liderazgo. Mi convicción en el poder del liderazgo y mi pasión de capacitar líderes se han desarrollado en el curso de mi vida profesional. Cuando comencé mi carrera, pensaba que el crecimiento personal era la clave de poder causar un impacto. Mi padre había usado una buena estrategia en mi desarrollo. Me pagaba para que leyera libros que sabía que me ayudarían y me enviaba a conferencias cuando era un adolescente. Esas experiencias fueron un gran fundamento para mí. Y después de que comencé a trabajar, descubrí la Ley del Proceso. Esta hizo que tomara un enfoque pro activo en mi crecimiento personal.

Como resultado, cuando las personas me pedían que les ayudara a tener más éxito, me enfocaba en enseñarles el crecimiento personal. No fue hasta que cumplí cuarenta años que comprendí la Ley del Círculo Íntimo y la importancia de desarrollar un equipo. Fue allí cuando mi capacidad de desarrollar una organización y lograr objetivos mayores comenzó a aumentar. Pero no fue hasta que comencé a enfocarme en desarrollar líderes que mi liderazgo *realmente* despegó. Había descubierto la Ley del Crecimiento Explosivo: Para añadir crecimiento, dirija seguidores; para multiplicarse, dirija líderes.

AYUDE A LOS DEMÁS A DIRIGIR

En 1990, viajé con mi esposa Margaret a un país de Sudamérica, para enseñar acerca del liderazgo en una conferencia nacional. Uno de mis gustos más grandes es enseñar acerca del liderazgo a personas influyentes que desean realmente marcar una diferencia. Deseaba hacer esta conferencia porque era una gran oportunidad de añadirles valor a personas externas a mi círculo normal de influencia. Pero no salió de la forma que esperaba.

Todo comenzó bien. Las personas era muy amables y yo estaba dispuesto a comunicarme con ellas a pesar de las barreras culturales y del idioma. Pero no pasó mucho tiempo para darme cuenta que los asistentes y yo no nos encontrábamos en el mismo ritmo. Cuando comencé a enseñar acerca del liderazgo, pude notar que mis comentarios no estaban creando ninguna conexión con ellos. Los asistentes no eran participativos y lo que estaba tratando de comunicar parecía no causar ningún impacto.

El análisis de la situación fue confirmado después de mi primera sesión con ellos. Cuando hablé con varios individuos, ellos no querían hablar acerca del liderazgo. No me hicieron preguntas acerca de cómo desarrollar sus organizaciones o cumplir una visión. En lugar de eso, buscaron mi consejo sobre sus asuntos personales, problemas y conflictos con otras personas. Sentí como si estuviera dando consejería personal tal como lo hacía al principio de mi carrera. Durante los siguientes tres días, me frustré bastante. Las personas con las que hablaba no comprendían el liderazgo y no tenían deseo de aprender nada de ello. Para alguien como yo que cree que todo surge o se desploma por el liderazgo, eso me volvía loco.

No era la primera vez que había experimentado tal frustración. Noté que cada vez que viajaba a países en desarrollo, la situación era similar. Sospecho que en las naciones donde no hay una infraestructura sólida en los negocios y donde los gobiernos no les permiten a los ciudadanos mucha libertad, es difícil que los líderes se desarrollen.

De regreso a casa en el avión, le conté a Margaret mis frustraciones. Se las resumí diciendo: «No quiero hacer esto más. Viajé miles de millas sólo para aconsejar personas sobre conflictos insignificantes. Si ellos dedicaran su atención para convertirse en líderes, sus vidas cambiarían».

Después de escuchar pacientemente, Margaret me dijo: «Quizás eres la persona que se supone debe hacer algo al respecto».

EL SIGUIENTE PASO

La exhortación de Margaret sobre lo que había visto en el extranjero movió algo dentro de mí. Durante los siguientes años, reflexioné en el asunto y pensé en las posibles soluciones. Finalmente en 1996, decidí hacer algo al respecto. Reuní a un grupo de líderes para que me ayudaran a crear una organización sin fines de lucro que desarrollara líderes en el gobierno, la educación y la comunidad religiosa. La llamé EQUIP, una organización que estimulaba cualidades no desarrolladas en las personas.

Durante los siguientes cinco años, EQUIP logró un progreso modesto en sus objetivos. Pero después de los ataques terroristas del 11 de septiembre de 2001, tuvimos un periodo difícil en el cual tuvimos que despedir a la mitad del personal. Eso hizo que volviéramos a examinar nuestras prioridades. Afinamos nuestro enfoque y desarrollamos un nuevo objetivo, uno tan grande que parecía casi imposible. Intentaríamos desarrollar *un millón de líderes* alrededor del planeta para el año 2008. ¿De qué manera una organización pequeña sin fines de lucro lograría tal hazaña? Utilizando la Ley del Crecimiento Explosivo.

LA ESTRATEGIA

La estrategia de EQUIP que llegó a ser denominada el Mandato del Millón de Líderes, (y en Latinoamérica "Un Millón de Líderes"), era desarrollar a 40.000 líderes en países alrededor del mundo. Esos líderes asistirían a una sesión de entrenamiento cada seis meses en una ciudad local por tres años. Lo único que les pedíamos era que ellos se comprometieran a desarrollar personalmente a veinticinco líderes en su propia ciudad, pueblo o villa. EQUIP proveería el material de capacitación a esos 40.000 líderes y también los materiales para los veinticinco líderes que cada uno de ellos iba a desarrollar.

EQUIP tenía excelentes líderes, incluyendo a John Hull, presidente ejecutivo; Doug Carter, vicepresidente ejecutivo y Tim Elmore, vicepresidente de desarrollo del liderazgo. Ellos formaron un equipo espectacular y comenzaron a crear materiales de capacitación. Luego formaron alianzas estratégicas con organizaciones en el extranjero. Esas organizaciones ayudarían a EQUIP a escoger las ciudades donde harían la capacitación, identificarían a los coordinadores de las ciudades y países que dirigieran las sesiones de entrenamiento, e identificarían y reclutarían a 40.000 líderes.

El paso final era reclutar excelentes líderes que estuvieran dispuestos a dar su tiempo para realizar la capacitación en esas ciudades alrededor del mundo. Dos entrenadores viajarían a una ciudad dos veces al año por tres años, pagando su propio pasaje y donando fondos para ayudar a pagar por los materiales que los asistentes ocuparían. Ellos entrenarían a 40.000 personas, quienes a su vez capacitarían a veinticinco personas cada uno. Si la estrategia tenía éxito, lograríamos desarrollar un millón de líderes. Ese era un plan ambicioso. La pregunta era: ¿funcionaría? Le daré la respuesta al final de este capítulo.

AVANCE CON LA MATEMÁTICA DE LOS LÍDERES

Los líderes son impacientes por naturaleza. Al menos, todos los líderes que yo conozco. Los líderes quieren moverse rápido. Quieren ver la visión cumplida. Se deleitan en el progreso. Los buenos líderes evalúan rápidamente dónde se encuentra una organización, piensan hacia donde debe ir y tienen ideas sólidas de cómo llegar allá. El problema es que la mayoría del tiempo las personas y las organizaciones no avanzan tan rápido como el líder. Por esa razón, los líderes siempre sienten la tensión de donde ellos y su gente *están* y de donde *deberían estar*. He experimentado esta tensión toda mi vida. En cada organización en la cual he sido parte, tengo una fuerte sensación de dónde debemos ir. Desde niño lo sentía así (no siempre tenía *razón* hacia donde debíamos ir pero siempre pensé que *sabía*).

¿Cómo aliviar esta tensión entre donde está la organización y dónde quiere usted que este? La respuesta se encuentra en la Ley del Crecimiento Explosivo:

> *Para ser un líder que forma líderes se requiere un enfoque y una actitud completamente diferente de la requerida para formar seguidores.*

Si se desarrolla a sí mismo, experimenta un éxito personal.

Si desarrolla un equipo, su organización puede experimentar el crecimiento.

Si desarrolla líderes, su organización puede lograr un crecimiento explosivo.

Usted puede crecer dirigiendo seguidores, pero si desea utilizar al máximo su liderazgo y ayudarle a su organización a lograr su potencial, necesita desarrollar líderes. No hay otra forma de experimentar el crecimiento explosivo.

UN ENFOQUE DIFERENTE

Para ser un líder que forma líderes se requiere de un enfoque y una actitud completamente diferente de la requerida para formar seguidores. Considere algunas de las diferencias entre los líderes que atraen seguidores y los líderes que desarrollan líderes:

Líderes que atraen seguidores... necesitan ser necesitados

Líderes que desarrollan líderes... quieren ser sucedidos

Ser un líder es emocionante. Cuando usted habla, las personas le escuchan. Cuando desea que se realice algo, puede buscar personas que le ayuden. Tener seguidores puede hacer que se sienta necesitado, importante. Sin embargo, esa es una razón muy superficial para buscar el liderazgo. Los buenos líderes dirigen por amor a sus seguidores y por lo que pueden dejar como legado después de que su tiempo de liderazgo haya acabado.

Líderes que atraen seguidores... forman al veinte por ciento del nivel bajo

Líderes que desarrollan líderes... forman al veinte por ciento del nivel alto

Cuando usted está dirigiendo un grupo de personas, ¿quién le pide más tiempo y atención? Los más débiles del grupo. Si se los permite, ocuparán el ochenta por ciento de su tiempo. Sin embargo, los líderes pro activos que practican la Ley del Crecimiento Explosivo no permiten que el veinte por ciento del nivel más bajo ocupen todo su tiempo.

Ellos buscan el *mejor* veinte por ciento de las personas con más grande potencial de liderazgo e invierten tiempo en desarrollarlos. Ellos saben que si desarrollan a los mejores, los mejores ayudarán a los demás.

Líderes que atraen seguidores... se concentran en las debilidades

Líderes que desarrollan líderes... se concentran en los puntos fuertes

Cuando se trabaja con el veinte por ciento del nivel más bajo, usted necesita lidiar continuamente con sus áreas débiles. Las personas que no tienen éxito por lo general necesitan ayuda con los asuntos más básicos. Los problemas en esas áreas no les permiten alcanzar con frecuencia un desempeño consecuente. Sin embargo, cuando usted trabaja con su mejor gente, puede desarrollar sus puntos fuertes.

Líderes que atraen seguidores... tratan a su gente por igual para ser «justos»

Líderes que desarrollan líderes... tratan a sus líderes como individuos para causar impacto

Existe un mito en algunos círculos de liderazgo que promueve la idea de tratar a todos de la misma forma para ser «justo». Eso es un error. Mike Delaney dice: «Cualquier negocio o industria que le paga igual a los perezosos y a los esforzados tarde o temprano descubrirá que tiene más perezosos que esforzados». Los líderes que desarrollan líderes dan recompensas, recursos y responsabilidades basados en los resultados. Entre mayor sea el impacto de los líderes, mayores serán las oportunidades que reciban.

Líderes que atraen seguidores... pasan tiempo con los demás
Líderes que desarrollan líderes... Invierten tiempo en los demás

Los líderes que atraen solamente seguidores y nunca los desarrollan no aumentan el valor de las personas a las que dirigen. Sin embargo, cuando los líderes dedican tiempo a desarrollar líderes, están invirtiendo valiosamente en ellos. Cada momento que ocupan les ayuda a aumentar su habilidad y su influencia. Y como resultado habrá dividendos para ellos y la organización.

Líderes que atraen seguidores... crecen por adición
Líderes que desarrollan líderes... crecen por multiplicación

Los líderes que atraen seguidores hacen crecer su organización una persona a la vez. Cuando usted atrae un seguidor, usted impacta una persona. Y usted recibe el valor y el poder de una persona. Sin embargo, los líderes que desarrollan líderes multiplican el crecimiento de su organización, porque cada líder que desarrollan también recibe el valor de todos los seguidores de ese líder.

Cualquier líder que practica la Ley del Crecimiento Explosivo deja de hacer la matemática del seguidor y comienza a hacer la matemática del líder.

Añada diez seguidores a su organización y tendrá el poder de diez personas. Añada diez líderes a su organización y tendrá el poder de diez líderes multiplicados por todo los seguidores y los líderes que *ellos* influyan. A eso le llamo la matemática del líder. Es la diferencia entre la suma y la multiplicación. Es como desarrollar su organización por equipos en lugar de hacerlo por individuos.

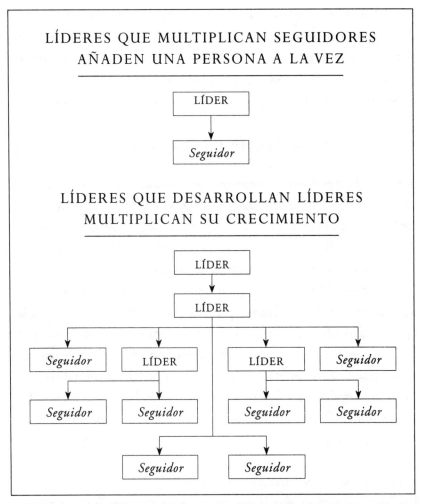

Líderes que atraen seguidores... sólo impactan a quienes tocan

Líderes que desarrollan líderes... impactan a gente que está mucho más allá de su alcance

Los líderes que atraen seguidores pero nunca desarrollan líderes se cansan. ¿Por qué? Porque ellos mismos deben responsabilizarse de cada persona que está bajo su autoridad. Poder impactar únicamente a las personas que uno puede tocar personalmente es algo muy limitado. Al contrario, los líderes que desarrollan líderes impactan a personas más allá de su alcance individual. Entre mejores sean los líderes que ellos desarrollen, mayor la calidad y la cantidad de seguidores y mayor su alcance. Cada vez que usted desarrolle líderes y les ayude a aumentar su habilidad de liderazgo, los capacita para influir en un mayor número de personas. Al ayudar a una persona, está alcanzando a muchos más.

EL DESAFÍO DE DIRIGIR A LÍDERES

Si formar líderes causa un impacto tan importante ¿por qué no lo hace todo el mundo? Porque es difícil: La formación del liderazgo no es algo fácil; exige tiempo, energía, y recursos. Permítame mostrarle por qué:

1. LOS LÍDERES NO SON FÁCILES DE ENCONTRAR

¿Cuántos líderes conoce usted que realmente son buenos líderes? Ellos tienen influencia. Hacen que las cosas sucedan. Ven y toman las oportunidades. Pueden atraer, enlistar y estimular a las personas para que se desempeñen con excelencia. Sencillamente no hay muchas personas capaces de hacer eso de manera constante. La mayoría de las personas son seguidores. Algunos son productores. Pocos son líderes. Los líderes son como las águilas, no andan en manadas. Por eso esa difícil de encontrarlos.

2. LOS LÍDERES SON DIFÍCILES DE REUNIR

Una vez que se encuentran esos líderes, atraerlos puede ser muy difícil. Por ser emprendedores los líderes quieren ir por su propio camino. Si trata de reclutarlos, quieren saber hacia dónde va, cómo planea llegar allá, a quien está planeando llevar con usted y hasta quieren saber si ellos también pueden manejar. Lo que usted esté haciendo tiene que ser más convincente que lo que ellos están haciendo.

Además, su organización necesita crear un ambiente que sea atractivo para ellos. Con frecuencia ese no es el caso. La mayoría de las organizaciones desean estabilidad, los líderes quieren emoción. La mayoría de las organizaciones desean una estructura, los líderes quieren flexibilidad. La mayoría de las organizaciones ponen un gran valor en seguir las reglas, los líderes quieren pensar fuera de los parámetros establecidos. Si usted desea reunir líderes, debe crear un lugar donde ellos puedan progresar.

3. LOS LÍDERES SON DIFÍCILES DE RETENER

De la misma forma que es difícil encontrar y reunir buenos líderes, es más difícil retenerlos. La única forma de dirigir líderes es convertirse en un mejor líder usted mismo. Si sigue creciendo y se mantiene al frente de las personas que dirige, entonces usted podrá añadirles valor a los líderes que le siguen. Su objetivo debe ser desarrollarlos de tal forma que ellos puedan realizar todo su potencial. Solamente un líder pueda hacer eso por otro líder, porque se necesita de un líder para elevar a otro líder.

Hubo un año, durante mis conferencias acerca de liderazgo, que estuve haciendo entre los concurrentes encuestas informales para descubrir lo que impulsó a estas personas a convertirse en líderes. Los resultados del estudio son los siguientes:

Don natural	10%
Resultado de una crisis	5%
Influencia de otro líder	85%

Uno de cada diez líderes puede florecer sin la ayuda de otro líder. El resto necesita la ayuda de los demás líderes que han caminado más en la jornada. Si sigue añadiéndoles valor a los líderes que dirige, ellos estarán dispuestos a quedarse con usted. Si hace eso por suficiente tiempo, probablemente nunca lo dejarán.

EL LANZAMIENTO DEL MANDATO DEL MILLÓN DE LÍDERES (UML, POR SUS SIGLAS EN ESPAÑOL)

Convencida de que desarrollar los líderes sería la clave para alcanzar nuestra meta de capacitar a un millón de líderes, EQUIP inició la iniciativa UML en el año 2002 en varias ciudades de India, Indonesia y las Filipinas. Habíamos escogido esas áreas porque teníamos los mejores contactos allí y habíamos experimentado el éxito aquí en años anteriores. La respuesta fue abrumadora. Cientos de líderes hambrientos viajaron para involucrarse en la capacitación de dos días. Algunos asistentes ocuparon hasta cinco días *caminando* para llegar de esta forma al evento. Y al final de la capacitación, cuando les pedimos a los que asistieron que se comprometieran a desarrollar a veinticinco líderes en los próximos tres años usando los materiales que les daríamos, más del noventa por ciento de los asistentes estuvieron de acuerdo.

Después de ese primer éxito, seguimos adelante. El siguiente año comenzamos a capacitar líderes en otras partes de Asia y el Medio Oriente. En el año 2004, comenzamos a capacitar personas en África, en el 2005 en Europa; y en el 2006, Latinoamérica. En cada continente, la estrategia fue la misma:

1. Comunicarnos con líderes claves influyentes en organizaciones que ya estaban trabajando con personas de manera local y buscar su ayuda.
2. Pedirles a esos líderes claves que identificaran las ciudades en sus países donde se podía hacer la capacitación.
3. Apoyarnos en esos líderes claves para reclutar líderes que asistieran a la capacitación.
4. Reclutar líderes en Estados Unidos que estuvieran dispuestos a viajar al extranjero para capacitar líderes y a apoyar ese esfuerzo de manera financiera.

5. Recibir un compromiso de los asistentes locales para buscar y entrenar líderes en los siguientes tres años mientras los capacitábamos.

En algunas ciudades, no tuvimos mucho éxito, sólo unas cuantas docenas de líderes asistieron a la capacitación. En otras ciudades, las personas asistieron por centenas. Muchos líderes se comprometieron a desarrollar otros veinticinco líderes. Algunos se comprometieron a entrenar sólo a cinco o diez. ¡Pero sorprendentemente otros se comprometieron a capacitar a 100, 200 o hasta 250 personas en sus pueblos y ciudades!

Como lo mencioné antes, queríamos alcanzar nuestra meta de capacitar a un millón de líderes antes del año 2008. A veces, se veía muy difícil. En algunos países tuvimos dificultad para obtener la credibilidad de los demás. En otros nos tomó mucho tiempo comunicarnos con los líderes. Pero para nuestra sorpresa y deleite habíamos alcanzado nuestro objetivo en la primavera del año 2006, dos años antes. Ahora lo que parecía ser una meta imposible, se veía pequeña. En el año 2007, entrenamos nuestro segundo millón. Y hemos lanzado una iniciativa para desarrollar 5 millones de líderes en cinco años. Mi esperanza y mi oración es que antes de que yo muera, EQUIP y sus socios puedan capacitar a más de 50 millones de líderes alrededor del mundo. *Eso es* el crecimiento explosivo.

Ahora que tengo sesenta años he descubierto que el desarrollo del liderazgo se multiplica. Entre más invierta usted en las personas y entre más tiempo lo haga, mayor será el crecimiento y mayor el retorno. Y aunque ya no sea tan rápido o tan lleno de energía como lo era antes, me encuentro en la etapa del interés

El desarrollo del liderazgo se multiplica. Entre más invierta usted en las personas y entre más tiempo lo haga, mayor será el crecimiento y mayor el retorno.

compuesto de mi vida. He realizado treinta y cinco años de inversiones en otras personas y ahora estoy recibiendo dividendos increíbles.

No sé en qué lugar se encuentre usted en su jornada de desarrollo del liderazgo. Tal vez esté trabajando en el crecimiento de su propio liderazgo, o tal vez ya sea un líder altamente desarrollado. No importa dónde esté, una cosa puedo decirle: Sólo llegará al nivel más alto si comienza a formar líderes en vez de seguidores. Los líderes que forman líderes experimentan en sus organizaciones un efecto multiplicador increíble que no se puede alcanzar de ninguna otra manera: ni aumentando los recursos, ni reduciendo los costos, ni aumentando el margen de ganancias, ni analizando sistemas, ni implementando procedimientos administrativos de calidad, o cualquier otra cosa. La única forma de experimentar un nivel de crecimiento explosivo es practicar la matemática, la matemática del líder. Ese es el poder increíble de la Ley del Crecimiento Explosivo.

Aplique
LA LEY DEL CRECIMIENTO EXPLOSIVO
a su vida

1. ¿En cuál etapa del proceso de desarrollo del liderazgo se encuentra usted actualmente?

Etapa 1: Desarrollándose a sí mismo.
Etapa 2: Desarrollando a su equipo.
Etapa 3: Desarrollando líderes.

Para asegurarse de que su respuesta sea válida, mencione acciones específicas que ha tomado para desarrollarse a sí mismo; para desarrollar un equipo y para ayudar a individuos específicos a mejorar su habilidad del liderazgo. Si no ha comenzado a desarrollar líderes, trate de identificar cuáles son las razones. ¿Es usted la clase de persona que necesita ser necesitado, que se enfoca en el veinte por ciento de las personas de nivel más bajo, que intenta tratar a todos de la misma forma, o que no es estratégico con respecto a invertir en los demás? Si no está desarrollando líderes, identifique los pasos que debe tomar para empezar.

2. ¿Qué está haciendo actualmente para encontrar y reunir líderes? ¿Existen lugares usted puede ir, eventos a los que puede asistir, y conexiones que puede hacer para buscar líderes potenciales? Si no es así, comience a buscarlos. Y si lo ha hecho entonces, ¿qué hace usted para lograr una conexión con líderes y reclutarlos para que entren a su organización, departamento o equipo?

3. ¿Qué está haciendo para reunir y mantener líderes? ¿Está convirtiéndose en un mejor líder para que otros líderes quieran seguirle? ¿Está intentando crear un ambiente donde los líderes puedan progresar

y triunfar? ¿Está dándoles a sus líderes la libertad de dirigir y de ser innovadores? ¿Está deshaciéndose de la burocracia? ¿Está proveyéndoles recursos y mayores responsabilidades? ¿Está elogiando al riesgo y gratificando al triunfo?

21

LA LEY DEL LEGADO

El valor duradero del líder se mide por la sucesión

¿Qué es lo que usted desea que las personas digan en su funeral? Parece ser una pregunta extraña pero quizás sea la pregunta más importante que puede hacerse como líder. La mayoría de las personas nunca lo consideran. Y eso no es bueno porque si no lo hacen, sus vidas y su liderazgo pueden ir en una dirección diferente a la de su mayor impacto potencial. Si usted quiere que su liderazgo realmente tenga significado, necesita tener en cuenta la Ley del Legado. ¿Por qué? Porque el valor duradero del líder se mide por la sucesión.

ESFORZARSE POR TENER SIGNIFICADO

Eleanor Roosevelt comentó: «La vida es cómo saltar en paracaídas; uno tiene que hacerlo bien desde la primera vez». Siempre he estado consciente del hecho de que nuestro tiempo aquí en la Tierra es limitado y necesitamos aprovecharlo al máximo. La vida no es un ensayo. Mi padre me enseñó eso cuando era un adolescente. Como resultado, siempre he tenido una motivación y un deseo de ser el mejor en lo que hago pero tengo que admitir que mis metas y mis deseos han cambiado con los años y eso ha transformado mi liderazgo.

Clare Boothe Luce, la escritora, política y embajadora popularizó la idea de «la declaración de la vida», una frase que resumía el objetivo y el propósito de la vida de una persona. Cuando comencé mi carrera a finales de los sesentas, la declaración de mi vida pudo haberse expresado de la siguiente manera: «Quiero ser un gran pastor». Varios años más tarde al laborar como orador, mi declaración cambió a la siguiente: «Quiero ser un gran comunicador». Por más de una década, mejorar mis habilidades de oratoria se convirtió en mi mayor enfoque. Sin embargo, cuando llegué a mi década de los treintas, me di cuenta de que todo lo que hacía era dar conferencias, y que mi impacto siempre sería limitado. Los días de un año no son muchos y lo mismo sucede con las personas que venían a escucharme. Quería alcanzar más personas. Fue allí cuando decidí: «Quiero ser un gran escritor».

> La declaración de mi vida es: «Quiero añadirle valor a aquellos líderes que multipliquen ese valor en otras personas».

Me tomó tres años escribir mi primer libro; es un volumen pequeño de apenas 128 páginas. Cada capítulo tiene sólo tres o cuatro páginas. Alguien en una conferencia una vez me dio un cumplido diciéndome lo listo que era por escribir un libro con capítulos tan pequeños. Ser listo no tenía nada que ver con ello. La verdad es que no tenía mucho que decir. He escrito muchos libros desde entonces y estoy agradecido porque mis escritos me han dado la oportunidad de comunicarme con más personas. Pero cuando llegué a mis cuarentas, mi enfoque volvió a cambiar. Fue allí cuando decidí: «Quiero convertirme en un gran líder». Quiero desarrollar y dirigir organizaciones que puedan marcar una diferencia.

CAMBIO DE PERSPECTIVA

He descubierto que en cada etapa de mi vida, he crecido y mi mundo se ha vuelto más grande. Como resultado, «la declaración de mi vida» ha cambiado. En la década de mis cincuentas, pensé en todas las otras declaraciones a las que me había aferrado y me di cuenta que todas tenían un denominador común: añadirle valor a los demás. Ese era realmente mi deseo. Quería ser un pastor efectivo, un comunicador, escritor y un líder que pudiera ayudar a las personas. Ahora que he llegado a los sesentas, me he acomodado en la declaración de la vida que creo que viviré el resto de mis días. Cuando hagan mi funeral, espero que haya vivido una vida que le muestre a las personas por qué yo estaba aquí y que no tengan que adivinarlo. La declaración de mi vida es: «Quiero añadirle valor a aquellos líderes que multipliquen ese valor en otras personas».·

¿Por qué es tan importante ponerle atención a su «declaración de la vida»? Porque la declaración de su vida no sólo marca la dirección en ella sino que también determina el legado que usted dejará. Me tomó mucho tiempo descubrir eso. Mi esperanza es que pueda aprender esa lección más rápidamente. El éxito no es importante si usted no deja ningún legado. La mejor forma de hacer eso es por medio del liderazgo del legado.·

> *La mayoría de las personas sencillamente aceptan sus vidas y no las dirigen.*

DESARROLLE SU LEGADO DE LIDERAZGO

Si su deseo es causar un impacto como líder en la generación futura, le sugiero que se vuelva muy intencional con respecto a su legado. Creo que cada persona deja alguna clase de legado. Para algunos eso es algo positivo. Para otros es algo negativo. Pero esto es lo que sé: tenemos una opción acerca del legado que dejaremos y debemos esforzarnos intencionalmente para dejar el legado que queremos. Le sugiero lo siguiente:

1. CONOZCA EL LEGADO QUE QUIERE DEJAR

La mayoría de las personas sencillamente aceptan sus vidas y no las dirigen. Creo que las personas necesitan ser proactivas acerca de la forma en que viven, y creo que eso es aun más importante en los líderes. Grenville Kleiser, en su libro de desarrollo personal, *Training for Power and Leadership* (Capacitándose para tener poder y liderazgo), escribió:

Su vida es como un libro. El título de la página es su nombre, el prefacio, su introducción al mundo. Las páginas son un registro diario de sus esfuerzos, pruebas, placeres, desánimos, y logros. Día tras día sus pensamientos y actuaciones se van escribiendo en su libro de la vida. Hora tras hora, se escribe un registro que durará todo el tiempo. Una vez que la palabra «fin» se escriba, espero que de su libro se diga que fue un registro de un propósito noble, un servicio generoso y un trabajo bien hecho.[1]

Algún día las personas resumirán su vida en una sola declaración. Mi consejo es: escoja ahora cuál va a ser esa declaración.

2. VIVA EL LEGADO QUE USTED DESEA DEJAR

Yo creo que para tener credibilidad como líder, se debe vivir lo que uno dice que cree. (Hablé de ello en la Ley del Terreno Firme y en la Ley de la Imagen). Como mi legado tiene que ver con añadirle valor a líderes de influencia, he enfocado la mayoría de mi atención en los líderes y realizo mis esfuerzos de manera muy intencional al dirigirlos.

> *Algún día las personas resumirán su vida en una sola declaración. Mi consejo es: Escoja ahora cuál va a ser esa declaración.*

Creo que hay siete áreas de influencia que son las más importantes en la sociedad: la religión, la economía, el gobierno, la familia, los medios de comunicación, la educación y los deportes. En los primeros años de mi carrera, sólo influía en una de esas siete áreas. Estoy esforzándome constantemente por alcanzar y obtener credibilidad en las otras. Trato de hacer eso construyendo vínculos, relacionándome con las personas a un nivel emocional y dando más de lo que recibo.

Si usted desea crear un legado, necesita vivirlo primero. Debe convertirse en lo que desea ver en los demás.

3. Escoja quién continuará su legado

No sé lo que usted desee lograr en su vida, pero le puedo decir esto: un legado continúa en las personas, no en las cosas. Max Depree, autor de *Leadership Is an Art* [El liderazgo es un arte], declaró: «La sucesión es una de las responsabilidades claves del liderazgo». No obstante, la Ley de Legado es algo que muy pocos líderes parecen practicar. Muy frecuentemente los líderes ponen su energía en las organizaciones, los edificios, los sistemas u otros objetos inanimados. Pero solamente las personas quedan después de que nosotros nos hayamos ido. Todo lo demás es temporal.

> *Un legado se crea solamente cuando la persona hace que su organización tenga la capacidad de hacer grandes cosas sin ella.*

Por lo general existe una progresión natural de cómo los líderes desarrollan su área del legado, comenzando con el deseo de lograr lo siguiente:

- El logro llega cuando hacen grandes cosas por ellos mismos.
- El éxito llega cuando les otorgan poderes a los seguidores para que hagan grandes cosas para ellos.
- El significado llega cuando desarrollan líderes que hagan grandes cosas con ellos.

- El legado llega cuando ellos ponen a los líderes en la posición de hacer grandes cosas sin ellos.

Es como dice mi amigo Chris Musgrove: «El éxito no se mide por el sitio hacia donde uno parte, sino por lo que deja atrás».

Truett Cathy, fundador de la cadena de restaurantes Chick-fil-A, dice: «Alguien me dijo una vez: "Truett, para saber qué tan buen tipo eres, hay que mirar la conducta de tus nietos". Respondí: "No me digas esto. Me fue bien con mis tres hijos; y ahora tengo que esperar entonces cómo vayan a salir mis doce nietos"».[2] ¿Por qué alguien diría que uno necesita mirar los nietos de una persona? Porque es un buen indicio de cómo las personas en las que ha escogido invertir su legado, lo continuarán sin usted. Por esa razón debe escoger sabiamente.

4. Asegúrese de entregar el relevo

Tom Mullins, un excelente líder y entrenador que es parte de la junta de EQUIP, me dice que la parte más importante en una carrera de relevo es el lugar denominado *la zona de intercambio*. Es allí donde los corredores deben pasar el relevo a sus otros compañeros. Uno puede tener los corredores más rápidos del mundo, pero sí fallan al hacer el intercambio, pierden la carrera. Lo mismo sucede con la Ley del Legado. Sin importar lo bien que usted dirija, si no se asegura de pasar el relevo, no podrá dejar el legado que desea.

Tom entiende muy bien esto porque en los últimos años él ha estado trabajando en su plan de sucesión. Comenzó preparando a su hijo Todd, quien es un líder excelente, para que tome el relevo y siga dirigiendo en su lugar. Entre más pasa el tiempo, Todd ha tomado más responsabilidades. Tom me dice que su gusto más grande es ver que Todd y otros líderes hacen un trabajo mejor que el de él.

Casi todo el mundo puede hacer que una organización se vea bien por un periodo de tiempo corto, lanzando nuevos programas o productos, atrayendo multitudes a un gran evento, o recortando el presupuesto para impulsar lo que es importante. Pero los líderes que dejan un legado utilizan un enfoque diferente. Ellos toman la perspectiva más amplia. El autor, educador y teólogo Elton Trueblood escribió: «Hemos empezado a progresar al descubrir el significado de la vida humana cuando plantamos árboles que dan sombra sabiendo que nunca nos sentaremos bajo ellos». Los mejores líderes dirigen pensando en el mañana y asegurándose que invierten en líderes que continuarán su legado. ¿Por qué? Porque el valor duradero del líder se mide por la sucesión. Esa es la Ley del Legado.

> *«Hemos empezado a progresar al descubrir el significado de la vida humana cuando plantamos árboles que dan sombra sabiendo que nunca nos sentaremos bajo ellos».*
> —ELTON TRUEBLOOD

UN LEGADO DE SUCESIÓN

En el otoño de 1977, fui a la India con unos colegas, y decidimos visitar las oficinas centrales de un gran líder del siglo veinte: la Madre Teresa. La oficina es un sencillo edificio de bloques de concreto localizado en Calcuta, que la gente de allí llama: «la Casa de la Madre». Mientras estaba frente a las puertas preparándome para entrar, pensaba que nadie, al mirar ese lugar tan modesto, podría decir que ese lugar había sido la base de una líder tan eficaz.

Caminamos por un vestíbulo y hacia un patio central al aire libre. Deseábamos visitar la tumba de la Madre Teresa, localizada en el comedor de la instalación. Pero cuando llegamos allí, supimos que el salón estaba siendo usado y no se nos permitía entrar hasta que terminara la ceremonia que se estaba efectuando.

Pudimos ver a un grupo como de cuarenta monjas sentadas, todas con el conocido hábito usado por la Madre Teresa.

«¿Qué se celebra aquí?», le pregunté a una monja que iba pasando.

Ella sonrió. «Hoy estamos aceptando cuarenta y cinco nuevas integrantes en la orden», me dijo mientras se dirigía apresurada a otra parte del edificio.

Como ya estábamos atrasados y pronto tendríamos que abordar un avión, no pudimos quedarnos. Anduvimos brevemente por los alrededores y nos retiramos. Mientras salía del recinto, a través de un pasillo y en medio de una muchedumbre, pensé: *La Madre Teresa debe de haber estado muy orgullosa*. Ella había partido, pero su legado continuaba. Había causado un impacto en el mundo y había desarrollado líderes que llevaran a cabo su visión. Y todo parece indicar que seguirán influyendo en las futuras generaciones. La vida de la Madre Teresa es un gran ejemplo de la Ley del Legado.

POCOS LÍDERES DEJAN UN LEGADO

El año pasado cuando veía por televisión los premios de la academia, algo me impactó. Un segmento del programa mostraba imágenes breves de las personas en la industria del cine que había muerto el año anterior: directores, actores, escritores, y técnicos. Muchas imágenes recibieron un pequeño aplauso mientras que otras recibían grandes ovaciones. Sin lugar a duda, esos individuos se encontraban en la cima de su profesión.

> «La vida no tiene sentido excepto por su impacto en otras vidas».
> —JACKIE ROBINSON

Algunos quizás eran los mejores en su arte. Pero después de unos segundos en la pantalla y unos aplausos, todos fueron olvidados. Las personas de la audiencia se enfocaron en el siguiente grupo de personas nominadas para el Oscar.

La vida es pasajera. Cuando todo ha acabado, su capacidad como líder no será juzgada por lo que haya alcanzado personalmente. Usted puede hacer una película que sea todo un éxito, pero será olvidada en unas pocas generaciones más. Puede escribir la novela ganadora de algún premio importante, pero será olvidada en unos pocos siglos. Puede crear una obra maestra de arte, pero en un milenio o dos, nadie recordará que usted la creó.

Nuestra habilidad como líderes no será medida por los edificios que construyamos, las instituciones que establezcamos, o lo que nuestro equipo logre bajo nuestra dirección. Usted y yo seremos juzgados por la forma en que invirtamos en las personas que siguen después de nosotros. Tal como lo dijo el gran beisbolista Jackie Robinson: «La vida no tiene sentido excepto por su impacto en otras vidas». Al final, seremos juzgados según la Ley de Legado. El valor duradero del líder se mide por la sucesión. Vivamos de acuerdo con ese parámetro.

Aplique
LA LEY DEL LEGADO
a su vida

1. ¿Cuál quiere que sea su legado? Si está comenzando en su jornada de liderazgo, no espero que tenga una respuesta definitiva a esa pregunta todavía. Sin embargo, creo que es bueno que usted considere cómo quiere que sea su vida.

Dedique un tiempo a considerar el cuadro completo en lo que respecta al por qué dirige. Esto no va a ser un proceso rápido. El concepto del legado está muy relacionado con el sentido que cada persona tiene sobre el propósito de la vida. ¿Por qué está usted aquí? ¿Cuáles talentos y habilidades posee que se relacionen con su potencial más alto como ser humano? ¿Cuáles son las oportunidades singulares que posee basadas en sus circunstancias personales y en lo que está sucediendo en el mundo alrededor suyo? ¿A quién puede impactar y qué es lo que puede lograr como líder en su vida?

2. Basado en el concepto que ha desarrollado concerniente al legado que desea dejar, ¿qué es lo que usted debe cambiar en la forma en que se conduce para poder vivir ese legado? Escriba una lista. Su lista debe incluir cambios de comportamiento, desarrollo del carácter, educación, métodos de trabajo, estilo de formación de relaciones, etc. Solamente al cambiar la forma en que vive podrá crear el legado que usted desea dejar.

3. ¿En quién va a invertir para que continúe su legado? Debe escoger personas que tengan mayor potencial que el suyo, que puedan «pararse en sus hombros» y hacer más de lo que usted ha hecho. Comience a invertir en ellos.

CONCLUSIÓN

Todo surge y se desploma por el liderazgo

Bien, allí las tiene, las veintiuna leyes irrefutables del liderazgo. Apréndalas, tómelas en serio, y aplíquelas a su vida. Siga estas leyes, y la gente lo seguirá a usted. Ya llevo más de treinta años enseñando sobre el liderazgo, y durante todos esos años les he dicho a las personas algo que voy a compartir con usted: Todo surge y se desploma por el liderazgo. Muchos no me creen cuando les digo esto, pero es cierto. Mientras más cosas intente hacer en la vida, más se percatará de que el liderazgo es lo que marca la diferencia. Cualquier esfuerzo que emprenda y que incluya a otros seres humanos, permanecerá o desaparecerá debido al liderazgo. Mientras esté formando su organización, no olvide lo siguiente:

- El personal determina el potencial de la organización.
- Las relaciones determinan la moral de la organización.
- La estructura determina el tamaño de la organización.
- La visión determina la dirección de la organización.
- El liderazgo determina el éxito de la organización.

Ahora que conoce las leyes y las entiende, compártalas con su equipo. Dedique tiempo a evaluarse con respecto a cada una de las leyes utilizando el instrumento de evaluación de las siguientes páginas. Tal como lo mencioné al principio de este libro, nadie puede realizar todas las leyes correctamente. Es por eso que usted necesita formar un equipo.

Mi deseo es que tenga éxito. Siga sus sueños. Procure la excelencia. Sea la persona para lo cual fue creada y realice todo lo que se le encomendó cuando se le puso en este planeta. El liderazgo lo ayudará a alcanzarlo. Aprenda a ser líder, no sólo a favor de sí mismo, sino también de las personas que vienen detrás de usted. Y cuando llegue a los niveles más altos, no olvide llevar con usted a otros individuos a fin de que estos se conviertan en los líderes del mañana.

APÉNDICE A

Evaluación del liderazgo
según las 21 leyes

Lea cada oración y escriba un número al lado de cada una de ellas, utilizando la siguiente escala:

0 Nunca
1 Rara vez
2 De vez en cuando
3 Siempre

1. La Ley del Tope
La capacidad de liderazgo determina el nivel de eficacia de una persona

____a) Cuando me enfrento con un desafío, lo primero que pienso es: *¿A quién puedo enlistar para que me ayude?* en vez de: *¿Qué puedo hacer?*

____b) Cuando mi equipo, departamento u organización no logra alcanzar un objetivo, lo primero que pienso es que hay algún problema en el liderazgo.

____c) Creo que al desarrollar mis habilidades de liderazgo la efectividad aumentará dramáticamente.

____Total

2. La Ley de la Influencia
La verdadera medida del liderazgo es la influencia, nada más, nada menos

____a) Me apoyo más en la influencia que en la posición o el título para hacer que otras personas me sigan y hagan lo que deseo.

____b) Durante un ambiente de lluvia de ideas o conversaciones, las personas me miran y busca mi consejo.

_____c) Me apoyo en mis relaciones con los demás más que en los sistemas organizativos y los procedimientos para realizar las cosas.

_____Total

3. La Ley del Proceso
El liderazgo se desarrolla diariamente, no en un día

_____a) Tengo un plan específico y concreto de desarrollo personal que practico semanalmente.

_____b) He encontrado expertos mentores en áreas claves de mi vida que me ayudan de manera constante

_____c) Para promover mi crecimiento personal, he leído al menos seis libros (*o* al menos he tomado una clase valiosa *o* escuchado doce o más lecciones en audio) al año en los últimos tres años.

_____Total

4. La Ley de la Navegación
Cualquiera puede gobernar un barco, pero se necesita que un líder planee la ruta

_____a) Percibo los problemas, obstáculos y tendencias que impactarán el resultado de las iniciativas que la organización pone en marcha.

_____b) Puedo ver claramente un sendero para implementar una visión, que no sólo incluye el proceso sino también a las personas y los recursos necesarios.

_____c) He sido llamado a planear iniciativas para un departamento u organización.

_____Total

5. La Ley de la Adición
Los líderes añaden valor mediante el servicio a los demás

_____a) Más que molestarme cuando los miembros de mi equipo tienen situaciones que no les permiten hacer sus trabajos efectivamente, veo esas situaciones como una oportunidad para servir y ayudarles a esas personas.

_____b) Busco maneras de mejorar las cosas para las personas que dirijo.

_____c) Encuentro una gran satisfacción personal al ayudar a los demás a tener más éxito.

_____Total

6. La Ley del Terreno Firme
La confianza es el fundamento del liderazgo

_____a) Las personas que dirijo confían en mí en lo que respecta a asuntos delicados.

_____b) Cuando le digo a alguien en la organización que voy a hacer algo, puede contar conmigo que lo haré.

_____c) Evito minar el carácter de otras personas o hablar a sus espaldas.

_____Total

7. La Ley del Respeto
Por naturaleza, la gente sigue a los líderes más fuertes

_____a) Las personas por lo general se sienten atraídas hacia mí y con frecuencia quieren hacer cosas conmigo sólo para estar a mi lado.

_____b) Hago lo que pueda para mostrar respeto y lealtad a las personas que dirijo.

_____c) Tomo decisiones y riesgos personales que puedan beneficiar a mis seguidores aun cuando no tenga yo un beneficio personal.

_____Total

8. La Ley de la Intuición
Los líderes evalúan todas las cosas con pasión de liderazgo

_____a) Puedo medir fácilmente la moral, en un salón lleno de personas, en un equipo o en una organización.

_____b) Con frecuencia tomo la acción correcta aunque no puede explicar la razón.

_____c) Puedo interpretar las situaciones y las tendencias sin tener que reunir una gran cantidad de evidencia.

_____Total

9. La Ley del Magnetismo
Usted atrae a quien es como usted

_____a) Estoy satisfecho con el calibre de las personas que trabajan para mí.

_____b) Espero que las personas que yo atraigo tengan valores, cualidades y habilidades de liderazgo similares a las mías.

_____c) Reconozco que no existe un proceso que pueda mejorar la calidad de las personas que recluto a menos que yo mismo mejore.

_____Total

10. La Ley de la Conexión
Los líderes tocan el corazón antes de pedir una mano

_____a) Cuando encuentro una situación nueva de liderazgo, una de las primeras cosas que hago es desarrollar una conexión personal con los individuos involucrados.

_____b) Conozco las historias, los sueños y las esperanzas de las personas que dirijo.

_____c) Evito pedirle ayuda a las personas para lograr una visión sino he hecho una relación que vaya más allá del vínculo de trabajo.

_____Total

11. La Ley del Círculo Íntimo
El potencial de un líder es determinado por quienes están más cerca de él

_____a) Me considero muy estratégico y altamente selectivo en lo que respecta a las personas que me son más cercanas personal y profesionalmente.

_____b) Regularmente me apoyo en las personas claves de mi vida para lograr cumplir mis propósitos.

_____c) Creo que el cincuenta por ciento o más del mérito de mis logros le pertenece a la gente de mi equipo.

_____Total

12. La Ley del Otorgamiento de Poderes
Solo los líderes seguros otorgan poder a otros

_____a) Acepto el cambio fácilmente y no me siento satisfecho con el statu quo.

_____b) Creo que sin importar lo talentosas que son las personas que trabajan para mí, mi posición es segura.

_____c) Es mi práctica regular darle a las personas que dirijo la autoridad para tomar decisiones y arriesgarse.

_____Total

13. La Ley de la Imagen
La gente hace lo que ve

_____a) Si observo una acción o una cualidad indeseable en los miembros de mi equipo, me analizo primero antes de hablar con ellos al respecto.

_____b) Continuamente me esfuerzo en hacer que mis acciones y mis palabras concuerden las unas con las otras.

_____c) Hago lo que debería en lugar de lo que quiero porque estoy consciente de que estoy dando el ejemplo a los demás.

_____Total

14. LA LEY DEL APOYO
La gente apoya al líder, luego a la visión

_____a) Reconozco que la falta de credibilidad puede ser tan dañina para una organización como la falta de visión.

_____b) Espero hasta ver que las personas de mi equipo tienen confianza en mí antes de pedirles que se comprometan a una visión.

_____c) Aunque mis ideas no sean muy buenas, mi gente tiende a ponerse de mi lado.

_____Total

15. LA LEY DE LA VICTORIA
Los líderes encuentran la forma de que el equipo gane

_____a) Cuando dirijo un equipo, me siento responsable sea o no que logremos los objetivos.

_____b) Si los miembros del equipo no están unificados en su esfuerzo para lograr la visión, empiezo a actuar para que todos vayan al mismo ritmo.

_____c) Realizo sacrificios personales para hacer que mi equipo, departamento u organización tenga la victoria.

_____Total

16. LA LEY DEL GRAN IMPULSO
El impulso es el mejor amigo de un líder

_____a) Soy entusiasta y mantengo una actitud positiva todos los días por causa de los miembros de mi equipo.

_____b) Cuando tomo una decisión de liderazgo importante, considero cómo esa decisión impactará el impulso de mi equipo, departamento u organización.

_____c) Inicio acciones específicas con el propósito de generar impulso cuando estoy presentando algo nuevo o controversial.

_____Total

17. LA LEY DE LAS PRIORIDADES
Los líderes entienden que la actividad no es necesariamente logro

_____a) Evito tareas que no necesite hacer, que no tengan un dividendo tangible, o que no me gratifiquen de manera personal.

_____b) Dedico tiempo todos los días, cada mes y cada año para planear una agenda futura basada en mis prioridades.

_____c) Delego cualquier tarea donde un miembro de mi equipo tenga al menos el ochenta por ciento de efectividad que yo tendría.

_____Total

18. LA LEY DEL SACRIFICIO
Un líder debe ceder para subir

_____a) Sé que hacer intercambios es un proceso natural del crecimiento de liderazgo, y realizo sacrificios para convertirme en un mejor líder en tanto que no se violen mis valores.

_____b) Espero dar más que mis seguidores para poder lograr la visión.

_____c) Cederé mis derechos para poder lograr mi potencial como líder.

_____Total

19. LA LEY DEL MOMENTO OPORTUNO
Cuándo ser un líder es tan importante como qué hacer y dónde ir

_____a) Me esfuerzo tanto como pueda para saber cuál es el momento oportuno de una iniciativa mientras descubro la estrategia.

_____b) Iniciaría algo utilizando una estrategia no tan ideal porque sé que el momento es el adecuado.

_____c) Puedo darme cuenta si las personas están listas o no para una idea.

_____Total

20. LA LEY DEL CRECIMIENTO EXPLOSIVO
Para añadir crecimiento, dirija seguidores; para multiplicarse, dirija líderes

_____a) Creo que puedo desarrollar mi organización más rápidamente si desarrollo líderes en lugar de cualquier otro método.

_____b) Dedico una gran cantidad de tiempo cada semana a invertir en el desarrollo del veinte por ciento de mis líderes principales.

_____c) Preferiría ver que los líderes que yo desarrollo tuvieran éxito por sí mismos que mantenerlos conmigo para que pueda seguir guiándolos.

_____Total

21. LA LEY DEL LEGADO
El valor duradero del líder se mide por la sucesión

_____a) Poseo un conocimiento firme del por qué estoy en mi trabajo y por qué estoy dirigiendo.

_____b) En cada posición que he tenido, he identificado a las personas que pueden seguir después de mí y he invertido en ellas.

_____c) Una de mis motivaciones más fuertes es dejar a cualquier equipo que dirijo mejor de lo que lo encontré.

_____Total

Ahora que ha completado esta evaluación, examine cada ley y note sus áreas fuertes y débiles. Utilice las siguientes directrices:

8-9 Esta ley es su zona de fortaleza. Aproveche al máximo esta habilidad y guíe a los demás en esta área.

5-7 Concéntrese en el crecimiento de esta ley. Usted tiene el potencial para convertirla en un punto fuerte.

0-4 Este es su punto débil. Contrate personal que tenga esta cualidad, o asóciese con otros en esta área.

APÉNDICE B

GUÍA DE CRECIMIENTO DE LAS 21 LEYES

Por muchos años he escrito libros que le añaden valorar a las personas. Ahora que usted y su equipo han completado esta evaluación de liderazgo, le animo para que utilice los siguientes recursos que he escrito para que puedan ayudarle a dirigirse a sí mismo y a los demás de manera más eficiente.

1. LA LEY DEL TOPE
La capacidad de liderazgo determina el nivel de eficacia de una persona

> *Las 21 cualidades indispensables de un líder*
> *Líder de 360°*: Valor # 2 «Se necesitan líderes en todos los niveles de una organización» y Valor # 4 «Los buenos líderes intermedios se convierten en mejores líderes en la cima»

2. LA LEY DE LA INFLUENCIA
La verdadera medida del liderazgo es la influencia, nada más, nada menos
> *Desarrolle el líder que está en usted*: Capítulo 1: «La definición del liderazgo: Influencia»
> *Líder de 360°*: Sección 1: «Los mitos de dirigir una organización desde la zona intermedia» y Sección 2: «Los desafíos que un líder de 360 grados enfrenta»
> *Cómo ganarse a la gente*

3. LA LEY DEL PROCESO
El liderazgo se desarrolla diariamente, no en un día
> *Hoy es importante.*

El mapa para alcanzar el éxito: Capítulo 5: «¿Qué debo poner en mi maleta?»

Líder de 360°: Principio # 9 para dirigir a los líderes que lo supervisan «Sea mejor mañana de lo que usted es hoy»

Liderazgo, promesas para cada día

Los 21 minutos más poderosos en el día de un líder

4. LA LEY DE LA NAVEGACIÓN
Cualquiera puede gobernar un barco, pero se necesita que un líder planee la ruta

Desarrolle el líder que está en usted: Capítulo 5: «La manera más rápida de alcanzar el liderazgo: resolver problemas»

Piense, para obtener un cambio: Habilidad 2: «Desate el potencial del pensamiento enfocado»; Habilidad 3: «Reconozca la importancia del pensamiento realista» y Habilidad 5: «Suelte el poder del pensamiento estratégico»

Seamos personas de influencia: Capítulo 7: «Navegue por otras personas»

5. LA LEY DE LA ADICIÓN
Los líderes añaden valor mediante el servicio a los demás

Hoy es importante: Capítulo 12. «La generosidad de hoy me da significado»

Piense, para obtener un cambio: Habilidad 10: «Experimente la satisfacción del pensamiento egoísta»

Seamos personas de influencia: Capítulo 2: «Nutre a las demás personas»

Líder de 360° grados: Principio # 2 para dirigir a los líderes que lo supervisan «Aligere la carga de su líder»; Principio # 3para dirigir a los líderes que lo supervisan: «Esté dispuesto a hacer lo que otros no harán»; Principio # 3 para liderar lateralmente: «Sea un amigo»; Principio # 6 para liderar lateralmente: «Permita que la mejor idea triunfe»

El mapa para alcanzar el éxito: Capítulo 8: «¿Es un viaje familiar?»; Capítulo 9: «¿A quién más debo llevar conmigo?»

6. LA LEY DEL TERRENO FIRME
La confianza es el fundamento del liderazgo

Desarrolle el líder que está en usted: Capítulo 3: «El elemento más importante del liderazgo: Integridad»

Seamos personas de influencia: Capítulo 1: «Integridad con las personas»

Líder de 360°: Principio # 1para dirigir a los líderes que lo supervisan: «Diríjase a usted mismo excepcionalmente bien»

7. LA LEY DEL RESPETO
Por naturaleza, la gente sigue a los líderes más fuertes
   Piense, para obtener un cambio: Habilidad 6 «Sienta la energía del pensamiento de posibilidades»
   El mapa para alcanzar el éxito: Capítulo 4: «¿Dónde encuentro el mapa del camino?»
   Cómo ganarse a la gente
   Líder de 360°

8. LA LEY DE LA INTUICIÓN
Los líderes evalúan todas las cosas con pasión de liderazgo
   Piense, para obtener un cambio: Habilidad 8: «Cuestione la aceptación del pensamiento popular» y Habilidad 11: «Disfrute el regreso del pensamiento central»
   Líder de 360°
   Liderazgo, principios de oro (saldrá en el año 2008)

9. LA LEY DEL MAGNETISMO
Usted atrae a quien es como usted
   Hoy es importante: Capítulo 13: «Los valores de hoy me dan dirección
   Líder de 360°. Principio # 4 para liderar lateralmente: «Evite la política de la oficina»
   El talento nunca es suficiente
   La decisión es tuya

10. LA LEY DE LA CONEXIÓN
Los líderes tocan el corazón antes de pedir una mano
   25 maneras de ganarse a la gente
   Líder de 360°: Principio # 5 para dirigir a los líderes que lo supervisan: «Invierta en la química de las relaciones»; Principio # 1 para liderar lateralmente: «Comprenda, practique y complete el ciclo del liderazgo»; Principio # 1para guiar a sus subordinados: «Camine lentamente por los pasillos»; Principio # 2 para guiar a sus subordinados: «Vea un "10" en todas las personas»

Seamos personas de influencia: Capítulo 8: «Se conecta con las demás personas»

Cómo ganarse a la gente

11. LA LEY DEL CÍRCULO ÍNTIMO

El potencial de un líder es determinado por quienes están más cerca de él

Las 17 leyes incuestionables del trabajo en equipo

Las 17 cualidades esenciales de un jugador de equipo

Líder de 360°: Principio # 4 para guiar a sus subordinados: «Coloque a su personal en sus zonas de fortaleza» y Principio # 7 para guiar a sus subordinados: «Recompense los resultados»

12. LA LEY DEL OTORGAMIENTO DE PODERES

Solo los líderes seguros otorgan poder a otros

El lado positivo del fracaso

Líder de 360°: Principio # 7 para liderar lateralmente: «No finja ser perfecto»

Cómo ganarse a la gente. Sección 1: «¿Estamos preparados para las relaciones?»

Seamos personas de influencia: Capítulo 9: «Fortalece a las demás personas»

Piense, para obtener un cambio: Habilidad 9: «Estimule la participación del pensamiento compartido»

El mapa para alcanzar el éxito: Capítulo 6: «¿Qué hago con los desvíos?»

Lo que marca la diferencia

13. LA LEY DE LA IMAGEN

La gente hace lo que ve

Líder de 360°: Principio # 5 para guiar a sus subordinados: «Dé el ejemplo de la conducta que usted desea»

Desarrolle el líder que está en usted. Capítulo 6: «Lo extra en el liderazgo: la actitud» y Capítulo 9: «El precio del liderazgo: autodisciplina»

El mapa para alcanzar el éxito: Capítulo 1: «El viaje es más divertido si sabe hacia donde va» y Capítulo 2: «¿A dónde me gustaría ir?»

14. La Ley del Apoyo
La gente apoya al líder, luego a la visión
> *Desarrolle el líder que está en usted:* Capítulo 8: «La cualidad indispensable del liderazgo: Visión» *El mapa para alcanzar el éxito.* Capítulo 3: «¿Cuán lejos puedo llegar?
> *25 maneras de ganarse a la gente*
> *Cómo ganarse a la gente*

15. La Ley de la Victoria
Los líderes encuentran la forma de que el equipo gane
> *Líder de 360°:* Principio # 8 para dirigir a los líderes que lo supervisan: «Conviértase en un jugador de acción»
> *Piense, para obtener un cambio:* Habilidad # 1 «Adquiera la sabiduría del pensamiento de la imagen completa», y Habilidad # 3: «Descubra el gozo del pensamiento creativo»
> *Lo que marca la diferencia*

16. La Ley del Gran Impulso
El impulso es el mejor amigo de un líder
> *Desarrolle el líder que está en usted:* Capítulo 4: «La prueba esencial del liderazgo: producir un cambio positivo»
> *Líder de 360°:* Principio # 4 para dirigir a los líderes que lo supervisan: «No administre solamente. Dirija también» y Principio # 8 para dirigir a los líderes que lo supervisan: «Conviértase en un jugador de acción»

17. La Ley de las Prioridades
Los líderes entienden que actividad no es necesariamente logro
> *Desarrolle el líder que está en usted:* Capítulo 2: «La clave del liderazgo: prioridades»
> *Hoy es importante:* Capítulo 4: «Las prioridades de hoy me dan enfoque»
> *Piense, para obtener un cambio:* Capítulo 5: «Desate el potencial del pensamiento enfocado» *Líder de 360°:* Principio # 1 para dirigir a los líderes que lo supervisan: «Diríjase a usted mismo excepcionalmente bien»

18. LA LEY DEL SACRIFICIO
Un líder debe ceder para subir

Desarrolle el líder que está en usted: Capítulo 3: «El elemento más importante del liderazgo: Integridad»

El mapa para alcanzar el éxito: Capítulo 7: «¿Ya hemos llegado?»

Hoy es importante: Capítulo 8: «El compromiso de hoy me da tenacidad»

19. LA LEY DEL MOMENTO OPORTUNO
Cuándo ser un líder es tan importante como qué hacer y dónde ir

Líder de 360°: Principio # 6 para dirigir a los líderes que lo supervisan: «Esté preparado cada vez que usted ocupa el tiempo de su líder» y Principio # 7 para dirigir a los líderes que lo supervisan: «Reconozca cuando presionar y cuando retroceder»

Piense, para obtener un cambio: Capítulo 3: «Perfeccione el proceso del pensamiento intencional» y Habilidad 10: «Acepte las lecciones del pensamiento reflexivo»

20. LA LEY DEL CRECIMIENTO EXPLOSIVO
Para añadir crecimiento, dirija seguidores; para multiplicarse, dirija líderes

Desarrolle el líder que está en usted: Capítulo 10: «La lección más importante del liderazgo: desarrollo del personal»

Desarrolle los líderes alrededor de usted

El mapa para alcanzar el éxito: Capítulo 10: «¿Qué hacer en el camino?»

Seamos personas de influencia: Capítulo 10: «Reproduce otros influyentes»

Líder de 360°: Principio # 3 para guiar a sus subordinados: «Desarrolle a cada miembro de su equipo individualmente»; Sección especial: «Cree un ambiente que libera a los líderes de 360°» y Sección VI: «El valor de los líderes de 360°»

21. LA LEY DEL LEGADO
El valor duradero del líder se mide por la sucesión

Seamos personas de influencia. Capítulo 6: «Amplía a las personas». *Líder de 360°:* Principio # 6 para guiar a sus subordinados: «Transfiera la visión».*Atrévete a soñar... ¡y luego haz tu sueño realidad!*

NOTAS

1. La Ley del Tope

1. McDonalds Canada, "FAQs", http://mcdonalds.ca/en/aboutus/faq.aspx (visitado 8 agosto 2006).

2. La Ley de la Influencia

1. Peggy Noonan, *Time*, 15 septiembre 1997.
2. Thomas A. Stewart, *"Brain Power: Who Owns It... How They Profit from It"*, *Fortune*, 17 marzo 1997, pp. 105-106.
3. Paul F. Boller Jr., *Presidential Anecdotes* (New York: Penguin Books, 1981), p. 129.

3. La Ley del Proceso

1. Sharon E. Epperson, "Death and the Maven", *Time*, 18 diciembre 1995.
2. James K. Glassman, "An Old Lady's Lesson: Patience Usually Pays", *Washington Post*, 17 diciembre 1995, H01.
3. "The Champ", *Reader's Digest*, enero 1972, p. 109.
4. Milton Meltzer, *Theodore Roosevelt and His America* (New York: Franklin Watts, 1994).

4. La Ley de la Navegación

1. *Forbes*.
2. John C. Maxwell, *Thinking for a Change: 11 Ways Highly Successful People Approach Life and Work* (New York: Warner Books, 2003), pp. 177-180 [*Piense, para obtener un cambio* (Lake Mary, FL: Casa Creación, 2004)].
3. Jim Collins, *Good to Great: Why Some Companies Make the Leap... and Others Don't* (New York: Harper Business, 2001), p. 86 [*Empresas que sobresalen: por qué unas*

NOTAS

sí pueden mejorar la rentabilidad y otras no (Barcelona: Ediciones Gestión 2000, 2006)].

5. La Ley de la Adición

1. Julie Schmit, "Costco Wins Loyalty with Bulky Margins", *USA Today*, 24 septiembre 2004, http://www.keepmedia.com/pubs/USATODAY/2004/09/24/586747? extID=10032&oliID=213 (visitado 24 agosto 2006).

2. Alan B. Goldberg and Bill Ritter, "Costco CEO Finds Pro-Worker Means Profitability", *ABC News*, 2 agosto 2006, http://abcnews.go.com/2020/Business/story?id=1362779 (visitado 16 agosto 2006).

3. Barbara Mackoff and Gary Wenet, *The Inner Work of Leaders: Leadership as a Habit of Mind* (New York: AMACOM, 2001), p. 5.

4. Steven Greenhouse, "How Costco Became the Anti-Wal-Mart", *New York Times*, 17 julio 2005, http://select.nytimes.com/search/restricted/article (visitado 22 agosto 2006).

5. Goldberg and Ritter, "Costco CEO Finds Pro-Worker Means Profitability".

6. Greenhouse, "How Costco Became the Anti-Wal-Mart".

7. Mateo 25.31-40 (Dios habla hoy).

8. Dan Cathy, Exchange [conferencia], 2 noviembre 2005.

6. La Ley del Terreno Firme

1. Robert Shaw, "Tough Trust", *Leader to Leader*, invierno de 1997, pp. 46-54.

2. Russell Duncan, *Blue-Eyed Child of Fortune* (Athens: University of Georgia Press, 1992), pp. 52-54.

3. Robert S. McNamara con Brian VanDeMark, *In Retrospect: The Tragedy and Lessons of Vietnam* (New York: Times Books, 1995).

7. La Ley del Respeto

1. M. W. Taylor, *Harriet Tubman* (New York: Chelsea House Publishers, 1991).

2. Careers By the People, "Principal", http://www.careersbythepeople.com/index/do/bio/ (visitado 31 agosto 2006).

3. http://www.ncaa.org/stats/m_basketball/coaching/d1_500_coaching_records.pdf (visitado 31 agosto 2006).

4. Alexander Wolff, "Tales Out of School", *Sports Illustrated*, 20 octubre 1997, p. 64.

5. Mitchell Krugel, *Jordan: The Man, His Words, His Life* (New York: St. Martin's Press, 1994), p. 39.

8. LA LEY DE LA INTUICIÓN

1. Cathy Booth, "Steve's Job: Restart Apple", *Time*, 18 agosto 1997, pp. 28-34.

2. Leander Kahney, "Inside Look at Birth of the iPod", *Wired*, 21 julio 2004, www. wired.com/gadgets/mac/news/2004/07/64286 (visitado 1 septiembre 2006).

3. Ana Letícia Sigvartsen, "Apple Might Have to Share iPod Profits", InfoSatellite, 8 marzo 2005, www.infosatellite.com/news/2005/03/a080305ipod.html (visitado 6 abril 2006).

4. "iPod Helps Apple Quadruple Profit", *BBC News*, 10 diciembre 2005, http://news-vote.bbc.co.uk (visitado 1 septiembre 2006).

10. LA LEY DE LA CONEXIÓN

1. CBC News Canada "Bush Visits 'Ground Zero' in New York", 15 septiembre 2001, www.cbc.ca/story/news/?/news/2001/09/14/bushnyc_010914 (visitado 11 septiembre 2006).

2. Sheryl Gay Stolberg, "Year After Katrina, Bush Still Fights for 9/11 Image", *New York Times*, 28 agosto 2006, www.nytimes.com/2006/08/28/us/nationalspecial/28bush.html (visitado 12 septiembre 2006).

3. H. Norman Schwarzkopf, "Lessons in Leadership", vol. 12, no. 5.

4. H. Norman Schwarzkopf and Peter Petre, *It Doesn't Take a Hero* (New York: Bantam Books, 1992) [*Autobiografía* (Barcelona: Plaza y Janes, 1993)].

5. Kevin and Jackie Freiberg, *Nuts! Southwest Airlines' Crazy Recipe for Business and Personal Success* (New York: Broadway Books, 1996), p. 224.

11. LA LEY DEL CÍRCULO ÍNTIMO

1. Michael Specter, "The Long Ride: How Did Lance Armstrong Manage the Greatest Comeback in Sports History?" *New Yorker*, 15 julio 2002, www.michaelspecter.com/pdf/lance.pdf (visitado 15 septiembre 2006).

2. Dan Osipow, "Armstrong: 'I'm More Motivated Than Ever'", *Pro Cycling*, 23 junio 2005, http://team.discovery.com/news/062205tourteam_print.html (visitado 15 septiembre 2006).

3. Discovery Channel Pro Cycling Team, "Cycling FAQ: Learn More About Team Discovery", http://team.discovery.com (visitado 15 septiembre 2006).

4. Lawrence Miller, *American Spirit: Visions of a New Corporate Culture* (New York: Warner Books, 1985).

5. Warren Bennis, *Organizing Genius: The Secrets of Creative Collaboration* (New York: Perseus Books, 1998).

NOTAS

6. Proverbios 27.17 (RVR 1960).

7. Judith M. Bardwick, *In Praise of Good Business* (New York: John Wiley and Sons, 1988).

1 2. LA LEY DEL OTORGAMIENTO DE PODERES

1. Peter Collier y David Horowitz, *The Fords: An American Epic* (New York: Summit Books, 1987) [*Los Ford: una epopeya americana* (Barcelona: Tusquets, 1990)].

2. Lee Iacocca and William Novak, *Iacocca: An Autobiography* (New York: Bantam Books, 1984) [*Iacocca, autobiografía de un triunfador* (Barcelona: Planeta-De Agostini, 1994)].

3. Lynne Joy McFarland, Larry E. Senn, and John R. Childress, *21st Century Leadership: Dialogues with 100 Top Leaders* (Los Angeles: Leadership Press, 1993), p. 64.

4. Benjamin P. Thomas, *Abraham Lincoln: A Biography* (New York: Modern Library, 1968), p. 235.

5. Richard Wheeler, *Witness to Gettysburg* (New York: Harper and Row, 1987).

6. Donald T. Phillips, *Lincoln on Leadership: Executive Strategies for Tough Times* (New York: Warner Books, 1992), pp. 103-104 [*Lincoln y el liderazgo* (Ediciones Deusto, 1993)].

1 3. LA LEY DE LA IMAGEN

1. Stephen E. Ambrose, *Band of Brothers* (New York: Simon and Schuster, 2001), p. 36.

2. Dick Winters con Cole C. Kingseed, *Beyond Band of Brothers: The War Memoirs of Major Dick Winters* (New York: Penguin, 2006), materia de la solapa.

3. Ambrose, *Band of Brothers*, p. 38.

4. Ibid., pp. 95-96.

5. Winters, *Beyond Band of Brothers*, p. 283.

6. About.com: U.S. Military, "Historian Stephen E. Ambrose, Author of 'Band of Brothers': The Story of Easy Company", http://usmilitary.about.com/library/milinfo/bandofbrothers/blbbambrose.htm, (visitado 26 septiembre 2006).

7. Autor desconocido citado en John Wooden con Steve Johnson, *Wooden: A Lifetime of Observations and Reflections On and Off the Court* (Chicago: Contemporary Books, 1997).

8. Ajilon Office, "Trouble Finding the Perfect Gift for Your Boss—How About a Little Respect?" 14 octubre 2003, http://www.ajilonoffice.com/articles/af_bossday_101403.asp (visitado 25 septiembre 2006).

Notas

9. Rudolph W. Giuliani con Ken Kurson, *Leadership* (New York: Miramax Books, 2002), p. 37.

10. Ibid., p. 209.

11. Ibid., p. 70.

12. Ibid., p. xiv.

14. La Ley del Apoyo

1. Otis Port, "Love Among the Digerati", *Business Week*, 25 agosto 1997, p. 102.

15. La Ley de la Victoria

1. James C. Humes, *The Wit and Wisdom of Winston Churchill* (New York: Harper Perennial, 1994), p. 114.

2. Ibid., p. 117.

3. Arthur Schlesinger Jr., "Franklin Delano Roosevelt", *Time*, 13 abril 1998.

4. Andre Brink, "Nelson Mandela", *Time*, 13 abril 1998.

5. Mitchell Krugel, *Jordan: The Man, His Words, His Life* (New York: St. Martin's Press, 1994), p. 41.

6. Southwest Airlines, "Southwest Airlines Fact Sheet", http://www.southwest.com/about_swa/press/factsheet.html#Fun%20Facts (visitado 19 octubre 2006).

7. Freiberg, *Nuts! Southwest Airlines' Crazy Recipe for Business and Personal Success.*

8. Southwest Airlines, "Southwest Airlines Fact Sheet".

9. Southwest Airlines, Annual Report 2005, http://www.southwest.com/investor_relations/swaar05.pdf (visitado 20 octubre 2006). Los datos sobre el capital de los accionistas y los activos totales son del 2005, ya que son los más recientes que están disponibles.

10. Freiberg, *Nuts! Southwest Airlines' Crazy Recipe for Business and Personal Success.*

16. La Ley del Gran Impulso

1. "Regus London Film Festival Interviews 2001: John Lasseter", *Guardian Unlimited*, 19 noviembre 2001, http://film.guardian.co.uk/lff2001/news/0,,604666,00.html (visitado 25 octubre 2006).

2. Catherine Crane, Will Johnson y Kitty Neumark, "Pixar 1996" (estudio de caso), University of Michigan Business School, http://www-personal.umich.edu/~afuah/cases/case14.html (visitado 27 octubre 2006).

NOTAS

3. Brent Schlender, "Pixar's Magic Man", *Fortune*, 17 mayo 2006, http://money.cnn. com/magazines/fortune/fortune_archive/2006/05/29/8377998/index.htm (visitado 24 octubre 2006).

4. Michael P. McHugh, "An Interview with Edwin Catmull", *Networker*, septiembre/ octubre 1997, http://was.usc.edu/isd/publications/archives/networker/97-98/Sep_ Oct_97 (visitado 26 octubre 2006).

5. Crane, Johnson y Neumark, "Pixar 1996".

6. Pixar, "Pixar History: 1995", http://www.pixar.com/companyinfo/history/1995. html (visitado 30 octubre 2006).

7. Austin Bunn, "Welcome to Planet Pixar", *Wired*, http://www.wired.com/wired/ archive/12.06/pixar_pr.html (visitado 25 octubre 2006).

8. IMDb, "All-Time Worldwide Boxoffice", http://www.imdb.com/boxoffice/alltimeg ross?region=world-wide (visitado 30 octubre 2006). Los números corresponden a la fecha del 23 octubre 2006.

9. Claudia Eller, "Disney's Low-Key Superhero", *Los Angeles Times*, 12 junio 2006, http://pqasb.pqarchiver.com/latimes/access/1057182661.html?dids=1057182661 :1057182661&FMT=ABS&FMTS=ABS:FT&type=current&date=Jun+12%2C+ 2006&author=Claudia+Eller&pub=Los+Angeles+Times&edition=&startpage=A. 1&desc=The+Nation (visitado 26 octubre 2006).

10. Jay Mathews, *Escalante: The Best Teacher in America* (New York: Henry Holt, 1988).

17. LA LEY DE LAS PRIORIDADES

1. Janet C. Lowe, *Jack Welch Speaks: Wisdom from the World's Greatest Business Leader* (New York: John Wiley and Sons, 1998), p. 110 [*Jack Welch : descubra la sabiduría del líder más admirado* (Barcelona: Gestión 2000, 1999)].

2. John Wooden y Jack Tobin, *They Call Me Coach* (Chicago: Contemporary Books, 1988).

18. LA LEY DEL SACRIFICIO

1. King Encyclopedia, "Montgomery Improvement Association", http://www.stanford. edu/group/King/about_king/encyclopedia/MIA.html (visitado 8 noviembre 2006).

2. The King Center, "Chronology of Dr. Martin Luther King, Jr.", http://www.thekin- gcenter.org/mlk/chronology.html (visitado 8 noviembre 2006).

3. David Wallechinsky, *The Twentieth Century* (Boston: Little, Brown, 1995), p. 155.

4. Hillary Margolis, "A Whole New Set of Glitches for Digital's Robert Palmer", *Fortune*, 19 agosto 1996, pp. 193-194.

5. Antonia Felix, *Condi: The Condoleezza Rice Story* (New York: Newmarket Press, 2005), p. 48.

6. Ibid., p. 34.

7. Ibid., p. 67.

8. Ibid., p. 72.

9. Ibid., p. 127.

10. Ibid., pp. 152-153.

19. La Ley del Momento Oportuno

1. David Oshinsky, "Hell and High Water", *New York Times*, 9 julio 2006, http://www.nytimes.com/2006/07/09/books/review/09oshi.html?ei=5088&en=4676642ee3fc7078&ex=1310097600&adxnnl=1&partner=rssnyt&emc=rss&adxnnlx=1162847220-jiFf9bMhfwwKfuiWDA/Nrg (visitado 6 noviembre 2006).

2. CNN, "New Orleans Mayor, Louisiana Governor Hold Press Conference", (transcripción), difundido 28 agosto 2005, 10:00 a.m. ET, http://transcripts.cnn.com/TRANSCRIPTS/0508/28/bn.04.html (visitado 6 noviembre 2006).

3. Jonathan S. Landay, Alison Young y Shannon McCaffrey, "Chertoff Delayed Federal Response, Memo Shows", 14 septiembre 2005, http://www.commondreams.org/headlines05/0914-04.htm, (visitado 2 noviembre 2006).

4. CNN, "Red Cross: State Rebuffed Relief Efforts: Aid Organization Never Got into New Orleans, Officials say", 9 septiembre 2005, http://www.cnn.com/2005/US/09/08/katrina.redcross/index.html (visitado 2 noviembre 2006).

5. Madeline Vann, "Search and Rescue", *Tulanian*, verano de 2006, http://www2.tulane.edu/article_news_details.cfm?ArticleID=6752 (visitado 7 noviembre 2006).

6. Answers.com, "Hurricane Katrina", http://www.answers.com/topic/hurricane-katrina (visitado 7 noviembre 2006).

7. Coleman Warner y Robert Travis Scott, "Where They Died", *Times-Picayune*, 23 octubre 2005, http://pqasb.pqarchiver.com/timespicayune/access/915268571.html?dids=915268571:915268571&FMT=ABS&FMTS=ABS:FT&date=Oct+23%2C+2005&author=Coleman+Warner+and+Robert+Travis+Scott+Staff+writers&pub=Times+-+Picayune&edition=&startpage=01&desc=WHERE+THEY+DIED+ (visitado 7 noviembre 2006).

8. Douglas Southall Freeman, *Lee: An Abridgement in One Volume* (New York: Charles Scribner's Sons, 1961), p. 319.

Notas

9. Samuel P. Bates, *The Battle of Gettysburg* (Philadelphia: T. H. Davis and Company, 1875), pp. 198-199.

10. Ibid.

11. Richard Wheeler, *Witness to Gettysburg* (New York: Harper and Row, 1987).

21. La Ley del Legado

1. Grenville Kleiser, *Training for Power and Leadership* (Garden City, New York: Garden City Publishing, 1929).

2. Sesión de preguntas y respuestas con Truett Cathy y Dan Cathy, Exchange [conferencia], 2 noviembre 2005.

DESARROLLE EL LÍDER QUE ESTÁ EN USTED

Dedico este libro al hombre que más admiro:
un amigo cuyo contacto me conforta,
un guía cuya sabiduría me dirige,
una persona cuyas palabras me animan,
un líder al que me encanta seguir...
Mi padre,
Melvin Maxwell

INTRODUCCIÓN

Fue un momento que nunca olvidaré. Estaba dictando una conferencia sobre liderazgo y acababa de hacer una pausa de quince minutos. Un hombre llamado Bob corrió hacia mí y me dijo: «¡Usted ha salvado mi carrera! Le agradezco mucho». Cuando ya se iba lo detuve y le pregunté: «¿De qué manera he salvado su carrera?» Respondió: «Tengo cincuenta y tres años, y en los últimos diecisiete he estado en una posición que requiere liderazgo. Hasta hace poco luchaba demasiado, debido a mi absoluta falta de capacidad de liderazgo y de éxito. El año pasado asistí a uno de sus seminarios sobre liderazgo, y allí aprendí ciertos principios que puse en práctica inmediatamente en el trabajo. Y dieron resultado. El personal comenzó a seguir mis instrucciones lentamente al inicio, pero ahora con mejor disposición. Yo tenía mucha experiencia pero no mucha habilidad. ¡Gracias por haberme hecho líder!»

Testimonios como el de Bob me han animado a dedicar la mayor parte de mi tiempo al desarrollo de líderes. Es la razón por la que dicto seminarios sobre liderazgo en Estados Unidos y en otros países, alrededor de diez veces al año. Es también la razón de este libro.

Lo que ustedes van a leer es la culminación de todo lo aprendido en veinte años de dirigir gente. Durante doce años he enseñado estos principios de liderazgo y he observado, con gran satisfacción, cómo hombres y mujeres se han vuelto más efectivos para dirigir a otros. Ahora tengo la oportunidad de exponer estos principios a ustedes.

LA CLAVE DEL ÉXITO DE CUALQUIER ESFUERZO ESTÁ EN LA CAPACIDAD DE DIRIGIR A OTROS CON ÉXITO

Todo se levanta o se viene abajo a causa del liderazgo. Cuando hago esta afirmación, los oyentes intentan cambiarla a: «*Casi* todo se levanta o se viene abajo a causa del liderazgo». La mayor parte de las personas buscan la excepción en vez de ser excepcionales.

Ahora mismo usted dirige con un nivel determinado de habilidad. Para ejemplificar este principio digamos que en una escala de uno a diez, su capacidad de liderazgo alcanza el nivel de seis. Esto es lo que sé: la efectividad de su trabajo nunca sobrepasará a su capacidad de dirigir e influir en los demás. Una persona no puede producir en forma sostenida a un nivel más alto que el de su liderazgo. En otras palabras, su capacidad de liderazgo determina el nivel de éxito propio y el éxito de los que trabajan con usted.

Hace poco leí en la revista *Newsweek,* las palabras del presidente de Hyatt Hotels: «Si hay algo que he aprendido durante mis veinte y siete años en la industria del servicio, es esto: el noventa y nueve por ciento de los empleados quieren desempeñar un buen trabajo. La manera cómo lo realizan es simplemente un reflejo de aquel para quien trabajan».[1]

Esta anécdota humorística subraya la importancia del liderazgo efectivo: Durante una reunión de ventas, el gerente se quejaba con el cuerpo de vendedores por las desconsoladoras cifras bajas de ventas. «Estoy harto del pobre rendimiento y de las excusas», afirmaba. «Si ustedes no pueden hacer el trabajo, tal vez haya otros vendedores que estarían felices de vender los excelentes productos que cada uno de ustedes tiene el privilegio de representar». Entonces, señalando a un vendedor recién incorporado, un futbolista retirado, añadió: «Si un equipo de fútbol no está ganando, ¿qué sucede? Los jugadores son reemplazados. ¿No es así?»

La pregunta quedó flotando en el aire durante unos cuantos segundos; entonces el ex futbolista respondió: «En realidad, señor, si todo el equipo falla, por lo general se busca un nuevo entrenador».[2]

El liderazgo es algo que se puede enseñar

El liderazgo no es ninguna especie de club exclusivo para «los que ya nacieron con la membresía». Las características personales que constituyen la materia prima del liderazgo pueden adquirirse. Enlácelas con el deseo de ser líder y nada le impedirá llegar a serlo. Este libro le suministrará los principios del liderazgo. Usted debe suministrar el deseo.

Leonard Ravenhill en «The Last Days News Lettter» cuenta de un grupo de turistas que visitaban una aldea pintoresca. Cuando pasaron cerca de un hombre sentado junto a una valla, uno de los turistas le preguntó de una manera altiva: «¿Han nacido hombres notables en esta aldea?»

El viejo respondió: «No, solamente niños».

El liderazgo se desarrolla, no se manifiesta. El verdadero «líder nato» siempre surgirá, pero para permanecer en la cúspide debe desarrollar las características propias del liderazgo. Trabajando con miles de personas deseosas de llegar a ser líderes, he descubierto que todas ellas encajan en una de las cuatro categorías o niveles de liderazgo:

El líder dirigente:

- Nace con cualidades de liderazgo.
- Ha visto modelarse el liderazgo a través de toda la vida.
- Ha aprendido más sobre liderazgo por medio de una capacitación.
- Tiene autodisciplina para llegar a ser un gran líder.

Nota: Tres de estas cuatro cualidades se adquieren.

El líder que se ha formado:

- Ha visto modelarse el liderazgo la mayor parte de su vida.
- Ha aprendido sobre liderazgo por medio de capacitación.
- Tiene autodisciplina para llegar a ser un gran líder.

Nota: Las tres cualidades se adquieren.

El líder latente:

- Ha visto modelarse el liderazgo recientemente.
- Está aprendiendo a ser líder por medio de capacitación.
- Tiene autodisciplina para llegar a ser un buen líder.

Nota: Las tres cualidades se adquieren.

El líder limitado:

- Tiene pocos nexos o ninguno con líderes.
- No ha recibido capacitación o ésta ha sido escasa.
- Tiene deseos de llegar a ser líder.

Nota: Las tres cualidades pueden adquirirse.

Hay muy pocos libros sobre liderazgo; la mayoría tiene que ver con la administración

Parece que hay mucha confusión sobre la diferencia entre «liderazgo» y «administración».

John W. Gardner, ex Secretario del Departamento de Salud, Educación y Bienestar Social, quien dirige un proyecto de estudio sobre el liderazgo en Washington, D.C., ha señalado cinco características que separan a los «administradores líderes» de los «administradores comunes y corrientes»:

1. Los administradores líderes son pensadores con visión a largo plazo que vislumbran más allá de los problemas del día y los informes trimestrales.

2. Los administradores líderes se interesan en sus compañías sin limitarse a las unidades que dirigen. Quieren saber cómo todos los departamentos de la compañía se afectan unos a otros, y constantemente traspasan sus áreas específicas de influencia.

3. Los administradores líderes enfatizan la visión, los valores y la motivación.

4. Los administradores líderes tienen fuerte capacidad política para enfrentar los conflictos inherentes a los múltiples constituyentes.

5. Los administradores líderes no aceptan el «status quo».[3]

La administración es el proceso de asegurar que el programa y objetivos de la organización se implementen. El liderazgo, en cambio, tiene que ver con suscitar una visión y una motivación en la gente.

> Las personas no quieren ser manejadas. Quieren ser dirigidas. ¿Alguien ha oído de un administrador mundial? De un líder mundial, sí. De un líder educativo, sí. De un líder político, religioso, explorador, comunitario, laboral, empresarial. Sí, ellos dirigen, no administran. La zanahoria siempre logra más que el látigo. Pregúntele a su caballo. Usted puede dirigir su caballo hacia donde hay agua, pero no puede obligarlo a beberla. Si usted quiere manejar a alguien, manéjese a usted mismo. Haga eso bien y estará listo para dejar de manejar y comenzar a dirigir.[4]

- Saber cómo hacer un trabajo es el logro del esfuerzo laboral.
- Mostrar a otros es el logro de un maestro.
- Asegurarse de que el trabajo sea hecho por los demás es el logro de un administrador.

- Inspirar a otros para hacer un mejor trabajo es el logro de un líder.

Mi deseo es que usted pueda realizar el trabajo de un líder. Este libro está destinado a alcanzar esa meta. Mientras lo lee y aplica los principios del liderazgo, por favor acuérdese de Bruce Larson. En su libro *Wind and Fire*, Larson señala algunos hechos interesantes sobre las cigüeñas de Sandhill: «Estas aves enormes que vuelan grandes distancias a través de los continentes tienen tres cualidades sobresalientes. Primera, se rotan el liderazgo. Ningún ave permanece al frente de la bandada todo el tiempo. Segunda, escogen líderes que puedan enfrentar las turbulencias. Y luego, durante el tiempo que una de las aves dirige, las demás manifiestan su aprobación con graznidos».

Felizmente usted aprenderá lo suficiente sobre el liderazgo para tomar su lugar al frente de la bandada. Mientras hace ese intento, yo estaré graznando mi aprobación con gran orgullo y una satisfacción profunda.

En todas las épocas llega un tiempo en que es necesario el surgimiento de un liderazgo que llene las necesidades de la hora. Por eso, no hay ningún líder potencial que no encuentre su momento. ¡Lea este libro y alístese para capturar ese momento!

—John C. Maxwell

DEFINICIÓN DE LIDERAZGO:

INFLUENCIA

Todos hablan de él, pocos lo entienden. La mayoría de las personas lo quieren, pocos lo logran. Existen más de cincuenta definiciones y descripciones de liderazgo tan sólo en mis archivos personales. ¿En qué consiste ese intrigante asunto que llamamos «liderazgo»?

Tal vez porque la mayoría de nosotros quiere ser líder nos involucramos emocionalmente al tratar de definir el liderazgo. O, tal vez porque conocemos a un líder tratamos de copiar su conducta y de describir el liderazgo como una personalidad. Pida a diez personas que definan el liderazgo y recibirá diez respuestas diferentes. Después de más de cuatro décadas de observar el liderazgo dentro de mi familia, y después de muchos años de desarrollar mi propio potencial, he llegado a esta conclusión: *El liderazgo es influencia*. Eso es todo. Nada más, nada menos. Mi proverbio favorito sobre el liderazgo es: El que piensa que dirige y no tiene a nadie siguiéndole, sólo está dando un paseo.

James C. George, de la ParTraining Corporation habló de una manera muy efectiva en una reciente entrevista con *Executive Communications*:

> ¿Qué es el liderazgo? Quite, por un momento, los asuntos morales que están detrás de él, y hay solamente una definición: *El liderazgo es la capacidad de conseguir seguidores.*
>
> Hitler fue un líder y también lo fue Jim Jones. Jesús de Nazaret, Martin Luther King, Winston Churchill y John

F. Kennedy, fueron todos líderes. Aunque sus sistemas de valores y capacidades directivas fueron muy diferentes, cada uno tuvo seguidores.

Una vez que usted ha definido al liderazgo como la capacidad de conseguir seguidores, usted vuelve a trabajar desde ese punto de referencia para decidir cómo dirigir.[1]

Allí radica el problema. La mayoría define el liderazgo como la capacidad de alcanzar una posición, no de obtener seguidores. Por lo tanto, van detrás de una posición, rango o título, y cuando los adquieren piensan que ya son líderes. Esta forma de pensar crea dos problemas comunes: Los que poseen el «status» de líder experimentan a menudo la frustración de tener pocos seguidores; y los que carecen de los títulos apropiados pueden no visualizarse como líderes, y por esa razón no desarrollan habilidades de líderes.

El propósito que persigo con este libro es ayudarle a aceptar el liderazgo conceptualizado como influencia (es decir, la capacidad de obtener seguidores), y luego volver a trabajar desde ese punto para ayudarle a aprender cómo dirigir. Cada capítulo está diseñado para poner en sus manos otro principio que le ayudará en el desarrollo de su liderazgo. Este primer capítulo está diseñado para expandir su nivel de influencia.

CÓMO ENTENDER LA INFLUENCIA

TODOS INFLUYEN EN ALGUIEN

Los sociólogos nos dicen que aun el individuo más introvertido influirá en ¡diez mil personas durante toda su vida!

Este sorprendente dato me fue aportado por mi socio Tim Elmore. Tim y yo concluimos que cada uno de nosotros influye y recibe influencia de otros. Eso significa que todos nosotros dirigimos en algunas áreas, mientras que en otras nos dirigen. A nadie se exenta de ser líder o seguidor. Hacer efectivo su potencial de líder es su responsabilidad. En cualquier situación dada, con cualquier grupo dado, hay una persona que ejerce una influencia prominente. Esta persona puede cambiar con un grupo diferente de personas o en una situación diferente para convertirse en alguien que recibe la influencia de otro. Permítame ilustrar esto. La madre puede ejercer una influencia dominante sobre su hijo en la mañana, antes de que comiencen las clases. La madre puede decidir qué debe comer el niño o qué debe vestir. El niño que recibe esa influencia antes de las clases puede convertirse en el que influye sobre otros niños una vez que las clases comienzan. Papá y mamá pueden ir a un restaurante para almorzar, y ambos recibirán la influencia de la mesera que les sugiere la especialidad de la casa. La hora en que la cena se sirve puede ser establecida por el horario de trabajo ya sea del esposo o de la esposa.

El líder prominente de cualquier grupo puede descubrirse muy fácilmente. Sólo observe a la gente cuando se reúne. Si se decide algo, ¿cuál es la persona cuya opinión parece de mayor valor? ¿A quién observan más cuando se discute un asunto? ¿Con quién se ponen de acuerdo más rápido? Y lo que es más importante: ¿A quién le sigue la gente? Las respuestas a estas preguntas le ayudarán a discernir quién es el verdadero líder de un grupo en particular.

NUNCA SABEMOS SOBRE QUIÉN INFLUIMOS O CUÁNTO INFLUIMOS

La manera más efectiva de entender el poder de la influencia, es pensar en las veces que usted ha sido tocado por la influencia de una persona o un acontecimiento. Los grandes acontecimientos dejan marcas indelebles en nuestras vidas y en nuestros recuerdos. Por ejemplo, pregunte a una pareja nacida antes de 1930 qué estaban haciendo cuando supieron que Pearl Harbor había sido bombardeada, y le describirán en detalle sus sentimientos y las circunstancias que vivían cuando oyeron la terrible noticia. Pida a alguien nacido antes de 1955 que describa lo que estaba haciendo cuando se transmitió la noticia de que John F. Kennedy había sido baleado. Tampoco le será difícil a esta persona hallar las palabras para contarlo. Una respuesta similar dará la generación más joven cuando se le pregunte sobre el día en que explotó el *Challenger*. Fueron acontecimientos que impresionaron a todos.

Piense también en las cosas pequeñas o en las personas que influyeron en usted de una manera poderosa. Al reflexionar sobre mi propia vida, pienso en la influencia que tuvo en mí un campamento al que asistí cuando era muchacho, y cómo este me ayudó a decidir qué carrera debía seguir. Recuerdo a mi maestro de séptimo grado, Glen Leatherwood... las parpadeantes luces de nuestro árbol de navidad que me dieron ese «sentimiento de Navidad» cada año... la calificación aprobatoria de un profesor de la universidad... La lista es interminable. La vida consta de influencias que diariamente nos encuentran vulnerables a sus impresiones y, por eso, nos ayudan a moldearnos en las personas que somos.

J. R. Miller lo dijo muy bien: «Ha habido reuniones de sólo un momento que han dejado impresiones para toda la vida, para la eternidad. Nadie puede entender esa cosa misteriosa que llamamos influencia... sin embargo, todos nosotros ejercemos influencia continuamente, ya sea para sanar o para bendecir, para dejar marcas de belleza o para lastimar, para herir, para envenenar, para manchar otras vidas».[2]

Esta verdad también me hace pensar mucho en mi influencia como padre. Un amigo me dio una placa con este poema. La tengo sobre mi escritorio:

El pequeño que me sigue
Quiero ser muy cuidadoso
porque un pequeño me sigue;
no quiero yo desviarme
porque temo que él me siga.

No escapo de su mirada,
lo que me ve hacer también lo intenta.

Como YO soy, quiere ser también,
el pequeño que me sigue.

Debo recordar mientras vivo,
en los veranos soleados y la nieve de invierno,
que estoy construyendo los años
del pequeño que me sigue.

LA MEJOR INVERSIÓN EN EL FUTURO ES UNA ADECUADA INFLUENCIA EN EL PRESENTE

El asunto no es si usted influye en alguien o no. Lo que se necesita determinar es qué clase de influencia ejercerá usted. ¿Mejorará su capacidad de liderazgo? En el libro *Leaders*, Bennis y Nanus dicen: «La verdad es que las oportunidades de liderazgo son abundantes y están al alcance de la mayoría de las personas».[3]

¡Usted debe creerlo! El resto de este capítulo pretende ayudarle a que mañana usted marque la diferencia, al convertirse hoy en un mejor líder.

LA INFLUENCIA ES UNA HABILIDAD QUE SE PUEDE DESARROLLAR

Robert Dilenschneider, el jefe ejecutivo de Hill and Knowlton, una agencia mundial de relaciones públicas, es uno de los principales e influyentes corredores de la nación. Con mucha habilidad despliega su magia persuasiva en la arena global donde se reúnen los gobiernos y las megacorporaciones. Recientemente escribió un libro titulado *Power and Influence*, en el que expone la idea del «triángulo de poder» para ayudar a los líderes a seguir adelante. Dice: «Los tres componentes de este triángulo son: comunicación, reconocimiento e influencia. Usted comienza a comunicarse de una manera efectiva. Esto le conduce al reconocimiento, y el reconocimiento a su vez le conduce a la influencia».[4]

Podemos aumentar nuestra influencia y nuestro liderazgo potencial. De esta convicción he desarrollado un instrumento de enseñanza para ayudar a otros a entender sus niveles de liderazgo a fin de que puedan aumentar sus niveles de influencia (véase figura de la página 374).

LOS NIVELES DE LIDERAZGO
NIVEL 1: POSICIÓN

Este es el nivel básico de entrada al liderazgo. La única influencia que se tiene proviene de un título. Las personas que se quedan en este nivel toman parte en derechos territoriales, protocolos, tradición y organigramas. Estos aspectos no son negativos —a menos que lleguen a constituirse en la base para generar la autoridad e influencia— pero son un pobre sustituto de la capacidad de liderazgo.

Una persona puede estar «en control» porque ha sido nombrada para ocupar una posición. En esa posición puede tener autoridad. Pero el verdadero liderazgo es más que tener autoridad, es más que haber recibido capacitación técnica y seguir los procedimientos apropiados. El verdadero liderazgo consiste en ser la persona a quien otros seguirán gustosa y confiadamente. Un verdadero líder conoce la diferencia entre ser un jefe y ser un líder, como se ilustra por lo que sigue:

El jefe maneja a sus trabajadores. El líder los capacita.

El jefe depende de la autoridad. El líder, de la buena voluntad.

El jefe inspira temor. El líder inspira entusiasmo.

El jefe dice: «Yo». El líder dice: «Nosotros».

El jefe arregla la culpa por el fracaso. El líder arregla el fracaso.

El jefe sabe cómo se hace. El líder muestra cómo se hace.

El jefe dice: «Vayan». El líder dice: «¡Vamos!».

Características de un «líder posicional»

La seguridad se basa en el título, no en el talento. Se cuenta de un soldado raso que en la Primera Guerra Mundial gritó en el campo de batalla: «¡Apaga ese fósforo!», solamente para descubrir para su desgracia que el ofensor era nada menos que el general «Black Jack» Pershing. Cuando el soldado, que temía un severo castigo, trató de disculparse, el general Pershing le dio una palmada en la espalda y le dijo: «No te preocupes hijo. Solamente alégrate de que no soy un subteniente». Es necesario entender muy bien esto: Mientras más alto sea el nivel de capacidad e influencia concomitante, más segura y confiada llega a ser una persona.

Este nivel se obtiene, frecuentemente, por nombramiento. Todos los demás niveles se obtienen por capacidad. En una ocasión Leo Durocher entrenaba en la primera base en un juego de los Giants en West Point. Un cadete bullicioso gritaba y trataba de molestar a Leo: «¡Eh, Durocher!», vociferaba: «¿Cómo pudo un tipo insignificante como tú entrar en las ligas mayores?»

Leo le respondió también a gritos: «¡Mi diputado me nombró!»[5]

Las personas no seguirán a un líder posicional más allá de su autoridad establecida. Harán solamente lo que tengan que hacer cuando se les pida. El estado de ánimo decaído está siempre presente. Cuando el líder carece de confianza, los seguidores carecen de compromiso. Son como el muchacho al que Billy Graham le preguntó cómo encontrar la oficina de correos más cercana. Cuando él le explicó cómo, el doctor Graham le agradeció y le dijo: «Si vienes al centro de convenciones esta noche me oirás decirles a todos cómo llegar al cielo».

«No creo que estaré allí», replicó el muchacho, «usted ni siquiera conoce el camino a la oficina postal».

Los líderes posicionales tienen más dificultad para trabajar con voluntarios, empleados y gente joven. Los voluntarios no tienen que trabajar en la organización, de manera que no hay ninguna palanca económica que pueda accionar el líder posicional para obligarlos a responder. Los empleados participan en la toma de decisiones y resienten el «liderazgo» dictatorial. Los que nacieron después de la Segunda Guerra Mundial, difícilmente se dejan impresionar por los símbolos de autoridad.

A la mayoría de nosotros se nos ha enseñado que el liderazgo es una posición. Nos sentimos frustrados cuando entramos al mundo de la realidad y nos damos cuenta que pocas personas nos siguen por nuestros títulos. Nuestra satisfacción y éxito al dirigir a otros depende de nuestra habilidad para seguir ascendiendo en la escala de los niveles del liderazgo.

Nivel 2: Permiso

Fred Smith dice: «Liderazgo es lograr que la gente trabaje para usted cuando no está obligada a hacerlo».[6] Eso sucede únicamente cuando usted sube al segundo nivel de influencia. A la gente no le importa cuánto sabe usted, sino hasta que sabe cuánto le importa la gente a usted.

El liderazgo comienza en el corazón, no en la cabeza. Florece con una relación significativa, no con más reglas.

Los líderes en el nivel de «posición», a menudo dirigen por intimidación. Son como los pollos que el psicólogo noruego T. Schjelderup-Ebbe estudió al desarrollar el principio de «la ley del más fuerte» que se usa ahora para describir todo tipo de agrupaciones sociales.

Schjelderup-Ebbe descubrió que en todo gallinero hay una gallina que por lo general domina a las otras. Ella pueda picotear a las demás sin ser picoteada por ellas. En segundo lugar, aparece una gallina que picotea a todas pero no a la gallina de la cúspide, y las demás se organizan en una jerarquía descendente, que termina con una desventurada que es picoteada por todas sin que ella pueda picotear a ninguna.

En contraste con lo anterior, una persona en el «nivel de permiso» dirigirá por interrelaciones. La agenda no tiene que ver con «la ley del más fuerte» sino con el desarrollo de la gente. En este nivel, el tiempo, la energía y el enfoque se centran en las necesidades y deseos del individuo. Una hermosa ilustración de por qué es tan importante poner a las personas y sus necesidades en primer lugar, se encuentra en la historia de Henry Ford contenida en el libro de Amitai Etzione *Modern Organizations*:

> Él fabricó un carro perfecto, el Modelo T, que acabó con la necesidad de cualquier otro carro. Se centró totalmente en el producto. Quería llenar el mundo con carros Modelo T. Pero cuando la gente vino a él diciéndole: «Señor Ford, quisiéramos un carro de diferente color», recalcaba: «Pueden tener cualquier color que quieran mientras este sea negro». Y allí fue cuando comenzó la decadencia.

Las personas incapaces de construir relaciones sólidas y duraderas, pronto descubrirán que son incapaces de sostener un liderazgo efectivo y permanente. (El capítulo 7, «Desarrollo de su activo más importante: La gente», trata más ampliamente este tema.) Sabemos que usted puede amar a las personas sin dirigirlas, pero no puede dirigir a las personas sin amarlas.

Un día, uno de los miembros del personal de apoyo de alto nivel, Dan Reiland, me hizo entender algo que no he olvidado: «Si el nivel 1, *Posición*, es la puerta al liderazgo, entonces el nivel 2, *Permiso*, es el cimiento».

¡Cuidado! No trate de saltarse ningún nivel. El nivel que a menudo se pasa por alto es el número 2, *Permiso*. Por ejemplo: un esposo va del nivel 1, *Posición*, un título de boda, al nivel 3, *Producción*. Se convierte en un gran proveedor de la familia, pero en el proceso descuida las relaciones esenciales que mantienen unida a una familia. La familia se desintegra y junto con ella el negocio del esposo. Las relaciones implican un proceso que provee el pegamento y mucho del poder de permanencia necesarios para una producción duradera a largo plazo.

NIVEL 3: PRODUCCIÓN

En este nivel comienzan a suceder cosas, cosas buenas. Las ganancias aumentan. El estado de ánimo se eleva. La rotación de personal es baja. Se llenan las necesidades. Se alcanzan las metas. Junto con este crecimiento viene el gran momento. Dirigir e influir en los demás es algo agradable. Los problemas se resuelven con un mínimo esfuerzo. Las estadísticas actualizadas se dan a conocer al personal que sostuvo el crecimiento de la organización. Cada integrante está orientado hacia los resultados. En realidad, los resultados son la principal razón para la actividad.

Hay una gran diferencia entre los niveles 2 y 3. En el nivel de «relaciones» las personas se reúnen solamente para estar juntas. No hay otro objetivo. En el nivel de los «resultados» las personas se reúnen para lograr un propósito. Les gusta reunirse para estar juntas, pero les encanta estar juntas para lograr algo. En otras palabras, están orientadas hacia los resultados.

Son como un personaje representado por Jack Nicholson al que, cuando estaba en un restaurante, en una famosa escena de la película *Five Easy Pieces*, le dicen que no puede pedir como guarnición una orden de pan tostado. Entonces halla una solución creativa: primero, ordena un sándwich de ensalada de pollo en pan tostado, pero luego le dice a la mesera: «No quiero mayonesa sino mantequilla... y quédate con el pollo».

Una de mis historias favoritas es sobre un vendedor viajero recién contratado que envió el informe de sus primeras ventas a la oficina escrito con pésimas faltas de ortografía. Antes de que el gerente de ventas pudiera responderle, el vendedor envió otra carta desde Chicago para informar sobre su trabajo, con tales faltas de ortografía que era muy difícil entenderlo. Temeroso de despedirlo, pero más temeroso aun de no hacerlo, el gerente de ventas llevó el caso al presidente. La mañana siguiente, los miembros del departamento de ventas en su torre de marfil se sorprendieron al leer en el tablero las dos cartas del vendedor ignorante y, por encima de ellas, una nota del presidente escrita también con muy mala ortografía: «Hemos pazado mucho tiempo tratando de escribir bien en ves de tratar de bender. Pongamos atención a las bentas. Quiero que todos lean estas cartas de Gooch que ahora mismo está aciendo un buen travajo. Quiero que salgan y agan lo mismo».

Obviamente, cualquier gerente de ventas querría tener un vendedor que pudiera tanto vender bien, como escribir bien. Sin embargo, muchas personas que han producido grandes resultados no han sido personas «calificadas».

NIVEL 4: DESARROLLO HUMANO

¿Cómo distingue a un líder? Según Robert Townsend, vienen en todos los tamaños, edades, formas y condiciones. Algunos son administradores con escasa capacidad, otros no son demasiado brillantes. Hay una pista: puesto que algunas personas son mediocres, al verdadero líder se le reconoce porque, de alguna manera, su gente muestra siempre un desempeño superior.

Un líder es grande, no por su poder, sino por su habilidad de hacer surgir poder a otros. El éxito sin que se pueda transmitir a otros es un fracaso. La principal responsabilidad de un trabajador es hacer su trabajo personalmente. La principal responsabilidad de un líder es capacitar a otros para hacer el trabajo (véase capítulo 7).

La lealtad al líder alcanza su nivel más alto cuando el que le sigue ha crecido personalmente gracias a la dirección del líder. Note la progresión: En el nivel 2, el seguidor ama al líder; en el nivel 3, el seguidor admira al líder; en el nivel 4, el seguidor es leal al líder. ¿Por qué? Porque usted se gana el corazón de las personas cuando les ayuda a crecer.

Una de las personas clave del personal de apoyo de alto nivel es Sheryl Fleisher. Cuando ella se unió al equipo no era una persona que influyera en la gente. Empecé a trabajar con ella hasta que verdaderamente llegó a tener influencia. Ahora, tiene mucho éxito ayudando a otros a desarrollarse. Hay un voto de lealtad que Sheryl da a mi liderazgo, y los dos sabemos la razón. El tiempo invertido en ella trajo un cambio positivo. Nunca olvidará lo que hice por ella. Pero también el tiempo que ella ha invertido en otros me ha ayudado en gran manera. Nunca olvidaré lo que ella ha hecho por mí.

Los líderes que le rodean deben ser personas en las que usted personalmente dejó huella o les ayudó a desarrollarse de alguna manera. Cuando eso sucede, el amor y la lealtad se verá en aquellos que están más cerca de usted y en quienes los líderes clave han dejado huella.

Hay, sin embargo, un problema potencial al ascender, como líder, los niveles de influencia, y al sentirse cómodo con el grupo que usted ha capacitado para rodearle: puede no darse cuenta de que muchas personas nuevas lo miran como un líder «posicional» porque no tiene contacto con ellas. Las siguientes sugerencias le ayudarán a ser un capacitador de personas:

Camine lentamente entre la multitud. Halle la forma de estar en contacto con cada persona. En mi congregación de cinco mil miembros, hago lo siguiente:

- Aprender nombres nuevos por medio del directorio con fotografías de los miembros de la iglesia.
- Escribir recados para los miembros de la congregación y leérselos al entregarlos (semanalmente entrego alrededor de 250).
- Leer toda solicitud de membresía.
- Leer y contestar cartas.
- Asistir al evento social organizado por cada grupo de escuela dominical cada año.

Prepare líderes clave. Sistemáticamente me reúno y asesoro a los que tienen influencia dentro de la organización. Ellos, a su vez, transmiten a otros lo que les he dado.

Nivel 5: Personalidad

Pasaré poco tiempo hablando de este nivel puesto que la mayoría de nosotros todavía no ha llegado a él. Únicamente una vida entera de liderazgo probado nos permitirá llegar al nivel 5 y cosechar las recompensas satisfactorias por la eternidad. Sólo sé esto: algún día quisiera alcanzar este nivel. Es posible lograrlo.

EL ASCENSO POR LOS ESCALONES DEL LIDERAZGO

He aquí algunas enseñanzas adicionales sobre el proceso de los niveles del liderazgo.

Mientras más alto se sube, más tiempo se necesita

Cada vez que hay un cambio en su trabajo o usted se une a un nuevo círculo de amigos, comienza de nuevo en el nivel más bajo a subir los escalones.

Mientras más alto se sube, más alto es el nivel de compromiso

Este incremento de compromiso es una calle de dos sentidos. Se demanda un mayor compromiso no solamente de parte de usted sino de parte de las demás personas involucradas. Cuando, ya sea el líder o el seguidor, no quieren hacer los sacrificios que demanda el nuevo nivel, la influencia comienza a decrecer.

Mientras más alto se sube, más fácil es dirigir

Fíjese en la progresión del nivel dos al nivel cuatro. El enfoque va de despertar simpatías por su persona a despertar simpatías por lo que hace a favor del interés común de los comprometidos (a despertar simpatías por lo que hace por ellos personalmente). Cada nivel alcanzado por el líder o los seguidores será una razón más para que la gente quiera seguirle.

MIENTRAS MÁS ALTO SUBE, MAYOR ES EL CRECIMIENTO

El crecimiento se da únicamente cuando tienen lugar cambios efectivos. Los cambios serán más fáciles a medida que ascienda los niveles de liderazgo. Conforme suba, los demás le permitirán y aun le ayudarán a hacer los cambios necesarios.

NUNCA ABANDONE EL NIVEL BASE

Cada nivel se levanta sobre el anterior y se derrumbará si se descuida el nivel inferior, sobre el cual está construido. Por ejemplo, si usted pasa de un nivel de permiso (relaciones), a un nivel de producción (resultados), y deja de preocuparse por las personas que le siguen y le ayudan a producir, podrían desarrollar un sentimiento de estar siendo utilizadas. A medida que usted se traslada de un nivel a otro, su liderazgo con una persona o grupo de personas deberá ser más profundo y más sólido.

SI DIRIGE A UN GRUPO DE PERSONAS, NO ESTARÁ EN EL MISMO NIVEL CON TODAS ELLAS

No todas responderán de la misma manera a su liderazgo.

PARA QUE SU LIDERAZGO CONTINÚE SIENDO EFECTIVO ES ESENCIAL QUE LLEVE CON USTED A LOS INFLUYENTES DEL GRUPO HASTA ALCANZAR LOS NIVELES MÁS ALTOS

La influencia colectiva de usted y los demás líderes traerá descanso. Si esto no sucede, habrá una división que afectará el interés y la lealtad del grupo.

CONCLUSIONES SOBRE LA INFLUENCIA

Tenemos ahora un plano que nos ayuda a comprender lo que es la influencia y cómo podemos acrecentarla. El plano nos indica que para llegar a la cima hay que hacer dos cosas:

1. SEPA EN QUÉ NIVEL SE HALLA USTED EN ESTE MOMENTO

Puesto que usted estará en diferentes niveles con diferentes personas, necesita saber en qué nivel se encuentran tales personas. Si las personas que ejercen una mayor influencia dentro de la organización están en los niveles más altos y le brindan apoyo, podrá lograr el éxito al dirigir a otros. Si quienes ejercen una gran influencia están en los niveles más altos pero no lo respaldan, pronto surgirán problemas.

2. CONOZCA Y APLIQUE LAS CUALIDADES QUE SE NECESITAN PARA TENER ÉXITO EN CADA NIVEL

Aquí está una lista de varias características que deben manifestarse con un grado de excelencia antes de que sea posible el avance a otro nivel.

Nivel 1: Posición/derechos

- Conozca bien en qué consiste su trabajo (descripción de trabajo).
- Conozca la historia de la organización.
- Relacione la historia de la organización con la gente de la organización (en otras palabras, sea el jugador de un equipo).
- Acepte la responsabilidad.
- Haga su trabajo con una excelencia duradera.
- Haga más de lo que se espera de usted.
- Ofrezca ideas creativas de cambio y mejoramiento.

Nivel 2: Permiso/relaciones

- Posea un amor genuino por la gente.
- Haga más exitosos a quienes trabajan con usted.
- Vea a través de los ojos de otras personas.
- Guste más de la gente que de los procedimientos.

CINCO NIVELES DE LIDERAZGO

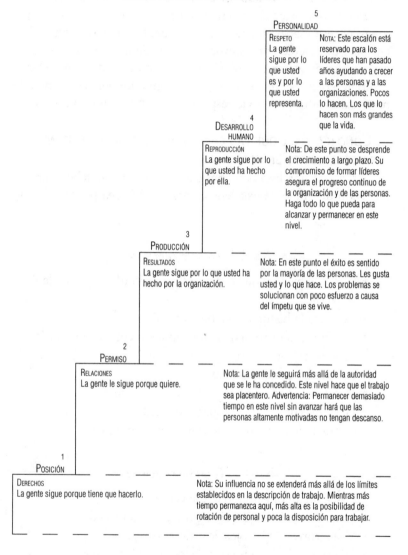

5
PERSONALIDAD

RESPETO
La gente sigue por lo que usted es y por lo que usted representa.

NOTA: Este escalón está reservado para los líderes que han pasado años ayudando a crecer a las personas y a las organizaciones. Pocos lo hacen. Los que lo hacen son más grandes que la vida.

4
DESARROLLO HUMANO

REPRODUCCIÓN
La gente sigue por lo que usted ha hecho por ella.

Nota: De este punto se desprende el crecimiento a largo plazo. Su compromiso de formar líderes asegura el progreso continuo de la organización y de las personas. Haga todo lo que pueda para alcanzar y permanecer en este nivel.

3
PRODUCCIÓN

RESULTADOS
La gente sigue por lo que usted ha hecho por la organización.

Nota: En este punto el éxito es sentido por la mayoría de las personas. Les gusta usted y lo que hace. Los problemas se solucionan con poco esfuerzo a causa del ímpetu que se vive.

2
PERMISO

RELACIONES
La gente le sigue porque quiere.

Nota: La gente le seguirá más allá de la autoridad que se le ha concedido. Este nivel hace que el trabajo sea placentero. Advertencia: Permanecer demasiado tiempo en este nivel sin avanzar hará que las personas altamente motivadas no tengan descanso.

1
POSICIÓN

DERECHOS
La gente sigue porque tiene que hacerlo.

Nota: Su influencia no se extenderá más allá de los límites establecidos en la descripción de trabajo. Mientras más tiempo permanezca aquí, más alta es la posibilidad de rotación de personal y poca la disposición para trabajar.

- Triunfe o no haga nada.
- Acompáñese de otros en su trayectoria.
- Trate con sabiduría a la gente difícil.

Nivel 3: Producción/resultados

- Inicie y acepte la responsabilidad de crecer.
- Desarrolle y siga una declaración de propósito.
- Haga de su descripción de trabajo y de la energía, una parte integrante de la declaración de propósito.
- Desarrolle responsabilidad por los resultados, comenzando por usted mismo.
- Conozca y haga las cosas que brindan una alta retribución.
- Comunique la estrategia y visión de la organización.
- Conviértase en un agente de cambio y detecte cuándo es el tiempo oportuno.
- Haga las decisiones difíciles que producirán un cambio.

Nivel 4: El desarrollo humano/reproducción

- Comprenda que las personas son su activo más valioso.
- Dé prioridad al desarrollo de las personas.
- Sea un modelo que los demás imiten.
- Ponga todos sus esfuerzos de liderazgo en el veinte por ciento de la gente de más alto nivel.
- Exponga a los líderes clave a oportunidades de crecimiento.
- Atraiga a otros ganadores/productores hacia la meta común.
- Entréguese de corazón de tal manera que esto complemente su liderazgo.

Nivel 5: Personalidad/respeto

- Sus seguidores son leales y están dispuestos a sacrificarse.
- Usted ha pasado años dirigiendo y formando líderes.
- Usted ha llegado a ser un estadista/asesor y es buscado por otros.
- Su mayor satisfacción se deriva de observar el desarrollo y el crecimiento de los demás.
- Usted trasciende la organización.

Todos somos líderes porque todos influimos en alguien. No todos pueden ser grandes líderes, pero todos pueden llegar a ser mejores líderes. Ahora, hay solamente dos preguntas que tenemos que contestar: «¿Puede usted desatar todo su potencial de liderazgo?» «¿Quiere usted utilizar su capacidad de liderazgo para mejorar a la humanidad?» Este libro se escribió para ayudarle a hacer ambas cosas.

Mi influencia

Mi vida tocará docenas de vidas
antes de que termine el día.
Dejará incontables marcas buenas y malas,
antes de que el sol se ponga.

Esto es lo que siempre deseo,
y esta la oración que siempre elevo:
Señor, que mi vida ayude a las otras vidas
que toca al ir por el camino?[7]

PASOS QUE DEBE DAR PARA DESATAR SU POTENCIAL DE LIDERAZGO

REPASO:

1. El liderazgo es_____.

2. Los cinco niveles de liderazgo son:

   (1) _____

   (2) _____

   (3) _____

   (4) _____

   (5) _____

3. ¿En qué nivel estoy ahora en relación con la mayoría de las personas?

   _____

4. ¿En qué nivel estoy ahora en relación con otros influyentes?

   _____

RESPONDA:

1. Haga una lista de los cinco influyentes más importantes de la organización.

   a) ¿En qué nivel de influencia está con respecto a ellos?

   b) ¿En qué nivel de influencia están ellos con respecto a otros?

2. Emplee una hora al mes con cada uno de los cinco influyentes más importantes, para construir una relación con ellos individualmente.

3. Emplee dos horas al mes con los influyentes más importantes reuniéndose con ellos como grupo, a fin de ayudarlos a desarrollarse. Emplee una de las dos horas para repasar un capítulo de este libro. Emplee la otra hora haciendo, junto con ellos, un proyecto que mejore la organización.

4. Repase las características de cada uno de los cinco niveles de liderazgo y escoja tres en las que se sienta débil y necesite desarrollarse.

(1)
(2)
(3)

Dos

LA CLAVE DEL LIDERAZGO:

PRIORIDADES

Recientemente, cuando asistía a una conferencia, oí a un orador decir: «Hay dos cosas que son las más difíciles de lograr que la gente haga: pensar y hacer todo en orden de importancia». Añadió que estas dos cosas son las que diferencian a un profesional de un aficionado.

Yo también creo que planear y establecer prioridades para las responsabilidades es lo que señala la mayor diferencia entre un líder y un seguidor porque:

- Las personas prácticas saben cómo lograr lo que quieren.
- Los filósofos saben lo que deben querer.
- Los líderes saben cómo lograr lo que ellos deben querer.

Se puede definir al éxito como *el logro progresivo de una meta predeterminada*. Esta definición nos dice que la disciplina para establecer prioridades y la capacidad para trabajar en dirección a una meta establecida, son esenciales para el éxito de un líder. De hecho, son la clave del liderazgo.

> EL ÉXITO ES EL LOGRO PROGRESIVO DE UNA META PREDETERMINADA.

Hace muchos años, cuando estaba empeñado en obtener la licenciatura en administración, aprendí el Principio de Pareto. Se lo llama comúnmente el Principio 20/80. Aunque en aquella ocasión recibí poca información al respecto, comencé a aplicarlo en mi vida. Veinte años más tarde encuentro que es la herramienta más útil para determinar prioridades en la vida de cualquier persona o de cualquier organización.

El Principio de Pareto

El 20% de sus prioridades le darán el 80% de
su producción
SI
dedica su tiempo, energía, dinero y personal
al 20% de las prioridades establecidas a la cabeza de la lista.

PRIORIDADES	PRODUCCIÓN
1	1
2	2
3	3
4	4
5	5
6	6
7	7
8	8
9	9
10	10

EL PRINCIPIO DE PARETO
EL PRINCIPIO 20/80

La línea continua del Principio 20/80 de la página anterior representa a una persona u organización que emplea tiempo, dinero, energía y personal en las prioridades más importantes. El resultado es una retribución cuádruple en productividad. Las líneas punteadas representan a una persona u organización que emplea tiempo, energía, dinero y personal en prioridades menores. El resultado es una retribución muy pequeña.

Ejemplos del Principio de Pareto:

Tiempo El 20% de nuestro tiempo produce el 80% de los resultados.

Asesoría El 20% de la gente ocupa el 80% de nuestro tiempo.

Productos El 20% de los productos rinde el 80% de las ganancias.

Lectura El 20% del libro tiene el 80% del contenido.

Trabajo El 20% del trabajo aporta el 80% de satisfacción.

Discurso El 20% de la presentación produce el 80% del impacto.

Donaciones El 20% de la gente dará el 80% del dinero.

Liderazgo El 20% de las personas hará el 80% de las decisiones.

Comida al aire libre El 20% de la gente comerá el 80% de los alimentos.

Todo líder necesita entender el Principio de Pareto en el área de supervisión y liderazgo. Por ejemplo, el 20% de la gente de una organización será responsable del 80% del éxito. La siguiente estrategia capacitará a un líder para aumentar la productividad de una organización.

1. Determine qué personas son el 20% de los principales productores.

2. Emplee el 80% del «tiempo dedicado a su gente» con el 20% de los mejores.

3. Invierta el 80% del dinero dedicado al desarrollo de personal, en el 20% de los mejores.

4. Determine cuál 20% del trabajo da el 80% de retribución, y capacite a un asistente para que haga el 80% del trabajo

menos efectivo. Esto libera al productor para hacer lo que hace mejor.

5. Pida que el 20% de los mejores capacite ejerciendo sus funciones al siguiente 20%.

Recuerde, enseñamos lo que sabemos: reproducimos lo que somos. Se engendra lo semejante.

Enseño este principio en las conferencias sobre liderazgo. A menudo me preguntan: «¿Cómo identifico al 20% de los mejores influyentes/productores en mi organización?» Le sugiero hacer una lista de todos los integrantes de su compañía o departamento. Luego, hágase esta pregunta pensando en cada persona: «Si esta persona ejerce una acción negativa contra mí o me quita el apoyo, ¿cómo será el impacto que producirá?» Si usted no podrá funcionar sin ella, marque ese nombre. Si la persona le ayuda o le perjudica, pero no puede hacerle mella en términos de su capacidad para hacer las cosas importantes, entonces no ponga una marca en ese nombre. Cuando haya terminado de marcar los nombres, habrá marcado entre el 15 y 20% de las personas. Esas son las relaciones vitales que se necesita desarrollar y a las que hay que dar la cantidad adecuada de recursos necesarios para el crecimiento de la organización.

> LA EFICIENCIA ES LA BASE PARA SOBREVIVIR. LA EFECTIVIDAD ES LA BASE PARA EL ÉXITO.

NO IMPORTA CUÁN DURO TRABAJA, SINO CUÁN INTELIGENTEMENTE TRABAJA

Le dijeron a un hombre que si trabajaba lo más duro posible podría llegar a ser rico. El trabajo más duro que sabía hacer era cavar hoyos, así que se puso a cavar hoyos enormes en el patio de su casa. No se hizo rico; lo único que ganó fue un dolor de espalda. Trabajó duro, pero trabajó sin prioridades.

Organícese o agonice

La habilidad para hacer juegos malabares con tres o cuatro proyectos de alta prioridad y obtener éxito es un requisito obligatorio en cada líder. Una vida en la que todo pasa, a la larga es una vida en la que nada pasa.

Asigne tipo de prioridad a las tareas

Suma importancia/Suma urgencia: Aborde esos proyectos primero.

Suma importancia/Poca urgencia: Establezca fechas límite para realizarlos y trabaje en ellos en su rutina diaria.

Poca importancia/Suma urgencia: Encuentre maneras rápidas y eficientes para realizar este trabajo sin involucrar a mucho personal. Si es posible deléguelo a un asistente que sea capaz de hacerlo.

Poca importancia/Poca urgencia: Se trata de un trabajo engorroso y repetitivo, como llevar el archivo, por ejemplo. Guarde todo ese trabajo y hágalo en segmentos de media hora una vez a la semana; consiga a alguien que lo haga; o sencillamente no lo haga. Antes de dejar para mañana lo que puede hacer ahora, analice con objetividad. Tal vez pueda posponerlo indefinidamente.

Hace algunos años expuse el Principio 20/80 durante una conferencia en Boston. Pocas semanas más tarde, mi amigo John Bowen me envió un formato que había diseñado con base en la conferencia. Desde entonces lo he usado para establecer mis prioridades. Quizá le sea valioso a usted también (véase la próxima página).

PARETO

FECHA_____

LLAMADAS QUE HACER	REALIZADAS
1._____	☐
2._____	☐
3._____	☐
4._____	☐

NOTAS PERSONALES	REALIZADAS
1._____	☐
2._____	☐
3._____	☐
4._____	☐

TIEMPO 20/80

ORDEN DE PRIORIDAD   TIEMPO   DESCRIPCIÓN: LISTA DE COSAS QUE HACER AHORA   CUMPLIDO
(SUMA IMPORTANCIA; SUMA URGENCIA)

1._____ ☐
2._____ ☐
3._____ ☐
4._____ ☐
5._____ ☐
6._____ ☐
7._____ ☐
8._____ ☐
9._____ ☐
10._____ ☐

LISTA DE COSAS QUE HACER
(SUMA IMPORTANCIA; POCA URGENCIA)

1._____ ☐
2._____ ☐
3._____ ☐
4._____ ☐

LISTA DE COSAS QUE DELEGAR
(POCA IMPORTANCIA; SUMA URGENCIA)

1._____ ☐
2._____ ☐
3._____ ☐
4._____ ☐

TÓMELO O DÉJELO

Toda persona es o un iniciador o actúa en reacción a algo, cuando se trata de planear. Un ejemplo es nuestro calendario. La pregunta no es «¿Estará lleno mi calendario?», sino «¿Quién llenará mi calendario?» Si somos líderes, la pregunta no es «¿Me entrevistaré con las personas?», sino «¿Con quiénes me entrevistaré?» La observación me ha enseñado que los líderes tienden a iniciar y los seguidores a reaccionar. Observe la diferencia:

LÍDERES	SEGUIDORES
Inician	Reaccionan
Dirigen; toman el teléfono y establecen contacto	Escuchan; esperan que suene el teléfono
Emplean tiempo para planear; anticipan los problemas	Viven al día; reaccionan ante los problemas
Invierten tiempo en las personas	Pasan tiempo con las personas
Llenan el calendario con prioridades	Llenan el calendario con tareas solicitadas

EVALÚE O QUÉDESE ESTANCADO

Un veterano de muchos años de experiencia en la toma de decisiones, me dio este sencillo y breve consejo: «Decida qué hacer y hágalo; decida qué no hacer y no lo haga». La evaluación de prioridades, sin embargo, no es tan sencilla. Muchas veces las opciones no son blancas o negras, sino de muchos tonos grises. He descubierto que lo último que uno sabe es qué debe poner en primer lugar.

Las siguientes preguntas le ayudarán en el proceso de establecer prioridades:

¿Qué se requiere de mí? Un líder puede renunciar a todo menos a su responsabilidad última. La pregunta que se debe contestar siempre antes de aceptar un trabajo nuevo es: «¿Qué se requiere de mí?» En otras palabras: «¿Qué tengo que hacer que nadie más sino yo puede hacer?» Cualesquiera que sean esas cosas, estas deben ponerse en los primeros lugares de la lista de prioridades. El no hacerlo le colocará a usted entre los desempleados. Habrá muchas responsabilidades que caigan dentro de los niveles inferiores a su posición, pero unas, aunque pocas, requieren que usted sea el único y solamente el único que pueda hacerlas. Distinga entre lo que usted debe hacer y lo que usted puede delegar a alguna otra persona.

Tómese un minuto y haga una lista de lo que se requiere de usted en su trabajo (estableciendo prioridades si es posible).

1.

2.

3.

4.

¿Qué me da la mayor retribución? El esfuerzo empleado debe aproximarse a los resultados esperados. Una pregunta que me hago continuamente es: «¿Estoy haciendo lo mejor y recibiendo una buena retribución para la organización?» Los tres problemas más comunes en muchas organizaciones son:

- Abuso: Muy pocos empleados hacen mucho.
- Desuso: Muchos empleados hacen poco.
- Mal uso: Muchos empleados están haciendo cosas equivocadas.

Bo Jackson jugó como defensa en el equipo de fútbol americano de la preparatoria. Era bueno, pero no condujo su equipo a ningún campeonato. De hecho, terminaron la temporada con tres victorias y siete derrotas. En Auburn University, cuando todos los que jugaban en la retaguardia se lastimaron, el entrenador de Bo le pidió ocupar su lugar «hasta que los jugadores regulares sanaran». Bo tenía temor, pero obedeció. El resto es historia. Este es un excelente ejemplo de cumplir con los asuntos que tienen que ver con la «retribución».

Tómese un minuto y haga una lista de todo lo que le da la mayor retribución en su trabajo.

1.

2.

3.

4.

¿Qué es lo más gratificante? La vida es demasiado corta como para no divertirse. Nuestro mejor trabajo es aquel del cual disfrutamos. Hace algún tiempo hablé en una conferencia de líderes en la que intenté enseñar este principio. El título de mi conferencia era: «Acepte este trabajo y ámelo». Animé a los oyentes a encontrar algo

que les gustara tanto que gustosamente lo hicieran por nada. Luego les sugerí que aprendieran a hacerlo tan bien que la gente estuviera feliz de pagarles por eso. Andy Granatelli dijo que cuando usted tiene éxito en algo, eso no es trabajo; es una forma de vida. Usted lo disfruta porque está dando su contribución al mundo. ¡Yo lo creo! Tómese un minuto y haga una lista de lo que es más satisfactorio en su trabajo.

1.

2.

3.

4.

El éxito en su trabajo aumentará si las tres erres (Requerimientos/Retribución/Recompensa) son iguales. En otras palabras, si los requerimientos de mi trabajo son semejantes a mis esfuerzos que me dan la más alta retribución, y el hacerlos me produce gran satisfacción, entonces tendré éxito si actúo de acuerdo con mis prioridades.

PRINCIPIOS PARA ESTABLECER PRIORIDADES

LAS PRIORIDADES NUNCA PERMANECEN ESTANCADAS

Las prioridades cambian y demandan atención continuamente. H. Ross Perot dijo que todo lo que es excelente o digno de alabanza permanece sólo por un momento en el «filo cortante» y constantemente se debe luchar por eso. Las prioridades bien establecidas siempre estarán al «filo».

- Evalúe: Cada mes revise las tres erres (Requerimientos/ Retribución/Recompensa)
- Elimine: Pregúntese: «¿Qué de lo que estoy haciendo lo puede realizar alguien más?»
- Aprecie: ¿Cuáles son los proyectos más importantes que se están realizando este mes y qué tiempo tomarán?

> USTED NO PUEDE SOBREESTIMAR LA NULA IMPORTANCIA DE ALGO.

USTED NO PUEDE SOBREESTIMAR LA NULA IMPORTANCIA DE ALGO

Me encanta este principio. Es un poco exagerado pero se necesita hablar de él. William James dijo que el arte de ser sabio es el «arte de saber qué pasar por alto». Lo insignificante y lo mundano roban mucho de nuestro tiempo. La mayoría vive para las cosas equivocadas.

El doctor Anthony Campolo nos habla de un estudio sociológico en el que a cincuenta personas de más de noventa y cinco años les hicieron una pregunta: «Si pudiera vivir su vida otra vez, ¿qué cosa haría de diferente manera?» Era una pregunta abierta y estos ancianos dieron múltiples respuestas. Sin embargo, tres respuestas se repitieron constantemente y predominaron en el estudio. Las tres respuestas fueron:

- Si tuviera que hacerlo otra vez, reflexionaría más.
- Si tuviera que hacerlo otra vez, me arriesgaría más.
- Si tuviera que hacerlo otra vez, haría más cosas que continuaran viviendo después de que yo muriera.

A una joven concertista de violín le preguntaron cuál era el secreto de su éxito. Ella respondió: «Descuido planeado». Luego explicó: «Cuando estaba en la escuela había muchas cosas que demandaban mi tiempo. Cuando iba a mi cuarto después del desayuno, tendía mi cama, arreglaba la habitación, barría y hacía cualquier cosa que me llamara la atención. Después corría a mi práctica de violín. Me di cuenta que no estaba progresando como pensaba que debería. Así que cambié el orden de las cosas. Hasta que terminaba mi tiempo de práctica, deliberadamente descuidaba todo lo demás. Creo que mi éxito se debe a ese programa de descuido planeado».[1]

LO BUENO ES ENEMIGO DE LO MEJOR

La mayoría de las personas pueden establecer prioridades fácilmente cuando se enfrentan con lo bueno o con lo malo. El problema surge cuando nos enfrentamos con dos cosas buenas. ¿Qué debemos hacer? ¿Qué hacer si ambas cosas llenan todos los requerimientos, tienen retribución, y nos recompensan por nuestro trabajo?

Cómo romper la atadura entre dos buenas opciones

- Pregunte a su supervisor o a sus colaboradores cuál es su preferencia.
- ¿Alguna de las opciones puede ser manejada por alguien más? Si es así, deléguela y trabaje en la que sólo usted puede hacer.
- ¿Qué opción sería de mayor beneficio para el cliente? A menudo somos como el comerciante que se empeñaba tanto en mantener limpia la tienda que nunca abría la puerta. ¡La verdadera razón para tener una tienda es para que entren los clientes, no para tenerla limpia!
- Tome su decisión basándose en el propósito de la organización.

El guardián de un faro que trabajaba en una sección rocosa de la costa, recibía su nuevo suministro de petróleo una vez al mes para mantener la luz encendida. Como no estaba muy lejos de la orilla, tenía frecuentes visitas. Una noche, una mujer de la aldea le rogó que le diera un poco de petróleo para mantener el calor en su hogar. En otra ocasión, un padre le pidió un poco para su lámpara. Otro necesitaba un poco de petróleo para lubricar una rueda. Como todas las peticiones le parecían legítimas, el guardián del faro trató de agradar a todos y les concedió lo que pedían. Al final del mes notó que le quedaba muy poco petróleo. Pronto, éste se terminó y el faro se apagó. Esa noche varios barcos chocaron contra las rocas y se perdieron muchas vidas. Cuando las autoridades investigaron, el hombre estaba muy arrepentido. Ante sus excusas y lamentaciones, la respuesta de ellos fue: «Le hemos dado petróleo solamente con un propósito: ¡mantener el faro prendido!»

Usted no puede tenerlo todo

Cada vez que mi hijo Joel Porter y yo entrábamos a una tienda, le decía: «No puedes tenerlo todo». Como a muchas personas, a él le es muy difícil eliminar cosas de su vida. El 95% para lograr algo consiste en saber lo que se quiere. Hace muchos años leí este poema de William H. Hinson:

> El que busca una cosa, y solamente una,
> tiene la esperanza de encontrarla antes de que la vida termine.
> Pero el que busca todas las cosas dondequiera que va
> obtendrá de todo lo que siembra
> una cosecha estéril de remordimiento.

Un grupo de personas se preparaba para ascender a la cumbre de Mont Blanc en los Alpes franceses. La noche anterior a la ascensión, un guía francés explicó cuál era el principal prerrequisito para el éxito. Dijo: «Para llegar a la cima, deben portar solamente el equipo necesario para la ascensión. Deben dejar atrás todos los accesorios innecesarios. Ascender es difícil».

Un joven inglés no estuvo de acuerdo y a la mañana siguiente apareció con una manta de colores brillantes bastante pesada, grandes trozos de queso, una botella de vino, un par de cámaras con varias lentes colgando de su cuello y unas barras de chocolate. El guía le dijo: «Nunca llegará con todo eso. Debe llevar lo absolutamente necesario para ascender».

Pero voluntarioso como era, el inglés decidió ascender por su propia cuenta, para demostrar al grupo que podía hacerlo. El grupo siguió su marcha bajo la dirección del guía, cada uno llevando sólo lo absolutamente necesario. En el camino hacia la cima de Mont Blanc comenzaron a encontrar cosas que habían sido abandonadas. Primero, encontraron una manta de colores brillantes, luego algunos trozos de queso, una botella de vino, equipo fotográfico y barras de chocolate. Cuando por fin llegaron a la cima el inglés ya estaba allí. Sabiamente había dejado todo lo innecesario a lo largo del camino.

Demasiadas prioridades nos paralizan

Todos nosotros hemos visto nuestros escritorios llenos de memos y papeles, hemos oído sonar el teléfono, y hemos visto abrirse la puerta, ¡todo al mismo tiempo! ¿Recuerda el «sudor frío» que se siente?

William H. Hinson nos explica por qué los domadores llevan una silla, cuando entran en la jaula de los leones. Tienen sus látigos, por supuesto, y también sus pistolas. Hinson dice que la silla es el instrumento más importante del entrenador. La sostiene por el respaldo y apunta las patas hacia la cara de la fiera. Los que saben de esto dicen que el animal trata de concentrar su atención en las cuatro patas a la vez. En el intento de concentrarse en las cuatro, le sobreviene una especie de parálisis, y se vuelve dócil, débil e incapaz, porque su atención está fragmentada. (Ahora tendremos una mayor empatía por los leones.)

Un día, Sheryl, una de los miembros más productivos del personal de apoyo de alto nivel, vino a verme. Se veía exhausta. Me di cuenta que estaba sobrecargada de trabajo. Su lista de «cosas que hacer» parecía demasiado larga. Le pedí que hiciera una lista de todos sus proyectos. Juntos establecimos las prioridades. Todavía puedo ver la expresión de alivio en su cara al percatarse de que la carga se aligeraba.

Si usted está sobrecargado de trabajo, haga una lista de las prioridades en una hoja de papel antes de llevar el asunto a su jefe para que él establezca las prioridades.

Al final de cada mes planeo y establezco prioridades para el siguiente mes. Me siento con Bárbara, mi asistente, y le pido que escriba esos proyectos en el calendario. Ella maneja cientos de cosas que tengo que hacer mensualmente. Sin embargo, cuando algo es de Suma importancia/Suma urgencia, le pido que lo ubique por encima de otras cosas que están en el calendario. Los verdaderos líderes han aprendido a decir «no» a lo bueno para decir «sí» a lo mejor.

CUANDO LAS PEQUEÑAS PRIORIDADES DEMANDAN MUCHO DE NOSOTROS, SURGEN GRANDES PROBLEMAS

Robert J. McKain dijo: «La razón por la que la mayoría de las metas principales no se alcanzan es porque empleamos nuestro tiempo haciendo primero las cosas secundarias».

Hace algunos años un titular de prensa hablaba de trescientas ballenas que murieron repentinamente. Las ballenas perseguían sardinas y se quedaron varadas en una bahía. Frederick Broan Harris comentó: «Los pequeños peces condujeron a los gigantes marinos a su muerte… Fueron a una muerte violenta por escoger pequeños fines, por prostituir grandes poderes persiguiendo metas insignificantes».[2]

A menudo las pequeñas cosas de la vida nos hacen tropezar. Un ejemplo trágico es el del avión jumbo jet de Eastern Airlines que se estrelló en los Everglades de Florida. Era el ahora famoso vuelo 401 de Nueva York a Miami y llevaba muchos pasajeros en un día feriado. Cuando el avión se acercaba al aeropuerto de Miami para aterrizar, la luz que indica el descenso del tren de aterrizaje no se prendió. El avión voló en grandes círculos sobre los pantanos de los Everglades mientras la tripulación de cabina examinaba si el tren de aterrizaje realmente no había bajado, o si tal vez la bombilla que emitía las señales estaba dañada.

El ingeniero de vuelo trató de quitar la bombilla, pero esta no se movía. Los demás miembros de la tripulación quisieron ayudarlo. Ocupados en eso, ninguno notó que el avión perdía altura y volaba directamente hacia el pantano. Docenas de personas murieron en el accidente. Mientras una tripulación de pilotos altamente calificados y cotizados perdía el tiempo con una bombilla de setenta y cinco centavos, el avión con sus pasajeros se fue a pique.

LOS PLAZOS Y LAS EMERGENCIAS NOS OBLIGAN A ESTABLECER PRIORIDADES

Encontramos esto en la Ley de Parkinson: Si usted tiene que escribir una sola carta, le tomará un día hacerlo. Si usted tiene que escribir veinte cartas, las hará todas en un día.

¿Cuál es el tiempo en que somos más eficientes en el trabajo? ¡La semana anterior a las vacaciones! ¿Por qué no podemos vivir y trabajar de la manera como lo hacemos la semana antes de dejar la oficina, tomando las decisiones, arreglando el escritorio, devolviendo las llamadas? En condiciones normales, somos eficientes (hacemos las cosas correctamente). Cuando nos sentimos presionados por el tiempo o las emergencias, nos volvemos efectivos (hacemos las cosas debidas). La eficiencia es el fundamento para la supervivencia. La efectividad es el fundamento para el éxito.

En la noche del 14 de abril de 1912, el gran trasatlántico *Titanic* chocó contra un iceberg en el océano Atlántico y se hundió, causando la pérdida de muchas vidas. Una de las anécdotas más curiosas que se contaba de este desastre, es la de una mujer que consiguió un asiento en uno de los botes salvavidas.

Preguntó si podía regresar a su camarote por algo que se había olvidado y le dieron exactamente tres minutos para hacerlo. Corrió por los pasillos pisoteando dinero y piedras preciosas tiradas por todas partes que los pasajeros en su prisa habían dejado caer. Ya en su camarote, pasó por alto sus propias joyas y en vez de ellas tomó tres naranjas. Entonces volvió rápido a su lugar en el bote.

Sólo unas horas antes hubiera sido ridículo pensar que ella hubiera aceptado una canasta de naranjas a cambio de siquiera uno de sus más pequeños diamantes, pero las circunstancias habían transformado de repente todos los valores a bordo del barco. La emergencia había clarificado sus prioridades.

Muy a menudo aprendemos muy tarde lo que es verdaderamente importante

Somos como aquella familia que estaba harta del ruido y del tráfico de la ciudad y decidió mudarse al campo y tratar de vivir en espacios abiertos más amplios. Con la intención de criar ganado, compraron un rancho. Un mes más tarde, algunos amigos fueron a visitarlos y les preguntaron cuál era el nombre del rancho. El padre dijo: «Bueno, yo quise llamarlo el Flying-W y mi esposa quiso llamarlo el Suzy-Q. Pero uno de nuestros hijos quiso el Bar-J, y el otro prefirió el Lazy-Y, así que acordamos llamarlo el Rancho Flying-W, Suzy-Q, Bar-J, Lazy-Y». Sus amigos le preguntaron: «Bueno, ¿Y dónde está el ganado?» El hombre respondió: «No tenemos ninguno. ¡Ninguno sobrevivió a la marca del hierro candente!»

Es desconocido el autor que dijo: «El niño nace con el puño cerrado; el hombre muere con la mano abierta. La vida tiene una manera de hacernos soltar las cosas que pensamos que son muy importantes».

Gary Redding cuenta esta historia del senador Paul Tsongas de Massachusetts. En enero de 1984 anunció que se retiraría del senado de Estados Unidos y no buscaría la reelección. Tsongas era una estrella política. Era un fuerte favorito a la reelección, y se le había mencionado como potencial candidato para la presidencia o vicepresidencia de Estados Unidos.

Pocas semanas antes de su anuncio, a Tsongas le habían diagnosticado una clase de cáncer linfático que no podía ser curado, pero sí tratado. Aparentemente, no afectaría sus capacidades físicas o su expectativa de vida. La enfermedad no obligó a Tsongas a salir del senado, pero sí le obligó a enfrentar la realidad de su propia mortalidad. No podría hacer todo lo que hubiera querido hacer. Por lo tanto, ¿cuáles eran las cosas que verdaderamente quería hacer en el tiempo que le quedaba?

Decidió que lo que más quería en su vida, a lo que no renunciaría si no pudiera tenerlo todo, era estar con su familia y mirar crecer a sus hijos. Preferiría hacer eso a dar forma a las leyes de la nación o dejar su nombre escrito en los libros de historia.

Poco después de tomar su decisión, un amigo le escribió una nota felicitándolo por tener sus prioridades bien establecidas. La nota decía, entre otras cosas: «Nadie dijo jamás en su lecho de muerte: "Hubiera querido pasar más tiempo en mis negocios"».

Tres

EL ELEMENTO MÁS IMPORTANTE DEL LIDERAZGO:

Integridad

El diccionario define la palabra *integridad* como «...el estado de estar completo, no dividido». Cuando tengo integridad, mis palabras y mis obras coinciden. Soy quien soy no importa donde estoy o con quien estoy.

Lamentablemente, la integridad es en la actualidad un producto perecedero. Los patrones morales se desmoronan en un mundo a la caza del placer y los atajos hacia el éxito.

En una solicitud de trabajo, se incluía la pregunta: «¿Ha sido arrestado alguna vez?» El solicitante contestó NO. La siguiente pregunta era una continuación de la primera. Decía: «¿Por qué?» Sin darse cuenta de que no debía contestar, el solicitante «honesto» y bastante ingenuo escribió: «Supongo, porque nunca me han atrapado».

Una caricatura de Jeff Danzinger muestra al presidente de una compañía anunciando a su personal: «Caballeros, este año la estrategia será la honestidad». Desde un lado de la mesa de conferencias, un vicepresidente murmura: «Magnífico». Desde el otro lado de la mesa, otro vicepresidente pronuncia en voz baja: «¡Pero muy arriesgado!»

En otra caricatura del *New Yorker*, dos hombres de mediana edad, bien afeitados, están sentados en la celda de una cárcel. Uno de ellos se vuelve y le dice al otro: «Siempre pensé que nuestros niveles de corrupción se ajustaban a los patrones de la comunidad».

La Casa Blanca, el Pentágono, el Capitolio, la iglesia, el campo deportivo, la academia, aun la guardería, han sido golpeados por el escándalo. En cada caso, pueden trazarse en el mismo nivel la falta de credibilidad y el grado de integridad de los individuos que están dentro de esas organizaciones e instituciones.

Una persona con integridad no divide su lealtad (eso es duplicidad), ni finge ser de otra manera (eso es hipocresía). La gente con integridad es gente «completa»; puede identificarse por tener una sola manera de pensar. Las personas con integridad no tienen nada que esconder ni nada que temer. Sus vidas son libros abiertos. V. Gilbert Beers dice: «Una persona con integridad es la que ha establecido un sistema de valores ante el cual se juzga toda la vida».

La integridad no es tanto lo que hacemos sino lo que somos. Y lo que somos, a su vez, determina lo que hacemos. Nuestro sistema de valores es una parte de nosotros que no podemos separar de nuestra personalidad. Viene a ser el sistema de navegación que nos guía. Permite establecer prioridades en la vida y sirve de patrón para juzgar lo que debemos aceptar o rechazar.

Todo ser humano experimenta deseos encontrados. Nadie, sin importar cuán «espiritual» sea, puede evitar esta batalla. La integridad es el factor que determina cuál prevalecerá. Luchamos todos los días con situaciones que demandan decisiones entre lo que queremos hacer y lo que debemos hacer. La integridad da origen a las reglas básicas para resolver estas tensiones. Determina quiénes somos y cómo responderemos aun antes de que aparezca el conflicto. La integridad amalgama el decir, el pensar y el actuar para formar una persona completa, de manera que no es permisible a ninguno de estos aspectos estar fuera de sincronía.

La integridad nos une interiormente y forja en nosotros un espíritu de contentamiento. No permitirá a nuestros labios violar el corazón. Cuando la integridad sea el árbitro, seremos congruentes; nuestra conducta reflejará nuestras creencias. Nuestras creencias se reflejarán a través nuestro. No habrá discrepancia entre lo que parecemos ser y lo que nuestra familia sabe que somos, ya sea en tiempos de prosperidad o de adversidad. La integridad nos permite predeterminar lo que seremos en tiempos de prueba sin importar las circunstancias, las personas involucradas o los lugares.

La integridad no sólo es el árbitro entre dos deseos. Es el factor fundamental que distingue a una persona feliz de un espíritu dividido. Nos libera para ser personas completas, a pesar de lo que surja en el camino.

«La primera clave para la grandeza», nos recuerda Sócrates, «es ser en verdad lo que aparentamos ser». Muy a menudo tratamos de ser un «hacer humano» antes de lograr ser un «ser humano». Para despertar confianza, un líder tiene que ser auténtico. Para que eso suceda, uno debe actuar a la manera de una composición musical: la letra y la música coinciden.

Si lo que digo y lo que hago es lo mismo, los resultados serán coherentes. Por ejemplo:

Les digo a los empleados: «Lleguen a tiempo».	Llego al trabajo a tiempo.	Llegarán al trabajo a tiempo.
Les digo a los empleados: «Sean positivos».	Muestro una actitud positiva.	Serán positivos.
Les digo a los empleados: «Pongan al cliente en primer lugar».	Pongo al cliente en primer lugar.	Pondrán al cliente en primer lugar.

Si lo que yo hago y digo no es lo mismo, los resultados no serán coherentes. Por ejemplo:

Les digo a los empleados: «Lleguen a tiempo».	Llego al trabajo tarde.	Algunos llegarán a tiempo otros no.
Les digo a los empleados: «Sean positivos».	Muestro una actitud negativo.	Algunos serán positivos otros no.
Les digo a los empleados: «Pongan al cliente en primer lugar».	Me pongo a mí mismo en primer lugar.	Algunos pondrán a los clientes en primer lugar otros no.

El 89% de lo que la gente aprende proviene de un estímulo visual, el 10% de un estímulo auditivo, y el 1% de otros sentidos. De este modo es comprensible que los seguidores muestren una mayor congruencia y lealtad, entre más perciban mediante el oído y la vista la coherencia existente entre la palabra y la acción del líder. *Lo que oyen, entienden.* *¡Lo que ven, creen!*

> LA INTEGRIDAD NO ES TANTO LO QUE HACEMOS SINO LO QUE SOMOS.

Muy a menudo intentamos motivar a nuestros seguidores con artilugios efímeros y superficiales. Lo que la gente necesita no es un lema que diga algo sino un modelo que se vea.

LA PRUEBA DE FUEGO DE LA CREDIBILIDAD

Mientras más credibilidad posea, más confianza tendrá la gente en usted, y en consecuencia le conferirán el privilegio de influir en sus vidas. Mientras menos credibilidad posea, menos confianza depositará la gente en usted y más rápidamente perderá su posición de influencia.

Muchos líderes que han asistido a mis conferencias han expresado: «Ojalá usted pueda darme algunas perspectivas de cómo puedo cambiar mi compañía». Mi respuesta es siempre la misma: «Mi meta es inspirarle para cambiar; si eso sucede, la organización también cambiará». Como lo he dicho una y otra vez, todo se levanta o se viene abajo a causa del liderazgo. El secreto para levantarse y no caer es la integridad. Demos un vistazo a ciertas razones por las cuales la integridad es tan importante.

1. LA INTEGRIDAD PRODUCE CONFIANZA

Dwight Eisenhower dijo:

> Para ser un líder un hombre debe tener seguidores. Y para tener seguidores un hombre debe contar con la confianza de estos. De ahí que la suprema calidad de un líder es, incuestionablemente, la integridad. Sin ella, ningún éxito real es

posible, no importa si se trata de pandillas, equipos de fútbol, el ejército o una oficina. Si los socios de un hombre le hallan culpable de ser un impostor, si descubren que carece de integridad, fracasará. Sus enseñanzas y acciones deben cuadrar. La primera gran necesidad, por lo tanto, es la integridad y propósitos elevados.[1]

Pieter Bruyn, un especialista holandés en administración, sostiene que la autoridad no es el poder que un jefe tiene sobre sus subordinados, sino más bien la habilidad de ese jefe para influir en sus subordinados a fin de que reconozcan y acepten ese poder. El lo llama un «trato»: Los subordinados tácitamente deciden aceptar al jefe como jefe, a cambio de que se les ofrezca la clase de liderazgo que *ellos* pueden aceptar. ¿A qué se reduce la teoría de Bruyn? Muy simple: el administrador debe construir y mantener la credibilidad. Los subordinados deben confiar en que su jefe actuará de buena fe con respecto a ellos.

> IMAGEN ES LO QUE LA GENTE PIENSA QUE SOMOS. INTEGRIDAD ES LO QUE EN REALIDAD SOMOS.

Muy a menudo, las personas que tienen la responsabilidad de dirigir se vuelven hacia la organización para hacer que la gente sea responsable de seguir. Piden un nuevo nombramiento, otra posición, otro organigrama, una nueva política para detener la insubordinación. Lamentablemente, nunca logran tener suficiente autoridad para ser efectivos. ¿Por qué? Ponen la mirada en factores externos cuando el problema radica en los internos. Carecen de autoridad porque carecen de integridad.

En una encuesta de Carnegie-Mellon, solamente el 45% de cuatrocientos administradores creían a su gerente general; una tercera parte desconfiaba de sus jefes inmediatos.[2] Con tanta dependencia de la credibilidad y la confianza, alguien, en toda organización, debe proveer el liderazgo para mejorar estas cifras.

Cavett Roberts, dijo: «Si la gente me entiende, captaré su atención. Si la gente confía en mí, lograré su acción». Para que un líder
tenga la autoridad de dirigir, necesita más que exhibir el nombramiento en la puerta. Tiene que ganarse la confianza de quienes le siguen.

2. LA INTEGRIDAD TIENE UN VALOR DE MUCHA INFLUENCIA

Emerson dijo: «Toda gran institución es la sombra ensanchada de
un solo hombre. Su carácter determina el carácter de la organización».

Esta afirmación coincide con las palabras de Will Rogers, que
dijo: «Las personas cambian de opinión por la observación y no por
los argumentos». La gente hace lo que ve.

Según 1,300 ejecutivos de más alto rango que participaron en
una encuesta reciente, la integridad es la cualidad humana más necesaria para el éxito de los negocios. El 71% lo ponen en el primer lugar
de una lista de dieciséis características que promueven la efectividad
de un ejecutivo.

Lamentablemente, en el hogar tendemos a olvidar el valor de
suma influencia que es la integridad. R. C. Sproul en su libro *Objec-
tions Answered*, cuenta de un joven judío que vivió en Alemania hace
muchos años. El muchacho tenía un profundo sentido de admiración
por su padre, quien veía que la vida de la familia giraba alrededor de
las prácticas religiosas. El padre les llevaba a la sinagoga siempre.

Durante la adolescencia del muchacho, sin embargo, la familia
se vio obligada a trasladarse a otro pueblo de Alemania. En ese pueblo no había sinagoga, sino sólo una iglesia luterana. La vida de la
comunidad giraba alrededor de la iglesia luterana; las mejores personas pertenecían a ella. De pronto, el padre anunció a la familia que
todos iban a abandonar sus tradiciones judías y a unirse a la iglesia
luterana. Cuando la familia, pasmada, preguntó la razón, el padre
explicó que ello beneficiaría sus negocios. El joven quedó perplejo y
confundido. Su profunda desilusión dio paso a la ira y a una amargu-
ra intensa que lo atormentó toda la vida.

Poco más tarde el joven fue a estudiar a Inglaterra. Todos los días iba al Museo Británico. Ahí iba dando forma a sus ideas para estructurar un libro. En este introdujo una visión del mundo totalmente nueva y concibió un movimiento cuyo propósito era cambiarlo. Describió a la religión como «el opio de los pueblos». Comprometió a la gente que le seguía a vivir sin Dios. Sus ideas se convirtieron en la norma que regía a los gobiernos de casi la mitad del mundo. ¿Su nombre? Karl Marx, el fundador del movimiento comunista.

La historia del siglo veinte, y quizá la posterior, se ha visto afectada de manera significativa porque un padre distorsionó sus valores.

3. La integridad forja patrones elevados

Los líderes deben regir sus vidas por patrones más elevados que los de sus seguidores. Esta realidad es exactamente opuesta a los pensamientos de la mayoría de las personas en cuanto al liderazgo. En el mundo de la petulancia y los privilegios que acompañan al éxito, se piensa poco en las responsabilidades que conlleva el ascenso. Los líderes pueden renunciar a todo, excepto a la responsabilidad, bien sea la propia o la de sus organizaciones. John D. Rockefeller Jr., dijo: «Creo que cada derecho implica una responsabilidad; cada oportunidad, una obligación; cada posesión, un deber». El diagrama que sigue ilustra este principio.

Un gran número de personas están listas para reclamar sus derechos, pero no para asumir sus responsabilidades. Richard L. Evans, en su libro *An Open Road*, dijo:

No tiene precio encontrar a una persona que acepte una responsabilidad, la cumpla y le dé seguimiento hasta el último detalle; y saber que alguien acepte una tarea que terminará de una manera efectiva y concienzuda. Pero cuando recibimos tareas a medio terminar —es necesario revisar, verificar, editar, interrumpir el pensamiento, y darle atención una y otra vez—, obviamente alguien no se apegó a la doctrina del trabajo completo.

Tom Robbins dijo: «No sea víctima de la época en que vive. Los tiempos no nos harán fracasar más de lo que lo hará la sociedad». Hay en la actualidad una tendencia a absolver a los individuos de la responsabilidad moral y a tratarlos como víctimas de las circunstancias sociales. Usted cree eso y lo paga con su vida. Lo que limita a las personas es la falta de carácter». Cuando el carácter de los líderes es endeble, también lo son sus patrones morales.

4. LA INTEGRIDAD DA COMO RESULTADO UNA REPUTACIÓN SÓLIDA, NO SOLAMENTE UNA IMAGEN

Imagen es lo que la gente piensa que somos. Integridad es lo que realmente somos.

Dos señoras de edad caminaban por el cementerio que circundaba a una iglesia en Inglaterra, y llegaron a una tumba. El epitafio decía: «Aquí yace John Smith, un político y un hombre honrado».

«¡Dios mío!», dijo una señora a la otra, «¿no es horroroso que hayan puesto dos personas en la misma tumba?»

Sin lugar a dudas, todos hemos conocido a personas que no eran lo que aparentaban. Lamentablemente, muchos se han dedicado más a labrar su imagen que su integridad, no entienden cuando de repente «caen». Aun los amigos que pensaban conocerlos resultan sorprendidos.

En la antigua China, el pueblo quería seguridad contra las hordas bárbaras del norte, y por eso construyeron la gran muralla. Era tan alta que creían que nadie podría treparla y tan gruesa que nada podría derribarla. Se dispusieron a disfrutar de su seguridad. Durante los primeros quinientos años de la existencia de la muralla, China fue invadida tres veces. Ni una sola vez las hordas bárbaras derribaron la muralla o treparon por ella. En cada ocasión sobornaron a un portero y entraron por las puertas. Los chinos estaban tan ocupados confiando en la muralla que olvidaron enseñar integridad a sus hijos.

La respuesta a las siguientes preguntas determinará si está construyendo una imagen o la integridad.

Constancia: ¿Es usted la misma persona, no importa quién esté con usted? Sí o no.

Decisiones: ¿Toma decisiones que son las mejores para los demás, aun cuando otra decisión podría beneficiarle a usted? Sí o no.

Crédito: ¿Está siempre dispuesto a dar reconocimiento a las personas que se han esforzado y contribuido para que usted alcance el éxito? Sí o no.

Thomas Macauley dijo: «La medida del verdadero carácter de un hombre es lo que él haría si nunca lo encontraran». La vida es como un tornillo, a veces nos aprieta. En esos momentos de presión se descubrirá lo que está dentro de nosotros. No podemos dar lo que no tenemos. La imagen promete mucho pero produce poco. La integridad nunca desilusiona.

5. Integridad significa vivirla
UNO MISMO ANTES DE DIRIGIR A OTROS

No podemos dirigir a alguien, más allá del lugar donde hemos estado nosotros mismos. Muchas veces nos preocupamos tanto por el producto, que tratamos de acortar el proceso. No hay atajos cuando se trata de la integridad. Con el tiempo, la verdad siempre quedará al descubierto.

Recientemente supe de un hombre que entrevistó a un consultor de una de las más grandes compañías de Estados Unidos, sobre el control de calidad. El consultor, dijo: «En el control de calidad no nos preocupa el producto, nos preocupa el proceso. Si el proceso es correcto, el producto está garantizado». Lo mismo se aplica a la integridad: garantiza la credibilidad.

Cuando el *Challenger* explotó, los norteamericanos se quedaron atónitos al descubrir que Control de Calidad había advertido a la NASA que el cohete espacial no estaba totalmente preparado para partir. Pero Producción dijo: «¡El espectáculo debe continuar!» *Estalló*, como muchos líderes.

¡ESPÉRENE! ¡NO PUEDO NADAR!

Recuerdo haber oído a mi entrenador de básquetbol, Don Neff, enfatizar una y otra vez a nuestro equipo: «Juegan como practican, juegan como practican». Cuando no seguimos este principio, fracasamos en alcanzar nuestro potencial. Cuando los líderes no siguen este principio, con el tiempo perderán su credibilidad.

6. LA INTEGRIDAD AYUDA A UN LÍDER A TENER CREDIBILIDAD Y NO SÓLO A SER LISTO

Recientemente tuve una comida con Fred Smith. Este sabio hombre de negocios me explicó la diferencia entre ser listo y tener credibilidad. Dijo que los líderes listos no perduran. Esta afirmación me recordó las palabras que Peter Drucker dirigió a un grupo de pastores reunidos para discutir asuntos importantes de la iglesia:

> El requerimiento último del liderazgo efectivo es ganarse la confianza de los demás. De otra manera no habría seguidores... Un líder es alguien que tiene seguidores. Confiar en un líder no significa forzosamente estar de acuerdo con él. Confianza es la convicción de que el líder habla en serio cuando dice algo. Es creer en algo muy pasado de moda: la integridad. Las acciones del líder y las creencias profesadas por el líder deben ser congruentes o al menos compatibles. El liderazgo efectivo, y esta es nuevamente sabiduría antigua, no estriba en ser listo, sino en ser congruente.[3]

Los líderes que son sinceros no tienen que anunciarlo. Su sinceridad se ve en todo lo que hacen y pronto llega a ser del conocimiento común. De igual manera, la falta de sinceridad no puede esconderse, disfrazarse o encubrirse, no importa cuán competente pueda ser un administrador.

El único modo de conservar la buena voluntad y la alta estima por parte de los colaboradores es merecerlas. No se puede engañar a la gente todo el tiempo. Cada uno de nosotros, con el tiempo, somos reconocidos exactamente por lo que somos, no por lo que tratamos de parecer.

Ann Landers dijo: «Las personas con integridad esperan que se les crea. Saben que el tiempo demostrará que hacían lo correcto y están dispuestas a esperar».

7. La integridad es un logro muy difícil

La integridad no es un hecho dado en la vida de todo ser humano. Es el resultado de autodisciplina, confianza interna, y una decisión de actuar con una honestidad inexorable en todas las situaciones de la vida. Desafortunadamente, en el mundo actual la firmeza de carácter es una cualidad rara. Como resultado, existen pocos ejemplos contemporáneos de integridad. Nuestra cultura ha producido pocos héroes perdurables, pocos modelos de virtud. Nos hemos convertido en una nación de imitadores, pero hay pocos líderes dignos de imitar.

El significado de integridad se ha desgastado. Suelte esa palabra en las conversaciones en Hollywood, Wall Street, aun de Main Street y a cambio sólo recibirá miradas de asombro. Para la mayoría de la gente, la palabra evoca puritanismo o estrechez mental. En una era en la que se manipula el significado de las palabras, los valores fundamentales tales como integridad pueden ser pulverizados de la noche a la mañana.

La integridad es antitética al espíritu de nuestra época. La filosofía de vida que predomina y que guía nuestra cultura gira alrededor de una mentalidad materialista de consumo. La apremiante necesidad del momento reemplaza a la consideración de valores que tienen repercusión eterna.

Cuando vendemos a alguien, nos vendemos a nosotros mismos. Hester H. Chomondelay destaca esta verdad en su breve poema «Judas»:

> Todavía como antes
> los hombres se ponen precio a sí mismos.
> Por treinta piezas de plata,
> Judas se vendió,
> y no al Señor Jesucristo.

Billy Graham dijo: «La integridad es el pegamento que sostiene nuestra manera de vivir como un todo». Debemos luchar siempre por mantener intacta nuestra integridad.

«Cuando se pierde la riqueza, nada se pierde; cuando se pierde la salud, algo se pierde; cuando se pierde el carácter, todo se pierde».[4]

Al construir su vida sobre el fundamento de la integridad, utilice el poema «¿Soy leal conmigo mismo?» de Edgar Guest, como una «prueba del espejo» para evaluar el avance:

> Tengo que vivir conmigo, y por eso
> quiero encajar bien en mí para saber,
> que puedo, mientras los días pasan,
> mirarme siempre directo a los ojos.
> No quiero que el sol se ponga
> mientras me odio por lo que he hecho.
> No quiero guardar en un armario
> tantos secretos sobre mí.
> Y engañarme mientras entro y salgo,
> pensando que nadie más sabrá
> la clase de hombre que en realidad soy.
> No quiero vestirme de impostura,
> quiero andar con la cabeza erguida,
> mereciendo el respeto de la gente.
> En esta lucha por fama y riqueza
> quiero gustarme a mí mismo.
> No quiero mirarme y saber
> que soy vanidoso y fanfarrón, un ser vacío.
> Nunca podré esconderme de mí mismo,
> veo lo que otros no ven,
> sé lo que otros no saben.
> Nunca podré engañarme, y por tanto
> pase lo que pase, quiero ser
> respetado por mí mismo y tener
> limpia la conciencia.

Después, aplíquese la «prueba del guía». Pregúntese: «¿Soy leal a mi líder?» Joseph Bailey entrevistó a más de treinta altos ejecutivos.

Descubrió que todos aprendieron directamente de un guía.[5] Ralph Waldo Emerson dijo: «Nuestro principal anhelo en la vida es conocer a alguien que haga de nosotros lo que podemos ser». Cuando encontramos a esa persona, necesitamos verificar nuestro crecimiento con regularidad, preguntándonos: «¿Estoy aprovechando cabalmente las enseñanzas que recibo?» Tratar de acortar el proceso le dañará tanto al guía como a usted.

Finalmente, presente la «prueba de las masas». Responda: «¿Soy la verdad para mis seguidores?» Como líderes, pronto entendemos que las decisiones equivocadas no sólo nos afectan a nosotros, sino que afectan a los que nos siguen. Sin embargo, hacer una mala decisión por motivos equivocados es totalmente diferente. Antes de tomar las riendas del liderazgo debemos estar conscientes de que enseñamos lo que sabemos y reproducimos lo que somos. La integridad es un trabajo interno.

Los defensores de dar a los seguidores el ejemplo de un carácter confiable, James P. Kouzes y Barry Posner informan en su libro *The Leadership Challenge*, que los seguidores esperan cuatro cosas de sus líderes: honestidad, competencia, visión e inspiración.[6]

Escriba lo que usted valora en la vida. Una convicción es una creencia o un principio que usted sigue regularmente, por el cual estaría dispuesto a morir. ¿Cuáles son sus convicciones?

Pregunte a personas que le conozcan bien, qué áreas de la vida de usted consideran congruentes (usted hace lo que dice), y qué áreas, incongruentes (usted dice, pero no siempre vive lo que dice).

SÓLO LLEGARÁ A SER LO QUE ESTÁ LLEGANDO A SER AHORA

Aunque no pueda retroceder
y tener un flamante principio, amigo mío,
cualquiera puede comenzar a partir de ahora
y tener un nuevo fin.

LA PRUEBA ESENCIAL DEL LIDERAZGO:

PRODUCIR UN CAMBIO POSITIVO

Cambia el líder, cambia la organización. Todo se levanta o se viene abajo a causa del liderazgo. Sin embargo, he descubierto que no es fácil cambiar a los líderes. En realidad, he descubierto que los líderes se resisten al cambio tanto como los seguidores. ¿Resultado? Líderes que no cambian igual a organizaciones que no cambian. La gente hace lo que ve.

PERFIL DE UN LÍDER CON PROBLEMAS

Observe que de los doce puntos problemáticos de un líder enumerados a continuación, cinco tienen que ver con la falta de voluntad para cambiar. Eso significa problemas para la organización.

- Entiende poco a la gente.
- Carece de imaginación.
- Tiene problemas personales.
- Le echa la culpa al otro.
- Se siente seguro y satisfecho.
- No es organizado.
- Monta en cólera.
- No corre riesgos.
- Es inseguro y está a la defensiva.

* Es inflexible.
* No tiene espíritu de grupo.
* Se resiste al cambio.

Nicolás Maquiavelo dijo: «No hay nada más difícil que hacer, más peligroso de llevar a cabo, o más incierto de su éxito, que tomar la dirección para introducir un nuevo orden de cosas».

Lo primero a cambiar en ese estado de cosas soy yo, el líder. Luego de darme cuenta cuán difícil es cambiarme a mí mismo, entenderé el desafío que implica tratar de cambiar a otros. Esta es la prueba esencial de liderazgo.

Un místico del Medio Oriente dijo:

> De joven fui revolucionario y mi oración permanente a Dios era: «Señor, dame la energía para cambiar el mundo». Cuando llegué a la madurez y vi que había pasado la mitad de mi vida sin cambiar a una sola alma, mi oración se transformó en: «Señor, dame la gracia de cambiar a los que estén en contacto conmigo, sólo a mi familia y amigos, y estaré satisfecho». Ahora que soy viejo y mis días están contados, he comenzado a entender cuán necio he sido. Mi única oración ahora es: «Señor, dame la gracia de cambiar yo mismo». Si hubiera orado así desde el principio no hubiera desperdiciado mi vida.[1]

Howard Hendricks, en su libro *Teaching to Change Lives*, lanza un reto a todo líder potencial:

> Escriba en los márgenes de esta página la respuesta a esta pregunta: ¿Ha cambiado... últimamente? Digamos, ¿en la última semana? ¿O en el último mes? ¿En el último año? ¿Puede especificar? ¿O dará una respuesta muy vaga? Usted

dice que está creciendo, muy bien, ¿cómo? «Bueno», dice usted, «en muchas maneras». ¡Magnífico! Nombre una. Como ve, la enseñanza efectiva proviene únicamente de una persona que ha cambiado. Mientras más cambie, más llegará a ser un instrumento de cambio en las vidas de otros. Si quiere convertirse en agente de cambio, también debe cambiar.[2]

Hendricks también podía haber dicho: Si quiere continuar dirigiendo, debe continuar cambiando. Muchos líderes ya no dirigen. Han llegado a ser como el Henry Ford descrito en la biografía de Robert Lacy, que ha sido un éxito de librería: *Ford, the Man and the Machine*.[3] Lacy dice que Ford era un hombre que amaba a su modelo T, tanto que no quería cambiar un perno en él. Inclusive despidió a William Knudsen, el hombre as en producción, porque pensaba que el modelo T estaba pasando de moda. Eso sucedió en 1912, cuando el modelo T tenía solamente cuatro años de existencia y estaba en la cima de popularidad. Ford acababa de llegar de Europa, y fue a un garaje en Highland Park, Michigan, donde vio el nuevo diseño creado por Knudsen.

Los mecánicos que presenciaron la escena relataron cómo Ford, por un momento, se puso frenético. Escrutó la laca roja que daba brillo a la nueva versión del modelo T. Consideró a esta una monstruosa perversión del diseño de su amado Modelo T. «Ford tenía las manos en los bolsillos y caminó alrededor del carro unas tres o cuatro veces», refería un testigo ocular. «Era un modelo de cuatro puertas y tenía bajada la capota. Por último, llegó al costado de la puerta izquierda, se sacó las manos de los bolsillos, se asió de la puerta y ¡zas! ¡la arrancó!... ¿Cómo lo hizo? ¡No lo sé! Saltó adentro, y echó la otra puerta. Hizo

> CAMBIA EL LÍDER,
> CAMBIA LA
> ORGANIZACIÓN.

volar el parabrisas. Saltó al asiento de atrás y comenzó a golpear la capota. Le destrozó el techo con el tacón de su zapato. Destrozó el carro todo lo que pudo».

Knudsen se fue a la General Motors. Henry Ford siguió con el modelo T, pero los cambios de diseño en los modelos de los competidores provocaron que el modelo T se viera más anticuado de lo que Ford quería admitir. La necesidad de competencia le empujó finalmente a fabricar el modelo A, si bien nunca lo hizo de corazón. Aunque la General Motors le pisaba los talones, el inventor quería que la vida se congelara donde estaba.

Abundando en este tema, William A. Hewitt, presidente de Deere and Co., dice: «Para ser un líder, usted debe mantener a lo largo de toda su vida la actitud de ser receptivo a las nuevas ideas. La calidad del liderazgo que ejercerá dependerá de su capacidad para evaluar nuevas ideas y de distinguir el cambio por el cambio mismo del cambio en beneficio de los hombres».

EL LÍDER COMO AGENTE DE CAMBIO

Una vez que el líder ha cambiado personalmente y ha discernido la diferencia entre un cambio novedoso y un cambio que se necesitaba, debe convertirse en agente de cambio. En este mundo de cambios rápidos y discontinuidades, el líder debe estar al frente para propiciar el cambio y el crecimiento, y mostrar la manera de lograrlo. En primer lugar, debe comprender los dos requisitos indispensables para producir un cambio: conocer los requerimientos técnicos del cambio, y comprender la actitud y demandas motivadoras para producirlo.

> CUANDO USTED HA CONCLUIDO EL CAMBIO, USTED HA TERMINADO.

Ambos requisitos son extremadamente necesarios. Sin embargo, cuando no se logra el cambio casi siempre es porque ha habido una motivación inadecuada, no por falta de habilidades técnicas.

Un administrador, por lo general, estará más capacitado para los requerimientos técnicos del cambio, mientras que el líder conocerá mejor las demandas motivadoras y de actitud que necesitan los seguidores. Observe la diferencia: Al comienzo, las habilidades del líder son esenciales. Ningún cambio ocurrirá si no se llenan las necesidades psicológicas. Una vez que comienza el cambio, se necesita la capacidad del administrador para mantener el cambio que se necesita.

Bobb Biehl, en su libro *Increasing Your Leadership Confidence*, lo dice de esta manera: «Un cambio puede tener sentido desde el punto de vista lógico y aun conducir a la ansiedad en la dimensión psicológica. Todo el mundo necesita un nicho, y cuando el nicho comienza a cambiar después de que hemos estado cómodos en él, produce estrés e inseguridad. Por lo tanto, antes de introducir un cambio, necesitamos considerar la dimensión psicológica».[4]

Un buen ejercicio, cuando nos enfrentamos al cambio, es hacer una lista de las ventajas y desventajas lógicas que este producirá, y después hacer otra lista indicando el impacto psicológico. El simple hecho de ver esto puede ser esclarecedor. Tal vez se sorprenda a usted mismo diciendo: «No me gusta admitirlo, pero a estas alturas estoy inseguro, aun cuando el cambio sea lógico».

Otra posibilidad es que un cambio quizá no afecte su seguridad psicológica, pero tal vez no tenga sentido una vez examinadas las ventajas y desventajas del mismo. La clave radica en distinguir los aspectos lógicos y psicológicos de cualquier cambio.

UN RECUENTO HISTÓRICO DE LA RESISTENCIA AL CAMBIO

No hay nada más difícil de hacer, más peligroso de llevar a cabo, o más incierto en cuanto al éxito, que introducir cambios. ¿Por qué?

El líder tiene por enemigos a todos los que han hecho un buen trabajo en las antiguas condiciones, y sólo como partidarios tibios a los que
podrían hacer las cosas bien con el cambio.

La resistencia al cambio es universal. Se encuentra en todas las clases y
culturas. Agarra a cada generación por
la garganta e intenta detener todos los
movimientos hacia el progreso. Muchas
personas bien educadas, luego de ser con-
frontadas con la verdad no han querido
cambiar de idea.

**EL CRECIMIENTO ES
IGUAL AL CAMBIO.**

Por ejemplo, durante siglos la gente creyó que Aristóteles estaba en lo cierto cuando dijo que mientras más pesado fuera un objeto,
más rápidamente caería a la tierra. Aristóteles era considerado como
el más grande pensador de todos los tiempos y era imposible que estuviera equivocado. Todo lo que se hubiera necesitado para compro-
bar su afirmación era que una persona decidida tomara dos objetos,
uno liviano y otro pesado, y los lanzara desde una gran altura, para
ver si en verdad el más pesado llegaba primero al suelo o no. Pero
nadie dio este paso sino hasta 2,000 años después de la muerte de
Aristóteles. En 1589, Galileo reunió a catedráticos expertos al pie de
la torre inclinada de Pisa. Luego subió a la cúspide y arrojó dos objetos de diferente peso, uno de aproximadamente 5 kilogramos y otro
de medio kilogramo. Ambos llegaron al suelo al mismo tiempo. Pero
el poder de la creencia en la sabiduría tradicional era tan fuerte, que
los catedráticos negaron lo que habían visto. Continuaron diciendo
que Aristóteles tenía razón.

Con su telescopio, Galileo demostró la teoría de Copérnico, de
que la tierra no era el centro del universo; la tierra y los planetas
giraban alrededor del sol. Sin embargo, cuando trató de cambiar las
creencias de la gente fue arrojado a la cárcel y pasó el resto de su vida
bajo arresto domiciliario.

Resistirse al cambio puede, sin que se quiera, afectar a la salud y a la vida de la humanidad como nos demuestra el siguiente relato. Hipócrates describió el escorbuto en los tiempos antiguos. La enfermedad parecía plagar a los soldados en el campo y en las ciudades que estaban bajo estado de sitio por largos períodos. Mas tarde, después del descubrimiento de América, cuando las largas travesías marítimas se hicieron comunes, el escorbuto se diseminó desenfrenadamente entre los marinos. Se sabía poco sobre lo que causaba el escorbuto y menos sobre su cura, aunque se elaboraron teorías y se prescribieron remedios. Ninguno de ellos era del todo efectivo y la mayoría fueron inútiles. En 1553, Cartier hizo su segundo viaje a Terranova. De su tripulación compuesta por 103 hombres, 100 se enfermaron de escorbuto agudo, atravesaban una gran angustia cuando los indios iroqueses de Québec acudieron al rescate con lo que ellos describieron como una «cura milagrosa». Los iroqueses dieron a beber a los enfermos una infusión de corteza y hojas de pino.

En 1553, el almirante Sir Richard Hawkins descubrió que durante todo el tiempo que sirvió en alta mar, diez mil marinos bajo su mando habían muerto de escorbuto. También notó que en su experiencia, las naranjas y los limones agrios habían sido muy efectivos en la cura de la enfermedad. Sin embargo, estas observaciones no tuvieron un efecto arrollador como para crear una conciencia de lo que podría prevenir el escorbuto, y las observaciones del almirante fueron pasadas por alto.

James Lind, un cirujano naval británico que más tarde llegó a ser el jefe médico del Hospital Naval de Portsmouth, Inglaterra, publicó un libro en 1753, en el que afirmaba explícitamente que el escorbuto podía ser eliminado simplemente con suministrar a los marinos jugo de limón. Citó las historias de muchos casos que había conocido en su experiencia como cirujano naval en alta mar; demostró que alimentos como la mostaza, el berro, el tamarindo, las naranjas y los limones prevenían el escorbuto. En realidad, cualquier alimento que contenga vitamina C, la que abunda en frutas cítricas, tomates, y en menor grado en la mayoría de vegetales verdes y otras frutas, previene el escorbuto.

Usted habría esperado con toda razón que el doctor Lind hubiera sido honrado y reconocido por su gran contribución, pero sucedió lo contrario. Fue ridiculizado. Sufrió una frustración y dijo amargamente: «Algunas personas no pueden llegar a creer que una enfermedad tan grave y terrible se cure o se prevenga por medios tan sencillos». Hubieran tenido más fe en compuestos muy elaborados dignificados con el nombre de «el elixir dorado antiescorbútico» o algo semejante. Esas «algunas personas» a las que se refería el doctor Lind fueron lordes del almirantazgo y otros médicos. Ignoraron el consejo de Lind por cuarenta años. Un capitán sí aceptó el consejo, el ahora famoso capitán James Cook, que llenó las bodegas de sus barcos con un buen abastecimiento de frutas frescas.

La Royal Society honró al Capitán Cook en 1776 por su éxito, pero los oficiales de la armada pasaron por alto su informe. No fue sino hasta 1794, el año en que murió el doctor Lind, que un escuadrón naval británico fue abastecido con jugo de limón antes de viajar. En ese viaje, que duró veinte y tres semanas, no hubo un solo caso de escorbuto, pero todavía pasó otra década antes de que se dictaran regulaciones que estipularan que los marinos debían beber una ración diaria de jugo de limón a fin de prevenir el escorbuto. Con este decreto, el escorbuto desapareció de la Armada Británica.[5]

La innecesaria pérdida de vidas solamente porque la gente se resistía al cambio, fue más que desafortunada. Fue vergonzosa. No permita que su actitud hacia el cambio o su predisposición para evitarlo cree obstáculos que vayan en detrimento de su éxito personal como líder.

¿Cómo escribe la palabra «Actitud»?

Instrucciones:

1. Escriba la palabra *actitud* en la línea de la izquierda, con la mano con la que escribe normalmente.

2. Escriba la palabra *actitud* en la línea de la derecha, con la otra mano.

La palabra *actitud* escrita con la mano apropiada.	La palabra *actitud* escrita con la otra mano.

Aplicación:

Cuando mira a la palabra *actitud* escrita con la mano con la que no acostumbra escribir, usted ve un ejemplo de la clase de actitud que, por lo general, tenemos cuando tratamos de hacer algo nuevo. Una persona dijo: «Nada debería hacerse nunca por primera vez».

POR QUÉ LA GENTE SE RESISTE EL CAMBIO

En una caricatura de «Snoopy», Carlitos le dice a Lino: «Tal vez puedas darme una respuesta, Lino. ¿Qué harías si sintieras que no le gustas a nadie?» Lino contesta: «Trataría de mirarme objetivamente, y ver qué puedo hacer para *mejorar*. Esa es *mi* respuesta, Carlitos». A lo que Carlitos replica: «¡*Odio* esa respuesta!»

Hay innumerables razones por las que muchos de nosotros, como Carlitos, nos resistimos al cambio.

EL CAMBIO NO COMIENZA SOLO

Cuando las personas no tienen la paternidad de una idea, por lo general se resisten a ella, aun cuando sea para el beneficio propio. No les gusta la idea de ser manipulados, ni sentirse peones del sistema. Los líderes sabios permiten a sus seguidores dar aportaciones y ser parte del proceso de cambio. La mayor parte del tiempo, la clave para mi actitud en cuanto al cambio es si yo soy el que lo inicio (en cuyo caso estoy a favor de él) o algún otro me lo impone (lo cual tiende a provocar que me oponga más).

LA RUTINA SE ALTERA

Los hábitos nos permiten hacer las cosas sin pensar mucho, por eso es que la mayoría los tenemos. Los hábitos no son instintos. Son reacciones adquiridas. No suceden espontáneamente; los creamos. Primero, formamos hábitos, pero luego los hábitos nos forman. El cambio amenaza nuestros patrones de hábito y nos obliga a pensar, a reevaluar, y a veces a olvidar el comportamiento pasado.

Cuando era joven me gustaba el golf. Desgraciadamente, aprendí por mi cuenta en vez de tomar lecciones. Después de pocos años y de la inocente adquisición de muchos hábitos malos, jugué un partido con un excelente jugador. Al finalizar el juego, me dijo en tono de broma que mi principal problema parecía ser que estaba muy cerca de la pelota ¡después que la golpeaba! Luego, con toda seriedad, se ofreció a ayudarme. Me explicó con franqueza cuánto necesitaba hacer cambios si quería mejorar. Cuando le pedí especificar cuáles eran los cambios que necesitaba realizar, me dijo: «¡Todos!» Para el año siguiente tuve que desaprender los viejos hábitos. Fue una de las experiencias más difíciles de mi vida. Muchas veces tuve la tentación de volver a mis viejos hábitos para sentir el alivio temporal de un duro esfuerzo y seguir jugando mal.

EL CAMBIO PRODUCE TEMOR A LO DESCONOCIDO

El cambio significa viajar por aguas desconocidas, y esto nos produce inseguridad. Por eso muchas personas se sienten más cómodas con los viejos problemas que con las nuevas soluciones. Son como la congregación que necesitaba desesperadamente un nuevo templo, pero tenía miedo de arriesgarse. Durante un servicio, cayó yeso del techo y fue a parar al presidente de la junta. Se convocó de inmediato a una reunión, y se tomaron las siguientes decisiones:

Uno: Construiremos un templo nuevo.
Dos: Construiremos un templo nuevo en el mismo lugar que el viejo.
Tres: Usaremos los materiales del viejo para construir el nuevo.
Cuatro: Seguiremos reuniéndonos en el templo viejo hasta que se construya el nuevo.

Algunas personas se abren al cambio siempre y cuando no les ocasione inconvenientes ni les cueste nada.

EL PROPÓSITO DEL CAMBIO NO ESTÁ CLARO

Los empleados se resisten al cambio cuando lo conocen a través de una fuente de segunda mano. Cuando se ha tomado una decisión, entre más tiempo pase en que los empleados la conozcan y entre más lejos esté el cambio deseado del que la tomó, más resistencia se opondrá. Por eso las decisiones deben hacerse en el nivel más bajo posible. De este modo, el responsable de tomar la decisión, debido a la proximidad del asunto, tomará una mejor decisión, y los más afectados por la decisión la conocerán a través de una fuente cercana a ellos y al problema.

EL CAMBIO PRODUCE TEMOR AL FRACASO

Elbert Hubbard dijo que la equivocación más grande que una persona puede cometer es tener temor de cometer una equivocación. Es trágico que el éxito se «le suba a uno a la cabeza», pero es aun más trágico que el fracaso se le suba a uno a la cabeza. Cuando esto sucede, convengo con Larry Anderson, lanzador de los Padres de San Diego, que dijo: «Si al comienzo usted no triunfa, el fracaso será suyo». Para muchas personas el temor a que el fracaso sea suyo, les mantiene tenazmente aferrados a lo que les haga sentirse cómodos, resistiéndose siempre al cambio.

LAS RECOMPENSAS DEL CAMBIO NO SE EQUIPARAN AL ESFUERZO QUE REQUIERE

La gente no cambiará sino hasta darse cuenta de que las ventajas de cambiar superan a las desventajas de continuar con las cosas como están. Los líderes a veces no reconocen que los seguidores siempre sopesarán las ventajas y desventajas a la luz de las ganancias o pérdidas personales, no de las ganancias o pérdidas de la organización.

LA GENTE ESTÁ DEMASIADO SATISFECHA CON LAS COSAS COMO ESTÁN

Como revela la siguiente historia de *Parables*, muchas organizaciones y personas prefieren morir antes que cambiar.

En la década de los 40, el reloj suizo era el reloj más prestigioso y de mayor calidad en el mundo. Por consiguiente, el 80% de los relojes vendidos en el mundo eran fabricados en Suiza. Al final de la década de los 50, fue presentado el reloj digital a los líderes de las compañías relojeras suizas. Estos rechazaron la nueva idea porque sabían que tenían el mejor reloj y los mejores fabricantes de relojes. Entonces, el hombre que había desarrollado el reloj digital vendió la idea a Seiko.

En 1940, los fabricantes de relojes empleaban a ochenta mil personas. En la actualidad emplean a dieciocho mil. En 1940, el 80% de los relojes vendidos en el mundo se fabricaban en Suiza. Ahora el 80% son digitales. Esto demuestra lo que sucede con muchas organizaciones y personas: prefieren morir antes que cambiar.

No habrá ningún cambio si la gente está empeñada en pensar de manera negativa

Sin pensar en su condición actual, el que piensa negativamente ve la desilusión en el futuro. El epitafio de una persona negativa debería rezar: «Esperaba esto». Esta manera de pensar se describe mejor por lo que decía un rótulo que leí hace varios años en unas oficinas:

> No mire, podría ver.
> No oiga, podría escuchar.
> No piense, podría aprender.
> No haga una decisión, podría equivocarse.
> No camine, podría tropezar.
> No corra, podría caerse.
> No viva, podría morir.

Me gustaría añadir un pensamiento más a esta lista deprimente:

> No cambie, podría crecer.

Los seguidores no respetan al líder

Cuando a los seguidores no les gusta el líder que supervisa el cambio, sus sentimientos no les permitirán ver el cambio con objetividad. En otras palabras, las personas ven al cambio de la misma manera que ven al agente de cambio.

Uno de los principios que enseño en las conferencias de liderazgo es: «Usted tiene que amarlos antes de dirigirlos». Cuando usted ame a sus seguidores genuinamente, lo respetarán y seguirán a través de muchos cambios.

EL LÍDER ES SUSCEPTIBLE ANTE LA CRÍTICA

Algunos líderes se resisten al cambio. Por ejemplo, si un líder ha desarrollado un programa que se ha dejado de lado por algo mejor, él o ella pueden sentir que el cambio es un ataque personal y reaccionarán defensivamente.

A favor del crecimiento y de una efectividad continua, toda organización debe pasar por un ciclo de cuatro etapas: crear, conservar, criticar y cambiar. La figura a continuación ilustra este ciclo.

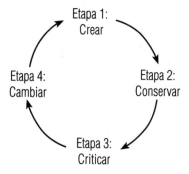

Las etapas 1 y 4 son las funciones ofensivas de una organización. Las etapas 2 y 3 son las funciones defensivas. Los creadores deberán manejar la crítica positivamente y hacer cambios, o serán reemplazados por los que abracen los cambios y, por consiguiente, creen.

EL CAMBIO PUEDE SIGNIFICAR PÉRDIDA PERSONAL

Cuando el cambio es inminente, la pregunta que uno se plantea es: «¿Cómo me afectará?» Por lo general, hay tres grupos de personas dentro de la organización: 1) los que perderán; 2) los que son neutrales; y 3) los que se beneficiarán. Cada grupo es diferente y debe ser manejado con sensibilidad, pero también con rectitud.

El cambio requiere un compromiso adicional

El tiempo es lo más preciado para muchas personas. Cuando va a haber un cambio todos estamos atentos para ver cómo afectará nuestro tiempo. Por lo regular, concluimos que el cambio estará bien *si no nos compromete a dar más*. Sidney Howard dijo que la mitad de saber lo que usted quiere es saber a lo que usted debe renunciar para obtenerlo. Cuando el costo del cambio es tiempo, muchos se resistirán.

Cuando se trata del tiempo, el líder debe determinar si la persona *no quiere* o *no puede* cambiar. La voluntad tiene que ver con la actitud, y hay poco que usted como líder puede hacer si sus seguidores se resisten al cambio a causa de la actitud. Pero la habilidad para cambiar tiene que ver con la perspectiva. Muchas personas quieren cambiar pero, por la forma en la que perciben las circunstancias y sus responsabilidades actuales, no pueden cambiar. En este punto, el líder puede ayudar asignando prioridad a las tareas, eliminando lo no esencial, y enfatizando el valor consecuente del cambio.

La estrechez mental impide la aceptación de ideas nuevas

Mil seiscientas personas pertenecen a la Sociedad Internacional de Investigación sobre la Tierra Plana. Su presidente, Charles K. Johnson, dice que él ha sido toda su vida un partidario de que la tierra es plana. «Cuando vi el globo terráqueo en la escuela no lo acepté, y no lo acepto ahora».

Eso nos recuerda al hombre que vivía en Maine y pasó de los ciento un años de edad. Un periodista viajó desde Nueva York para entrevistar al centenario. Sentado en el portal de su casa, el periodista le dijo: «Estoy seguro de que usted ha visto muchos cambios en su vida». El viejo replicó: «Sí, y he estado envejeciendo en cada uno de ellos».

La tradición se opone al cambio

Me encanta este chiste: «¿Cuántas personas se necesitan para cambiar un foco?» Respuesta: «Cuatro. Una para cambiar el foco, y tres para hacer reminiscencias de cuán bueno era el foco viejo».

Personas como esas me recuerdan a un viejo sargento al que le encargaron cuidar de un área de césped situada frente a las oficinas administrativas de un campamento militar en Michigan. El sargento delegó pronto el trabajo a un soldado raso y le dijo que regara el pasto todos los días a las cinco en punto. El soldado hacía su trabajo concienzudamente. Un día hubo una terrible tormenta y el sargento entró en las barracas y vio al soldado descansando en su litera.

«¿Qué es lo que te pasa?», le gritó. «¡Son las cinco en punto y se supone que deberías estar regando!»

«Pero sargento», dijo el soldado muy confundido, «está lloviendo; mire la tormenta».

«¿Y qué?», respondió el sargento, «¡tienes un impermeable! ¿no es verdad?»

La Ley de Cornfield dice que nada se hace sino hasta que cada uno está convencido de que debe hacerse y ha estado convencido de esto por mucho tiempo, y de que ha llegado el momento de hacer algo más.

LISTA DE VERIFICACIÓN PARA ESTAR SEGUROS DE UN CAMBIO

Estas son las preguntas que se deben contestar *antes* de intentar hacer cambios dentro de una organización. Cuando las preguntas se pueden contestar con un SI, el cambio será más fácil. Las preguntas que solamente se pueden responder con un NO (o con un tal vez), indican, por lo general, que el cambio será difícil.

SÍ   NO

____   ____   ¿Beneficiará este cambio a los seguidores?

____   ____   ¿Es este cambio compatible con el propósito de la organización?

____   ____   ¿Es este cambio específico y claro?

____   ____   ¿Están a favor de este cambio los mejores que constituyen el 20% de la organización?

____   ____   ¿Es posible probar este cambio antes de comprometernos totalmente con él?

____   ____   ¿Están disponibles los recursos humanos,, físicos y financieros para hacer este cambio?

____   ____   ¿Es reversible este cambio?

____   ____   ¿Es este cambio el próximo paso obvio?

____   ____   ¿Rendirá este cambio beneficios a corto y a largo plazo?

____   ____   ¿Es el liderazgo propicio para llevar a cabo este cambio?

____   ____   ¿Es el tiempo apropiado?

A veces todo líder se siente como Lucy cuando se apoyaba en una cerca con Carlitos. «Me gustaría cambiar el mundo», le dijo. Carlitos le preguntó: «¿Por dónde comenzarías?» Ella replicó: «Comenzaría por ti».

La última pregunta: «¿Es el tiempo apropiado?» es la consideración final para implementar el cambio. El éxito de un líder para producir un cambio en otros tendrá lugar solamente si el tiempo es el apropiado. En mi libro *Actitud de vencedor*, se trata de este asunto en el siguiente orden:

Decisión equivocada en el tiempo equivocado = desastre.
Decisión equivocada en el tiempo apropiado = equivocación.
Decisión correcta en el tiempo equivocado = desaprobación.
Decisión correcta en el tiempo apropiado = éxito.

Las personas cambian cuando *han sufrido* lo suficiente para *tener* que cambiar; *saben* lo suficiente que *quieren* cambiar; *reciben* lo suficiente que *pueden* cambiar. El líder debe reconocer cuándo las personas están en una de estas tres etapas. Es más, los líderes máximos crean una atmósfera que hace que una de estas tres cosas ocurra.[6]

El proceso evolutivo de cambio

Ayuda recordar que el cambio puede ser visto como *revoluciona-rio* (algo totalmente diferente de lo que ha sido) o *evolutivo* (un refinamiento de lo que ha sido). Es más fácil presentar al cambio como un simple refinamiento de «la forma como lo hemos estado haciendo», que como algo grande, nuevo y completamente diferente. Cuando se plantea una propuesta de cambio a la organización, la gente cae en cinco categorías en términos de su respuesta.

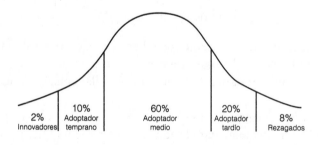

| 2%
Innovadores | 10%
Adoptador
temprano | 60%
Adoptador
medio | 20%
Adoptador
tardío | 8%
Rezagados |

Los adoptadores tempranos son los que reconocen una buena idea cuando la ven

Su opinión es respetada en la organización. Aunque no originaron la idea, tratarán de convencer a otros para aceptarla.

Los adoptadores medios son la mayoría

Responderán a las opiniones de los otros. Por lo general, son razonables en el análisis de una nueva idea, pero se inclinan a mantener el «status quo». Pueden influirlos los influyentes positivos o negativos de la organización.

Los adoptadores tardíos son el último grupo en apoyar una idea

A menudo hablan contra los cambios propuestos y tal vez nunca expresen verbalmente su aceptación. Por lo común, los adoptarán si la mayoría los apoya.

Los rezagados están siempre contra el cambio

Su compromiso es con el «status quo» y con el pasado. A menudo tratan de crear división dentro de la organización.[7]

El proceso evolutivo de un cambio exitoso dentro de la organización puede resumirse en los ocho pasos que hay que dar cuando la organización pasa de ignorar el cambio deseado y los efectos que tendrá, a una mente con voluntad y deseos de innovación.

Paso 1: **Ignorancia**. Los seguidores no sienten ninguna dirección unificada, ni tienen un sentido de prioridades. Están «en tinieblas».

Paso 2: **Información**. Se da información general a la gente. Al comienzo no se aceptan las ideas de cambio.

Paso 3: **Infusión**. La penetración de ideas nuevas en el «status quo» puede producir una confrontación con la apatía, el prejuicio y la tradición. La tendencia general es concentrarse en los problemas.

Paso 4: **Cambio individual.** Los «adoptadores tempranos» comienzan a ver los beneficios del cambio propuesto y lo aceptan. Las convicciones personales reemplazan a la complacencia.

Paso 5: **Cambio organizativo.** Se discuten los dos lados del asunto. Se observa una actitud menos defensiva y mayor apertura respecto a los cambios propuestos. El ímpetu cambia del «anti cambio» a «pro cambio».

Paso 6: **Aplicación difícil.** Se experimentan algunos fracasos y algunos éxitos a medida que se implementa el cambio. El proceso de aprendizaje es rápido.

Paso 7: **Integración.** La torpeza decrece y el nivel de aceptación aumenta. Un creciente sentido de realización y una ola secundaria de resultados y éxitos se manifiestan.

Paso 8: **Innovación.** Los resultados significativos producen confianza y voluntad de aceptar los riesgos. El resultado es voluntad para cambiar más rápida y marcadamente.

Cuando se da el paso 8, la organización como un todo se siente deseosa de pasar por el proceso otra vez. El principal efecto del proceso se siente cuando a la mayoría de los miembros de la organización se les expone repetidamente la nueva idea.

1a Exposición: «Rechazo esa idea porque entra en conflicto con mis ideas preconcebidas».

2a Exposición: «Bueno, lo entiendo, pero no puedo aceptarlo».

3a Exposición: «Estoy de acuerdo con la idea pero tengo reservas en cuanto a su aplicación».

4a Exposición: «Esa idea expresa muy bien lo que siento al respecto».

5a Exposición: «Puse en práctica esa idea ahora. ¡Es sensacional!»

6a Exposición: «Di esa idea a alguien ayer. En el sentido más exacto de la palabra, la idea ahora me pertenece».

CÓMO CREAR UNA ATMÓSFERA PARA EL CAMBIO

Estudios sobre la conducta humana han demostrado que las personas en realidad no se resisten al cambio; se resisten a «cambiar ellas mismas».[8] Esta sección tratará sobre cómo crear una atmósfera que anime a otros a cambiar. No habrá cambio a menos que las personas cambien. La primera afirmación de este capítulo dice: «Cambia el líder, cambia la organización». Ahora, comenzaremos por el líder y desarrollaremos una estrategia para la organización.

EL LÍDER DEBE DESARROLLAR CONFIANZA EN LA GENTE

Es maravilloso cuando la gente cree en el líder. Es más maravilloso cuando el líder cree en la gente. Cuando ambas situaciones son una realidad, el resultado es confianza. Mientras más confía la gente en el líder, más deseosos estarán de aceptar los cambios propuestos por el líder. Warren Bennis y Bert Nanus dicen que «la confianza es el pegamento emocional que mantiene a los seguidores y a los líderes unidos».[9] Abraham Lincoln dijo: «Si quiere ganar a un hombre para su causa, primero convénzalo que usted es su verdadero amigo. Luego, trate de descubrir lo que él quiere realizar».

Mi primera pregunta a un líder que quiere hacer cambios dentro de una organización siempre es: «¿Cómo es su relación con la gente?» Si la relación es positiva, entonces el líder está listo para dar el siguiente paso.

EL LÍDER DEBE HACER CAMBIOS PERSONALES
ANTES DE PEDIR A OTROS QUE CAMBIEN

Lamentablemente, muchos líderes son como mi amiga que hizo una lista de resoluciones para el Nuevo Año: ser más amable con las personas; comer alimentos más nutritivos; darse más en el plano de la amistad; suprimir los dulces y grasas; criticar menos a los otros.

Mi amiga me mostró la lista y yo me sentí muy impresionado. Eran grandes metas. «Pero», le pregunté, «piensas que podrás cumplir con todo eso?»

«¿Por qué yo?», me respondió ella. «¡Esta lista es para ti!» Andrew Carnegie dijo: «A medida que envejezco, presto menos atención a lo que los hombres dicen. Me limito a observar lo que hacen». Los grandes líderes no solamente dicen lo que se debe hacer, ¡lo demuestran!

LOS BUENOS LÍDERES CONOCEN LA HISTORIA
DE LA ORGANIZACIÓN

Mientras más tiempo ha pasado una organización sin que se hayan efectuado cambios, más esfuerzo se requerirá para introducirlos. También, cuando se implementa el cambio y el resultado es negativo, la gente dentro de la organización tendrá recelo de aceptar cambios en el futuro. Lo opuesto también ocurre. Los cambios exitosos del pasado preparan a la gente para aceptar con presteza más cambios.

G. K. Chesterton sugiere: «No derribe la cerca hasta que no sepa la razón por la que fue puesta allí». Es importante saber lo que sucedió en el pasado, antes de hacer cambios para el futuro.

COLOQUE A LOS QUE INFLUYEN EN LAS
POSICIONES DE LIDERAZGO

Los líderes tienen dos características. Primero, van a alguna parte; y segundo, pueden persuadir a otras personas de ir con ellos. Son como el presidente de una gran corporación que llegó tarde a una reunión. Irrumpiendo en el salón, se sentó en el asiento más cercano disponible en vez de ocupar su lugar acostumbrado. Uno de sus jóvenes ayudantes protestó: «Por favor, señor, usted debe estar a la cabecera de la mesa». El ejecutivo, que tenía un cabal entendimiento de su lugar en la compañía, respondió: «Hijo, en cualquier lugar que me siente, esa es la cabecera de la mesa».

TOME EN CUENTA EL «CAMBIO QUE TIENE EN SU BOLSILLO»

A todo líder se le da cierta cantidad de «cambio» (apoyo emocional en forma de monedas sueltas para negociar) al comienzo de una relación. Si la relación se debilita, el líder renuncia al «cambio» hasta que llegue a estar en bancarrota dentro de la organización. Si la relación se fortalece, el líder recibe el «cambio» hasta que le sea posible llegar a ser rico dentro de la organización. Recuerde siempre: *Se necesita «cambio» para hacer un cambio.* Mientras más «cambio» haya en el bolsillo de un líder, más cambios pueden hacerse en las vidas de las personas. Lamentablemente, lo opuesto también ocurre.

LOS BUENOS LÍDERES SOLICITAN EL APOYO DE LOS INFLUYENTES ANTES QUE EL CAMBIO SEA HECHO PÚBLICO

La siguiente lista de diez puntos incluye los pasos que un buen líder debe dar para solicitar el apoyo al cambio por parte de las personas de mayor influencia en la organización.

1. Haga una lista de los influyentes más destacados dentro de los grupos principales de la organización.

2. ¿Cuántos serán afectados *directamente* por el cambio? (Estas personas constituyen el grupo más importante.)

3. ¿Cuántos serán afectados *indirectamente* por el cambio?

4. ¿Cuántos, probablemente, reaccionarán de manera positiva?

5. ¿Cuántos, probablemente, reaccionarán de manera negativa?

6. ¿Qué grupo constituye la mayoría?

7. ¿Qué grupo es el de mayor influencia?

8. Si el grupo positivo es el más fuerte, reúna a los influyentes para discutir.

9. Si el grupo negativo es el más fuerte, reúnase de manera individual con los influyentes.

10. Conozca la «clave» de cada influyente.

PREPARE UNA AGENDA DE REUNIONES QUE CONTRIBUYAN AL CAMBIO

Toda nueva idea atraviesa por tres fases: No funcionará; costará demasiado; siempre pensé que era una buena idea.

Un líder sabio, al entender que la gente cambia mediante un proceso, preparará una agenda de reuniones para impulsar el proceso. Una que he usado durante quince años ha mostrado ser muy efectiva.

Asuntos que informar: Asuntos de interés para los que asisten a la reunión; asuntos positivos que levanten el estado de ánimo. (Esto permite iniciar la reunión en un alto nivel.)

Asuntos que estudiar: Asuntos a tratar, no para votar. (Esto da lugar a expresar ideas sin la presión que significa representar un punto de vista en particular.)

Asuntos de acción: Asuntos que deben someterse a votación, los cuales previamente han sido asuntos de estudio. (Esto permite una discusión que ya ha sido procesada. Si requiere mayor cambio, mantenga el asunto en la categoría de estudio dando más tiempo para la aceptación.)

Anime a los influyentes a influir en otros informalmente

Los grandes cambios no deben sorprender a las personas. Una información que deje escapar el líder preparará a la gente para la reunión formal.

Cada año explico a mis líderes clave que llevan consigo dos recipientes. El uno está lleno de gasolina y el otro de agua. Cuando hay un «pequeño fuego» de contienda dentro de la organización porque la gente teme un posible cambio, los influyentes son los primeros en saberlo. Cuando lleguen al lugar del problema arrojarán gasolina para que la situación se convierta en un problema serio, o agua para extinguir el fuego y terminar con el problema. En otras palabras, los influyentes clave son los más grandes activos del líder o su más grande pasivo.

La información que deje escapar el líder debe planearse, y debe preparar de manera positiva a la gente para la reunión en la que el cambio será presentado formalmente.

Demuestre a la gente cómo le beneficiará el cambio

Suposición: El cambio propuesto es lo mejor para la gente, no para el líder. La gente debe ser primero.

Un letrero en la puerta de un autobús decía: «Por la conveniencia de los demás, por favor cierre la puerta». Muy a menudo la puerta permanecía abierta hasta que se cambió el letrero: «Por su *propia* conveniencia, por favor cierre la puerta». La puerta estaba siempre cerrada. Muy a menudo los líderes de una organización tienden a pensar y dirigir desde la perspectiva de la compañía, no desde la perspectiva de la gente.

DÉLE A LA GENTE EL TÍTULO DE PROPIEDAD DEL CAMBIO

La apertura por parte del líder abre el camino para que la gente se apropie del cambio. Sin ello, el cambio será de corta duración. Cambiar los hábitos y la manera de pensar de la gente es como escribir instrucciones en la nieve durante una tormenta de nieve. Cada veinte minutos, las instrucciones tienen que volver a escribirse, a menos que el título de propiedad haya sido otorgado junto con las instrucciones.

CÓMO OFRECER EL TÍTULO DE PROPIEDAD
DEL CAMBIO A LOS DEMÁS

1. Informe a la gente con anticipación para que tenga tiempo de pensar sobre las implicaciones del cambio y cómo este le afectará.

2. Explique los objetivos generales del cambio, las razones para implementarlo, y cómo y cuándo se realizará.

3. Muestre a las personas cómo les beneficiará el cambio. Sea franco con los empleados que pueden perder algo como consecuencia del cambio. Alérteles a tiempo y provea ayuda para que puedan encontrar otro trabajo si fuera necesario.

4. Pida a quienes serán afectados por el cambio que participen en todas las etapas del proceso.

5. Mantenga abiertos los canales de comunicación. Dé oportunidad para que los empleados discutan el cambio. Incite a formular preguntas, dar comentarios y retroalimentación.

6. Sea flexible y adaptable durante todo el proceso. Admita las equivocaciones y haga las enmiendas que sean necesarias.

7. Demuestre en todo momento su fe y entrega al cambio. Demuestre su confianza en la capacidad de los seguidores para implementar el cambio.

8. Comunique entusiasmo, provea ayuda, manifieste aprecio y reconocimiento a quienes están implementando el cambio.[10]

EL CAMBIO TENDRÁ LUGAR

La pregunta no debe ser «¿Cambiaremos alguna vez?», sino «¿Cuándo y cuánto cambiaremos?» Nada permanece igual excepto el hecho de que el cambio siempre está presente. Aun en el principio, Adán le dijo a Eva, cuando fueron arrojados del paraíso: «Querida, vivimos en un tiempo de transición».

Charles Exley, jefe ejecutivo de la Corporación NCR, dijo: «He estado en el mundo de los negocios durante treinta y seis años. He aprendido mucho y la mayor parte de eso no se aplica más».

El escritor Lincoln Barnett describió una vez la emoción que le embargó cuando, junto con un grupo de estudiantes, salía de una conferencia de física en el Instituto para Estudios Avanzados de Princeton. «¿Cómo estuvo?», preguntó alguien.

«¡Maravilloso!», replicó el señor Barnett. «Todo lo que sabíamos la semana pasada no era verdad».

Mantenerse al día con los cambios e informar de ellos a la organización es un reto constante para el líder. Los líderes deberían estar al tanto, por ejemplo, de información como la siguiente, que apareció en un artículo escrito por el doctor Richard Caldwell.[11] Él hace un contraste de los valores de la década de los 50 y la década de los 90.

1950	1990
Ahorro	Gasto
Gratificación demorada	Gratificación instantánea
Certeza	Ambivalencia
Ortodoxia	Escepticismo
Inversión	Influencia
Buenos vecinos	Estilo de vida
Clase media	Clase baja
Exportar	Importar
Cualidad pública	Bienestar personal
Papá y Mamá	Nana y guardería
Conferencia de prensa	Oportunidad de fotografiarse
Logros	Fama
Conocimiento	Credencial
Manufactura	Servicio
Deber	Divorcio
«Nosotros»	«Yo»

No todo cambio significa mejoramiento, pero sin el cambio no puede haber mejoramiento

Cambio = Crecimiento

o

Cambio = Sufrimiento

El cambio representa tanto las posibles oportunidades como las pérdidas potenciales. He observado que el cambio se convierte en un desastre cuando:

- El cambio propuesto es una mala idea.
- El cambio propuesto no es aceptado por los que influyen.
- El cambio propuesto no es presentado en forma efectiva.
- El cambio propuesto sirve a los intereses de los líderes.

- El cambio propuesto se basa únicamente en el pasado.
- Los cambios propuestos son demasiados y suceden muy rápidamente.

En 1950, la revista *Fortune* pidió a once distinguidos norteamericanos que predijeran como sería la vida en 1980. En aquellos tiempos Estados Unidos disfrutaban de un superávit comercial de tres mil millones de dólares, de manera que nadie predijo un déficit comercial para los treinta años subsiguientes. David Sarnoff, presidente de la RCA, estaba seguro de que para 1980 los barcos, aviones, locomotoras y aun los automóviles tendrían combustible atómico. Dijo que las casas tendrían generadores atómicos y que misiles teledirigidos transportarían el correo y otras cargas a través de grandes distancias. Henry R. Luce, editor jefe de la revista *Time*, predijo el fin de la pobreza para 1980. El matemático John von Neumann esperaba que la energía fuera gratis treinta años más tarde.

NUNCA ES DEMASIADO TARDE PARA CAMBIAR

Max Depree dijo: «Al final, es importante recordar que no podemos llegar a ser lo que necesitamos ser si permanecemos como somos».[12] Es un hecho que cuando usted concluye los cambios, usted termina.

Cuando usted oye el nombre de Alfred Nobel, ¿en qué piensa? Podría venirle a la mente el Premio Nobel de la Paz. Sin embargo, ese es sólo el segundo capítulo de su historia. Alfredo Nobel fue el químico sueco que amasó su fortuna inventando la dinamita y otros poderosos explosivos utilizados para las armas. Cuando murió su hermano, un periódico, por equivocación, imprimió el obituario de Alfredo en vez del de su hermano. Este describía al difunto como uno que se hizo rico haciendo posible que los seres humanos se mataran unos a otros en cantidades sin precedente. Impactado por esta evaluación, Nobel resolvió utilizar su fortuna, de allí en adelante, para premiar los logros que beneficien a la humanidad. Nobel tuvo la rara oportunidad de evaluar su vida al final y todavía vivir lo suficiente para cambiar esa evaluación.[13]

El comediante Jerry Lewis dice que el mejor regalo de bodas que recibió fue una película de toda la ceremonia. Dice que cuando las cosas iban mal en su matrimonio, entraba a un cuarto, cerraba la puerta, retrocedía la película, y salía de allí sintiéndose un hombre libre.

Dudo que usted pueda retroceder la película o leer su obituario en el periódico. Usted puede, sin embargo, hacer una decisión, ahora, para cambiar. Y cuando el cambio tenga éxito, usted mirará retrospectivamente y lo llamará crecimiento.

LA MANERA MÁS RÁPIDA DE ALCANZAR EL LIDERAZGO:

RESOLVER PROBLEMAS

Según F. F. Fournies, en *Coaching for Improved Work Performance*,[1] hay cuatro razones comunes por las que las personas no cumplen como deberían:

1. No saben lo *que* deberían saber.

2. No saben *cómo* hacerlo.

3. No saben *por qué* deberían hacerlo.

4. Hay obstáculos fuera de control.

Estas cuatro razones por las que las personas no cumplen desplegando todo su potencial son las responsabilidades del liderazgo. Las primeras tres razones se refieren a comenzar un trabajo bien. Un programa de capacitación, una descripción de trabajo, las herramientas adecuadas y la visión, junto con la buena comunicación, son un largo camino hacia el cumplimiento efectivo de las tres primeras razones.

Este capítulo tratará sobre la cuarta razón que ocasiona que muchas personas no puedan lograr su desempeño potencial. Los problemas surgen continuamente en el trabajo, en el hogar y en la vida en general. He observado que a la gente no le gustan los problemas, se cansa pronto de ellos, y hará todo lo posible para librarse de los mismos. Esto provoca que otros pongan las riendas del liderazgo en sus manos, *si* usted está dispuesto y puede atacar los problemas de otros, o capacitarlos para resolverlos. Sus habilidades para resolver problemas serán siempre necesarias, pues la gente siempre tiene problemas. Y, cuando estos aparecen, observe adónde va la gente en busca de solución:

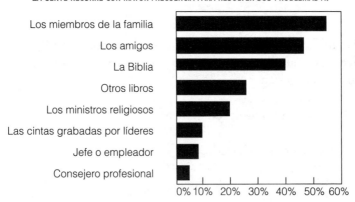

LA GENTE RECURRE CON MAYOR FRECUENCIA PARA RESOLVER SUS PROBLEMAS A:

Este capítulo tratará sobre las dos cosas que se necesitan para resolver los problemas de una manera efectiva: la actitud correcta y el plan de acción correcto.

Antes de que estas dos áreas sean exploradas, quiero comunicar a usted algunas observaciones que he hecho sobre las personas y sus problemas.

TODOS TENEMOS PROBLEMAS

Algunas veces los problemas nos abruman, como sucedió con mi amigo Joe. Antes de que saliera de su casa y se dirigiera al trabajo, recibió cuatro llamadas de larga distancia. Todo el mundo parecía tener un problema. Y todos querían que Joe tomara un avión ese día y fuera a ayudarles. Finalmente le dijo a su esposa que olvidara el desayuno. Salió de la casa tan pronto como pudo. Luego, en el garaje, se dio cuenta de que su carro no encendía, por lo cual llamó a un taxi. Mientras esperaba al taxi, recibió otra llamada sobre otro problema. Por fin vino el taxi; Joe salió corriendo, se sentó en el asiento de atrás y vociferó: «Muy bien, ¡vamos!»

«¿Adónde quiere que lo lleve?», preguntó el chofer.

«No me importa adónde vamos», gritó Joe, «he tenido problemas en todas partes».

A veces pensamos que nuestra generación tiene más problemas que la anterior. Me he reído de esto después de reflexionar en las palabras de Dwight Bohmbach en *What's Right with America*.

> LA TALLA DE LAS PERSONAS ES MÁS IMPORTANTE QUE LA TALLA DEL PROBLEMA.

Los viejos de Estados Unidos vivieron el declive de la bolsa de valores en 1929 que arruinó a muchas familias; los años de la depresión; la Marcha de los Bonos en Washington, cuando los veteranos fueron dispersados por tropas del ejército; los años de la nueva política económica (New Deal); Pearl Harbor; la pérdida de las Filipinas; años de largos días y noches en las plantas de defensa en la década de los 40; combates en Europa y el Pacífico; el día D; la batalla de Bulge; el día V-E; el comienzo esperanzador de las Naciones Unidas en Estados Unidos; la bomba A; el día V-J; el plan Marshall en Europa; el bombardeo de Berlín; la guerra en Corea; el incidente del avión U-2; la invasión de la Bahía de Cochinos; la crisis de los misiles cubanos; los asesinatos del Presidente Kennedy, Bob Kennedy y Martin Luther King; la lucha por los derechos civiles; la guerra de Vietnam; los norteamericanos en la luna; Watergate y la renuncia de un presidente y un vicepresidente; la crisis de energía; la Isla

Three Mile; los rehenes iraníes; un nuevo atentado contra el presidente en 1981; el bombardeo de la embajada de Estados Unidos y cientos de infantes de marina en Líbano; la conversión de Estados Unidos en una nación deudora, con el más alto déficit de la historia. ¡Qué vida!

Deberíamos recordar las palabras de Paul Harvey que dijo que en tiempos como estos es siempre consolador recordar que siempre ha habido tiempos como estos.

LOS PROBLEMAS DAN SIGNIFICADO A LA VIDA

Un sabio filósofo comentaba una vez que el único obstáculo a vencer de un águila, para volar con mayor velocidad y mayor facilidad, era el aire. Sin embargo, si el aire le fuera quitado y la orgullosa ave tuviera que volar en el vacío, caería instantáneamente, imposibilitada totalmente para volar. Los mismos elementos que ofrecen resistencia al vuelo son al mismo tiempo la condición indispensable para el vuelo.

> LAS PERSONAS NECESITAN CAMBIAR SUS PERSPECTIVAS, NO SUS PROBLEMAS.

El principal obstáculo que una lancha motora tiene que superar es el agua contra el propulsor. Sin embargo, si no fuera por la misma resistencia, el bote no se movería en absoluto.

La misma ley, de que los obstáculos son condiciones para el éxito, se aplica a la vida humana. Una vida libre de todos los obstáculos y dificultades, reduciría todas sus posibilidades y poderes a cero. Elimine los problemas, y la vida perderá su tensión creativa. El problema de la ignorancia de las masas da significado a la educación. El problema de la enfermedad da significado a la medicina. El problema del desorden social da significado al gobierno.

En el sur, cuando el algodón era el «rey», el gorgojo pasó de México a Estados Unidos, y destruyó los sembríos de algodón. Los granjeros se vieron obligados a cultivar otras variedades de productos tales como soya y maní. Aprendieron a usar sus tierras para criar ganado, cerdos y pollos. Como resultado, muchos más granjeros llegaron a ser prósperos que en los días cuando el único cultivo era el algodón.

El pueblo de Enterprise, Alabama, estaba tan agradecido por lo que había ocurrido, que en 1910 erigieron un monumento al gorgojo. Cuando cambiaron del sistema de cultivo único a cultivo diversificado, se hicieron más ricos. La inscripción en el monumento dice: «Con profundo aprecio al gorgojo y lo que hizo para proclamar la prosperidad».

A lo largo de toda la vida, los seres humanos tendemos a querer librarnos de los problemas y responsabilidades. Cuando surja esa tentación, recuerde al joven que preguntó a un viejo solitario: «¿Cuál es la carga más pesada de la vida?» El viejo le respondió tristemente: «No tener nada que cargar».

MUCHAS PERSONAS NOTABLES HAN SUPERADO PROBLEMAS EN SU VIDA

Un gran número de los Salmos fueron escritos en momentos de dificultades. «La mayoría de las epístolas se escribieron en las prisiones. La mayoría de los más notables pensadores de todos los tiempos tuvieron que pasar por fuego. Bunyan escribió *El progreso del peregrino* en una cárcel. Florence Nightingale, demasiado enferma para levantarse de la cama, reorganizó los hospitales de Inglaterra. Semiparalizado y bajo constante amenaza de apoplejía, Pasteur atacaba incansable a la enfermedad. Durante la mayor parte de su vida, el historiador norteamericano Francis Parkman sufrió tan agudamente

> LAS POLÍTICAS SON MUCHAS; LOS PRINCIPIOS POCOS. LAS POLÍTICAS CAMBIAN; LOS PRINCIPIOS NO.

que no podía trabajar por más de cinco minutos seguidos. Su vista estaba tan deteriorada que sólo podía garabatear unas cuantas palabras gigantes en un manuscrito, pero logró ingeniárselas para escribir veinte magníficos volúmenes de historia».[2]

Entierre a una persona en la nieve de Valley Forge, y tendrá a un George Washington. Resucítelo en una abyecta pobreza, y tendrá a un Abraham Lincoln. Derríbelo con parálisis infantil, y se convertirá en un Franklin D. Roosevelt. Quémelo tan gravemente que los doctores digan que nunca caminará de nuevo, y tendrá a Glenn Cunningham, que estableció el récord mundial en la carrera de una milla en 1934. Hágalo nacer negro o negra en una sociedad llena de discriminación racial, y tendrá a un Booker T. Washington, una Marian Anderson, un George Washington Carver o un Martin Luther King. Llámelo retrasado y de lento aprendizaje, y expúlselo de la escuela por incapacidad, y tendrá a un Albert Einstein.

Dolly Parton lo resume todo con estas palabras: «Como yo lo veo, si usted quiere tener el arco iris tiene que soportar la lluvia».

MI PROBLEMA **NO** ES MI PROBLEMA

Hay un mundo de diferencia entre una persona que tiene un gran problema y una persona que hace de un problema algo grande. Durante varios años di entre veinte y treinta horas semanales de consejería. Pronto descubrí que las personas que venían a verme no eran forzosamente las que tenían los mayores problemas. Eran las que estaban conscientes de sus problemas y consideraban sus dificultades muy estresantes. Ingenuo al principio, trataba de arreglar sus problemas, sólo para descubrir que al salir de ellos entrarían a otros. Eran como Carlitos en un programa especial de «Snoopy» en Navidad: no podía captar el espíritu de Navidad. Lino le dijo: «Carlitos, eres la única persona que conozco que puede tomar una hermosa época como la Navidad y convertirla en un problema».

Lino, te tengo noticias: ¡Hay muchas personas como Carlitos! Sus «problemas» no son verdaderos problemas. El problema es que reaccionan equivocadamente ante los «problemas», y por eso hacen de sus «problemas» verdaderos problemas. Lo que importa en realidad no es lo que *me* sucede, sino lo que sucede *en mí*.

Un estudio de trescientas personas sumamente exitosas, como Franklin Delano Roosvelt, Helen Keller, Winston Churchill, Albert Schweitzer, Mahatma Gandhi y Albert Einstein indica que uno de cada cuatro tenía limitaciones tales como ceguera, sordera o parálisis. Tres cuartos habían nacido en la pobreza, venían de hogares destrozados, o por lo menos de situaciones familiares sumamente tensas o perturbadoras.

¿Por qué los triunfadores superaron los problemas, mientras miles de personas se sienten abrumadas por ellos? Porque rehusaron asirse de las excusas comunes para el fracaso. Transformaron los grandes escollos en pequeñas piedras sobre las cuales pisar para cruzar los ríos. Se dieron cuenta de que no podían determinar todas las circunstancias de la vida, pero podían determinar qué actitudes escoger frente a cada circunstancia.

Leí sobre el coro de una iglesia que reunía fondos para asistir a un concurso de coros, y decidieron lavar carros. Para su desencanto, luego de una ajetreada mañana, por la tarde comenzó a llover y dejaron de llegar los clientes. Finalmente, una de las mujeres escribió este cartelón: «NOSOTROS LAVAMOS»; (y con una flecha señalando hacia el cielo) «¡ÉL ENJUAGA!»

> SIEMPRE TOMA EL CAMINO MÁS DIGNO.

El periódico *Los Angeles Times* publicó recientemente esta cita: «Si usted puede sonreír cuando cualquier cosa va mal, usted es un mentecato o un reparador». Yo añadiría: o un líder que se da cuenta de que el único problema que usted tiene es el que usted permite que sea problema debido a su reacción equivocada hacia él. Los problemas pueden detenerle temporalmente. Usted es el único que puede actuar permanentemente.

UN PROBLEMA ES ALGO POR LO QUE YO PUEDO HACER ALGO

Mi amigo y guía, Fred Smith, me enseñó esta verdad. Si no puedo hacer algo por un problema, no es mi problema; es una realidad de la vida.

En 1925, una compañía norteamericana que fabricaba y comercializaba crema de afeitar estaba preocupada por la efectividad de su publicidad en los costados de las carreteras. Con la introducción de los automóviles de «alta velocidad» les preocupaba que nadie tuviera tiempo de leer los letreros. Así que la compañía Burma Shave, creó una serie de pequeños letreros espaciados a intervalos suficientes de manera que pudieran ser leídos aun a alta velocidad. Este método único de publicidad hizo de Burma Shave un nombre familiar durante cuarenta y seis años.

Como niño que crecía en Ohio, me encantaban los anuncios de Burma Shave. Este era mi favorito:

Un durazno se ve bien
con mucha pelusa…
pero el hombre no es un durazno…
ni nunca lo fue.

La compañía Burma Shave se volvió creativa en una sociedad cambiante. Si no hubiera tenido respuesta alguna para el problema, no hubiera sido ningún problema, sino simplemente una realidad de la vida. Cuídese de resignarse con la posición de que no hay ninguna respuesta para el problema. Alguien puede venir con una solución.

La prueba del líder es la capacidad de reconocer un problema antes de que se convierta en una emergencia

En condiciones de un liderazgo efectivo un problema rara vez adquiere proporciones gigantescas porque es reconocido y solucionado en sus etapas iniciales.

Los grandes líderes por lo general reconocen un problema en la siguiente secuencia:

1. Lo presienten antes de verlo (intuición).

2. Comienzan a buscarlo y hacen preguntas (curiosidad).

3. Reúnen información (procesamiento).

4. Expresan sus sentimientos y descubrimientos con unos cuantos colegas de confianza (comunicación).

5. Definen el problema (escritura).

6. Revisan sus recursos (evaluación).

7. Toman una decisión (dirección).

Los grandes líderes raras veces son tomados por sorpresa. Se dan cuenta de que el puñetazo que les ha derribado no es el duro, sino el único que no vieron venir. Por eso, siempre están buscando señales e indicadores que les permitan darse cuenta del problema y sus probabilidades de solución. Tratan los problemas como el del potencial intruso en una granja de Indiana que leyó este letrero en una cerca: «Si cruza este campo, es mejor que lo haga en 9.8 segundos. El toro puede hacerlo en 10».

Usted puede juzgar a los líderes por el tamaño del problema que enfrentan

En una de las tiras cómicas de «Snoopy», Carlitos dice: «No hay problema tan grande del que yo no pueda escapar». Todos nos hemos sentido exactamente como el domador que publicó este anuncio en el periódico: «Domador de leones quiere un león de domador».

Sin embargo, al observar a las personas y sus problemas, he notado que la talla de las personas es más importante que la talla del problema. El problema parece más grande o más pequeño si la persona es grande o pequeña.

Hace poco hablé con Marcia, una señora a quien le diagnosticaron cáncer hace dos años, y a quien extirparon un seno. Se siente bien, pero me transmitió su preocupación de que otras mujeres con el mismo problema, no se sentían bien. Parecía haber una gran diferencia entre Marcia y las demás que tuvieron el mismo problema. Podía predecir la recuperación de Marcia. Fue positiva desde el inicio del problema. Como líderes, debemos concentrarnos en formar grandes personas. Las grandes personas manejarán los grandes problemas con efectividad.

Solucione problemas de trabajo rápidamente; los problemas de personas tomarán más tiempo

Resolver problemas puede ser la agenda inmediata, pero no debe ser en lo que empleemos la mayor parte del tiempo. Si todo lo que hacemos es concentrarnos en resolver el siguiente problema a la mano, pronto nos sentiremos como el granjero que dijo: «Lo más difícil de ordeñar vacas es que nunca quedan ordeñadas». Los problemas nunca paran, pero nosotros podemos parar los problemas. Mis sugerencias para preparar personas que resuelvan problemas son:

1. *Dedique un tiempo a la gente.* Los que nunca tienen tiempo para preparar gente, se ven obligados a tener tiempo para resolver sus problemas.

2. *Nunca resuelva un problema por la persona; resuélvalo con esa persona.* Lleve a ese individuo a través de la secuencia que ya se ha dado para reconocer un problema. Emplee el tiempo con esa persona y estudien este capítulo completo juntos.

Los problemas deben ser resueltos al nivel más bajo posible. El Presidente John F. Kennedy dijo que el Presidente Eisenhower le dio este consejo el día anterior a la toma de posesión: «No serán fáciles los problemas que lleguen al Presidente de Estados Unidos. Si fueran fáciles de resolver, entonces alguien los habría resuelto». Esta afirmación debería aplicarse a cada líder. Ascender por la escalera del liderazgo significa que tendrá que hacer menos decisiones pero más importantes. Las habilidades de un líder para resolver problemas deben aguzarse puesto que cada decisión significa una decisión de primera importancia. John E. Hunter dijo: «Una situación solamente se convierte en problema cuando uno no tiene suficientes recursos para afrontarla». El resto de este capítulo trata de lo que se necesita para resolver efectivamente los problemas.

La actitud correcta

El tema de lo que significa nuestra actitud es tan importante para los líderes potenciales que el siguiente capítulo se dedicará totalmente a ello. Por eso, bastarán pocos pensamientos en este momento. Norman Vincent Peale tenía razón cuando dijo que el pensamiento positivo es la manera cómo se *piensa* acerca de un problema. Entusiasmo es la manera cómo usted *se siente* con respecto al problema. Los dos aspectos determinan lo que usted hace con el problema. Si yo pudiera hacer algo por las personas, les ayudaría a cambiar sus perspectivas, no sus problemas. El pensamiento positivo no siempre cambia nuestras circunstancias, pero siempre nos cambia a nosotros. Cuando podemos pensar correctamente en relación con situaciones difíciles, entonces nuestro viaje por la vida es mejor.

G. W. Target, en su ensayo «The Window», relata la historia de dos hombres confinados al mismo cuarto en un hospital. Ambos estaban muy enfermos y aunque no se les permitía tener muchas distracciones—ni televisión, ni radio, ni libros—desarrollaron una amistad a través de largos meses de conversación. Hablaron de todos los asuntos en los que ambos tenían interés o experiencia, desde la familia, los trabajos y las vacaciones, hasta sus historias personales.

Ninguno de los dos podía levantarse, pero uno tuvo la suerte de estar cerca de una ventana. Como parte de su tratamiento podía sentarse en su cama por solamente una hora al día. Ese era el momento que aprovechaba para describir a su compañero el mundo exterior. En términos muy detallados llevaba el mundo exterior a su amigo, describiéndole el hermoso parque que veía, con su lago, y las muchas personas interesantes que paseaban por allí. Su amigo comenzó a vivir a base de esas descripciones.

Después de un relato particularmente fascinante, el hombre que lo oía comenzó a pensar que no era justo que su amigo pudiera ver todo mientras él no veía nada. Se sintió avergonzado por sus pensamientos, pero tenía bastante tiempo para pensar y no podía sacar esto de su mente. Con el tiempo sus pensamientos comenzaron a producir efectos en su salud y se sintió más enfermo todavía, con una disposición para igualarse al otro.

Una noche su amigo, que a veces tenía problemas con la congestión y la respiración, se despertó con un acceso de tos y asfixia, y no podía ni siquiera oprimir el botón del timbre para que la enfermera viniera en su ayuda. El otro hombre, frustrado y amargado, yacía allí, mirando al cielo, escuchando la lucha por la vida cerca de él, y sin hacer nada.

A la mañana siguiente vino la enfermera para encontrar muerto al hombre que estaba junto a la ventana.

Después de cierto intervalo, el hombre que estaba ansioso por ver a través de la ventana pidió que le cambiaran a ese lugar, lo cual fue hecho rápidamente. Tan pronto como quedó vacía la habitación, el hombre se levantó con esfuerzo sobre sus codos para mirar afuera y llenar su espíritu con el paisaje del mundo exterior.

Fue entonces cuando descubrió que la ventana daba a una pared en blanco.[3]

EL PLAN DE ACCIÓN CORRECTO

¿No es verdad que muchas veces tenemos un excedente de respuestas sencillas y una escasez de problemas sencillos? En ocasiones, nos sentimos como el tipo que en una caricatura decía: «Trato de vivir un solo día a la vez, pero últimamente varios días me han atacado al mismo tiempo». Una cosa es cierta: ¡la vida no está exenta de problemas!

Se cuenta que cuando se diseñaban la serie de vehículos espaciales Apolo, surgió una diferencia entre los científicos y los ingenieros. Los científicos insistían en que toda onza de peso disponible se reservara para equipo científico que pudiera servir para explorar e informar sobre el espacio. Querían que los ingenieros diseñaran un vehículo espacial que no tuviera defecto alguno. (Esa era la era cuando «cero defectos» era una expresión popular en la industria.) Eso significaría que una gran proporción de espacio y de peso estarían disponibles para equipo científico.

Los ingenieros argumentaban que esa era una meta imposible. Decían que la única suposición segura era que algo saldría mal, pero no podían predecir con certeza dónde ocurriría ese mal funcionamiento. Por eso necesitaban construir una serie de sistemas de reserva que compensaran todo posible mal funcionamiento. Eso significaba que habría mucho menos peso y espacio de carga disponibles para equipo científico.

Al parecer, este conflicto se resolvió preguntando a los astronautas que se preparaban, qué suposición apoyaban. ¡Todos votaron a favor de muchos sistemas de reserva! Esta historia ilustra la importancia de las suposiciones. Algunas personas suponen que es posible desarrollar en sus vidas un sistema exento de defectos. Otras que algo saldrá mal y necesitarán un sistema de reserva. Muchas veces, cuando surge un problema, queremos echarle la culpa a alguien más y tomar el camino más fácil para salir. Hace poco estudié un diagrama humorístico para resolver problemas que destaca nuestro deseo de eludir la responsabilidad (véase la página siguiente).

EL PROCESO DE RESOLVER PROBLEMAS

Ahora, aun si no queremos eludir responsabilidades y tenemos una actitud correcta y un sólido plan de acción, es importante seguir un proceso cuando estamos buscando una solución. Sugiero seguir estos pasos para resolver problemas.

IDENTIFIQUE EL PROBLEMA

Muchas veces atacamos los síntomas, no la causa. Ordenar a su personal que permanezca en sus escritorios hasta que llegue el tiempo de salir es una solución momentánea que no responde a la pregunta: «¿Por qué el personal sale antes de hora?» Su trabajo es identificar los verdaderos problemas que subyacen a los síntomas.

Dejar de hacer esto le pone en la misma situación que a un joven soldado que estaba aprendiendo a lanzarse en paracaídas. Le dieron las siguientes instrucciones:

1. Salte cuando se le diga;

2. Cuente hasta diez y tire de la cuerda;

3. En el muy improbable caso que no se abra, tire de la cuerda del segundo paracaídas; y

4. Cuando llegue a tierra, un camión le llevará de regreso a la base.

El avión se elevó hasta la altura adecuada y los hombres comenzaron a saltar; el soldado saltó cuando le llegó su turno. Contó hasta diez, tiró la cuerda, pero el paracaídas no se abrió. Procedió a efectuar las instrucciones secundarias y tiró de la cuerda del segundo paracaídas. Este tampoco se abrió. «Y supongo», se quejó para sí mismo, «que el camión tampoco estará allí cuando llegue a tierra».

DIAGRAMA DE FLUJO PARA RESOLVER PROBLEMAS

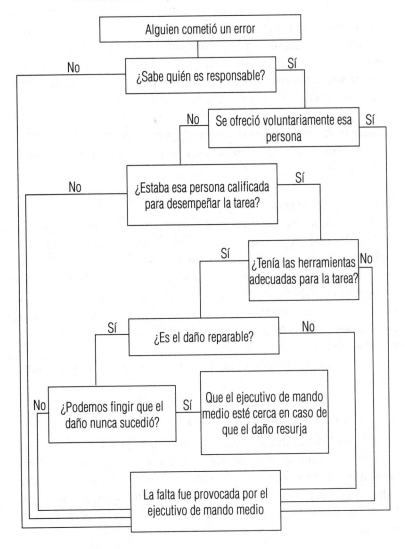

Establezca prioridades en el problema

Richard Sloma dice que nunca se debe tratar de resolver todos los problemas al mismo tiempo: alinéelos ante usted de uno en uno. Ya sea que usted enfrente tres problemas, treinta o trescientos, «colóquelos en una sola hilera de manera que usted se enfrente con uno solo a la vez». Aborde estos problemas, no con la intención de hallar lo que usted espera que esté allí, sino de encontrar la verdad y las realidades con las que debe luchar. Puede ser que no le guste lo que encuentre. En ese caso, usted tiene el permiso de tratar de cambiarlo. Pero no se engañe. Lo que encuentre puede ser o no el verdadero problema.

Defina el problema

En una sola oración, responda a la pregunta: «¿Cuál es el problema?» Bobb Biehl nos anima a recordar la diferencia entre resolver el problema y tomar una decisión. Una «decisión es una elección que usted hace entre dos o más alternativas, tales como: "¿Debo volar a Phoenix o a Chicago?" Un problema es una situación que está en contra de sus intenciones o expectativas: "Quise volar a Chicago, pero terminé en Detroit", o "Quise tener $50,000 en el banco, pero tengo un déficit de $50,000"».[4]

Definir el problema en una sola oración es un *proceso de cuatro pasos.*

1. Haga las preguntas correctas

Si usted tiene una idea vaga, no haga una pregunta general tal como «¿Qué está pasando aquí?», ni especule. En vez de eso, haga preguntas relacionadas con el proceso. Dos palabras que siempre gobiernan mis preguntas son *tendencia* y *tiempo.* La mayoría de las huellas de los problemas pueden ser rastreadas si se hacen preguntas específicas en estas dos áreas.

2. HABLE A LAS PERSONAS QUE DEBE HABLAR

Tenga cuidado de las autoridades que tienen una actitud de sabelotodo. Estas personas tienen puntos ciegos y se resisten al cambio. La creatividad es esencial para resolver problemas. En las conferencias de liderazgo a menudo ilustro este principio utilizando el problema de los nueve puntos.

Conecte los nueve puntos con cuatro líneas rectas sin levantar el lápiz del papel.

Si usted no ha solucionado este problema antes, trate ahora. Se vio obstaculizado, si hizo ciertas suposiciones sobre el problema que limitaban la gama de sus respuestas. ¿Supuso que las líneas no podían extenderse más allá del cuadrado imaginario formado por los puntos? Invalide esa suposición y podrá resolver el rompecabezas más fácilmente.

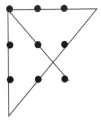

Esta solución creativa es bastante común. Menos conocidas son las soluciones alternas que resultan de invalidar otras suposiciones, tales como las sugeridas por el astrónomo Tom Wujec. Suposición:

las líneas deben pasar por el centro de los puntos. Si usted traza líneas que solamente toquen los puntos, puede resolver el rompecabezas en sólo tres rasgos.

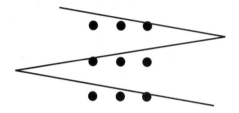

Suposición: Las líneas deben ser finas. Conecte los puntos con una sola línea gruesa para resolver el problema.

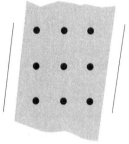

Suposición: No puede doblar el papel. Doble el papel dos veces, de esa manera los puntos estarán juntos en la superficie, y usted necesita solamente una sola línea ancha.

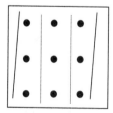

Suposición: El papel debe estar plano. Haga un rollo con el papel para formar un tubo. Es posible conectar los puntos con una espiral.

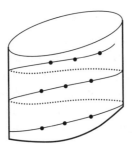

Suposición: Usted no puede cortar el papel. Rompa el papel en nueve pedazos con un punto en cada uno, y conecte todos los puntos haciendo un agujero en todos ellos con su lápiz.

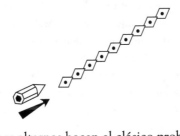

Estas soluciones alternas hacen el clásico problema de los nueve puntos aun más efectivo para comunicar el mensaje de que podemos encontrar más maneras de resolver más problemas, si invalidamos ciertas suposiciones.[5]

3. Obtenga los hechos incontestables

Recuerde las palabras de Peter Drucker: «Una vez que los hechos están claros, las decisiones saltan a la vista». Por ejemplo, no permita que nadie le diga: «esa persona es un buen trabajador». Obtenga ejemplos concretos del desempeño de ese individuo. Escuche lo que *no* se dice y reúna esa importante información.

4. INVOLÚCRESE EN EL PROCESO

La mayoría de los problemas no son lo que parecen. No se limite a hacer las preguntas correctas y a reunir los hechos incontestables. Involúcrese en el proceso haciendo el trabajo del personal, y vea cuáles son los problemas que surgen. Los problemas deben resolverse al nivel más bajo posible porque es allí donde aparecen. Ese es el nivel, también, donde son definidos con más claridad.

ESCOJA A LAS PERSONAS QUE LE VAN A AYUDAR EN EL PROCESO DE RESOLVER PROBLEMAS

Sócrates desarrolló este método hace 2,400 años: Después de definir el problema que se le presentaba, reunía a otros y les pedía sus opiniones y el fundamento lógico para sustentarlas. Como a sí mismo se consideró moscardón, Sócrates pasó la mayor parte de su vida molestando a los complacientes y conservadores atenienses. Por medio de debates, lisonjas y aguijonear, obligó a los atenienses a cuestionarse las creencias que daban por sentado.

Esto, al final, le causó problemas. Los atenienses le acusaron de impiedad contra los dioses y de corromper a la juventud ateniense. Fue arrojado a la cárcel, juzgado y sentenciado a morir. Después de un mes, tiempo durante el cual rechazó la ayuda que le ofrecían sus amigos para escapar, Sócrates bebió una copa de cicuta y murió.

Nadie espera que vaya tan lejos. Pero practicar el método socrático le ayudará a ser un mejor líder.[6]

Antes de invitar a la gente a asistir a una reunión para resolver problemas, haga las siguientes preguntas:

- ¿Es este un verdadero problema?

- ¿Es urgente?
- ¿Se conoce la verdadera naturaleza del problema?
- ¿Es específico? (Si la gente habla sobre todo, al final no hablará sobre nada.)
- ¿Ha invitado al grupo más competente para tratar el problema, y cada participante está preocupado por resolverlo?

JUNTE LAS CAUSAS DEL PROBLEMA

Haga una lista de todas las posibles causas del problema averiguando qué causó el problema, y cómo se puede evitar esto en el futuro.

JUNTE TODAS LAS SOLUCIONES POSIBLES

Haga una lista de todas las soluciones posibles. Mientras más, mejor. Rara vez hay solamente una manera de resolver un problema. Las opciones son esenciales porque un problema cambia continuamente. El líder sin una solución de reserva para la respuesta primaria, pronto estará en dificultades.

ESTABLEZCA PRIORIDADES Y SELECCIONE LAS «MEJORES» SOLUCIONES

Sopese todas las soluciones posibles antes de decidir. El líder debe siempre responder a las siguientes preguntas:

- ¿Qué solución tiene el mayor potencial de ser acertada?
- ¿Qué solución favorece los mejores intereses de la organización?
- ¿Qué solución tiene de su lado el ímpetu y el tiempo oportunos?
- ¿Qué solución tiene la más grande posibilidad de éxito?

IMPLEMENTE LA MEJOR SOLUCIÓN

Norman Bushnell, fundador de Atari, dijo: «Todo el que haya tomado una ducha tiene una idea. Es la persona que sale de la ducha, se seca y hace algo al respecto, la que conoce la diferencia».

EVALÚE LA SOLUCIÓN

Deje que otros la prueben y hagan perforaciones en ella. Si hacen perforaciones intelectuales (tales como: «no creo que funcionará porque...»), ignórelos. Si señalan problemas operativos reales, observe y haga los ajustes. Haga estas preguntas para evaluar las respuestas:

- ¿Pudimos identificar las verdaderas causas del problema?
- ¿Hicimos la decisión correcta?
- ¿Se ha resuelto el problema?
- ¿Han aceptado esta solución las personas clave?
- ¿Ayudé a la gente a mejorar sus habilidades para resolver problemas a fin de que puedan enfrentar el conflicto en el futuro?

ESTABLEZCA LOS PRINCIPIOS O POLÍTICAS PARA IMPEDIR QUE LOS PROBLEMAS VUELVAN A SURGIR

Mientras que las políticas se establecen para una función en particular, los principios son una guía para todos y son más generales. Las políticas cambian cuando su aplicación ya no es indispensable. Los principios no cambian.

Las políticas son muchas,
los principios son pocos;
las políticas cambiarán,
los principios nunca lo harán.

Las políticas funcionan muy bien en asuntos operacionales y en un nivel administrativo más bajo. Una política nunca debe mantenerse y ser defendida cuando esta impide el cumplimiento del programa y demora el cambio que se necesita para progresar. El propósito de una política es dar una dirección clara y permitir un mejor flujo en la organización. Muchos problemas operacionales quedarán resueltos con la implementación de una política sólida.

Un principio dentro de mi organización es: «Tome siempre el camino más digno». Este principio significa que cuando hay debate, preguntas, o confrontación entre el personal y la gente, siempre espero que mi personal conceda el beneficio de la duda a otros. Este principio es para todos los de mi organización en todo el tiempo. Puede ser que no tenga nada que ver con un procedimiento operacional relativo a máquinas y papel, pero tiene que ver con la gente. Para enseñar principios efectivos a mi personal debo:

- enseñarlos mediante el ejemplo;
- relacionarlos, respondiendo a la pregunta: «¿Cómo puedo utilizar esto en mi vida?»; y
- aplaudir cuando veo los principios aplicados a su vida.

Más adelante dedico todo un capítulo a la importancia de tener las personas apropiadas a su alrededor. En relación con la solución de problemas, si usted es el que siempre soluciona y nunca enseña a los que le rodean a pensar y a decidir por sí mismos, tendrá un grupo dependiente de seguidores. Hace muchos años decidí concentrarme en ayudar a las personas a que ellas resolvieran sus problemas en vez de resolverles los problemas yo. Estas sugerencias son algunos métodos que usted encontrará efectivos:

- Nunca deje que otros piensen que usted tiene las mejores respuestas. Esto sólo les hará dependientes de usted.

- Haga preguntas. Ayude a la gente a pensar en todo el proceso del problema.
- Sea un entrenador, no un rey. Un entrenador logra lo mejor de otros, ayudándoles a llegar a lo más profundo y descubrir su potencial. Un rey solamente da órdenes.
- Haga una lista de las soluciones que ellos tienen. Integre sus ideas con las de ellos, hasta que se apropien de ellas.
- Pídales decidir sobre la mejor solución para su problema.
- Desarrolle el plan.
- Pídales apropiarse y aceptar la responsabilidad del plan. Permítales que fijen un límite de tiempo y un proceso para responder a él.

Su meta debe ser que cuando la reunión termine, la otra persona haya procesado el problema, buscado una solución, desarrollado un plan, y se haya apropiado de la idea. La relación de él o de ella con usted no será de dependencia, sino de profundización.

LO EXTRA EN EL LIDERAZGO:

LA ACTITUD

Cuando hablo sobre liderazgo en una conferencia, casi siempre pido que todos hagan este ejercicio:

Escriba el nombre de un amigo a quien admire mucho:

_____

Escriba una de las cosas que más admira de ese amigo:

_____

Me gustaría que apartara un momento y meditara en este ejercicio antes de continuar leyendo. Creo que obtendría una visión interesante e importante. Lo más probable es que lo que más admira de su amigo se relaciona con la actitud. Después que todos los participantes de la conferencia han hecho este ejercicio, les pido que me den sus respuestas. Proyecto las primeras veinticinco respuestas en una pantalla para que todos las vean. Pongo *AC* junto a las características que describen actitudes, *H* junto aquellas que describen habilidades, y *AP* en las palabras que tienen que ver con apariencia. Cada vez que dirijo este ejercicio, el 95% de las palabras descriptivas representan actitudes por las cuales se admiran a los amigos.

Chuck Swindoll dijo:

Mientras más vivo, más me doy cuenta del impacto de la actitud en la vida. Para mí, la actitud es más importante que los hechos. Es más importante que el pasado, que la educación, que el dinero, que las circunstancias, que los fracasos, que el éxito, que lo que piensan, dicen o hacen otras personas. Es más importante que la apariencia, las capacidades o la habilidad. La actitud prosperará o hará quebrar a una compañía, a una iglesia o a un hogar. Lo más importante es que cada día podemos escoger la actitud que vamos a tener ese día. No podemos cambiar nuestro pasado. Ni podemos cambiar el hecho de que las personas actuarán de cierta manera. Tampoco podemos cambiar lo inevitable. Lo único que podemos hacer es jugar con el único recurso que tenemos, y que es nuestra actitud. Estoy convencido que la vida es en un 10% lo que me sucede y el 90% cómo reacciono ante lo que me sucede. Y eso es lo que pasa con usted: somos responsables de nuestras actitudes.[1]

Así como nuestras actitudes son lo extra en nuestras vidas, son también muy importantes para dirigir a otros. El liderazgo tiene menos que ver con la posición que lo que tiene que ver con la disposición. La disposición de un líder es importante porque influirá en la manera como los seguidores piensan y sienten. Los grandes líderes saben que una actitud correcta creará la atmósfera adecuada para que los demás respondan bien.

NUESTRAS ACTITUDES SON NUESTRO ACTIVO MÁS IMPORTANTE

Puede ser que las actitudes no sean el activo que nos haga grandes líderes, pero sin buenas actitudes, jamás llegaremos a desarrollar todo nuestro potencial. Nuestras actitudes son las que nos dan ese pequeño margen extra sobre aquellos que piensan equivocadamente. Walt Emerson dijo: «Lo que está atrás de nosotros y lo que está delante de nosotros son cosas insignificantes comparadas con lo que está adentro de nosotros».

El Informe Cos de 1983 sobre los Negocios de Estados Unidos, decía que el 94% de todos los ejecutivos de Fortuna 500, atribuían su éxito más a la actitud que a cualquier otro ingrediente.

Robert Half International, una firma consultora de San Francisco, pidió, recientemente, a los vicepresidentes y a los directores de personal de las cien compañías más grandes de Estados Unidos que mencionaran la razón más importante para despedir a un empleado. Las respuestas son muy interesantes y destacan la importancia de la actitud en el mundo de los negocios.

- Incompetencia: 30%
- Incapacidad para trabajar con otros: 17%.
- Deshonestidad o mentira: 12%.
- Actitud negativa: 10%.
- Falta de motivación: 7%.
- Fallas o negativa para seguir las instrucciones: 7%.
- Otras razones: 8%.

Note que aunque la incompetencia ocupa el primer lugar en la lista, las siguientes cinco razones fueron problemas de actitud.

No hace mucho, el Instituto Carnegie analizó los registros de diez mil personas y concluyó que el 15% del éxito se debe a la capacitación técnica. El otro 85% se debe a la personalidad, y el principal rasgo de personalidad identificado en la investigación fue la actitud.

Nuestras actitudes determinan lo que vemos y cómo manejamos nuestros sentimientos. Estos dos factores determinan en gran medida nuestro éxito.

Lo que vemos: La Psicología 101 me enseñó que vemos lo que estamos preparados para ver. Un hombre que vivía en un suburbio, al no poder encontrar su sierra, sospechó que el hijo de su vecino, que siempre estaba haciendo trabajos de carpintería en el vecindario, la había robado. Durante la siguiente semana, todo lo que el muchacho hacía parecía sospechoso: la manera de caminar, el tono de voz, los gestos. Pero cuando el hombre encontró la sierra detrás de su banco de trabajo, donde por accidente la había dejado caer, nunca más pudo ver algo sospechoso en el hijo del vecino.

Nell Mohney, en su libro *Beliefs Can Influence Attitudes*, ilustra muy acertadamente esta verdad. Mohney cuenta de un experimento doble ciego realizado en la bahía de San Francisco. El director de una escuela llamó a tres maestros y les dijo: «Porque ustedes tres son los mejores maestros en el sistema y tienen la mayor experiencia, vamos a entregarles noventa estudiantes con alto coeficiente intelectual. Queremos que ustedes trabajen con estos estudiantes, durante todo el próximo año, a su propio ritmo, y vean cuánto pueden aprender».

> LA VIDA ES EN UN 10% LO QUE ME SUCEDE Y EL 90% CÓMO REACCIONO ANTE LO QUE ME SUCEDE.

Todos se sintieron contentos, la facultad y los estudiantes.

Ese año los maestros y los estudiantes disfrutaron mucho los unos de los otros. Los maestros enseñaron a los estudiantes más brillantes; los estudiantes se beneficiaron de la atención especial y de la instrucción de maestros altamente capacitados. Al final del experimento, los estudiantes habían logrado un aprovechamiento de un 20 a un 30% más que el resto de los estudiantes de toda el área.

El director llamó a los profesores y les dijo: «Debo confesarles algo: ustedes no tuvieron a noventa estudiantes de alto nivel intelectual, eran estudiantes comunes y corrientes. Tomamos a noventa estudiantes al azar de entre todo el grupo, y los entregamos a ustedes».

Los maestros dijeron: «Eso quiere decir que somos maestros excepcionales».

El director continuó: «Tengo otra confesión que hacerles: ustedes no eran los maestros más brillantes. Sus nombres fueron simplemente los primeros que salieron al azar de un sombrero».

Los profesores preguntaron: «¿Qué fue lo que causó la diferencia entonces? ¿Por qué noventa estudiantes se desempeñaron en un nivel tan excepcional durante todo el año?»[2]

La diferencia, por supuesto, eran las expectativas de los maestros. Nuestras expectativas tienen mucho que ver con nuestras actitudes. Y estas expectativas pueden ser totalmente falsas, pero determinarán nuestras actitudes.

> EL LIDERAZGO TIENE MENOS QUE VER CON LA POSICIÓN QUE LO QUE TIENE QUE VER CON LA DISPOSICIÓN.

Cómo manejamos nuestros sentimientos: Observe que no dije que nuestras actitudes determinan cómo nos sentimos. Hay una gran diferencia entre cómo nos sentimos y cómo manejamos nuestros sentimientos. Todos tenemos momentos en que nos sentimos mal. Nuestras actitudes no pueden detener nuestros sentimientos, pero pueden impedir que nuestros sentimientos nos detengan. Desgraciadamente, muchas personas dejan que sus sentimientos las controlen hasta que terminan como el pobre Ziggy en la tira cómica.

Ziggy está sentado bajo un árbol contemplando la luna y dice: «He estado aquí y he estado allí. He estado arriba y he estado abajo. He estado adentro y he estado afuera. He estado cerca y he estado lejos. ¡Pero ni una sola vez, ni siquiera una vez, he estado "en el lugar preciso"!»

> NO PODEMOS SEGUIR FUNCIONANDO DE UNA MANERA QUE NO CONCUERDE CON LO QUE CREEMOS DE NOSOTROS MISMOS.

Todos los días veo a personas que se sienten controladas. Una encuesta reciente indica que las personas con problemas emocionales tienen el 144% más de probabilidades de tener accidentes automovilísticos, que los que son emocionalmente estables. Un hecho alarmante revelado en este estudio es que una de cada cinco víctimas de accidentes fatales tuvo una disputa dentro de las seis horas anteriores a su accidente.

ES IMPROBABLE QUE UNA PERSONA CON UNA MALA ACTITUD PUEDA TENER ÉXITO CONTINUAMENTE

Norman Vincent Peale relata esta historia en su libro *Power of the Plus Factor*:

> Caminando por las serpenteadas callejuelas de Kowloon en Hong Kong, llegué a un estudio de tatuajes. En la vitrina se exhibían las muestras de los tatuajes disponibles. En el pecho o en los brazos podían grabar el tatuaje de un ancla o bandera o sirena o cualquier cosa. Pero lo que me impactó hondamente era ver que había tres palabras que podían ser tatuadas en la carne de uno: *Nacido para perder*.
>
> Asombrado, entré a la tienda y, señalando a esas palabras, pregunté al artista tatuador chino: «¿En verdad, hay alguien que quiera tener esa terrible frase, *Nacido para perder*, tatuada en su cuerpo?»
>
> El respondió: «Sí, a veces».
>
> «Pero», dije, «no puedo creer que alguien de mente sana haga eso».

> LA ACTITUD DE UN LÍDER ES CAPTADA MÁS RÁPIDAMENTE QUE SUS ACCIONES.

> El chino se limitó a golpearse la frente con sus dedos y en muy mal inglés dijo: «Antes de que el tatuaje esté en el cuerpo, el tatuaje está en la mente».[3]

Una vez que la mente está «tatuada» con pensamientos negativos, las posibilidades de éxito a largo plazo disminuyen. No podemos continuar funcionando de una manera en la que nosotros mismos no creemos verdaderamente. Con frecuencia veo a las personas sabotearse a sí mismas por causa del pensamiento equivocado.

El mundo de los deportes siempre ha apreciado a Arnold Palmer. Los miembros del «ejército de Arnie» se pueden contar todavía entre los jóvenes y los viejos. Este gran golfista nunca hizo ostentación de su éxito. Aunque ha ganado cientos de trofeos y premios, el único trofeo que tiene en su oficina es una pequeña copa estropeada que ganó en su primer campeonato profesional en el torneo abierto de Canadá en 1955. Además de la copa tiene una placa solitaria en la pared. La placa dice por qué ha tenido éxito en el golf y fuera de él. Se puede leer:

> Si cree que está vencido, lo está.
> Si piensa que no se atreve, no lo hará.
> Si le gusta ganar pero piensa que no puede,
> es casi seguro que no ganará.
> Las batallas de la vida no siempre van dirigidas
> al hombre más fuerte o al hombre más veloz.
> Tarde o temprano, el hombre que gana
> es el hombre que cree que puede.

¿Cuál es la diferencia entre un golfista que gana un torneo de golf y un Arnold Palmer? ¿Es la capacidad? ¿Es la suerte? ¡Absolutamente no! Cuando un promedio inferior a dos golpes por torneo es lo que distingue a los veinticinco mejores golfistas del mundo, la diferencia tiene que ser algo más que la simple habilidad.

La diferencia está en la actitud. Las personas con pensamientos negativos pueden comenzar bien, tener unos cuantos días buenos, y ganar un partido. Pero tarde o temprano (por lo general temprano), sus actitudes los derrumbarán.

SOMOS RESPONSABLES DE NUESTRAS ACTITUDES

Nuestro destino en la vida no será determinado jamás por nuestro espíritu quejumbroso o elevadas expectativas. La vida está llena de sorpresas y el ajuste de nuestras actitudes es un proyecto para toda la vida.

> El pesimista se queja del viento.
> El optimista espera que cambie.
> El líder arregla las velas.

Mi padre, Melvin Maxwell, ha sido siempre mi héroe. Es un líder de líderes. Uno de sus lados fuertes es la actitud positiva. Recientemente mis padres pasaron un tiempo con mi familia. Cuando abrió su maletín, vi un par de libros motivadores sobre la actitud.

Le dije: «Papá, tienes setenta años. Siempre has tenido una magnífica actitud. ¿Todavía lees esas cosas?»

Mirándome a los ojos dijo: «Hijo, tengo que seguir trabajando en la vida de mi pensamiento. Soy responsable de tener una buena actitud y de mantenerla. Mi actitud no funciona en forma automática».

¡Fantástico! Esa es una lección para todos. Somos nosotros los que escogemos qué actitudes adoptar ahora mismo. Y esta es una elección continua. Me sorprende la gran cantidad de adultos que no asumen la responsabilidad de sus actitudes. Si están malhumorados y alguien les pregunta por qué, dicen: «Me levanté por el lado equivocado de la cama». Cuando el fracaso comience a plagar sus vidas dirán: «Nací en el lado equivocado de la vía». Cuando la vida comience a perder el sabor mientras otros miembros de la familia todavía estén esforzándose, dirán: «Bueno, nací en el orden equivocado entre los miembros de la familia». Cuando sus matrimonios fracasan, creen que se casaron con la persona equivocada. Cuando algún otro logra una promoción que ellos querían para sí, es porque estaban en el lugar equivocado, en el tiempo equivocado.

¿Se da cuenta de algo? Siempre culpan a otros por sus problemas.

El día más grande en su vida y en la mía será cuando aceptemos la responsabilidad total por nuestras actitudes. Ese es el día en el que verdaderamente creceremos.

Un asesor le sugirió al Presidente Lincoln cierto candidato para el gabinete. Pero Lincoln lo rechazó diciendo: «No me gusta la cara del hombre».

«Pero, señor, el no es responsable de su cara», insistió el consejero.

«Todo hombre de más de cuarenta años es responsable de su cara», replicó Lincoln, y allí quedó el asunto. No importa lo que piense sobre su actitud, ¡se ve en su cara!

El otro día vi una calcomanía en la defensa de un carro que decía: «La miseria es una opción». ¡Ya lo creo! Así lo cree la hija de una mujer a quien oí contar esto. La mujer y su hija fueron a hacer compras de Navidad juntas. La aglomeración era tremenda. La mujer tuvo que pasar por alto el almuerzo porque estaba apretada de tiempo. Estaba cansada y con hambre, y sus pies le dolían terriblemente. Estaba sumamente irritable.

Cuando salieron de la última tienda, preguntó a su hija: «¿Viste la terrible mirada que me dio el vendedor?»

La hija le respondió: «No te la dio a ti, mamá. Tú la tenías cuando entraste».

No podemos escoger cuántos años vivir, pero podemos escoger cuánta vida tendrán esos años.

No podemos controlar la belleza de nuestra cara, pero podemos controlar la expresión en ella.

No podemos controlar los momentos difíciles de la vida, pero podemos decidir hacerla menos difícil.

No podemos controlar la atmósfera negativa del mundo, pero podemos controlar la atmósfera de nuestras mentes.

Muy a menudo tratamos de escoger y controlar las cosas que no podemos.

Muy rara vez decidimos controlar lo que podemos... nuestra actitud.[4]

NO ES LO QUE ME SUCEDE A MÍ LO QUE IMPORTA, SINO LO QUE SUCEDE EN MÍ

Hugh Downs dice que una persona feliz no es una persona con cierto conjunto de circunstancias, sino más bien una persona con cierto conjunto de actitudes. Muchas personas creen que la felicidad es una condición. Cuando las cosas van bien, están felices. Cuando las cosas van mal, están tristes. Algunas personas tienen lo que llamo una «enfermedad de destino». Piensan que la felicidad se encuentra en una posición o en un lugar. Otras personas tienen lo que llamo una «enfermedad de alguien». Piensan que la felicidad resulta de conocer o estar con una persona en particular.

Me impresiona la filosofía de la siguiente declaración: «Dios decide por lo que vamos a pasar. Nosotros decidimos cómo pasar por ahí». Esto describe la actitud de Viktor Frankl al ser terriblemente maltratado en un campo de concentración nazi. Sus palabras dirigidas a sus perseguidores, han sido una inspiración para millones de personas. Dijo: «Lo único que ustedes no pueden quitarme es la manera cómo decido responder a lo que me hacen. La última libertad de uno, es decidir la actitud de uno en cualquier circunstancia dada».[5]

Clara Barton, fundadora de la Cruz Roja Norteamericana, entendió la importancia de escoger la actitud correcta, aun en situaciones equivocadas. Nunca se supo que guardara rencor contra alguien. Una vez, un amigo le recordó algo cruel que le había pasado años antes, pero Clara parecía no recordar el incidente.

«¿No recuerdas el mal que te hicieron?», le preguntó el amigo.

«No», respondió Clara calmadamente. «Recuerdo claramente haber olvidado eso».

Muchas veces las personas que han sufrido situaciones adversas en sus vidas se vuelven amargadas y enojadas. Con el tiempo sus vidas se tornan negativas y manifiestan dureza hacia los demás. Tienen la tendencia de recordar los tiempos difíciles y decir: «Ese incidente arruinó mi vida». De lo que no se dan cuenta es que ese incidente reclamaba una decisión de actitud, una respuesta. El haber escogido una actitud equivocada, no la condición, arruinó sus vidas.

C. S. Lewis dijo: «Cada vez que usted toma una decisión, está convirtiendo esa parte de control de usted, esa parte que escoge, en algo un poco diferente de lo que era antes. Y al tomar su vida como un todo, con todas sus innumerables posibilidades, está haciendo lentamente de ese control una criatura celestial o una infernal».[6]

LA ACTITUD DEL LÍDER AYUDA A DETERMINAR LAS ACTITUDES DE LOS SEGUIDORES

El liderazgo es influencia. La gente se contagia de las actitudes como se contagia de los resfriados: acercándose. Uno de los pensamientos más fuertes que me viene a la mente se centra en mi influencia como líder. Es importante que posea una buena actitud, no solamente por mi éxito personal, sino también por el beneficio de los demás. Mi responsabilidad como líder debe ser vista siempre a la luz de muchos, no sólo de mí mismo.

El doctor Frank Crane nos recuerda que una pelota rebota de la pared con la misma fuerza con la que la hemos lanzado. Hay una ley del efecto, en física, que dice que la acción es igual a la reacción. Esa ley también es aplicable al campo de la influencia. Es mas, los efectos se multiplican con la influencia de un líder. La acción de un líder se multiplica en reacción porque hay varios seguidores. Dar una sonrisa retribuye muchas otras sonrisas. Manifestar ira desata mucha ira en los otros. Hay pocas víctimas reales del destino. Los generosos reciben ayuda y a los mezquinos se les rehúye.

¿Recuerda la milla de cuatro minutos? La gente trató de lograrla desde los días de los antiguos griegos. La tradición dice que los griegos soltaban leones que persiguieran a los corredores creyendo que los harían correr más rápidamente.

También bebían leche de tigre, no la que se encuentra en las tiendas de productos naturales, sino la verdadera. Nada de lo que intentaban, funcionaba. Se dieron cuenta de que era imposible que una persona corriera una milla en cuatro minutos o menos. Y por más de mil años todo el mundo creyó así. Decían que nuestra estructura ósea no era apropiada. Que la resistencia al viento era demasiado fuerte. Que teníamos una capacidad pulmonar inadecuada. Había miles de razones.

Entonces un hombre, un solo hombre, demostró que los médicos, los entrenadores, los atletas y los millones de corredores anteriores a él que habían intentado y fracasado, estaban equivocados. Y, milagro de milagros, el año siguiente al que Roger Bannister rompió el récord de una milla, otros treinta y siete corredores lo hicieron también. El año siguiente a ese, trescientos deportistas corrieron la milla en menos de cuatro minutos. Y hace unos pocos años, en una sola carrera en Nueva York, trece de trece corredores rompieron el récord de la milla de cuatro minutos. En otras palabras, hace unas pocas décadas el corredor que cayó muerto al finalizar una carrera en Nueva York, hubiera sido recordado como uno que logró lo imposible.

¿Qué sucedió? No hubo realmente grandes avances en el entrenamiento. Ninguno descubrió cómo controlar la resistencia del viento. La estructura ósea humana y la fisiología no mejoraron de repente. Pero las actitudes humanas, sí.

Usted puede alcanzar sus metas si las fija. ¿Quién dice que no es más dedicado, más inteligente, mejor, más trabajador, más capaz que su competidor? No importa si dicen que usted no puede hacerlo. Lo que importa, lo *único* que importa es si *usted* lo dice.

Hasta que Roger Bannister lo hizo, todos creíamos en los expertos. Y los «expertos» continúan impidiendo que los demás lleguen a hacer efectivo todo su potencial. ¿Por qué? Porque los expertos tienen influencia. Creo que la actitud de un líder es captada más rápidamente que sus acciones. Una actitud se refleja en los demás aun cuando no siga la acción. Una actitud se puede expresar sin hablar una sola palabra.

La actitud de un líder produce efectos en los demás y, por esta razón, al contratar ejecutivos se considera la actitud de los candidatos. Los psicólogos enumeran cinco áreas que deben evaluarse en la promoción de los empleados a un puesto ejecutivo: ambición, actitudes en relación con la política, actitudes con los colegas, capacidad de supervisión, actitudes hacia la demanda excesiva de tiempo y energía. Un candidato que estuviera desequilibrado en una o más de estas áreas, probablemente proyectaría una actitud negativa y, por eso, demostraría ser un líder pobre.

Tómese un momento y haga una lista de sus actitudes negativas que influyen en los demás ahora mismo.

1.

2.

3.

4.

CÓMO CAMBIAR SU ACTITUD

Muchas personas parecen sufrir de lo que Ashley Montagu, el gran antropólogo, llamó *psicoesclerosis*. La psicoesclerosis es como la arterioesclerosis (endurecimiento de las arterias). La psicoesclerosis es el *endurecimiento de las actitudes*.

David Neiswanger de la Fundación Menninger dice que si cada uno de nosotros pudiera, con la ayuda de la ciencia, vivir cien años, «¿De qué nos beneficiaría eso si nuestros odios y temores, nuestra soledad y nuestro remordimiento no nos permitirían disfrutarlos?»

Los siguientes puntos le ayudarán a cambiar actitudes.

REPASE

Hace muchos años mi esposa Margaret y yo compramos nuestra primera casa. Nuestras limitadas finanzas nos obligaron a encontrar maneras de conseguir lo que queríamos sin gastar mucho dinero. Convinimos en que trabajaríamos en el jardín de la entrada nosotros mismos para ahorrar dinero, y a más de eso crear juntos un ambiente apropiado para nuestro hogar. Nos pareció excelente.

Un día, encontrándome en el patio de atrás de la casa, me di cuenta de que no habíamos empleado ni tiempo ni dinero para arreglar esta parte. ¿Por qué? Porque no podía ser vista por los demás cuando pasaran por la casa. Habíamos descuidado el área que estaba escondida. Eso es exactamente lo que las personas hacen con su vida. Su apariencia, lo que se ve, está arreglada, no importa el costo y la energía. Sin embargo, descuidan sus actitudes y estas permanecen en el subdesarrollo. ¿Recuerda el comienzo de este capítulo? Vuélvalo a leer otra vez, y luego haga todo su esfuerzo para cambiar las áreas interiores de su vida.

Las seis etapas del cambio de actitud

1. Identifique los sentimientos que son problema

Esta es la etapa inicial de conciencia y la más fácil de declarar.

2. Identifique los problemas de conducta

Ahora nos vamos bajo la superficie. ¿Qué produce malos sentimientos? Escriba las acciones que producen sentimientos negativos.

3. Identifique los problemas de pensamiento

William James dijo: «Lo que llama nuestra atención determina nuestra acción».

4. Identifique el pensamiento correcto

Escriba en un papel el pensamiento correcto y lo que usted desea. Puesto que sus sentimientos vienen de sus pensamientos, usted puede controlar sus sentimientos cambiando una sola cosa: ¡sus pensamientos!

5. Haga un compromiso público de pensar correctamente

El compromiso público es el compromiso más poderoso.

6. Desarrolle un plan para pensar correctamente

Este plan debe incluir:

- Una definición escrita del pensamiento correcto deseado.
- Una manera de medir el progreso.
- Una medida diaria del progreso.
- Una persona ante quien responder.

- Una dieta diaria de materiales de ayuda propia.
- Asociación con personas que piensen correctamente.

RESUELVA

Cuando un líder necesita pedir a otros que comprometan su tiempo, se deben contestar dos preguntas: «¿Pueden?» (esto tiene que ver con la capacidad) y «¿Lo harán?» (esto tiene que ver con la actitud). La más importante de las dos es: «¿Lo harán?» Otras dos preguntas permiten contestar la de «¿Lo harán?» La primera es «¿Es el tiempo correcto?», «¿Son las condiciones propicias para que haya un cambio positivo?» La segunda pregunta es: «¿La temperatura es alta?» Además de las condiciones favorables, ¿existe un ardiente deseo de pagar el precio para lograr el cambio necesario?

Cuando ambas preguntas puedan contestarse con un resonante ¡Sí!, entonces la resolución es firme y el éxito es posible.

REDEFINA

Denis Waitley dice que los ganadores en la vida piensan constantemente en términos de «yo puedo», «yo quiero» y «yo soy». Los perdedores, por otro lado, concentran sus pensamientos todo el día en lo que deberían haber hecho o en lo que no hicieron. Si no nos gusta los que hemos hecho, entonces debemos cambiar el cuadro.

Los investigadores de cáncer en el King's College de Londres hicieron un estudio a largo plazo de cincuenta y siete víctimas de cáncer del seno que sufrieron mastectomía. Hallaron que siete de cada diez mujeres «con un espíritu de lucha» estaban vivas diez años después, mientras que cuatro de cada cinco mujeres «que se sintieron sin esperanza» en el diagnóstico, habían muerto.

El estudio de cómo la esperanza afecta a la salud tiene un nombre ostentoso: *psiconeuroinmunología*. El Centro Médico de Harborview en Seattle investiga en este campo y sus descubrimientos apoyan las conclusiones de los investigadores del King's College. En un estudio de dos años de víctimas de quemaduras, el equipo de Harborview descubrió que los pacientes con actitudes positivas se recuperaban más rápidamente que los que tenían actitudes negativas.[7]

Redefinir sus actitudes significa:

> No puedo cambiar el mundo, pero puedo cambiar la manera en que veo el mundo desde adentro.

REINGRESE

Cuando usted cambia su manera de pensar, comienza inmediatamente a cambiar su conducta. Comience a actuar en el papel de la persona que quisiera ser. Adopte el comportamiento que admira y hágalo suyo. Muchas personas quieren sentir y luego actuar. Esto nunca funciona.

Un día, mientras visitaba un consultorio médico, leí esto en una revista médica:

> Lo oímos casi todos los días... suspiro... suspiro... suspiro. «No logro motivarme para bajar de peso, hacerme un examen del nivel de azúcar, etc...» Y oímos un número igual de suspiros de los educadores sobre la diabetes que no pueden lograr que sus pacientes se sientan motivados para hacer lo correcto contra la diabetes y a favor de la salud.
>
> Le tenemos buenas noticias. La motivación no le va a impactar como un relámpago. Y la motivación no es algo que otro —la enfermera, el médico, un miembro de la familia— pueda darle ni forzar en usted. Todo el asunto de la motivación es una trampa. Olvide la motivación. Simplemente hágalo. Ejercicio, bajar de peso, prueba del azúcar o lo que quiera. Hágalo sin motivación. Y luego, ¿adivine qué? Después de que comienza a hacerlo, la motivación viene y facilita el seguir haciéndolo.

«La motivación», dice John Bruner, «es como el amor y la felicidad», un producto derivado. Cuando usted está activamente comprometido a hacer algo, la motivación viene de pronto cuando menos lo espera».

Como dice Jerome Bruner, psicólogo de Harvard, usted puede más fácilmente actuar para sentir que sentir para actuar. Así que ¡actúe! Lo que quiera que sepa que deba hacer, hágalo.

El desarrollo de la actitud apropiada en nuestros hijos, Elizabeth y Joel Porter, es muy importante para mi esposa Margaret y para mí. Hace mucho tiempo aprendimos que la manera más efectiva de cambiar las actitudes de nuestros hijos es trabajar en su conducta. Pero cuando decimos a uno de nuestros hijos: «Cambia tu actitud», el mensaje es demasiado general y el cambio que queremos no está muy claro. Un método más efectivo es explicar conductas que significan malas actitudes. Si les ayudamos a cambiar sus conductas, sus actitudes cambiarán por su propia cuenta. En vez de decirles: «Tengan una actitud de gratitud», les pedimos que den un cumplido a cada miembro de la familia, cada día. Cuando esto se vuelve un hábito en sus vidas, la actitud de gratitud viene por sí sola.

REPITA

Paul Meier dijo: «Las actitudes no son otra cosa más que hábitos de pensamiento, y los hábitos se pueden adquirir. Una acción repetida llega a ser una acción realizada». Una vez, cuando dictaba una conferencia me pidieron un plan sencillo para ayudar a una persona a cambiar algunas actitudes equivocadas. Les recomendé dos cosas, para ayudar a cambiar su actitud. Primera:

> Diga las palabras correctas,
> lea los libros correctos,
> escuche las cintas correctas,
> reúnase con las personas correctas,

haga las cosas correctas,
ore la oración correcta.

La segunda era hacer la primera todos los días, no solamente una vez o cuando a usted le pareciera, y ver como su vida mejoraba.

RENUEVE

Felizmente, después de un tiempo, una actitud positiva puede reemplazar a una negativa. Nuevamente, permítame enfatizar que la batalla nunca termina, pero vale la pena nuestro esfuerzo. Mientras más sean arrancados los pensamientos negativos y reemplazados por positivos, mayor renovación personal se experimentará. Mi amiga Lena Walker escribió, en homenaje a su abuelo, sobre una práctica que le transmitió a ella. Estas palabras describen efectivamente el continuo proceso del desarrollo de la actitud y del valor de vencer los pensamientos negativos.

Cada año, cuando se acerca la primavera, mis pensamientos se dirigen a un hombre de pelo cano que salió en esta época del año, para combatir. El enemigo no era carne ni sangre sino una pequeña flor amarilla llamada «mostaza». Al contemplarla en los campos y praderas, esta pincelada amarilla parece inofensiva, pero año tras año continúa su marcha y con el tiempo puede tomar posesión de campos enteros. Cada primavera, mi abuelo caminaba por los campos arrancando de raíz estas flores amarillas.

Con el tiempo me casé y fui a vivir en una granja de Ohio. Cada primavera, yo miraba y veía estas mismas flores amarillas. Los primeros años en la granja no hice nada al respecto, pero cuando me vino la madurez pude ver el porqué de los esfuerzos de mi abuelo y entendí su sabiduría. Decidí, también, salir y pelear con el enemigo.

Ahora, cada año, cuando camino por los campos arrancando alguna planta ocasional de mostaza, siento que lo hago como tributo a mi abuelo.

Para mí, esta cizaña representa nuestros malos hábitos y pensamientos negativos. Necesitamos arrancarlos constantemente para que nuestras hojas puedan estar lozanas y verdes en la búsqueda de una vida productiva y feliz.

DESARROLLO DE SU ACTIVO MÁS IMPORTANTE:

LA GENTE

El que influye en otros para que le sigan es solamente un líder con ciertas limitaciones. El que influye en otros para que dirijan a otros es un líder sin limitaciones. Como dijo Andrew Carnegie, nadie es un gran líder si quiere hacerlo todo él mismo o atribuirse el crédito por hacerlo.

Guy Ferguson lo dice así:

> Saber cómo hacer algo constituye la satisfacción del trabajo;
> estar dispuesto a enseñar a otros constituye la satisfacción
>   del maestro;
> inspirar a otros para hacer mejor un trabajo, constituye la
>   satisfacción de un administrador;
> poder hacer todas estas tres cosas constituye la satisfacción
>   de un verdadero líder.

Este capítulo se centrará en la importancia de preparar a las personas para que puedan ayudarle a implementar sus sueños como líder. La tesis es: *Mientras más personas prepare, mayor será el alcance de sus sueños.*

Las personas que ocupan posiciones de liderazgo, pero intentan hacer el trabajo solos llegarán, algún día, a la misma conclusión a la que llegó el albañil que quiso bajar doscientos veintisiete kilogramos de ladrillos desde la terraza de un edificio de cuatro pisos, hasta la acera. Su problema era que quiso hacerlo solo. Cuando llenaba un formulario para reclamar el seguro contra accidentes, explicó: «Me hubiera demorado mucho llevando los ladrillos en las manos, por lo tanto decidí ponerlos en un barril y bajarlo con una polea que había colocado en la terraza del edificio. Después de atar la cuerda firmemente al nivel del suelo, en la acera, subí a la terraza. Até la cuerda alrededor del barril cargado de ladrillos y lo dejé balanceándose sobre la acera para luego hacerlo descender.

»Entonces bajé a la acera y desaté la cuerda para ir soltándola lentamente para que bajara el barril. Pero como yo pesaba solamente sesenta y cuatro kilogramos, los doscientos veintisiete del barril me levantaron tan rápidamente que no tuve tiempo de pensar en soltar la cuerda. Cuando subía velozmente entre el segundo y tercer pisos me encontré con el barril que bajaba también velozmente. Esa es la razón por la que tengo golpes y laceraciones en la parte superior de mi cuerpo.

»Sostenido firmemente de la cuerda llegué hasta la terraza y mi mano se atoró en la polea. Por eso tengo roto el pulgar. Al mismo tiempo el barril dio con fuerza contra la acera y se desfondó. Ya sin el peso de los ladrillos, el barril pesaba apenas unos dieciocho kilogramos, de manera que mi cuerpo de sesenta y cuatro kilogramos inició un veloz descenso en el que me encontré con el barril que subía. Esa es la razón por la que tengo roto mi talón.

»Frenado sólo ligeramente por el golpe, continué el descenso y aterricé sobre la pila de ladrillos. Esa es la razón por la que tengo torcida la espalda y rota la clavícula.

»Entonces perdí el conocimiento y solté la cuerda, y el barril vacío descendió con toda su fuerza cayendo sobre mí y haciéndose pedazos. Esa es la razón por la que tengo heridas en la cabeza.

»A la última pregunta del formulario: "¿Qué haría si surgiera la misma situación otra vez?",

no le quepa duda que jamás haré el trabajo solo otra vez».

He observado que las personas están en tres niveles en cuanto a la habilidad para trabajar:

Nivel 1: La persona que trabaja mejor con la gente es un seguidor.

Nivel 2: La persona que ayuda a la gente a trabajar mejor es un administrador.

Nivel 3: La persona que capacita a la gente para trabajar es un líder.

PRINCIPIOS PARA PREPARAR A LA GENTE

Mi éxito en la preparación de otros dependerá de la manera cómo cumpla cada una de las siguientes recomendaciones:

- **Evaluación de la gente.** Es un asunto de actitud.
- **Dedicación a la gente.** Es un asunto de mi tiempo.
- **Integridad con la gente.** Es un asunto de carácter.
- **Normas para la gente.** Es un asunto de visión.
- **Influencia sobre la gente.** Es un asunto de liderazgo.

De mi propia experiencia y de la observación de otros líderes que son excelentes en esta área vital, puedo decir que hay tres áreas en las que los buenos capacitadores de personal difieren de los que no son buenos. Los buenos capacitadores:

1. hacen las suposiciones correctas sobre la gente;

2. hacen las preguntas correctas en relación con la gente; y

3. dan la ayuda correcta a la gente.

LOS BUENOS CAPACITADORES HACEN LAS SUPOSICIONES CORRECTAS SOBRE LA GENTE

Motivar a otros siempre me ha sido relativamente fácil. Me han preguntado por años: «John, ¿cómo motivas a la gente?» Les he respondido: «Me mantengo con entusiasmo»; «animo a otros»; «les muestro el camino»; «creo en la gente». He visto que otros han seguido mi consejo y han tenido éxito pero solamente por poco tiempo para luego volver a los viejos hábitos, con el resultado de un estado de ánimo decaído.

Al observar este ciclo de retroceso me preguntaba por qué las personas que habían oído mi consejo no podían motivar a otros continuamente. ¡Un día comprendí! Les estaba dando el *fruto* de mi motivación, pero no las *raíces*. Escribían mis respuestas externas sin recibir el beneficio de mis suposiciones internas en cuanto a la gente. Lo que yo supongo de otros es lo que me motiva continuamente a capacitarlos. En efecto, un líder que tiene las suposiciones correctas sobre las personas es el factor clave para su continuo desarrollo.

> EL QUE INFLUYE EN OTROS PARA QUE DIRIJAN ES UN LÍDER SIN LIMITACIONES.

Una suposición es una opinión de que algo es verdad. Mis suposiciones sobre las personas determinarán en mucho cómo las trate. ¿Por qué? Lo que supongo es lo que busco. Lo que busco es lo que encuentro. Lo que encuentro influye en mi respuesta. Por eso, las suposiciones negativas en cuanto a otros, estimularán un liderazgo negativo sobre ellos. Las suposiciones positivas sobre otros, estimularán un liderazgo positivo sobre ellos. He aquí algunas suposiciones sobre las personas que he encontrado de valor.

Suposición: Cada uno quiere sentirse valioso

Los maestros, escritores, administradores, políticos, filósofos y líderes que tratan con gente, saben instintivamente este simple hecho: Toda persona en el mundo tiene hambre. Sí, toda persona en este mundo tiene hambre de algo, ya sea reconocimiento, compañerismo, comprensión, amor, la lista es interminable. Algo que siempre encuentro en la lista de necesidades de las personas es el deseo de sentirse valiosas. ¡La gente quiere sentirse importante! Donald Laird dice que hay que ayudar siempre a la gente a aumentar su propia autoestima. Desarrolle su capacidad para hacer que otras personas se sientan importantes. No hay un cumplido más alto que usted pueda presentar a un individuo que ayudarle a ser útil y a encontrar satisfacción y significado. ¡Ya lo creo!

Mi agenda de viajes está siempre llena, y muy a menudo me detengo en la terminal de San Diego para que me lustren los zapatos. Melvin, el que lo hace, se ha hecho amigo mío. Cada vez que hablamos, trato de traer a colación dos cosas: Le pregunto sobre el equipo de las ligas menores que él entrena, porque ese es el amor de su vida. Y luego le digo que él, y nadie más, es el mejor lustrabotas que he conocido.

Napoleón Bonaparte, un líder de líderes, conocía a cada oficial de su ejército por su nombre. Le gustaba ir por todo el campamento, encontrarse con un oficial, saludarle por su nombre, y hablar sobre alguna batalla o maniobra que el oficial conocía y en la que había tenido participación. Nunca desperdició una oportunidad para preguntar sobre el pueblo natal de un soldado, su esposa y familia; todos se sorprendían de ver cuánta información personal detallada sobre cada uno, podía almacenar en su memoria el emperador.

Puesto que cada oficial sentía el interés personal de Napoleón en él, demostrado por su conversación y preguntas, es fácil de entender la devoción que todos sentían por él.

SUPOSICIÓN: TODOS NECESITAN Y RESPONDEN AL ESTÍMULO

Durante veintitrés años he tenido la responsabilidad de capacitar gente. No he encontrado a una persona que no trabaje mejor y no haga su mayor esfuerzo bajo un espíritu de aprobación que bajo un espíritu de crítica. El estímulo es el oxígeno del alma.

Los investigadores están encontrando nuevas evidencias que apoyan la vieja verdad de que el estímulo hace brotar lo mejor de las personas. En un experimento, se dio a diez adultos diez crucigramas para resolver. Todos eran exactamente los mismos. Trabajaron en ellos y luego los voltearon para leer los resultados que estaban al final. Sin embargo, los resultados eran ficticios. A la mitad se les dijo que lo habían hecho bien, sacando siete respuestas correctas de diez. A la otra mitad se les dijo que lo habían hecho mal, sacando siete respuestas equivocadas de diez. Luego se les dio otros diez crucigramas. Una vez más, los crucigramas fueron iguales para cada uno. La mitad a la que le habían dicho que había hecho bien el primer crucigrama, lo hizo mejor el segundo. La otra mitad lo hizo peor.[1] La crítica, aunque fue una crítica falsa, los arruinó.

Viktor Frankl dijo:

> Si usted lleva a la gente a una visión de sí misma, que la eleve sobre el promedio, la ayuda a llegar a lo que es capaz de llegar a ser. Usted sabe que si tomamos a las personas como son, las hacemos peor. Si las tomamos como deben ser, les ayudamos a llegar a ser lo que pueden ser... Si usted dice que es idealismo sobrevalorar a una persona, debo decirle que el idealismo es el verdadero realismo, porque usted ayuda a la gente a realizarse a sí misma.[2]

Tómese un momento y conecte la definición de liderazgo (influencia) con la responsabilidad del liderazgo (capacitación de la gente). ¿Cómo influimos en otros para motivarlos verdaderamente y capacitarlos? Lo hacemos por medio del estímulo y la fe en ellos. Las personas tienden a ser lo que la gente más importante en sus vidas piensa que llegarán a ser. Yo trato de dar ejemplo y luego animar a mi personal a decir algo que levante el ánimo de los demás en los primeros sesenta segundos de una conversación. Eso pone la nota positiva para todo lo demás.

> LA GENTE TIENDE A SER LO QUE LAS PERSONAS MÁS IMPORTANTES EN SU VIDA PIENSAN QUE LLEGARÁ A SER.

Al describir lo que hace a un gran administrador de un equipo de béisbol, Reggie Jackson dijo que un gran administrador tiene una destreza especial para hacer que los jugadores de béisbol piensen que son mejores de lo que realmente son. Le obliga a tener una buena opinión de usted mismo. Le hace saber que cree en usted. Le hace sacar más de usted mismo. Y una vez que usted aprende cuán bueno es en verdad, usted nunca se decide a jugar en un nivel inferior al de su potencial.

Henry Ford dijo: «Mi mejor amigo es el que consigue que rinda lo mejor de mí». ¡Cuánta verdad! Todo líder quiere sacar lo mejor que hay en su gente. Y todo líder de éxito sabe que el estímulo es la mejor manera de lograrlo.

SUPOSICIÓN: LA GENTE APOYA AL LÍDER ANTES DE APOYAR SU LIDERAZGO

Con frecuencia esperamos que la gente sea leal a la *posición* de un líder antes de serlo a la *persona* que ocupa esa posición. Pero la gente no se motiva por las estructuras organizacionales, la gente responde a la gente. Lo primero que un líder debe declarar no es la autoridad basada en los derechos, sino la autoridad basada en las relaciones. A la gente no le importa cuánto sabe usted, mientras no sabe cuánto le importa la gente a usted. Usted tiene que dar lealtad antes de recibir lealtad. Si la gente no cree en su líder, cualquier cosa le impedirá seguirle. Si la gente cree en su líder, nada le detendrá.

Muchos pensamos en Cristóbal Colón como un gran descubridor, pero fue también un gran líder y un gran vendedor. Antes de iniciar el viaje de descubrimiento que cambió el mundo, tuvo que ver en su mente, ya realizado, lo que para sus contemporáneos era solamente una idea ridícula. ¡Y esa no fue una venta de «una sola llamada telefónica»! Considere las condiciones y circunstancias que se levantaron contra él.

> A LA GENTE NO LE IMPORTA CUÁNTO SABE USTED, MIENTRAS NO SABE CUÁNTO LE IMPORTA LA GENTE A USTED.

Primero, no había, absolutamente ningún mercado para vender la idea de un viaje trasatlántico. Y cientos de años de tradición y superstición, prácticamente garantizaban que nunca habría mercado para eso.

Segundo, aunque Colón había hecho viajes marítimos como pasajero, nunca había sido capitán de un barco.

Tercero, Colón era un extranjero (un italiano) que vivió en Portugal y luego en España.

Cuarto, Colón no tenía suficiente dinero para financiar tal aventura. En realidad, quien podía financiar legalmente ese viaje del descubrimiento era un jefe de estado: un rey o una reina. Así que la lista de candidatos para tal financiamiento era más bien corta.

Quinto, su precio no era barato. Además de necesitar barcos y ayuda, Colón tenía una larga lista de demandas personales, incluyendo: a) un 10% de comisión en todo el comercio entre los pueblos a descubrirse y la madre patria; b) un título: Almirante del Océano; c) la posición permanente de gobernador de todos los territorios nuevos; y d) todos los honores y derechos para legar a sus herederos.

¡Colón hizo el viaje de acuerdo con las condiciones por él estipuladas! Los vendedores actuales podrían aprender mucho de las técnicas de venta de Colón. Fue impulsado por una sola pasión: creía de todo corazón que podía llegar a Asia cruzando el Atlántico. Aunque se equivocó al creerlo, esa creencia le dio la fuerza, la convicción y la confianza para convencer a otros. Y nunca dejó de vender su idea.

¡No le importó pedir una y otra vez! Pasó siete años pidiendo al rey Juan de Portugal que financiara el viaje. Luego fue a España e hizo gestiones ante Fernando e Isabel durante siete años antes de conseguir el Sí.

Colón tuvo que ver primero su idea realizada en su mente, antes de hacerse a la mar. Cualquier líder de éxito sabe esta verdad. La gente debe apoyarlo a usted antes de apoyar los sueños de usted. El elevado estado de ánimo de una organización viene de tener fe en la persona que está a la cabeza.

Suposición: La mayoría de las personas no sabe cómo tener éxito

La mayoría de las personas cree que el éxito es suerte, y no cesa de tratar de ganarse la lotería del siglo. Pero el éxito es en realidad el resultado de la planeación. Se da cuando se juntan la oportunidad y la preparación.

La mayoría de las personas cree que el éxito es instantáneo. Lo visualiza como un momento, un acontecimiento o un lugar. No es así. El éxito es en verdad un proceso. Es crecimiento y desarrollo. Es alcanzar una cosa y utilizarla como un escalón para alcanzar otra. Es un viaje.

> El fracaso es la oportunidad de comenzar de nuevo más inteligentemente.

La mayoría de las personas cree que el éxito es aprender cómo no fallar nunca. Pero eso no es verdad. El éxito es aprender del fracaso. El fracaso es la oportunidad de comenzar de nuevo más inteligentemente. El fracaso solamente es fracaso verdadero cuando no aprendemos de él.

Una vez que las personas se dan cuenta de que usted, como líder, puede ayudarlas a tener éxito, ¡son suyas! Alguien dijo: «El éxito es parental. Una vez que lo tiene, todos los parientes vienen». Eso es también aplicable a una organización. Una vez que el líder ha demostrado tener éxito y ha manifestado interés en ayudar a otros a alcanzar el éxito, ese líder tendrá seguidores leales que querrán desarrollarse y crecer.

Suposición: La mayoría de las personas tiene una motivación natural

Observe a un niño de un año queriendo explorar y descubrir lo que hay en la casa. Eso es motivación natural. He observado que muchas personas se conducen con deseo de participar, pero a menudo pierden la motivación y necesitan ser motivadas.

Los niños quieren ir a la escuela. Cuando tienen tres o cuatro años «juegan» a la escuela. Están ansiosos por ir a ella. Comienzan el primer grado con «loncheras» brillantes y un alto grado de motivación. Sin embargo, cuando ya están en la escuela por dos o tres años, algunos la odian. Dan excusas para no ir, quejándose: «Me duele la panza». ¿Qué pasó? La escuela, en realidad, desmotivó el alto grado original de entusiasmo y emoción.

El verdadero secreto de la motivación es crear un ambiente en el que la gente esté libre de las influencias que desmotivan.

¿Qué motiva a la gente?

Hacer contribuciones significativas. La gente quiere unirse a un grupo o persigue una causa que tenga un efecto permanente. Necesita ver que lo que hace no constituye un esfuerzo desperdiciado, sino que es una contribución. La gente necesita ver el valor de lo que hace. La motivación no viene de la actividad sola, sino del deseo de llegar al resultado final.

Participar en la meta. Las personas apoyan lo que creen. Ser parte del proceso de fijar una meta les motiva y les permite sentirse necesarias. Les gusta sentir que son importantes. Cuando aportan información, cobran interés en el asunto. Se apropian de él y lo apoyan. Ver que las metas se hacen realidad y dar forma al futuro es altamente satisfactorio. La participación en la meta crea un espíritu de cuerpo, mejora el estado de ánimo y ayuda a todos a sentirse importantes.

Insatisfacción positiva. Alguien dijo que la *insatisfacción* es la definición en una sola palabra de *motivación*. La gente insatisfecha presenta un alto grado de motivación, porque ve la necesidad de un cambio inmediato. Sabe que algo está mal y a menudo sabe qué es lo que hay que hacer. La insatisfacción puede inspirar cambios o conducir a un espíritu de crítica. Puede conducirnos a la apatía o movernos a la acción. La clave es canalizar esta energía hacia un cambio efectivo.

Recibir reconocimiento. La gente no quiere pasar inadvertida. Quiere crédito por los logros personales y aprecio por sus contribuciones. Dar reconocimiento es otra manera de decir gracias. El logro personal es motivador, pero lo es mucho más cuando alguien nota ese logro y le da valor. El reconocimiento es una manera de dar significado a la existencia personal.

Tener expectativas claras. La gente se siente motivada cuando sabe qué debe hacer y tiene la seguridad de hacerlo bien. Nadie quiere meterse a una tarea vaga o a un trabajo cuya descripción es incierta. Surge motivación en un trabajo cuando las metas, expectativas y responsabilidades se entienden claramente. Cuando delegue responsabilidades, asegúrese de dar la autoridad necesaria para llevar a cabo la tarea. La gente cumple mejor cuando tiene control sobre su trabajo y su tiempo.

¿QUÉ DESMOTIVA A LA GENTE?

Ciertos patrones de conducta pueden desmotivar. A veces actuamos de cierta manera sin darnos cuenta de la influencia negativa que produce en otros. He aquí algunos consejos para evitar ese tipo de conducta.

No empequeñezca a nadie. La crítica pública y las conversaciones hirientes aun en broma pueden herir. Debemos estar alertas y ser sensibles. Llevado al extremo, el empequeñecer puede destruir la autoestima y la confianza en uno mismo. Si tiene que criticar, recuerde que se necesitan nueve comentarios positivos para balancear una corrección negativa.

No manipule a nadie. A nadie le gusta sentirse manejado o usado. La manipulación, no importa cuán ligera sea, derriba las paredes de confianza en una relación. Ganamos más siendo honestos y transparentes que siendo astutos y mañosos. Edifique a las personas a través de la afirmación y el estímulo y serán motivadas y leales. Recuerde, dé y le será dado.

No sea insensible. Haga de las personas su prioridad. Las personas son nuestro más grande recurso; por eso, emplee tiempo en conocerlas y preocuparse por ellas. Esto significa responder a una conversación, nunca estar preocupado por uno mismo, ni estar de prisa. Deje de hablar tanto y desarrolle el arte de escuchar. Deje de pensar en qué es lo que tiene que decir después, y escuche, no solamente lo que dicen sino lo que sienten. Su interés, aun en asuntos insignificantes demostrará su sensibilidad.

No desaliente el crecimiento personal. El crecimiento es algo motivador, por lo tanto estimule a su personal para que crezca. Déles oportunidades para ensayar cosas nuevas y adquirir habilidades nuevas. No debemos sentirnos amenazados por los logros de otros, sino más bien ser muy positivos para apoyar sus triunfos. Deje que su personal triunfe y falle. Implemente el método del espíritu de equipo que dice: «Si usted crece, todos nos beneficiamos».

LOS CAPACITADORES EXITOSOS HACEN LAS PREGUNTAS CORRECTAS SOBRE LA GENTE

Ahora, hemos terminado el estudio de cómo hacer que las suposiciones correctas sobre la gente sean nuestro primer principio a seguir como capacitadores exitosos. A continuación, necesitamos familiarizarnos con las preguntas correctas que debemos hacernos en relación con la gente. Son seis.

¿ESTOY EDIFICANDO A LAS PERSONAS O ESTOY EDIFICANDO MIS SUEÑOS Y UTILIZANDO A LAS PERSONAS PARA ESO?

Las personas son primero. Fred Smith dice que Federal Express, desde sus comienzos, ha puesto a las personas primero porque eso es lo correcto y también porque es buen negocio hacerlo así. «La filosofía de nuestra corporación declara sucintamente: Gente, Servicio, Utilidades».

Esta pregunta tiene que ver con los motivos del líder. Hay una pequeña pero muy importante diferencia entre manipulación y motivación:

Manipulación es movernos juntos para *mi* beneficio.

Motivación es movernos juntos para *mutuo* beneficio.

¿ME PREOCUPO LO SUFICIENTE POR CONFRONTAR A LAS PERSONAS CUANDO ES NECESARIO?

La confrontación es algo muy difícil para la mayoría de las personas. Si usted se siente inquieto sólo de leer la palabra *confrontar*, le sugeriría que la sustituyera por la palabra *clarificar*. Clarificar el asunto en vez de confrontar a la persona. Luego, siga estos diez mandamientos.

Los diez mandamientos de la confrontación

1. Hágalo en privado, no públicamente.

2. Hágalo tan pronto como sea posible. Eso es más natural que esperar mucho.

3. Hable de un solo asunto en cada ocasión. No sobrecargue a la persona con una lista de asuntos.

4. Una vez que haya tocado un punto, no lo repita.

5. Trate únicamente acciones que la persona puede cambiar. Si usted pide que la persona haga algo que no puede hacer, aparece la frustración en su relación.

6. Evite el sarcasmo. El sarcasmo indica que usted está enojado con ellas, no con sus acciones, y eso les causará resentimiento hacia usted.

7. Evite palabras como *siempre* y *nunca*. Por lo general, caen fuera de lo exacto y ponen a las personas a la defensiva.

8. Presente la crítica como sugerencias o preguntas si es posible.

9. No se disculpe por la confrontación. Si lo hace se detracta de ella y da muestras de no estar seguro de que usted tenía derecho de decir lo que dijo.

10. Y no olvide los cumplidos. Use lo que llamo un «sándwich» en este tipo de reuniones: Cumplido – Confrontación – Cumplido.

¿ESCUCHO A LAS PERSONAS CON ALGO MÁS QUE MIS OÍDOS? ¿OIGO MÁS QUE PALABRAS?

La siguiente prueba es una que me ha parecido útil y se la he dado a mi propio personal.

¿Soy un buen oyente?

Califíquese con cuatro puntos si la respuesta a las siguientes preguntas es *Siempre*; tres puntos para *Generalmente*; dos para *Rara vez* y una para *Nunca*.

___ ¿Permito al interlocutor terminar sin interrumpirlo?

___ ¿Escucho «entre líneas», es decir por el subtexto?

___ Cuando escribo un mensaje, ¿escucho y escribo los hechos y las frases clave?

___ ¿Repito lo que la persona dijo para aclarar el significado?

___ ¿Evito ser hostil o mostrarme alterado cuando no estoy de acuerdo con el que habla?

___ ¿Evito las distracciones cuando escucho?

___ ¿Hago un esfuerzo para mostrarme interesado en lo que la otra persona dice?

Calificación:

26 o más: Usted es un excelente oyente.

22-25: Mejor que el promedio.

18-21: Hay que mejorar.

17 o menos: Salga de ahí inmediatamente y practique el escuchar.[3]

David Burns, médico y catedrático de psiquiatría de la Universidad de Pensilvania, dice: «La equivocación más grande que usted puede hacer al tratar de hablar convincentemente es poner su más alta prioridad en expresar las ideas y sentimientos propios. Lo que la mayoría de las personas en realidad quieren es ser escuchadas, respetadas y entendidas. El momento en que la gente ve que es entendida, se motiva más para entender el punto de vista de usted».

¿CUÁLES SON LOS PRINCIPALES PUNTOS FUERTES DE UN INDIVIDUO?

Cualquiera que deba desempeñar continuamente un trabajo en el que intervengan las áreas personales débiles en vez de las fuertes, no se mantendrá motivado. Si al individuo se le releva de las tareas asignadas en sus áreas débiles, y a cambio se le reasigna un trabajo dentro de las áreas fuertes, verá un dramático aumento en la motivación natural.

¿HE PUESTO UNA ALTA PRIORIDAD EN EL TRABAJO?

Las personas tienden a permanecer motivadas cuando ven la importancia de las cosas que les han pedido hacer. Las cinco palabras más estimulantes en una organización son: «Esto es algo muy importante». Las cinco palabras más desalentadoras en una organización son: «Esto no es de importancia».

Todavía recuerdo el día en que Linda fue contratada para supervisar el sistema de computación de nuestras oficinas. Vino a mi oficina para una reunión inicial. Mi propósito era darle una visión general que la ayudara a ver que su trabajo era más que computadoras. Le expresé que hacer su trabajo con excelencia estimularía a cada uno para trabajar mejor. Todavía puedo ver humedecerse sus ojos cuando se dio cuenta de que su trabajo contribuiría positivamente al éxito de todos.

¿HE MOSTRADO EL VALOR QUE LA PERSONA RECIBIRÁ DE ESTAS RELACIONES?

Las personas tienden a permanecer motivadas cuando ven el valor que tiene para ellas las cosas que les han pedido hacer. Sucede que cuando oímos un anuncio, vemos un comercial o se nos pide contraer un compromiso, una vocecita en nuestro interior nos pregunta: «¿Qué saco con eso?» La razón por la que la persona esquiva la reunión que usted planeó con tanto trabajo es sencilla: no ha visto el valor (los beneficios y recompensas) que recibirá por estar allí.

Piense sobre una importante relación que tenga con un subordinado o tal vez con su jefe. En el lado izquierdo de una página, escriba una lista de todas las contribuciones que usted hace a esta relación, es decir, lo que usted da. Con un subordinado, esta lista podría incluir pago, seguridad de empleo, tiempo y desarrollo personal. Titule esta lista «Lo que doy».

En el lado derecho de la página, escriba una segunda lista titulada «Lo que recibo». Escriba todos los beneficios que recibe. Luego siéntese y compare las dos listas. No cuente el número de asuntos en cada una. (Algunas cosas son más importantes que otras y probablemente dejó algunas cosas fuera de ambas listas.) En vez de eso, conteste a esta simple pregunta: *Considerando todo lo que doy a la relación y lo que estoy obteniendo de ella, ¿quién está obteniendo el mayor beneficio?* Escoja su respuesta de las siguientes tres opciones:

1. *Yo obtengo lo mejor.* Esto puede producir complacencia e ingratitud.

2. *La otra persona obtiene lo mejor.* Esto puede producir resentimiento.

3. *Estamos obteniendo beneficios mutuos.* Esto, por lo general, produce respeto mutuo y motivación.

Analice su respuesta considerando los tres axiomas del Factor de Equidad (se encuentran en el libro de Huseman y Hatfield, *Managing the Equity Factor*):

1. Las personas evalúan las relaciones comparando lo que dan a una relación con lo que obtienen de ella.

2. Cuando lo que la gente da no es igual a lo que la gente recibe, experimenta una zozobra.

3. La gente que experimenta una zozobra porque da más de lo que recibe, quiere que haya equidad. Esto llega a ser algo negativo. *¿Se compromete aquí?*[4]

LOS BUENOS CAPACITADORES DAN LA DEBIDA AYUDA A LAS PERSONAS

Necesito desarrollar sus puntos fuertes y trabajar en sus áreas débiles. La pregunta que un líder debe continuamente hacer no es «¿Cuánto trabaja esta persona?» (¿Es él o ella fiel?), sino «¿Cuánto logra esta persona?» (¿Es él o ella fructífero?).

Algunas de las personas más capaces de una organización nunca utilizan toda su potencialidad. Están encerradas en lo que la administración considera trabajos importantes, y lo hacen bien. Pero nunca tienen la oportunidad de hacer lo que pueden hacer mejor. Cuando sucede esto, todo el mundo pierde. La persona pierde por falta de oportunidad y falta de satisfacción en el trabajo; la organización pierde, porque desperdicia algunos de sus activos más valiosos. Toda la empresa trabaja en grado inferior a su capacidad.

Debo darme a mí mismo. Usted puede *impresionar* a la gente a distancia, pero sólo puede *impactarla* de cerca.

- Haga una lista de todas las personas con las que pasó treinta minutos esta semana.
- ¿Fue iniciativa suya o de ellos?
- ¿Tenía una agenda antes de la reunión?
- ¿La reunión tuvo como propósito relación, consejería, comunicación o desarrollo?
- ¿Fue una reunión para beneficio de ambas partes?
- ¿Fue con el 20% que más influye en la organización o con el restante 80%?

Ame a todos, pero entréguese al 20% que está en el nivel superior de la organización. Anime a todos, guíe a pocos. Sea transparente con ellos. Desarrolle un plan para su crecimiento. Sean un equipo.

Debo darles título de propiedad. Como Sidney J. Harris cree:

Las personas quieren ser apreciadas, no impresionadas.
Quieren ser consideradas como seres humanos,
no como cajas de resonancia para emitir los egos de otras personas.
Quieren ser tratadas como fines en sí mismas,
no como medios para la gratificación de la vanidad de otros.

Debo darles todas las oportunidades para tener éxito. Mi responsabilidad como líder es brindar ayuda a los que trabajan conmigo dándoles:

- Una excelente atmósfera de trabajo. Debe ser positiva, cálida, abierta, creativa y estimulante.
- Las herramientas adecuadas para trabajar. No emplee a personas excelentes, para hacer un trabajo excelente dándoles herramientas ordinarias.
- Un programa de capacitación continua. Empleados que mejoran originan compañías que mejoran.
- Excelentes personas para quienes trabajar. Forme un equipo. Reunirse es el comienzo. Trabajar juntos es el éxito.
- Una visión que impulse a trabajar. Permita que su gente trabaje por algo de mayor magnitud que ella misma.

Los grandes líderes siempre dan a su gente una ventaja inicial sobre la que da el líder promedio. Los líderes excelentes añaden valor a su gente y le ayudan a ser mejor de lo que sería si trabajara sola. La primera pregunta que un líder debe responder es: «¿Cómo puedo ayudar a los que están a mi alrededor a tener más éxito?» Cuando se encuentra la respuesta y se implementa, ¡todos ganan!

PRINCIPIOS PARA EL DESARROLLO DE LA GENTE

EL DESARROLLO DE LA GENTE TOMA TIEMPO

En un tiempo, Andrew Carnegie fue el hombre más rico de Estados Unidos. Vino a América de su nativa Escocia cuando era niño, desempeñó una variedad de trabajos ocasionales y con el tiempo llegó a ser el fabricante de acero más grande de Estados Unidos. Llegó a tener a cuarenta y tres millonarios trabajando para él. En aquellos tiempos un millonario era algo raro; hablando en términos conservadores, un millón de dólares de entonces equivalía por lo menos a veinte millones de dólares de ahora.

Un periodista preguntó a Carnegie cómo empleó a cuarenta y tres millonarios. Carnegie respondió que esos hombres no eran millonarios cuando comenzaron a trabajar con él, pero se hicieron millonarios con el tiempo.

El periodista le preguntó entonces cómo había preparado a estos hombres para llegar a ser tan valiosos al grado de pagarles tanto dinero.

Carnegie replicó que los hombres son preparados de la misma manera que el oro. Cuando se extrae el oro, varias toneladas de tierra tienen que quitarse para lograr una onza de oro, pero uno no entra en la mina buscando tierra. Uno entra buscando oro.

Robert Half dijo: «Hay algo que es mucho más escaso, mucho más raro que la habilidad. Es la habilidad para reconocer la habilidad». Hay todavía otro paso que debe darse un poco más allá de la habilidad para descubrir el oro que está en la mina del líder. Esto también se debe desarrollar. Es mejor capacitar a diez personas para trabajar que hacer el trabajo de diez personas, pero lo primero es más difícil. «El hombre que lo hace solo puede comenzar el día. Pero el que viaja con otro debe esperar hasta que el otro esté listo».[5]

LA HABILIDAD PARA TRATAR A LAS PERSONAS ES ESENCIAL PARA EL ÉXITO

Las compañías a las que les va bien tienen líderes que se llevan bien con la gente. Dave E. Smalley registra en su libro *Floorcraft*, que Andrew Carnegie pagó una vez a Charles Schwab un salario de un millón de dólares al año, simplemente porque Schwab se llevaba bien con la gente. Carnegie tenía hombres que entendían el trabajo mejor y eran más aptos para ejecutarlo debido a la experiencia y a la capacitación, pero carecían de la cualidad esencial de conseguir que otros les ayudaran, de lograr lo mejor de los trabajadores.

Cuando se preguntó a la mayoría de los altos ejecutivos de las principales compañías, cuál es la característica más necesaria para los que están en posiciones de liderazgo, respondieron: «La habilidad de trabajar con la gente».

Teddy Roosevelt dijo: «El ingrediente más importante en la fórmula del éxito es saber cómo tratar a la gente».

John Rockefeller, que creó corporaciones gigantes, manifestó que pagaría más por la habilidad de trabajar con las personas que por cualquier otra habilidad bajo el sol.

El Centro de Liderazgo Creativo en Greensboro, Carolina del Norte, estudió a 105 ejecutivos de éxito y descubrió lo siguiente:

* Admitían sus equivocaciones y aceptaban las consecuencias, antes que tratar de culpar a otros.
* Podían tratar con una gran variedad de personas.
* Tenían buenas habilidades interpersonales, sensibilidad hacia otros y tacto.
* Eran calmados y seguros, más que taciturnos y volátiles.

Los ejecutivos sin éxito eran duros, abusivos, sarcásticos, distantes e impredecibles. Su peor falta era ser insensibles hacia otros.

La falta de habilidad para tratar a la gente puede resultar en la clase de situación que el ex entrenador de los Denver Bronco, John Ralston, vivió cuando salió del equipo. «Salí por enfermedad y cansancio, los admiradores estaban enfermos y cansados de mí».

SEA UN EJEMPLO QUE OTROS PUEDAN IMITAR

El principio motivador número uno en el mundo es: *La gente hace lo que la gente ve.* La velocidad del líder determina la velocidad de los seguidores. Y los seguidores nunca irán más lejos que su líder. Por años he seguido y he enseñado este proceso para preparar a otros:

ACCIÓN	RESULTADO
Yo lo hago:	Doy el ejemplo.
Yo lo hago y usted lo hace conmigo:	Guío.
Usted lo hace y yo estoy con usted:	Superviso.
Usted lo hace:	Usted progresa.
Usted lo hace y alguien está con usted:	Nos multiplicamos.

La gente cambia de opinión más por la observación que por los argumentos.

Benjamín Franklin descubrió que el yeso regado en los campos hacía crecer las plantas. Les dijo a sus vecinos pero ellos no le creyeron. Discutieron con él, tratando de probar que el yeso no podía ser de ninguna utilidad para la hierba o los granos. Después de un momento dejó que el asunto terminara y no dijo ni una sola palabra más.

Al comienzo de la siguiente primavera, Franklin fue al campo y sembró granos. Cerca del camino por donde pasaba la gente, trazó algunas letras con su dedo, puso yeso en ellas y luego sembró semillas en el yeso. Después de una semana o dos, las semillas brotaron.

Cuando los vecinos pasaron se sorprendieron al ver, en un verde más intenso que el resto del campo, grandes letras que decían: «Aquí se ha puesto yeso». Benjamín Franklin jamás necesitó discutir otra vez con sus vecinos sobre los beneficios del yeso para los campos.

DIRIJA A OTROS MIRANDO A TRAVÉS DE LOS OJOS DE ELLOS

Henry Wadsworth Longfellow dijo: «Nos juzgamos por lo que somos capaces de hacer; mientras otros nos juzgan por lo que ya hemos hecho».

Cualquier líder que tiene éxito al tratar con la gente se da cuenta de que cada uno tiene su propia agenda y percepción de cómo son las cosas. Hace algún tiempo aprendí que la gente piensa que:

> sus problemas son los más grandes,
> sus hijos son los más inteligentes,
> sus chistes son los más divertidos, y
> sus fallas deben pasarse por alto.

Una sorprendente historia ilustra hermosamente cómo cada uno de nosotros ve la vida.

Después de la Segunda Guerra Mundial, un general y su joven lugarteniente abordaron un tren en Inglaterra. Los únicos asientos disponibles estaban frente a una hermosa joven y su abuela. El general y el lugarteniente, por lo tanto, se sentaron frente a ellas. Cuando el tren partió tuvo que pasar por un largo túnel. Hubo diez segundos de total oscuridad. En el silencio de ese momento, los que estaban en el tren oyeron dos cosas: un beso y una bofetada. Cada uno de los pasajeros tenía su propia percepción de lo que había pasado.

La hermosa joven pensó: «Estoy encantada de que el lugarteniente me besara, ¡pero me siento terriblemente abochornada porque la abuela le pegó!»

La abuela pensó: «Estoy ofendida porque el joven besó a mi nieta, ¡pero me siento orgullosa que haya tenido el valor de castigarlo!»

El general pensó: «El lugarteniente mostró muchas agallas al besar a esa chica, pero ¿por qué ella me dio una bofetada a mí?»

El lugarteniente era el único en el tren que sabía realmente lo que había sucedido. En ese breve momento de oscuridad tuvo la oportunidad de besar a una hermosa muchacha y al mismo tiempo abofetear a su general.[6]

Estas preguntas le ayudarán a descubrir la agenda de la otra persona en una variedad de situaciones:

- Pregunta de conocimiento: ¿Cual es el historial de esta persona en esta organización u otra?
- Pregunta de carácter: ¿Cuál es el carácter primario y el secundario de esta persona?
- Pregunta de seguridad: ¿Está esto, de alguna manera, afectando el trabajo del individuo?
- Pregunta de relación: ¿Cómo se relaciona él o ella conmigo o con alguien más, en la organización?
- Pregunta de motivo: ¿Cuál es la verdadera razón por la que esto está en su agenda?
- Pregunta sobre potencial: ¿Esta persona o este asunto ameritan el tiempo y la energía del líder?

He descubierto que la preparación de las personas tiene más éxito cuando yo:

les escucho lo suficientemente bien para dirigir a través de sus ojos;

me relaciono lo suficientemente bien para comunicarme
con sus corazones;
trabajo lo suficientemente bien para poner herramientas en
sus manos;
pienso lo suficientemente bien para lanzarles retos y expandir sus mentes.

LOS LÍDERES DEBEN MOSTRAR PREOCUPACIÓN POR LAS PERSONAS ANTES DE PODER PROMOVER SU DESARROLLO

Muy a menudo veo líderes que piden el compromiso de las personas sin mostrar hacia ellas preocupación adecuada. Son como Narváez, el patriota español a quien, cuando estaba agonizando, su padre
confesor le preguntó si había perdonado a todos sus enemigos.

Narváez le miró sorprendido y le dijo: «Padre, no tengo enemigos. Los maté a todos».

Narváez no sabía que las personas amables logran los mejores
resultados de sus subordinados. Teleometrics International estudió la
percepción que los ejecutivos exitosos tenían de la gente en sus organizaciones, comparados con los ejecutivos de bajo rendimiento. Los
resultados se publicaron en el *Wall Street Journal*.

De los dieciséis mil ejecutivos estudiados, el 13% identificado
como triunfadores, se preocupaba tanto de la gente como de las utilidades. Los ejecutivos promedio se concentraban en la producción,
mientras que los ejecutivos de bajo rendimiento se preocupaban por
su propia seguridad. Los triunfadores veían a sus subordinados opti-
mistamente, mientras que los de bajo rendimiento mostraban una
desconfianza básica en la capacidad de sus subordinados. Los triunfadores buscaban el consejo de sus subordinados; los de bajo rendimiento, no. Los triunfadores eran buenos oyentes; los moderados
escuchaban solamente a los superiores; los de bajo rendimiento evitaban la comunicación y dependían de los manuales de políticas y
procedimientos.

LOS PROMOTORES DE DESARROLLO HUMANO BUSCAN OPORTUNIDADES PARA CONSTRUIR A LAS PERSONAS

La mayoría de las personas en posiciones de liderazgo diariamente roban el alimento del ego de alguien: la satisfacción de su necesidad de estima. En realidad, lo roban y ni siquiera lo saben. Por ejemplo alguien dice: «He tenido un día verdaderamente ocupado», y el líder replica: «¡Usted dice que ha estado ocupado! Debería ver todo el trabajo que está amontonado en mi escritorio y no puedo salir de él». O alguien dice: «Finalmente terminé ese proyecto en el que he trabajado por ocho meses», y el líder replica: «Muy bien, Jim también ha terminado ese gran proyecto en el que ha estado trabajando».

¿Qué está haciendo el líder? Está quitando el alimento que las personas necesitan para su ego. En efecto, está diciendo: «Usted piensa que es muy bueno, pero déjeme decirle que hay otro que es posiblemente mejor».

Sólo por pasatiempo, obsérvese mañana y vea cuántas veces se encuentra satisfaciendo su propia necesidad de estima, al robar el alimento del ego de otra persona.

J. C. Staehle, luego de analizar muchas encuestas, descubrió que la causa principal de cansancio entre los trabajadores son ciertas acciones que los buenos líderes pueden evitar. Las enumero en orden de importancia:

1. No dar crédito por las sugerencias

2. No corregir los motivos de queja

3. No estimular

4. Criticar a los empleados frente a otras personas

5. No pedir a los empleados sus opiniones

6. No informar a los empleados sobre su progreso

7. Favoritismo

Nota: Cada punto es un ejemplo de cómo el líder roba o priva del alimento del ego a los trabajadores.

EL POTENCIAL MÁS GRANDE PARA EL CRECIMIENTO DE UNA COMPAÑÍA ES EL CRECIMIENTO DE SU GENTE

En una encuesta de trabajadores en todos Estados Unidos, cerca del 85% dijeron que podrían trabajar mucho más. Más de la mitad dijeron que podrían duplicar su efectividad «si quisieran».[7]

La gente es el activo principal de cualquier compañía, si fabrica cosas para vender, vende cosas hechas por otras personas o provee servicios intangibles. Nada se mueve hasta que la gente pueda hacer que se mueva. Según estudios de liderazgo realizados en Estados Unidos, el promedio de ejecutivos pasa tres cuartos de su tiempo laboral tratando con *gente*. El costo más alto en la mayoría de negocios es la *gente*. El más grande y más valioso activo que tiene cualquier compañía es la *gente*. Los planes ejecutivos se llevan a cabo o no por la *gente*.

Según William J. H. Boetcker, la gente se divide a sí misma en cuatro clases:

1. Los que siempre hacen menos de lo que se les dice.

2. Los que hacen lo que se les dice, pero no más.

3. Los que hacen cosas sin que se les diga.

4. Los que inspiran a otros para hacer las cosas.

Usted decide.

Como dijo Ralph Waldo Emerson: «Confíe en los hombres y ellos serán sinceros con usted; trátelos de manera excelente y ellos serán así mismo excelentes».

Algunos de los mejores consejos que usted puede encontrar sobre el ser un buen líder, se hallan en el viejo poema chino:

> Vaya a la gente,
> viva entre ellos,
> aprenda de ellos,
> ámelos.
> Comience con lo que saben,
> edifique sobre lo que tengan.
> Pero de los mejores líderes,
> cuando su tarea sea cumplida,
> y su trabajo sea hecho,
> la gente comentará:
> «Lo hemos hecho nosotros mismos».

CUALIDAD INDISPENSABLE EN EL LIDERAZGO:

Visión

Robert K. Greenleaf, en su libro *The Servant as Leader*, dice: «Previsión es la "dirección" que el líder tiene. Una vez que pierde esta dirección y los acontecimientos comienzan a forzar su mano, es líder solamente de nombre. No está dirigiendo; está reaccionando a los acontecimientos inmediatos y probablemente no continuará siendo un líder por mucho tiempo. Hay abundantes ejemplos diarios de pérdida de liderazgo debido a la no previsión de lo que razonablemente podía haber sido previsto, y a la falta de acción por la ausencia de este conocimiento en tanto el líder tiene libertad para actuar».[1]

He observado durante los últimos veinte años que todos los líderes efectivos tienen una visión de lo que deben realizar. Esa visión llega a ser la energía que hay detrás de cada esfuerzo y la fuerza que les empuja a través de todos los problemas. Con visión, el líder cumple una misión, la multitud se contagia de su espíritu y otros comienzan a levantarse también junto al líder. La unidad es esencial para que el sueño se realice. Muchas horas de trabajo se entregan gustosamente para alcanzar la meta. Los derechos individuales se hacen a un lado porque el todo es mucho más importante que la parte. El tiempo vuela, el estado de ánimo se remonta a las alturas, se cuentan historias heroicas, y el compromiso es la consigna. ¿Por qué? ¡Porque el líder tiene una visión!

Todo lo que se necesitará para extraer la emoción del párrafo precedente es una palabra: *visión*. Sin ella, la energía decae, no se cumplen los plazos, las agendas personales salen a la superficie, la producción disminuye, y la gente se dispersa.

Le preguntaron a Helen Keller: «¿Qué sería peor que nacer ciega?» Contestó: «Tener vista sin visión». Tristemente, muchas personas ocupan posiciones de liderazgo sin una visión para la organización que dirigen. Todos los grandes líderes poseen dos cosas: Saben adónde van y pueden persuadir a otros de que les sigan. Son como el letrero en el consultorio de un optometrista: «Si usted no ve lo que quiere, ha venido al lugar indicado». Este capítulo trata sobre la previsión del líder y la capacidad para reunir gente en torno a tal previsión.

La palabra *visión* ha sido tal vez mal usada en los últimos años. La primera meta de muchos talleres de gerencia es elaborar una declaración de propósitos para la organización. Otros le mirarán extrañamente si usted no puede recitar de memoria el propósito de su organización y elaborar una tarjeta con la declaración de propósitos impresa en ella.

¿Por qué toda esta presión para elaborar un propósito de la organización? Hay dos razones: Primero, la visión llega a ser el grito distintivo de por qué agruparse en una organización. Es una declaración clara, en un mercado competitivo, de que usted tiene un nicho importante entre todas las voces que claman por clientes. Es su verdadera razón de existir. Segundo, la visión llega a ser la verdadera herramienta de control que reemplaza al manual de mil páginas, el cual encajona y constriñe la iniciativa. En una era en que se requiere la descentralización para vivir, la visión es la clave para que toda persona conserve el enfoque.

AFIRMACIONES SOBRE LA VISIÓN

Lo que ve es lo que usted puede ser. Esto tiene que ver con su potencial. Me he preguntado a menudo: ¿la visión hace al líder? ¿O el líder hace la visión?

Yo creo que la visión viene primero. He conocido muchos líderes que han perdido la visión y, por eso, han perdido su poder para dirigir. La gente hace lo que la gente ve. Ese es el más grande principio motivador en el mundo. Stanford Research dice que el 89% de lo que aprendemos es por medio de la vista, el 10% por la audición, y el 1% a través de otros sentidos.

En otras palabras, la gente depende del estímulo visual para crecer. Empareje una visión con un líder que quiere implementar ese sueño y comenzará el movimiento. La gente no sigue al sueño en sí mismo. Sigue al líder que tiene ese sueño y tiene la capacidad para comunicarlo en forma efectiva. Por eso, la visión al comienzo dará un líder, pero para que esa visión crezca y demande un seguimiento, el líder debe tomar la responsabilidad por ella.

> TODOS LOS GRANDES LÍDERES POSEEN DOS COSAS: UNA, SABEN A DONDE VAN, Y DOS, PUEDEN PERSUADIR A OTROS PARA QUE LES SIGAN.

CUATRO NIVELES DE VISIÓN DE LA GENTE

1. Algunas personas nunca la tienen. (Son vagabundos.)
2. Algunas personas la tienen pero nunca la siguen por su cuenta. (Son seguidores.)
3. Algunas personas la tienen y la siguen. (Son realizadores.)
4. Algunas personas la tienen, la siguen y ayudan a otros a tenerla. (Son líderes.)

Hubert H. Humphrey es un ejemplo de que «lo que usted ve es lo que usted puede ser». Durante un viaje a Washington. D.C. en 1935, escribió una carta a su esposa: «Querida, puedo ver cómo, algún día, si tú y yo nos decidimos a trabajar por cosas más grandes y mejores, podremos algún día vivir aquí, en Washington y probablemente estar en el gobierno, la política o el servicio... ¡Ojalá que mis sueños se hagan realidad! Voy a intentarlo».

USTED VE LO QUE ESTÁ PREPARADO PARA VER

Esto tiene que ver con la percepción. Konrad Adenauer tenía razón cuando dijo: «Todos vivimos bajo el mismo cielo, pero no todos tenemos el mismo horizonte».

El genio del automóvil, Henry Ford, una vez concibió un plano revolucionario para una nueva clase de motor. Lo conocemos ahora como el V-8. Ford estaba ansioso de poner esta nueva idea en producción. Puso a algunos hombres a dibujar los planos y los presentó a los ingenieros.

> LOS LÍDERES NO PUEDEN LLEVAR A SU GENTE MÁS LEJOS DE LO QUE ELLOS HAN LLEGADO. COMO SEA EL LÍDER, SERÁ LA GENTE.

Cuando los ingenieros examinaron los dibujos, uno a uno llegaron a la misma conclusión: Su visionario jefe no sabía mucho sobre los principios fundamentales de la ingeniería. Le dijeron con toda amabilidad que su sueño era imposible.

Ford dijo: «Fabríquenlo de cualquier manera».

Ellos contestaron: «Pero es imposible».

«Háganlo», ordenó Ford, «y trabajen hasta que lo logren, no importa cuánto tiempo se requiera».

Por seis meses lucharon dibujo tras dibujo, diseño tras diseño. Nada. Otros seis meses. Nada. Al fin del año, Ford se reunió con sus ingenieros, y una vez más le dijeron que lo que él quería era imposible. Ford les dijo que continuaran. Continuaron. Y descubrieron cómo construir un motor V-8.

Ford y sus ingenieros vivían bajo el mismo cielo, pero no tenían el mismo horizonte.

En *A Savior for All Seasons*, William Barker cuenta la historia de un obispo de la costa oriental que hace muchos años visitó a una pequeña universidad religiosa del medio oeste. Se alojó en casa del presidente de la universidad, que también fungía como catedrático de física y química. Después de la cena, el obispo dijo que el milenio no podía estar lejos porque todo sobre la naturaleza había sido descubierto y todos los inventos habían sido concebidos.

El joven presidente de la universidad le manifestó cortésmente su desacuerdo y le dijo que él creía que habría más descubrimientos. Cuando el obispo, enojado, retó al presidente para que nombrara siquiera uno de tales inventos, el presidente replicó que estaba seguro de que dentro de cincuenta años los hombres podrían volar.

«¡Absurdo!», barboteó el furioso obispo. «Sólo los ángeles fueron creados para volar».

El nombre del obispo era Wright, y tenía dos hijos que demostrarían tener una visión más amplia que la de su padre. Sus nombres eran Orville y Wilbur. El padre y sus hijos vivían bajo el mismo cielo, pero no tenían el mismo horizonte.

¿Cómo puede ser esto? ¿Por qué dos personas pueden estar en el mismo lugar al mismo tiempo, y las dos ver las cosas totalmente diferentes? Muy simple. Vemos lo que estamos preparados para ver, no lo que es. Todo líder exitoso entiende esto, en relación con la gente, y hace tres preguntas: ¿Qué ven los demás?, ¿por qué lo ven de esa manera? y ¿cómo puedo cambiar su percepción?

Lo que usted ve es lo que usted logra

La siguiente ilustración está en el libro de Luis Palau *Dream Great Dreams* (Multnomah Press, 1984).

Piense en cuán agradable y refrescante es saborear una Coca-Cola helada. Cientos de millones de personas en todo el mundo han disfrutado de esta experiencia gracias a la visión de Robert Woodruff. Durante su período como presidente de la Coca-Cola (1923-

1955), Woodruff declaró enfáticamente: «Veremos que todo hombre uniformado consigue una botella de Coca-Cola por cinco centavos donde quiera que esté y cualquiera que sea el costo». Cuando terminó la Segunda Guerra Mundial, Woodruff declaró que antes de morir quería que toda persona en el mundo hubiera saboreado Coca-Cola. ¡Robert Woodruff era un hombre de visión!

> LOS LÍDERES NO PUEDEN LLEVAR A SU GENTE MÁS LEJOS DE LO QUE ELLOS HAN LLEGADO. COMO SEA EL LÍDER, SERÁ LA GENTE.

Con una planeación cuidadosa y con mucha persistencia, Woodruff y sus colegas llegaron a su generación de todo el mundo con Coca-Cola.

Cuando se inauguró Disney World, pidieron a la señora Disney tomar la palabra puesto que Walt había muerto. Fue presentada por un hombre que dijo: «Señora Disney, hubiera querido que Walt hubiera visto esto». Ella se levantó y dijo: «El lo vio», y se sentó. Walt Disney lo sabía. Robert Woodruff lo sabía. ¡Aun Flip Wilson lo sabía! Lo que usted ve es lo que usted logra.

En este punto me siento impelido a hacer una pregunta antes de que continuemos con el tema del apropiamiento personal de una visión: «Mi sueño, ¿va a causar impacto en el mundo en que vivo?»

Bobb Biehl, en su libro *Increasing Your Leadership Confidence*, dice: «Recuerde la diferencia que hay entre la mentalidad de un ganador y la de un perdedor. Los ganadores enfocan su mente a ganar en grande, es decir, no solamente en cómo ganar, sino cómo ganar en grande. Los vendedores, sin embargo, no enfocan su mente a perder; ¡sencillamente la enfocan a conseguir algo!»[2]

> EL DON DE DIOS PARA MÍ ES MI POTENCIAL. MI DON PARA DIOS ES LO QUE YO HAGO CON ESE POTENCIAL.

Pregúntese siempre: «¿Supervivencia, éxito o significado?» ¿Está luchando simplemente por sobrevivir, está soñando con en el éxito, o en verdad quiere producir algo significativo?

Moishe Rosen enseña un ejercicio mental de una sola oración, que es una herramienta efectiva para soñar. Simplemente es:

Si yo tuviera_____.

Yo (haría tal cosa)_____.

Si usted tuviera todo lo que quisiera: tiempo ilimitado, dinero ilimitado, información ilimitada, personal ilimitado, todos los recursos que quisiera, ¿qué haría? Su respuesta a esa pregunta es su sueño. Hágalo valer.

Un día Lucy y Lino tenían una espoleta, el hueso del pollo que se usa para partirlo entre dos personas expresando un deseo, y eso es precisamente lo que iban a hacer. Lucy explicó a Lino que si él se quedaba con la parte más grande de la espoleta, se cumpliría su deseo. Lino dijo: «¿Puedo expresarlo en voz alta?» Lucy dijo: «Por supuesto, si no lo expresas en voz alta tu deseo no se cumplirá». Lucy siguió adelante y dijo: «Deseo cuatro suéteres nuevos, una bicicleta nueva, un nuevo par de patines, un vestido nuevo y cien dólares». Luego le tocó el turno a Lino. Él dijo: «Deseo una larga vida para todos mis amigos, deseo la paz del mundo, deseo nuevos descubrimientos en la investigación médica». En ese momento Lucy tomó la espoleta y la arrojó lejos. Dijo: «Lino, ese es el problema contigo. Siempre echas a perder todo».

APROPIARSE PERSONALMENTE DE UNA VISIÓN

Mi amigo Rick Warren dice: «Si quiere conocer la temperatura de su organización, ponga un termómetro en la boca del líder». Los líderes no pueden llevar a su gente más lejos de lo que ellos han llegado. Por eso, el foco de la visión debe recaer en el líder; como sea el líder, será la gente. Los seguidores encuentran al líder y luego encuentran la visión. Los líderes encuentran la visión y luego encuentran a la gente.

Me hacen muchas preguntas cuando doy conferencias sobre liderazgo en todo el país. Una de las más comunes, formulada por los que están en posición de liderazgo, es: «¿Cómo logro tener una visión para mi organización?» Esta pregunta es crucial. Hasta que no la conteste, una persona será líder solamente de nombre. Aunque yo no puedo darle a usted una visión, puedo explicarle el proceso de recibirla, tanto para usted como para los que le rodean.

MIRE DENTRO DE USTED: ¿QUÉ SIENTE?

Theodore Hesburgh dijo: «La verdadera esencia del liderazgo es que usted tenga una visión. Tiene que ser una visión de la que usted pueda hablar clara y vigorosamente en toda ocasión. No puede tocar una trompeta incierta». Una «trompeta incierta» es la que toca un individuo que carece de una visión o trata de dirigir con el sueño de otro. Los sonidos de una trompeta cierta vienen de un líder que ha dado a luz una visión desde adentro. Hay una gran diferencia entre una persona con visión y una persona visionaria.

- Una persona con visión habla poco pero hace mucho.
- Una persona visionaria hace poco pero habla mucho.
- Una persona con visión saca fuerzas de sus convicciones internas.
- Una persona visionaria saca fuerza de las condiciones externas.
- Una persona con visión continúa aun cuando surjan problemas.
- Una persona visionaria se detiene cuando el camino se torna difícil.

Muchas grandes personalidades inician su vida en los hogares más pobres y humildes, con poca educación y sin ninguna ventaja. Thomas Edison fue vendedor de periódicos en los trenes. Andrew Carnegie comenzó a trabajar ganando $4.00 al mes; John D. Rockefeller, $6.00 a la semana. Lo notable de Abraham Lincoln no fue que hubiera nacido en una cabaña, sino que logró salir de esa cabaña.

Demóstenes, el más grande orador del mundo antiguo, ¡tartamudeaba! La primera vez que trató de dar un discurso, las risas lo obligaron a dejar la tribuna. Julio César era epiléptico. Napoleón era de padres humildes y estaba muy lejos de haber nacido genio (ocupaba el cuadragésimo sexto lugar en su grupo de la Academia Militar, integrado por sesenta y cinco alumnos). Beethoven fue sordo, como lo fue Thomas Edison. Charles Dickens era cojo; también lo fue Handel. Homero era ciego; Platón era jorobado; Sir Walter Scott estaba paralizado.

¿Qué es lo que dio a estos grandes hombres la fuerza para sobreponerse a sus graves problemas y tener éxito? Cada uno tenía un sueño interior que encendía un fuego que no podía ser extinguido. Las grandes visiones comienzan siendo un «trabajo interno». Napoleón Hill dijo: «Acaricie sus visiones y sus sueños como si fueran los hijos de su alma, los proyectos de sus máximos logros».

MIRE ATRÁS: ¿QUÉ HA APRENDIDO?

Una persona sin experiencia concibe a una visión de una manera idealista. Para ese individuo la visión sola es suficiente. Ingenuamente esta persona echa la visión sobre otros, esperando que el sueño haga el trabajo y no se da cuenta de que la visión necesita apoyo. Una persona con experiencia sabe que la gente apoya al líder *antes* de apoyar la visión. Los líderes experimentados se dan cuenta de que las personas son volubles y los sueños frágiles. La experiencia me ha enseñado estos principios sobre la visión:

- La credibilidad de una visión la determina el líder.
- La aceptación de una visión la determina el presentarla en el tiempo oportuno.
- El valor de una visión lo determinan la energía y la dirección que conlleva.
- La evaluación de una visión la determina el nivel de compromiso de la gente.
- El éxito de una visión lo determina el hecho de apropiarse de ella, tanto por parte del líder como de la gente.

Leonard Lauder, presidente de Estée Lauder dijo: «Cuando una persona con experiencia conoce a una persona con dinero, la persona con experiencia obtendrá el dinero. Y la persona con dinero obtendrá la experiencia».

MIRE A SU ALREDEDOR: ¿QUÉ LES PASA A LOS DEMÁS?

Un muchacho asistió a su primer concierto de orquesta sinfónica. Estaba impresionado por el lujoso salón, la gente elegante y el sonido de una gran orquesta. De todos los instrumentos de la orquesta, su favorito fueron los platillos. El primer sonido dramático de esos discos de bronce le impresionó sin reserva. Notó que la mayor parte del tiempo, sin embargo, el percusionista no los tocaba, mientras los otros músicos sí tocaban. Sólo ocasionalmente, le pedían que hiciera su contribución, y aun entonces el tiempo de gloria era muy breve.

Después del concierto sus padres lo llevaron atrás del escenario para que conociera a algunos músicos. El pequeño buscó inmediatamente al que tocaba los platillos. «Dígame, señor», dijo sinceramente, «¿cuánto se necesita saber para tocar los platillos?»

El músico se rió y le respondió: «No tienes que saber mucho en realidad, solamente tienes que saber cuándo».

Una buena idea llega a ser grande cuando la gente está lista. El individuo que se impacienta con las personas desempeñará un liderazgo defectuoso. La evidencia de la fuerza no radica en correr hacia adelante, sino en adaptar su paso al paso más lento de los demás, siempre y cuando no pierda la dirección. Si corremos muy adelante, perderemos nuestro poder de ejercer influencia.

MIRE HACIA ADELANTE: ¿CUÁL ES EL CUADRO COMPLETO?

Este asunto a menudo separa a los líderes de los administradores. Los líderes se preocupan por los propósitos básicos de la organización: por qué existe y qué debería lograr. No se preocupan por el «cómo hacerlo» o por los aspectos prácticos de la operación.

MIRE HACIA ARRIBA: ¿QUÉ ESPERA DIOS DE USTED?

Richard E. Day dijo: «Toda época dorada en la historia de la humanidad procede de la devoción y de la pasión justa de algunos individuos. No hay movimientos en masa auténticos; solamente parece así. Siempre hay un hombre que conoce a Dios y sabe adónde va».

El don de Dios para mí es mi potencial. Mi don para Dios es lo que yo hago con ese potencial. Creo que los grandes líderes sienten un llamamiento «más alto», uno que les eleva por encima de sí mismos. Qué terrible desperdicio de vida, subir la escalera del éxito solamente para descubrir, cuando se llega arriba, que estaba apoyada contra el edificio equivocado. Las grandes visiones van más allá de las personas que las tienen. Mi definición de éxito es:

> conocer a Dios y sus deseos para mí;
> alcanzar mi máximo potencial; y
> sembrar semillas que beneficien a otros.

MIRE A SU LADO: ¿QUÉ RECURSOS TIENE DISPONIBLES?

Una visión tiene que ir más allá de la persona que la tiene. Realizarla debe ser el resultado de la aportación de recursos por parte de muchas personas. He leído en incontables ocasiones el discurso del presidente John F. Kennedy en el que lanza la visión de Estados Unidos alunizando durante la década de los 60. Ese sueño cautivó a la gente y los recursos del país, y se convirtió en realidad.

El líder experimentado siempre busca a otros para hacer su sueño realidad. Mi máxima prioridad en la visión de un templo de veinticinco millones de dólares para la congregación de la que soy pastor es desarrollar y encontrar ganadores que me ayuden a convertir en realidad esa visión. Continuamente evalúo el progreso de este proyecto, por el compromiso que veo en la gente. A menudo los líderes vacilan en probar los niveles de compromiso de quienes les rodean. ¿Cuál es el resultado? Nunca están seguros dónde está asentado el proyecto o dónde está situada la gente. Recuerdo muy bien las conclusiones a las que llegué cuando terminamos nuestro primer esfuerzo por reunir fondos que ascendían a cuatro millones de dólares. Trabajamos mucho y sabía dónde estaba situada la gente.

El líder continuamente transmite la visión a los que le rodean, sabiendo que los sueños, si son debidamente presentados, son contagiosos.

En la película *Tucker: The Man and His Dream*, Abe, el esencial hombre de negocios y asediado tenedor de libros de Preston Tucker, que concibió un automóvil radicalmente nuevo, un carro de bajo costo con inyector de gasolina, motor trasero, frenos de disco, ventanas automáticas, cinturones de seguridad y diseño aerodinámico, captó el sueño de Tucker.

A pesar de una mal recordada advertencia de su madre, compró una parte del idealismo de Tucker.

Abe pensó que su madre dijo: «No te acerques mucho a la gente, atraparás sus sueños».

Años más tarde se dio cuenta que ella había dicho *gérmenes* no *sueños*.[3]

APROPIACIÓN CORPORATIVA DE UNA VISIÓN

Una visión es un cuadro claro de lo que el líder ve ser o hacer a su grupo. Según una encuesta publicada por la revista *Leadership*, comunicar una visión es uno de los aspectos más frustrantes del liderazgo en una organización.

Recientemente fui invitado a un programa de radio. El anfitrión vertió toda su frustración en mí, durante la pausa del programa. Dijo: «Tengo una visión para mi gente, pero me resulta difícil transferírsela». Un hecho es verdad: los líderes que comunican metas a sus seguidores en forma efectiva, logran más que los que no lo hacen.

Los líderes exitosos ven en tres niveles:

Nivel 1. Percepción: Ver lo que es ahora con los ojos de la realidad.

Nivel 2. Probabilidad: Ver lo que será con los ojos de discernimiento.

Nivel 3. Posibilidad: Ver lo que puede ser con los ojos de la visión.

Un *futurista* ve solamente en el nivel 3. Un *vaticinador* ve solamente en el nivel 2. Un *seguidor* ve solamente en el nivel 1. Un *líder* vive en el nivel 3, dirige en el nivel 2, y escucha en el nivel 1.

Por ejemplo, una organización fija la meta de cambiar su nombre. El buen líder, con los ojos de la visión, ya ve un nuevo nombre para la compañía (Nivel 3). El líder, con los ojos del discernimiento, ve la tendencia de la organización (Nivel 2). El líder sabe en que dirección va la compañía, viendo con los ojos de la realidad (Nivel 1).

Sorprendentemente, el lanzamiento de la visión no comienza en el nivel 3 (el cuadro completo). Comienza en el nivel 1 (el cuadro pequeño) y tendrá éxito si el líder puede influir en el nivel 2 (el próximo cuadro).

ENTENDER LO QUE ESTORBA LA VISIÓN: NIVEL 1

Vemos las cosas, no como son, sino como somos. Por eso, cuando se estorba una visión, por lo general este es un problema de gente. Hay diez tipos de personas que estorban la visión de la organización.

1. LÍDERES LIMITADOS

Todo se levanta o se viene abajo a causa del liderazgo. Esta afirmación es realmente cierta con el lanzamiento de la visión. Un líder limitado carece de la visión o de la habilidad para transmitirla con éxito.

El Primer Ministro de Francia dijo una vez: «Si usted hace grandes cosas atrae grandes hombres. Si usted hace cosas pequeñas atrae hombres pequeños. Los hombres pequeños, por lo general, causan problemas». Luego hizo una pausa, sacudió su cabeza tristemente y añadió: «Estamos teniendo muchos problemas».

2. PENSADORES CONCRETOS

George Bernard Shaw dijo: «Algunos hombres ven las cosas como estas son y dicen: ¿Por qué? (pensador concreto). Sueño en cosas que nunca fueron y digo: ¿Por qué no? (pensador creativo)».

Carlitos levanta las manos delante de su amiga Lucy y le dice: «Estas son manos que algún día pueden hacer grandes cosas. ¡Estas son manos que algún día pueden hacer obras maravillosas! ¡Podrían construir puentes resistentes, curar enfermos, hacer *home runs*, o escribir novelas románticas! ¡Estas son manos que algún día podrían cambiar el curso del destino!»

Lucy, que siempre ve las cosas como son, contesta: «Tienes gelatina en ellas».

3. HABLADORES DOGMÁTICOS

Muchas visiones no se cumplen por causa de personas fuertes, dogmáticas. Para estar absolutamente seguro de algo, uno debe saberlo todo o no saber nada. La mayor parte del tiempo el dogmático no sabe nada pero dice algo convencional. Por ejemplo: «Todo lo que puede ser inventado ya ha sido inventado». Eso dijo en 1899 Charles H. Duell, director de la Oficina de Patentes de Estados Unidos. Por supuesto Duell no estaba solo. El presidente Grover Cleveland comentó una vez en 1905 que «las mujeres sensatos y responsables no quieren votar». Más tarde, en 1923, Robert Miliken, ganador del Premio Nobel de Física, dijo: «No hay ninguna probabilidad de que el hombre pueda alguna vez manejar la energía del átomo». Lord Kelvin, presidente de la Real Sociedad de Inglaterra (una organización científica), dijo en 1885: «Máquinas voladoras más pesadas que el aire, imposible».

Mi favorita es una declaración del gran beisbolista Tris Speaker. En 1921 afirmó: «[Babe] Ruth cometió una gran equivocación cuando renunció a lanzar».

4. PERDEDORES CONTINUOS

Muchas personas miran sus fracasos pasados y temen el riesgo de perseguir una visión. Su lema es: «Si al principio no triunfa, destruya toda evidencia de que lo intentó». También destruyen el intento de los demás por probar otra vez.

5. MODELOS SATISFECHOS

La gente lucha por comodidad, previsión y seguridad en la vida. Pisándole los talones a la comodidad viene la complacencia; detrás de la previsión, el aburrimiento; y de la seguridad, la falta de visión. Un nido es bueno para un petirrojo mientras es un huevo, pero es malo para un petirrojo cuando tiene alas. Es un buen lugar para incubar, pero es un mal lugar para volar. Es triste cuando las personas no quieren dejar el nido de sus vidas.

En un artículo de la revista *Leadership*, Lynn Anderson describió lo que sucede cuando la gente pierde su visión. Un grupo de peregrinos llegó a las orillas de Estados Unidos hace 370 años. Con gran visión y coraje vinieron para asentarse en la nueva tierra. En el primer año establecieron un pueblo. En el segundo eligieron un concilio para el pueblo. En el tercero, el gobierno propuso construir un camino hacia el oeste internándose en la tierra inhabitada. Pero en el cuarto año, la gente trató de acusar al concilio del pueblo porque creían que tal camino hacia el bosque era un desperdicio de los fondos públicos. Los que una vez pudieron ver al otro lado del océano, ahora no podían ver cinco millas en dirección a lo inhóspito.

6. AMANTES DE LA TRADICIÓN

Los británicos siempre han sido buenos con el sistema de prebendas. John F. Parker en *Roll Call* cuenta la historia de que por más de veinte años, sin ninguna razón aparente, un guarda permanecía al pie de la escalera que conducía a la Cámara de los Comunes. Al fin alguien averiguó y descubrió que el empleo había estado en la familia del guarda por tres generaciones. Parece que se originó cuando las escaleras fueron pintadas y al abuelo del actual guardia le asignaron la tarea de advertir a la gente no pisar la pintura fresca.

Un periodista británico, refiriéndose a la situación, comentó: «La pintura se secó pero no el empleo».

7. CENSISTA

Algunas personas nunca se sienten cómodas fuera del grupo. Desean ser una parte y no estar aparte del grupo. Estas personas solamente aceptarán la visión cuando la mayoría lo haga. Nunca están al frente.

Los verdaderos líderes siempre están en la minoría porque piensan más allá de lo que piensa la mayoría. Aun cuando la mayoría lo alcance, ya estos líderes habrán avanzado más, y de esa manera, nuevamente, estarán en la minoría.[4]

8. PERCEPTORES DE PROBLEMAS

Algunas personas pueden ver un problema en cada solución. Por lo general, los obstáculos son las cosas que usted ve cuando aparta los ojos de la meta. Es interesante saber que algunas personas creen que la habilidad para ver los problemas es una señal de madurez. No es así. Es la señal de una persona sin visión. Estas personas echan a perder grandes visiones al presentar problemas sin ninguna solución.

El cardenal John Henry Newman dijo que nada sería hecho jamás si un hombre esperara hasta que pudiera hacer algo tan bien que nadie pudiera encontrar falla en ello.

9. EGOÍSTAS

Las personas que viven para sí mismas están en pequeños negocios. Nunca logran mucho. Las grandes metas son únicamente alcanzadas por el esfuerzo unido de muchos. Las personas egoístas estropean los sueños.

10. VATICINADORES DEL FRACASO

Algunas personas tienen una facilidad para tocar las notas equivocadas. Del instrumento más fino solamente sacan una nota discordante. Todas sus canciones son en clave menor. Envían la nota del pesimismo dondequiera. Las sombras dominan sus pinturas. Su apariencia es siempre sombría, los tiempos son siempre malos y el dinero es escaso. Todo en ellos parece ser contradictorio; nada en sus vidas se expande o crece.

Estas personas son como el hombre que se reunió con muchos otros en el río Hudson para ver el lanzamiento del primer buque de vapor. Decía todo el tiempo: «Nunca le harán partir. Nunca le harán partir». Pero lo hicieron partir. El buque de vapor echó humo y comenzó a moverse con rapidez. Inmediatamente el mismo hombre dijo: «Nunca le detendrán. Nunca le detendrán».

Me encanta el proverbio chino que dice: «El hombre que dice que no puede hacerse, nunca debe interrumpir al hombre que lo está haciendo».

Establecer el ambiente apropiado: Nivel 2

El conocer a las personas y las claves de sus vidas le permitirá al líder ir al «siguiente cuadro» en el Nivel 2. Es esencial que el líder comience a influir en lo que la gente verá. Recuerde, si el líder y unos cuantos más ven el Nivel 3, entonces sabrán si el Nivel 2 está correctamente establecido para llevar a otros al área de visión. Los siguientes pasos fijarán el Nivel 2 correctamente.

Venga junto con ellos

Deje que ellos vean su corazón antes de que vean su esperanza. A la gente no le importa cuánto sabe usted, sino hasta que sabe cuánto le importa la gente a usted. Enfatizo de nuevo: Las personas apoyan al líder antes de apoyar la visión del líder. Cultive la confianza. Sea transparente y paciente. Comience donde ellos están, mirando a través de los ojos de ellos. Intente descubrir sus esperanzas y sueños. Construya un puente entre la visión de la organización y sus metas personales. Hechas correctamente, ambas cosas pueden cumplirse. Vaya a lo seguro. Recuerde, cuando usted ayuda a la gente a conseguir lo que quiere, ellos le ayudarán a conseguir lo que usted quiere. Esto puede lograrse solamente estableciendo fuertes relaciones con la gente.

Pinte el cuadro para ellos

Una vez leí que un gran maestro nunca lucha para explicar su visión; simplemente le invita a permanecer a su lado para que la vea. Convengo con la parte que se refiere a las relaciones en esta declaración, pero creo que los grandes líderes le explican su visión a la gente pintándoles un cuadro. John W. Patterson, fundador de National

Cash Register, dijo: «He tratado toda mi vida, primero de ver por mí mismo, y luego lograr que otras personas vean conmigo. Para tener éxito en los negocios es necesario hacer que el otro hombre vea las cosas como usted las ve. Ver... era el objetivo. En el sentido más amplio, soy un visualizador».

Toda gran visión tiene ciertos ingredientes, y el gran líder hace que la gente los entienda, los aprecie y los «vea»:

Horizonte: La visión que del horizonte tiene un líder le permite a la gente ver las alturas de sus posibilidades. Todo individuo determinará cuán alto él o ella quiere ir. Su responsabilidad es poner mucho cielo en el cuadro. Paul Harvey dijo que el mundo de un hombre ciego está limitado por la limitación de su tacto; el mundo de un hombre ignorante, por los límites de su conocimiento; el mundo de un gran hombre, por los límites de su visión.

Sol: Este elemento representa calor y esperanza. La luz hace brotar optimismo en la gente. Una función primordial de un líder es mantener viva la esperanza. Napoleón dijo: «Los líderes son los distribuidores de la esperanza».

Montañas: Toda visión tiene sus desafíos. Edwin Land, fundador de Polaroid, dijo: «Lo primero que usted hace es enseñar a la persona a sentir que la visión es muy importante y casi imposible. Eso suscita en el ganador el empuje».

Pájaros: Este elemento representa la libertad y el espíritu del hombre. El observar cómo un águila levanta vuelo hace que usted sienta que su propio espíritu se remonta. «Las guerras pueden pelearse con armas, pero es el espíritu de los hombres que combaten y el espíritu del hombre que dirige lo que da la victoria».[5]

Flores: El viaje hacia la realización de cualquier gran visión toma tiempo. Asegúrese de que el escenario incluya paradas de descanso, lugares para oler flores y refrescarse mental y físicamente. El éxito es la realización progresiva de una meta valiosa predeterminada.

Camino: La gente necesita dirección, un lugar donde comenzar y un camino que seguir. Un viajero que iba por una región escabrosa, preguntó al guía indio: «¿Cómo puedes hallar el camino entre picos serrados y veredas traicioneras, sin jamás perder la orientación?»

El guía respondió: «Tengo la visión cercana y la visión lejana. Con la una veo lo que está exactamente delante de mí; con la otra guío mi curso por medio de las estrellas».[6]

Usted: Nunca pinte la visión sin colocarse usted mismo en el cuadro. Esto mostrará su compromiso con la visión y su deseo de caminar con la gente a través de todo el proceso. La gente necesita un modelo. Como Warren R. Austin dijo en *UN World:* «Si usted me va a levantar, debe estar en un terreno más alto».

¿Por qué debe un líder pintar el cuadro y colocar en él las cosas mencionadas? Roger von Oech, en su libro *A Kick in the Seat of the Pants*, da una excelente respuesta:

> Dé una mirada alrededor de donde usted está sentado y encuentre cinco cosas que tengan azul en ellas. Adelante, hágalo.
>
> Con una mente preparada para lo azul, verá que el azul le salta de todas partes: un libro azul sobre la mesa, un almohadón azul en el sofá, azul en la pintura de la pared, y así por el estilo.
>
> De igual manera, usted habrá notado probablemente que después de que usted compra un carro nuevo, en seguida ve ese modelo por todas partes. Esa es la razón por la que la gente encuentra lo que busca.[7]

El líder ayuda a la gente a desarrollar esta sensibilidad y un ojo para saber lo que debe buscar. Si el cuadro ha sido pintado claramente y se le muestra continuamente, pronto otros comenzarán a ver cómo se ajusta a todo lo que hacen. Tendrán una mente fija en la visión. Luego faltará sólo una cosa para que otros puedan apropiarse de la visión.

PONGA LAS COSAS QUE ELLOS AMAN EN EL CUADRO

Las personas llevan consigo cuadros de otras personas y cosas que aman. Ponga lo que es importante para la gente dentro de la visión y habrá transferido la visión a la gente.

Durante la Segunda Guerra Mundial, se confeccionaban paracaídas por miles. Desde el punto de vista de los obreros, el trabajo era tedioso. Involucraba estar encorvado sobre la máquina de coser de ocho a diez horas diarias y dar puntadas a interminables tiras de tela blanca. El resultado era una pila amorfa de tela. Pero cada mañana les decían a los trabajadores que cada puntada era parte de una operación para salvar vidas. Les pedían que al coser cada paracaídas pensaran que ese podría ser el que usaran su cónyuge, sus hermanos, sus hijos.

Aunque el trabajo era duro y tomaba muchas horas, las mujeres y los hombres, desde una perspectiva familiar, comprendieron cuál era su contribución al gran cuadro».[8]

ABRIR LOS OJOS A LAS POSIBILIDADES: NIVEL 3

En este nivel necesitamos preguntarnos cómo hacer crecer a la gente a la medida de la visión. Esto representa la única cosa que el líder debe hacer continuamente… impulsar el crecimiento de la gente a la medida de la visión una vez que la visualiza.

Hay varios pasos que el líder de un Nivel 3 debe dar. Primero, el líder debe buscar ganadores para que se integren al equipo. Estas cualidades de los ganadores guiarán la investigación:

- Los ganadores son menos sensibles a la desaprobación y al rechazo: se los sacuden.

- Los ganadores piensan en lo esencial.

- Los ganadores se concentran en la tarea que tienen a la mano.

- Los ganadores no son supersticiosos; dicen: «Así es la vida».

- Los ganadores rehúsan igualar el fracaso a la autoestima.

- Los ganadores no restringen el pensamiento a los patrones rígidos establecidos.

- Los ganadores ven el cuadro completo.

- Los ganadores dan la bienvenida al desafío con optimismo.

- Los ganadores no desperdician el tiempo en pensamientos improductivos.

Una vez que los ganadores se han incorporado al equipo, se unen a otros como los que influyen en la organización. En este punto, es sumamente importante que el líder emplee tiempo con los que influyen para descubrir las «claves» hacia sus vidas. Se descubrirá lo que es más valioso para estos influyentes. El plan del líder para formar influyentes debe ayudarles a superar asuntos personales difíciles, proporcionar un tiempo y un lugar para que crezcan, aumentar el valor de su familia y trabajo, ayudarles a descubrir sus puntos fuertes, y conectarlos con la organización.

También, es muy importante que el líder guíe a estos ganadores. Debe exponérseles a grandes libros (pasados y presentes), grandes lugares, grandes eventos y grandes personas. Deben encontrar grandes ideas en usted, el líder, y deben desarrollar un deseo de seguir sus intereses y su visión tratando de construir una relación benéfica para ambas partes. Cuando esto ocurra, descubrirá que los ganadores se adhieren con naturalidad a la visión que usted acaricia para la organización y para ellos.

El líder exitoso del Nivel 3, verá en tres niveles:

1. **El nivel perceptible.** Lo que ahora se ve: los ojos de la realidad. Un líder escucha en este nivel.

2. **El nivel probable.** Lo que se verá: los ojos del discernimiento. Un líder dirige en este nivel.

3. **El nivel posible.** Lo que podría verse: los ojos de la visión. Un líder vive en este nivel.

La visión da poder al líder que la tiene. El líder cree no sólo que la visión puede hacerse, sino que debe hacerse. Se llevó a cabo un estudio de los sobrevivientes de un campo de concentración relativo a las características comunes de los que no sucumbieron... en los campos de concentración. Viktor Frankl era una respuesta viviente a esa pregunta. Era un siquiatra vienés de mucho éxito antes de que los nazis le arrojaran en tal campo. Años más tarde, cuando daba conferencias, decía:

> Hay una sola razón por la que estoy aquí ahora. Lo que me mantuvo vivo fueron ustedes. Otros me dieron esperanza. Soñaba que algún día estaría aquí contándoles cómo yo, Viktor Frankl, había sobrevivido en los campos de concentración nazis. Nunca he estado aquí antes, nunca he visto a alguno de ustedes antes, nunca he dado este discurso antes. Pero en mis sueños he estado delante de ustedes y he dicho estas palabras miles de veces.

Fue la visión la que le ayudó. Cuando joven aprendí este poema. Citarlo me parece una manera apropiada de terminar este capítulo.

Ah, es grande creer el sueño,
cuando en la juventud nos miramos en el centelleante
arroyo.
Pero es más grande vivir la vida,
y decir al final: el sueño se ha cumplido.

Los líderes hacen eso para sí mismos y para otros.

PRECIO DEL LIDERAZGO:

AUTODISCIPLINA

Al leer la vida de los grandes hombres me doy cuenta que la primera victoria que ganaron fue la victoria sobre sí mismos... la autodisciplina fue lo primero en todos ellos».[1]

En inglés la palabra *autocontrol* deriva de una raíz griega que significa «agarrar» o «sostener». Esta palabra describe a las personas que quieren agarrar sus vidas y tomar control de áreas que les producirán éxito o fracaso.

Aristóteles usó la misma palabra para describir «la capacidad de probar el deseo por la razón... estar resuelto y siempre listo para terminar con el desahogo natural y el dolor». Explicó que las personas que no se controlan tienen fuertes deseos que tratan de seducirlos y apartarlos del camino de la razón; pero para triunfar deben mantener esos deseos bajo control.

Una vez, dirigiendo un seminario de liderazgo, definí la disciplina al principio de la vida como la decisión de lograr lo que realmente se quiere, haciendo las cosas que usted en realidad no quiere hacer. Después de pasar algún tiempo obrando así, la disciplina se convierte en la decisión de alcanzar lo que realmente se quiere, ¡haciendo las cosas que usted ahora sí quiere hacer! Creo firmemente que podemos ser disciplinados y disfrutarlo después de años de practicar.

Los grandes líderes han entendido que su responsabilidad número uno era su propia disciplina y desarrollo personal. Si no se hubieran dirigido a sí mismos no hubieran podido dirigir a los demás. Los líderes no pueden llevar a otros más lejos de lo que ellos mismos han recorrido, porque nadie puede viajar hacia afuera si primero no ha viajado hacia adentro. Una gran persona dirigirá una gran organización, pero el crecimiento solamente es posible cuando el líder está dispuesto a «pagar el precio» por ello. Muchos líderes dotados han rehusado pagar el precio y, como resultado, han descubierto que los atajos no reditúan a largo plazo.

Esto es lo que Edwin Markham tiene que decir sobre el valor humano:

> Somos ciegos hasta que vemos
> que en el plan humano
> nada vale la pena hacer
> si no hace al hombre.
> ¿Por qué construir ciudades gloriosas,
> si el hombre mismo sin construirse queda?
> En vano construimos el mundo,
> si el constructor no es construido.[2]

EL PROCESO PARA DESARROLLAR DISCIPLINA PERSONAL

Federico el Grande de Prusia paseaba por las inmediaciones de Berlín cuando se encontró con un anciano que iba en dirección opuesta.

«¿Quién eres?», preguntó Federico.

«Soy un rey», replicó el anciano.

«¡Un rey!», se rió Federico. «¿Sobre qué reino reinas?»

«Sobre mí mismo», fue la orgullosa respuesta.

«Reinar» sobre usted mismo requiere disciplina personal.

COMIENCE CON USTED

Un periodista preguntó una vez al gran evangelista D. L. Moody qué personas le dieron más problemas. Respondió de inmediato: «He tenido más problemas con D. L. Moody que con cualquier otro hombre». El finado Samuel Hoffenstein decía: «Dondequiera que voy, yo también voy conmigo, y lo echo a perder todo». Y allí tenemos la frase clásica de Jack Paar: «Mirando hacia atrás, mi vida parece ser un largo camino de obstáculos, conmigo como el principal obstáculo».

He observado que más líderes potenciales fracasan por causas internas que por causas externas. Cada mes enseño una lección de liderazgo a mi personal, la misma que se graba y envía a otros líderes de todo el país. Recientemente hablé sobre el tema: «Cómo dejar de obstaculizarse el propio camino». Recibí una tremenda respuesta de muchos oyentes que dijeron: «Necesitaba esa lección para mi vida. ¡Yo soy mi peor problema!» La mayoría de nosotros se identifica con el letrero que vi en una oficina: «Si usted pudiera patear a la persona responsable por la mayoría de sus problemas, no podría sentarse por semanas enteras».

> NO PODEMOS VIAJAR HACIA FUERA SI PRIMERO NO VIAJAMOS HACIA DENTRO.

> CUANDO NOS FALTA ENTENDIMIENTO, QUEREMOS CONQUISTAR EL MUNDO. CUANDO SOMOS SABIOS, QUEREMOS CONQUISTARNOS A NOSOTROS MISMOS.

Su competidor

Tuve un enemigo cuyo rostro luchaba por conocer,
Porque seguía mis pasos, dondequiera que iba, sin verlo yo.
Mis planes desbarataba, mis propósitos pisoteaba, bloqueaba mi ruta hacia adelante
Cuando por un fin elevado me afanaba, decía con dureza:
¡No puedes!

Una noche lo tomé y firmemente lo así, quité entonces
el velo que cubría su cara
Miré su rostro al fin, y ¡oh!... era yo.

Cuando nos falta entendimiento, queremos conquistar el mundo.
Cuando somos sabios, queremos conquistarnos a nosotros mismos.

COMIENCE PRONTO

Quizás el resultado más valioso de toda la educación es la capacidad de hacer las cosas que tiene que hacer cuando deben ser hechas, le guste o no le guste; es la primera lección que se debe aprender y, a pesar de lo temprano que comience la preparación de un hombre, es probablemente la última lección que aprende a conciencia.

> EL TRABAJO DIFÍCIL ES LA ACUMULACIÓN DE COSAS FÁCILES QUE USTED NO HIZO CUANDO DEBÍA HABERLAS HECHO.

Mis padres dieron ejemplo de disciplina e insistieron en que sus tres hijos desarrollaran ese estilo de vida. Administración del tiempo, trabajo duro, persistencia, honestidad, responsabilidad y una actitud positiva a pesar de la situación eran algo que se esperaba de nosotros. Sin embargo, no aprecié este entrenamiento hasta que fui a la universidad. Allí vi a muchos estudiantes que no podían tener control sobre su vida o estudios. Me di cuenta que tenía una decidida ventaja sobre los otros porque la disciplina ya estaba en mí. Es un hecho: cuando usted hace las cosas que debe hacer cuando deben ser hechas, llegará el día cuando hará las cosas que quiere hacer, cuando usted quiera hacerlas. El trabajo difícil es la acumulación de cosas fáciles que usted no hizo cuando debía haberlas hecho.

Comience con poco

Lo que usted va a llegar a ser mañana, ya lo está llegando a ser ahora. Es esencial comenzar a desarrollar autodisciplina en una pequeña medida ahora, para ser disciplinado en gran medida mañana.

Un pequeño plan que será muy significativo

1. Enumere cinco áreas de su vida carentes de disciplina.
2. Colóquelas en el orden de su prioridad para conquistarlas.
3. Trabaje con una sola cosa a la vez.
4. Busque recursos tales como libros y cintas que le instruirán y motivarán para conquistar cada aérea.
5. Pida a una persona que sea un modelo de la característica que usted desea desarrollar que le permita rendirle cuentas de sus avances.
6. Emplee quince minutos cada mañana en enfocar su atención a mantener el control de esta área débil de su vida.

> LO QUE USTED VA A LLEGAR A SER MAÑANA, YA LO ESTÁ LLEGANDO A SER AHORA.

7. Hágase un examen de cinco minutos al medio día.
8. Tome cinco minutos en la noche para evaluar su progreso.
9. Trabaje sesenta días en un área antes de pasar a la siguiente.
10. Celebre con la persona a quien le rinde cuentas de su continuo éxito.

Recuerde, tenerlo todo no significa tenerlo todo al mismo tiempo. Se requiere tiempo. Comience con poco y concéntrese en eso ahora. La lenta acumulación de disciplinas llegará un día a ser algo muy grande. Ben Franklin dijo: «Es más fácil suprimir el primer deseo que satisfacer todos los que le siguen».

COMIENCE AHORA

Como dijo John Hancock Field: «Los hombres de valor tienen buenos pensamientos, buenas ideas y buenas intenciones, pero muy pocos convierten todo eso en acción».

En 1976, el equipo de básquetbol de la Universidad de Indiana salió invicto en la temporada y ganó el campeonato nacional de la NCAA. El controversial y pintoresco entrenador Bobby Knight fue el que le llevó al campeonato. Poco después Knight fue entrevistado en el programa de televisión *60 Minutes*.

El comentarista le preguntó: «¿Por qué sus equipos de básquetbol en Indiana siempre triunfan? ¿Se debe a la voluntad de triunfar?»

> LOS GRANDES LÍDERES NUNCA SE COLOCAN POR ENCIMA DE SUS SEGUIDORES, EXCEPTO PARA LLEVAR A CABO RESPONSABILIDADES.

«La voluntad de triunfar es importante», replicó Knight, «pero le diré qué es lo más importante: Es la voluntad de prepararse. Es la voluntad de salir todos los días al entrenamiento y ¡formar esos músculos y perfeccionar esas habilidades!»

Abraham Lincoln dijo: «Me alistaré y tal vez entonces mi oportunidad surja». Muchas veces no se han desarrollado las disciplinas y se han perdido las oportunidades». Carlitos, de la tira cómica «Snoopy» dijo una vez que su vida estaba revuelta porque había perdido todos los ensayos. Antes de que pueda convertirse en una «estrella», usted tiene que comenzar. Ahora es el mejor tiempo.

ORGANICE SU VIDA

«Una de las ventajas de ser desordenado es que con frecuencia hace descubrimientos emocionantes». Esa declaración de A. A.

Milne es verdad, pero los descubrimientos son demasiado tardíos y por consiguiente se pierde una oportunidad. Luego piensan que usted, como líder, está «fuera de control». Esto conduce a la incertidumbre y a la inseguridad entre los seguidores.

Cuando usted es organizado tiene un poder especial. Camina con un sentido seguro de propósito. Sus prioridades están claras en su mente. Usted orquesta los complejos acontecimientos con un toque maestro. Todo encaja en su lugar, cuando revela sus planes. Se mueve pausadamente de un proyecto al siguiente, sin desperdiciar movimiento. Durante el día usted cobra fuerza e ímpetu mientras edifica su triunfo. La gente cree sus promesas porque usted siempre cumple. Cuando entra a una junta está preparado para cualquier cosa que le arrojen. Cuando al final revela sus propósitos, resulta ganador.

Christopher Robin, en *Winnie the Pooh*, da mi definición favorita de organización: «Organizar es lo que usted hace antes de hacer algo, de manera que cuando lo hace, no está todo revuelto».

Sigue mi lista de diez puntos para la organización personal:

> EL ÉXITO DEPENDE NO SIMPLEMENTE DE CUÁN BIEN HAGA USTED LAS COSAS QUE LE GUSTAN, SINO DE CUÁN CONSCIENTEMENTE REALICE ESOS DEBERES QUE NO LE GUSTAN.

1. ESTABLEZCA PRIORIDADES

Dos cosas son difíciles de lograr que la gente haga. La primera es hacer las cosas en orden de importancia, y la segunda es *continuar* haciendo las cosas en orden de importancia. William Gladstone dijo: «El hombre sabio no desperdicia energía en procurar aquello para lo que no está preparado; y es más sabio todavía quien, entre todas las cosas que puede hacer bien, escoge y resueltamente hace las mejores».

Los principales eventos, tales como hablar en conferencias, se programan con un año o dos de anticipación. La última semana de cada mes paso dos horas planeando mi agenda para los próximos treinta días. Hago una lista de las principales responsabilidades en orden de importancia y del tiempo que requieren para cumplirlas. Esta lista es el indicador que me ayuda a no salirme del camino y a permanecer en movimiento. A medida que cumplo cada tarea en el tiempo designado, la borro de mi lista mensual.

2. COLOQUE LAS PRIORIDADES EN SU CALENDARIO

Una vez que la lista está hecha, la entrego a mi asistente quien la escribe en mi calendario. Esto me protege de las presiones de afuera que diariamente reclaman mi tiempo. Esto también me hace responsable ante alguien que me ayuda a no salirme del camino.

3. RESERVE ALGÚN TIEMPO PARA LO INESPERADO

La clase de trabajo que realiza determinará la cantidad de tiempo que aparte para lo inesperado. Por ejemplo, mientras más trabaje con personas, más tiempo debe reservar. Aparto medio día a la semana para lo inesperado.

4. HAGA UN PROYECTO A LA VEZ

Un buen general pelea en un solo frente a la vez. Eso también es aplicable al buen líder. Un sentimiento de estar abrumado es el resultado de muchos proyectos que reclaman su atención. Por años he seguido este simple proceso:

> Detalle todo lo que necesita hacer.
> Establezca prioridades.
> Organice cada proyecto en una carpeta.
> Céntrese sólo en un proyecto a la vez.

5. ORGANICE SU ESPACIO DE TRABAJO

Mi espacio de trabajo está organizado en dos lugares: administra-tivo y creativo. La oficina administrativa consiste en un cuarto para reuniones de grupos pequeños, mi escritorio de trabajo y un escritorio más para mi asistente. Esto me permite comunicar constante e inme-diatamente cualquier detalle a las personas clave. En esta oficina se encuentra el calendario, las computadoras y los archivos, y tengo un fácil acceso a la ayuda administrativa. La oficina creativa está sepa-rada de todos. Allí guardo mis libros, una copiadora y los archivos de mis escritos. A este lugar aislado no tiene acceso el personal y ello me permite tener un ambiente adecuado para pensar, leer y escribir.

6. TRABAJE DE ACUERDO CON SU TEMPERAMENTO

Si usted es una persona mañanera, organice su trabajo más impor-tante para la mañana. Obviamente, si usted es uno que comienza tar-de, haga lo opuesto. Sin embargo, no permita que la debilidad de su temperamento le excuse de hacer lo que usted sabe que necesita hacer de una manera más efectiva.

7. UTILICE EL TIEMPO DE MANEJAR PARA INSPIRARSE Y CRECER

Mi padre me dio excelentes consejos el día que cumplí dieciséis años y recibí mi licencia de manejar. Subió al auto, puso un libro en la guantera y dijo: «Hijo, nunca vayas en el automóvil sin un libro. Cuando te detenga el tráfico puedes sacar este libro y leer». En el automóvil también guardo muchas cintas y una libreta para escribir mis pensamientos. El teléfono también me permite hacer llamadas camino a casa después del trabajo. Recientemente, mientras mane-jaba, hice 21 llamadas y ahorré horas del tiempo de oficina. Muchas veces llevo a un miembro del personal para tratar algo y promover una relación más estrecha. Calculo que la persona promedio podría obtener ocho horas adicionales de crecimiento personal y de trabajo cada semana, utilizando con sabiduría el tiempo de manejar.

8. DESARROLLE SISTEMAS QUE FUNCIONEN PARA USTED

Bobb Biehl dice: «Los sistemas, desde hacer listas y calendarios hasta las bibliotecas y computadoras, son sus sirvientes. Le ayudan a hacer las cosas mejor y más rápidamente y, al mejorarlos, usted disminuye el tiempo a emplear y aumenta los resultados». No rechace los sistemas. Mejórelos.

9. SIEMPRE TENGA UN PLAN PARA ESOS MINUTOS ENTRE REUNIONES

Puede ahorrarse horas haciendo mejor uso de los minutos. Guardo siempre una lista de cosas que pueden hacerse en cualquier parte en poco tiempo: llamadas, memorandos, examinar informes, escribir notas de agradecimiento y dar comunicados. Tenga a la mano una lista de cosas que puede hacer en corto tiempo.

10. CÉNTRESE EN LOS RESULTADOS, NO EN LA ACTIVIDAD

¿Recuerda la definición de Peter Drucker de eficiencia (hacer las cosas bien) versus efectividad (hacer las cosas debidas)? Cuando usted emplee tiempo en la organización personal, asegúrese de mantener su mirada en hacer las cosas debidas, es decir, hacer lo que es verdaderamente importante. Luego utilice este método práctico para organizar toda su estrategia de trabajo:

> Trabaje en lo que es su fuerte el 80% del tiempo.
> Trabaje en lo que aprende el 15% del tiempo.
> Trabaje en lo que es débil el 5% del tiempo.

DÉ LA BIENVENIDA A LA RESPONSABILIDAD

Winston Churchill dijo: «El precio de la grandeza es la responsabilidad». Para aumentar su capacidad de tomar responsabilidades, haga lo siguiente:

Sea responsable por lo que usted es. Creo en esa declaración. En realidad, me gustaría que usted considerara cómo se relaciona con la investigación hecha por un psicólogo que estudió a algunas personas a fondo.

El psicólogo visitó una prisión y preguntó a varios internos: «Por qué está aquí?» Las respuestas, aunque esperadas, fueron muy reveladoras. Hubo muchas como estas: «Me acorralaron»; «Me atacaron entre varios»; «Hubo una confusión de identidad»; «Yo no fui, fue otro». ¡El psicólogo se preguntaba si se podría encontrar en otro lugar un grupo mayor de inocentes que el de una prisión!

Eso me recuerda una de las historias favoritas de Abraham Lincoln sobre el hombre que mató a sus padres, y cuando se iba a pronunciar su sentencia, suplicó misericordia pidiendo que tomaran en cuenta que era huérfano. Como el político que dijo al juez: «No es mi culpa, su señoría, ¡yo nunca habría hecho todo eso si la gente no me hubiera elegido!»

Sea responsable por lo que pueda hacer. Es raro encontrar una persona que sea responsable, que haga bien su trabajo y que siga haciéndolo bien hasta terminarlo. Pero cuando trabajos inconclusos llegan a su escritorio para que se revisen, verifiquen, editen y mejoren, obviamente alguien ha fallado en tomar las riendas de la responsabilidad.

> Soy solamente uno,
> pero aun así soy uno.
> No puedo hacer todo,
> pero puedo hacer algo;
> y porque no puedo hacer todo
> no rehusaré hacer
> ese algo que sí puedo hacer.[3]

El charco de Poncio

A veces me gustaría preguntarle a Dios, por qué permite la pobreza, el hambre, y la injusticia cuando él podría hacer algo al respecto.

¿Qué te detiene?

tengo miedo de que Dios me haga la misma pregunta

Sea responsable por lo que ha recibido. John D. Rockefeller Jr. dijo: «Creo que todo derecho implica una responsabilidad; toda oportunidad, una obligación; toda posesión, un deber». Winston Churchill dijo: «No es suficiente que hagamos lo mejor; a veces tenemos que hacer lo que se requiere». Y Jesús dijo: «Todo aquel a quien se haya dado mucho, mucho se le demandará» (Lucas 12.48).

Sea responsable ante los que dirige. Los grandes líderes nunca se colocan por encima de sus seguidores, excepto para llevar a cabo responsabilidades.

El entrenador Bo Schembechler cuenta del tercer juego de la temporada de 1970. Su universidad, Michigan Wolverines, jugaba con Texas A&M y no podía mover la bola. De pronto, Dan Dierdorf, el hombre de la línea ofensiva, probablemente el mejor del país en ese tiempo, vino corriendo por los límites del campo. Exasperado por el desempeño del equipo, gritó a Schembechler delante de todos en los límites del campo:

«¡Escucha entrenador! ¡Hagan cada jugada sobre mí! ¡Sobre mí! ¡Cada jugada!» Y lo hicieron. Michigan derribó a sus rivales seis veces seguidas y avanzó. Michigan ganó el juego.

Cuando el juego está en peligro, los grandes líderes siempre toman la responsabilidad de guiar a sus equipos a la victoria. Esta es mi historia favorita sobre el tomar la responsabilidad.

El gerente de ventas de una compañía de alimento para perros preguntó a los vendedores si les gustaba el nuevo programa publicitario de la compañía. «¡Es muy bueno, el mejor que hay en el mercado!», respondieron los vendedores.

«¿Les gusta la nueva etiqueta y el empaque?»

«¡Son muy buenos, los mejores que hay en el mercado!», respondieron los vendedores.

«¿Les gusta nuestra fuerza de ventas?»

Ellos constituían la fuerza de ventas. Tuvieron que admitir que eran buenos. «Muy bien», dijo el gerente. «Así que tenemos la mejor etiqueta, el mejor empaque y el mejor programa de publicidad, y el producto lo vende la mejor fuerza de ventas en el mercado. Díganme por qué estamos en el decimoséptimo lugar en el negocio de alimento para perros».

Hubo silencio. Finalmente, alguien dijo: «Es por culpa de esos asquerosos perros. ¡No quieren comerse el producto!»

ACEPTE RENDIR CUENTAS

Platón dijo: «La vida sin examinar no es una vida digna». El éxito y el poder a menudo le han quitado al líder el deseo de rendir cuentas a otros. Líderes de todas las áreas de la vida están cayendo cada vez más debido a este problema. ¿Por qué sucede esto?

LA NATURALEZA HUMANA NO PUEDE MANEJAR UN PODER INCONTROLADO

Abraham Lincoln dijo: «Casi todos los hombres pueden permanecer ante la adversidad, pero si usted quiere probar el carácter de un hombre, déle poder». El poder puede compararse con un gran río; mientras está dentro de sus cauces, es tanto hermoso como útil. Pero cuando se desborda, destruye. El peligro del poder radica en el hecho de que los que son investidos con él, tienden a hacer de la preservación de éste su principal preocupación. Por eso, se opondrán a cualquier cambio en las fuerzas que les dieron ese poder. La historia nos dice que el poder conduce al abuso del poder, y el abuso del poder conduce a la pérdida de poder.

George Bush oró en su discurso de toma de posesión en 1989: «Porque se nos ha dado poder no para lograr nuestros propios propósitos, ni para dar un gran espectáculo ante el mundo, ni lograr un nombre. No hay sino un uso del poder y es servir al pueblo».

LA GENTE PUEDE AISLAR FÁCILMENTE A SUS LÍDERES

Cuando Harry Truman fue puesto en la presidencia a la muerte de Roosevelt, Sam Rayburn le dio un consejo paternal: «De aquí en adelante usted va a tener mucha gente a su alrededor. Tratarán de poner una pared a su alrededor y quitarle todas las ideas para que prevalezcan las de ellos. Le dirán cuán grande hombre es, Harry. Pero usted y yo sabemos que no lo es».

Hubert H. Humphrey dijo: «No hay partido, no hay máximo ejecutivo, no hay gabinete, no hay legislatura en esta o en cualquier otra nación, que encierren la suficiente sabiduría para regir sin constante exposición a la crítica». Esto es aplicable a cualquier persona que ocupe una posición de liderazgo.

DESARROLLE INTEGRIDAD

El libro *Profiles of Leadership* revela las respuestas que los hombres de negocios y líderes gubernamentales más importantes de Estados Unidos dieron cuando les preguntaron qué cualidad creían era la más importante para el éxito como líderes. Su respuesta unánime fue: *integridad.*

La integridad es la cualidad más necesaria para el éxito en los negocios, según afirmaron 1,300 ejecutivos en una reciente encuesta. Setenta y uno por ciento la pusieron en el primer lugar de una lista de dieciséis características responsables de propiciar la efectividad de un ejecutivo. El diccionario define la palabra *integridad* como «el estado de estar completo, no dividido». Cuando los seres humanos tienen integridad, sus palabras y hechos se corresponden. Son quienes son no importa dónde estén o con quien estén. Las personas con integridad no están divididas (eso es duplicidad), ni fingen (eso es hipocresía). Están completas y su vida está «amalgamada». Las personas con integridad no tienen nada que esconder y nada que temer. Su vida es un libro abierto.

La integridad en un líder debe manifestarse diariamente en muchas maneras tangibles. Son cinco las que siempre trato de demostrar a los que dirijo.

1. *Debo vivir lo que enseño*. Decidir qué ser es más importante que decidir qué hacer. Con frecuencia pregunto a los jóvenes: «¿Qué vas a hacer cuando crezcas?» Pero la pregunta más importante es: «¿Qué vas a *ser*?» La decisión de carácter debe hacerse antes de escoger una carrera.

Al principio de mis años de liderazgo, leí este poema de Howard A. Walter y adopté los principios ahí expuestos:

Carácter

Debo ser sincero porque hay quienes confían en mí;
debo ser puro porque hay quienes se preocupan;
debo ser fuerte porque hay quienes sufren;
debo ser valiente porque hay que atreverse.
debo ser amigo de todos, los enemigos, los poco amistosos;
debo ser dador y olvidar la dádiva;
debo ser humilde porque conozco mi debilidad;
debo mirar, y reír, y amar, y levantar.

2. *Debo hacer lo que digo*. Si prometo algo a un subordinado, colega o superior, debo cumplir mi palabra. El Centro para Liderazgo Creativo en Greensboro, Carolina del Norte, realizó el estudio de veintiún ejecutivos con un alto potencial cuyo contrato expiró o fueron obligados a jubilarse antes de tiempo. El único defecto de carácter universal o pecado imperdonable que siempre condujo a la caída fue traicionar la confianza; es decir, no hacer algo que se prometió.

3. Seré honesto con otros. Si los que trabajan conmigo me encuentran alguna vez disfrazando los hechos o tapando un problema, instantáneamente perderé credibilidad. Y esto no será fácil de restaurar.

El doctor William Schultz, un conocido psicólogo que desarrolló estrategias de veracidad en la administración en Procter and Gamble y en NASA, cree que la clave de la productividad está en «cuán bien trabajan las personas juntas», y cree que nada «aumenta tanto la compatibilidad como la confianza mutua y la honestidad». El doctor Schultz dice: «Si las personas en los negocios simplemente dijeran la verdad, del 80 al 90% de sus problemas desaparecerían». La confianza y la honestidad son los medios que permiten a los individuos cooperar para que todos puedan prosperar.

4. Pondré lo que sea mejor para los demás antes de lo que sea mejor para mí. La organización que dirijo y aquellos con quienes trabajo deben estar primero. Cuando pongo los mejores intereses de la organización antes que los míos, mantengo la integridad ante aquellos que me contrataron. Cuando pongo los intereses de aquellos que trabajan conmigo antes que los míos, desarrollo amistad y lealtad. En la página siguiente está la pirámide de liderazgo que siempre he tratado de seguir.

Líder — Nivel 3

Administrador — Nivel 2

Obrero — Nivel 1

Mientras más alto asciende una persona en una organización, menos opciones y derechos personales debe poseer.

5. Seré transparente y vulnerable. Hace algún tiempo me di cuenta de que al trabajar con personas tengo dos opciones. Puedo cerrar mis brazos o abrirlos. Ambas decisiones tienen sus puntos fuertes y puntos débiles. Si cierro mis brazos, no me herirán, pero no conseguiré mucha ayuda tampoco. Si abro mis brazos probablemente me hieran, pero también recibiré ayuda. ¿Cuál ha sido mi decisión? He abierto mis brazos y he dejado que otros disfruten del viaje conmigo. Mi más grande don para otros no es mi trabajo sino mi persona. Eso es aplicable a cualquier líder.

PAGUE AHORA, JUEGUE DESPUÉS

Hay dos senderos que la gente puede tomar. Puede jugar ahora y pagar después, o pagar ahora y jugar después. Independientemente de la decisión, una cosa es cierta. La vida demanda un pago.

Mi padre me enseñó esta importante disciplina. Cada semana, nos señalaba las tareas domésticas para los siguientes siete días. Muchas de ellas podían hacerse en cualquier momento durante la semana. Nuestra obligación era haberlas terminado para el sábado a medio día. Si las habíamos terminado podíamos divertirnos con la familia. Si no, como castigo, había que olvidar la diversión y quedarse en casa para realizar la tarea. Con no cumplir el plazo solamente un par de veces, pude darme cuenta de que necesitaba «pagar primero» y terminar mi trabajo a tiempo.

Esta lección ha sido valiosa para mí y la estoy enseñando a mis hijos, Elizabeth y Joel Porter. Quiero que se den cuenta de que no hay tal cosa como un «almuerzo gratis», que la vida no es un regalo, es una inversión. Mientras más pronto puedan controlar sus deseos y someterlos a las demandas de la vida, más exitosos llegarán a ser. John Foster dijo: «Un hombre sin carácter decisivo nunca puede pertenecerse a sí mismo. Pertenece a aquello que lo cautiva». Mi amigo Bill Klassen, a menudo me recuerda que «cuando pagamos después, ¡el precio es mayor!»

«Nunca he conocido a un hombre que desquite su salario, quien a largo plazo, en lo más profundo de su corazón, no haya apreciado el trabajo arduo, la disciplina», dijo Vince Lombardi. «Creo firmemente que el mejor momento de un hombre, su más grande realización de todo lo que le es querido, es el momento cuando ha puesto su corazón en una buena causa y yace exhausto en el campo de batalla, victorioso».

DÉJESE LLEVAR POR EL CARÁCTER Y NO POR LAS EMOCIONES

La mayor parte de las cosas importantes en el mundo han sido realizadas por personas que estuvieron muy ocupadas o muy enfermas. «Hay pocos escenarios ideales o placenteros para las disciplinas del crecimiento», dijo Robert Thornton Henderson. «El 90% del trabajo en este país lo realizan personas que no se sienten bien».

No es hacer las cosas que nos gusta hacer, sino hacer las cosas que tenemos que hacer lo que produce crecimiento y nos hace triunfar. John Luther dijo: «No hay tal cosa como un trabajo perfecto. En cualquier posición encontrará algunos deberes que, si de entrada no son onerosos, con el tiempo lo serán». El éxito depende no meramente de cuán bien usted haga las cosas que le gustan, sino de cuán concienzudamente cumpla con los deberes que no le gustan.

El tenor Luciano Pavarotti es un ganador. A menudo sus admiradores lo describen como el «nuevo Caruso». En una entrevista para un periódico, el tenor de 1.83 metros y 136 kilogramos preguntó: «¿Quieren saber qué es lo más difícil para un cantante? Es sacrificarse cada momento de su vida sin ninguna excepción. Por ejemplo, si está lloviendo, no salir; coma esto, haga esto, duerma diez horas al día. No es una vida muy libre. Usted no puede montar a caballo, usted no puede nadar».

La gente exitosa quiere hacer las cosas que la gente sin éxito no quiere hacer. He observado que una de esas cosas que marca la diferencia es este asunto de ser movido por el carácter en vez de serlo por la emoción. Esta es la diferencia:

GENTE MOVIDA POR EL CARÁCTER	GENTE MOVIDA POR LA EMOCIÓN
hace lo correcto, después se siente bien	se siente bien, después hace lo correcto
le mueve el compromiso	le mueve la conveniencia
hace decisiones basadas en principios	hace decisiones basadas en lo popular
la acción controla la actitud	la actitud controla la acción
lo cree, luego lo ve	lo ve, luego lo cree
crea el momento	espera por el momento
pregunta: «¿Cuáles son mis responsabilidades?»	pregunta: «¿Cuáles son mis derechos?»
continúa cuando surgen los problemas.	se detiene cuando surgen los problemas
es constante	es voluble
es líder	es seguidora

El finado Louis L'Amour es uno de los autores más leídos de todos los tiempos. Se han impreso cerca de 230 millones de ejemplares de sus libros en todo el mundo, y cada uno de sus más de cien libros está todavía imprimiéndose. Cuando le preguntaron cuál era la clave de su estilo literario, respondió: «Comience a escribir, no importa qué. El agua no fluye sino hasta que se abre la llave».

Ese es un buen consejo para la vida. A veces lo que necesitamos hacer es simplemente hacer algo. Ayude a alguien. A veces el sólo entrar en acción soltará el poder en nuestras vidas. Debemos adoptar como lema de nuestra vida: «El agua no fluye sino hasta que se abre la llave».

Debería alabarse más el carácter bondadoso que el talento sobresaliente. La mayoría de los talentos son, hasta cierto punto, dones.

En contraste, el carácter bondadoso no nos es dado. Tenemos que construirlo parte por parte, por medio del pensamiento, la decisión, el valor y la determinación. Esto se conseguirá solamente con un estilo de vida disciplinado.

Stephen Covey dijo:

> Si trato de usar las estrategias de influencia humana y tácticas de cómo lograr que otras personas hagan lo que quiero, trabajen mejor, estén más motivadas, les caiga bien yo y se caigan bien entre ellos, mientras mi carácter sea defectuoso, marcado por la duplicidad o la falta de sinceridad, entonces, a largo plazo no podré triunfar. Mi duplicidad originará desconfianza, y todo lo que haga, aun usar las así llamadas técnicas de relaciones humanas, será percibido como manipulador.
>
> No importa cuán buena sea la retórica o cuán buenas sean las intenciones; si hay poca o ninguna confianza, no hay fundamento para un éxito permanente. Únicamente la bondad básica da vida a la técnica.[4]

LA LECCIÓN MÁS IMPORTANTE DEL LIDERAZGO:

DESARROLLO DEL PERSONAL

El crecimiento y desarrollo de la gente es el más alto llamamiento del liderazgo. El capítulo 7 enfatiza el desarrollo general de la gente. Este capítulo se centrará en el desarrollo del personal, pero es imposible profundizar sobre este importante tema en un solo capítulo. El propósito de este libro es contribuir a establecer un fundamento para el liderazgo. Por eso, he tratado solamente lo básico esperando que pueda ayudarle a desarrollar el líder que hay en usted. Escribiré otro libro que le capacitará para formar líderes a su alrededor.

Hace algunos años, cuando cumplí los cuarenta, hice una revisión de mi vida. Enumeré todas las actividades que realizaba en ese tiempo. Mi lista era:

> pastor titular de una congregación de 3,500 asistentes;
> supervisión y desarrollo de trece pastores;
> presidente de Injoy Inc., una compañía que prepara materiales de apoyo para miles de personas;
> un calendario de conferencias a nivel nacional e internacional, con más de cien compromisos anuales;
> producción de una cinta mensual sobre liderazgo para el Club de suscriptores de Injoy Life;
> escribir un libro cada dieciocho meses;
> trabajar para obtener otro grado académico;

y lo más importante, dedicar tiempo suficiente a mi esposa, Margaret, y a nuestros dos hijos, Elizabeth y Joel Porter.

Después de escribir la lista, mi conclusión fue doble: no tenía más horas disponibles y por eso no podía trabajar más; y, mi futuro crecimiento en producción estaría determinado por mi capacidad para trabajar a través de otras personas.

Estas dos realidades me llevaron a buscar y encontrar la lección más importante de liderazgo que jamás he aprendido:

LOS QUE ESTÁN MÁS CERCA DEL LÍDER DETERMINARÁN EL NIVEL DE ÉXITO DE ESE LÍDER.

Nicolás Maquiavelo dijo: «El primer método para calcular la inteligencia de un dirigente es mirar a los hombres que tiene a su alrededor». No estoy seguro de que este asunto esté relacionado con el coeficiente intelectual, pero sí estoy seguro que es una prueba del liderazgo. Los líderes que continúan creciendo personalmente y producen crecimiento en sus organizaciones influirán en muchos y formarán un equipo triunfador a su alrededor. Mientras mejores sean los jugadores, mejor es el que les dirige. Pocas personas tienen éxito a menos que muchas personas quieran que ellas lo tengan. Andrew Carnegie dijo: «Es un gran paso en su desarrollo, darse cuenta de que otras personas pueden ayudarle a hacer un mejor trabajo que el que haría solo».

He aquí una ilustración de lo que puede suceder en una organización, cuando las personas clave aumentan ligeramente su potencial mientras trabajan en el mismo equipo:

$$3 \times 3 \times 3 \times 3 \times 3 = \underline{243} + 25\% \text{ aumento individual}$$
$$4 \times 4 \times 4 \times 4 \times 4 = \underline{1024} + 400\% \text{ aumento del grupo}$$

Un gran líder forma un equipo que aumenta la producción. ¿Resultado? La influencia y la efectividad del líder se multiplican (trabaja a través de otros) en vez de simplemente sumarse (trabajando solo). El que ningún hombre pueda tratar de ayudar a otro sinceramente sin ayudarse a sí mismo es, según Ralph Waldo Emerson, una de las más hermosas compensaciones de esta vida.

David Jackson, fundador y jefe ejecutivo de Altos Computer Systems, dijo: «En mi experiencia, el verdadero momento de progreso de una compañía es cuando usted pasa de una a dos personas. Entonces, por lo menos, hay alguien que conteste el teléfono mientras usted almuerza».

Todos los líderes tienen anécdotas de malas experiencias al dirigir y desarrollar personal. Tal vez esta ilustración humorística nos ayudará a reírnos de nuestras experiencias pasadas y nos permitirá tener una segunda oportunidad para formar un equipo triunfador.

Casi todos saben que un líder no tiene prácticamente nada que hacer, excepto decidir qué debe hacerse; le dice a alguien que lo haga; escucha las razones de por qué no debería hacerse o por qué debería hacerse de otra manera; da seguimiento para ver si las cosas se han hecho; descubre que no se han hecho; pregunta por qué; escucha las excusas de la persona que las debería haber hecho; da seguimiento una vez más para ver si las cosas se han hecho, sólo para descubrir que se han hecho mal; señala cómo deberían haberse hecho; concluye que para lo que hasta ese momento se ha hecho, bien se podrían haber dejado las cosas como estaban; se pregunta si no será el momento de despedir a una persona que no puede hacer nada bien; reflexiona en que esa persona probablemente tenga esposa y una familia grande y que cualquier sucesor será tan malo o tal vez peor; piensa en cuán simples y mejores serían las cosas ahora, si él las hubiera hecho desde el principio; reflexiona con tristeza en que él mismo podía haberlo hecho bien en veinte minutos y, como están las cosas, ha empleado dos días para descubrir por qué le ha tomado tres semanas a alguien el hacerlo mal.

A pesar de todos los problemas que surgen en el desarrollo de personal, dos hechos son ciertos. Primero, sólo cuando desarrollamos un equipo triunfamos continuamente. Un proverbio chino dice: «Si planea para un año cultive arroz. Si planea para veinte años, cultive árboles. Si planea para siglos, cultive hombres». Segundo, sólo si desarrollamos un equipo nos multiplicaremos continuamente.

EL CUADRO DE UN EQUIPO TRIUNFADOR

Los equipos triunfadores...

* tienen grandes líderes
* escogen personas idóneas
* juegan para triunfar
* hacen más triunfadores a los otros miembros del equipo
* se mantienen en continuo mejoramiento

LOS EQUIPOS GANADORES TIENEN GRANDES LÍDERES

Todo se levanta o se viene abajo a causa del liderazgo. Hay dos maneras de lograr que otros hagan lo que usted quiere: puede obligarlos o persuadirlos. La obligación es el método de la esclavitud; la persuasión es el método de los hombres libres.

Persuadir requiere una comprensión de lo que hace a la gente funcionar y le motiva; es decir, un conocimiento de la naturaleza humana. Los grandes líderes poseen ese conocimiento.

En una encuesta reciente, se les preguntó a setenta psicólogos: «¿Qué es lo más esencial que un supervisor debe conocer sobre la naturaleza humana?» Dos tercios dijeron que la motivación, comprender lo que hace a la gente pensar, sentir y actuar como lo hace; eso es lo fundamental.

Si usted comprende lo que motiva a la gente, usted tiene a su disposición la más poderosa herramienta para tratar a aquella.

People Management ha estado estudiando las historias personales de diez mil personas desde 1961. Se descubrió que, sin excepción, las personas repiten un patrón de conducta cuando hacen algo que piensan hacen bien y lo encuentran profundamente satisfactorio. También descubrieron que los líderes excelentes subrayan esta conducta de las siguientes maneras.

Los líderes excelentes crean el ambiente adecuado

Creen en su equipo. Esto crea un ambiente apropiado para el éxito. La mejor manera de ganar y conservar la lealtad del personal es mostrar su interés y preocupación por ellos mediante palabras y acciones. Sam Walton dijo: «Los líderes destacados hacen lo posible por fomentar la autoestima en el personal. Si las personas creen en sí mismas, es sorprendente lo que pueden realizar».

Los líderes excelentes conocen las necesidades humanas básicas

Paul «Bear» Bryant, el legendario entrenador de fútbol americano de la Universidad de Alabama, dijo que hay cinco cosas que los miembros de los equipos triunfadores necesitan conocer:

1. lo que se espera de cada uno;

2. que cada uno tendrá una oportunidad para desempeñarse;

3. cómo cada uno está lográndolo;

4. que se dará guía cuando cada uno lo necesite;

5. que cada uno será recompensado de acuerdo con su contribución.

LOS LÍDERES EXCELENTES CONTROLAN LAS «3 GRANDES ÁREAS»

Cualquier líder que quiera desempeñar un papel activo en todas las áreas de la organización puede sentirse tentado a hacerse cargo de demasiadas responsabilidades. Sin embargo, tres áreas son cruciales para la autoridad y el éxito del líder:

1. **Finanzas**: porque el equipo de finanzas es el principal medio para ejercer control ejecutivo en cualquier organización.

2. **Personal**: porque la selección de personas determinará a la organización.

3. **Planeación**: porque esta área determina el futuro de la organización.

LOS LÍDERES EXCELENTES EVITAN LOS «SIETE PECADOS CAPITALES»

1. Atraerse simpatías antes que ser respetados.

2. No pedir a los miembros del equipo consejo y ayuda.

3. Frustrar el talento personal por hacer énfasis en las reglas más que en las habilidades.

4. No mantener una crítica constructiva.

5. No desarrollar un sentido de responsabilidad en los miembros del equipo.

6. Tratar a todos de la misma manera.

7. No mantener a la gente informada.

T. Boone Pickens dijo: «Hay muchas maneras de evitar las equivocaciones, pero la mejor manera de esquivar los desastres es estar disponible. Usted no tiene que tomar cada decisión, pero siempre debe estar accesible. Si su gente es lista, le mantendrá informado, y si usted está informado, usted es parte de la decisión. Con eso en su sitio, será fácil respaldar a su gente y eso eliminará conjeturas».

Los equipos ganadores escogen personas idóneas

Cuando integraba el personal para su nueva compañía de computadoras, H. Ross Perot buscó las personas más idóneas que pudo encontrar. Su lema es: «Las águilas no vuelan en bandadas. Usted tiene que encontrarlas de una en una». Quería decir que no se puede formar un equipo fuerte con individuos débiles.

Adlai E. Stevenson dijo que hay solamente tres reglas para los buenos administradores: escoger personas idóneas, decirles que no simplifiquen las cosas, y respaldarlas hasta el límite de su capacidad. Escoger gente idónea es lo más importante.

Bobb Biehl dice que del 60 al 80% del éxito de cualquier compañía u organización es atribuible a tres factores:

- una dirección clara
- el equipo apropiado de colaboradores
- finanzas sanas

Pocas cosas son tan importantes como poner a las personas adecuadas en los lugares adecuados.

Recientemente leí un artículo humorístico titulado: «A quien no contratar». Dice que no se debe contratar a alguien...

- que le acompañe su: a) esclavo, b) abogado con grabadora, c) guardaespaldas, d) oso de peluche, e) escolta policial, f) madre.
- que alardee de ser más listo que cualquiera de los tres estúpidos para los que trabajó anteriormente.
- cuyo currículo exceda a las cuarenta páginas.

- cuyo currículo esté escrito con lápiz de color.
- que hable más rápido que el hombre de los comerciales de la Federal Express.
- que silbe ante sus preguntas.
- que ocasionalmente suelte palabras alteradas.
- que rompa en llanto desgarrador cuando se le pida dar una referencia personal.
- que no pueda decidir el color del pelo y de los ojos.
- que esté, por orden judicial, bajo sedación intravenosa permanente.
- que trate de impresionar con su repertorio de chistes pesados.
- que, en el renglón «sueldo deseado» garabatee: «¡Lo quiero todo ahora!»

Mientras se ríe de todo esto, recuerde que la Ley de Murphy parecía llegar a la conclusión de que el currículo ideal aparecerá un día después de que la posición haya sido ocupada. No obstante, colocar a las personas adecuadas en los lugares adecuados es crucial para el éxito de la organización. Hay cinco principios para escoger gente, que le ayudarán a conseguir los mejores candidatos para su equipo.

1. Mientras más pequeña sea la organización, más importante es la contratación de empleados

Las organizaciones pequeñas cometen a menudo la equivocación de pensar que pueden contratar personal de inferior calidad porque son pequeñas. Lo contrario es lo acertado. En una firma de cien empleados, si uno es inferior, la pérdida es solamente del 1%, pero si la organización tiene una nómina de dos, la pérdida es del 50%. Sin embargo, lo interesante es que es mucho más fácil escoger una persona excelente que cien.

2. SEPA QUÉ CLASE DE PERSONA NECESITA (REQUISITOS PERSONALES)

Aquí están los 20 requisitos más importantes que busco en un miembro potencial del personal:

1. **Actitud positiva:** la habilidad de ver a las personas y a las situaciones de una manera positiva.

*2. **Alto nivel de energía:** fuerza y ánimo para trabajar duro y no agotarse.

3. **Calidez:** una manera de ser que atrae a la gente.

4. **Integridad:** confiabilidad, un buen carácter estable, palabras y acciones congruentes.

5. **Responsabilidad:** siempre termina, ausencia de excusas; trabajo asignado, trabajo terminado.

6. **Buena imagen de sí mismo:** se siente bien consigo mismo, con los otros y con la vida.

*7. **Capacidad mental:** capacidad para seguir aprendiendo a medida que el trabajo crece.

8. **Capacidad de liderazgo:** tiene influencia sobre otros.

9. **Capacidad de seguir:** voluntad para someterse, trabajar en equipo y seguir al líder.

*10. **Ausencia de problemas personales:** la vida personal, familiar y económica está en orden.

11. **Habilidad con la gente:** Habilidad para atraer gente y trabajar con ella.

12. **Sentido del humor:** disfruta de la vida, no se toma demasiado en serio.

*13. **Elasticidad:** puede «rebotar» cuando surge el problema.

*14. **Antecedentes**: tiene esperanza y éxito, está a la expectativa en dos o más situaciones.

15. **Gran deseo**: hambre de crecimiento y desarrollo personal.

16. **Autodisciplina**: deseo de «pagar el precio» y alcanzar el éxito.

17. **Creatividad**: capacidad para solucionar problemas.

18. **Flexibilidad**: no temeroso al cambio; flexible: fluye a medida que la organización crece.

19. **Ve el «cuadro completo»**: capaz de mirar más allá de los intereses personales y ver el cuadro total.

*20. **Intuitivo**: capaz de discernir y percibir una situación sin información tangible.

*Estas cosas probablemente no pueden enseñarse. Las otras puede enseñarlas un instructor, en un ambiente y con una voluntad adecuados. La mayoría de las cualidades expuestas en la lista anterior pueden evaluarse en un par de entrevistas mediante pruebas.

3. CONOZCA LO QUE EL TRABAJO REQUIERE

Un trabajo tiene ciertas características que requieren habilidades y rasgos de personalidad específicos. Estas diez preguntas generales ayudarán a un líder a escoger la persona idónea. ¿El trabajo requiere…

1. una persona que esté al frente o detrás del escenario?

2. una persona de aptitudes y conocimientos variados o un especialista?

3. un productor o un mantenedor?

4. una persona que trabaje con gente o con documentos?

5. un líder o uno que apoye?

6. un veterano o un novato?

7. un pensador creativo o un pensador abstracto?

8. supervisión constante o poca supervisión?

9. uno que trabaja en equipo o un individualista?

10. un compromiso a corto o a largo plazo?

Mientras más conozca sobre la clase de persona que necesita y lo que el trabajo requiere, más amplias son sus posibilidades de emplear al individuo idóneo. Kurt Einstren dice: «Emplear a la persona equivocada cuesta a la compañía por lo menos dos años de salario. Muchas veces se paga un precio más alto, no en efectivo, sino en relaciones tensas, malas relaciones públicas y falta de confianza».

A menudo me preguntan en las conferencias sobre liderazgo: «¿Cómo se sabe qué persona se debe emplear?» Me río y les digo: «Usted nunca puede estar seguro», y ¡mis antecedentes subrayan ese comentario!

Estas son algunas pautas que he tratado de seguir cuando busco personal:

- Saber lo que se necesita antes de comenzar a buscar a alguien.
- Tomar tiempo para investigar el campo.
- Llamar a muchas referencias.
- Tener varias entrevistas.
- Incluir a muchos socios en algunas entrevistas y pedir su información.
- Entrevistar a las esposas de los candidatos.
- Verificar los antecedentes de los candidatos.
- Si es posible establecer un período de prueba para ver si el trabajo y el candidato coinciden.

- Hacer preguntas difíciles tales como: «¿Por qué dejó su empleo?»; «¿Qué puede aportar?»; «¿Está dispuesto a pagar el precio?»
- Confiar en el instinto.

Quizá podrá escribir muchas observaciones. Si en el papel todo parece funcionar bien, pero usted se siente mal al respecto, proceda con calma. Es mas, retírese y deje que un socio se haga cargo; luego compare las conclusiones. Personalmente, empleo a una persona si todo se ve bien y yo me siento bien.

4. Sepa lo que el miembro del personal potencial quiere

Las personas trabajan más, permanecen más tiempo y hacen mejor el trabajo cuando les gusta lo que hacen. Comprendiendo esta verdad, siempre me aseguro de que el candidato se sienta bien conmigo como el líder, con los demás miembros del equipo, y con la visión y requerimientos del equipo. Siempre les digo: «No vengan, a menos que se sientan bien». Sé que ninguna cantidad de dinero, atenciones, privilegios, ni promesas motivarán a un miembro del personal que en realidad no quiera estar en el equipo. Es importante también que la esposa se sienta bien con respecto al trabajo. Los sentimientos positivos de un miembro del personal desaparecerán lentamente si la esposa es infeliz.

5. Cuando no esté en posibilidades de emplear al mejor, emplee al joven que va a ser el mejor

Luego:

> Crea en ellos: eso les anima a correr el riesgo.
> Demuéstreles: eso producirá respeto.
> Ámelos: eso fortalecerá las relaciones.
> Conózcalos: eso personalizará el desarrollo.
> Enséñeles: eso mejorará el crecimiento.
> Confíe en ellos: eso desarrollará lealtad.

Desarróllelos: eso implicará retos
Déjelos expandirse: eso proveerá nuevas oportunidades.
Anímalos: eso asegurará los resultados.

LOS EQUIPOS TRIUNFADORES JUEGAN PARA GANAR

La diferencia entre jugar para ganar y jugar para no perder es la diferencia entre el éxito y la mediocridad. Crecí en Ohio y me convertí en admirador del equipo de fútbol americano Big Ten. Con el paso de los años observé que el equipo Big Ten por lo general perdía el gran partido cada año en el Rose Bowl. «¿Por qué?» «¿Era el equipo Pac Ten mejor?» No, el margen de victoria no era resultado de talento. Era resultado de cómo cada equipo jugaba. Big Ten jugaba conservadoramente tratando de no perder. Pac Ten jugaba abiertamente, tratando de ganar.

Cada vez que se unen nuevos miembros al personal, les entrego una placa y les pido exhibirla en sus oficinas. La leyenda de la placa dice: «No tengo que sobrevivir». En la presentación les animo a no ser sobrevivientes. Les recuerdo que corran riesgos, hagan decisiones difíciles, vivan bien y muestren que eso vale la pena. Las personas que se aferran a lo seguro pierden oportunidades continuamente y rara vez progresan. Sucede lo mismo en el béisbol: ¡no se puede llegar a la segunda base si se tiene el pie en la primera! Este es uno de mis poemas favoritos. Describe a esas personas blandas y cautelosas:

> Era un hombre muy cuidadoso
> que nunca reía ni jugaba.
> Nunca se arriesgaba, nunca lo intentaba,
> nunca cantaba ni oraba.
> Y cuando un día murió,
> el seguro le fue negado.
> Porque si nunca en realidad vivió,
> dijeron: nunca en realidad murió.

Una encuesta reciente de trabajadores en todos Estados Unidos reveló que casi el 85% de los entrevistados dijo que podía trabajar más duro en su empleo. Más de la mitad dijo que podían duplicar su efectividad «si quisieran».[1] Los equipos triunfadores rara vez son de más talento que los perdedores. Pero son siempre más comprometidos. Quieren ganar. Pagan el precio y van tras la victoria. La multitud de las gradas se pregunta cómo pueden tener tanta suerte, pero los miembros del equipo saben que jugaron para ganar.

LOS EQUIPOS TRIUNFADORES HACEN A SUS MIEMBROS MÁS EXITOSOS

En otras palabras, gracias a los otros miembros del equipo, cada jugador es mejor de lo que hubiera sido si jugara solo. Vince Lombardi, uno de los grandes entrenadores de todos los tiempos, dijo: «Comience por enseñar lo fundamental. Un jugador necesita conocer las bases del juego y cómo desempeñarse en su posición. A continuación, asegúrese de que se comporta apropiadamente. Eso es disciplina. Los hombres tienen que jugar como equipo, no como un montón de individuos Luego tienen que preocuparse unos por otros. Tienen que *amarse* los unos a los otros... La mayoría de las personas llaman a esto espíritu de equipo».[2]

Robert W. Keidel dijo que tratar de cambiar al individuo y/o la conducta del grupo, sin dirigirse al contexto organizacional, linda con la desilusión. Tarde o temprano, las estructuras burocráticas consumirán aun el proceso de colaboración más determinante. Como dijo Woody Allen una vez: «El león y el cordero pueden yacer juntos, pero el cordero no tendrá mucho sueño».

¿Qué hacer? Trabaje tanto con el león como con el cordero diseñando un trabajo de equipo dentro de la organización. Aunque los Boston Celtics han ganado dieciséis campeonatos, nunca ha despuntado su marcador en la liga y nunca han pagado a un jugador basados en su estadística individual. Los Celtics entienden que virtualmente todo aspecto del básquetbol requiere estrecha colaboración.

Hay maneras significativas de emprender la formación de un mejor equipo.

CONOZCA LA CLAVE PARA CADA JUGADOR

Cada individuo tiene una agenda personal, la «verdadera razón» por la que él o ella quiere estar en el equipo. Esa agenda personal es la clave para motivar a cada jugador.

HAGA UN MAPA DE LA MISIÓN DEL EQUIPO

Exhiba la visión. Desarrolle lemas organizacionales, nombres, símbolos y un eslogan. Esto fomentará el orgullo en la membresía del equipo.

DEFINA EL PAPEL DE CADA JUGADOR

Esto ayudará a evitar rivalidades innecesarias al identificar claramente el papel de cada persona dentro del grupo. Esto también evitará el asunto de la «imparcialidad» que es común dentro del personal. Cada jugador será apreciado por su contribución al equipo.

CREE UNA IDENTIDAD DE GRUPO

Establezca el valor del grupo examinando y promoviendo su historia y valores. Como grupo, elaboren memorias juntos.

USE DOSIS LIBERALES DE «NOSOTROS» Y «NUESTRO»

Formar un equipo implica hacer que los miembros tengan un sentido de propiedad en lo que están haciendo como grupo. Cuando el grupo lo ha hecho bien, es importante alabar todo el esfuerzo sin singularizar a los individuos.

COMUNÍQUESE CON TODOS

No sea un acaparador de hechos. Comunique la información a todos los afectados, no solamente a los jugadores clave. Las personas generalmente se sienten mal cuando no están subiendo. Como líder, usted sabrá que ha triunfado cuando los miembros de su equipo pongan los intereses del grupo por encima de los propios.

¿Recuerda cuando Edmund Hillary y su guía nativo Tenzing hicieron su histórica ascensión al monte Everest? Cuando descendía, Hillary repentinamente pisó en falso. Tenzing mantuvo tensa la cuerda e impidió que ambos cayeran al abismo, clavando su pico en el hielo. Más tarde Tenzing rehusó cualquier crédito por salvar la vida de Hillary; lo consideró una parte rutinaria de su trabajo. Afirmó: «Los alpinistas deben ayudarse siempre el uno al otro».

LOS EQUIPOS TRIUNFADORES SE MANTIENEN EN CONTINUO MEJORAMIENTO

Cuando una organización ha terminado de mejorar, ¡ha terminado! ¿Por qué equipos profesionales de fútbol, básquetbol, béisbol, rara vez vuelven a ser campeones mundiales por años consecutivos? Principalmente por la tentación de mantener a los mismos jugadores, prácticas y estrategias que el año anterior. Muchos piensan que si ellos permanecen en su posición permanecerán en la cúspide. Eso no es verdad. Los jugadores actuales deben continuar creciendo y mejorando u otros jugadores potencialmente mejores serán traídos a la organización. El éxito continuo es resultado de un mejoramiento continuo.

El primer objetivo del líder es preparar a la gente, no descartarla.

Los estudios muestran que una capacitación diaria, más que una evaluación global anual, es más efectiva para mejorar el desempeño. Este proceso de capacitación tiene dos componentes importantes: fijar objetivos específicos y tener frecuentes revisiones de progreso.

Los objetivos especificarán los resultados finales, la extensión exacta de los alcances que el gerente espera y deben estar sujetos a programación. ¿Cuántos objetivos se le debe dar al empleado? En mi experiencia, pocos son mejor que muchos. Si el subordinado está sobrecargado, esperar que se cumplan todos los objetivos no es razonable. Recuerde, los objetivos son la primera vara de medir.

Por *resultados finales* entendemos lo que debe ser visiblemente diferente como resultado del desempeño del subordinado en el trabajo. Muy a menudo los empleados esperan ser evaluados en base al esfuerzo que están poniendo en el trabajo, en vez de lo que están logrando. Esto sucede especialmente con los que son débiles para cumplir. Es importante que el gerente aclare que se esperan ciertos resultados y que el subordinado será responsable por ellos. El gerente debe hacer todo su esfuerzo para fijar metas aceptables por ambas partes. Si hay desacuerdo, sin embargo, el gerente debe, sin vacilación, insistir en fijar los objetivos. Recuerde: el desempeño, no solamente el esfuerzo, es el criterio para alcanzar los objetivos.

Las revisiones frecuentes del progreso permiten lograr tres cosas. Primero, sirven como continuo recordatorio de que alcanzar los objetivos es importante para la carrera de la persona. Segundo, la revisión da al gerente una oportunidad de reconocer el movimiento positivo hacia los objetivos. Tercero, si no hay progreso, el gerente puede escuchar las razones para la falta de desempeño, y procurar poner al subordinado nuevamente en el camino correcto. La revisión se convierte en una reunión de solución de problemas.

Sea que el empleado progrese o no, tener una revisión permite al gerente o jefe continuar teniendo control del proceso.[3] Si actualmente más de tres personas le reportan, las probabilidades son que por lo menos usted esté inconforme con alguno de ellos. La situación por lo general tiene uno o más de estos elementos.

- La persona no está haciendo un trabajo sobresaliente, pero tampoco está haciendo un trabajo terrible; así que la mantiene cerca.
- Encontrar a alguien más que pueda hacer el trabajo significa entrevistar, contratar (correr un riesgo), y luego capacitar a la persona nueva. Usted no tiene tiempo para eso tampoco.
- La persona definitivamente no está haciendo el trabajo, pero a usted le simpatiza (o más probablemente le da lástima).
- No tiene toda la documentación que necesita para despedir a esta persona. Su última revisión fue demasiado florida y usted no ha dicho verdaderamente cuán inconforme está con el trabajo del individuo.

¿Resultado? No sucede nada. Pero recuerde que usted y la persona que necesita ser despedida no son las únicas dos personas en la ecuación. De lo que muchos líderes no se dan cuenta es que:

- La situación es bien conocida por los demás trabajadores de la organización. Nadie puede mantener un bajo rendimiento en secreto.
- Su negligencia para despedir a una persona irá en detrimento de su carrera. Como líder, su primera y más grande responsabilidad es la organización y su más alto bien. Cuando un líder pone su agenda personal por encima de la organización, esa persona representa un riesgo.
- El estado de ánimo de los otros empleados se ve afectado porque usted mantiene al trabajador de bajo rendimiento en la nómina, mientras todos los demás están llevando peso más que suficiente.

Recuerde, no es la gente a la que despide la que hace miserable la vida de usted; es la que no despide. Si tiene serias dudas sobre un miembro del personal y ha trabajado con él o ella sin éxito, es mejor poner a trabajar a esa persona en otra parte.

¿Cómo puede manejarse correctamente el despido de una persona? Bobb Biehl dice que la manera de hacerlo bien es manteniendo esta perspectiva: «Cuando despide con razón a una persona de una posición en la que está fallando, en verdad está librándola de ese fracaso y dejándola en libertad de buscar una posición en la que pueda tener éxito. Con un apropiado relevo de responsabilidades, aun es posible inyectar en la persona la emoción de anticipar una nueva posibilidad».

Obviamente el mejor libreto es entrevistar bien, contratar bien, y luego comenzar a desarrollar su personal para alcanzar el más grande potencial, tanto el de ellos como el suyo. Hay tres fases de potencial:

1. Maximizo mi potencial (vierto mi energía en mí mismo).

2. Maximizo el potencial de otros (vierto mi energía en las personas clave).

3. Ellas maximizan mi potencial (vierten su energía en mí).

Los productores sobresalen solamente en la fase 1.

Los líderes sobresalen en las fases 1 y 2.

Los líderes afortunados sobresalen en las fases 1 y 2 y experimentan la fase 3.

Tomemos un momento para detenernos y considerar sus puntos fuertes como líder. Esta evaluación le permitirá revisar esas áreas de importancia para un líder que hemos estudiado en las páginas de este libro y reforzar las áreas en las que usted necesita centrarse en el desarrollo. Encierre en un círculo el número que corresponda a su actual habilidad:

1	2	3	4	5
Dominio	Fuerte	Satisfactorio	Necesita crecimiento	Difícil

Puntos fuertes comunes a los líderes destacados

SUEÑOS 1 2 3 4 5

Nunca deje desvanecer un sueño sino hasta que usted esté listo para despertarse y hacerlo realidad.

Al trabajar con líderes, me he preguntado: «¿El hombre hace al sueño?, o ¿el sueño hace al hombre?» Mi conclusión ha sido: ambas cosas son ciertas.

FIJAR METAS 1 2 3 4 5

Una meta es un sueño con un plazo.

Si no sabe lo que quiere ni a dónde va, no conseguirá nada y no irá a ninguna parte.

INFLUENCIA 1 2 3 4 5

La esencia de todo poder para influir está en que la otra persona participe.

A la gente no le importa cuánto sabe usted, sino hasta que sabe cuánto le importa la gente a usted.

ORGANIZACIÓN PERSONAL 1 2 3 4 5

«Organizar es lo que hace antes de hacer algo, de manera que cuando lo hace no está todo desordenado». Christopher Robin en *Winnie the Pooh*

ESTABLECER PRIORIDADES 1 2 3 4 5

«Es un hombre sabio el que no desperdicia energía en tratar de hacer aquello para lo que no está preparado; y es más sabio aquel que, entre las cosas que puede hacer bien, escoge y resueltamente hace lo mejor». William Gladstone

SOLUCIÓN DE PROBLEMAS 1 2 3 4 5

«La mayoría ve los obstáculos; pocos ven los objetivos; la historia registra el éxito de los últimos, mientras que el olvido es la recompensa de los primeros». Alfred Armand Montapert

CORRER RIESGOS 1 2 3 4 5

Los riesgos no han de medirse en términos de probabilidad de éxito, sino en términos de valor de una meta.

TOMA DE DECISIONES 1 2 3 4 5

Sus decisiones serán siempre mejores si usted hace lo que es bueno para la organización, en vez de lo que es bueno para usted mismo.

CREATIVIDAD 1 2 3 4 5

Siempre hay una mejor manera... su desafío es encontrarla.

«La mente del hombre, una vez extendida por una nueva idea, nunca vuelve a sus dimensiones originales». Oliver Wendall Holmes

CONTRATAR/DESPEDIR 1 2 3 4 5

«Hay solamente tres reglas de una sana administración: escoger bien al personal, decirle que no simplifiquen las cosas, y respaldarlo para que llegue hasta el límite de su potencial. Escoger bien es lo más importante». Adlai E. Stevenson

«Cuando usted despide apropiadamente a una persona de una posición en la que está fallando, en realidad está liberándola del fracaso y dejándola en libertad para buscar una posición en la que pueda encontrar éxito». Bobb Biehl

EVALUACIÓN 1 2 3 4 5

Las personas que alcanzan su potencial pasan más tiempo preguntando: «¿Qué hago bien?» en vez de «¿Qué hago mal?»

La persona que sabe cómo, siempre tendrá un trabajo; pero la persona que sabe por qué, siempre será el jefe.

Si usted es fuerte o ha dominado cuatro áreas, está en el nivel 1. Si usted es fuerte o ha dominado ocho áreas, está en el nivel 2. Si usted es fuerte o ha dominado todas las áreas está en el nivel 3, y eso significa que tiene un fuerte equipo de apoyo que le ha permitido crecer más allá de usted mismo.

En este momento de mi vida soy afortunado de vivir en la fase del nivel 3. He crecido más allá de mis propios recursos y me estoy multiplicando en vez de sólo sumar, gracias a los que están cerca de mí. Siempre les estaré agradecido. Con ellos, continuaré liderando. Por ellos continuaré creciendo.

Algunas de estas preciosas personas son:

Margaret Maxwell: mi esposa y mejor amiga. Casarme con ella fue la mejor decisión que haya hecho jamás.

Stephen F. Babby: colega y la persona más sabia que conozco.

Dick Peterson: íntimo amigo, cuya meta en la vida es ayudarme.

Dan Reiland: mi pastor ejecutivo, cuya lealtad y energía son inigualables.

Barbara Brumagin: mi asistente, que tiene un corazón de sierva y capacidades superiores.

Melvin Maxwell: mi padre, el héroe de mi vida y guía en el liderazgo.

EPÍLOGO

Este mundo necesita líderes…

que utilicen su influencia en los momentos correctos por las razones correctas;

que tomen una mayor porción de culpa y una menor de reconocimiento;

que se dirijan a sí mismos con éxito antes de intentar dirigir a otros;

que continuamente busquen la mejor respuesta, no la acostumbrada;

que añadan valor a la gente y a la organización que dirigen;

que trabajen en beneficio de otros y no para provecho personal;

que se manejen a sí mismos con la cabeza y manejen a otros con el corazón;

que conozcan el camino, vayan por el camino y muestren el camino;

que inspiren y motiven en vez de intimidar y manipular;

que vivan con las personas para conocer sus problemas y vivan con Dios para resolverlos;

> EL CRECIMIENTO Y DESARROLLO DE LAS PERSONAS ES EL MÁS ALTO LLAMAMIENTO DEL LIDERAZGO.

que se den cuenta de que su disposición es más importante que
su posición;

que moldeen opiniones en vez de seguir las opiniones de las
encuestas;

que entiendan que una institución es el reflejo de su carácter;

que nunca se coloquen por encima de otros, excepto para llevar
a cabo responsabilidades;

que sean honestos en las cosas pequeñas como en las grandes;

que se disciplinen a sí mismos para que otros no los disciplinen;

que se topen con contrariedades y las conviertan en avances;

que sigan un compás moral en la dirección correcta no obstante las tendencias.

NOTAS

Introducción
1. David Hartley-Leonard, "Perspectives", *Newsweek*, 24 agosto 1987, p. 11.
2. Contribución de Doug Lysen, *Reader's Digest*, febrero 1989.
3. John W. Gardner, "The Nature of Leadership", Leadership Papers #1, Independent Sector, enero 1986.
4. Richard Kerr para United Technologies Corp. *Bits and Pieces*, marzo 1990.

Capítulo 1
1. James C. Georges, ParTraining Corp., Tucker, GA, entrevistado en *Executive Comunications*, enero 1987.
2. J. R. Miller, *The Building of Character* (Nueva Jersey: AMG Publishers, 1975).
3. Warren Bennis y Burt Nanus, *Leaders* (Nueva York: Harper & Row, 1985), p. 222.
4. Robert Dilenschneider, *Power and Influence: Mastering the Art of Persuasion* (Nueva York: Prentice Hall, 1990).
5. E. C. McKenzie, *Quips and Quotes* (Grand Rapids: Baker, 1980).
6. Fred Smith, *Learning to Lead* (Waco: Word, 1986), p. 117.
7. John C. Maxwell, *Be a People Person* (Wheaton: Victor, 1989).

Capítulo 2
1. R. Earl Allen, *Let it Begin in Me* (Nashville: Broadman Press, 1985).
2. William H. Cook, *Success, Motivation and the Scriptures* (Nashville: Broadman, 1974).

Capítulo 3
1. Dwight D. Eisenhower, *Great Quotes from Great Leaders*, ed. Peggy Anderson (Lombard: Great Quotations, 1989).
2. CCM *Communicator*, boletín del Council of Communication, primavera 1988.

3. Peter Drucker, *Management, Tasks, Responsibilities and Practices* (Nueva York: Harper & Row, 1974).
4. *Newsweek*, 24 agosto 1987, p. 11.
5. Joseph Bailey, "Clues for Success in the President's Job", *Harvard Bussiness Review*, 1983.
6. James Kouzes y Barry Posner, *The Leadership Challenge* (San Francisco: Jossey-Bass, 1987).

CAPÍTULO 4
1. Citado en Paul Wharton, *Stories and Parables for Preachers and Teachers* (Mahwah: Paulist, 1986).
2. Howard Hendricks, *Teaching to Change Lives* (Portland: Multnomah, 1987), p. 32.
3. Robert Lacy, *Ford: The Man and the Machine* (Nueva York: Little Brown, 1986).
4. Bobb Biehl, *Increasing your Leadership Confidence* (Sisters: Questar Publishers, 1989).
5. Melvin E. Page y H. Leon Abrams, Jr. *Your Body is Your Doctor* (New Canaan: Keats, 1972).
6. John Maxwell, *Actitud de vencedor* (Nashville: Grupo Nelson, 1997).
7. Winifield Arn, *Growth Report No.5, Ten Steps for Church Growth* (Nueva York: Harper & Row, 1977).
8. George F. Trusell, *Helping Employees Cope with Change: A Manager's Guidebook* (Buffalo: PAT Publishers, 1988).
9. Bennis y Nanus, *Leaders*.
10. Trusell, *Helping Employees*.
11. R. F. Caldwell, "The Face of Corporate Culture", *Santa Clara Today*, noviembre 1984, p. 12.
12. Max Depree, *Leadership Is an Art* (Nueva York: Doubleday, 1989), p. 87.
13. Ron Jenson, ed., *Higher Ground*.

CAPÍTULO 5
1. F. F. Fournies, *Coaching for Improved Work Performance* (Nueva York: Van Nostrand Reinhold, 1978).

2. Tomado de una cita de MacDonald en *Leaves of Gold*, A. C. Remley (Williamsport: Coslett Publishing, 1948).
3. Adaptado de G. W. Target, "The Window", en *The Window and Other Essays* (Mountain View: Pacific Press Publishing Association, 1973), pp. 5-7.
4. Biehl, *Increasing Your Leadership Confidence*.
5. Tom Wujec, *Pumping Ions: Games and Exercises to Flex Your Mind* (Nueva York: Doubleday, 1988).
6. John K. Clemens, *Hartwick Humanities in Management Report* (Oneonta: Hartwick Institute, 1989).

CAPÍTULO 6

1. Chuck Swindoll, *Improving Your Serve* (Nashville: Thomas Nelson, 2004) [*Desafío a servir* (Nashville: Grupo Nelson, 1992)].
2. Nell Mohney, "Beliefs Can Influence Attitudes", *Kingsport Times News*, 25 julio 1986, p. 4B.
3. Norman Vincent Peale, *Power of the Plus Factor* (Nueva York: Fawcet, 1988).
4. Anónimo, "Attitude", *Bartlett's Familiar Quotations*, ed. Emily Morison Beck (Boston: Little Brown, 1980).
5. Viktor Frankl, "Youth in Search of Meaning", *Moral Development Foundations*, Donald M. Joy, ed. (Nashville: Abingdon, 1983).
6. C. S. Lewis, *Mere Christianity* (Nueva York: Macmillan, 1952), p. 86.
7. Donald Robinson, "Mind Over Disease", *Reader's Digest*, marzo 1990.

CAPÍTULO 7

1. Thomas Peters y Robert Waterman, *In Search of Excellence* (Nueva York: Warner, 1984), p. 58.
2. Frankl, "Youth in Search of Meaning".
3. Stephen Ash, "The Career Doctor", citado en Michigan Department of Social Services, *No-Name Newsletter*, otoño 1986.
4. De Richard Huseman y John Hatfield, *Managing the Equity Factor* (Nueva York: Houghton Mifflin, 1989).
5. Henry David Thoreau, *Bartlet's Familiar Quotations*.

6. Ron Watts, La Croix United Methodist Church, Cape Girardeau, Missouri, comunicación personal.

7. Huseman y Hatfield, *Managing the Equity Factor.*

CAPÍTULO 8

1. Robert K. Greenleaf, *The Servant as Leader* (Mahwah: Paulist, 1977).

2. Biehl, *Increasing Your Leadership Confidence.*

3. Citado en "Weekend", *Newsday*, p. 8, 1990.

4. Harry C. McKown, *A Boy Grows Up* (Nueva York: McGraw-Hill, 1985).

5. George S. Patton, *Great Quotes from Great Leaders*, Peggy Anderson, ed. (Lombard: Great Quotations, 1989).

6. Ralph Waldo Emerson, *Bartlett's Familiar Quotations.*

7. Roger von Oech, *A Kick in the Seat of the Pants* (San Francisco: HarperCollins, 1986).

8. Denis Waitley y Reni L. Witt, *The Joy of Working* (Nueva York: Dodd, Mead & Co., 1985).

CAPÍTULO 9

1. Harry S. Truman, *Great Quotes from Great Leaders.*

2. Edwin Markham, *Great Quotes from Great Leaders.*

3. Edward Everett Hale, *Bartlett's Familiar Quotations.*

4. Covey, Stephen, *The Seven Habits of Highly Effective People: Restoring the Character Ethic* (New York: Simon and Schuster, 1989) [*Los 7 hábitos de la gente altamente efectiva* (Barcelona: Paidós Ibérica, 1996)].

CAPÍTULO 10

1. Huseman y Hatfield, *Managing the Equity Factor.*

2. Vince Lombardi, *Great Quotes from Great Leaders.*

3. William J. Morin y Lyle Yorks, *Dismisal* (San Diego: Harcourt Brace Jovanovich, 1990).

Las 17 leyes incuestionables del trabajo en equipo

RECONOCIMIENTOS

Cada libro que escribo es un trabajo de equipo. Y este no es la excepción. Quisiera agradecer a las personas que me ayudaron a crear *Las 17 leyes incuestionables del trabajo en equipo*:

El equipo INJOY que me ayudó a reflexionar sobre las leyes y a pulirlas.

Margaret Maxwell, mi esposa, mi mejor amiga y mi compañera número uno,

quien me dio sugerencias excelentes mientras trabajábamos en el libro.

Linda Eggers, que siempre está atendiendo a todos los detalles de mi vida.

Kathie Wheat, que hizo una tremenda investigación para el libro.

Stephanie Wetzel, que refinó el manuscrito al leer y editar cada palabra.

Charlie Wetzel, cuyo escrito extiende mi influencia alrededor del mundo.

INTRODUCCIÓN

De alguna manera, cada día usted forma parte de algún equipo. La pregunta no es: «¿Participará en algo que involucre a otros?» La pregunta es: «¿Se involucrará con otros para tener éxito?» La respuesta podrá encontrarla en este libro.

Todos sabemos que trabajar en equipo es algo bueno; más que bueno, ¡es esencial! ¿Pero cómo se logra esto? ¿Qué es lo que hace que un equipo tenga éxito? ¿Por qué algunos equipos ascienden rápidamente a las cumbres más altas del éxito y ven cómo su visión se hace realidad, mientras que otros parecen no ir a ninguna parte?

Estas son preguntas que no tienen una respuesta fácil. Si así fuera, los deportes tendrían más campeones mundiales y la lista de las compañías de Fortuna 500 nunca cambiaría por más años que pasen.

Uno de los desafíos de aprender acerca del trabajo en equipo es que aun las personas que han llevado equipos a los niveles más altos en sus respectivos campos, a veces tienen que enfrentar la dura tarea de poner su dedo en el punto que separa a un gran equipo de una colección de individuos que no logran funcionar unidos. Alguien quizás diga que la clave del triunfo es un fuerte trabajo ético. ¿Pero no ha conocido usted a muchas personas que trabajan muy duro de forma individual pero que nunca se unieron para alcanzar su potencial plenamente? Otros creen que los grandes equipos surgen de una buena química. Dicen: «No puedo explicar cómo lo creas, pero definitivamente lo reconozco cuando lo veo». ¿Cómo aprender de eso para establecer *su propio* equipo?

Como un comunicador que pasa cada año horas incontables hablando a audiencias vivas, siempre estoy buscando las vías más directas para enseñar verdades complejas. Eso es lo que hace un comunicador: tomar algo complicado y hacerlo sencillo. En 1998 escribí *Las 21 leyes irrefutables del liderazgo*. Mi deseo era compartir lo que he aprendido a lo largo de tres décadas de trabajar en el campo del liderazgo de las personas. Las reacciones fueron abrumadoras: El libro pasó a ocupar la lista de los más vendidos del *New York Times*, el *Wall Street Journal, Business Week* y el mercado de la CBA [Asociación de libreros cristianos, por sus siglas en inglés]. Estoy profundamente agradecido por esto. Pero más importante que eso, durante los últimos años en que he enseñado las leyes a través de Estados Unidos y en cinco continentes, he tenido la alegría de ver a las personas conectarse con las leyes, aplicarlas a sus vidas y mejorar su liderazgo. Aprender las leyes cambió sus vidas, y en cuanto a mí, me di cuenta que tenía un tremendo recurso para enseñar liderazgo.

Mi deseo es hacer de la formación de equipos algo tan sencillo como recibir, retener y poner en práctica el liderazgo. Quiero desentrañar el misterio de esto. Por eso es que he trabajado duro para identificar las leyes del trabajo en equipo. Lo bueno de una ley es que se puede depender de ella. Sea usted quien sea, sea cual fuere su trasfondo o sean cuales fueren las circunstancias que está enfrentando, es posible beneficiarse de las leyes.

Mientras aprende de estas leyes se va a dar cuenta que a menudo me acerco al asunto del trabajo en equipo desde el punto de vista del líder, lo que tiene su importancia ya que los líderes son quienes mantienen al equipo unido y lo llevan al triunfo. Pero usted no tiene necesariamente que ser un líder para beneficiarse de este libro. Casi todo lo que usted hace depende del trabajo en equipo. No importa si usted es un líder o un seguidor, un jugador o el entrenador, un profesor o un estudiante, un hijo o un padre, un alto ejecutivo o un trabajador voluntario de una organización caritativa. No importa quién sea usted, si aprende y aplica las leyes, su capacidad como parte de un equipo de trabajo aumentará. Mientras más grande sea el número de leyes que sus compañeros de equipo aprenden, más posibilidades hay de que se transformen de un grupo de personas en un equipo triunfador.

Los equipos vienen en todas formas y tamaños. Si usted está casado, usted y su esposo o esposa forman un equipo. Si está empleado por una organización, usted y sus colegas son un equipo. Si ayuda a veces como voluntario, usted y los demás colaboradores son un equipo. Como Dan Devine dijo, bromeando: «Un equipo es un equipo, un equipo. Shakespeare lo dijo muchas veces». Aunque el gran dramaturgo no haya dicho exactamente eso, el concepto no deja de ser verdad. Por eso es que el trabajo en equipo es tan importante.

En una reciente conferencia que estaba dictando, un joven líder que recién comenzaba a ejercer su liderazgo se acercó y me dijo:

—Señor Maxwell, ¿cuál es la única cosa que necesito saber sobre el trabajo en equipo?

—¿Una cosa? —le respondí—. Esa no es tarea fácil.

—Sí —él insistió—, solo necesito empezar. Por eso quiero solo aquello que es más importante.

—¡Está bien, si insiste! —repliqué—. La única cosa que usted necesita conocer sobre el trabajo en equipo es que hay más de una cosa que necesita conocer sobre el trabajo en equipo.

Al principio, me miró sin apariencia de haber entendido. Luego se mostró un poco molesto. Pero después de eso, pude ver en sus ojos una repentina comprensión.

—¡Ah, ya entiendo! —me dijo con un tono convincente—. Es un proceso. Muy bien, muy bien. Estoy listo para comenzar. Tomaré el tiempo necesario para aprender.

Quiero animarlo a que haga lo mismo: que se entregue al proceso de aprender a ser un miembro valioso de un equipo y a cómo organizar un equipo. Al leer sobre las leyes del trabajo en equipo y empezar a aplicarlas, creo que va a encontrar que tienen un impacto positivo en cada aspecto de su vida. Al hacerlo, recuerde también esto: Ninguna de las leyes es algo aislado, sino que juntas funcionan realmente bien. Mientras más leyes aprenda, mejor llegará a ser.

Disfrute de este proceso, ponga todo su empeño y no olvide nunca que no importa lo que quiera hacer en la vida, un trabajo en equipo hará que el sueño se haga realidad.

LA LEY DE LO TRASCENDENTAL

Uno es demasiado pequeño como para pretender hacer grandes cosas

Sabe quienes son sus héroes. Quizás usted no tenga «héroes». Si es así, entonces permítame hacerle esta otra pregunta: ¿A quién admira más? ¿A quién le gustaría parecerse más? ¿Qué personas lo emocionan y hacen que su corazón se acelere? ¿Admira a:

- Empresarios innovadores como Jeff Bezos, Fred Smith o Bill Gates,

- Grandes deportistas como Michael Jordan, Marion Jones o Mark McGwire,

- Genios creadores como Pablo Picasso, Buckminster Fuller o Wolfgang A. Mozart,

- Ídolos de la cultura pop como Madonna, Andy Warhol o Elvis Presley,

- Líderes espirituales como Billy Graham, John Wesley o la Madre Teresa,

- Líderes políticos como Alejandro el Grande, Carlomagno o Winston Churchill,

- Gigantes de la industria fílmica como D. W. Griffith, Charlie Chaplin o Stephen Spielberg,

- Arquitectos e ingenieros como Frank Lloyd Wright, los Hermanos Starrett o Joseph Strauss,

- Pensadores revolucionarios como Madame Curie, Thomas Edison o Albert Einstein?

O quizás su lista incluye a personas en un campo que no mencioné.

No hay problema en afirmar que todos admiramos a los que triunfan. Admiramos especialmente a los aborígenes que estaban aquí antes que llegaran los conquistadores, a aquellos luchadores solitarios que no se dejaron acobardar por las circunstancias o la oposición, a los fundadores que fueron estableciendo pueblos y ciudades en medio de la selva, a los representantes de la ley que luchan por mantener la paz en nuestros pueblos, a los pilotos que valientemente vuelan solos a través del Océano Atlántico, a los investigadores que pasan su vida trabajando en la soledad de su laboratorio o a los científicos que cambian el mundo a través del poder de sus mentes.

EL MITO DEL LLANERO SOLITARIO

Por más que admiremos a los triunfadores solitarios, la verdad es que nadie ha podido hacer solo algo de valor. La creencia que una persona sola puede hacer algo grande es un mito.

No existen los Rambos reales que derrotan, solos, a un ejército hostil. Incluso el Llanero Solitario no fue, en realidad, un solitario. ¡Adonde iba, iba con su Tonto!

Jamás alcanzó nada de relevancia una persona que actúa por sí sola. Daniel Boone tenía el apoyo de la gente de la Compañía Transilvania mientras se lucía en los caminos solitarios. El jefe Wyatt Earp tuvo a sus dos hermanos y al Doc Holiday velando por él. El aviador Charles Lindbergh tenía el respaldo de nueve comerciantes de St. Louis y los servicios de la Compañía Aeronáutica Ryan que construyó su aeroplano. Incluso Albert Einstein, el científico que revolucionó el mundo con su Teoría de la Relatividad, no trabajó en aislamiento. De lo que debía a otros, en cierta ocasión Einstein dijo: «Muchas veces en el día me doy cuenta de cuánto mi propia vida externa e interna se levanta sobre el trabajo de los colegas, tanto vivos como muertos y con cuántas ansias debo esforzarme para retribuir tanto como he recibido». La historia de Estados Unidos, como la de los demás países, está marcada por los logros de muchos dirigentes firmes y personas innovadoras que se arriesgaron. Pero esas personas siempre fueron parte de un equipo.

> *La creencia que una persona sola puede hacer algo grande es un mito.*

El economista Lester C. Thurow dijo:

En la historia, cultura o tradiciones de Estados Unidos no hay nada que se contradiga con los equipos de trabajo. Los equipos fueron importantes en la época en que vagones y trenes conquistaron el Oeste, cuando los hombres trabajaban juntos en las líneas de ensamblaje en la industria estadounidense que conquistó el mundo. Una estrategia nacional exitosa y una gran cantidad de equipos de trabajo lograron que Estados Unidos fueran los primeros en llegar a la luna (y, hasta aquí, los últimos). Pero la mitología estadounidense exalta únicamente al individuo: Aquí, hay salones de la fama para casi cualquier actividad concebible, pero en ninguna parte se levantan monumentos para honrar a los equipos de trabajo.

Debo decir que no estoy de acuerdo con todas las conclusiones a que llega Thurow, por ejemplo, después de haber visto en Washington, D. C. el monumento a los soldados plantando la bandera de Estados Unidos en Iwo Jima. Pero en algo él tiene razón. Los equipos son y han sido siempre fundamentales en la construcción de este país. Y lo mismo se puede decir de casi cada país alrededor del mundo.

La importancia del trabajo en equipo

Un proverbio chino dice que «detrás de un hombre talentoso, siempre hay otro hombre talentoso». La verdad es que en el corazón de toda gran conquista hay un equipo. La cuestión no es si los equipos son importantes, sino si reconocemos que lo son y nos esforzamos por llegar a ser los mejores miembros del equipo. Por eso es que yo digo que uno es demasiado pequeño como para pretender hacer grandes cosas. Solo, usted no puede hacer nada *realmente* importante. Esa es la Ley de lo Trascendental.

Lo desafío a que piense en un solo hecho de verdadera trascendencia en la historia de la humanidad que haya sido llevado a cabo por un ser humano solo. No importa lo que usted nombre, siempre encontrará que involucrado en tal cosa, ha estado un equipo. Por eso fue que el Presidente Lyndon Johnson afirmó: «No hay problema que no podamos resolver juntos, y muy pocos que podamos resolver por nosotros mismos».

> *«No hay problema que no podamos resolver juntos, y muy pocos que podamos resolver por nosotros mismos».*
>
> —LYNDON JOHNSON

C. Gene Wilkes, en su libro *Jesus on Leadership*, dice que el poder de los equipos no es evidente solo en el mundo moderno de los negocios sino que hay toda una historia que halla su ilustración en la Escritura. Lo explica así:

- Los equipos hacen participar a más gente, lo cual proporciona más recursos, ideas y energía que cuando se trata de una sola persona.

- Los equipos elevan el potencial del líder y atenúan sus debilidades. En los individuos, lo fuerte y lo débil están más expuestos.

- Los equipos proveen múltiples perspectivas sobre cómo satisfacer una necesidad o alcanzar una meta ya que intentan diversas alternativas para cada situación. Los recursos del individuo para hacer frente a un problema rara vez son tan amplios y eficaces como los de un grupo.

- Los equipos comparten los créditos por las victorias y las responsabilidades por las derrotas. Esto favorece la humildad genuina y la comunidad auténtica. Los individuos ganan las alabanzas y sufren las derrotas solos. Esto favorece el orgullo y a veces permite que se desarrolle un sentimiento de fracaso.

- Los equipos hacen que los líderes den cuenta de las metas. Las personas que trabajan solas pueden cambiar las metas sin mayor responsabilidad.

- Los equipos pueden simplemente hacer más que una persona sola.

Si usted quiere desarrollar todo su potencial o lanzarse a una tarea aparentemente imposible (tal como comunicar su mensaje 2000 años después que se haya ido), necesita transformarse en miembro de un equipo. Esta puede ser una frase hecha, pero no deja de ser una gran verdad: Los juegos los juegan los individuos, pero los campeones son los equipos.

¿POR QUÉ PERMANECEMOS SOLOS?

A pesar de todo lo que sabemos sobre el potencial de los equipos, ¿por qué será que hay personas que insisten en hacer las cosas solas? Creo que las razones son varias:

1. El ego

Pocas personas están dispuestas a admitir que no lo pueden hacer todo, pero esa es la realidad de la vida. Los superhombres o las supermujeres no existen. Kerry Walls, uno de los miembros de mi equipo en el Grupo INJOY dice: «Hacer girar más platos sobre una varilla no aumenta su talento sino que aumenta su probabilidad de que se le caiga alguno». Por eso, la pregunta no es si usted puede o no hacer algo, sino cuánto tiempo le tomará darse cuenta que no puede.

> Los equipos de trabajo surgen cuando usted empieza a pensar en «nosotros» en lugar de en «mí».

El filántropo Andrew Carnegie comentó: «Es un gran paso adelante en su desarrollo cuando usted acepta que otras personas pueden ayudarle a hacer un mejor trabajo del que podría hacer solo». Si quiere hacer algo realmente grande, entonces despójese de su ego y dispóngase a ser parte de un equipo.

2. Inseguridad

En mi trabajo con líderes he encontrado que una de las razones por la que muchos individuos no promueven el trabajo en equipo es porque se sienten amenazados por los demás. Es probable que el estadista florentino del siglo dieciséis, Nicolás Maquiavelo, haya llegado a la misma conclusión, lo que lo llevó a escribir: «El primer método para medir la inteligencia de un gobernante es observar las personas que le rodean».

Yo creo que es la inseguridad, más que un juicio deficiente o la falta de inteligencia, la que hace que los líderes con frecuencia se rodeen de gente débil. Como lo digo en *Las 21 leyes irrefutables del liderazgo*, solo los líderes seguros otorgan poder a otros. Esta es la Ley del Otorgamiento de Poderes. Por otro lado, por lo general los líderes inseguros no forman equipos. Casi siempre, esto ocurre debido a dos razones: o necesitan mantener el control de todo lo que se ha puesto bajo su cuidado, o tienen miedo de ser reemplazados por alguien más capaz. En cualquiera de los dos casos, los líderes que no promueven el trabajo en equipo socavan su propio potencial y erosionan los mejores esfuerzos de las personas con las cuales trabajan. Deberían beneficiarse del consejo del Presidente Woodrow Wilson, quien dijo: «No solo deberíamos usar todos los cerebros que tenemos, sino que deberíamos pedir prestados todos los que podamos».

> *«No solo deberíamos usar todos los cerebros que tenemos, sino que deberíamos pedir prestados todos los que podamos».*
>
> —WOODROW WILSON

3. Ingenuidad

El asesor John Ghegan mantiene sobre su escritorio un letrero que dice: «Si tuviera que volverlo a hacer, pediría ayuda». Esa interesante observación representa el sentimiento del tercer tipo de persona que no establecen equipos. Ingenuamente subestiman lo difícil que es alcanzar grandes logros. Como resultado, tratan de caminar solos.

Algunas personas que estuvieron en este grupo al final cambiaron de idea. Esto ocurrió cuando descubrieron que sus sueños eran más grandes que sus capacidades y se dieron cuenta que solos no lograrían nada. Entonces cambiaron. Usaron como fórmula para alcanzar sus metas el establecer equipos. Pero algunos aprenden la verdad cuando es demasiado tarde, y como consecuencia nunca logran sus metas. Esto es un fracaso.

4. Temperamento

Finalmente, algunas personas no son lo suficientemente inquietas y simplemente no piensan en términos de crear y participar en equipos. Cuando enfrentan desafíos, nunca se les ocurre integrar a otros para lograr algo.

Como persona, para mí es difícil pensar en tales términos. Sea cual fuere el desafío que se me presenta, lo primero que pienso es a quién podría buscar para que haga equipo conmigo y me ayude. He actuado así desde que era un niño. Siempre he pensado: *¿Por qué andar solo cuando es posible invitar a otros para que vayan conmigo?*

> *«Se sabe positivamente que se logran más y mejores resultados trabajando con otros que contra otros».*
>
> —DR. ALLAN FROMME

Entiendo que no todos actúan de esta manera. Pero es realmente irrelevante si usted tiene o no la inclinación natural a ser parte de un equipo. Si hace todo lo que hace solo y nunca participa con otras personas, está creando grandes barreras a su propio potencial. El doctor Allan Fromme lo expuso de esta manera: «Se sabe positivamente que se logran más y mejores resultados trabajando con otros que contra otros». ¡Qué afirmación! Son los equipos los que hacen *cualquier cosa* de valor duradero. Además, aun la persona más introvertida en el mundo puede aprender a disfrutar de los beneficios de ser parte de un equipo. Y esto es verdad incluso cuando lo que se quiere lograr no es algo excepcionalmente grande.

Hace algunos años, mi amigo Chuck Swindoll escribió algo en *The Finishing Touch* que resume la importancia de los equipos de trabajo. Dijo:

Nadie es un equipo completo ... Nos necesitamos unos a otros. Usted necesita a alguien y alguien necesita de usted. No somos islas. Para hacer «que la vida funcione» tenemos que descansar y apoyar. Relacionarnos y responder. Dar y recibir. Confesar y perdonar. Alcanzar, abrazar y confiar ... Como ninguno de nosotros es un todo, independiente y autosuficiente, capaz de todo, todopoderoso, dejemos de actuar como si lo fuéramos. La vida es demasiado sola para que juguemos ese papel tan tonto. El juego se ha terminado. Vamos a vincularnos.

Para la persona que está tratando de hacerlo todo sola, el juego definitivamente ya ha terminado. Si usted quiere hacer algo realmente grande, vincúlese con otros. *Uno es demasiado pequeño como para pretender hacer grandes cosas.* Esa es la Ley de lo Trascendental.

La diferencia se puede ver

Cuando usted observa la forma en que las personas conducen sus vidas, muy pronto puede saber quién reconoce y abraza la verdad de la Ley de lo Trascendental. Esto es absolutamente verdad en la vida de Lilly Tartikoff. No sé si Lilly reconoció siempre el valor del trabajo en equipo, pero sospecho que lo aprendió muy temprano ya que fue una bailarina profesional de ballet. Si los bailarines no trabajan en equipo, entonces su calidad profesional nunca alcanzará los niveles a los que llegó la de Lilly. Comenzó a los siete años de edad y pasaba diez horas diarias, seis días a la semana practicando o haciendo presentaciones de ballet. Como resultado de todo eso, fue miembro desde 1971 hasta 1980 de la compañía de Ballet de la Ciudad de Nueva York.

En 1980, en una fiesta de tenis en Los Ángeles, Lilly conoció a Brandon Tartikoff, el recientemente nombrado presidente de Entretenimiento para la NBC. En ese tiempo, a los treinta años, Brandon era el presidente más joven en la historia de la red. Pronto se hicieron amigos. Y luego se empezaron a ver románticamente. Se casaron en 1982. Eso dio inicio a una vida completamente nueva para Lilly. Pasó de ser una desconocida televidente a la esposa de un ejecutivo de la red, inmerso en el ambiente de la industria del entretenimiento en Los Ángeles. Pero ese cambio no fue nada comparado con el otro reto que ella enfrentó ese año. Por segunda vez en su vida, a Brandon se le diagnosticó el mal de Hodgkin.

CIENCIA MARAVILLOSA

Por consejo de un médico amigo, Brandon fue a ver a un joven investigador en Oncología de la Universidad de California en Los Ángeles, UCLA, de nombre Denny Slamon. En agosto de 1982, el Dr. Slamon inició dos tipos de tratamiento para Brandon uno de los cuales era experimental. El plan era que Brandon tomara el tratamiento el viernes, después de lo cual Lilly debía transportarlo a casa y cuidarlo durante el fin de semana mientras sufría de horribles efectos secundarios. Estuvieron así durante un año, tiempo en el cual Brandon siguió desempeñándose como presidente de la red. Fue un tiempo difícil para ellos, pero optaron por enfrentar el cáncer como un equipo. Con el tiempo, Brandon se recuperó.

Como consecuencia de esa dura experiencia, ocurrieron muchas cosas. Por un lado, la NBC pasó de la peor ubicación en las encuestas al primer lugar. En su autobiografía, Brandon escribió: «El cáncer ayuda a ver las cosas más claramente. La enfermedad, como he comprobado, puede realmente *ayudarle* en su trabajo y para ello hay una razón muy simple: No hay nada como el cáncer para mantenerlo concentrado en lo que es verdaderamente importante».[1] Esa concentración le permitió lanzar algunos de los programas más populares en la historia de la televisión: *The Cosby Show, Cheers, Hill Street Blues, Miami Vice, The Golden Girls, The A-Team, St. Elsewhere,* y otros.

Para Lilly, sin embargo, los resultados fueron diferentes. Una vez que el mal de Hodgkin hubo sido erradicado del cuerpo de su esposo, ella simplemente no se quedó ahí.

«Brandon había terminado de recibir la ayuda maravillosa de la ciencia», expresó. La investigación médica que había extendido la vida de Brandon la intrigaba. Así es que cuando tuvo oportunidad de ayudar a otros para que se beneficiaran de la misma ciencia, no pudo decir que no. Eso ocurrió en 1989 cuando el Dr. Dennis Slamon, el científico de la UCLA que había tratado a Brandon siete años antes, le pidió ayuda.

NADIE PUEDE HACERLO SOLO

Durante años él había venido estudiando el cáncer del seno, y creía que estaba a punto de desarrollar un tratamiento nuevo y radical que podría no solo ser más efectivo en el tratamiento de la enfermedad que todo lo hasta entonces desarrollado, sino que podría hacerlo sin los normales efectos secundarios de la quimioterapia. Él tenía la experiencia y las habilidades necesarias para hacer el trabajo, pero no podría hacerlo solo. Necesitaba a alguien que le ayudara a conseguir fondos. Y pensó en Lilly. Ella se sintió feliz de poder cooperar.

El plan que desarrolló mostró gran identificación con la idea de los equipos de trabajo y las relaciones estratégicas. En el pasado, Lilly había trabajado como consejera de belleza para Max Factor, inicialmente conectada a Revlon. Ella intentó poner a Ronald Perelman, alto ejecutivo de Revlon, junto al Dr. Slamon. Al principio no fue fácil, pero una vez que Perelman se convenció del potencial de la investigación de Slamon, prometió 2.4 millones de dólares para el trabajo del científico, sin ninguna cláusula restrictiva. Fue una relación diferente a cualquiera otra que se haya hecho antes. El resultado fue la creación del Programa de investigación del cáncer en las mujeres de Revlon/UCLA y un nuevo tratamiento exitoso para el cáncer que pronto empezó a salvar la vida de las mujeres.

UNA MUESTRA DE TRABAJO EN EQUIPO

Para Lilly, cofundar el programa de investigación fue solo el comienzo. Había tenido una muestra de lo que puede hacer el trabajo en equipo y estaba ansiosa de mucho más. Rápidamente se dio cuenta que podía incorporar a otros a su causa. Podría formar un gran equipo y para lograrlo usaría sus conexiones con el mundo de los negocios de entretenimiento. Ese mismo año estableció un baile anual en Hollywood llamado *Fire and Ice Ball* para levantar fondos. Unos pocos años más tarde amplió su círculo, se asoció con la Fundación de la Industria del Entretenimiento (Entertainment Industry Foundation, EFI) y creó la Carrera/Caminata Revlon, primero en Los Ángeles y luego en Nueva York. Hasta ese momento, estas actividades habían recaudado más de 18 millones de dólares para la investigación del cáncer. Y en 1996, ayudó a crear la Alianza Nacional para la Investigación del Cáncer en la Mujer (National Women's Cancer Research Alliance).

Lamentablemente, en 1997, el cáncer de su esposo volvió a presentarse por tercera vez y le quitó la vida. Brandon tenía 48 años de edad cuando falleció. A pesar del revés sufrido, Lilly continúa formando equipos para luchar contra el cáncer. Hace poco, cuando conoció a Katie Couric, quien había perdido a su esposo por cáncer en el colon, Lilly se sintió nuevamente inspirada a la acción. Con la ayuda de Couric y de la EIF, en el año 2000 formó la Alianza Nacional para la Investigación del Cáncer Colorectal.

«Cuando me senté con Katie», recuerda, «y oí que con un diagnóstico temprano es posible revertir el cáncer para hacer que literalmente el noventa por ciento de los casos sea curable y prevenible, fue como poner un bistec frente a un perro con hambre … Pensé, lo vamos a hacer. Así es que reuní a todos mis colaboradores: la Fundación de la Industria del Entretenimiento y el doctor. Slamon … Y el doctor Slamon trajo consigo una agenda y una misión … Así nació la Alianza Nacional para la Investigación del Cáncer Colorectal. Ustedes no tienen una idea de cuán emocionante y agradable es esto».[2]

Cuando se observa la increíble e importante labor de Lilly Tartikoff y sus asociados tratando de luchar contra el cáncer, resulta obvio que algo así no lo puede hacer una sola persona. Pero ocurre lo mismo en cada cosa importante que se quiera hacer. Si es importante, entonces se requiere de un equipo. Eso es algo que Lilly entendió, puso en acción y ahora practica cada día. *Uno es demasiado pequeño como para pretender hacer grandes cosas.* Esta es la Ley de lo Trascendental.

PENSAMIENTO DEL EQUIPO DE TRABAJO

¡Posiblemente usted sea bueno, pero nunca tan bueno!

CÓMO SER UN MEJOR MIEMBRO DEL EQUIPO

¿Qué grandes metas está usted tratando de alcanzar actualmente? Escriba a continuación las tres más importantes:

1._____

2._____

3._____

Piense ahora en la forma en que está tratando de alcanzarlas. ¿Qué tipo de estrategia ha venido usando para lograrlo? ¿Lo está haciendo solo? ¿Está estableciendo un equipo para tal fin?

Si no está tratando de ser parte de un equipo, pregúntese por qué. ¿Es cuestión de ego? ¿Es usted una persona insegura? ¿Es posible que haya juzgado mal el tamaño de los desafíos? ¿O será que su temperamento lo inclina a trabajar solo? Si responde sí a una de estas preguntas, trate de superar la dificultad de inmediato. Mientras más pronto se transforme en un integrante de un equipo, más pronto podrá alcanzar sus sueños.

CÓMO SER UN MEJOR LÍDER DEL EQUIPO

Piense en el sueño más ambicioso que tenga para su vida. Ahora, pregúntese:

- ¿Es más grande que yo?

- ¿Beneficia a otros tanto como a mí?

- ¿Vale la pena dedicarle una parte de mi vida?

Si responde sí a todas estas preguntas, entonces piense en el tipo de personas a las que cree que debe unirse para alcanzar ese sueño. Haga una lista de las personas que conoce y que cree que estarían dispuestas a unirse a usted. Luego, invítelas a una reunión. Siga pensando en otras personas que podrían beneficiarse al ser parte del equipo.

2

LA LEY DEL CUADRO COMPLETO

La meta es más importante que la participación individual

Hace algunos años me invitaron a participar en una importante conferencia que había sido planeada por una organización nacional muy respetable. Fui seleccionado junto con una docena de expositores para hablar a una audiencia de alrededor de 60 mil personas que habían venido de todas partes del país. Era por una causa importante, por lo cual aprecié la invitación. La consideré un verdadero honor.

Varias semanas antes que la conferencia tuviera lugar, todos los expositores fueron invitados a reunirse con el fundador de la organización para hablar de estrategia, analizar los temas sobre los que cada uno iba a hablar, y darnos apoyo y sugerencias unos a otros. Yo estaba bien contento con esta posibilidad, especialmente porque en el grupo había algunos líderes extraordinarios a quienes yo respetaba grandemente. Se nos había prometido que disfrutaríamos de un tiempo excitante, pero al final la reunión resultó un poco diferente a lo que yo había esperado.

Cuando todos estuvimos reunidos, no parecía una reunión de estrategia y apoyo. Al analizar la próxima conferencia, daba la impresión que unos pocos de los expositores estaban maniobrando para obtener algo así como una posición o un beneficio. Como buenos comunicadores, todos entendieron que el orden en que hablaríamos, la hora del día y la cantidad de tiempo asignado, harían una gran diferencia en cuanto a la forma en que nuestro mensaje sería recibido. Parecía que era más importante la participación de cada expositor que el propósito o la meta de la conferencia misma.

Pero me di cuenta de algo más. Cuando uno de los expositores se refirió brevemente al tema sobre el que hablaría, sentí inmediatamente que la conferencia podría girar en torno a su disertación y que todos los otros mensajes podrían estar subordinados a ese. Sin embargo, este hermano no estaba disputando el mejor lugar, ni siquiera estaba manipulando la situación. No parecía tener interés en maniobrar a nadie.

En ese momento en que todos estaban pensando solo en ellos mismos, me di cuenta que habíamos perdido de vista el cuadro completo de por qué estábamos allí. Así es que dije al grupo, refiriéndome a aquel expositor: «Me parece que su mensaje será el que hará la diferencia en las vidas de las personas que asistirán a esta conferencia. Por eso pienso que la audiencia lo recibirá mejor si se expone en el tiempo en que yo voy a hablar». Y le dije a la persona que no estaba tratando de promoverse: «Por favor, tome mi lugar».

Aquello fue como si alguien hubiese estremecido a cada persona en la sala. De pronto, todos retomaron la perspectiva correcta. (Estoy seguro que si no lo hubiera hecho yo, alguien más en la sala lo habría hecho.) Después de eso, en lugar de pensar en nosotros mismos y tratar de proteger nuestro «reino», todos los expositores estuvieron dispuestos a ceder lo que fuera necesario para el beneficio común. Todos recordamos que la meta era más importante que nuestra participación individual. Esa es la esencia de la Ley del Cuadro Completo.

¿QUÉ HAY PARA MÍ EN TODO ESTO?

En una cultura que canta alabanzas a las medallas de oro individuales y donde una persona pelea por sus derechos en lugar de tratar de asumir sus responsabilidades, la gente tiende a perder de vista el cuadro completo. De hecho, algunos parecen creer que ellos *son* el cuadro completo: Todo gira en torno a sus necesidades, sus metas y sus deseos. Una vez vi un mensaje en una camiseta que expresa muy bien esta actitud. Decía: «Mi idea de un equipo es un montón de gente haciendo lo que yo les digo que hagan».

> *Si usted piensa que es el todo, nunca verá el cuadro completo.*

Pero se supone que un equipo no es un grupo de personas usadas como instrumentos por alguien para su propio beneficio egoísta. Los miembros de un equipo deben beneficiarse mutuamente al compartir sus metas. Deben ser motivados para que trabajen juntos, no manipulados por alguien para alcanzar gloria individual. Cualquiera que esté acostumbrado a reunir personas y usarlas para beneficio propio no es un formador de equipos; es un dictador.

Uno de los mejores lugares para observar la dinámica de equipo es en los deportes. Un acontecimiento deportivo hace que un observador no tenga grandes problemas para determinar si los individuos están trabajando juntos o no. El resultado de un juego es inmediato y medible. Por esa razón es fácil ver cuando un individuo está pensando solo en él y no en las metas y valores del equipo.

Para ganar en los deportes, los miembros de un equipo deben siempre mantener en mente el cuadro completo. Deben recordar que la meta es más importante que su participación o la gloria individual que desean alcanzar. David Robinson, la superestrella del básquetbol profesional de Estados Unidos dijo: «Estoy seguro que cualquier jugador le dirá que los éxitos individuales le ayudarán en su ego, pero si no gana, la alegría le durará muy poco, por eso, es más importante que todo el equipo haya jugado bien».

TODO TIENE QUE VER CON EL EQUIPO

El gran entrenador de fútbol americano de Oklahoma durante los años cincuenta, Bud Wilkinson, lo dijo de esta manera en *The Book of Football Wisdom*: «Si un equipo va a desarrollar todo su potencial se requiere que cada jugador esté dispuesto a subordinar sus metas personales al interés del equipo».

Algunos equipos deportivos parecen dejar que cada jugador desarrolle por sí mismo su propia disposición mental. Otros desarrollan una actitud de subordinación y de equipo en todo lo que hacen. Por ejemplo, los equipos de fútbol como Notre Dame y Penn State no ponen los nombres de los jugadores en sus camisetas. Lou Holtz, ex entrenador de los aguerridos irlandeses, una vez explicó por qué. Dijo: «En Notre Dame creemos que ND era toda la identificación que se necesitaba. Cuando alguien reclamaba, yo les decía que debían sentirse afortunados con tener números impresos en sus uniformes. Por mí, no habría puesto más que las iniciales indicando la posi-

> «*Si un equipo va a desarrollar todo su potencial, se requiere que cada jugador esté dispuesto a subordinar sus metas personales al interés del equipo*».
>
> —BUD WILKINSON

ción en que jugaba cada individuo. Si la prioridad es el equipo más que la persona misma, ¿qué más se podría necesitar?»

Los equipos triunfadores tienen jugadores que ponen el bien del equipo por sobre el de ellos. Quieren jugar en la posición que les corresponde, pero están dispuestos a hacer lo que sea necesario para el bien del equipo. Incluso están dispuestos a sacrificar su actuación por alcanzar la meta mayor. Esa es la Ley del Cuadro Completo.

LA FORMA DE VER EL CUADRO COMPLETO

Los que forman equipos triunfadores nunca olvidan que cada persona en un equipo tiene una función que desempeñar, y cada función contribuye al cuadro completo. Sin esa perspectiva, el equipo no puede alcanzar su meta, tanto si el «juego» del equipo es en los deportes, los negocios, la familia, el ministerio, como si es en el gobierno.

Los líderes en el más alto nivel entienden la Ley del Cuadro Completo. Mantienen permanentemente delante de ellos y de su gente la visión del cuadro completo. Uno de los mejores ejemplos de esto tiene que ver con Winston Churchill. Se cuenta que durante la Segunda Guerra Mundial, cuando Gran Bretaña estaba pasando por los días más oscuros, el país tenía serias dificultades en mantener a sus hombres trabajando en las minas de carbón. Muchos querían abandonar sus sucios e ingratos trabajos en las peligrosas minas para unirse a las fuerzas armadas donde podrían tener más reconocimiento público y apoyo. Pero el trabajo en las minas era determinante para el éxito de la guerra. Sin carbón, los soldados y la gente en sus casas tendrían serias dificultades.

Por eso un día el primer ministro enfrentó a miles de mineros del carbón y les habló de la importancia de su contribución al esfuerzo de la guerra, de cómo sus esfuerzos podrían hacer que la meta de mantener a Inglaterra libre se alcanzara o no.

Churchill les pintó un cuadro de lo que ocurriría cuando la guerra terminara y del gran desfile con el que se honraría a los que habían hecho la guerra. Primero vendrían los marinos, les dijo, aquellos que habían continuado la tradición de Trafalgar y la derrota de la armada española. Luego vendría lo mejor y más brillante de Gran Bretaña, los pilotos de la Real Fuerza Aérea que habían derrotado a la Luftwaffe alemana. Más atrás vendrían los soldados que habían peleado en Dunquerque.

Los últimos serían los hombres cubiertos del polvo del carbón con sus cascos de mineros. Churchill dijo que quizás alguien de entre la multitud gritaría: «¿Y dónde estaban ustedes durante los días difíciles de la contienda?» Y las voces de diez mil gargantas responderían: «En las entrañas de la tierra con nuestros rostros hacia el carbón».

> «No todos en un equipo campeón reciben publicidad, pero todos pueden decir que son campeones».
>
> —EARVIN «MAGIC» JOHNSON

Dicho lo anterior, las lágrimas empezaron a correr por las mejillas de aquellos hombres endurecidos por el trabajo. Y volvieron a sus poco brillantes trabajos con resolución firme después de habérseles recordado el papel que estaban desempeñando en la lucha por alcanzar la gran meta de su país de preservar la libertad del mundo occidental.

Esa es la clase de disposición mental que se requiere para establecer un equipo. Se necesita valentía y resolución para reconocer que *la meta es más importante que la participación individual*. No es poca cosa dar lo mejor al equipo. A menudo esto significa sacrificar la satisfacción profesional, las estadísticas individuales o la gloria personal. Pero como Earvin «Magic» Johnson, ex estrella de la Asociación Nacional del Básquetbol (NBA por sus siglas en inglés) ahora convertido en un exitoso hombre de negocios dijo: «No todos en un equipo campeón reciben publicidad, pero todos pueden decir que son campeones».

Un equipo que ejemplifique la Ley del Cuadro Completo

¿Cómo puede un grupo de personas empezar a ser un equipo más unificado? ¿Cómo pueden los individuos dejar de ser personas independientes para ser miembros de un equipo que actúa según la Ley del Cuadro Completo? No es algo que ocurre de la noche a la mañana. Toma su tiempo. He aquí mi mejor fórmula para desarrollar el proceso:

1. Observe *el cuadro completo*

Todo comienza con visión. Usted tiene que tener una meta. Sin ella, no puede tener un equipo verdadero. El receptor del salón de la fama Yogi Berra dijo bromeando: «Si no sabe hacia dónde se dirige va a ir a parar a cualquiera parte». Un individuo sin una meta va a parar a cualquier parte. Un grupo de personas sin una meta no va a ninguna parte. Por otro lado, si la visión por lograr el cuadro completo es sostenida por cada miembro del grupo, entonces estas personas tienen el potencial de llegar a ser un equipo efectivo.

Por lo general los líderes tienen la función de captar y comunicar visión. Ellos deben ser los primeros en verla y luego ayudar a que los demás también la vean. Es lo que Winston Churchill hizo cuando habló a los mineros del carbón durante la guerra. Es lo que el doctor Martín Luther King hijo, hizo cuando habló a la gente sobre su sueño desde las escalinatas del monumento a Lincoln, en Washington, D.C. Es lo que Jack Welch, alto ejecutivo de la GE hizo cuando dejó saber a su gente que un departamento de la GE que no fuera primero o segundo en el mercado no podría seguir siendo parte de la compañía. Las personas de un equipo se sacrificarán y trabajarán juntos *solo* si pueden ver hacia dónde se dirigen con el trabajo que ejecutan.

Si usted es el líder de un equipo, su función es hacer lo que solo usted puede hacer: pintar el cuadro completo a su gente. Sin la visión no van a encontrar el deseo de alcanzar la meta.

2. Mida *su situación*

Una de las ventajas de ver el cuadro completo es que ayuda a reconocer cuánto falta todavía para alcanzar la meta. Para alguien que está decidido a hacer todo solo, ver el abismo que hay entre lo que se ha hecho y lo que queda por hacer es a menudo deprimente. Pero a las personas que viven para levantar equipos, no les preocupa ver el tamaño de la tarea que queda por hacer. No se desaniman ante el reto, más bien saborean la oportunidad. Desean que llegue el momento de establecer un equipo y fijar un plan para alcanzar la visión.

Recientemente, en una reunión de los tres departamentos del Grupo INJOY, el ejecutivo Dave Sutherland se paró ante nuestra gente y resumió algunas de las metas que teníamos para el año que viene. (Algunas eran bastante grandes.) Durante ese proceso, Dave dijo: «Algunas personas ven el tamaño de la meta y se ponen a temblar. A mí eso no me preocupa en lo más mínimo. Ya hemos logrado formar un gran equipo. Para llevarlo al siguiente nivel solo necesitamos algunas otras personas como las que ya tenemos». ¡Esa es la mentalidad que debe tener un organizador de equipos!

3. Organice *los recursos que se necesitan*

Hawley R. Everhart cree que «es bueno apuntar alto si se tienen suficientes municiones». Esto es lo que son los recursos: municiones que le ayudarán a alcanzar una meta. No importa en qué clase de equipo está usted. No podrá hacer progresos sin el respaldo del equipo apropiado, facilidades, fondos, etc., tanto si su meta contempla ascender una montaña, como captar un mercado o crear un ministerio. Mientras mejores sean los recursos de un equipo, menores serán las distracciones que tendrán los integrantes en su intento de alcanzar su meta.

4. Procúrese *los integrantes correctos*

Cuando intente formar un equipo exitoso, los integrantes lo son todo. Usted puede tener una gran visión, un plan preciso, estar lleno de recursos y un liderazgo formidable, pero si no cuenta con las personas correctas, no va a llegar a ninguna parte. (Me referiré más a esto cuando aborde varias de las otras leyes.) Usted puede perder con buenos jugadores, pero no puede ganar con malos.

5. Renuncie *a las agendas personales*

Los equipos que ganan tienen jugadores que se están preguntando continuamente: «¿Qué es lo mejor para los demás?». Ellos continuamente están dejando de lado sus agendas personales cuando se trata del bien del equipo. Su motivación se puede expresar con las palabras de Ray Kroc, fundador de McDonald's, quien dijo: «Ninguno de nosotros es más importante que el resto de nosotros».

Una de las grandes historias deportivas desde hace varios años ha sido el exitoso equipo de balompié femenino de Estados Unidos. Muy cerca lo uno de lo otro, ganaron, en forma notable, la medalla de oro de los Juegos Olímpicos y la Copa Mundial. Una de las jugadoras clave del equipo fue Mia Hamm.

> *«Ninguno de nosotros es más importante que el resto de nosotros».*
>
> —RAY KROC

En su libro *Go for the Goal* ella da su perspectiva sobre este deporte y la actitud con que un jugador debe entrar en el juego para alcanzar la meta de llegar a ser campeones:

> El balompié no es un deporte individual. Yo no hago todos los goles y el que logro hacer es generalmente producto de un esfuerzo de equipo. Yo no mantengo el balón fuera de la valla contraria en el otro lado del campo. Yo no planeo las tácticas que aplicaremos en el juego. Yo no lavo nuestra ropa de entrenamiento (aunque a veces he tenido que hacerlo) ni tampoco me encargo de hacer las reservaciones para nuestros viajes por avión. Yo soy una miembro del equipo y confío en él. Me abstengo y me sacrifico por él, porque es el equipo, no el individuo, el que finalmente será el campeón.

Mia Hamm entiende la Ley del Cuadro Completo. Y al hacer lo que fuera para ayudar a su equipo (incluyendo lavar el vestuario de entrenamiento), demostró que la meta era más importante que el desempeño individual.

6. Suba *a un nivel superior*

Solo cuando los jugadores se unen y renuncian a sus propias agendas un equipo puede subir a un nivel superior. Esta es la clase de sacrificio que se requiere para trabajar en equipo. Desafortunadamente, algunas personas prefieren pegarse a sus agendas y seguir el paso que le marca su propio ego inflado en lugar de olvidarse de eso para alcanzar algo mucho más grande que ellos mismos.

Es como lo dijo el filósofo Federico Nietzsche: «Muchos están listos para seguir su propio camino, pocos en ir tras la meta». Y eso es una lástima porque las personas que solo piensan en ellos mismos están dejando de ver el cuadro completo. Como resultado, su propio potencial no se desarrolla bien, y los que dependen de ellos también pierden.

FUNCIÓN SUBORDINADA PARA EL ÉXITO DEL EQUIPO

En cierta ocasión, el Presidente Abraham Lincoln afirmó: «Casi todos los hombres pueden enfrentar la adversidad, pero si usted quiere probar el carácter de un hombre, otórguele poder». Pocas personas tienen más poder que el presidente de Estados Unidos. Ser llamado «líder del mundo libre» a cualquiera puede írsele a la cabeza. Pero no a Jimmy Carter. Si usted observa su carrera, desde la época que era miembro de la junta escolar hasta su paso por la Casa Blanca y más allá, podrá ver que estuvo dispuesto a asumir casi cualquier función con tal de alcanzar la meta en la que creía. Él siempre se ha adherido a lo importante que es el cuadro completo.

Posiblemente no haya ejemplo más grande de la Ley del Cuadro Completo en la vida de Carter que el papel que ha desempeñado trabajando con Hábitat para la humanidad. Hábitat fue oficialmente fundado por Millard y Linda Fuller en 1976, aunque los dos habían venido explorando la idea durante varios años antes, primero en Estados Unidos y luego en otros países. La meta de la organización es tremenda: eliminar las viviendas que no son habitables y proveer de un hogar a las personas que no lo tienen.

A finales de la década del setenta y principio de la de los ochenta dieron comienzo a su audaz aventura. Después de seis años, habían construido casas en México, en Zaire y en Guatemala. En Estados Unidos tenían organizaciones afiliadas para la construcción de casas en San Antonio, Texas; Americus, Georgia; Johns Island, Carolina del Sur y otras en Florida y Appalachia. Y en muchas otras ciudades se preparaba el terreno para cuando llegaran a construir. Pero el proceso no era fácil. Habían encontrado una buena fórmula para alcanzar su meta: ofrecer ser propietarios de una casa a las personas más necesitadas que estuvieran en condiciones de pagar la casa, construirlas a bajo costo usando trabajo voluntario, involucrar al futuro propietario en el proceso de construcción y crear préstamos sin intereses para financiar las casas. Era una gran idea y empezó a funcionar bien. Pero para alcanzar al mundo como deseaban, los Fuller sabían que tendrían que llevar a Hábitat a un nivel completamente nuevo.

Desde su sede general en la localidad de Americus, al sur de Georgia, los Fuller vieron una posibilidad. A dieciséis kilómetros de allí, en la localidad de Plains vivía un hombre que quizás podría ayudarles: Jimmy Carter. El ex presidente de Estados Unidos había hablado en un par de funciones de Hábitat. Lo contactaron a principios de 1984. Cuando Carter dijo que estaba interesado en Hábitat para la humanidad, los Fuller decidieron audazmente proponer al ex presidente una lista de quince posibles funciones que podría asumir, confiando que podría escoger una o dos. La lista incluía servicios en la junta de Hábitat, contacto con los medios de comunicación, ayudar a recaudar fondos, hacer un video de treinta minutos y trabajar en un equipo de construcción por un día.

Para sorpresa de los Fuller, Carter no escogió una o dos de las alternativas de la lista, sino que las escogió *todas*. Irónicamente, lo que más atrajo la atención del público fue la decisión de Carter de servir, martillo en mano, como un miembro más de los equipos de construcción. Al principio, la gente pensaba que Carter solo quería posar para los fotógrafos, pero no fue así, porque el ex Presidente se mantuvo incorporado a los equipos de trabajo, viajó con ellos en autobuses de la compañía Trailways a Brooklyn, Nueva York, trabajando tenazmente cada día durante una semana y durmiendo en el subterráneo de una iglesia junto con todos los demás. Eso ocurrió por primera vez en 1984. Carter ha formado un equipo y servido en trabajos similares cada año desde entonces. Y su servicio dedicado ha atraído a personas de todas las condiciones para servir en funciones similares.[1]

Una meta compartida

Hábitat para la humanidad es la creación de los Fuller y su éxito es el resultado de los esfuerzos de cientos de miles de personas de alrededor del globo. Pero fue Jimmy Carter el que le dio a la iniciativa categoría de universal. Su servicio desinteresado inspiró a ricos y a pobres, ignorados y famosos, poderosos y gente corriente para ver la tremenda meta de ayudar a la gente de los más bajos niveles de la sociedad, proveyéndoles de un lugar decente donde vivir. Y los inspiró hasta el punto de involucrarlos también en el trabajo.

Hasta ahora, Hábitat ha construido más de cien mil casas, proveyendo de un techo a más de medio millón de personas alrededor del mundo.[2] ¿Por qué? Porque ellos, como Carter, querían ser parte de algo más grande que ellos mismos. Y porque entendieron que la meta era más importante que las funciones que ejecutaban individualmente. Estuvieron dispuestos a abrazar la Ley del Cuadro Completo.

Pensamiento del equipo de trabajo

Mientras más correctamente vea el cuadro completo,
más pronto servirá en el equipo.

Cómo ser un mejor miembro del equipo

¿Cuál es la meta más grande que usted tiene en su vida? ¿Está actualmente participando en algo que es más grande que usted mismo? Si no, aparte un tiempo para pasarlo a solas reflexionando sobre sus metas y sus prioridades. Si está tratando de realizar algo grande, entonces pregúntese qué está dispuesto a hacer para lograrlo. ¿Está dispuesto a asumir un papel subordinado si fuese necesario, para el bien del equipo, como lo hizo el Presidente Carter? Si no, es posible que usted se transforme en un obstáculo para el éxito del equipo.

CÓMO SER UN MEJOR LÍDER DEL EQUIPO

Piense en un equipo del cual usted sea integrante actualmente (preferiblemente uno con una gran meta). ¿Qué tipo de actitud tienen los miembros del equipo en relación con el cuadro completo? ¿Son ellos jugadores del equipo que desean hacer lo que sea necesario con tal que el *equipo* triunfe? ¿O son ellos mismos los que desean beneficiarse?

Comience a comunicar la idea de equipo a otros a través de una disposición de servir al cuadro completo en lugar de a usted mismo. Luego piense en algunas maneras en que puede ayudar a sus compañeros de equipo a abrazar la Ley del Cuadro Completo. Motive a los demás describiéndoles el cuadro completo. Honre públicamente el hecho de ser miembro del equipo. Y ofrezca recompensas a quienes se sacrifican por el bien del equipo.

3

LA LEY DE LA ESPECIALIZACIÓN

Cada jugador tiene un lugar donde dar lo mejor de sí

E l 20 de enero del 2001, Estados Unidos experimentó un hecho histórico. Por primera vez un afroamericano asumía el cargo del Secretario de Estado, la posición más alta en el gabinete del Presidente. El hombre que ocupó este cargo fue Colin Powell. El columnista Carl Rowan destacó el nombramiento, diciendo: «Para entender la importancia de la elevación de Powell a esta posición extremadamente difícil y exigente, es necesario entender que hace solo una generación era una ley no escrita que en el campo de las relaciones exteriores, los negros solo podrían servir como embajadores en Liberia y ministros en las Islas Canarias».

El nombramiento de Powell fue singular pero no solo porque fue el primero. Fue importante porque, para decirlo en forma simple, Colin Powell era el mejor individuo en todo Estados Unidos para asumir el papel de Secretario de Estado. El Presidente George W. Bush, quien lo nombró, dijo: «En este caso, no sé de otra persona mejor que Colin Powell para que sea el rostro y la voz de la diplomacia estadounidense» citando su «hablar franco, su integridad imponente, su profundo respeto por nuestra democracia y su sentido del deber como soldado».[1] Bush reconoce que *cada jugador tiene un lugar donde dar lo mejor de sí.* El lugar de Powell es dirigir el Departamento de Estado. Esta es la Ley de la Especialización.

Un lugar para él

El sentido del deber de un soldado ha sido una parte vital del carácter de Colin Powell desde que tenía unos veinte años. De un florecimiento un tanto tardío, Powell inició su educación superior sin saber con certeza qué quería ser en la vida. Pero no tardó mucho en dar con su identidad: en una unidad ROTC llamada los *Pershing Rifles* en el City College de Nueva York. Fue allí donde, por primera vez en su vida, descubrió un verdadero equipo de trabajo. En *My American Journey,* Powell escribió:

> Mi experiencia en la escuela secundaria, en los equipos de básquetbol y atletismo, y por breve tiempo en los Boy Scouts nunca había producido un sentido de pertenencia o demasiadas amistades permanentes. El *Pershing Rifles* sí. Por primera vez en mi vida era miembro de una hermandad ... La disciplina, la estructura, la camaradería, el sentido de pertenencia era lo que yo anhelaba. Casi de inmediato me transformé en un líder. Encontré allí una notable falta de intereses egoístas que me hizo recordar la atmósfera solícita dentro de mi familia. Raza, color, trasfondo, situación económica, no significaban nada. Los *Pershing Rifles* irían hasta donde fuera necesario los unos por los otros y por el grupo. Si eso era lo que involucraba ser soldado, entonces quizás yo decidiera ser soldado.[2]

A medida que se aproximaba a la fecha de su graduación en el preuniversitario, no había dudas en su mente. Él con mucho gusto escogió la carrera militar.

Una jornada nada común

En el ejército, Powell pareció no tener ningún problema para alcanzar triunfos dondequiera que iba y rápidamente fue subiendo de rango. Su pasión era comandar tropas y cuando recibió esta asignación lo hizo bien. Pero siempre era utilizado en trabajos y responsabilidades especiales. Cuando esto ocurrió vez tras vez manteniéndolo en el campo dirigiendo soldados, se frustró. Sin embargo, un mentor, el general John Wickham sabiamente le dijo: «Usted no va a tener una carrera convencional en el ejército. Algunos oficiales simplemente no están destinados para eso».

Wickham tenía razón. La carrera de Powell empezó a proyectarse de forma inusual, preparándolo para finalmente asumir un cargo en el gabinete, puliendo sus dones y dándole una amplia experiencia. Como un oficial de infantería que viajó por todo el mundo (incluyendo dos visitas a Vietnam), Powell aprendió sobre mandato y liderazgo. Su trabajo con los soldados también le enseñó a comunicarse y conectarse con la gente. Ya en la Casa Blanca, le llegó el momento de dirigirse por primera vez a los políticos estadounidenses y a los gobiernos del mundo. Además de su interacción con funcionarios estadounidenses del más alto nivel, se reunió con líderes de Japón, la Unión Soviética, China, Polonia, Bulgaria y Alemania Occidental.

Cuando comenzó a trabajar en el Pentágono durante las administraciones de Carter y Reagan, Powell se trasladó a un nivel completamente nuevo. Fue allí donde aprendió cómo trabajan con servidores civiles y a entender cómo trabaja el gobierno y las políticas militares. Como el asistente militar jefe del Secretario de Defensa Caspar Weinberger, Powell viajó por el mundo y entendió la complejidad de la interacción entre Estados Unidos y los poderes extranjeros.

Pero fue en la oficina del asesor de Seguridad Nacional que Powell hizo su ingreso en las grandes ligas. En su condición de asistente suplente del Presidente para asuntos de seguridad nacional, obtuvo valiosa experiencia en la política foránea. En realidad, era tan experto que cuando a su jefe, Frank Carlucci se le pidió que aceptara el cargo de Secretario de Defensa, Powell asumió el cargo que dejó vacante Carlucci como asesor de Seguridad Nacional. Allí no solo aconsejó al Presidente Reagan sino que trabajó hombro con hombro con el secretario de Estado George Shultz cuando se negociaban los tratados de los misiles nucleares con la URSS, organizó cumbres entre los jefes de estado, y trabajó con el presidente soviético Mijail Gorbachev para poner fin a la Guerra Fría.

INSTRUIDO PARA SU DESEMPEÑO

¿Cómo fue que alguien como Colin Powell escaló con tanto éxito hasta llegar a ocupar el cargo de consejero de la Seguridad Nacional? Por haber conquistado el más alto rango militar de cuatro estrellas y luego llegar a ser el más joven presidente del Comando Conjunto (chairman of the Joint Chiefs of Staff) en la historia de la nación. (También fue la primera vez que un afroamericano ocupaba esa posición y se graduaba de la ROTC.) Y, una vez más, Powell brilló en su posición. Les Aspin, ex Secretario de Defensa comentó sobre Powell después de una reunión en la Casa Blanca durante el gobierno del Presidente Clinton: «Fue tan claro para todos nosotros en la sala que él era capaz de hacer cualquier trabajo, incluyendo el de Presidente».[3]

Cuando George W. Bush fue elegido presidente, lo invitó a que formara parte de su gabinete, y había solo un puesto lógico en el que él podría servir, donde podría dar lo mejor de sí. El 25 de enero del 2001, en una reunión en el ayuntamiento, Powell dijo:

Cuando hace siete años dejé el Ejército y volví a la vida privada, no sabía que retornaría al gobierno ... Pero cuando el gobernador Bush me pidió que lo considerara, estuve listo para hacerlo. Estaba ansioso por ver si podría volver a servir. Creo que todavía tengo algo para contribuir. Y cuando específicamente me dijo: Me gustaría que fuera al Departamento de Estado, fue casi como si a través de los años hubiera estado preparándome para eso de una forma u otra. Mi trabajo en el Pentágono, mi trabajo como subconsejero en la Seguridad Nacional, como consejero de la Seguridad Nacional, como presidente del Comando Conjunto y siete años en la vida privada observando los cambios en el mundo, me sugirieron que esto es algo que puedo hacer.[4]

El Presidente Bush, su gabinete y cada persona en el país tienen mucho que recibir de Powell. Él no solo es la mejor persona para ese trabajo, sino que le ha dado al nuevo presidente y a su equipo una gran credibilidad con un electorado inclinado a no creer en ellos. El nombramiento de Powell es una prueba tangible de la intención de Bush de tomar en cuenta a todos. Pero ese es el poder de la Ley de la Especialización. Cuando el miembro correcto del equipo está en el lugar correcto, todos se benefician.

Un equipo experimenta cosas buenas cuando cada uno de los jugadores ocupa el lugar donde dará lo mejor de sí. Las grandes cosas ocurren cuando todos los jugadores del equipo están ubicados en la posición que maximiza sus talentos, sus habilidades y su experiencia. Ese es el poder de la Ley de la Especialización.

CUANDO LAS PERSONAS ESTÁN EN EL LUGAR EQUIVOCADO

Casi todos hemos visto equipos donde las personas tienen que desempeñarse en un lugar que no es para ellos: un contador forzado a trabajar con personas todo el día, un delantero que tiene que jugar de defensa, un guitarrista que ocupa el lugar ante el teclado, un profesor atrapado en hacer trabajo de oficina, una esposa que odia la cocina obligada a cocinar.

¿Qué pasa a un equipo cuando uno o más de sus integrantes juegan constantemente en la posición que no es la de ellos? Primero, baja la moral porque el equipo no está jugando a toda su capacidad; luego vienen los disgustos y los resentimientos. Las personas obligadas a trabajar en una posición extraña para ellos se resienten porque no pueden desarrollar todas sus capacidades. Además, otras personas en el equipo que saben que en la posición correcta podrían rendir mucho más que en la que están ocupando, se resienten de que sus habilidades estén desperdiciándose. Al poco tiempo, la gente pierde el interés de trabajar como un equipo. Entonces la confianza de cada uno empieza a desmoronarse. Y la situación empieza a empeorar cada día. El equipo deja de progresar y la competencia se pone a la delantera. Como resultado, el equipo no llega a desarrollar su potencial. Cuando las personas no están allí donde saben hacer las cosas bien, no hay posibilidad de mejorar la situación. Esa es la Ley de la Especialización.

Tener a las personas correctas en el lugar correcto es esencial para el desarrollo firme de un equipo. Observe en el cuadro siguiente cómo cambia la dinámica de un equipo según el lugar en que están los integrantes:

La persona equivocada en el lugar equivocado	=	Regresión
La persona equivocada en el lugar correcto	=	Frustración
La persona correcta en el lugar equivocado	=	Confusión
La persona correcta en el lugar correcto	=	Progreso
Las personas correctas en los lugares correctos	=	Multiplicación

No es cuestión de qué clase de equipo se trata: los principios son los mismos para todos. David Ogilvy tenía razón cuando dijo: «Un restaurante bien administrado es como un equipo de básquetbol ganador. Saca lo mejor del talento de cada miembro del personal y se aprovecha de la mitad de cada segundo para que la espera del cliente sea la más breve posible».

Algo que hice hace algunos años me hizo recordar la Ley de la Especialización. Me habían pedido que escribiera un capítulo para un libro titulado *Destiny and Deliverance* [Destino y liberación] que estaba vinculado con la película de DreamWorks *The Prince of Egypt (El príncipe de Egipto)*. Fue una hermosa experiencia que disfruté grandemente. Durante el proceso de escribir, me invitaron a ir a California para ver parte de la película mientras aun estaban produciéndola. Eso me hizo querer hacer algo que nunca antes había hecho: asistir a un pre-estreno en Hollywood.

Mi editor se las arregló para conseguirme un par de entradas para el pre-estreno. Asistimos, puntualmente, mi esposa Margaret y yo. Fue un evento en el que se hizo derroche de energía por parte de artistas de cine y productores. Margaret y yo disfrutamos inmensamente la película y toda la experiencia.

Ahora bien, todos los que van conmigo a ver una película, un espectáculo o un evento deportivo conocen mis patrones. Tan pronto como estoy seguro de cómo terminará un partido, me dirijo a la puerta para evitar la aglomeración posterior. Cuando la audiencia en Broadway está brindando una ovación, yo me voy. Y en el preciso segundo en que empiezan a aparecer en la pantalla los nombres de las personas que intervinieron para hacer la película abandono mi asiento. En el caso de *The Prince of Egypt,* cuando iba a terminar, empecé a prepararme para pararme, pero me di cuenta que nadie en el cine se movió. Y entonces ocurrió algo que no me esperaba. Mientras los nombres de los que habían participado en la película pasaban rápidamente por la pantalla, el público iba aplaudiendo a cada uno, conocido o no, más importante o menos importante: como el diseñador del vestuario, el asistente del director y muchos otros. Fue un momento que nunca olvidaré y una tremenda referencia a la Ley de la Especialización: *Cada jugador tiene un lugar donde dar lo mejor de sí.* Cuando cada persona es puesta a hacer el trabajo que sabe hacer, todo el mundo gana.

PONER A LA GENTE EN SU LUGAR

El entrenador de la Liga Nacional de Fútbol Americano, NFL, Vince Lombardi dijo: «Los logros de una organización son el resultado del esfuerzo combinado de cada individuo». Así es, pero hacer de un equipo un conjunto ganador no es solo cuestión de tener a las personas correctas. Incluso si usted tiene un gran grupo de individuos talentosos, y cada persona no está dando lo mejor de sí, no será posible obtener todo el potencial del equipo. Este es el arte de dirigir un equipo. ¡Usted ha conseguido poner a las personas en sus lugares precisos, es decir, en la forma más positiva!

Para poder poner a las personas en los lugares donde utilizan sus talentos y elevan al máximo el potencial del equipo se necesitan tres cosas. Usted debe:

Conocer el equipo

Usted no puede armar un equipo ganador o una organización de éxito si no conoce su visión, propósito, cultura, historia, etc. Si no sabe a dónde está tratando de ir el equipo y por qué está tratando de ir allí, usted no podrá llevar al equipo a su máximo potencial. Usted tendrá que empezar donde el equipo realmente está. Solo entonces podrá llevarlo a donde sea.

Conocer la situación

Aun cuando la visión o propósito de una organización pudiera ser constante, su situación cambia frecuentemente. Los buenos organizadores de equipos conocen el punto donde está el equipo y qué requiere esa particular situación. Por ejemplo, cuando un equipo es joven y está recién empezando, a menudo la prioridad número uno es conseguir buenas personas. Pero a medida que el equipo madura y el nivel de talento aumenta, será necesario aplicar el «sintonizador fino». Es entonces cuando un líder debe pasar más tiempo haciendo que la persona corresponda con la posición.

Conocer al jugador

Suena como algo obvio, pero usted debe conocer a la persona a la que está tratando de poner en la posición conveniente. Lo menciono porque hay líderes que tienden a querer que todo el mundo se conforme a su imagen, y que en su trabajo usen las mismas técnicas y métodos suyos de resolver problemas. Pero armar un equipo no es como trabajar en una línea de ensamblaje.

Cuando trabaje en la formación de un equipo fíjese en la experiencia, las habilidades, el temperamento, la actitud, la pasión, el don de motivar a los demás, la disciplina, la fuerza emocional y el potencial de cada persona. Solo entonces estará listo para ayudar a cada miembro de su equipo a encontrar su lugar apropiado.

Comience buscando el lugar apropiado para usted

En este momento quizás usted no esté en condiciones de incorporar a otros a su equipo. Incluso, quizás esté pensando, *¿Cómo puedo encontrar mi propio lugar?* Si tal es el caso, le sugiero que siga las siguientes pautas:

- *Tenga confianza en sí mismo.* Mi amigo Wayne Schmidt dice: «Ninguna cantidad de capacidad compensa la falta de confianza en sí mismo». Si usted deja que sus inseguridades se lleven lo mejor de usted, será una persona inflexible y reacia a cambiar. Y usted no puede desarrollarse sin cambio.

- *Conózcase.* Usted no podrá encontrar su lugar si no conoce sus puntos fuertes y sus debilidades. Dedique tiempo a reflexionar y explorar sus dones. Pida a otros que le den su opinión sobre usted. Haga lo que sea necesario para eliminar todas las cosas negativas de su vida.

- *Confíe en sus líderes.* Un buen líder le ayudará a empezar a moverse en la dirección correcta. Si usted no confía en su líder, busque a otro mentor que le ayude. O intégrese a otro equipo.

- *Visualice el cuadro completo.* Su lugar en el equipo solo tiene sentido en el contexto del cuadro completo. Si su única motivación para encontrar su lugar es un beneficio personal, tales motivos egoístas quizá impidan que descubra lo que desea.

- *Confíe en su experiencia.* Cuando llegue el momento, la única manera de saber si ha descubierto su lugar es hacer lo que le parece correcto, y aprender de sus errores y sus éxitos. Cuando descubra para qué fue hecho, su corazón cantará. Y dirá: *¡En ninguna otra parte podré encontrar un lugar como este, de modo que este tiene que ser el lugar!*

Un lugar para cada uno, y cada uno en su lugar

Una organización que se esfuerza por poner a su gente en el lugar correcto es el ejército de Estados Unidos. Esto es particularmente cierto ahora que emplea voluntarios. Si cada una de las varias funciones en un comando militar no trabaja a su máxima eficiencia (e interactúa bien con todas las otras partes), entonces se producirá una crisis terrible.

Nadie es más consciente de esto que un piloto de combate. Tomemos por ejemplo a Charlie Plumb quien se retiró como capitán de la Marina de Estados Unidos. Graduado de Annapolis, a mediados de la década del sesenta sirvió en Vietnam, volando en setenta y cinco misiones desde el portaviones *USS Kitty Hawk*.

> *Cuando descubra su lugar, va a decir: «¡En ninguna otra parte podré encontrar un lugar como este, de modo que este tiene que ser el lugar!»*

En un portaviones es posible ver casi al instante cómo todas las piezas del «rompecabezas» militar se unen para apoyarse unas a otras. A menudo se dice que un portaviones es como una ciudad flotante. Tiene una tripulación de cinco mil quinientos hombres, una población más grande que muchas de las ciudades donde algunos miembros de la tripulación nacieron y crecieron. Debe ser auto-suficiente y cada uno de los diecisiete departamentos debe funcionar como un equipo que busca lograr su misión. Y cada uno de los grupos debe trabajar unido como un equipo.

Cada piloto está bien consciente del esfuerzo de equipo que se requiere para poner un jet en el aire. Se necesitan cientos de hombres que utilizan docenas de especialidades técnicas para lanzar, monitorear, apoyar, aterrizar y mantener un avión. Aun más personas participan si el avión está armado para el combate. Charlie Plumb sin duda era consciente de que muchas personas trabajaban incansablemente para mantenerlo volando. Pero a pesar de los esfuerzos del grupo de apoyo en el aire mejor entrenado del mundo, Plumb se encontró en una prisión norvietnamita como un prisionero de guerra después que su *Phantom F-4* fue derribado el 19 de mayo de 1967, durante su misión setenta y cinco.

Plumb fue mantenido como prisionero por casi seis largos años, parte del tiempo en el tristemente famoso Hanoi Hilton. Durante esos años, él y sus compañeros prisioneros fueron humillados, privados de alimentos, torturados y forzados a vivir en condiciones paupérrimas. Pero él no dejó que la experiencia lo amilanara. Como dice ahora: «Nuestra unidad a través de nuestra fe en Dios y nuestro amor por nuestro país fueron la gran fuerza que nos ayudó a pasar por tiempos tan difíciles».

Punto crítico

Plumb fue liberado el 18 de febrero de 1973 y continuó su carrera en la Marina. Pero un incidente años después de haber regresado a Estados Unidos marcó su vida como sin duda lo hizo su tiempo en prisión. Un día él y su esposa, Cathy, estaban comiendo en un restaurante cuando un hombre se acercó a su mesa y les dijo: «Usted es Plumb. Usted voló aviones de guerra en Vietnam».

«Así es», respondió Plumb. «Usted está en lo cierto».

«Estaba en el escuadrón 114 del *Kitty Hawk*. A usted lo derribaron. Se lanzó en paracaídas y así cayó en manos enemigas», continuó el hombre. «Y pasó seis años como prisionero de guerra».

El ex piloto miró al hombre tratando de identificarlo, pero no pudo. «¿Cómo sabe todo eso?», le preguntó finalmente Plumb.

«Yo preparé su paracaídas».

Plumb estaba asombrado. Todo lo que se le ocurrió hacer fue ponerse de pie y darle la mano al hombre. «Debo decirle», pudo decir finalmente, «que he hecho muchas oraciones dando gracias por esos ágiles dedos, pero nunca pensé que tendría la oportunidad de decirle gracias personalmente».[5]

¿Qué habría pasado si la Marina hubiese puesto a la persona equivocada en la posición de preparar los paracaídas, ese trabajo anónimo y raramente agradecido que algunos hombres llevaron a cabo durante la guerra de Vietnam? Charlie Plumb no habría sabido de ello hasta que hubiera sido demasiado tarde. Y nosotros tampoco habríamos sabido cuando la crisis ocurriera, porque Plumb no habría sobrevivido para contarnos la historia.

Hoy día, Charlie Plumb es un conferenciante motivador de las compañías de Fortune 500, agencias gubernamentales y otras organizaciones. Con frecuencia cuenta la historia del hombre que preparó su paracaídas y la usa para dar un mensaje sobre el trabajo en equipo. Dice: «En un mundo donde "la reducción" nos fuerza a hacer más con menos, debemos capacitar el equipo. "Preparar los paracaídas para otros" puede significar la diferencia entre la vida y la muerte. De usted y de su equipo».[6]

Esa es otra forma de comunicar la Ley de la Especialización. ¿Está usted preparando el paracaídas para sus compañeros de equipo? ¿O está funcionando a menos del cien por ciento? *Cada jugador tiene un lugar donde dar lo mejor de sí.* Quiero animarle a que se asegure de encontrar el suyo.

PENSAMIENTO DEL EQUIPO DE TRABAJO

Usted es más valioso allí donde su aporte es mayor.

CÓMO SER UN MEJOR MIEMBRO DEL EQUIPO

¿Ha encontrado usted su lugar? Al cumplir usted con sus responsabilidades, ¿ha pensado en algo así como: *En ninguna otra parte podré encontrar un lugar como este, de modo que este tiene que ser el lugar?* Si ha sido así, entonces mantenga el curso y siga creciendo y aprendiendo en el área de su competencia. Si no, necesita ponerse en camino.

Si usted sabe cuál es su lugar pero no está trabajando en él, empiece a planificar una transición. Puede que sea tan sencillo como un cambio de tareas o tan complicado como un cambio de carrera. No importa si le tomará seis semanas o seis años, necesita un plan de transición y un programa para completarlo. Una vez que esté seguro del rumbo, ármese de valor para dar el primer paso.

Si no sabe cómo empezar, necesita hacer alguna investigación. Háblele a su esposo o esposa y a sus amigos más cercanos sobre sus fortalezas y sus debilidades. Pídale una evaluación a su líder. Hágase algunos exámenes de personalidad y carácter. Ponga atención a los temas recurrentes en su vida. Trate de articular los propósitos de su vida. Haga lo que haya que hacer para encontrar pistas sobre dónde debería estar. Luego intente cosas nuevas relacionadas con sus descubrimientos. La única manera de encontrar su lugar es ganando experiencia.

CÓMO SER UN MEJOR LÍDER DEL EQUIPO

Una de las señales de un gran líder de equipo es que todos los integrantes estén en los lugares que les corresponden. Use las pautas halladas en este capítulo, conozca su equipo, la situación y los jugadores, para empezar a perfeccionar su proceso de ubicación. Y recuerde esto: Para ayudar a los demás a alcanzar su potencial y maximizar su efectividad, ayúdelos a ubicarse en su zona de

> *Una de las señales de un gran líder de equipo es que todos los integrantes estén en los lugares que les corresponden.*

comodidad, pero nunca fuera de su zona de talentos. Mover a las personas fuera de sus dones les lleva a frustraciones, pero motivar a las personas en las zonas donde se sienten cómodos los conduce a su realización.

4

LA LEY DEL MONTE EVEREST

*A medida que el desafío crece,
la necesidad de un trabajo en equipo aumenta*

En 1935, Tenzing Norgay, de veintiún años de edad, hizo su primer viaje al Monte Everest. Trabajó como porteador para un equipo inglés de montañistas. Como un *sherpa* nacido en las altas montañas de Nepal, Tenzing había experimentado la atracción de la montaña desde la vez que los occidentales empezaron a visitar el área con la idea de escalarla. El primer grupo había llegado en 1920. Quince años después, los escaladores seguían tratando de ver cómo podían conquistar el monte.

Lo más lejos que esta expedición había logrado llegar era al Col Norte que estaba a una altura de unos 7,300 metros. (Un *col* es un área plana que se extiende a lo largo de una cordillera entre las cimas de las montañas). Fue justo debajo de esa planicie que el equipo de escaladores hizo un sorprendente descubrimiento. Dentro de una tienda despedazada por el viento había un esqueleto con algo de piel congelada cubriendo los huesos. Estaba sentado en una extraña posición, con un pie descalzo y los lazos de la otra bota que seguía cubriendo el pie, entre los dedos.

El lugar más inhóspito del planeta

La práctica de escalar montañas no está hecha para los débiles del corazón porque entre los lugares más inhóspitos de la tierra se cuentan las altas montañas. Por supuesto, eso no ha impedido que siempre haya quienes aspiren a conquistarlas. En 1786, los primeros escaladores llegaron a la cumbre de la montaña más alta de Europa, el Mont Blanc, en Francia. Aquello fue toda una proeza. Pero hay una gran diferencia entre escalar la cumbre más alta de los Alpes de 4,800 metros y escalar el Everest, el pico más alto del mundo con 8,850 metros, especialmente antes que se dispusiera del moderno equipo que existe hoy día. El Everest es increíble. La altitud incapacita incluso a los más experimentados escaladores. Y el clima es cruel y no perdona. Los expertos creen que actualmente permanecen en la montaña los cuerpos de 120 escaladores que fracasaron en su intento.[1]

El cuerpo que Tenzing y los demás encontraron en 1935 era el de Maurice Wilson, un inglés que había llegado a hurtadillas al Tibet y que había tratado de escalar la montaña secretamente, sin el permiso del gobierno tibetano. Debido a que había tratado de llevar a cabo la empresa a espaldas del conocimiento público y oficial, Wilson había contratado únicamente a tres porteadores para que fueran con él. A medida que se aproximaban a la planicie norte, los hombres se negaron a seguir. Wilson entonces decidió seguir solo. Y esa decisión lo mató.

Medir el costo

Solo alguien que ha escalado una gran montaña sabe lo que demanda llegar a la cumbre. Por treinta y dos años, entre 1920 y 1952, siete grandes expediciones trataron de conquistar el Everest, y fracasaron. Tenzing Norgay estuvo en seis de esas expediciones así como en las que conquistaron otras montañas. Debido a su habilidad de escalar sin cansarse llevando sobre sus hombros cargas sumamente pesadas, sus compañeros expedicionarios se burlaban de él diciéndole que tenía un tercer pulmón. Lo respetaban, y él mismo aprendió mucho de esas experiencias. La lección más valiosa fue que nadie puede subestimar lo difícil del escalamiento. Él ha visto a más de uno que tuvo que pagar el precio más alto, la vida, sin haber logrado alcanzar el éxito.

En un intento, por ejemplo, cuando las condiciones se hicieron muy difíciles, Tenzing y otros Sherpas se pusieron sus abrazaderas (clavos que se adhieren a las botas de escalar). Pero George Frey, un experimentado montañista, decidió no usar las suyas porque consideró que no era necesario. Se resbaló y cayó 300 metros encontrando la muerte. Tenzing lamentó la muerte de Frey, pero su posición era realista. Acerca de los escaladores descuidados, escribió: «Al igual que muchos hombres antes que ellos, han tomado una gran montaña muy livianamente y por eso tuvieron que pagar el precio».[2]

No es un simple paseo

En 1953, Tenzing se embarcó en su séptima expedición al Everest con un grupo británico dirigido por el coronel John Hunt. Por entonces, a Tenzing no solo lo respetaban como cargador que era capaz de llevar sobre sus hombros pesos enormes hasta grandes alturas, sino también como un montañista y como un experimentado miembro de la expedición, un honor poco usual para un Sherpa. El año anterior había llegado a una altura de 8,608 metros con un equipo suizo. Hasta ese momento, había sido lo más cerca de la cima que ser humano alguno hubiera llegado.

El grupo británico nombró a Tenzing jefe de los porteadores. Tendría que contratar, organizar y dirigir a los cargadores. No era aquella una tarea sencilla. Con la esperanza de conseguir que al menos dos personas pudieran ir desde la base del campamento hasta la cima, el equipo hizo el intento con diez escaladores de alturas, incluyendo a un neozelandés llamado Edmund Hillary. En conjunto, los hombres tendrían que cargar dos y media toneladas de equipo y alimentos. Estas cosas no podían ser llevadas a la base de la montaña ni en camiones ni por aire. Tendrían que *cargarlas* hasta la base del campamento hombres y mujeres desde Katmandú, a 290 kilómetros de allí, por un camino que subía y bajaba por los contrafuertes del Himalaya y sobre ríos que tendrían que atravesar por puentes construidos con cordeles y tablas. Tenzing tendría que contratar entre doscientas y trescientas personas solo para que llevaran la carga lo más cerca posible de la montaña.

Las cosas que se necesitarían más arriba de la base del campamento tendrían que ser subidas por otros cuarenta cargadores, cada uno de ellos Sherpas con amplia experiencia en la montaña. El mejor tercio de ese equipo continuaría trabajando en la parte más alta de la montaña, cargando 340 kilogramos de equipo necesario en pacas de aproximadamente 14 kilogramos cada una. Solo Tenzing y otros tres porteadores tenían la fuerza y la capacidad para llegar a los campamentos más altos cerca de la cumbre.

SE NECESITA UN EQUIPO

Por cada nivel que los escaladores alcanzaran se necesitaría un grado más alto de trabajo en equipo. Un grupo de hombres quedaría exhausto con solo llevar el equipo montaña arriba para el siguiente grupo. Equipos de dos hombres irían haciendo el camino hacia la cumbre, buscando los lugares más apropiados, haciendo escalones allí donde se pudiera, asegurando las cuerdas. Y entonces, una vez que lo hubieran hecho quedaría listo el camino para el siguiente turno que seguiría escalando.

Del trabajo de equipo, Tenzing dijo:

No se sube una montaña como el Everest tratando de trabajar solo o en competencia con sus compañeros. El trabajo
en equipo se hace lenta, cuidadosamente y sin egoísmos. Por
supuesto que me gustaría llegar a la cumbre por mí mismo; es
lo que he soñado toda mi vida. Pero si lo logra otra persona,
lo asumiré como un hombre y no me pondré a llorar como
un niño. Para eso está la montaña ahí.[3]

El equipo de escaladores, siguiendo la vía abierta para ellos
finalmente logró que dos pares de ellos intentaran alcanzar la
cima. El primero estaba formado por Tom Bourdillon y Charles
Evans. Cuando lo intentaron y fracasaron, le tocó el turno al otro
equipo. Este estaba formado por Tenzing y Edmund Hillary. Acerca del primero de los dos equipos, Tenzing escribió:

Estaban extenuados, enfermos, exhaustos, y por supuesto,
terriblemente decepcionados por no haber logrado llegar a
la cima. Pero aun así ... hicieron todo lo que pudieron para
aconsejarnos y ayudarnos. Y, yo pienso, así es como debe
ser en la montaña. Así es como la montaña hace grandes a
los hombres. Porque ¿dónde estaríamos Hillary y yo sin los
demás? ¿Sin los escaladores que abrieron la ruta y los Sherpas
que transportaron la carga? ¿Sin Bourdillon y Evans, Hunt
y Da Namgyal, que fueron delante de nosotros allanando el
camino? ¿Sin Lowe y Gregory, Ang Hyima, Ang Tempra y Pen-
ba, que lo único que hicieron fue ayudarnos? Fue solo gracias
al trabajo y sacrificio de todos ellos que ahora teníamos la
oportunidad de llegar arriba.[4]

Ellos aprovecharon al máximo la oportunidad que se les brin-
daba. Y el 29 de mayo de 1953, Tenzing Norgay y Edmund Hillary
lograron lo que hasta entonces ningún otro ser humano había

alcanzado: ¡Pararse en la cima del Monte Everest, el pico más alto del mundo!

¿Podrían haberlo hecho solos Tenzing e Hillary? La respuesta es no. ¿Podrían haberlo logrado sin la ayuda de un gran equipo? De nuevo, la respuesta es no. ¿Por qué? *Porque a medida que el desafío crece, la necesidad de un trabajo en equipo aumenta.* Esa es la Ley del Monte Everest.

¿CUÁL ES SU EVEREST?

Quizás usted no sea un escalador ni tenga la menor intención de intentar llegar a la cima del Everest. Pero supongo que tendrá algún sueño. Esto lo digo con bastante seguridad porque sé que todos, muy dentro de nosotros, tenemos uno, aunque aun no lo hayamos definido muy bien. Si usted tiene un sueño, necesita un equipo para hacerlo realidad.

¿Cómo hacer para formar un equipo? Creo que la mejor manera de comenzar es haciéndose tres preguntas:

1. ¿Cuál es mi sueño?

Todo comienza con esta pregunta, porque su respuesta le revelará *lo que podría ser* ese sueño. Robert Greenleaf ha dicho: «Nada importante ocurre sin un sueño. Para que algo grande llegue a suceder, se necesita un gran sueño».

¿Qué hay en su corazón? ¿Qué posibilidades ve para su vida? ¿Qué le gustaría lograr mientras pasa por este mundo? Solo un sueño contestará tales preguntas. Como el poeta Langston Hughes escribió:

Agárrate firme de tus sueños cuando se te quieran morir,
La vida es un pájaro herido que no puede volar.

Agárrate de tus sueños cuando se te quieran ir,
La vida es un campo estéril, congelado, que hay que trabajar.

Si quiere hacer algo realmente grande, debe tener un sueño. Pero un sueño no es suficiente. Podrá hacerlo realidad solo si es parte de un equipo.

2. ¿Quién integra mi equipo?

Esta segunda pregunta le dice *lo que es*. Mida su situación actual. Su potencial está en relación directa con el equipo que tenga. Por eso es que debe ser cuidadoso en seleccionar a quienes estarán junto a usted en esta jornada. Un escalador de montañas como Maurice Wilson, que tenía a su lado únicamente a tres compañeros semi convencidos, nunca podría haber alcanzado su sueño de escalar la montaña. Sin embargo, alguien como Tenzing Norgay, que siempre escaló el Everest con los mejores montañistas del mundo, estaba capacitado para llegar a la cumbre. Un gran sueño con un equipo inadecuado no pasa de ser una pesadilla.

3. ¿Cómo deberá ser mi equipo ideal?

La verdad es que su equipo debe tener el tamaño de su sueño. Si no es así, entonces fracasará. Usted no puede alcanzar un «10» con un equipo que apenas alcanza a «4». Sencillamente las cosas así no funcionan. Si quiere escalar el Monte Everest, necesita un equipo del tamaño del Monte Everest. No hay otra fórmula para lograrlo. Es mejor tener un gran equipo para un sueño pequeño, que un gran sueño con un equipo ineficiente.

> *Su equipo debe tener el tamaño de su sueño.*

CONCÉNTRESE EN EL EQUIPO, NO EN EL SUEÑO

Uno de los errores que he visto repetidamente cometer a la gente es que dedican demasiada atención a su sueño y muy poca a su equipo. Pero la verdad es que si consigue el equipo correcto, el sueño no requerirá mayor atención de su parte.

> *Muchas personas ponen demasiada atención en su sueño y muy poca en su equipo.*

Cada sueño trae sus desafíos. La clase de desafío determina la clase de equipo que usted necesita tener. Fíjese en los siguientes ejemplos:

Clase de desafío	*Clase de equipo que se requiere*
Nuevo desafío	Equipo creativo
Desafío controversial	Equipo unido
Desafío para cambio	Equipo rápido y flexible
Desafío poco grato	Equipo motivado
Desafío diversificado	Equipo que se complemente
Desafío de largo plazo	Equipo decidido
Desafío tamaño Everest	Equipo con experiencia

Si usted quiere alcanzar su sueño, es decir, hacerlo una realidad y no solo imaginárselo ya alcanzado, entonces trabaje en su equipo, pero al hacerlo, asegúrese que sus motivos sean los correctos. Algunas personas forman un equipo solo para beneficiarse ellos. Otros lo hacen porque disfrutan la experiencia y quieren crear un sentido de comunidad. Y otros lo hacen porque quieren constituir una organización. Lo divertido en estas razones es que si usted está motivado por *todas* ellas, su deseo de formar un equipo probablemente surja de su deseo de valorizar a cada uno de los miembros. Pero si su deseo de formar un equipo tiene su origen en solo una de estas razones, probablemente necesite examinar sus motivos.

CÓMO HACER CRECER UN EQUIPO

Cuando el equipo que ha formado no está a la altura del equipo de sus sueños, entonces tiene solo dos alternativas: *olvidarse* de su sueño o *desarrollar* su equipo. En cuanto a esta segunda posibilidad, a continuación le expongo mi recomendación:

1. Trabaje con los miembros del equipo

El primer paso que tiene que dar cuando un equipo no está alcanzando todo su potencial es ayudar a sus miembros a crecer. Si usted está al frente del equipo, una de sus responsabilidades mayores es ver el potencial que las personas no ven en ellos y ponerlo a trabajar. ¡Cuando logra esto, está haciendo el trabajo de un verdadero líder!

> *Cuando el equipo que ha formado no está a la altura del equipo de sus sueños, entonces tiene solo dos alternativas: olvidarse de su sueño o desarrollar su equipo.*

Piense en las personas que integran su equipo y vea lo que necesitan basado en las siguientes cuatro categorías:

- Iniciador entusiasta – Necesita dirección

- Aprendiz desilusionado – Necesita entrenamiento

- Completador cauteloso – Necesita apoyo

- Realizador auto-confiado – Necesita responsabilidad

Siempre dé a las personas que ya forman parte de su equipo una oportunidad para crecer y desarrollarse. Es lo que el explorador inglés Eric Shipton hizo en 1935 con un joven sin experiencia llamado Tenzing, y su país fue recompensado dieciocho años más tarde con un escalamiento exitoso a la cumbre más alta del mundo.

2. Agregue al equipo miembros clave

Aun cuando usted pueda dar a cada persona integrante de su equipo una oportunidad para aprender y crecer, y ellos hagan el mejor uso de tal oportunidad, es probable que sigan careciendo del talento que necesitan para hacer realidad su sueño. Esto significa que ha llegado el momento de reclutar ese talento. A veces todo lo que el equipo necesita es una persona clave, con talento en un área, para hacer la diferencia entre éxito y fracaso. (Me referiré más a esto en la Ley de la Banca de Apoyo.)

3. Cambie el liderazgo

Los diversos retos que enfrenta un equipo requieren diferentes clases de liderazgo. Si un equipo tiene el talento correcto pero aún no está creciendo, a veces lo mejor que uno puede hacer es pedirle a alguien del equipo que anteriormente había sido un seguidor que intervenga y asuma un papel de liderazgo. Esa transición puede ocurrir durante tan solo una corta temporada, o puede ser más permanente.

> A menudo, el desafío del momento determina el líder para ese desafío específico.

A menudo, el desafío del momento determina el líder para ese desafío específico. ¿Por qué? Porque cada persona en el equipo tiene fuerzas y debilidades que entran en juego para bien o para mal. Ese fue el caso en el equipo del Everest mientras encaraban cada etapa del ascenso. El coronel Hunt escogió a los escaladores y dirigió la expedición, proyectando la visión, estructurando un servicio sin egoísmos y haciendo decisiones críticas acerca de quién sería quien asumiría tal o cual responsabilidad. Tenzing escogió a los cargadores, dirigiéndolos, organizándolos y motivándolos para armar los campamentos en cada etapa en la montaña. Y los equipos de escaladores se turnaron para dirigir y abrir camino en el ascenso de modo que Hillary y Tenzing pudieran dar el salto final para llegar a la cima. Cuando surgía un determinado desafío, el líder se hacía cargo y todo el equipo trabajaba junto y coordinadamente haciendo cada uno su parte.

Si su equipo está frente a un gran desafío y da la impresión que no hay progreso en «escalar la montaña» entonces es posible que sea el momento de cambiar a los líderes. Debe haber en el equipo alguien mejor capacitado para dirigir en esa circunstancia específica. (Aprenda más al leer los mitos de la cabecera de la mesa y de la mesa redonda en la Ley de la Ventaja.)

4. Quite a los miembros ineficaces

A veces, por falta de habilidad o por una actitud inadecuada, un miembro del equipo puede transformar a un equipo ganador en uno perdedor. En tales casos usted debe poner el equipo en primer lugar y hacer los cambios que sea necesario para el bien de todos.

Tenzing enfrentó esa clase de situación en la expedición al Everest de 1953. Durante los primeros días de viaje había continuos roces entre los cargadores y el equipo británico de escaladores. Como la persona a cargo de esta parte del trabajo, Tenzing se mantuvo permanentemente en medio de la situación tratando de evitar los problemas. Después de repetidos esfuerzos por establecer la paz entre ambos grupos, Tenzing descubrió que la fuente del problema eran dos Sherpas que ocasionaban las disensiones. Sin demora los despidió y los mandó de vuelta a casa. La paz retornó a la expedición. Si su equipo no está dando la talla, es casi seguro que tiene que hacer algunos cambios.

Hacer que un equipo se desarrolle no es fácil. Demanda y consume mucho tiempo. Pero si quiere hacer su sueño realidad, no tiene otra salida. Mientras más grande es el sueño, más grande tiene que ser el equipo. *A medida que el desafío crece, la necesidad de un trabajo en equipo aumenta.* Esta es la Ley del Monte Everest.

NO TODOS LOS DESAFÍOS SON UN SUEÑO

Los desafíos que nuestros equipos confrontan no siempre son lo que nosotros hemos elegido. A veces se precipitan sobre nosotros y no nos queda otra cosa que hacer que enfrentarlos y hacer lo mejor que podamos con el equipo que tenemos, o rendirnos y sufrir las consecuencias. Eso fue cierto en el caso de la tripulación y el equipo de apoyo de Apolo 13.

Si usted vio la película *Apolo 13* protagonizada por Tom Hanks (o recuerda, como yo, algunas de las coberturas periodísticas de la televisión durante el vuelo real), entonces conoce lo principal de la historia. El 13 de abril de 1970, a las 10:07 p.m. hora del este, explotó un tanque de oxígeno en el módulo de servicio de la nave espacial *Odyssey*, el cual hizo que la nave perdiera su provisión de oxígeno y todo poder normal. Sumado a eso, el motor principal de la nave dejó de funcionar. Como la nave se encontraba a 322 mil kilómetros de distancia de la tierra y en un curso que amenazaba con ponerla en una órbita permanente alrededor de la luna, este era un desastre potencialmente fatal.

Los astronautas en la nave *Odyssey*, James Lovell, Jack Swigert, hijo y Fred Haise no serían capaces de regresar a la tierra por ellos mismos. Si se pretendía que sobrevivieran, esto requeriría un trabajo de equipo a un nivel que el programa espacial nunca había experimentado y se requeriría tener personas trabajando unidas como una maquinaria perfectamente engrasada.

TRABAJO DE EQUIPO A UN NIVEL NUEVO

El equipo de control de vuelo en tierra rápidamente cerró la cápsula del comando dañado y para su seguridad guió la nave hacia el módulo lunar (ML) *Aquarius*. Eso proveyó a la tripulación una seguridad momentánea. Pero todavía enfrentaban dos grandes desafíos:

1. Poner cuanto antes camino a la tierra el módulo del comando *Odyssey* y el módulo lunar *Aquarius*, y

2. Conservar las partes del equipo que mantendrían a los astronautas vivos: poder energía, oxígeno y agua. Lograr estas dos cosas no sería tarea fácil.

Por lo general, durante una misión normal de Apolo, el centro de control de la misión en Houston utiliza cuatro equipos de controladores, cada uno individualizado mediante un color: blanco, negro, oro y rojo. Cada uno de estos equipos tenía técnicos responsables para cada tarea específica. El procedimiento acostumbrado era que cada equipo hiciera turnos de seis horas bajo la dirección de uno de los tres directores de vuelo. Pero con la vida de tres astronautas en peligro, cada miembro de cada equipo entró en actividad de inmediato. Gene Kranz, director de vuelo, sacó a uno de los equipos de su rotación habitual y formó el Equipo Tigre. Los quince miembros del equipo trabajaron con el criterio que se aplica en una crisis.

Cuando Kranz habló con ellos, les dijo:

Por el resto de la misión, los mantendré fuera de su trabajo habitual. La gente que está fuera de este círculo [se refería a los otros equipos] estará controlando el vuelo segundo a segundo, pero serán ustedes los que determinen qué será lo que los otros ejecuten ... En los próximos días estaremos trabajando con técnicas y maniobras que nunca hemos hecho antes. Quiero estar seguro que sabemos lo que estamos haciendo.[5]

Aparte de eso, la NASA inmediatamente se puso en contacto con los representantes de los constructores de la nave, tales como la gente de Grumman Aerospace que habían construido el módulo lunar. (Y cuando a media noche supieron que había problemas con la Apolo 13, prácticamente *todos* en esa organización se pusieron a trabajar.) Echaron mano a los más experimentados especialistas que tenían y establecieron rápidamente una amplia red de simuladores, computadores y expertos. La NASA declaró:

> En el Centro de naves tripuladas en Houston, los astronautas Alan Shepard y Ed Mitchell operaron uno de los simuladores del módulo lunar mientras Gene Cernan y David Scott trabajaban en el otro. En Cabo Kennedy, el astronauta Dick Gordon simulaba maniobras de emergencias en un tercer módulo lunar. Un equipo de especialistas en simulación trabajó sin descanso las veinticuatro horas del día. No hubo procedimiento, instrucción de maniobra, ni lista de comprobación trasmitido a la tripulación que no fuera probado ampliamente con anticipación.[6]

TAN FÁCIL COMO UN, DOS Y TRES

La primera tarea del equipo fue lograr que el módulo lunar, que había sido diseñado para apoyar a dos hombres durante 49 horas y media, pudiera sostener a tres hombres durante 84 horas. Ellos hicieron esto después de decidir cómo poner la nave a trabajar usando la menor cantidad de sistemas, lo que les permitiría emplear menos de una cuarta parte de la energía normal.

Luego, tenían que poner la nave espacial en un curso que le permitiera regresar a la tierra. Esto tampoco fue un trabajo sencillo ya que tendrían que usar el pequeño motor del módulo lunar y el sistema de dirección estaba fuera de uso. Pero entre el esfuerzo de la tripulación, la habilidad de los fabricantes del módulo lunar y los cálculos hechos por el Equipo Tigre, pudieron hacerlo. Ellos también aumentaron la velocidad de la nave para reducir la duración del vuelo, lo que les permitiría ahorrar cantidades preciosas de agua y energía.

El tercer gran desafío del equipo fue hacer que el aire que la tripulación respiraba fuera seguro. El oxígeno no era problema porque el pequeño módulo lunar tenía una buena provisión de ese elemento. Pero las formaciones de dióxido de carbono podían llegar a niveles peligrosos porque la pequeña nave, proyectada para descender en la luna, no había sido diseñada para eliminarlo en suficiente cantidad. Por eso la tripulación en tierra dio con una forma ingeniosa de adaptar los filtros de hidróxido de litio del módulo del comando para que pudieran trabajar con el sistema no compatible del módulo lunar.

Cada vez que el equipo masivo de la NASA enfrentaba un obstáculo que amenazaba con dejar a la tripulación abandonada en el espacio, su inventiva, su tenacidad característica y su alta disposición de cooperar entre ellos les permitieron conseguir su objetivo. Como resultado, el 17 de abril de 1970, la tripulación de la nave espacial *Odyssey* regresó sana y salva a la tierra. A la NASA le gusta llamar a aquella misión un «fracaso exitoso». Yo lo llamo una lección de la Ley del Monte Everest. *A medida que el desafío crece, la necesidad de un trabajo en equipo aumenta.*

Poner hombres en la luna es un reto de increíbles proporciones. Pero traerlos de regreso a casa cuando a 322 mil kilómetros de distancia las cosas no están saliendo bien es un reto aun mayor. Afortunadamente para estos hombres, el equipo ideal estaba listo y en sus puestos cuando surgieron los problemas. Y esa es una de las grandes lecciones de Apolo 13. El tiempo para armar su equipo no es cuando esté en una situación de vida o muerte sino mucho antes que tal situación se presente. Si todavía no lo tiene, comience hoy mismo de modo que cuando el gran desafío llegue, usted y su equipo estén listos.

PENSAMIENTO DEL EQUIPO DE TRABAJO

El tamaño de su sueño debe determinar el tamaño
de su equipo.

CÓMO SER UN MEJOR MIEMBRO DEL EQUIPO

¿Cuál es su primera reacción natural cuando un desafío se pone difícil? ¿Se aísla del resto del mundo para pensar? ¿Trata de resolver el problema solo? ¿Se aleja de los demás para evitar presiones? ¿O se apoya en sus compañeros y deja que ellos se apoyen en usted?

Si aun no lo hace, aprenda a reunirse con sus compañeros de equipo. Solo no podrá enfrentar con éxito un gran desafío. Como lo declaró Tenzing: «En una gran montaña, nadie abandona a sus compañeros y se lanza a la conquista de la cima solo».[7]

Cómo ser un mejor líder del equipo

¿Qué clase de ajuste necesita hacer para crear su equipo ideal, el que puede enfrentar con éxito los desafíos que habrán de presentársele? ¿Necesita pasar más tiempo ayudando a su gente a que se desarrolle? ¿Necesita agregar algunos miembros claves al equipo? ¿O debería hacer cambios en su liderazgo? Y, por supuesto, no se olvide que usted también necesita mantenerse creciendo. Lo que es válido para un miembro del equipo es igualmente válido para el líder: Si usted no ha estado creciendo, es tiempo de empezar.

5

LA LEY DE LA CADENA

Todo equipo es tan fuerte como lo es su eslabón más débil

El 24 de marzo de 1989, se divulgó la noticia de que en el estrecho Príncipe William de Alaska había ocurrido un accidente con desastrosas consecuencias para el medio ambiente. El barco petrolero *Exxon Valdez* había encallado en el arrecife Bligh provocando una rotura en el casco que afectó a ocho de los once tanques de la nave. El resultado fue que se derramaron en el mar 10.8 millones de los 53 millones de galones de petróleo que transportaba el barco.

El impacto negativo en el área fue inmenso. La pesca y el turismo se vieron interrumpidos, dañando la economía de la región. Los efectos en el medio ambiente fueron incalculables. Los expertos estimaron que habrían muerto 250 mil aves marinas, 2,800 nutrias, 300 focas, 250 águilas calvas, 22 orcas y miles de millones de huevos de peces comestibles como salmones y arenques. Aunque el del Exxon Valdez no fue el peor accidente de este tipo, los expertos consideran que en términos de daños al medio ambiente ha sido el peor.[1]

Por supuesto, la Exxon, propietaria del barco, también pagó su precio. Sus representantes estiman que el accidente les costó 3,500 *millones* de dólares:

- 2,200 millones en limpieza

- 300 millones en pago por demandas

- 1,000 millones en costos estatales y federales.[2]

Pero eso no es todo. Además de lo que la compañía Exxon ya ha pagado, es probable que tengan que pagar 5,000 millones adicionales por concepto de daños punitivos, un juicio que después de más de una década de ocurrido el accidente todavía están tratando de revertir a través del proceso de apelación. ¿Cuál fue la causa de este accidente que ha tenido costos tan altos? La respuesta se puede encontrar en la Ley de la Cadena.

LA CADENA SE ROMPE

Cuando el 23 de marzo se desconectó de la terminal de Alyeska, el *Exxon Valdez* inició lo que parecía ser una travesía rutinaria. Un experto guió a la nave a través del estrecho Valdez y luego entregó el mando a su capitán, Joe Hazelwood. Él ordenó que se pusiera a la nave en un curso determinado, entregó los controles a Gregory Cousins, tercer oficial y abandonó el puente. Treinta y cinco minutos más tarde, el *Exxon Valdez* encallaba en un arrecife y derramaba en el mar toneladas de petróleo.

Las investigaciones que siguieron al accidente pintaron un cuadro muy feo: descuido en las medidas de seguridad, desatención a las políticas de la compañía y falta de idoneidad en la toma de decisiones. El capitán había estado bebiendo en las horas previas a que tomara el control del barco. Mientras el tanquero navegaba a través de los estrechos Valdez, en la sala del timonel permanecía solo un oficial, en lugar de los dos que se requería. Y esto se mantuvo así después que el experto entregó el mando. (Además, ese oficial, Cousins, había venido cumpliendo un horario excesivo de trabajo, lo que hace suponer que la fatiga de que era víctima contribuyó al error en la navegación que desembocó en el accidente.) Tampoco había un vigía permanente en el puente mientras la nave avanzaba.

Hubo también discrepancias entre lo que el capitán Hazelwood informó al Centro de Tráfico que hizo y las órdenes que en realidad dio. A las 11 y media de la noche el capitán avisó por radio que tomaría un curso de 200 grados y reduciría la velocidad a causa de los témpanos de hielo con los que se encontraban de vez en cuando en la ruta que llevaban. Pero la lectura de los motores demostró que la velocidad se mantuvo en aumento. Nueve minutos después, el capitán ordenó que el barco tomara un curso de 180 grados y se conectara el piloto automático, pero nunca informó al centro de tráfico del cambio. Y, a las 11.53, abandonó el puente de mando.

Cuatro minutos después de medianoche, el barco estaba en el arrecife. Por casi dos horas, primero Cousins y luego Hazelwood trataron de sacarlo de allí, mientras el petróleo se vertía en el mar. Se estima que durante las primeras tres horas el barco perdió 5.8 millones de galones de petróleo. Para entonces, el daño ya estaba hecho y el eslabón débil había roto la cadena. La costa de Alaska era un desastre y la carrera de Hazelwood como capitán del barco había llegado a su fin, mientras que la Exxon empezaba a sufrir los efectos de una pesadilla en materia de relaciones públicas y tenía que enfrentar crecientes obligaciones financieras.

Aunque a cualquier equipo le gusta medirse por sus mejores hombres, la verdad es que *todo equipo es tan fuerte como lo es su eslabón más débil*. No importa cuánto traten de racionalizarlo, compensarlo u ocultarlo, finalmente un eslabón débil quedará en evidencia. Esa es la Ley de la Cadena.

Su equipo no es para todos

Uno de los errores que con frecuencia cometía al comienzo de mi carrera como líder de un equipo era creer que todos los que estaban en mi equipo se mantendrían en él. Había varias razones para pensar así. Primero, yo tiendo a ver instintivamente lo mejor de cada persona. Cuando observo a individuos con potencial veo todo lo que pueden llegar a ser aunque ellos mismos no lo vean. Y trato de animarlos y equiparlos para que sean mejores de lo que son. Segundo, en realidad me gusta la gente. Mientras más se involucran en algo, más grande es la alegría. Y tercero, porque al tener visión y creer que mis metas valen la pena y son beneficiosas, a veces en forma ingenua asumo que todo el mundo querrá involucrarse conmigo.

Pero solo porque yo quiera unirme a todos no significa que siempre todo habrá de salir bien. Mi primera experiencia importante en cuanto a esto ocurrió en 1980 cuando se me ofreció un trabajo de ejecutivo en la sede mundial Wesleyana en Marion, Indiana. Cuando lo acepté, invité a mi asistente a que fuera conmigo para integrar el equipo que tendría que formar. Ella y su esposo pusieron mi oferta bajo consideración y viajaron a Marion para echar una mirada. Nunca olvidaré el día cuando volvieron. Mientras les hablaba con todo entusiasmo acerca de los desafíos que teníamos por delante y cómo iríamos enfrentándolos, empecé a ver en sus rostros algo que me decía que las cosas no estaban del todo bien. Y esta impresión quedó confirmada cuando hablaron. Habían decidido no aceptar mi oferta. No irían a Marion.

Aquello me tomó por completa sorpresa. Me pareció que estaban cometiendo un error y así se los manifesté, tratando de convencerlos para que cambiaran de actitud. Pero mi esposa, Margaret, me dijo algo muy sabio: «John, tu problema es que quieres llevar contigo a todo el mundo. Pero no todos te van a decir que sí. Acepta eso». Fue una buena lección que aprendí y que aun sigo aprendiendo.

Por esa experiencia y otras que he tenido a partir de entonces he descubierto que cuando se trata de trabajo en equipo:

1. No todos quieren decir que sí

Algunas personas sencillamente no quieren hacerlo. Mi asistente y su esposo querían seguir viviendo en Lancaster, Ohio, donde habían establecido un ambiente de relaciones desde hacía varios años. Para otros, el asunto es cuestión de actitud. Sencillamente no quieren el cambio, no quieren crecer o conquistar nuevos territorios. Se aferran al statu quo. Todo lo que hay que hacer con estas personas es agradecerles amablemente por sus contribuciones pasadas y seguir adelante.

2. No todos deben decir que sí

Otras personas no deberían unirse a un equipo simplemente por cuestión de *agenda*. Tienen otros planes, y las metas de usted no son el lugar apropiado para ellos. Lo mejor que puede hacer con este tipo de personas es desearles éxito y hasta donde le sea posible, ayudarles en sus propios planes para que triunfen en lo que hagan.

3. No todos pueden decir que sí

Para el tercer grupo de personas, el asunto es de capacidad. Es posible que no sean capaces de mantener el ritmo con los demás miembros del equipo o ayudar al grupo a llegar al lugar a donde quieren ir. ¿Cómo se puede reconocer a esta clase de personas? No son muy difíciles de identificar porque a menudo:

- No pueden mantener el ritmo con los demás miembros del equipo

- No se desarrollan en su área de responsabilidad

- No pueden ver el cuadro completo

- No están dispuestos a trabajar en sus puntos débiles

- No están dispuestos a trabajar con el resto del equipo

- No pueden cumplir las expectativas para su área

Si usted tiene personas que muestren una o más de estas características, entonces necesita reconocer que se trata de eslabones débiles.

Lo anterior no significa que se trata necesariamente de malos elementos. En realidad, hay algunos equipos que existen para servir a los eslabones débiles y ayudarles a ser fuertes. Depende de cuáles sean las metas del equipo. Por ejemplo, en un tiempo de mi pastorado, llegábamos a las personas de la comunidad para ayudarlas con alimentos y otras necesidades. Ayudamos a personas con adicciones, a otras que se recuperaban de divorcios y muchos otros problemas. Nuestra meta era servirles. Es bueno y apropiado ayudar a las personas que se encuentran en tales circunstancias. Pero integrarlos al equipo cuando están destrozados no solo no les ayuda sino que causa daño al equipo. Además, hace que no se logren las metas de servicio.

Si usted se da cuenta que en su equipo tiene eslabones débiles, tiene dos cosas por hacer: entrenarlos o deshacerse de ellos. Por supuesto, su primera prioridad siempre debe ser entrenarlos. Esto puede hacerse en varias maneras: proveyéndoles libros para que lean, enviándolos a conferencias, presentándoles nuevos desafíos, poniéndoles mentores. Yo creo que con frecuencia la gente alcanzará el nivel de sus expectativas. Déles esperanza y entrenamiento y mejorarán.

¿Pero qué tendría que hacer si un miembro del equipo está fallando continuamente, incluso después de haber recibido entrenamiento especial, aliento y oportunidades para mejorar? Mi padre acostumbraba usar este refrán: «El agua busca su nivel». Es posible que alguien que es un eslabón débil en su equipo llegue a ser una estrella en otro equipo. Usted necesita darle a esa persona la oportunidad de encontrar su propio nivel en otra parte.

EL IMPACTO DE UN ESLABÓN DÉBIL

Si usted es un líder de equipo, no puede evitar tener que contender con eslabones débiles. Los miembros de un equipo que no son capaces de cargar con su propio peso no solo hacen torpe la marcha del equipo, sino que afectan a su liderazgo. Eche una mirada a algunas de las cosas que ocurren cuando un eslabón débil se mantiene en el equipo:

1. *Los miembros más fuertes identifican al más débil*

Un eslabón débil no se puede ocultar, excepto en un grupo de personas débiles. Si en su equipo usted tiene personas fuertes, ellos siempre saben quién es el que no está alcanzando el nivel requerido.

2. *Los miembros más fuertes tienen que ayudar al débil*

Si su gente tiene que trabajar unida como equipo para hacer el trabajo, eso significa que tienen dos alternativas cuando se da el caso de un compañero débil. Pueden ignorar a esa persona y dejar que todo el equipo sufra, o ayudarlo para que alcance las metas. Si tienen sentido de equipo, lo van a ayudar.

3. *Los miembros más fuertes llegan a resentirse con el débil*

Sea que los miembros más fuertes ayuden o no, el resultado siempre será el mismo: resentimiento. A nadie le gusta perder o rezagarse por la misma persona.

4. *Los miembros más fuertes serán menos efectivos*

Cuando usted, además de la suya, tiene que llevar la carga de otro, su rendimiento está amenazado. Haga eso por un largo tiempo, y todo el equipo sufrirá.

5. *Los miembros más fuertes ponen en duda la capacidad del líder*

Finalmente, cada vez que el líder permite que el eslabón débil permanezca siendo parte del equipo, los demás miembros que se sienten forzados a compensar el déficit de éste, empiezan a dudar del valor y discernimiento del líder. Usted pierde el respeto de lo mejor cuando no actúa inteligentemente en cuanto a lo peor.

Los miembros del equipo pueden evitar la dura decisión de confrontar a sus compañeros que están fallando, pero el líder no puede. Precisamente, una de las diferencias entre los líderes y los seguidores es la acción. A menudo los seguidores saben lo que tienen que hacer, pero no quieren o no pueden asumir su responsabilidad. Pero debe saber esto: si otras personas en el equipo hacen decisiones por usted debido a que usted no quiere o no puede hacerlas, entonces su liderazgo está comprometido y usted no está sirviendo adecuadamente al equipo.

> *Usted pierde el respeto de lo mejor cuando no actúa inteligentemente en cuanto a lo peor.*

Fortalecer la cadena

Los miembros débiles del equipo siempre absorben más del tiempo del equipo que los fuertes. Una razón es que las personas más competentes tienen que dar de su tiempo para compensar por aquellos que no llevan la parte de la carga que les corresponde. Mientras mayor sea la diferencia en competencia entre los grandes ejecutores y los débiles, mayor es el daño que se infiere al equipo. Por ejemplo, si usted califica a la gente en una escala de uno a diez, un «5» entre varios «10» realmente dañará al equipo, mientras un «8» entre varios «10» a menudo no incide en nada.

Déjeme mostrarle cómo trabaja esto. Cuando usted forma por primera vez un equipo, los talentos de las personas se unen en una forma que es análoga a una suma; de esta manera, un «5» entre varios «10» se ve así:

$$10 + 10 + 10 + 10 + 5 = 45.$$

La diferencia entre esta clase de equipo y uno muy bueno que tenga cinco «10» es igual a la diferencia entre 50 y 45. Es una diferencia de 10 por ciento. Pero una vez que se forma un equipo y empieza a desarrollar química, sinergia e ímpetu, la forma en que se unen los talentos de sus miembros es análoga a una multiplicación. Aquí es, precisamente, donde un eslabón débil empieza a perjudicar al equipo. Es la diferencia entre este

$$10 \times 10 \times 10 \times 10 \times 10 = 100,000$$

y este

$$10 \times 10 \times 10 \times 10 \times 5 = 50,000$$

¡Esa es una diferencia de cincuenta por ciento! El poder y el ímpetu del equipo son capaces, por un tiempo, de compensar el déficit de un eslabón débil, pero no para siempre. Un eslabón débil siempre terminará por afectar el ímpetu y el potencial del equipo.

Irónicamente, los eslabones débiles son menos conscientes de su debilidad y deficiencia que los miembros fuertes. También pasan más tiempo cuidando sus metros cuadrados, asegurando sus posiciones y defendiendo lo que tienen. Y sepa esto: cuando se trata de interactuar entre personas, por lo general los débiles controlan la relación. Por ejemplo, alguien con una buena autoimagen es más flexible que una persona con una pobre autoimagen. Una persona con una visión clara actúa más pronto que alguien sin ella. Una persona con una gran capacidad y mucha energía consigue más y trabaja más tiempo que una con menos capacidades. Si esas dos personas trabajan juntas, el miembro fuerte debe preocuparse constantemente del débil y esperar por él. Eso determina lo que ocurre en el proceso.

Si su equipo tiene un eslabón débil que no puede o no quiere ponerse a la altura del resto del equipo y usted ha hecho todo lo que ha podido para ayudar a la persona a mejorar, entonces ha llegado el momento de tomar una decisión. Cuando lo haga, atienda al consejo de los autores Danny Cox y John Hoover. Si necesita quitar a alguien del equipo, hágalo con discreción, con claridad, con sinceridad y sea breve. Luego, una vez que la persona haya salido, sea franco con el resto del equipo sin dejar de mostrar respeto y aprecio por la persona que se ha ido.[3] Y si antes o después de la acción usted empieza a dudar, recuerde esto: Si el eslabón débil se mantiene como parte del equipo, todo el resto sufrirá.

¡NADA DE ESLABONES DÉBILES!

Nadie quiere tener eslabones débiles en su equipo, que hagan que no se logren las metas y objetivos. No obstante, todos hemos tenido que trabajar con personas así. Y a veces hemos obtenido buenas experiencias: hay gran recompensa personal cuando ayudamos a compañeros a pasar de ser eslabones débiles a miembros fuertes del equipo, e incluso, a que terminen siendo verdaderos elementos estrellas. Pero, para bien o para mal, una parte inevitable de pertenecer a un equipo es tener que convivir con estas personas de bajo rendimiento. Podría decirse que no hay equipo que no tenga al menos a una de estas personas.

Como ya lo he mencionado, a menudo la meta de un equipo está determinada por la forma en que se puede trabajar con un eslabón débil. Otras veces, las demandas para un equipo son tan altas que sus miembros no pueden permitirse el lujo de tener un eslabón débil. Y ese es el caso de los SEAL de la Marina de Estados Unidos. La clase de trabajo que ellos hacen es tan exigente que una persona débil en el equipo puede significar la muerte de todo el grupo.

En años recientes los SEAL han generado un enorme interés popular. Han sido los protagonistas de numerosas novelas y películas. Han captado la imaginación de la gente debido a que son considerados lo mejor de lo mejor. Como un ex SEAL dijo: «Ningún grupo de hombres está tan cerca de la perfección en el campo de su elección como los SEAL».

Los SEAL fueron creados por el Presidente John F. Kennedy en 1962. Habían evolucionado de unos equipos de demolición submarina desarrollados durante la Segunda Guerra Mundial para limpiar de obstáculos las áreas de aterrizaje anfibio en playas como Omaha y Utah, en Normandía, y más tarde en las islas del Pacífico. Como todas las fuerzas de operaciones especiales en las diversas ramas de las fuerzas armadas de Estados Unidos, son expertos en armamento, combate cuerpo a cuerpo, demolición y también han sido entrenados para lanzarse en paracaídas. Pero su especialidad está en operaciones en el mar. Esto ha dado origen a su nombre: SEAL indica que ellos son capaces de operar en SEA (mar), desde el AIR (aire) y en LAND (tierra).

Cómo se forja la cadena

La clave del éxito de los SEAL es su entrenamiento, cuyo énfasis real no es aprender sobre armas y adquirir habilidades técnicas, sino que tiene que ver con desarrollar la capacidad de la gente y establecer equipos de trabajo. Las armas cambian y de la misma manera los métodos para dirigir operaciones, pero el intenso entrenamiento mental y físico ha permanecido casi completamente inalterado por cincuenta años. El comandante en jefe del Comando de Operaciones Especiales de Estados Unidos, el general Peter J. Schoomaker ha dicho: «Todo menos nuestros valores esenciales está sobre la mesa; para lograr llevar a cabo el trabajo tenemos que estar listos para cambiar lo que sea, menos estos valores. Los valores esenciales del equipo SEAL son las personas».[4]

Para tener a las personas correctas en el equipo debe comenzarse con el proceso de selección. Solo cierta clase de personas estarán dispuestas a pasar por el entrenamiento de los SEAL. Y de los que deciden hacerlo solo uno de cada diez es aceptado. (La Marina recomienda que los candidatos corran al menos treinta millas en una semana y naden largas distancias *antes* que se consideren aceptables.) Los que son aceptados deben someterse a veintiséis semanas de intensas tensiones físicas, psicológicas y mentales. Las demandas físicas y emocionales del entrenamiento son tales que hacen que otros campos de entrenamiento de la Marina parezcan un paseo campestre. John Roat, que se sometió a este entrenamiento fue uno de los primeros miembros del equipo original formado en 1962. Dice que más de 1,300 hombres trataron de entrar, pero el programa aceptó a 134. La barra para el entrenamiento físico era tan alta que desde el primer día los candidatos empezaron a desertar. Para él, eso era bueno. Dice:

> Todavía quedaban unos 130 hombres cuando los instructores nos dividieron en grupos de diez y nos dieron nuestros botes

... Cada grupo tenía que llevar su bote sobre las cabezas de modo que cuando uno de los miembros del grupo desmayaba, eso repercutía en todos los demás. No había forma de aprender a trabajar como equipo mientras los hombres que tenían que salir, salieran. Mientras permanecían allí, eran un factor adicional de sufrimiento para todos. Suena duro, pero así es la vida.[5]

Durante las primeras cinco semanas, el entrenamiento es tortuoso y las exigencias físicas son increíbles. Luego viene la «semana del infierno» que son cinco días de constantes desafíos físicos y mentales donde a los aprendices se les mantiene despiertos y activos durante la semana entera, salvo cuatro o cinco horas. Es la prueba que elimina a los eslabones débiles que todavía quedan y, al mismo tiempo, da forma al equipo definitivo. Roat describe así el impacto de esa parte del entrenamiento:

Cada grupo aprende las mismas cosas durante la «semana del infierno». Usted puede llegar a límites que no se había imaginado, pero no puede hacerlo solo y los que caen, se quedan ahí. La «semana del infierno» ha cambiado menos que otras partes del entrenamiento por una simple razón: Los instructores no pueden encontrar una forma mejor. No se puede seleccionar a la gente por lo bien que luce. No hay examen escrito que determine qué hombre está capacitado para ser parte del equipo. Si fuera posible conseguir buenos operadores reduciendo el entrenamiento a simples entrevistas y a respuestas de sí o no, la marina estaría encantada. El problema es que los psicólogos no pueden predecir quién va a sobrevivir después de cinco días sin dormir, con una presión constante y demandas físicas imposibles. Por eso se mantiene el programa.[6]

El entrenamiento de los SEAL es tan intenso que ha habido grupos donde no ha aprobado *nadie*. En el caso del grupo de Roat se graduaron 49 de los 134 que comenzaron. El sentimiento de aquellos que aprobaron pese a las tensiones y al dolor puede bien estar representado por las palabras de uno de los compañeros de Roat: «No podía fallar. Habría afectado a todos mis compañeros. Simplemente no pude fallar».

Los SEAL de la Marina son considerados por muchos como la elite entre las ya compañías elite de las fuerzas de operaciones especiales en las fuerzas armadas de Estados Unidos. Su interacción es la definición de equipo de trabajo y dependen el uno del otro a un grado que la mayor parte de la gente no puede entender y además nunca experimentará. Su sobrevivencia depende de ello. Y por tal razón, no pueden permitirse tener ni un eslabón débil.

Aunque usted seguramente nunca va a tener que enfrentar el tipo de presiones que deben soportar los SEAL, puede estar seguro de esto: *Un equipo es tan fuerte como lo es su eslabón más débil.* No importa en qué clase de equipo se encuentre, esto siempre es verdad. Es la Ley de la Cadena.

PENSAMIENTO DEL EQUIPO DE TRABAJO

El equipo no puede ignorar sus puntos débiles
en forma permanente.

CÓMO SER UN MEJOR MIEMBRO DEL EQUIPO

La inclinación natural de la mayoría de la gente es juzgarse según sus mejores cualidades a la vez que miden a los demás según las peores. Como resultado, señalan áreas donde sus compañeros de equipo necesitan crecer. Pero la verdad es que cada persona es responsable por su propio crecimiento.

Analícese usted. Usando el criterio del capítulo, examínese para ver dónde pudiera estar obstruyendo a su equipo. Marque el cuadrado de la página siguiente bajo la palabra «yo» para cada asunto que concierna a usted. Y si en verdad tiene valor, pídale a su cónyuge o a un buen amigo que lo evalúe haciendo una marca en el cuadrado correspondiente a la palabra «amigo»:

Evaluado por		Asuntos posibles
Yo	Amigo	
☐	☐	*Le cuesta mantenerse a nivel de los demás miembros del equipo*
☐	☐	*No estoy creciendo en mi área de responsabilidad*
☐	☐	*Le cuesta ver el cuadro completo*
☐	☐	*Se me hace difícil ver mis propias debilidades*
☐	☐	*Le cuesta trabajar con el resto del equipo*
☐	☐	*Falla vez tras vez en llenar las expectativas en áreas de responsabilidad*

Si usted (o la otra persona que lo evaluó) marca más de un cuadrado, necesita entrar en un plan de crecimiento para no afectar a su equipo. Hable con el líder de su equipo o con un consejero de confianza sobre las formas de desarrollarse en sus áreas débiles.

CÓMO SER UN MEJOR LÍDER DEL EQUIPO

Si usted es un líder de un equipo, no puede ignorar las situaciones creadas por un eslabón débil. Hay soluciones apropiadas según sea la clase de equipo. Si el equipo es una familia, entonces no se trata, simplemente, de prescindir de la persona que constituye un eslabón débil. Tiene que trabajar con ella con amor, ayudarla a crecer, a la vez que debe tratar de minimizar los daños que pudiera causar a otros miembros de la familia. Si el equipo es un negocio, entonces usted es responsable ante el propietario o los administradores. Si ha ofrecido entrenamiento sin éxito, quizás lo mejor sea deshacerse del eslabón débil. Si el equipo es un ministerio y el entrenamiento no ha dado los resultados esperados, quizás lo apropiado sea pedir a las personas débiles que se abstengan de participar en el equipo por un tiempo. Es posible que necesiten alejarse del equipo por un tiempo para trabajar en áreas emocionales y espirituales.

No importa cuál sea la situación que enfrente usted, recuerde que sus responsabilidades ante los demás siguen el siguiente orden: a la organización, al equipo y finalmente al individuo. Al final vienen sus propios intereses y tranquilidad.

LA LEY DEL CATALIZADOR

Los equipos triunfantes tienen jugadores que hacen
que las cosas sucedan

La mayoría de los equipos no mejoran naturalmente por sí mismos. Si se les deja solos no crecen, no progresan, ni alcanzan el calibre de campeones. Al contrario, tienden a decaer. La vía hacia el nivel siguiente siempre es cuesta arriba. Si un equipo no lucha con ansias por subir, entonces inevitablemente se desliza hacia abajo, pierde el norte, se desentona, decae su energía, se rompe su unidad y pierde el ímpetu. En algún momento también pierde sus jugadores claves. Además es solo cuestión de tiempo que se estanque y caiga definitivamente en la mediocridad. ¡Por eso es que un equipo que alcanza su potencial siempre tiene un catalizador!

> *Los catalizadores son personas que logran lo que se proponen, y aun más.*

Definición de catalizador

Los catalizadores son personas que logran lo que se proponen, y aun más. Michael Jordan es el catalizador más grandioso que he tenido el privilegio de ver en acción.

Según muchas personas (entre ellas yo), es el más extraordinario basquetbolista, no solo por su talento, capacidad atlética y comprensión del deporte sino también por su habilidad como catalizador. Su currículo como aficionado y profesional con los Bulls de Chicago confirma tal habilidad:

- Gana el campeonato de primera división de la NCAA [Asociación atlética nacional universitaria, por sus siglas en inglés] (1982)

- Nominado dos veces como el jugador universitario del año por el *Sporting News* (1983 y 1984)

- Recibe los premios Naismith y Wooden (1984)

- Gana dos medallas olímpicas de oro (1984 y 1992)

- Gana seis campeonatos de la NBA (1991, 1992, 1993, 1996, 1997, 1998)

- Seleccionado el Novato del Año de la NBA (1985)

- Seleccionado para el equipo de Mejores Novatos de la NBA (1985)

- Seleccionado diez veces para el equipo de las Estrellas de toda la NBA (1987, 1988, 1989, 1990, 1991, 1992, 1993, 1996, 1997, 1998)

- Tiene el récord de máximo anotador promedio en la profesión (31.5 puntos por partido)

- Tiene el récord en la NBA de más temporadas como máximo anotador de la liga (10)

- Tiene el récord en la NBA de más temporadas en la liga como puntero en canastas hechas (10) y tentativas (10)

- Tercero en la historia de la NBA como anotador (29,277), tercero en recuperaciones (2,306), y cuarto en canastas hechas (10,962)

- Nominado por la NBA como el jugador defensivo del año en 1985 (después de ser criticado de que era solamente un jugador ofensivo)

- Seleccionado ocho veces para el mejor equipo defensivo de toda la NBA (1988, 1989, 1990, 1991, 1993, 1997, 1998)

- Nominado cinco veces como el jugador más valioso de la NBA (1988, 1991, 1992, 1996, 1998)

- Nominado seis veces en las finales como el jugador más valioso de la NBA (1991, 1992, 1993, 1996 1997, 1998)

- Nominado como uno de los cincuenta jugadores más extraordinarios en la historia de la NBA.

Las estadísticas expresan la grandeza de Jordan, pero en realidad no manifiestan toda la historia. Para eso usted tendría que verlo en acción. Cuando era necesario sacar de apuros al equipo de los Toros, la pelota iba a Jordan. Cuando se necesitaba que un jugador hiciera el último lanzamiento para ganar un partido, la pelota iba a Jordan. Aun si el equipo necesitaba que todo marchara bien en los entrenamientos, la pelota iba a Jordan. Sin importar qué situación se presentara en la cancha, Jordan era capaz de poner al equipo en condiciones de ganar el partido. Ese siempre es el caso de los equipos campeones. *Los equipos triunfantes tienen jugadores que hacen que las cosas sucedan.* Esa es la Ley del Catalizador.

SEGUIR HACIENDO QUE LAS COSAS TODAVÍA SUCEDAN

Como quizás usted sepa, Michael Jordan se ha retirado del básquetbol como jugador. Sin embargo, aún es parte del juego. A principios del año 2000 se convirtió en copropietario y presidente de operaciones basquetbolísticas de los Wizards de Washington. A la semana de ser parte de la organización, Jordan se puso una camiseta de los Wizards con el número veintitrés y se unió al club en un entrenamiento.

Tracy Murry, delantero de los Wizards que marcó a Jordan en algunas jugadas, comentó después: «Él definitivamente se mueve como siempre ... escondiendo la pelota, anotando en salto, desvaneciéndose. Aun muestra el mismo juego, el cual no ha desaparecido».

Nadie esperaba que el talento de Jordan disminuyera, especialmente después de dos años de retiro. Pero su habilidad como catalizador tampoco había disminuido. Murry continuó: «Y tan pronto como entra a ese gimnasio, él comienza a decir boberías, lo que por supuesto hace que surja la intensidad».

La intensidad es lo que brinda todo catalizador. Un comentarista observó acerca de la visita de Jordan a la cancha: «Por tratarse de él, el entrenamiento de los Wizards se convirtió en algo más divertido y enérgico de lo que había sido».

He aquí la reacción de Jordan: «Esto es lo que deberíamos esperar todos los días. En realidad les digo que no deberían esperar que yo saliera para mostrar la energía que tuvieron hoy. Solo intenté mantener enfocado al equipo, desafiándolo, diciendo cualquier cosa que tuviera que decir. Si sus miembros pueden jugar con firmeza contra mí, también pueden hacerlo contra cualquier otro. Fue divertido».[1]

Eso es lo que siempre sucede con un catalizador. Diversión. Lo que más les gusta es revolucionar el equipo, lograr que se realicen las cosas, hacer lo que sea para llevar al equipo al siguiente nivel. Cuando un catalizador actúa así continuamente, el equipo se vuelve expectante, seguro, se crece y finalmente causa asombro. Esa es la Ley del Catalizador. *¡Los equipos triunfantes tienen jugadores que hacen que las cosas sucedan!*

TRES CLASES DE JUGADORES

Un catalizador se vuelve crucial en momentos difíciles, ya sea que se trate del vendedor que logra la meta «imposible», el jugador que realiza la jugada magistral o el padre que lleva a su hijo a creer en sí mismo en un instante crítico en la vida. Un equipo no puede lograr sus metas más importantes, y ni siquiera ganar terreno si no tiene un catalizador.

Mi experiencia con equipos me ha enseñado que lo aplicable a los deportes también se aplica a las relaciones de negocios, ministeriales y familiares. Cuando el tiempo se acaba y el juego está en peligro, en realidad solo hay tres clases de personas en un equipo:

1. Los individuos que no quieren la pelota

Algunas personas no tienen la capacidad de ser confiables para el equipo en situaciones de suma presión, y lo saben. En consecuencia no quieren la responsabilidad de llevar al equipo a la victoria. Y ésta no se les debería dar. Solo se les debe permitir jugar en sus áreas de fortaleza.

2. Los individuos que quieren la pelota pero no deberían tenerla

Un segundo grupo contiene personas que no logran llevar al equipo a la victoria. El problema es que *no saben* que no pueden. A menudo la causa es que el ego de estos jugadores es más grande que su talento. Esta clase de sujetos es peligrosa para un equipo.

3. Los individuos que quieren la pelota y deberían tenerla

El grupo final, el cual siempre es el más pequeño, consta de personas que quieren ser el «soporte» a la hora de la verdad y que en realidad pueden hacerlo. Son capaces de empujar, arrastrar o llevar al equipo a nuevos niveles en momentos de dificultad. Estos son los catalizadores.

Todo equipo necesita catalizadores si quiere tener alguna esperanza de ganar continuamente. Sin ellos hasta un equipo repleto de talentos no puede lograr el nivel más elevado. Vi esto con los Bravos de Atlanta a finales de la década de los noventa, y de nuevo en el 2000. Tenían los mejores lanzadores de inicio en el béisbol. Tenían firmes bateadores, fildeadores de primera plana, y gran talento en las reservas. Algunos miembros del equipo habían recibido reconocimientos de jugadores más valiosos de la liga o de novatos del año. Sin embargo, no tenían los jugadores catalizadores necesarios para convertirse en campeones de la serie mundial.

CARACTERÍSTICAS DE UN CATALIZADOR

Es fácil señalar un catalizador de equipo después de que ha influido en el grupo y lo ha llevado a la victoria, especialmente en el mundo de los deportes. Usted puede ver los momentos particulares en que la persona fue a un nivel totalmente nuevo y al mismo tiempo llevó allá al equipo. Pero, ¿cómo reconocer de *antemano* a un catalizador? ¿Cómo buscar personas catalizadoras para su equipo actual?

No importa qué tipo de «partido» juegue o en qué clase de equipo esté, usted puede estar seguro de que los catalizadores tienen ciertas características que los hacen diferentes de sus compañeros. He observado nueve cualidades que siempre se presentan en los catalizadores con quienes he interactuado. Ellas son:

1. *Intuitivos*

Los catalizadores sienten cosas que otros no sienten. Pueden reconocer una debilidad en un adversario. Pueden percibir una oportunidad que otros no ven. Pueden hacer una jugada intuitiva que convierte una desventaja en ventaja. Cualquier cosa que sea lo que sientan, son capaces de usarla para empujar al equipo a la victoria.

La forma en que la intuición se manifiesta cambia según las diferentes clases de equipos. Eso tiene sentido debido a que la meta del grupo determina lo que el equipo valora. Otra razón es que esas personas son más intuitivas en sus áreas de fortaleza natural. De modo que el catalizador para un negocio pequeño podría ser un empresario que puede descubrir una oportunidad cuando nadie más está consciente de ella. Para un ministerio, o una organización sin ánimo de lucro, el catalizador podría ser una persona que reconoce instintivamente el liderazgo y puede reclutar voluntarios talentosos. Para un equipo de fútbol americano podría ser un mariscal de campo que siente que una defensa no se ha amoldado bien y hace la jugada con la que gana el partido. En cada caso la situación es distinta, pero el resultado es el mismo: un catalizador percibe una oportunidad, y en consecuencia el equipo se beneficia.

2. Comunicativos

Para mantener al equipo en movimiento, los catalizadores dicen cosas que otros miembros del equipo no dicen. A veces lo hacen para compartir con sus compañeros lo que han sentido instintivamente, y por consiguiente, ellos pueden estar mejor preparados para enfrentar el desafío. Otras veces su propósito es inspirar o incitar a otros miembros del equipo. Generalmente saben cuándo un compañero necesita un estímulo y cuándo necesita un puntapié.

Cada vez que usted vea un equipo que de repente cambia por completo, o sube su desempeño a otro nivel, verá a alguien en él hablando, dirigiendo e inspirando a los demás. Esto también se ve en líderes políticos fuertes. Personas como Churchill, Roosevelt y Kennedy cambiaron el mundo con sus palabras. Ellos fueron catalizadores, y los catalizadores comunican.

3. Apasionados

Los catalizadores sienten cosas que otros no sienten. Son apasionados en lo que hacen, y quieren transmitir esa pasión a sus compañeros de equipo. A veces la pasión explota como una furia controlada para lograr objetivos en su área. Otras veces se manifiesta como un entusiasmo contagioso. Sin embargo, como sea que se presente, esta puede inspirar a un equipo hacia la victoria.

El legendario jugador de béisbol Pete Rose de los Rojos de Cincinnati fue uno de los grandes catalizadores de su deporte en el siglo veinte. Una vez le preguntaron qué es lo principal en un jugador de béisbol: sus ojos, sus piernas o sus brazos. La respuesta de Rose fue contundente: «Ninguna de esas cosas. Cuando su entusiasmo aflora es que se vuelve completamente un jugador». Y también un completo catalizador.

4. Talentosos

Los catalizadores son capaces de hacer lo que otros no pueden hacer. Eso se debe a que su talento es tan fuerte como su pasión. Las personas rara vez se vuelven catalizadoras fuera de un área de pericia y talento. Eso ocurre por dos razones principales. La primera es que el talento sabe lo que se necesita para ganar. Usted no puede llevar al equipo al siguiente nivel cuando no ha llegado a dominar las habilidades necesarias para triunfar en un nivel personal. Esto no sucede por casualidad.

La segunda razón por la que las personas deban tener talento en un área en la que anhelan ser catalizadoras es que parte de serlo es influir en otros miembros del equipo. Usted no puede hacer eso si no tiene credibilidad entre ellos debido a su bajo rendimiento personal. Parte de ser un catalizador es compartir sus dones con otros para hacerlos mejorar. No se puede dar lo que no se tiene.

5. Creativos

Otra cualidad que se encuentra comúnmente en los catalizadores es la creatividad. Ellos piensan cosas que otros no piensan. Mientras la mayoría de los miembros del equipo pueden hacer cosas de memoria (o por rutina), los catalizadores piensan de modo diferente que sus compañeros. Constantemente están buscando maneras innovadoras de hacer las cosas.

El especialista de negocios y de equipos deportivos Carl Mays afirma que «la creatividad implica tomar lo que usted tiene, dónde usted esté, y sacar lo mejor de eso». Algunas veces lo que planifican puede cambiar el ritmo de un juego. Otras veces su habilidad de volver a escribir las reglas cambia toda la manera en que el juego en realidad se está desarrollando.

6. *Iniciativos*

Me gustan las personas creativas, y con el paso de los años he trabajado con muchas. Es más, me considero creativo, especialmente en las áreas de escribir y enseñar. Pero mi experiencia con individuos creativos me ha enseñado algo acerca de ellos: aunque todos tienen más que suficientes ideas, no todos son buenos en poner en práctica esos pensamientos creativos.

Los catalizadores no tienen este problema. Hacen cosas que otros no pueden hacer. No solamente son creativos en su modo de pensar, son disciplinados en sus acciones. Se deleitan en hacer que las cosas sucedan. Por tanto actúan. En consecuencia, cuando se mueven, hacen mover al equipo.

7. *Responsables*

Los catalizadores tienen dones que otros no tienen. Mi amigo Truett Cathy, fundador de Chik-fil-A, tiene un dicho: «Si se ha de hacer, que dependa de mí». Ese muy bien podría ser el lema de todos los catalizadores.

No hace mucho tiempo apareció un comercial en televisión que mostraba un par de asesores aconsejando al ejecutivo en jefe de una compañía sobre cómo podría llevar su empresa al siguiente nivel. El consejo era sobre cómo se podría revisar el sistema de computación de la compañía, cómo se podría mejorar el sistema de distribución, y cómo se podrían cambiar los canales de mercadeo para hacer más eficiente y rentable a la empresa.

El ejecutivo en jefe escuchó con atención todo lo que le decían, y finalmente sonrió y dijo: «Me gusta. Pues bien, háganlo».

Los asesores se miraron confundidos por un instante, y uno de ellos balbució: «En realidad *no hacemos* lo que recomendamos».

Los catalizadores no son asesores. No recomiendan un curso de acción: se responsabilizan de hacer que se cumpla.

8. Generosos

Los catalizadores dan cosas que otros no dan. Una de las verdaderas señales de que las personas toman responsabilidad es su disposición de dar de sí mismas para realizar algo. Los catalizadores muestran esa cualidad. Están preparados para usar sus recursos con el fin de mejorar al equipo, ya sea que eso signifique dar tiempo, gastar dinero, sacrificar ganancias personales, etc.

> *Los catalizadores no son asesores. No recomiendan un curso de acción: se responsabilizan de hacer que se cumpla.*

Un gran ejemplo de alguien que se entrega por el equipo se puede encontrar en la vida del hombre de negocios neoyorquino Eugene Lang. El 25 de junio de 1981, Lang habló ante sesenta y un graduados de sexto grado en la escuela primaria número 121 de Harlem Oriental, de la cual él se había graduado décadas antes. Lang sabía que de acuerdo a las estadísticas, setenta y cinco por ciento de estos chicos probablemente abandonarían sus estudios durante los seis años siguientes y no se graduarían del bachillerato. Él deseaba hacer algo que cambiara eso.

Lang comenzó por animar a los estudiantes a estudiar duro, diciéndoles que si lo hacían les seguiría el triunfo. Pero luego, sin pensarlo, pasó de asesor a catalizador. Prometió a esos muchachos que si se mantenían fieles y se graduaban del colegio, él le daría a cada uno de ellos becas en dinero para la universidad. Esa promesa fue el inicio de lo que llegó a ser el programa «Tengo un Sueño».

Cuatro años después todos los sesenta y un estudiantes aun estaban en el colegio. Dos años más tarde, noventa por ciento de los cincuenta y cuatro muchachos que permanecían en contacto con Land se graduaron del colegio, y dos tercios de ellos fueron a la universidad. Hoy día Tengo un Sueño patrocina ciento sesenta proyectos en cincuenta y siete ciudades, y afecta las vidas de diez mil muchachos y todo porque Lang decidió convertirse en un catalizador.[2]

9. Influyentes

Por último, los catalizadores son capaces de conducir a sus compañeros de equipo en una manera que otros no pueden. Los miembros del equipo seguirán a un catalizador aun cuando no reaccionen ante nadie más. En el caso de un miembro del equipo muy talentoso que no esté especialmente dotado en liderazgo, puede en cambio ser un catalizador eficaz en un área de pericia. Sin embargo, las personas con capacidad natural de liderazgo influirán más allá de su propio equipo.

Michael Jordan es de nuevo un ejemplo extraordinario. Es obvio que influyó en sus compañeros de equipo en Chicago. Pero su influencia se extendió más allá de los Toros. Disfruté eso de primera mano este año en el partido de las Estrellas de la NBA. Antes del juego tuve el placer de predicar en la capilla a jugadores y dirigentes, y más tarde pasé un tiempo con los árbitros que habían sido seleccionados como jueces. Durante mi plática con ellos les pregunté a qué jugador respetaban más por su sinceridad. Su respuesta fue Michael Jordan.

Uno de los árbitros narró entonces que en un juego cerrado, Danny Ainge, cuyo equipo estaba jugando contra los Toros, hizo un lanzamiento casi desde la línea de los tres puntos. Los jueces solo le dieron dos puntos por la canasta, puesto que no estaban seguros si el jugador estaba fuera de la línea de los tres puntos.

Cuando se pidió un tiempo inmediatamente después del lanzamiento, uno de los árbitros preguntó a Jordan si la canasta del adversario había sido un tiro de tres puntos. Jordan indicó que así fue. Dieron a Ainge los tres puntos. La integridad y la influencia de Jordan hicieron que ellos cambiaran radicalmente su determinación.

Cuando usted vea muchas de esas nueve cualidades en alguien de su equipo, anímese. Cuando vengan tiempos difíciles, él o ella probablemente entrará en un nivel completamente nuevo de desempeño, y también intentará llevar allá al equipo.

MI INDIVIDUO A QUIÉN ACUDIR

En mi empresa, el Grupo INJOY, tengo una cantidad de miembros del equipo que son catalizadores dentro de la organización. Sin embargo, ninguno es más fuerte que Dave Sutherland, el ejecutivo en jefe.

Dave entró a la junta en 1994 como presidente de ISS, el departamento del Grupo INJOY que ayuda a las iglesias a levantar fondos por medio de campañas de capitalización. Exactamente antes de que él llegara a la junta yo había tenido serias intenciones de cerrar ese brazo de la organización. ISS no se estaba sosteniendo económicamente, estaba drenando tiempo y recursos de otras áreas más productivas de la compañía, y no estaba logrando la influencia positiva que yo esperaba. Sin embargo, pensé que el liderazgo de Dave Sutherland podría marcar una diferencia. Comencé a ver progresos en ISS al poco tiempo de haberlo contratado.

Al segundo año de estar Dave conmigo, la compañía tenía algunas metas muy agresivas. Ese año el objetivo de la empresa había sido asociarse con ochenta iglesias, más del doble de las que habíamos tenido el año anterior. Cada una de esas asociaciones solo podían llegar después de una presentación personal al consejo de una iglesia y de su aceptación de nuestra oferta de ayuda.

Un día durante la primera semana de diciembre me detuve en la oficina de Dave y hablé con su esposa Roxine, quien trabaja con Dave como su asistente. Yo no había visto a Dave por algún tiempo, así que pregunté dónde estaba.

—Está viajando haciendo una presentación —contestó Roxine.

Pensé que era un poco extraño porque la empresa tenía varias personas claves cuyo trabajo era hacer las presentaciones a las iglesias.

—¿De viaje? ¿Cuándo regresará? —pregunté.

—Veamos —dijo ella—. Cuando salió el lunes siguiente al Día de Acción de Gracias aun necesitábamos veinticuatro iglesias para alcanzar nuestra meta. Dave dijo que no volvería a casa hasta alcanzarla.

Dave logró la meta. Estuvo viajando hasta el 19 de diciembre. Pero esa no fue una gran sorpresa. Mi escritor, Charlie Wetzel, me había dicho que Dave, en su carrera de ventas y mercadotecnia, *nunca* había dejado de cumplir una meta. Ni una sola vez.

Esa clase de tenacidad y capacidad sirven muy bien a Dave. Pero también sirven al equipo. Por alcanzar esa meta, Dave convirtió ese año a cada persona del equipo en un ganador. Todos en la empresa utilizaron ese ímpetu que él creó para llevar a ISS a un nivel totalmente nuevo. Un año después ISS llegó a ser la segunda compañía de su clase más grande en el mundo. Además, para fines del año 2000 había ayudado a más de mil iglesias en todo Estados Unidos a levantar fondos por más de mil millones de dólares.

Cuando usted tiene un Michael Jordan, un Eugene Lang o un Dave Sutherland, su equipo siempre tiene una oportunidad de ganar. Ellos son individuos que logran lo que se proponen y aun más. ¿Por qué es importante eso? Porque *los equipos triunfantes tienen jugadores que hacen que las cosas sucedan.* Sin ellos, un equipo nunca alcanzará su potencial. Esa es la verdad de la Ley del Catalizador.

Pensamiento del equipo de trabajo

Las personas que logran lo que se proponen y aun más,
son las que ganan los juegos.

Cómo ser un mejor miembro del equipo

¿Cómo está usted cuando llegan las dificultades a su equipo? ¿Quiere la pelota, o preferiría que estuviera en manos de alguien más? Si en su equipo existen catalizadores más talentosos y eficaces, entonces usted no debería ser el jugador a quién acudir si fuera necesario. En esos casos lo mejor que puede hacer es dar «asistencia» al ayudar a poner a esas personas en una posición que ayude al equipo. Pero si usted evita el primer plano porque teme o porque no ha trabajado tan duro como debería para mejorarse personalmente, entonces debe cambiar su modo de pensar.

Empiece por colocarse en el camino del mejoramiento, haciendo lo siguiente:

1. *Busque un guía.* Los jugadores solo se vuelven catalizadores con la ayuda de personas mejores que ellos. Encuentre a alguien que haga que las cosas sucedan para que lo ayude a lo largo del camino.

2. *Comience un plan de crecimiento.* Métase en un programa que le ayude a desarrollar sus habilidades y talentos. Usted no puede llevar al equipo a un nivel superior si primero no ha llegado allá por sí mismo.

3. *Sálgase de su zona cómoda.* Usted no sabrá de qué es capaz a menos que intente ir más allá de lo que ya ha logrado.

Si usted sigue estas tres pautas tal vez no se convierta en un catalizador, pero al menos será lo mejor que puede ser, y eso es todo lo que cualquiera puede pedir de usted.

CÓMO SER UN MEJOR LÍDER DEL EQUIPO

Si usted dirige un equipo, entonces necesita catalizadores para empujarlo hasta alcanzar su potencial. Utilice la lista de cualidades del capítulo para comenzar a identificar y conseguir el apoyo de personas que pueden lograr que las cosas se hagan y algo más. Si ve ese potencial en algunos de sus actuales compañeros de equipo, anímelos a tomar la iniciativa y a convertirse en influencias positivas para el equipo. Si los miembros del equipo no pueden o no quieren entrar a ese nivel, entonces empiece a reclutar personas de afuera. Ningún equipo puede subir al nivel superior sin un catalizador. *Los equipos triunfantes tienen jugadores que hacen que las cosas sucedan.*

7

LA LEY DE LA BRÚJULA

La visión da confianza y dirección a los miembros del equipo

IBM ha sido por casi cien años una roca del comercio estadounidense que permanece firme en un torrente de competencia. Incluso durante la depresión de la década de los treinta, mientras miles de empresas desaparecieron, IBM se mantuvo en crecimiento. El origen de su fortaleza fue la innovación comercial y tecnológica.

INTRODUCCIÓN TECNOLÓGICA

IBM abrió camino durante medio siglo en el renglón de computadoras, comenzando en la década de los cuarenta con su Mark I. En las décadas de los cincuenta y sesenta presentó innovación tras innovación. Para 1971 recibía ingresos anuales de ocho mil millones de dólares y empleaba a doscientas setenta mil personas. Cuando la gente pensaba en compañías de primer orden, lo más probable es que IBM llegara a sus mentes.

Pero a pesar de su historia de logros, IBM se vio en apuros a finales de la década de los ochenta y principios de los noventa.

La empresa se había mostrado lenta durante una década para reaccionar a los cambios tecnológicos. Como resultado, para 1991 sufría ocho mil millones de dólares por año en *pérdidas*. Aunque luchaba por volver a ganar terreno tecnológicamente, la imagen de los clientes hacia la empresa era la más baja de todos los tiempos. Quienes una vez vieron una IBM dominante, la veían ahora completamente perdida en la historia, como un dinosaurio moviéndose lentamente entre nuevas compañías que se movían como chitas. Si no cambiaba algo, la empresa estaría en graves problemas.

Entonces IBM contrató en 1993 un nuevo ejecutivo en jefe, Lou Gerstner, quien rápidamente comenzó a reclutar miembros claves para su equipo: el comité ejecutivo. Quizás la contratación más importante fue Abby Kohnstamm, a quien llamó como primera vicepresidente de comercialización.

LA PRESENTACIÓN DE UNA BRÚJULA

Kohnstamm estaba ansiosa por empezar. Ella creía que los productos de la compañía eran suficientemente buenos, pero su comercialización era deficiente. Lo que encontró al llegar a IBM era peor de lo que había esperado. La empresa no solo fallaba en atender con eficacia a los clientes; cuando llegó al departamento de comercialización, los empleados ni siquiera estaban seguros de lo que hacían, ni por qué lo hacían. Por ejemplo, cuando Kohnstamm preguntó cuántos empleados había en la división comercial no pudo conseguir la misma respuesta de dos empleados. Greg Farrell de *USA Today* describió la situación: «La compañía era una organización fragmentada y descentralizada con más de una docena de negocios cuasiautónomos y setenta agencias de publicidad asociadas en todo el mundo».[1]

Kohnstamm despidió de inmediato a todas esas agencias y contrató una que las reemplazara: Ogilvy & Mather Worldwide. Ella quería darle a todo el equipo IBM una temática unificada para el hardware, el software y los servicios que ofrecían. Al poco tiempo lo había conseguido. La compañía adoptó el concepto de «comercio electrónico». Kohnstamm afirma: «El comercio electrónico es el único punto central para la empresa, es el único y mayor esfuerzo de mercadeo jamás emprendido por IBM».[2]

La visión pareció estar funcionando. Steve Gardner, propietario de una agencia de publicidad que una vez promocionara Compaq, dice: «Lo más sensacional acerca del comercio electrónico fue que transformó a IBM de estar rezagada a ser líder en el espacio del Internet sin ningún cambio verdadero en sus líneas de productos o servicios. Ese es un logro asombroso».[3]

La IBM que una vez estuviera en apuros, tenía ahora renovada dirección y confianza. Bill Etherington, primer vicepresidente y ejecutivo de la división de ventas y distribución, dice que el enfoque de mercadeo tuvo un efecto increíblemente positivo en los empleados de IBM. Y él debe saber lo que dice, pues ha estado en la compañía por treinta y seis años. Etherington afirma: «Todos nos entusiasmamos con esta maravillosa campaña, que era ventajosa y proyectaba a la empresa bajo una luz mucho más moderna».[4] Maureen McGuire, vicepresidente de comunicaciones en comercialización está de acuerdo. Ella afirma: «La campaña ha impulsado a los empleados. Estamos tratando de llegar a todas esas personas para entonar la misma canción y leer del mismo libro». Ese es un gran logro para una compañía que no había cantado por mucho tiempo. Y eso es exactamente lo que deseo mostrarle a usted: *la visión da confianza y dirección a los miembros del equipo*. Esa es la Ley de la Brújula.

No se pierda

¿Ha sido usted alguna vez parte de un equipo que no parecía mostrar algún progreso? Tal vez el grupo estaba lleno de talento, recursos y oportunidades, y sus miembros se llevaban bien, ¡pero sencillamente *no iban* a ninguna parte! Si ese ha sido su caso, hay una gran posibilidad de que la situación fuera ocasionada por la falta de visión.

Una gran visión antecede a un gran logro. Todo equipo necesita una visión impulsora que le dé dirección. A un equipo sin visión en el peor de los casos le falta propósito. En el mejor de los casos está sujeto a los asuntos personales (en ocasiones egoístas) de sus compañeros. Cuando esos asuntos se oponen, se socavan la energía y la dirección del equipo. Por otra parte, un equipo que adopta una visión se enfoca, se activa y se vuelve confiable. Sabe a dónde se le conduce y por qué está yendo hacia allá.

El jefe de batalla Bernard Montgomery, un gran líder de tropas durante la Segunda Guerra Mundial y llamado un «general que servía como soldado»,

> *Una gran visión antecede a un gran logro.*

escribió que «antes de entrar en batalla, todo soldado debe saber cómo la pequeña batalla que va a pelear calza dentro del panorama más grande, y cómo el éxito de su pelea influirá en la batalla como un todo». Las personas en el equipo deben saber por qué están luchando. De otra manera el equipo se mete en problemas.

La responsabilidad del líder

El jefe de batalla Montgomery era hábil para comunicarse con los soldados de su equipo, mientras les proyectaba la visión para sus batallas. Esa habilidad le dio grandes victorias. Comprendía que los líderes deben proyectar la visión. El escritor Ezra Earl Jones señala:

> Los líderes no tienen que ser los más grandes visionarios. La visión puede venir de cualquiera. Sin embargo, los líderes deben plantear la visión. También deben mantenerla ante las personas y recordarles el progreso que se está haciendo en el logro de la visión. De otra manera las personas podrían suponer que están fallando y renunciar.

Si usted dirige su equipo, entonces es responsable de identificar una visión respetable y convincente, y de expresarla a sus integrantes. No obstante, aunque usted no sea el líder, la identificación de una visión convincente es de gran importancia. Usted no puede actuar con confianza ni estar seguro de que usted y sus compañeros están yendo en la dirección correcta si no conoce la visión del equipo. Si usted no ha examinado la visión a la luz de sus fortalezas, convicciones y propósitos, ni siquiera puede estar seguro de que el equipo en el que usted está es el adecuado. ¡La visión debe ser convincente para todos los miembros del equipo!

¡REVISE SU BRÚJULA!

¿Cómo mide usted una visión? ¿Cómo sabe si es respetable y convincente? Revisando su brújula. Todo equipo necesita una. Es más, todo equipo necesita varias. Déle una mirada a las siguientes seis «brújulas». Cada una se debe examinar antes de que un equipo emprenda cualquier clase de viaje.

La visión de un equipo debe estar alineada con una:

1. Brújula moral (mirar por encima)

El millonario filántropo Andrew Carnegie afirmó: «Un negocio rara vez se engrandece, a menos que se base en la más estricta integridad». Esto se aplica a cualquier esfuerzo. Solo hay un norte verdadero. Si su brújula está señalando cualquier otra dirección, su equipo está yendo por el camino equivocado.

Una brújula moral da integridad a la visión. Ayuda a todas las personas del equipo a revisar sus motivaciones y a asegurarse de que están trabajando por las razones correctas. También da credibilidad a los líderes que proyectan la visión, pero solo si ellos muestran los valores que se espera que el equipo adopte. Cuando lo hacen, alimentan la visión para que se mantenga en rumbo.

2. Brújula intuitiva (mirar hacia dentro)

En tanto que la integridad alimenta la visión, la pasión produce fuego. Y el verdadero fuego de la pasión y la convicción solo viene de adentro.

James Kouzes y Barry Posner explican en *El desafío del liderazgo* que «las visiones surgen de nuestra intuición. Si la necesidad es la madre de la invención, la intuición es la madre de la visión. La experiencia alimenta nuestra intuición y realza nuestra percepción». Una visión debe resonar profundamente dentro del líder del equipo. Luego debe resonar dentro de los miembros del equipo, a quienes se les pedirá trabajar duro para llevarla a buen término. Sin embargo, ese es el valor de tal pasión intuitiva, que brinda la clase de calor que quema a los comprometidos y fríe a los no comprometidos.

> «*Un negocio rara vez se engrandece, a menos que se base en la más estricta integridad*».
>
> —ANDREW CARNEGIE

3. Brújula histórica (mirar hacia atrás)

Cuando yo vivía en la Indiana rural aprendí este viejo adagio: «No retires la cerca antes de saber por qué está ahí». Uno nunca sabe: ¡podría haber un toro al otro lado! Una visión convincente debe cimentarse en el pasado, no declinarlo. Debe hacer uso positivo de todo lo que los equipos anteriores contribuyeron a la organización.

En cualquier momento en que usted proyecte una visión debe crear una conexión entre el pasado, el presente y el futuro. Debe juntarlos. La gente no alcanzará el futuro a menos que haya tenido contacto con el pasado. Cuando usted incluye el historial del equipo, las personas que han estado por mucho tiempo en la organización sienten que se les valora. (Aunque ya no sean las estrellas.) Al mismo tiempo, el personal más reciente recibe una sensación de seguridad, sabiendo que la visión actual se edifica en el pasado y conduce al futuro.

¿Cuál es la mejor manera de hacer eso? Narrando historias. Los principios se pueden perder en las mentes de las personas, pero las historias permanecen. Estas brindan relaciones a la visión. Narre anécdotas del pasado que den una sensación de historia. Además cuente historias acerca de las cosas emocionantes que están ocurriendo ahora entre los miembros del equipo. También narre la historia de cómo será el día en que el equipo cumpla la visión. Las historias son como tachuelas que ayudan a mantener una visión frente a las personas.

> La gente no alcanzará el futuro a menos que haya tenido contacto con el pasado.

4. Brújula direccional (mirar hacia adelante)

El poeta Henry David Thoreau escribió: «Si alguien avanza confiadamente en la dirección de sus sueños, y se esfuerza por vivir la vida que se ha imaginado, se encontrará con el éxito que no se esperaba en horas normales». Como ya lo mencioné, la visión da dirección al equipo. Parte de esa dirección viene de una sensación de propósito. Otra parte viene de tener metas, lo cual da objetivo a la visión.

Una meta sirve de gran motivación al equipo. El árbitro de la NFL Jim Tunney habló de esto cuando dijo: «¿Por qué llamamos a esto una línea de meta? Porque once personas en el equipo ofensivo se esfuerzan por un solo propósito: pasar el balón a través de ella. Todos tienen una tarea específica: el mariscal de campo, el receptor, cada jugador ofensivo, todo jugador sabe exactamente cuál es su asignación. Hasta la defensa también tiene sus metas: evitar que la ofensiva cumpla su propósito».

5. Brújula estratégica (mirar alrededor)

Una meta no hará mucho bien al equipo sin los pasos para lograrla. La visión sin estrategia es un poco más que soñar despierto. Así lo observó Vincent Abner: «La visión no es suficiente, se debe combinar con aventura. No es suficiente mirar los escalones de arriba; debemos subir las escaleras».

El valor de una estrategia es que esta lleva el proceso hacia la visión. Identifica los recursos y moviliza a los miembros del equipo. Las personas necesitan más que información e inspiración. Necesitan instrucción acerca de qué *hacer* para que la visión se vuelva realidad, además de un camino para lograrla. Una estrategia provee eso.

6. Brújula visionaria (mirar más allá)

Finalmente la visión del equipo debe mirar más allá de las circunstancias presentes y de cualquier deficiencia obvia de los compañeros de equipo actuales, para ver el potencial del equipo. Una visión verdaderamente grandiosa dice al equipo lo que puede llegar a ser si realmente vive sus valores y trabaja según las normas más elevadas.

Si usted es el líder de su equipo, hacer que las personas alcancen su potencial significa desafiarlas. Como usted sabe, una cosa es hacer que los miembros del equipo aparezcan y otra es hacer que crezcan. Uno de los aspectos acerca de tener una visión trascendental es que «exige» al equipo.

Sin un desafío muchas personas tienden a caer o consumirse. Charles Noble observó: «Usted debe tener una visión de gran alcance para evitar frustrarse por los fracasos de poco alcance». Eso es cierto. La visión ayuda a la gente con motivación. Eso puede ser de suma importancia para individuos verdaderamente talentosos. Ellos a veces luchan con la falta de deseos. Por eso es que un gran artista como Miguel Ángel oró: «Señor, concédeme que siempre desee más de lo que puedo lograr». Una brújula visionaria responde esa oración.

> *«Usted debe tener una visión de gran alcance para evitar frustrarse por los fracasos de poco alcance».*
>
> —CHARLES NOBLE

Alguien dijo que solamente las personas que pueden ver lo invisible logran hacer lo imposible. Eso muestra el valor de la visión. Pero también indica que la visión puede ser una cualidad difícil de alcanzar. Si usted puede medir con confianza la visión de su equipo de acuerdo con estas seis «brújulas», y las encuentra todas alineadas en la dirección adecuada, entonces su equipo posee muy buenas posibilidades de tener éxito, y de no equivocarse. Para un equipo no solo es imposible crecer sin visión, ni siquiera puede sobrevivir sin ella. Las palabras del rey Salomón del antiguo Israel, considerado como el hombre más sabio que ha existido, son ciertas: «Donde no hay visión, el pueblo se extravía».[5] *La visión da confianza y dirección a los miembros del equipo,* dos cosas que no pueden tener sin ella. Esa es la naturaleza crítica de la Ley de la Brújula.

LA MAGIA DEL CAFÉ

Algunas personas captan una visión, como lo hizo Abby Kohnstamm en la IBM, y lo usan para que sus equipos se concentren en el objetivo. Otras son cautivadas por una visión, y el poder de esa visión cambia el curso de sus vidas. Ese fue el caso de Howard Schultz, el hombre que compró la compañía Starbucks Coffee en 1987.

Schultz no era un extraño para Starbucks. En 1982, apenas seis años de haber egresado de Northern Michigan University, él había dejado un fabuloso trabajo como vicepresidente a cargo de las operaciones estadounidenses de Hammarplast, una compañía sueca especializada en artículos para el hogar, para formar parte de Starbucks. Él había descubierto la tienda de café de Seattle cuando vio que sus cuatro locales vendían más cafeteras de Hammarplast que Macy's en Nueva York.

Schultz recuerda la visión que tuvo para Starbucks al día siguiente de su primera visita a la compañía:

> Era como una joya reluciente... Tenía un aire de magia, una pasión y autenticidad que nunca había experimentado en los negocios. Yo quizás, sólo quizás, podría ser parte de esa magia. Quizás podría ayudarle a crecer. ¿Cómo se sentiría formar un negocio?... ¿Cómo se sentiría ser dueño del patrimonio de la empresa, no sólo recibir un sueldo? ¿Qué podría ofrecer yo a Starbucks que pudiese mejorarla todavía más?[6]

Schultz fue cautivado por la visión de expandir Starbucks más allá de Seattle, quizás por todo el país. Cuando comenzó a trabajar para Starbucks como director de operaciones al por menor y mercadeo, empezó a ayudarlos a expandirse. Pero después de que Schultz había estado con Starbucks alrededor de un año, su visión del negocio del café también comenzó a expandirse.

¡QUE LA MÍA SEA UNA GRANDE!

Después de una visita a Italia, Schultz vio la tremenda potencialidad de poner una sección para el consumo de café expreso en cada local de Starbucks. Él creyó que ese cambio ofrecía la mayor promesa para el futuro de la compañía, pero no pudo convencer a los dueños para que compartieran su visión. Desde su inicio en 1971, Starbucks había sido un vendedor al por menor de granos enteros de café fresco, no un vendedor de café por taza.

A pesar de su amor por Starbucks, Schultz se salió después de tres años para empezar su propia compañía, la cual la convirtió en todo un éxito. Pero dos años después, cuando los dueños de Starbucks le dejaron saber que querían vender la compañía, Schultz aprovechó inmediatamente la oportunidad. En 1987 se unieron las dos compañías y se convirtieron en Starbucks Corporation.

Dos factores dieron impulso a Howard Schultz mientras comenzaba a trabajar para expandir Starbucks. El primero fue su amor por el café. El segundo fue su deseo de crear un lugar de trabajo que valorizara a las personas y las tratara con dignidad y respeto. Eso le importaba mucho después de pasar una niñez viendo a su padre luchar para sostener a su familia. Schultz dice:

> Guardo mucho respeto hacia mi papá. Él nunca terminó la secundaria, pero fue un hombre honesto que trabajó duro. Él a veces tenía que conseguir dos o tres trabajos sólo para que pudiésemos tener algo que comer. Él cuidaba mucho a sus tres hijos, y jugaba a la pelota con nosotros los fines de semana... Pero era un hombre derrotado. En una serie

de trabajos de obrero —chofer de camiones, trabajador de fábrica, chofer de taxi—, jamás ganó más de $20,000 dólares anuales, nunca pudo ser dueño de una casa propia. Yo pasé mi niñez en complejos habitacionales, viviendas subvencionadas por el gobierno federal en Canarsie, Brooklyn, [Nueva York]... Él había intentado encajar en un sistema, pero el sistema lo había aplastado.[7]

En lo referente al café como parte de su visión, Schultz no se preocupaba de Starbucks. Sin embargo, el ambiente laboral era otro asunto. En los dos años que se había alejado de la compañía, los empleados de Starbucks se habían desmoralizado. Schultz dice: «La gente era cínica y desconfiada, derrotada y desvalorizada. Se sentían abandonados por la gerencia anterior y preocupados a causa mía. La base de confianza y visión común que tenía Starbucks cuando trabajé por primera vez allí se había deteriorado mucho».[8]

VUELVA A PROYECTAR LA VISIÓN

Schultz comenzó a tratar en estos asuntos inmediatamente, comenzando con esta declaración para los empleados:

> Hace cinco años, yo cambié mi vida por esta compañía. Lo hice porque reconocí su pasión en ella. Toda mi vida he querido ser parte de una compañía y un grupo de gente que compartiera una visión común. Yo vi eso aquí en ustedes, y lo admiro. Estoy aquí hoy porque amo esta compañía. Amo lo que representa... Sé que tienen temor. Sé que están preocupados. Algunos de ustedes quizás incluso estén enojados. Pero si tan solo me apoyan, yo les prometo que no los defraudaré. Les prometo que no dejaré atrás a nadie.[9]

Schultz había proyectado la visión. Y en los siguientes meses, él demostró que aún apreciaba el buen café. Pero también fue más allá. Él comenzó a hacer cosas que demostraron que valoraba al equipo. Él llamó «socios» a la gente que trabajaba en Starbucks, y lo respaldó con la manera en que dirigía la compañía. Creó un plan para el cuidado de la salud que cubría a todos, incluso a los que trabajaban a tiempo parcial. Aclaró la misión de la compañía y estableció un sistema en el que los empleados que trabajaban por hora podían hacer rendir cuentas a la gerencia. Incluso ofreció a todos opciones para la adquisición de acciones, hasta al empleado que trabajaba veinte horas a la semana haciendo capuchinos.

Schultz estaba tratando de crear la clase de compañía para la cual la gente quisiera trabajar, la clase de lugar en el que alguien como su padre hubiera podido trabajar con dignidad y respeto. Y lo logró mientras hacía que la compañía fuera sumamente lucrativa. Starbucks ahora es una compañía cotizada públicamente en la bolsa de valores con un patrimonio de más de $6 mil millones de dólares.[10] Sirve a más de 20 millones de personas cada semana en más de 5.000 tiendas por todo el mundo y con planes de seguir creciendo.[11] Y está entre los primeros de la lista de las mejores compañías para las cuales trabajar según la revista Forbes.

Schultz resume su papel en Starbucks de esta manera:

> Yo comencé como un soñador... Luego pasé a empresario... Después tuve que convertirme en gerente, mientras la compañía crecía más y yo necesitaba delegar cada vez más decisiones. Hoy, mi papel es ser el líder de Starbucks, su visionario, porrista, y el guardián de la llama.[12]

Hoy los clientes, socios y accionistas de Starbucks pueden ver claramente la dirección de la compañía y tener confianza en ella. Eso es lo que hace la visión en un equipo. Ese es el poder de la Ley de la Brújula.

Pensamiento del equipo de trabajo

Cuando usted lo ve, puede agarrarlo.

Cómo ser un mejor miembro del equipo

¿Cuál es la visión de su equipo? Usted se sorprendería de cuántos individuos son parte de un grupo de personas que laboran juntas, pero que no saben con claridad por qué lo hacen. Por ejemplo, ese era el caso cuando llegué a dirigir la iglesia Skyline en el área de San Diego. El consejo de la iglesia se componía de doce personas. Cuando nos reunimos por primera vez pedí a cada una que expresara la visión de la iglesia y obtuve ocho respuestas diferentes. ¡Un equipo no puede ir adelante con confianza si no tiene una brújula que indique el norte!

Como miembro de su equipo usted necesita un entendimiento claro de su visión. Si el equipo no tiene visión, entonces ayúdelo a desarrollar una. Si el equipo ya encontró su brújula y su rumbo, entonces usted debe examinarse personalmente a la luz de eso para asegurarse de que se corresponden bien. Si no es así, tanto usted como sus compañeros de equipo se frustrarán. Y quizás a todos les caiga bien un cambio.

Cómo ser un mejor líder del equipo

Si usted es el líder del grupo, entonces es el responsable de comunicar la visión del equipo y mantenerla continuamente ante la gente. Eso no necesariamente es fácil. Jack Welch, ejecutivo en jefe de General Electric, comentó: «Sin duda alguna el trabajo más difícil que enfrentamos ha sido, y continúa siendo, comunicar la visión y la atmósfera alrededor de ella».

He conocido personas a las que se debe mostrar clara, creativa y continuamente la brújula del equipo. Siempre que me esfuerzo por proyectar visión con los miembros de mi equipo utilizo la siguiente lista de control. Trato de asegurar que todo el mensaje de la visión tiene:

- ☐ *Claridad:* da entendimiento a la visión (las respuestas que las personas deben conocer y lo que usted quiere que ellas hagan)

- ☐ *Conexión:* une el pasado, el presente y el futuro

- ☐ *Propósito:* da dirección a la visión

- ☐ *Metas:* da objetivo a la visión

- ☐ *Sinceridad:* da integridad a la visión y credibilidad a quien la proyecta

- ☐ *Historias:* dan relaciones a la visión

- ☐ *Desafío:* da fortaleza a la visión

- ☐ *Pasión:* alimenta la visión

- ☐ *Ejemplo:* da responsabilidad a la visión

- ☐ *Estrategia:* da proceso a la visión

Utilice esta lista de control la próxima vez que usted se disponga a comunicar la visión a su personal. Asegúrese de incluir todos los componentes, y creo que su equipo encontrará la visión más accesible y la adoptará con más gusto. Si así pasa, usted verá que todos tendrán mayor dirección y confianza.

8

LA LEY DE LA MANZANA PODRIDA

Las malas actitudes arruinan al equipo

Cuando era niño me gustaba el básquetbol. Todo empezó en cuarto grado, cuando vi un partido de básquetbol universitario por primera vez. Me cautivó. Poco después papá puso en el garaje un tablero con canasta para que yo jugara. Desde ese día hasta que entré a la universidad se me podía ver generalmente practicando mi lanzamiento y jugando en esa pequeña cancha casera.

Para cuando entré a la universidad me había vuelto un buen jugador. Me inicié en el equipo juvenil como novato y cuando estaba en segundo año nuestro equipo tenía un récord de 15–3, el cual era mejor que el universitario. Nos sentíamos orgullosos (quizás demasiado). Digo esto por algo que ocurrió en mi segundo año en el colegio.

Una de las tradiciones del equipo era que nuestro entrenador, Don Neff, diera boletos de básquetbol de la Universidad del Estado de Ohio a algunos de los jugadores que habían rendido especialmente bien durante la temporada. Esos jugadores eran casi siempre de los últimos años y estaban siempre en el equipo universitario. Sin embargo, ese año fui uno de los jugadores a los que se les ofrecieron boletos. ¿Cuál fue mi respuesta? ¿Estaba agradecido y fui humilde por el reconocimiento del entrenador Neff? No, le manifesté que debería a los jugadores juveniles jugar contra los universitarios por *todos* los boletos. Sobra decir que él no permitió que se jugara ese partido.

Al año siguiente los críticos que seguían el básquetbol universitario en Ohio pensaron que nuestro equipo tenía oportunidad de ganar el campeonato estatal en nuestra división. Me imagino que se fijaron en los jugadores que volvieron como mayores del equipo universitario del año anterior, y veían el talento que estaría saliendo de los juveniles, por lo que se imaginaron que seríamos un puntal. Y teníamos mucho talento. ¿Cuántos equipos de colegio a finales de la década de los sesenta podían asegurar que casi todos los jugadores podían hacer caer bruscamente el balón por encima de la canasta? Sin embargo, la temporada resultó muy diferente de las expectativas de todos.

DE MAL EN PEOR

El equipo tuvo problemas desde el principio de la temporada. Éramos dos en el equipo juvenil que teníamos el talento de iniciadores: John Thomas, quien era el mejor rebotador del equipo, y yo, el mejor encestador. Pensamos que el tiempo de juego se debería basar estrictamente en la habilidad, y nos imaginamos que merecíamos nuestro lugar en el equipo. Los mayores, que el año anterior también habían tenido que sentarse detrás de los mayores de ese año, pensaban que debíamos pagar el precio y esperar.

Lo que comenzó el año anterior como una rivalidad entre el equipo juvenil y el universitario se convirtió en una guerra entre los juveniles y los mayores. Cuando practicábamos, la refriega era de unos contra los otros. En los partidos, los mayores no hacían pases a los juveniles y viceversa. Hasta llegamos a juzgar nuestro éxito, no porque el equipo ganara o perdiera, sino porque las estadísticas de los juveniles eran mejores que las de los mayores. Si anotábamos más, pasábamos más o ganábamos más rebotes que los mayores, entonces pensábamos que habíamos «ganado» el partido, sin que importara el resultado contra nuestro adversario.

Las batallas eran tan feroces que al poco tiempo los juveniles y los mayores ni siquiera trabajaban juntos en la cancha durante los partidos. El entrenador Neff debió separarnos. Los mayores iniciaban, y cuando se hacía necesaria una sustitución, él no ponía a jugar a un juvenil sino a *cinco*. Nos convertimos en dos equipos de turno.

No recuerdo exactamente quién inició la rivalidad que dividía nuestro equipo, pero sí recuerdo que John Thomas y yo la adoptamos desde el principio. Siempre he sido un líder, y cumplí mi parte de influir en los demás compañeros del equipo. Por desgracia, debo confesar que llevé a los juveniles en la dirección equivocada.

Lo que comenzó como una mala actitud en uno o dos jugadores hizo que la situación se volviera un caos para todos. Para cuando estábamos en lo más reñido del programa hasta los jugadores que no querían tomar parte en la rivalidad se afectaban. La temporada fue un desastre. Al final terminamos con un puntaje mediocre y nunca nos acercamos a lo mejor de nuestro potencial. Esto es solo para mostrarle a usted que *las malas actitudes arruinan al equipo*. Esa es la Ley de la Manzana Podrida.

El talento no es suficiente

Una de las lecciones que aprendí de mi experiencia de básquetbol en el colegio es que el talento no es suficiente para llevar a un equipo al éxito. Por supuesto, usted sí necesita talento. Mi amigo Lou Holtz, el extraordinario entrenador de fútbol americano universitario, comentó: «Se deben tener grandes atletas para ganar … No se puede ganar sin buenos atletas, pero se puede perder con ellos». Se necesita mucho más que personas talentosas para ganar.

Mi equipo del colegio estaba repleto de talento, y si eso fuera suficiente habríamos sido campeones estatales. Pero nuestro equipo también estaba lleno de malas actitudes. Usted sabe quién ganó al fin la batalla entre el talento y la actitud. Quizás por eso hoy día comprendo la importancia de una actitud positiva y he puesto gran énfasis en ella para mí mismo, para mis hijos cuando se estaban criando, y para los equipos que dirijo.

> *Las buenas actitudes entre los jugadores no garantizan el éxito de un equipo, pero las malas actitudes garantizan su fracaso.*

Hace años escribí algo acerca de la actitud en *Actitud de vencedor.* Me gustaría compartirlo con usted. Dice así:

La actitud …

Es el mejor de nuestro verdadero yo.

Sus raíces son internas pero su fruto es externo.

Es nuestra mejor amiga o nuestra peor enemiga.

Es más honesta y más coherente que nuestras palabras.

Es una apariencia exterior basada en nuestras experiencias pasadas.

Es algo que atrae o repele a la gente de nosotros.

No está satisfecha hasta que no se expresa.

Es la bibliotecaria de nuestro pasado.

Es la que habla de nuestro presente.

Es la profeta de nuestro futuro.[1]

Las buenas actitudes entre los jugadores no garantizan el éxito de un equipo, pero las malas actitudes garantizan su fracaso.

Las cinco verdades siguientes acerca de las actitudes muestran cómo afectan a un equipo y el trabajo en equipo:

1. Las actitudes tienen el poder de levantar o derribar a un equipo

Denis Waitley declaró en *The Winner's Edge* [La ventaja de un ganador]: «Los verdaderos líderes en el comercio, la comunidad profesional, la educación, el gobierno y el hogar también parecen poseer una ventaja especial que los separa del resto de la sociedad. La ventaja del ganador no es una cuna noble, un gran coeficiente intelectual o un talento. Está en la actitud, no en la aptitud».

Desgraciadamente, creo que muchas personas rechazan esa idea. Quieren creer que el talento solo (o talento con experiencia) es suficiente. Sin embargo, hay muchos equipos talentosos que nunca llegan a nada debido a las actitudes de sus jugadores.

Observe cómo varias actitudes influyen en un equipo constituido por jugadores sumamente talentosos:

Habilidades	+	Actitudes	=	Resultado
Gran talento	+	Pésimas actitudes	=	Equipo malo
Gran talento	+	Malas actitudes	=	Equipo promedio
Gran talento	+	Actitudes promedio	=	Equipo bueno
Gran talento	+	Buenas actitudes	=	Equipo Excelente

Si usted quiere resultados extraordinarios necesita buena gente con gran talento y actitudes formidables. El potencial del equipo asciende cuando suben las actitudes. El potencial del equipo baja cuando caen las actitudes.

2. Una actitud se contagia cuando se exhibe ante otros

En un equipo hay muchas cosas que no son contagiosas: talento, experiencia, práctica. Pero usted puede estar seguro de algo: la actitud sí lo es. Cuando alguien en el equipo es dócil y su humildad se recompensa con el mejoramiento, es probable que los demás muestren características similares. Cuando un líder enfrenta con optimismo circunstancias desalentadoras, otros admiran esa cualidad y quieren emularlo. Cuando un miembro de un equipo muestra un firme trabajo moral y empieza a tener una influencia positiva, otros lo imitan. Las personas llegan a inspirarse por sus compañeros. Tienen la tendencia de adoptar las actitudes de aquellos con quienes se relacionan: adoptan su modo de pensar, sus creencias y sus enfoques hacia los retos.

Un ejemplo maravilloso de la manera en que a menudo las actitudes «se contagian» se puede ver en la historia de Roger Bannister. Durante la primera mitad del siglo veinte muchos expertos deportivos creían que ningún atleta podía correr una milla en menos de cuatro minutos. Tuvieron razón por mucho tiempo. Pero el 6 de mayo de 1954 el atleta británico y estudiante universitario Roger Bannister corrió una milla en 3 minutos 59.4 segundos durante una competencia en Oxford. Menos de dos meses después otro corredor, el australiano John Landy, también rompió la barrera de los cuatro minutos. Entonces de repente docenas de otros, y luego centenas, también lo hicieron. ¿Por qué? Porque cambiaron las actitudes de los mejores atletas. Comenzaron a adoptar el modo de pensar y las creencias de sus compañeros.

La actitud y las acciones de Bannister fueron contagiosas cuando las exhibió ante otros. Su actitud se extendió. Hoy día todo atleta de talla mundial que compite en esa distancia puede correr una milla en menos de cuatro minutos. ¡Las actitudes son contagiosas!

3. Las malas actitudes se contagian más rápido que las buenas

Solo hay una cosa más contagiosa que una buena actitud: una mala actitud. Por alguna razón muchas personas creen que es elegante ser negativo. Sospecho que creen que eso las hace ver más inteligentes o importantes. Pero la verdad es que una actitud negativa perjudica en vez de ayudar a la persona que la tiene. Y también perjudica a las personas que la rodean.

Un viejo y sabio entrenador de béisbol comentó una vez que durante las giras nunca permitió a los jugadores positivos estar con los negativos. Cuando repartía los alojamientos para el equipo, siempre ponía a los negativos juntos para que no pudieran envenenar a nadie más.

Para mostrarle a usted cuán rápida y fácilmente se puede extender un modo de pensar negativo, observe esta historia de Norman Cousins. Una vez durante un partido de fútbol americano, un médico en el puesto de primeros auxilios trató a cinco personas de algo que él sospechaba que pudieran ser alimentos envenenados. Puesto que los síntomas eran parecidos, el médico trató de rastrear lo que tenían en común. Pronto descubrió que las cinco personas habían comprado bebidas de un puesto en particular en el estadio.

Debido a que el médico quería hacer las cosas de modo responsable pidió al anunciador del partido que avisara al público en el estadio que se abstuviera de comprar bebidas del puesto en particular, por la posibilidad de estar envenenadas. Al poco tiempo, más de doscientas personas comenzaron a quejarse de síntomas por alimentos envenenados. Casi la mitad de los síntomas eran tan graves que se les debió llevar al hospital.

Sin embargo, la historia no termina allí. Después de más trabajo de investigación se descubrió que las cinco víctimas originales habían consumido ensalada de papas contaminada en una salsamentaria mientras se dirigían al partido. Cuando los otros «envenenados» supieron que las bebidas en el estadio eran inofensivas experimentaron recuperaciones milagrosas. Con esto quiero mostrarle que una mala actitud se extiende muy rápidamente.

4. Las actitudes son subjetivas, por tanto, puede ser difícil identificar una mala

¿Ha interactuado usted alguna vez con alguien por primera vez y ha sospechado que su actitud era mala, sin embargo, no pudo señalar exactamente lo que estaba mal? Creo que muchas personas tienen esa clase de experiencia.

> *Solo hay una cosa más contagiosa que una buena actitud: una mala actitud.*

Las personas dudan de sus observaciones acerca de las actitudes de otros porque esas actitudes son subjetivas. Alguien con una actitud mala tal vez no haga nada ilegal o inmoral. No obstante, su actitud podría estar perjudicando igualmente al equipo.

La gente siempre proyecta en el exterior la forma en que se sienten en el interior. La actitud dice realmente cómo es un individuo. Eso se traduce en cómo actúa. Le comunicaré cinco malas actitudes comunes que arruinan un equipo para que usted pueda reconocerlas por lo que son cuando las vea:

Una incapacidad de admitir que han obrado mal: ¿Ha pasado alguna vez tiempo con personas que *nunca* admiten que están equivocadas? Esto es doloroso. Nadie es perfecto, pero alguien que piensa que lo es no es un compañero ideal. Su actitud equivocada siempre creará conflictos.

Falla en perdonar: Se dice que a Clara Barton, la fundadora de la enfermería moderna, la animaron en cierta ocasión a quejarse de una acción cruel que le infligieran años antes, pero ella no cayó en la trampa.

—¿No recuerdas el mal que te hicieron? —la incitó el amigo.

—No —respondió Barton—, recuerdo perfectamente haberlo olvidado.

Guardar rencor nunca es adecuado ni positivo. Además, cuando entre compañeros ocurre falta de perdón, esto seguramente dañará al equipo.

Envidia: Una de las actitudes que en realidad obra contra la gente es el deseo de igualdad, que alimenta la envidia. Por alguna razón las personas con esta clase de actitud creen que todo individuo merece igual trato, a pesar del talento, rendimiento o influencia. Sin embargo, nada puede estar más alejado de la verdad. Cada uno de nosotros fue creado de manera única y actúa de modo distinto, y como resultado se nos debe tratar como tales.

La enfermedad del yo: El sumamente próspero entrenador de la NBA, Pat Riley, escribió en su libro *The Winner Within* [El ganador interior] acerca de «la enfermedad del yo». Habla así de los miembros del equipo que la sufren: «Desarrollan una creencia muy firme en su propia importancia. Prácticamente sus acciones gritan: "Soy el número uno"». Riley dice que la enfermedad siempre tiene el mismo resultado inevitable: «La derrota de nosotros».[2]

Un espíritu crítico: Esta es una historia de una pareja de viejos llamados Fred y Martha, quienes iban a casa después de un culto en la iglesia.

—Fred, ¿notaste que el sermón del pastor estuvo flojo hoy? —preguntó Martha.

—No, no me pareció —respondió Fred.

—Pues bien, ¿escuchaste que el coro estaba destemplado?

—No, no lo noté —respondió él.

—Muy bien, seguramente habrás observado esa joven pareja con sus hijos justo frente a nosotros, ¡durante todo el culto hicieron mucho alboroto!

—Lo siento querida, pero no me di cuenta.

—Sinceramente Fred —dijo Martha finalmente disgustada,— no sé por qué te molestas en ir a la iglesia.

Cuando alguien en el equipo tiene un espíritu crítico, todo el mundo lo sabe, porque todos en el equipo pueden hacer lo incorrecto.

Un deseo de acaparar todo el crédito: Otra mala actitud que perjudica al equipo es parecida a la enfermedad del yo. Pero mientras la persona con esta enfermedad podría en el fondo estar a punto de estallar y crear disensión, el acaparador de crédito quiere continuamente ser el centro de atención para llevarse los aplausos, ya sea que los merezca o no. Su actitud es la opuesta de Bill Russell, centro de la NBA en el salón de las estrellas, quien dijo de su tiempo en la cancha: «La medida más importante de cuán buen partido jugué era lo que había hecho para que mis compañeros jugaran mejor».

Seguramente existen otras malas actitudes que no he nombrado, pero mi intención no es enumerar cada una sino solamente las cinco más comunes. En una palabra, las malas actitudes son consecuencia del egoísmo. Si uno de sus compañeros de equipo aplasta a otros, sabotea el trabajo conjunto, o se cree más

> *La mayor parte de las malas actitudes son consecuencia del egoísmo.*

importante que el equipo, entonces usted puede estar seguro de que ha encontrado a alguien con una mala actitud.

5. Si no se tiene cuidado de las malas actitudes, pueden arruinarlo todo

Las malas actitudes no se deben dejar sin atención. Usted puede estar seguro de que siempre causarán disensión, resentimiento, lucha y división en un equipo. Además, no desaparecerán por sí solas si no se les atiende. Simplemente se enconarán y arruinarán al equipo, así como a las oportunidades de alcanzar su potencial.

Puesto que es muy difícil tratar con personas que tienen malas actitudes y debido a que estas son subjetivas, usted duda de su propia reacción instintiva cuando encuentra una «manzana podrida». Después de todo, si usted solo *opina* que esa persona tiene una mala actitud, entonces no tiene el derecho de tratarla, ¿verdad? No será así si a usted le importa el equipo. *Las malas actitudes arruinan al equipo*. Eso siempre es verdadero. Si usted deja una manzana podrida en una cesta de manzanas buenas, siempre se encontrará al final con una cesta de manzanas podridas.

El presidente Thomas Jefferson comentó: «Nada puede evitar que el hombre con adecuada actitud mental consiga su meta; nada en la tierra puede ayudar al hombre con actitud mental errónea». Si a usted le importa su equipo y está comprometido en ayudar a todos los jugadores, no puede hacer caso omiso de una mala actitud. Si lo hace descubrirá la dureza de la Ley de la Manzana Podrida.

SU MEJOR AMIGO O PEOR ENEMIGO

La actitud de una persona influye en todo lo que hace. Determina el modo en que ve el mundo e interactúa con otros individuos. La actitud de una persona (positiva si es buena y negativa si es mala) influye en su rendimiento, a pesar del talento, los antecedentes o las circunstancias.

Una de las historias más notables que he oído, y que ilustra la Ley de la Manzana Podrida, vino de la región de la Bahía de San Francisco. Evidentemente, la directora de un colegio llamó a tres profesores para informarles acerca de un experimento que el distrito estaría realizando.

«Puesto que ustedes son los mejores profesores en el sistema», les dijo, «vamos a darles noventa estudiantes seleccionados con elevado coeficiente intelectual. Este año vamos a dejar que esos alumnos se desarrollen a su ritmo y veremos cuánto pueden aprender».

El profesorado y los estudiantes se llenaron de alegría. En el año siguiente tuvieron una experiencia formidable. Al final del último semestre los estudiantes habían logrado del 20 al 30% más que cualquier otro grupo de alumnos en la región.

Después de transcurrido el año la directora llamó a los profesores y les dijo: «Debo hacer una confesión. Tengo que comunicarles que ustedes no tienen noventa de los alumnos más destacados intelectualmente. Son estudiantes comunes y corrientes. Tomamos del sistema noventa alumnos al azar y se los entregamos a ustedes».

Los profesores estaban contentos. Si los alumnos eran únicamente del promedio, eso mostraba que los profesores habían demostrado una habilidad y experiencia excepcionales.

«Debo hacer otra confesión», continuó la directora. «Ustedes no son los profesores más brillantes. Sus nombres fueron los tres primeros sacados de un sombrero».

Si tanto los estudiantes como los profesores se habían escogido al azar, entonces ¿qué los hizo tener mayor progreso que cualquier otro grupo en el sistema? Fue la actitud de los participantes. Puesto que los profesores y los alumnos esperaban triunfar, aumentaron su potencial para el éxito. La actitud había hecho toda la diferencia.

Si usted quiere darle a su equipo la mejor oportunidad de éxito, entonces practique la Ley de la Manzana Podrida. Cambie sus manzanas malas por buenas y tendrá una oportunidad, porque *las malas actitudes arruinan al equipo.*

PENSAMIENTO DEL EQUIPO DE TRABAJO

Su actitud determina la actitud del equipo.

CÓMO SER UN MEJOR MIEMBRO DEL EQUIPO

El primer lugar donde empezar cuando se trata de actitud es en usted mismo. ¿Cómo actúa en relación con la actitud? Por ejemplo:

- [ ] ¿Cree que el equipo podría funcionar sin usted?

- [ ] Secretamente (y no tan en secreto), ¿cree que los recientes triunfos del equipo se pueden realmente atribuir a los esfuerzos personales de usted, no a la labor de todo el equipo?

- [ ] ¿Mantiene un puntaje cuando se trata de alabar y dar beneficios extras a otros miembros del equipo?

- [ ] ¿Tiene problemas en admitir que se ha equivocado? (Si usted cree que no comete equivocaciones, ¡debe revisar esta área!)

- [ ] ¿Saca a relucir errores pasados de sus compañeros de equipo?

☐ ¿Cree usted que está sumamente mal pagado?

Si usted contestó «sí» a alguno de los puntos anteriores, entonces debe revisar su actitud.

Platique con sus compañeros de equipo y descubra si su actitud los está perjudicando. Hable con su líder. Si realmente cree que su salario es injusto, debe hablar con su empleador y averiguar dónde está parado en realidad. Una relación no puede durar cuando es desigual, ya sea que usted esté dando más de lo que recibe o que reciba más de lo que merece. En cualquier caso la relación decaerá.

> *Una relación no puede durar cuando es desigual, ya sea que usted esté dando más de lo que recibe o que reciba más de lo que merece.*

¡Advertencia! Debo advertir algo: Si usted deja su puesto porque cree que no le valoran lo suficiente, y no triunfa en su nueva posición, entonces probablemente exageró su valor o menospreció lo que la organización estaba haciendo para ayudarle a triunfar.

CÓMO SER UN MEJOR LÍDER DEL EQUIPO

Si usted cree que tiene una «manzana podrida» en su equipo debe llevar aparte a la persona y analizar la situación con ella. Es muy importante hacerlo de modo correcto. Tome el mejor camino: al encararla, hable de lo que usted ha observado, pero déle el beneficio de la duda. Asuma que su apreciación podría estar equivocada y que usted quiere una aclaración. (Si tiene varias personas con malas actitudes, comience con el cabecilla.) Si es realmente su percepción y el equipo no ha salido perjudicado, entonces usted no ha hecho ningún daño, sino que ha suavizado la relación entre usted y la otra persona.

Sin embargo, si resulta que su percepción era correcta y la actitud de la persona es el problema, déle claras esperanzas y una oportunidad de cambiar. Luego hágala responsable. Si cambia, es un gran éxito para el equipo. Si no lo hace, retírela del equipo. Usted no puede permitirle que se quede, porque usted puede estar seguro de que *sus malas actitudes arruinarán al equipo.*

9

LA LEY DE LA CONFIABILIDAD

*Cuando de contar se trata, los compañeros de equipo
deben poder contar los unos con los otros*

Uno de los aspectos que me gusta de Atlanta, Georgia,
donde mudé mi familia y mis compañías en 1997, es que
es una ciudad deportiva. No tengo la oportunidad de ir a muchos
partidos, pero hay pocas cosas que me gusten más que asistir a un
evento deportivo. Es un deleite sentir la energía y la emoción de
ver, con uno o dos amigos, un equipo en competencia, ya sean
los Bravos (béisbol), los Hawks (básquetbol), los Falcons (fútbol
americano), o los Thrashers (hockey).

Cuando se anunció que Atlanta tendría un equipo de hockey
se hicieron planes para construir un nuevo escenario. El antiguo
Omni, donde los Hawks habían jugado desde inicios de la década
de los setenta, estaba programado para ser demolido y reempla-
zado en el mismo sitio por la Arena Philips. Sería un complejo de
entretenimiento de dieciocho mil asientos numerados, en el que
no solo se podría presenciar hockey y básquetbol sino también
conciertos y otros eventos.

Derribar el Omni no iba a ser un proceso sencillo. En primer lugar, se debía hacer rápidamente para que se pudiera iniciar la construcción de la nueva arena. Segundo, debido a que la antigua estructura tenía un techo de viga voladiza, era totalmente imposible desmontar la edificación en orden inverso al que fue construida. Habría sido demasiado peligroso para el personal de demolición. Eso dejaba solo una alternativa: explotar el edificio.

Negocio familiar explosivo

Cuando las brigadas de demolición requieren ayuda para demoler un edificio (o más exactamente, explotarlo), inevitablemente acuden a la familia Loizeaux, pioneros de la demolición segura de edificios con el uso de explosivos. Ellos eran los propietarios y fundadores de Controlled Demolition Incorporated (CDI). La compañía fue fundada por Jack Loizeaux, quien había iniciado una empresa en la década de los cuarenta para sacar tocones de árboles con dinamita. En 1957 hizo explotar su primer edificio. Y en la década de los sesenta comenzó CDI. Desde esa primera demolición (un edificio de apartamentos en Washington D.C.), su compañía ha demolido más de siete mil estructuras en todo el mundo.

CDI es una operación familiar. Al principio Jack y su esposa Freddie manejaban el negocio. No mucho tiempo después se les unieron sus hijos Mark y Doug. Cuando Jack se jubiló en 1976, sus hijos quedaron a cargo de la operación. Hoy día trabajan con ellos varios hijos de Mark, entre los que se encuentra su hija Stacey de veintinueve años, quien ha trabajado en el ramo desde los quince años y ya es una experta por derecho propio.

Como enhebrar una aguja

Cuando contactaron a los Loizeaux para el trabajo del Omni, ellos rápidamente descubrieron que no sería fácil por su proximidad a otros edificios. En uno de sus lados estaba el World Congress Center, que se usaba para convenciones. En el otro lado había una estación de MARTA (sistema masivo de ferrocarriles de Atlanta). En un tercer lado estaba el CNN Center, el cual transmite programación de cable y radio las veinticuatro horas del día. ¡El centro comercial CNN estaba a menos de cuatro metros y medio del Omni! Un error podría afectar la línea del MARTA y cerrar una de sus estaciones más concurridas. O podría sacar temporalmente del aire al servicio de noticias CNN. Por supuesto, en el peor de los casos, el Omni podría caer en dirección errónea y aplastar el edificio de CNN. Para hacer bien la tarea se requería toda la pericia de los Loizeaux y cincuenta años de experiencia.

El uso de explosivos para demoler un edificio siempre es una labor peligrosa. Todo proyecto es diferente y requiere una estrategia única. Los hoyos están taladrados en lugares estratégicos en muchas partes de la estructura, tales como columnas, y se rellenan de cantidades adecuadas de material explosivo. Luego esos puntos de explosión a menudo se tapan con malla de eslabones en cadena (para atrapar las enormes piezas en la detonación) y después se cubren con un material especial que ayuda a contener la explosión. «Esto permite que el concreto se mueva, pero evita que vuele», dice Stacey Loizeaux. «A veces también colocamos una cortina en todo el piso para agarrar lo que pasa por esas dos primeras capas. Allí es donde realmente está tu confiabilidad».[1] Con frecuencia también se levantan terraplenes alrededor del edificio para proteger a las personas y las estructuras cercanas.

Obviamente, hay riesgos en toda ocasión para cualquiera que trabaje con explosivos. Sin embargo, el mayor peligro está en la manera en que se instalan los explosivos para hacerlos estallar. Para lograr que el edificio caiga hacia adentro, los Loizeaux y su equipo deben ajustar las cargas en serie con exactitud, usando a menudo intervalos que difieren uno de otro en pequeñas fracciones de segundo. Ese fue el caso con el Omni, donde primero era necesario que el techo cayera directamente hacia abajo, luego tres de las paredes debían caer hacia adentro y la cuarta hacia afuera. Eso fue exactamente lo que ocurrió el 26 de julio de 1997 a las 6:53 a.m. La demolición duró diez segundos.

Cuando se trata de hacer volar un edificio en el modo en que lo hacen los Loizeaux, todo tiene que hacerse perfectamente, tanto el análisis de la edificación, los planes para la demolición, el transporte de los explosivos, la instalación de esos dispositivos, como la preparación del edificio para la seguridad del área que lo rodea. Si alguien del equipo hace mal su parte y deja que sus compañeros salgan afectados, no es que el equipo CDI falle en su objetivo, sino que puede poner en peligro a muchas personas y propiedades. *Cuando de contar se trata, los compañeros de equipo deben poder contar los unos con los otros.* Esa es la Ley de la Confiabilidad.

Participación de mutua responsabilidad

La importancia de la Ley de la Confiabilidad se clarifica cuando los riesgos son grandes. Sin embargo, usted no tiene que pasar por una situación explosiva para que la ley se ponga en acción. Quien dirige un negocio que intenta sacar un producto a tiempo depende de que sus vendedores realicen sus ventas en tiempos cruciales. El mesero que desea satisfacer a sus clientes cuenta con que el personal de la cocina prepare los alimentos correctamente y a tiempo. La madre que tiene una importante entrevista de trabajo debe tener la seguridad de que la niñera llegará cuando lo prometió. Si hay una falla en el proceso se pierde la confiabilidad, el cliente se va insatisfecho, y el trabajo va a parar a manos de otro candidato. *Cuando de contar se trata, los compañeros de equipo deben poder contar los unos con los otros.*

Hace poco recordé cuán a menudo encontramos ejemplos de la Ley de la Confiabilidad, incluso en asuntos pequeños, como la vez cuando realicé un reciente viaje a África. Fui allí a dictar una conferencia patrocinada por EQUIP, mi organización sin fines de lucro. Me encontraba sentado en el vestíbulo del hotel esperando mi transporte hasta la conferencia y me vino un acceso de tos. Eso normalmente no es un asunto serio, pero cuando usted se prepara para hablar durante cinco o seis horas seguidas no es la mejor manera de comenzar el día. Cuando me puse en camino acompañado del equipo de la conferencia, Erick Moon, un miembro del equipo, sacó de su bolsillo una pastilla de Ricola para la tos (mi marca favorita) y me la ofreció. Cuando vio mi sorpresa, dijo de modo sencillo: «Todos tenemos algunas para ti, por si acaso».

Stanley C. Gault afirmó: «No trabajamos unos para otros; lo hacemos unos con otros». Esa es la esencia de la confiabilidad: la capacidad y deseo de que compañeros de equipo trabajen juntos hacia metas comunes. Pero eso simplemente no sucede porque sí. Ser confiable tampoco es un don. Se debe ganar. Los miembros de equipos que solo dependen entre sí en los momentos fáciles no desarrollan la confianza de contar con los demás.

> «No trabajamos unos para otros; lo hacemos unos con otros».
>
> —STANLEY C. GAULT

LA FÓRMULA DE LA CONFIABILIDAD

Creo que hay una fórmula de la confiabilidad. No es complicada, pero su impacto es poderoso. Hela aquí:

Carácter + Capacidad + Compromiso +

Constancia + Cohesión =

Confiabilidad

Cuando todos los miembros del equipo adoptan, personal y mutuamente, cada una de esas cinco cualidades, pueden lograr la confiabilidad necesaria para que el equipo tenga éxito.

Démosle una mirada a cada una de esas cualidades:

1. Carácter

En *Las 21 leyes irrefutables del liderazgo*, escribí acerca de la Ley del Terreno Firme, la cual dice que la confianza es la base del liderazgo. Esa ley es en realidad acerca del carácter. En el libro afirmo: «Los líderes no pueden perder la confianza y continuar influyendo en los demás. La confianza es el fundamento del liderazgo. Esa es la Ley del Terreno Firme».[2]

> *«No hay sustituto para el carácter. Usted puede comprar cerebros, pero no puede comprar carácter».*
>
> —ROBERT A. COOK

De igual manera, la confiabilidad empieza con el carácter, puesto que se basa en la confianza, la cual es la base de toda interacción con las personas. Si usted no puede confiar en una persona, no contará con ella. Así lo reafirmó Robert A. Cook: «No hay sustituto para el carácter. Usted puede comprar cerebros, pero no puede comprar carácter».

Siempre que quiera levantar un equipo usted tendrá que empezar por forjar carácter en los individuos que lo conforman. Por ejemplo, mi amigo Lou Holtz, entrenador de fútbol americano en la Universidad de Carolina del Sur (USC), al principio de la temporada presenta a los jugadores de su equipo una lista de doce compromisos, para ayudarles a comprender el ambiente de equipo que está intentando crear. Estos son los compromisos:

USC, DOCE COMPROMISOS

1. Lograremos juntos lo que hacemos. Compartimos nuestros triunfos y no permitiremos que uno solo de nosotros falle.

2. Todos somos adultos totalmente maduros. Actuaremos en concordancia, y esperamos lo mismo de quienes nos rodean.

3. No nos tendremos secretos. Todos compartiremos la información que nos afecta a todos; rápida y francamente trabajaremos para separar lo real de lo imaginario.

4. No nos mentiremos a nosotros mismos ni unos a otros. Ninguno de nosotros tolerará que alguno de nosotros lo haga. Dependeremos unos de otros en confianza.

5. Seremos hombres de palabra. Diremos lo que queremos decir y haremos lo que decimos. Confiamos también en la palabra de los demás.

6. Mantendremos la calma. No nos dejaremos llevar del pánico al enfrentar tiempos difíciles. Siempre preferiremos enrollar nuestras mangas en vez de retorcernos las manos.

7. Desarrollaremos nuestras habilidades y las tomaremos en serio. Haremos que nuestras normas sean más elevadas que los de nuestros oponentes más aguerridos, y agradaremos a nuestros seguidores agradándonos personalmente.

8. Trataremos a nuestros vestidores como nuestro hogar y a nuestros compañeros como amigos. Pasamos demasiado tiempo juntos como para dejar que estas cosas vayan mal.

9. Seremos desinteresados y esperamos que todos los demás muestren esa misma cualidad. Cuidaremos unos de otros sin expectativas.

10. Estaremos atentos unos de otros. Realmente creemos que somos guardas de nuestros hermanos.

11. Somos estudiantes en USC, y como tales lucharemos para graduarnos. Tomaremos en serio nuestro promedio de calificaciones de grado y esperamos que nuestros compañeros hagan lo mismo.

12. No podemos perder ni lo toleraremos en ninguna cosa que hagamos. Para nosotros perder es vergonzoso, embarazoso y humillante. No existe excusa alguna por perder un partido de fútbol americano en USC.

¿Observó usted algo mientras leía esos doce párrafos? La mayoría de ellos se refieren a asuntos de carácter. Holtz sabe que si no establece una sólida base de carácter en los jóvenes de su equipo no puede forjar nada de valor sobre él.

En su libro *This Indecision Is Final* [Esta indecisión es definitiva], Barry Gibbons afirma: «Escribe y publica lo que quieras, pero los únicos valores, misiones y ética que cuentan en tu compañía son los que se manifiestan todo el tiempo en la conducta de todas las personas».[3]

> *«Escribe y publica lo que quieras, pero los únicos valores, misiones y ética que cuentan en tu compañía son los que se manifiestan todo el tiempo en la conducta de todas las personas».*
>
> —BARRY GIBBONS

2. Capacidad

Pasé más de veinticinco años como pastor, de modo que comprendo muy bien el mundo de la iglesia; debo admitir que hay personas en la comunidad religiosa que actúan como si el carácter fuera lo único que importara. No creo que esto sea cierto. Lo que usted hace también es importante (como lo clarifican las Escrituras).[4] El carácter es lo más importante, pero no es lo único.

Si usted tiene alguna duda al respecto, piense en esto: si tuviera que sufrir una operación debido a una enfermedad que amenazara su vida, ¿sería más feliz teniendo un buen cirujano que fuera una mala persona o una buena persona que fuera un mal cirujano? Esto pone en perspectiva que la capacidad es importante. Además, si el individuo ha de estar en su mismo equipo, usted querría tanto capacidad como carácter.

3. Compromiso

Tener en un equipo miembros sin entereza no es una experiencia muy agradable. Cuando los momentos son difíciles, usted quiere saber que puede contar con sus compañeros. No quiere estar preguntándose si continuarán adelante con usted.

Hace poco Dan Reiland, quien es vicepresidente del Grupo INJOY, me habló de la siguiente tabla que indica el compromiso de algunos de los miembros de su equipo:

Nivel	Clase de compañero	Descripción
1. Coronel de boina verde	Líder comprometido del equipo	*Entregado. Enfocado en la gran idea. Su actitud es «hacer cualquier cosa».*
2. Primer teniente	Conquista resultados en el equipo	*Participa en el ambiente y el espíritu de la organización. Se motiva y es productivo.*
3. Graduado con honores	Verdadero jugador del equipo	*Tiene pasión y entusiasmo. Llega más temprano y se queda hasta más tarde. Sin embargo aún no está probado como líder.*

4. Cadete	Miembro formal del equipo	*Disfruta su permanencia en el equipo. Desea quedarse. Sirve por deber. No obstante no es un conquistador de logros.*
5. Recluta de campo de entrenamiento	Seguidor envidioso	*Trabajará pero solo con motivación externa*
6. Desertor	No es seguidor	*No querrá hacer nada. Se le debe llevar a corte marcial.*
7. Francotirador	Seguidor peligroso	*Trabaja, pero les dificulta la vida a los otros en el equipo. Si se le da la oportunidad, les fusilará a miembros del equipo.*

Los equipos triunfan o fracasan basados en el compromiso que sus miembros tienen unos con otros y con el equipo. Mi amigo Randy Watts, quien pastorea una iglesia en Virginia, me envió recientemente una nota después de una conferencia en la que enseñé la Ley de la Confiabilidad. Él escribe:

Hace años un amigo mío asistió al Instituto Militar Virginia, conocido por su fuerte entrenamiento físico, emocional y mental. Me dijo que a todos los novatos que ingresan se les separa en compañías. Uno de sus obstáculos de entrenamiento es subir el Monte House, el cual es muy empinado y más que un desafío. La motivación para trepar es: si usted llega de último, lo hará de nuevo. ¡No solo usted sino toda su compañía! Esto crea compromiso en el equipo. ¡Si una persona en su compañía se tuerce un tobillo o se rompe una pierna, otros miembros de su compañía lo cargan! No es suficiente ser el primer hombre en la cumbre del monte; todo el equipo debe lograrlo.

Esa es la clase de compromiso que en realidad necesita el equipo. Cuando los compañeros no pueden lograrlo, usted los carga el resto del camino por el bien del equipo.

4. Constancia

De vez en cuando aparece alguien que define la constancia para el resto de sus compañeros de equipo. En el caso de los Bravos de Atlanta creo que esa persona es Greg Maddux. Si usted es aficionado al béisbol, entonces quizás ha oído de él. Maddux es un gran lanzador, y lo prueba con premios y estadísticas. Ganó más de doscientos juegos, incluyendo 176 en la década de los noventa, más que cualquier lanzador en la Liga Mayor de Béisbol. Es el único lanzador, además de Cy Young y Gaylord Perry, que ha ganado más de quince juegos en trece temporadas consecutivas. Es el único lanzador en la historia del béisbol que ha ganado el premio Cy Young durante cuatro años seguidos (1992–1995).

¿Sabe usted cuál es, de todos los premios que recibió Maddux como lanzador y por estadísticas, su honor más notable? ¡Se le reconoció como el mejor interceptor de la Liga Nacional en su posición al recibir un Globo de oro por *diez años seguidos*!

A muchos lanzadores extraordinarios no se les conoce por su labor de interceptar. Cuando una bola difícil se convierte en un hit para un lanzador, o cuando este debe cubrir la primera base durante un juego difícil hacia el lado derecho del cuadro, muchas veces los demás jugadores del equipo contienen el aliento. Si es probable que alguien en el campo cometa un error, ese es el lanzador. Pero no Maddux. Él obra en su intercepción con el mismo trabajo ético sensacional que lo ha convertido en un gran lanzador. El resultado es una profesión que solo ha visto cuarenta errores en quince años (con dos temporadas de interceptar sin cometer errores).

Si usted quiere que sus compañeros de equipo le tengan confianza, que sepan que pueden contar con usted todos los santos días, entonces haga suyo el ejemplo de Maddux. La constancia es la clave.

5. Cohesión

La última cualidad que los compañeros del equipo necesitan para desarrollar confiabilidad es cohesión. Esa es la capacidad de mantenerse unidos a pesar de cuán difíciles puedan ser las circunstancias. El SEAL de la Marina John Roat describe así la cohesión:

Unidad de cohesión es una de esas expresiones que cualquiera cree entender. La verdad es que la mayoría de las personas no tienen la menor idea. Definitivamente no se trata de que todos estén ligados entre sí o sean agradables. Significa que usted está orgulloso de la capacidad de su grupo para funcionar en un nivel más alto que el posible para una persona. La unidad no brilla porque usted es un miembro, usted brilla porque es suficientemente bueno para ser un miembro.[5]

Existe un viejo adagio cuando de equipos se trata: O nos esforzamos juntos o nos destruimos. Sin cohesión, las personas no forman realmente un equipo, porque no están esforzándose juntos. Son simplemente un grupo de individuos trabajando para la misma organización.

> Existe un viejo adagio cuando de equipos se trata: O nos esforzamos juntos o nos destruimos.

El novelista y activista de los derechos civiles James Baldwin afirmó: «En el momento en que perdemos la fe mutua, el mar nos sepulta y la luz se va».

Cuando esto ocurre, la confiabilidad es ser capaz de tener fe en sus compañeros, no importa lo que suceda. A la hora de la verdad usted puede volverse hacia la gente de su equipo. Digámoslo claro: Usted no puede hacer nada que cuente a menos que sea confiable. *Cuando de contar se trata, los compañeros de equipo deben poder contar los unos con los otros.*

CONFIANZA PERDIDA

Si usted ve un ejemplo importante de confianza perdida que destruye la confiabilidad de un equipo, lo nota instantáneamente. Una violación de la confiabilidad en la familia se presenta cuando los padres abandonan a los hijos, un cónyuge es culpable de infidelidad, o los hijos engañan cruelmente a sus padres. La confiabilidad en un negocio se debilita cuando los empleados malversan el dinero o los líderes abusan del poder que les confiaron otras personas en la organización. Si un funcionario o una agencia gubernamental resultan culpables de espionaje, esto no solo hiere a sus compañeros de trabajo sino que rompe la confianza entre las personas de toda la nación.

Cuando a principios del 2001 salió la noticia de que a un agente del Buró Federal de Investigaciones (FBI) se le había agarrado transmitiendo a Rusia y la antigua Unión Soviética información clasificada como de máxima seguridad nacional, lo primero que pensé fue en la Ley de la Confiabilidad. El hombre de este caso era Robert Philip Hanssen, un agente de contraespionaje que había hecho una carrera en el FBI.

Hanssen es sospechoso de haber entregado a la KGB (y al organismo que la reemplazó, llamado el SVR) información confidencial en más de veinte ocasiones distintas. Esa información totalizaba más de seis mil páginas de material, que incluían técnicas, recursos, métodos y operaciones sobre investigación de contraespionaje.[6] Y al igual que en el caso de Aldridge Ames, el funcionario de contraespionaje de la CIA culpable de espionaje en 1994, se cree que la información pasada de modo ilegal por Hanssen precipitó las muertes de agentes especiales que trabajaban para el gobierno estadounidense.[7]

A nadie le gusta un traidor. Es más, en Estados Unidos aún se asocia el nombre de Benedict Arnold con el incumplimiento y la traición, incluso cuando sus acciones ocurrieron hace más de doscientos años. (Nadie recuerda que Arnold fue un brillante líder militar.) Pero lo que hace especialmente desagradable el caso Hanssen es el hecho de que el traidor era miembro de un equipo que mantiene altas normas de conducta debido a la confianza que las personas le han dado. El FBI identifica sus valores centrales como «rigurosa obediencia a la constitución de Estados Unidos; respeto por la dignidad de aquellos que protegemos; misericordia; justicia; integridad institucional e intransigencia personal».[8] Observe las palabras de Louis J. Freeh, director del FBI, con relación a Hanssen:

> Es detestable una traición de confianza por un agente del FBI, quien juró no solo hacer cumplir la ley sino ayudar específicamente a proteger la seguridad de nuestra nación. Esta clase de conducta criminal representa la más traicionera acción imaginable ... También golpea el corazón de todo lo que representa el FBI: el compromiso de veintiocho mil hombres y mujeres honrados y dedicados en el FBI que trabajan todos los días con diligencia para obtener la confianza del pueblo estadounidense.[9]

En otras palabras, *cuando de contar se trata, los compañeros de equipo deben poder contar con los demás.* Robert Hanssen infringió la confianza que hace posible la confiabilidad. Podrían pasar décadas antes de que averigüemos cuánto daño hizo al país. Ese es un pensamiento terrible, pero es el precio que a veces se debe pagar cuando alguien viola la Ley de la Confiabilidad.

Pensamiento del equipo de trabajo

El halago más grandioso que usted puede recibir
es que se pueda contar con usted.

Cómo ser un mejor miembro del equipo

A menudo las personas dicen que la imitación es un cumplido. Cuando se trata de un equipo de trabajo creo que el halago más grandioso que usted puede recibir es la confianza de sus compañeros de equipo cuando en realidad cuenta.

¿Cómo se sienten sus compañeros con usted? En el capítulo seis hablamos de cómo catalizar los pasos a un nivel más alto de juego cuando llegan tiempos difíciles. Usted podría ser o no ser la clase de jugador que provoca los acontecimientos y después alguien cuando el juego está en peligro. Eso está bien. Pero, ¿se puede depender de que usted haga *su* parte, cualquiera que sea, cuando sus compañeros lo necesitan? ¿Actúa y continúa de tal manera que el equipo lo considera alguien con quien se puede contar? ¿Cómo le va en cada uno de los aspectos examinados en el capítulo?

- ¿Es incuestionable su integridad (carácter)?
- ¿Lleva a cabo su trabajo con excelencia (capacidad)?
- ¿Se puede depender de usted en todo momento (constancia)?
- ¿Se dedica usted al éxito del equipo? (compromiso)?
- ¿Unen sus acciones al equipo (cohesión)?

Si usted es débil en alguna de estas áreas, hable con un guía o amigo de confianza para obtener sugerencias relacionadas a cómo puede crecer en esta área.

CÓMO SER UN MEJOR LÍDER DEL EQUIPO

Desarrollar la confiabilidad y cohesión entre miembros del equipo no siempre es una labor fácil. Además lleva tiempo. Si usted es responsable de dirigir su equipo, utilice las sugerencias de William A. Cohen en *El arte de ser líder* para levantar un equipo en que cada miembro pueda contar con los demás cuando sea necesario:

1. Desarrolle orgullo por la membresía del grupo.

2. Convenza a su grupo de que son los mejores.

3. Dé reconocimiento siempre que sea posible.

4. Anime el uso de lemas, nombres, símbolos y eslogans organizativos.

5. Establezca el valor de su grupo al examinar y promover su historia y sus valores.

6. Enfóquese en el propósito común.

7. Anime a su personal a participar juntos de actividades fuera del trabajo.[10]

Mientras más actividades de estas adopte, más confiabilidad desarrollará.

10

LA LEY DEL PRECIO

El equipo no logra alcanzar su potencial cuando falla en pagar el precio.

Uno de los minoristas más antiguos de Estados Unidos, Montgomery Ward y Compañía, anunció el 28 de diciembre del 2000 que se acogería al capítulo siete de bancarrota y cerraría sus puertas para siempre. Tal anuncio entristeció a la población de Chicago, porque Ward había sido una institución en esa ciudad por más de un siglo. Lo más triste es que su fracaso se pudo haber evitado si la empresa hubiera aprendido y practicado la Ley del Precio antes de que fuera demasiado tarde.

La historia primitiva de la cadena de minoristas es en realidad muy notable. La compañía fue fundada en 1872 por Aaron Montgomery Ward, un joven vendedor que había trabajado para varios comerciantes de prendas de confección en el sur y en el medio oeste de Estados Unidos. Mientras trabajaba en regiones rurales lejos de las ciudades o poblaciones grandes, descubrió que muchos clientes de regiones remotas estaban a merced de comerciantes locales que a menudo les sobrecargaban el valor de las mercancías. Eso le dio una idea. En esa época los ferrocarriles y el servicio de correo mejoraban en gran manera. ¿Qué pasaría si él compraba en efectivo prendas de confección directamente de los fabricantes y las vendía en efectivo a clientes rurales por medio de pedidos por correo, eliminando por consiguiente los intermediarios que estaban extorsionando a esos clientes?

EL PAGO DEL PRIMER PRECIO

De su trabajo como vendedor hasta 1871 Ward había ahorrado suficiente dinero como para comprar algunas mercancías e imprimir una lista de precios en una página, la cual planeaba enviar por correo a un grupo de granjeros que pertenecían a una hermandad. Pero antes de poder seguir con su plan, el gran incendio de Chicago en 1871 destruyó sus existencias y sus hojas de precios. Eso no detuvo a Ward. Convenció a dos colegas de ventas que se asociaran con él, comenzó a reconstruir sus existencias y volvió a imprimir la hoja de precios que se convertiría en el primer catálogo en el mundo de venta de mercancía general por correo. En 1872, a los veintiocho años, Ward comenzó su negocio.

Al principio Ward tuvo éxito moderado. Es más, al año de estar en el negocio a sus dos compañeros les entró pánico y le pidieron que les comprara sus acciones. Ward lo hizo y entonces llevó al negocio a su amigo George Thorne como un socio total. Juntos se esforzaron mucho, tomando pedidos y enviando mercancías por ferrocarril. Mientras tanto, en 1875, Ward y Thorne tuvieron una idea novedosa: decidieron incluir un nuevo credo en su catálogo. Este decía: «Satisfacción garantizada o devolución de su dinero». Entonces el negocio despegó.

La tenacidad de Ward y la buena disposición de pagar un precio doble por iniciar su propio negocio fructificaron menos de una década después. La compañía que comenzó con $1,600 de capital en 1872 tuvo ventas por $300,000 en 1878. Nueve años después de eso las ventas ascendieron a un millón de dólares. Al cambiar el siglo, el catálogo de Montgomery Ward y Compañía, que se conocía como «El libro de los deseos», llegó a tener quinientas páginas y se estaba enviando por correo a más de un millón de personas por año. La oficina central de la compañía era un edificio nuevo sobre la Avenida Michigan en Chicago, el rascacielos más grande al occidente de la ciudad de Nueva York.[1]

Dejar de pagar

Luego, en 1901, Montgomery Ward se jubiló para dedicar los últimos años de su vida a trabajar en el mejoramiento de Chicago. Durante las dos primeras décadas del nuevo siglo la compañía continuó prosperando. Pero a finales de la segunda década las cosas comenzaron a cambiar. El éxito de Ward había motivado en 1886 el nacimiento de otra compañía con base en Chicago: Sears, Roebuck y Co. Esta, igual que Montgomery Ward y Compañía, se basaba en venta de mercancía por catálogo a clientes rurales. Cuando ambas compañías iniciaron sus operaciones la mayor parte de la población vivía en regiones rurales. Pero ahora la nación estaba cambiando. Las ciudades se estaban llenando. Al finalizar el censo de 1920 se vio que por primera vez en la historia del país la mayor parte de la población vivía en centros urbanos y como resultado sus hábitos de compra estaban cambiando.

Robert E. Wood, un ex intendente general del ejército, se incorporó a Montgomery Ward en 1919 y vislumbró la venidera prosperidad en las ventas al por menor. Quiso comenzar a abrir tiendas en ciudades donde las personas pudieran comprar personalmente, pero no logró convencer a los propietarios.[2] Sencillamente no pagaron el precio de realizar el cambio.

ALGO PASADO

Al saber dónde se hallaba el futuro del negocio, Wood salió de Ward. En 1924 ingresó al personal de Sears como vicepresidente. Convenció a los directores de su nueva empresa que corrieran el riesgo de abrir tiendas de ventas por departamentos. Para probar acordaron abrir al año siguiente una tienda en Chicago. Fue un éxito inmediato. Dos años después Sears había abierto veintisiete tiendas. Para 1929 la empresa había construido más de trescientas. Continuaron expandiéndose incluso durante la depresión, y en 1931 las ventas al por menor en las tiendas de Sears sobrepasaron sus ventas por catálogo.[3] Wood se convirtió en el presidente de la compañía, posición que conservó hasta 1954, y Sears se volvió la cadena de tiendas por departamentos más próspera de la nación.

Montgomery Ward y Compañía en realidad nunca se recuperó de ese error inicial. Comenzó a abrir tiendas al por menor, pero sin la agresividad suficiente para vencer a Sears. *Un equipo no logra alcanzar su potencial cuando falla en pagar el precio.* Una y otra vez Ward se negó a pagar el precio. Durante la depresión la compañía acumuló dinero en efectivo y dejó de extenderse mientras Sears ganaba más terreno. Después de la Segunda Guerra Mundial, cuando otras tiendas empezaron a mudarse a los suburbios, Ward dejó pasar la oportunidad de volver a estar en la cumbre. Cada vez que el mercado cambiaba, ellos no pagaban el precio necesario para ganar un mercado. En los últimos veinticinco años estuvieron luchando por mantener abiertas sus puertas. Finalmente cerraron después de 128 años de estar en el negocio. Eso es lo que sucede cuando las personas violan la Ley del Precio.

Razón de ser del precio

La capacidad rara vez es la razón de que un equipo no alcance su potencial. Tampoco es un asunto de recursos. Casi siempre es un problema de pago. Montgomery Ward y Compañía tenía muchos recursos y el talento que se necesitaba (inclusive el líder que podía llevar al equipo hacia adelante). El problema fue que los dueños de la empresa no estuvieron dispuestos a salir de su zona cómoda, tomar riesgos e intentar abrir nuevos caminos.

Una de las razones de que los equipos fracasen en pagar el precio para alcanzar su potencial es que malinterpretan la Ley del Precio. Sinceramente no saben cómo funciona. Paso a darle cuatro verdades acerca de esta ley que le ayudarán a clarificarla en su mente:

1. *Todos deben pagar el precio*

Allan Cox observó en *Straight Talk for Monday Morning* [Charla directa para la mañana del lunes]:

> Usted debe renunciar a algo para ser miembro de un equipo. Podría ser un falso papel que usted se ha asignado a sí mismo, tal como el individuo que habla demasiado, la mujer que permanece en silencio, el sabelotodo, el que no sabe nada, el acaparador de subordinados con talento, el que no participa de algunos recursos como sistemas administrativos de información (SAI), o cualquier otro. Sin duda, usted renuncia a algo, como a algún privilegio sin mayor importancia, pero gana autenticidad. Por otra parte, el equipo no aplasta el logro individual; más bien confiere contribuciones personales.[4]

> *Si el precio de ganar no lo pagan todos, entonces todos tendrán que pagar el precio de perder.*

Las personas que no han tenido la experiencia de estar en un equipo ganador no comprenden frecuentemente que *todo* miembro debe pagar un precio. Creo que algunos piensan que si otros trabajan duro, ellos lograrán avanzar sin esfuerzo hacia su potencial. Pero eso no es cierto. Si el precio por ganar no lo pagan todos, entonces todos tendrán que pagar el precio por perder.

2. El precio se debe pagar todo el tiempo

Muchas personas tienen lo que llamo destino de enfermedad. La describo en mi libro *Las 21 cualidades indispensables de un líder*:

Erróneamente, algunas personas creen que si pueden alcanzar una meta en particular, ya no tienen que crecer más. Esto puede ocurrir con casi todo: ganar un grado académico, alcanzar una posición deseada, recibir un reconocimiento o lograr un objetivo financiero.

Pero los líderes efectivos no pueden resistir pensar de esa manera. El día que dejen de crecer ese es el día de la pérdida de su potencial; y el potencial de la organización. Recuerda las palabras de Ray Kroc: «Mientras esté verde, está creciendo, en cuanto madure, comienza a podrirse».[5]

El destino de enfermedad es tan peligroso para un equipo como para cualquier individuo. Nos hace creer que podemos dejar de trabajar, de luchar, de pagar el precio, y aun así alcanzar nuestro potencial. Sin embargo, como observara Earl Blaik, antiguo entrenador de fútbol americano en la Academia Militar Estadounidense: «No hay sustituto para el trabajo. Él es el precio del éxito». Esa verdad no cambia. Por eso el presidente Dwight D. Eisenhower observó: «No hay victorias a precio de ganga». Si usted quiere alcanzar su potencial, no debe aflojar el ritmo.

> «No hay victorias a precio de ganga»
>
> —DWIGHT D. EISENHOWER

3. El precio aumenta si el equipo quiere mejorar, cambiar o mantenerse victorioso

¿Ha notado cuán pocos campeones consecutivos hay en los deportes? ¿O cuán pocas empresas se mantienen en el tope de las listas de la revista *Forbes* por una década? Convertirse en campeón tiene un gran costo. Pero mantenerse en la cumbre cuesta aun más. Y mejorar hasta lo máximo es aun más costoso. Mientras más alto esté usted, más tiene que pagar para hacer mejoras por pequeñas que sean. Los campeones mundiales de velocidad no mejoran sus marcas por segundos sino por centésimas de segundo.

Nadie puede acercarse a su potencial sin pagar de alguna manera para llegar allá. Si quiere cambiar de profesión, usted tiene que obtener mayor educación, experiencia adicional de trabajo, o ambas. Si quiere correr a paso más rápido debe pagar por entrenarse más duro y con más inteligencia. Si quiere incrementar las utilidades de su inversión, o invierte más dinero o toma riesgos mayores. El mismo principio se aplica a los equipos. Para mejorar, cambiar o mantenerse ganando como grupo, el equipo debe pagar un precio, y por lo tanto también los individuos que lo componen.

4. El precio nunca decrece

La mayoría de las personas que renuncian no lo hacen en la base de la montaña; se detienen a mitad de la cuesta. Nadie planta con el propósito de perder. Con frecuencia el problema es una creencia errónea de que llegará el momento en que se conseguirá triunfar de modo más barato. Pero la vida casi nunca funciona de esa manera.

> *La mayoría de las personas que renuncian no lo hacen en la base de la montaña; se detienen a mitad de la cuesta.*

Ese modo de pensar quizás fue el problema con Montgomery Ward y Compañía. En 1919, cuando tuvieron la oportunidad de ser una de las primeras grandes compañía en abrir cadenas de tiendas minoristas, probablemente se fijaron en lo que les costaría en términos de tiempo, dinero, esfuerzo y cambio; y pensaron que el precio era demasiado grande para pagar. Así que dejaron pasar la oportunidad.

Unos pocos años más tarde, cuando Sears empezó a pasarlos con facilidad, el costo de competir fue aun mayor. Pagaron por entrar al negocio de tiendas de ventas al por menor pero aún estaban detrás. Ese precio continuó subiendo año tras año, especialmente cuando Sears los golpeaba al conseguir localidades más importantes. Incluso en las décadas del 1970 y del 1980 pagaron más y más por mejorar y sin embargo su situación empeoró. Chapotearon en varios nichos intentando competir contra Walmart, Target o Circuit City, pero una y otra vez eran golpeados. Pensaron que el precio sería menor la próxima vez, pero este se mantenía subiendo y subiendo.

> *Cuando se trata de la Ley del Precio, en realidad creo que solo hay dos clases de equipos que la violan: Los que no comprenden el precio del éxito y los que lo conocen pero no están dispuestos a pagarlo.*

Cuando se trata de la Ley del Precio, en realidad creo que solo hay dos clases de equipos que la violan: Los que no comprenden el precio del éxito y los que lo conocen pero no están dispuestos a pagarlo. Nadie puede obligar a un miembro de un equipo a tener deseos de triunfar. Cada persona decide en su propio corazón si la meta es digna del precio que se debe pagar. Sin embargo, todos deberían saber el precio que deben pagar para obtener éxito en el equipo.

EL PRECIO DEL EQUIPO DE TRABAJO

Por eso ofrezco las siguientes observaciones acerca del costo de ser parte de un equipo ganador. Para llegar a ser jugadores del equipo, a usted y a sus compañeros se les exigirá al menos:

Sacrificio

No puede haber éxito sin sacrificio. James Allen observó: «Quien sacrifica poco, logrará poco; quien sacrifica mucho logrará mucho». Cuando usted se vuelve parte de un equipo tal vez esté consciente de algunas cosas que deberá abandonar. No obstante puede estar seguro de que no importa cuánto espere dar para el equipo, en algún punto se le exigirá que dé más. Esa es la naturaleza del equipo de trabajo. El equipo solo llega a la cima por medio de sudor, sangre y sacrificio de sus miembros.

Compromiso de tiempo

El trabajo de equipo no llega sin esfuerzo. Cuesta tiempo; lo que significa que usted paga con su vida. Se necesita tiempo para llegar a conocer a las personas, para establecer relaciones con ellas, para aprender cómo trabajar juntos. Esto no se puede desarrollar en tiempo horno de de microondas. Los equipos crecen con más firmeza en un ambiente de olla de barro.

Desarrollo personal

El único modo en que su equipo alcanzará su potencial es si usted alcanza el suyo propio. Eso significa que la capacidad de hoy día no es suficiente. El experto en liderazgo, Max DePree, lo dijo de esta manera: «No podemos convertirnos en lo que debemos ser si permanecemos como estamos». El deseo de mantenerse en la

> El único modo en que su equipo alcanza su potencial es si usted alcanza el suyo propio.

lucha y de mejorar es una clave para su propia capacidad, pero también es importante para el mejoramiento del equipo. Por eso es que John Wooden de UCLA, un grandioso líder de equipo y el mejor de los entrenadores de básquetbol universitario de todos los tiempos, manifestó: «Lo que cuenta es lo que usted aprende después de saberlo todo».

Ausencia de egoísmo

Por naturaleza las personas salen en defensa de sí mismas. La pregunta: «¿Qué saco de esto?» no está muy lejos de sus pensamientos. Pero si un equipo ha de alcanzar su potencial, sus jugadores deben poner la agenda del equipo por sobre la suya propia. Algunas personas ven que la gran perspectiva de la teoría del bumerang de H. Jackson Brown es verdadera: «Cuando usted da lo mejor al mundo, el mundo devuelve el favor». Y si usted le da lo mejor al equipo, este le devolverá más de lo que usted le da; además, juntos lograrán más de lo que usted puede lograr por su cuenta.

> «Cuando usted da lo mejor al mundo, el mundo devuelve el favor».
>
> —H. JACKSON BROWN

Con seguridad hay otros precios individuales que se deben pagar para ser parte del equipo. Usted tal vez puede enumerar varios que ya ha pagado para estar en un equipo. El punto es que las personas pueden escoger mantenerse en las líneas de banda de la vida e intentar hacer todo solas, o pueden ingresar al juego para ser parte de un equipo. Este es un equilibrio entre la independencia y la interdependencia. Las recompensas del trabajo en equipo pueden ser grandes, pero siempre hay un costo. Usted siempre debe renunciar para crecer.

Hace casi un mes cuando me encontraba mostrando las diecisiete leyes del trabajo en equipo a un grupo de comerciantes en

Atlanta, y después de que enseñé la Ley del Precio, Virgil Berry se me acercó y me deslizó una nota que decía: «John, el precio por fallar es mayor que el precio por triunfar. El precio de aceptar el fracaso es pobreza, depresión, desánimo y espíritu oprimido». La gente de Montgomery Ward sabía esto muy bien. *El equipo no logra alcanzar su potencial cuando falla en pagar el precio.*

¿CUÁL ES EL PRECIO PARA UNA NACIÓN?

Pagar un alto precio no siempre garantiza la victoria. Muchos equipos se sacrifican de verdad, solo para no ver cumplidas sus metas. Sin embargo, a veces los sacrificios se recompensan con resultados. Ese fue el caso del ejército revolucionario de los recientemente formados Estados Unidos y de su comandante, George Washington, durante el invierno de 1777 en Valley Forge, Pensilvania.

El año 1777 no fue particularmente de éxito para el general Washington y sus tropas. Tras derrotas en Brandywine, Paoli y Germantown, y la pérdida de Filadelfia a manos de los británicos, Washington y once mil soldados entraron en Valley Forge el 19 de diciembre de ese año. Las tropas estaban desmoralizadas y enfrentaban la posibilidad de un invierno muy frío sin refugio adecuado y sin comodidades.

Quizás el mayor anhelo de esos hombres era ir a casa y olvidarse por completo de la guerra por la libertad. Pero si lo hacían, el costo sería alto. En la posición en que estaban podían vigilar las tropas británicas comandadas por el general Howe en Filadelfia. Más importante aun, en su posición podían defender a York, Pensilvania, a donde había huido el congreso continental cuando la capital cayó en manos de los británicos. Si los hombres en Valley Forge no hubieran estado dispuestos a pagar el precio, habría caído el gobierno, se habría desbandado el ejército y se habría perdido la guerra revolucionaria.

Las condiciones eran terribles. Los hombres estaban mal equipados y peor provistos. A los pocos días de su llegada, Washington escribió al congreso continental diciendo: «2,898 hombres no estaban aptos para cumplir su deber por estar descalzos o casi desnudos (insuficientemente vestidos para el clima glacial)». Las cosas estaban tan mal que los centinelas se debían parar sobre sus sombreros para evitar que se les congelaran los pies. Para el primero de febrero solo había cinco mil hombres disponibles para el servicio.[6]

PAGAR EL PRECIO Y DESPUÉS ALGO MÁS

De modo milagroso las tropas no se rindieron. Soportaron el castigo del duro invierno. Pero hicieron más que solo esperar y sobrevivir. Aprovecharon el tiempo que tenían para convertirse en mejores soldados. Antes de su llegada a Valley Forge estaban desorganizados y sin formación. Para remediar eso, el general Washington empleó el talento de un antiguo oficial del ejército prusiano, el barón von Steuben.

Lo primero que hizo von Steuben fue imponer organización en el campamento e introdujo condiciones de salubridad. Luego bajo su instrucción una compañía de hombres se transformó en un estupendo equipo de soldados. A su vez ellos ayudaron a entrenar a otras compañías. Von Steuben también estandarizó las maniobras militares en todo el ejército, de modo que los hombres pudieran trabajar mejor como un equipo, sin importar qué oficiales los comandaran. Para la época en que el ejército se movilizó, en junio de 1778, estaban a la altura de cualquier grupo de soldados, incluso del ejército británico que algunos consideraban como el mejor del mundo.

El ejército de Washington continuó ganando batallas contra un ejército británico muy superior en números. Pelearon en la batalla de Lexington, la lucha decisiva que definió la guerra en favor de la nación recién formada. Quienes vivimos en Estados Unidos les estamos agradecidos porque el precio que pagaron hace más de doscientos años preparó el terreno para que viviéramos en un país de gran libertad y oportunidad. Aunque es cierto que *el equipo no logra alcanzar su potencial cuando falla en pagar el precio,* también es cierto que cuando se paga el precio las recompensas pueden ser grandiosas. Esa es la bendición de la Ley del Precio.

Pensamiento del equipo de trabajo

Rara vez usted obtiene más de lo que ha pagado.

Cómo ser un mejor miembro del equipo

Si usted es un conquistador de logros quizás tenga muchos sueños y metas. Escriba algunas de las cosas que anhela lograr dentro de los próximos cinco años:

1._____

2._____

3._____

4._____

5._____

6._____

7._____

8._____

9._____

10._____

Ahora, ¿a cuál de ellas está dispuesto a renunciar? Usted siempre debe estar dispuesto a hacerse esa pregunta cuando es parte de un equipo. Cuando sus metas personales están en conflicto con las metas más grandes de su equipo, usted tiene tres alternativas:

1. *Abandona la meta* (porque el equipo es más importante).

2. *Aplaza la meta* (porque no es el tiempo correcto).

3. *Parte con el equipo* (porque es lo mejor para todos).

Lo único a que usted no tiene derecho es a esperar que el equipo sacrifique sus metas colectivas por las suyas.

CÓMO SER UN MEJOR LÍDER DEL EQUIPO

Una de las cosas difíciles que usted debe hacer si dirige un equipo es convencer a sus compañeros de sacrificarse por el bien del grupo. Mientras más talentosos sean los miembros del equipo, más difícil quizás es convencerlos de poner al equipo en primer lugar.

Empiece por modelar el sacrificio. Muestre al equipo que usted está ...

- Dispuesto a hacer sacrificios económicos por el equipo.

- Dispuesto a mantenerse en crecimiento por el bien del equipo.

- Dispuesto a conferir poder a otros por el bien del equipo.

- Dispuesto a tomar decisiones difíciles por el bien del equipo.

Una vez que ha modelado una disposición de pagar su propio precio por el potencial del equipo, usted tiene la credibilidad para pedir a otros que hagan lo mismo. Luego, cuando usted reconozca los sacrificios que sus compañeros deben hacer por el equipo, muéstreles por qué y cómo hacerlos. Después alabe en gran manera los sacrificios de sus compañeros.

LA LEY DEL MARCADOR

El equipo puede hacer ajustes cuando sabe dónde está parado

U sted leyó en el capítulo anterior acerca de Montgomery Ward y Compañía, un gran comercio estadounidense que cayó en períodos difíciles debido a que hizo caso omiso de la Ley del Precio. Por un par de décadas parecía que otra institución estadounidense se dirigía a un desastre similar: Producciones Walt Disney.

EL RATÓN QUE RUGIÓ

La compañía por supuesto fue fundada por Walt Disney y su hermano Roy en la década de los veinte. Comenzaron por hacer cortos de animación silenciosa y creció hasta ser una de las más amadas y respetadas empresas de entretenimiento en el mundo. Continuamente se desarrollaban y abrían nuevos caminos. Produjeron los primeros dibujos animados hablados y la primera caricatura en colores, ambos caracterizaban a Mickey Mouse, quien desde entonces se convirtió en un ícono estadounidense. *Blanca Nieves*, la primera película de largo metraje animada, fue radicalmente una idea innovadora. Mientras se estaba produciendo, muchos la llamaron la «Locura de Disney». Cuando salió al mercado en 1937 se convirtió en la película de más éxito en esa época. (¡Algunos dicen que fue la de más éxito en todos los tiempos!)

Producciones Walt Disney realizó durante las dos décadas siguientes maravillosas películas que se convirtieron en clásicos. Se extendió a la producción televisiva. Abrió además el primer parque temático en el mundo. El nombre Disney se volvió sinónimo de entretenimiento familiar creativo.

LA COMPAÑÍA QUE GIMOTEA

Sin embargo, después de que Walt muriera en 1966, la empresa empezó a caer en un terreno lleno de baches. Cuando una vez Producciones Walt Disney sobresalió por la innovación, ahora estaba marcada por la imitación de su propio pasado de éxitos. Don Bluth, quien salió de Disney en 1979, comentó: «Sentíamos que estábamos animando la misma figura una y otra vez, con un poco de cambios en el rostro».[1]

En vez de tratar de mirar hacia adelante y abrir nuevos caminos, Card Walker, quien supervisaba la producción de películas, siempre se preguntaba: «¿Qué habría hecho Disney?» Las personas en el estudio empezaron a bromear morbosamente: «Estamos trabajando para un hombre muerto».[2] La compañía continuó produciendo películas sin originalidad que no rendían utilidades, y los ingresos continuaron achicándose. El departamento de películas tenía en 1981 un ingreso de $34.6 millones. En 1982 su ingreso había disminuido a $19.6 millones. El año 1983 provocó una pérdida de $33.3 millones. El valor de las acciones de Disney estaba cayendo en picada.

Durante ese período muchas corporaciones estadounidenses estaban cayendo víctimas de hostiles absorciones, donde los tiburones de Wall Street obtendrían el control de la empresa, la cortarían en pedazos y venderían sus partes con una utilidad para ellos y para sus patrocinadores. Puesto que las acciones de Disney estaban cayendo y se presentaban deudas, se convirtió en el objetivo de una hostil absorción.

En 1984, la compañía Disney a duras penas esquivó un intento de absorción, y estaba enfrentando la amenaza de otro, cuando su junta de directores finalmente dio una mirada realista a la posición de la empresa. Decidieron que si la compañía habría de sobrevivir se necesitaban cambios radicales, incluyendo algo que nunca se había hecho en su historia: llevar a alguien de fuera de Disney para que dirigiera la compañía.

De vuelta en el juego

Las personas seleccionadas para dar un vuelco a Disney fueron Michael Eisner como presidente de la junta y ejecutivo en jefe, y Frank Wells como presidente. Con relación a tan desafiante tarea, Eisner afirmó:

> Nuestro trabajo no era crear algo novedoso sino volver a lo mágico, vestir a Disney con ropajes de más clase y extender su alcance, para recordar a la gente por qué se amó a la empresa al principio … Una marca es una entidad viva, y se enriquece o disminuye acumulativamente con el tiempo, es el producto de mil pequeños gestos.[3]

Eisner estaba escribiendo acerca de su trabajo en la marca Disney, pero sus comentarios describen el enfoque que él y Wells tomaron para revitalizar toda la compañía. Eso involucraba una variedad de estrategias.

En primer lugar Eisner y Wells cambiaron el nombre de la organización de Producciones Walt Disney a la Compañía Walt

Disney, reflejando la diversidad de sus intereses. También reunieron a todos los ejecutivos corporativos de la organización y directores de división en un almuerzo semanal, para crear unidad y para participar ideas a través de las divisiones. A su vez contrataron líderes claves, como Jeffrey Katzenberg, para dirigir sus operaciones de cine y televisión.

¡PROPÓSITO!

En cuestión de pocos años Disney se volvió a convertir en un jugador vital en la industria del entretenimiento. El moribundo departamento de televisión produjo éxitos como *Golden Girls* y *Home Improvement*. La sección de cine, que recientemente había producido pocas películas con grandes pérdidas económicas, produjo un volumen mayor de películas, de las cuales veintisiete de sus primeras treinta y tres reportaron utilidades. Pocos después la empresa tenía cuatro divisiones de cine: Disney, Touchstone, Hollywood Pictures y Miramax. Por primera vez en su historia, a finales de 1987, Disney se convirtió en el estudio número uno en taquillas. Además, el departamento de animación comenzó de nuevo a poner el ritmo para la industria al crear películas como *La sirenita, La bella y la bestia, Aladino* y *El rey león*.

Eisner y Wells también expandieron en nuevas áreas los esfuerzos de la empresa. Incrementaron la urbanización de la tierra y construyeron numerosos hoteles nuevos en Walt Disney World. También abrieron tiendas minoristas en centros comerciales por primera vez en 1987. Cuatro años después poseían ciento veinticinco tiendas que estaban generando trescientos millones de dólares en ingresos anuales. También mejoraron, por supuesto, sus parques temáticos por expansión, innovación y el establecimiento de sociedades estratégicas con personas como George Lucas y Steven Spielberg. Cuando Eisner y Wells tomaron el control de la compañía en 1984, los parques generaban ingresos por doscientos cincuenta millones de dólares. Para 1990 sus ingresos llegaban a ochocientos millones.

La Compañía Walt Disney tuvo en el año 2000 ingresos por veinticinco mil cuatrocientos millones de dólares, con dos mil novecientos millones de dólares en ganancias netas (más del doble de las cifras de 1984).[4] Disney no solo ha cambiado completamente. Se ha convertido en un gigante del entretenimiento y una de las corporaciones más poderosas en el mundo. Durante muchos de los años en que la empresa estuvo luchando, los miembros del equipo tuvieron la mirada puesta en su historia y en el recuerdo de su fundador muerto como indicador de qué hacer. Lo que necesitaban era mirar hacia el marcador. *El equipo puede hacer ajustes cuando sabe dónde está parado.* Eisner y Wells llevaron esa capacidad a la empresa. Comprendieron e implementaron la Ley del Marcador.

Cómo poner de relieve el marcador

Todo «juego» tiene sus propias reglas y su propia definición de lo que significa ganar. Algunos equipos miden su éxito en puntos anotados, otros en utilidades. Aun otros podrían ver la cantidad de personas a las que sirven. Pero no importa de qué se trate el juego, siempre hay un marcador. Y si un equipo ha de lograr sus metas, debe saber dónde está parado. Se debe evaluar a la luz del marcador.

> *Si un equipo ha de lograr sus metas, debe saber dónde está parado.*

¿Por qué es esto tan importante? Porque los equipos que triunfan hacen ajustes para constantemente mejorarse tanto ellos mismos como sus situaciones. Por ejemplo, vea cómo un equipo de fútbol enfoca un partido. Antes de iniciar la competencia el equipo pasa enormes cantidades de tiempo planificando. Los jugadores estudian horas de películas de juego. Pasan días imaginándose lo que su oponente probablemente hará, y deciden el mejor camino para ganar. Se idean un plan detallado de juego.

Cuando empieza el partido, el plan de juego es muy importante y el marcador no significa nada. Pero a medida que se desarrolla el partido, el plan de juego significa menos y menos, y el marcador se vuelve más y más importante. ¿Por qué? Porque el partido está cambiando constantemente. Como puede ver, el plan de juego le dice lo que usted *quiere* que suceda. Pero el marcador le dice lo que *está* sucediendo.

¿POR QUÉ EL MARCADOR?

Ningún equipo puede ganar si pasa por alto la realidad de su situación. Disney se aferró tenazmente por años a un plan de juego obsoleto, mientras el mundo y la industria del entretenimiento cambiaban a su alrededor. En realidad no le dieron una mirada en serio al marcador. Como resultado, se mantuvieron perdiendo. Eso es lo que sucede cuando usted hace caso omiso a la Ley del Marcador.

El marcador es esencial para cualquier clase de equipo en estas maneras:

1. El marcador es esencial para comprender

Los jugadores, entrenadores y fanáticos comprenden la importancia del marcador en los deportes. Por eso está muy visible en todo estadio, arena, coliseo o diamante. El marcador da una visión instantánea del juego en todo momento. Incluso si usted llega a la mitad de un partido puede ver el marcador y evaluar muy bien la situación.

Con frecuencia me sorprende la cantidad de personas fuera de los deportes que intentan triunfar sin un marcador. Algunas familias manejan su economía hogareña sin presupuestos y todavía se preguntan por qué tienen deudas. Algunos propietarios de

> El marcador da una visión instantánea del juego en todo momento.

pequeños negocios pasan año tras año sin seguir la trayectoria de sus ventas o sin hacer inventarios y se preguntan por qué sus negocios no crecen. Algunos pastores se ocupan de actividades respetables, pero no se detienen a medir si están alcanzando personas o actuando según las normas bíblicas.

2. El marcador es esencial para evaluar

Creo que el crecimiento personal es una de las claves del éxito. Por eso durante más de veinte años he enseñado en conferencias y en libros acerca del crecimiento. Uno de los principios claves que enseño es este:

Crecimiento = Cambio

Sé que esto parece demasiado sencillo, pero a veces las personas pierden de vista el hecho de que no pueden crecer y permanecer de igual forma al mismo tiempo. La mayoría de los individuos están en una situación que se podría describir con lo que en cierta ocasión dijera el entrenador Lou Holtz: «No estamos donde queremos estar; tampoco estamos donde debemos estar; pero gracias a Dios que no estamos donde solíamos estar».

Sin embargo, cuando se trata de crecer, el solo cambio no es suficiente. Si usted quiere ser mejor tendrá que cambiar en la dirección adecuada. La única manera de hacerlo es evaluándose a sí mismo y evaluando a sus compañeros de equipo. Esa es otra razón para tener un marcador. Este le da una continua información de retroalimentación. Competir sin tener un marcador es como jugar bolos sin bolos. Usted quizás trabaje arduamente, pero en realidad no sabe cómo le está yendo.

3. El marcador es esencial para tomar decisiones

Una vez que usted ha evaluado su situación, está listo para tomar decisiones. En el fútbol americano, el mariscal de campo utiliza la información que le dan los marcadores para decidir la jugada que debe seguir. En el béisbol, el marcador ayuda al entrenador a saber cuándo hacer intervenir a un lanzador de relevo. En el básquetbol se puede usar para decidir en qué momento pedir tiempo.

Eso sucedió en el caso de Disney. Al principio Eisner observó la empresa para comprender su situación general. Luego evaluó la eficacia de cada área individual. Solo entonces pudo tomar decisiones relacionadas con cómo volver a poner en marcha a Disney.

4. El marcador es esencial para hacer ajustes

Mientras más elevado sea el nivel en que usted y su equipo están compitiendo, menores serán los ajustes indispensables para lograr los mejores resultados. No obstante, el secreto de ganar está en hacer ajustes claves, y el marcador le ayudará a ver dónde se deben hacer.

Uno de los hombres de mi personal está empleando una clase única de marcador que le ayuda a hacer los ajustes necesarios para proseguir al siguiente nivel. Me refiero a Kevin Small, el presidente de INJOY. Kevin es de los que, con gran energía y entusiasmo, consiguen lo que se proponen. Puesto que es un líder joven, también tiene áreas débiles en las que debe trabajar. Para que le ayudara en esto contrató un profesor particular, quien lo aconseja, lo ayuda a llevar el marcador de su vida y lo hace responsable de su crecimiento. Esto en realidad lo está ayudando. Los pequeños ajustes que Kevin está haciendo lo están llevando a otro nivel y lo están acercando a la realización de su ya extraordinario potencial.

5. El marcador es esencial para ganar

A fin de cuentas, nadie puede ganar sin un marcador. ¿Cómo podría usted saber cuándo se está acabando el tiempo si no mira el marcador? ¿Cómo saber si debe ganar tiempo o perderlo sin un marcador como instrumento de medición? Si su deseo es manejar sin ninguna prisa, acompañado de algunos amigos, entonces no se debe preocupar por nada. Pero si su intención es ganar las quinientas millas de Indianápolis, ¡entonces usted y su equipo *deberán* saber cómo les está yendo!

Algunas organizaciones ven el marcador como un mal necesario. Otras intentan hacerle caso omiso; algo que no pueden hacer por mucho tiempo y aún tener buenos resultados en su profesión. Algunas organizaciones revisan el marcador como parte importante de su labor, para reconocer y aprovechar continuamente las oportunidades que las conducen a un éxito espectacular.

Gran tacto en un mundo de alta tecnología

Este es seguramente el caso de eBay. Personalmente no soy técnico. No tengo computadora (ni siquiera sé usarla), por tanto no he usado eBay. La primera vez que oí hablar de ella fue a través de unos amigos coleccionistas quienes, según ellos, lograban encontrar bienes deseados por medio de subastas que se realizaban en el Internet. Parecían divertirse, pero para decir la verdad, no les puse mucha atención. Luego comencé a ver artículos acerca de eBay en las páginas financieras y a leer acerca del presidente y director ejecutivo de la compañía, Meg Whitman.

Ebay es una empresa de comercio electrónico que se especializa en conectar en línea a compradores y vendedores de bienes.

Fue fundada por Pierre Omidyar en la sala de su casa en San José, California, en septiembre de 1995, con la idea de ayudar a las personas a encontrar objetos usados, extraños o coleccionables. La idea despegó y tuvo tanto éxito que Omidyar reconoció al poco tiempo que era demasiado para él. Fue entonces cuando contrató a Meg Whitman, quien tenía una maestría de Harvard en administración de empresas y una gran experiencia en dirección como administrador general, presidente y director ejecutivo de FTD, y primer vicepresidente de la compañía Walt Disney.

Un artículo de la revista *Time* explica de este modo el éxito de eBay:

> Como intermediario en línea entre compradores y vendedores, eBay está construyendo un imperio que no ha tocado ladrillo ni cemento. Meg Whitman, ... director ejecutivo de eBay, dice: «Si Buy.com quiebra, usted aún puede ir a Circuit City». Y puesto que el trabajo de eBay es conectar personas (no venderles productos), no se le endilga el costo de una estructura tradicional de ventas al por menor ... «eBay es el único minorista electrónico que cumple realmente la promesa del Web», dice Faye Landes, un analista de comercio electrónico de Sanford C. Bernstein & Co.[5]

La verdadera genialidad de eBay es su dominio de la Ley del Marcador. Constantemente hacen ajustes debido a que saben dónde se encuentran y esto los mantiene en la delantera. En el caso de eBay, el marcador son los deseos e intereses de sus clientes y sobre todo de sus clientes potenciales. Comprendiendo que a muchas personas les preocupan las transacciones monetarias por Internet, eBay hizo de la confiabilidad, la seguridad y la privacidad el sello característico de su empresa. Sabiendo que las personas querían obtener información específica acerca de los vendedores de mercancía en su sitio, eBay creó un sistema único de clasificación que permite a los suscriptores intercambiar información. Incluso la empresa creó un grupo especial de apreciación del consumidor, para que averiguara lo que las personas quieren.

CÓMO APRENDER DEL CLIENTE

En los últimos tres años eBay ha aprendido todo lo posible acerca de sus usuarios y de lo que estos desean, mientras toma el pulso de lo que pasa con las principales tendencias de consumo. La compañía ha pasado de ser un lugar de comercio de muñecas a ser un servicio multifacético de subastas que entre otros servicios ofrece:

- Un local especial para comerciar artículos difíciles de enviar

- Servicio mundial de subasta que cubre ciento cincuenta países (con una gran presencia en Europa)

- Un intercambio de productos y servicios de negocio a negocio

- Un lugar de subastas de automóviles

- Servicios de bienes raíces

En el 2000, cuando eBay vio que una compañía naciente llamada Half.com prosperaba vendiendo discos compactos, libros, películas y juegos de video, todo usado, a precios de colección, eBay compró la empresa y la agregó a sus propiedades.[6]

El resultado es que eBay ha recibido gran reconocimiento y centenares de galardones, incluyendo Empresario del Año *Business Week*; premio al minorista del año, concedido por *E-Retailer*, y el reconocimiento de *Forbes* como una de las cien empresas más dinámicas en Estados Unidos. En el 2000 tenía veintidós millones y medio de usuarios registrados, controlaba 80% del mercado de subastas en línea, y sus ingresos fueron de 430 millones de dólares (92% más que en 1999).

Mientras otras empresas basadas en el Internet están luchando para sobrevivir, y buscando maneras de tener finalmente utilidades, eBay parece lista a mantenerse creciendo y ganando. ¿Por qué? Porque siempre tiene la vista puesta en el marcador. *Y el equipo puede hacer los ajustes cuando sabe dónde se encuentra.* Esa es la Ley del Marcador.

PENSAMIENTO DEL EQUIPO DE TRABAJO

Cuando usted sabe qué hacer, puede hacer entonces lo que sabe.

CÓMO SER UN MEJOR MIEMBRO DEL EQUIPO

¿Cuál es el marcador en su negocio o área? ¿Cómo mide usted su progreso? ¿Está en lo primordial? ¿Está en la cantidad de personas a las que llega? ¿Está en el nivel de excelencia o innovación con que hace su trabajo? ¿Cómo mantiene la puntuación?

> *Cuando usted sabe qué hacer, puede hacer entonces lo que sabe.*

Tome algún tiempo para identificar la manera en que su equipo mantiene la puntuación. Escriba aquí esos criterios:

_____

_____

_____

_____

_____

Ahora piense en cómo se debería medir usted individualmente. ¿Qué senda debería seguir para asegurarse de que está haciendo lo mejor? Escriba aquí esos criterios:

_____

_____

_____

_____

CÓMO SER UN MEJOR LÍDER DEL EQUIPO

Si usted dirige el equipo tiene la responsabilidad primordial de revisar el marcador y de comunicar la situación del equipo a sus miembros. Esto no necesariamente significa que usted lo obtenga todo por sí mismo, sino que deberá asegurarse de que los miembros del equipo continuamente evalúen, hagan ajustes y tomen decisiones tan rápido como sea posible. Esa es la clave para vencer.

¿Tiene usted un sistema que le asegure que eso sucede? ¿O confía por lo general en su intuición? No está mal usar la intuición mientras tenga algunos refuerzos a prueba de fallas que le aseguren que no defraudará al equipo.

Evalúe cuán continua y eficazmente consulta usted su «marcador». Si no lo está haciendo tan bien como debería, entonces cree un sistema que le ayude a hacerlo o que fortalezca a los líderes de su equipo para compartir la responsabilidad.

LA LEY DE LA BANCA DE APOYO

Los grandes equipos tienen mucha fuerza colectiva

Habrá escuchado alguna vez la expresión: «No se ha acabado mientras la señora gorda cante», o el famoso comentario de Yogi Berra: «No se ha acabado a menos que se haya acabado». ¿Le sorprendería saber que a veces se *ha* acabado antes de haberse acabado ... y que usted puede saber cuándo ocurre esto si conoce la Ley de la Banca de Apoyo?

Le daré un ejemplo. Un sábado de septiembre del 2000 fui a un partido de fútbol americano con unos amigos: Kevin Small, presidente de INJOY; Chris Goede, quien solía jugar béisbol profesional; y Steve Miller, mi maravilloso yerno. Estábamos esperando un emocionante partido entre los Casacas Amarillas de Georgia Tech y los Seminoles del Estado de Florida (FSU), aunque FSU era el fuerte favorito. Existe mucha rivalidad entre todos los equipos universitarios de Georgia y Florida, por tanto se enfrentan con mucha entrega. Ese día no estábamos decepcionados. Los equipos estuvieron luchando y el marcador estaba parejo. Tech jugaba con todo el corazón.

Solo cuestión de tiempo

Pero cuando terminó el tercer cuarto, dije: «Vamos muchachos. Esto se acabó». A veces abandono los partidos antes de que terminen porque odio quedar atrapado en el tráfico. Por supuesto, me quedo hasta el final de un partido si está realmente parejo o quizás tenga alguna importancia histórica (como un juego perfecto en el béisbol). En aquel día los muchachos se sorprendieron por mi deseo de salir, especialmente debido a que el partido estaba parejo y el Tech finalmente se ponía en ventaja 15 a 12.

> *Sencillamente un gran iniciador por sí solo no es suficiente si un equipo quiere ir al nivel superior.*

—¿No quieres ver el final del partido? —preguntó Chris con un poco de curiosidad.

—No, este partido se acabó —dije—. Vamos al auto.

En nuestro camino de regreso hablamos del asunto. Es cierto que allí Tech seguía adelante contra FSU, especialmente cuando los Casacas Amarillas estaban defendiéndose. Esa no era una labor sencilla, puesto que los Seminoles tenían una ofensiva poderosa. Sin embargo, yo había notado durante el transcurso del partido que mientras los iniciadores de Tech aún estaban jugando, FSU había estado sustituyendo muchos jugadores de la banca de apoyo y el nivel de juego de su equipo no había impactado de modo negativo. Debido a eso yo sabía que era cuestión de tiempo que poderosa banca de apoyo de FSU cansara a los jugadores de Tech. Efectivamente, el partido terminó con un marcador de 26 a 21, con FSU como ganador. Ese es el impacto de la Ley de la Banca de Apoyo. *Los grandes equipos tienen mucha fuerza colectiva.*

El papel de la banca de apoyo

No es difícil ver en los deportes la importancia de tener buenos jugadores de reserva sentados en el banco. En la Liga Mayor de Béisbol, los equipos que ganan campeonatos lo hacen debido a que tienen más que una buena rotación de lanzadores y un sólido bloqueo. Ellos poseen grandes lanzadores de reserva y jugadores fuertes quienes pueden sustituir o batear de emergencia saliendo de la banca. En la NBA, los jugadores y los fanáticos han reconocido desde hace mucho tiempo el impacto de la banca al hablar de la importancia total del «sexto hombre»: la persona que hace una gran contribución al éxito del equipo y sin embargo no es uno de los cinco iniciadores en la cancha de básquetbol. Además, los entrenadores modernos de fútbol americano profesional manifiestan la necesidad de tener dos mariscales de campo sumamente habilidosos y capaces de hacer ganar partidos a sus equipos. Sencillamente un gran iniciador por sí solo no es suficiente si un equipo quiere ir al nivel superior.

Cualquier equipo que desee sobresalir debe tener tanto buenos sustitutos como buenos iniciadores. Eso es cierto en cualquier campo, no solo en los deportes. Quizás usted pueda hacer algunas cosas maravillosas con solo un puñado de personas sobresalientes, pero si quiere que su equipo triunfe en un largo trayecto, debe formar su banca. Un gran equipo sin banco finalmente fracasa.

Cómo definir de la banca de apoyo

En los deportes es fácil definir qué personas inician y cuáles se quedan en la banca. Pero, ¿cómo definirlas en otros campos? Sugiero las siguientes definiciones:

Iniciadores son los individuos de primera línea que directamente añaden valor a la organización o que influyen en su curso de forma directa.

La banca está constituida por las personas que indirectamente añaden valor a la organización o que apoyan a los iniciadores con lo que hacen.

Todo el mundo reconoce la importancia de los iniciadores en un equipo. Son quienes están más a menudo en primer plano. Como resultado, obtienen la mayor parte del crédito. Ambos grupos son importantes, pero si uno de ellos está sujeto al olvido o a que no se le reconozca como merece, ese es por lo general la gente de la banca. Es más, quienes probablemente más desacreditan o no tienen en cuenta la contribución de la banca son quizás los iniciadores. A algunos jugadores claves les encanta recordar a los sustitutos que ellos (los iniciadores) «están en la cumbre». Sin embargo, cualquier iniciador que minimiza la contribución de la banca es egoísta, subestima lo que lleva a un equipo a triunfar, y no comprende que *los grandes equipos tienen mucha fuerza colectiva.*

El mejor ejemplo de un líder que comprende la Ley de la Banca de Apoyo es John Wooden, el «Mago de Westwood», de UCLA, cuyo equipo ganó diez campeonatos nacionales universitarios. El entrenador Wooden valoraba a todas las personas de su equipo y la contribución que hacía cada una. Ningún entrenador logró una mejor labor al mantener el juego de sus equipos en el más alto nivel por tanto tiempo como lo hizo Wooden. Este observó: «La ausencia de egoísmo es una característica en la que siempre he insistido. Siempre creí que todo equipo de básquetbol es una unidad, y nunca separé a mis jugadores en iniciadores y sustitutos. Intenté clarificar que todo individuo juega un papel, incluyendo el director técnico, los asistentes, el entrenador y los directivos».[1]

El banco es indispensable

Todo ser humano tiene valor, y todo jugador añade valor al equipo en alguna manera. Esas solas verdades deberían ser suficientes para hacer que los miembros del equipo cuiden a los jugadores de la banca. Sin embargo, también existen razones más específicas para honrar y desarrollar a los jugadores que tal vez no sean considerados «iniciadores». He aquí algunas:

1. Los jugadores que hoy están en la banca podrían ser las estrellas del futuro

Raras son las personas que comienzan sus carreras como estrellas; y quienes lo hacen a veces descubren que su éxito es como el de algunos niños artistas: Después de un breve resplandor en el escenario no son capaces de volver a capturar la atención que una vez tuvieron.

Las personas con mayor éxito pasan por un aprendizaje o período de maduración. Tenga en cuenta a alguien como Joe Montana, quien ingresó al salón de la fama de la NFL en el año 2000. Pasó dos años en la banca como reserva antes de ser nombrado el cuadragésimo noveno iniciador de San Francisco. Como estaba rompiendo récords y dirigiendo a su equipo a numerosos Super Bowls, la persona que se sentó en la banca como su reserva fue Steve Young, otro gran mariscal de campo.

> *Todo ser humano tiene valor, y todo jugador añade valor al equipo en alguna manera.*

A algunos miembros talentosos del equipo se les reconoce muy temprano su gran potencial y se les prepara para triunfar. Otros trabajan en el anonimato por años, aprendiendo, creciendo y ganando experiencia. Luego de una década de ardua labor se convierten en «triunfadores de la noche a la mañana».

Con la manera en que hoy día las personas van de trabajo en trabajo (incluso de carrera en carrera), los buenos líderes siempre deberían mantener los ojos abiertos en busca de talentos emergentes. Nunca se apresure a encasillar a nadie en su equipo como un no iniciador. Si se da el adecuado incentivo, entrenamiento y oportunidades, casi cualquiera que tenga el deseo tiene también el potencial para surgir algún día como jugador de impacto.

2. El éxito de un jugador de apoyo puede multiplicar el de un iniciador

Cuando cada miembro del equipo cumple el papel que mejor corresponde con sus dones, talentos y experiencia, y se destaca en ese papel, entonces el equipo realmente va viento en popa. Es el logro de todo el equipo lo que hace florecer a los iniciadores, y es el logro de los iniciadores lo que hace florecer al equipo. En realidad el equipo como un todo es mayor que la suma de sus partes. O podemos decirlo en el modo que lo expresó John Wooden: «El ingrediente principal del estrellato es el resto del equipo».

> «El ingrediente principal del estrellato es el resto del equipo».
>
> —JOHN WOODEN

Quizás usted ha visto equipos dirigidos por personas que no comprenden esta verdad. Por ejemplo, tienen vendedores de extraordinario valor que pasan la mitad de su tiempo en un mar de burocracia y papeleo en vez de estar haciendo llamadas a clientes potenciales. Si la organización contratara a alguien que disfrute las tareas administrativas, los vendedores no solo estarían más contentos y serían más productivos sino que las ganancias en las ventas compensarían con creces el costo de tener esa persona.

Nosotros seguimos esta regla en ISS, mi empresa que asesora iglesias para recaudar fondos. Empleamos asesores cuyas habilidades y antecedentes son realmente uno en un millón. Ellos trabajan en la calle con cientos de iglesias individuales cada año, y allí es donde deben estar para utilizar sus potenciales. Sin embargo, cada labor de asesoría exige muchas cartas, manuales de instrucción y otros materiales impresos. Para conseguir eso, ISS emplea un equipo de apoyo de personas talentosas, las cuales hacen un fabuloso trabajo con esa tarea. Todo el equipo gana cuando a cada individuo se le permite trabajar en un área de su fortaleza.

3. Hay más jugadores de banca que iniciadores

Si usted observa la lista de nombres en cualquier equipo triunfador verá que a los iniciadores siempre los superan los demás jugadores en el equipo. En el básquetbol profesional, doce personas están en la banca pero solo cinco inician el juego. En los equipos de la Liga Mayor de Béisbol inician nueve, pero son cuarenta los jugadores. En el fútbol americano profesional empiezan veintidós personas en la ofensiva y la defensa, pero a los equipos se les permite tener cincuenta y tres jugadores. (¡Los equipos universitarios tienen más de cien!)

Usted encuentra situaciones parecidas en todas las esferas. En la industria del entretenimiento a menudo los actores son conocidos, lo que no ocurre con los centenares de miembros de los equipos que hacen una película. Todo el mundo en el ministerio reconoce a las personas que están al frente durante un culto de adoración, pero se necesitan veintenas de individuos que trabajen detrás del escenario para que se realice el culto. Por cada político, ejecutivo empresarial o diseñador famoso que usted conozca hay cientos de personas trabajando silenciosamente entre bastidores para hacer posible su labor. Nadie puede descartar a la mayoría del equipo y esperar tener éxito.

4. Un jugador de banca colocado correctamente en su lugar será en ocasiones más valioso que un iniciador

Creo que si usted pregunta a la mayoría de las personas cómo clasificarían a los asistentes administrativos como miembros del equipo, les dirían que los consideran jugadores de banca, ya que su papel principal es apoyar. Yo estaría de acuerdo con eso; aunque en algunos casos el personal administrativo sí tiene influencia directa en una organización.

Tome por ejemplo a mi asistente, Linda Eggers. Con el paso de los años ella ha hecho de todo en INJOY. Ha sido la contadora de la compañía. Solía tomar parte en nuestros congresos. Estudiaba el mercado y desarrollaba productos. Ella es una persona muy talentosa. Creo que Linda es capaz de hacer cualquier cosa. Sin embargo, decidió hacer un papel de apoyo como mi asistente. En tal posición hace un enorme impacto. Hoy día mi compañía tiene más de doscientos empleados. Respeto y valoro a cada uno de ellos. Pero si mañana lo perdiera todo y solo pudiera conservar a cinco o seis personas con quienes empezar desde cero, lucharía porque Linda fuera una de ellas. Su valor como persona de apoyo la convierte en una iniciadora.

5. Una banca firme da al líder más opciones

Cuando un equipo no tiene banca, la única opción de su líder es rotar a los iniciadores en sus puestos para maximizar su eficacia. Si un iniciador no puede actuar, el equipo no está de suerte. Cuando un equipo tiene una banca débil, entonces el líder tiene muy pocas opciones, y con frecuencia no son muy buenas. Pero cuando un equipo tiene una gran banca, las opciones son casi ilimitadas.

Por eso es que alguien como Bobby Bowden, el director de FSU, pudo vencer a Georgia Tech. Si uno de sus jugadores se lesionaba, tenía a alguien para reemplazarlo. Si su oponente cambiaba los defensas, él tenía jugadores ofensivos en reserva para vencer el desafío. No importa qué clase de situación enfrentaba, con una banca firme tenía opciones que le darían al equipo una oportunidad de ganar.

> Cuando un equipo tiene una gran banca, las opciones son casi ilimitadas.

6. Generalmente se apela a la banca en momentos críticos para el equipo

¿Qué se debe hacer cuando un ejército está en problemas? Llamar a los reservistas. Así ocurre en todo aspecto de la vida. Usted no necesita la banca cuando las cosas están saliendo bien, sino cuando salen mal. Si el iniciador se lesiona y el partido está en peligro, interviene un sustituto. La eficacia de esa persona determina a menudo el éxito del equipo.

Si su equipo está pasando un período difícil, entonces usted sabe la importancia de tener una buena banca. Pero si está experimentando un tiempo sin obstáculos, entonces es el momento de desarrollar sus jugadores de reserva. Forme hoy la banca para la crisis que enfrentará mañana.

LAS ACCIONES DE HOY EDIFICAN EL EQUIPO DE MAÑANA

Mientras usted piensa en los iniciadores y jugadores de la banca en su equipo, reconozca que el futuro de su equipo se puede predecir por tres situaciones:

1. Reclutamiento: ¿Quién se está uniendo al equipo?

Adlai E. Stevenson dijo: «Solo existen tres reglas para una sólida administración: seleccionar hombres buenos, decirles que no descuiden los detalles, y apoyarlos al máximo; y seleccionar hombres buenos es la más importante». Usted no puede formar un equipo ganador sin buenos jugadores.

Cuando de contrataciones se trata, realmente solo hay dos alternativas: O encuentra el jugador para la posición o encuentra la posición para el jugador. En la primera situación usted tiene una posición vacante y busca a alguien que la llene. Ese es el modo normal en que funcionan la mayoría de las contrataciones. Pero a veces, aun cuando no tenga una posición vacante, encuentra un jugador potencial, tan bueno que usted sencillamente no puede dejar pasar la oportunidad de tenerlo en el equipo.

Eso fue lo que me ocurrió el año pasado con John Hull. Yo no tenía un cargo específico para él cuando descubrí que él podría estar interesado en trabajar para el Grupo INJOY. Pero es un jugador de tan gran impacto que lo contraté. A los pocos meses se convirtió en presidente de EQUIP, la organización sin fines de lucro que fundé, cuando su presidente original, Ron McManus, decidió dirigir otro departamento para mí. Si no hubiera contratado a John, el equipo podría haber perdido un líder extraordinario.

2. Capacitación: ¿Está usted desarrollando el equipo?

Usted no puede resolver los problemas de mañana con soluciones de hoy. Si quiere que el equipo triunfe cuando enfrente nuevos retos, debe prepararlo. Eso significa ayudar a los iniciadores a maximizar sus potenciales y capacitar a las personas en la banca para que se conviertan en iniciadores cuando se presente la oportunidad.

Si usted tiene responsabilidad de liderazgo para su equipo, entonces tome la iniciativa de asegurarse de que todos en el equipo estén creciendo y mejorando.

> *Usted no puede resolver los problemas de mañana con soluciones de hoy.*

3. Perdedores: ¿Quién está dejando el equipo?

El único lugar que no pierde personal es el cementerio. Es inevitable perder miembros del equipo. Pero la buena noticia es que usted puede escoger a quién perder. Si conserva personas no productivas, las productivas se frustran y se van. Si usted saca los individuos que no añaden valor, entonces todo el equipo mejora. Es como podar árboles: si no corta las ramas secas, finalmente se seca todo el árbol. Pero si quita las ramas secas, el árbol se vuelve más saludable, las ramas sanas producen más, y nacen en él nuevas ramas productivas.

El mejor modo de describir cómo crecer y mejorar el equipo y su banca es lo que llamo el principio de la puerta giratoria. Así es como funciona: Un equipo siempre tendrá ganancias y pérdidas. En cualquier organización siempre hay un flujo constante de personas entrando y saliendo. La clave para su éxito futuro es a quiénes está perdiendo y a quiénes está ganando.

Digamos, por ejemplo, que usted puede calificar la eficacia de cada persona en una escala de 1 a 10, siendo 10 el máximo puntaje. Al dar vueltas a la puerta giratoria, si su equipo pierde 4s y gana 8s, entonces su futuro parece brillar. Si pierde 8s y gana 4s, entonces su futuro parece poco prometedor. Si pierde 4s y gana otros 4s, entonces está cansando a su equipo con actividad pero no está progresando.

FASES DE UNA ORGANIZACIÓN Y SU PUERTA GIRATORIA

Cualquier equipo que está evitando el estancamiento e intentando mejorar sufrirá cambios, y así como gira la puerta giratoria, diferentes clases de personas irán y vendrán durante varias fases. Por ejemplo, cuando una nueva organización está comenzando hace contrataciones de modo considerable. No tiene nada que perder y le complace ganar a cualquiera. La buena noticia es que a medida que entra la gente se va formando un equipo. La mala noticia es que las personas que el equipo está obteniendo no son siempre buenas.

Algunos miembros del equipo se van cuando se les pide comprometerse. Pero eso es bueno. El compromiso obliga a salir a los no comprometidos, mientras hace aun más firmes a los que ya se han comprometido.

Una vez que el equipo tiene un núcleo comprometido y comienza a crecer, de nuevo gana gente. Las personas que se unen al equipo son atraídas a menudo por el nivel de compromiso que ven en los participantes existentes. Eso levanta la capacidad del equipo y lo impulsa hacia el logro, lo que lo conduce al éxito.

Sin embargo, una vez que un equipo llega a tener éxito, algunos de sus miembros lo dejarán para intentar conseguir más triunfos por su cuenta. Esa es una época difícil para el equipo. Usted quizás pueda persuadir a las personas de que se queden, si las enfrenta a mayores desafíos y comparte con ellas tanto las responsabilidades como las recompensas. (¡Si no lo logra, probablemente tendrá que confiar en sus jugadores de reserva, y solo entonces descubrirá qué clase de banca ha formado!)

Clase de equipo	Ganancia o pérdida	Naturaleza de la ganancia o pérdida
Equipo nuevo	Mayores ganancias que pérdidas	Las ganancias no siempre son buenas
Equipo comprometido	Mayores pérdidas que ganancias	Las pérdidas son buenas
Equipo creciente	Mayores ganancias que pérdidas	Las ganancias son buenas

Equipo triunfante	Mayores pérdidas que ganancias	Las pérdidas no son buenas
Equipo de ensueño	Mayores ganancias que pérdidas	Las ganancias son buenas

Finalmente, si usted puede mantener el crecimiento en medio del éxito, y repetir el proceso mientras forma continuamente su banca, entonces puede crear un equipo de ensueño. Eso es lo que han hecho organizaciones como General Electric, Disney y Home Depot. Su crecimiento continuo y la reputación de prosperidad les sigue atrayendo buena gente.

¿QUIÉN ES SU JUGADOR MÁS VALIOSO?

La clave para aprovechar al máximo la Ley de la Banca es mejorar continuamente al equipo. Cuando desarrolle mejores jugadores, hágalo primero con sus iniciadores. Luego organice la banca. Haga eso por bastante tiempo y forjará un gran equipo, porque *los grandes equipos tienen mucha fuerza colectiva*. Esa es la Ley de la Banca de Apoyo.

Desarrollar un gran equipo no es un proceso fácil. Se necesita mucho trabajo. Además, mientras más grande sea la organización, más difícil se vuelve la tarea. Estoy sumamente consciente de eso porque en los últimos tres años y medio el Grupo INJOY ha crecido de menos de cincuenta personas a más de doscientas. Cuando usted ha experimentado tal clase de crecimiento explosivo, quien hace las contrataciones quizás sea su jugador más valioso.

Permítame hablarle de la persona más responsable de mantener la puerta giratoria moviéndose en la dirección correcta en mi empresa. Su nombre es Stacy Buchanan. Hace dos años y medio un conocido de ella que era buscador de ejecutivos la dirigió al Grupo INJOY. En aquel tiempo nosotros estábamos buscando un contador principal, y Stacy tenía mucha experiencia en contabilidad. Ella había hecho mucho del trabajo preliminar para convertirse en contadora pública certificada. También había trabajado durante seis años en una y organización sin fines de lucro conocida internacionalmente pasó varios años enseñando.

MOVIMIENTO AUDAZ

Stacy creía con todo su corazón que pertenecía al Grupo INJOY, y quería realmente trabajar con nosotros. Pero lo último que quería hacer en el mundo era volver a trabajar en contabilidad. Christine Johnson, una antigua empleada de INJOY que en ese tiempo trabajaba como nuestra gerente de contrataciones, se encargó de entrevistar a Stacy. Christine manifestó que Stacy era un «águila», y no quería dejarla ir. Por tanto se la presentó a Dick Peterson. Cuando hablaron, él también se pudo dar cuenta que ella era un gran partido. Finalmente le preguntó: «¿Qué quieres hacer?»

Stacy se armó de valor y al fin respondió: «Para ser franca, Dick, deseo el trabajo de Christine».

Eso sonó como música para los oídos de Christine, quien estaba dedicada por completo a reclutar nuevos empleados, pero en realidad no disfrutaba lo que hacía, ni estaba utilizando sus fortalezas mayores. Ella y Dick se pusieron felices de crear un cargo para Stacy. En los treinta meses a partir de esa fecha ella ha contratado cerca de doscientas personas para la compañía (tanto iniciadores como jugadores de banca). Está haciendo un magnífico trabajo.

> *La clave para aprovechar al máximo la Ley de la Banca de Apoyo es mejorar continuamente al equipo.*

«Sé que corro el riesgo de parecerme a un predicador con mis seis claves», dice Stacy «pero esto le dará una idea de cómo ubico a las personas. Analizo las siguientes áreas:

1. *Personalidad:* Utilizo el examen del DISCO, una herramienta de diagnóstico que indica si la personalidad de alguien es impulsadora, influyente, de apoyo o calculadora.

2. *Pasión:* Averiguo lo que las motiva: resultados, relaciones, dinero, reconocimiento, afirmación, influencia o seguridad.

3. *Modelo:* Busco modelos en sus triunfos y fracasos. Descubro si trabajan mejor solas o en equipo.

4. *Potencial:* Intento ver lo que podrían lograr con dirección, motivación, capacitación y liderazgo adecuados. Indico particularmente si son sostenedores o forjadores.

5. *Reseña:* Estimo si calzarán en nuestro ambiente y si son realmente material INJOY.

6. *Ubicación:* Finalmente trato de evaluar dónde calzan: qué equipo se beneficiará de ellas y a su vez las beneficiará».

Stacy ha hecho un trabajo extraordinario al levantar nuestro equipo por medio del reclutamiento. Ahora está extendiendo su papel al área de la capacitación. Ella ha jugado un papel decisivo en el inicio de los nueve grupos de guianza que actualmente hay en el Grupo INJOY. Stacy resume su trabajo diciendo: «Mi anhelo es ver que las personas interpreten la música que contienen sus almas».

Si usted quiere que su equipo se convierta en lo mejor que puede ser, entonces debe concentrarse en quiénes está ganando, quiénes está perdiendo, y a quiénes está desarrollando. Esa es la única manera de forjar un gran equipo; debe ser sólido en todo nivel. Además, no pierda de vista la Ley de la Banca de Apoyo. Recuerde, *los grandes equipos tienen mucha fuerza colectiva.*

PENSAMIENTO DEL EQUIPO DE TRABAJO

Los mejores jugadores lo hacen a usted un mejor jugador.

CÓMO SER UN MEJOR MIEMBRO DEL EQUIPO

¿Cómo se definiría usted: como un jugador de la banca o un iniciador? Si está en la banca, entonces su trabajo es hacer dos cosas: ayudar a los iniciadores a brillar, y prepararse para ser un iniciador en el futuro. Usted puede hacerlo al cultivar una actitud de servicio y docilidad, y al hacer todo lo que pueda por aprender y crecer.

Si usted es un iniciador, entonces no solo debería dar lo mejor de sí por el bien del equipo sino que también debería honrar a las personas en la banca. Puede hacerlo reconociendo el valor de la contribución que han hecho, y ayudándoles a prepararse para que algún día sean iniciadores. Si aún no está guiando a un compañero de equipo en el de la banca, comience a hacerlo inmediatamente.

CÓMO LLEGAR A SER UN MEJOR LÍDER DEL EQUIPO

Si usted dirige su equipo, es responsable de asegurarse de que la puerta giratoria se mueva de tal manera que al equipo se estén uniendo mejores jugadores que los que están saliendo. Una de las maneras en que puede facilitar eso es poniendo altos valores en las personas buenas que usted ya tiene en el equipo.

Todo equipo tiene tres grupos de jugadores. En este capítulo ya describí los *iniciadores*, quienes añaden directamente valor a la organización o influyen directamente en su curso, y los *jugadores del banco*, quienes añaden valor indirectamente a la organización o apoyan a los iniciadores en lo que hacen. El tercer grupo es un núcleo central dentro de los iniciadores, a los que llamo *miembros del círculo íntimo*. Estas son personas sin las cuales el equipo se vendría abajo. Su trabajo es asegurarse de que cada grupo se esté desarrollando continuamente para que los jugadores del banco puedan llegar a convertirse en iniciadores, y los iniciadores puedan convertirse en miembros del círculo íntimo.

Si usted no está seguro de quiénes son los miembros del círculo íntimo en su equipo, entonces haga este ejercicio: escriba los nombres de los iniciadores en su equipo. Ahora, determine de quién podría prescindir mayormente. Revise uno por uno los nombres de las personas cuya pérdida, en caso de que salieran, perjudicaría menos al equipo. En algún punto se quedará con el pequeño grupo de personas sin las cuales el equipo se desmoronaría. Ese es su círculo íntimo. (Incluso usted puede calificar aquellas personas remanentes en orden de importancia.)

Este es un buen ejercicio para que recuerde el valor de las personas de su equipo. Y a propósito, si el trato que usted les da no corresponde a sus valores, está corriendo el riesgo de perderlas y hacer que su puerta giratoria se vuelva contra usted.

13

LA LEY DE LA IDENTIDAD

Los valores compartidos definen al equipo

Al menos un día por año intento reunir a todos en mi organización. Eso era fácil en los inicios de la historia de INJOY. Cuando fundamos la empresa en 1985, Dick Peterson, quien ahora es COO de la compañía, y yo nos reuníamos en cualquier momento con su suegra Erma (nuestra única empleada) y los cuatro o cinco voluntarios que nos ayudaban (dos de los cuales eran nuestras esposas). Aun diez años después seguíamos siendo un equipo muy pequeño. Toda la empresa se podía reunir alrededor de una gran mesa de conferencias.

Hoy día las cosas son diferentes. Ahora tenemos que alquilar un salón para alojar a todos nuestros empleados, pero aun así nos esforzamos para reunirnos. Es más, para nosotros eso es ahora más importante que antes. Debido a nuestro tamaño y la diversidad de las operaciones, las personas de nuestro equipo tienen la tendencia de desconectarse entre sí. Para los líderes de la organización cada vez es mayor la dificultad de mantener una conexión personal entre todos.

LA DEFINICIÓN DEL EQUIPO

Quizás usted ha experimentado la desconexión que a menudo acompaña al rápido crecimiento de una organización. De acuerdo, con poco más de doscientos empleados, la nuestra no es una compañía grande, pero es lo suficientemente grande para experimentar los dolores del crecimiento. Antes el equipo se definía totalmente por medio de relaciones y ahora es necesario algo más para mantenerlo unido. Allí es donde entra en juego la Ley de la Identidad: *Los valores compartidos definen al equipo.* Aunque algunos miembros de un equipo no comparten experiencias comunes o no tienen relaciones personales mutuas, poseen sin embargo una coherencia que define la magnitud del equipo. Lo que se necesita es una visión común (la Ley de la Brújula) y compartir los valores.

> *Los valores organizacionales influyen y guían el comportamiento del equipo del mismo modo en que los valores personales influyen y guían el comportamiento de un individuo.*

Si todos adoptan los mismos valores, los miembros del equipo pueden incluso tener una conexión de unos con otros y con el equipo mayor.

Hemos visto equipos que tienen una meta común pero que les faltan valores comunes. Cada uno en el equipo tiene diferentes ideas acerca de lo que es importante. El resultado es el caos. Finalmente el equipo se viene abajo si todos intentan hacer las cosas a su manera. Por eso los equipos deben estar en la misma página. Los valores organizacionales influyen y guían el comportamiento del equipo del mismo modo en que los valores personales influyen y guían el comportamiento de un individuo.

EL VALOR DE LOS VALORES

Dé una mirada a cómo los valores pueden ayudar a un equipo a estar más conectado y ser más eficaz. Los valores compartidos pueden ser como:

Un pegamento

Cuando llegan tiempos difíciles (lo que ocurre en todos los equipos) los valores son los que mantienen unidas a las personas. Observe el matrimonio, por ejemplo. Para una pareja es fácil permanecer junta cuando sus miembros sienten el arrebato del amor y todo va de maravillas. Pero finalmente la pasión que los atraía pierde intensidad y llega la adversidad. ¿Qué mantiene juntas a las personas que permanecen casadas? Sus valores. Estos son más importantes que sus sentimientos. Valoran su matrimonio de modo tan alto que están dispuestas a luchar *por* la relación. Si una pareja no tiene ese modo de pensar al casarse, sus posibilidades de mantenerse juntos son muy escasas.

Lo mismo se aplica a cualquier otra clase de equipo. Si los jugadores no saben cuáles son sus valores, y no los viven, son muy pocas sus posibilidades de trabajar como una unidad y de alcanzar su potencial.

Un fundamento

Todo equipo necesita estabilidad para actuar bien y para crecer. Los valores proveen un fundamento estable que hace posible estas cosas. Esto es cierto para que cualquier clase de relación crezca. Por ejemplo, si usted está tratando de forjar una relación con alguien de otra cultura, comienza por buscar las cosas que tienen en común. Si usted intenta hacer una venta a un cliente nuevo, busca asuntos comunes. Lo mismo ocurre cuando se trata de levantar un equipo. Usted necesita algo sobre qué construir, y los valores fortifican el fundamento.

Una regla

Los valores también ayudan a establecer la norma para el desempeño de un equipo. Esos valores se expresan a menudo en el mundo corporativo como una declaración de misión o el establecimiento de pautas para realizar negocios. Pero a veces los valores establecidos de una compañía no se corresponden con sus valores reales.

> *Los valores ayudan a establecer la norma para el desempeño de un equipo.*

El escritor y experto en administración Ken Blanchard dice: «Muchas empresas afirman tener un grupo de valores centrales, pero lo que tienen es una lista de creencias comerciales genéricas con las que todo el mundo podría concordar, tales como tener integridad, lograr beneficios y corresponder a los clientes. Tales valores significan algo solamente cuando se definen posteriormente en términos de cómo se comportan en realidad las personas y cuando se clasifican para revelar prioridades». Funcionan además como una medida de expectativas y desempeño cuando se les adopta verdaderamente.

Una brújula

¿Recuerda usted la serie de televisión *Dallas* de la década de los ochenta? El personaje principal era J. R. Ewing, un hombre de negocios notablemente deshonesto. El código de vida de su personaje se puede resumir por algo que dijo en un episodio de la serie: «Una vez que usted renuncia a su moral, el resto es pan comido». Para una persona sin valores todo es válido.

Creo que vivimos en una época en que las personas están buscando normas por las cuales vivir. Cuando los individuos adoptan valores firmes, obtienen una brújula moral que les ayuda a tomar decisiones. Lo mismo se aplica a las personas de una organización. Cuando el equipo identifica y adopta una serie de valores, entonces en un mes, un año, o una década, no importa cuánto cambien las circunstancias o qué clases de desafíos enfrenten, las personas que lo integran sabrán aún que están yendo en la dirección correcta y tomando decisiones acertadas.

Un imán

Los valores de un equipo atraen a él las personas con iguales valores. Piense en algunos de los equipos que hemos examinado en capítulos anteriores. ¿Qué clase de personas atrae Hábitat para la Humanidad? Personas que desean ver eliminadas las viviendas que no cumplen con los requisitos de habitabilidad. ¿Qué clase de individuos atrae Enron? Personas que valoran la innovación y la flexibilidad organizativa.

En *Las 21 leyes irrefutables del liderazgo*, la Ley del Magnetismo afirma: «Usted atrae a quien es como usted». Esta ley es tan cierta para equipos como para líderes. Las personas atraen a otras del mismo sentir.

Una identidad

Los valores definen al equipo y le dan una identidad única; tanto para sus miembros, sus socios potenciales, sus clientes, como para el público. Sus creencias identifican quién es usted.

LOS VALORES Y EL GRUPO INJOY

Cuando reuní a todos los empleados del Grupo INJOY este año para nuestra sesión anual quise resaltar nuestros valores. Creo que los miembros de nuestro equipo los ven en acción todos los días, pero quise dar a cada persona un lenguaje común para esos valores a fin de ayudar a asegurar nuestro alineamiento con ellos. Para hacerlo les di una lección sobre esos valores.

La comunicación de los valores del equipo es el lugar en que empieza la Ley de la Identidad. Un equipo no puede compartir valores si dichos valores no se han compartido con el equipo. Permítame comunicarle los seis valores centrales que enseñé al Grupo INJOY, para que capte lo que quiero decir.

1. El crecimiento personal de cada miembro del equipo

Creo firmemente en el potencial. Todos los días trabajo en desarrollar el mío, y animo a todos en mi esfera de influencia a hacer lo mismo. ¿Cómo trabajan las personas para desarrollar su potencial? Empiezan por hacer del crecimiento personal una prioridad.

El crecimiento personal ha sido un tema importante en mi vida. Cuando yo era niño, mi padre solía pagarnos a mis hermanos y a mí para que leyéramos libros que nos ayudarían a ser mejores. También nos enviaba a conferencias. Leer libros, escuchar casetes instructivos y asistir a conferencias se convirtió en una práctica para mí mientras crecía. Después, cuando buscaba la clave para el crecimiento organizacional, descubrí otra razón para promover el crecimiento personal, porque me di cuenta de que la manera de que crezca cualquier organización es que crezcan las personas que la integran.

> *Un equipo no puede compartir valores si dichos valores no se han compartido con el equipo.*

Para promover el crecimiento personal en mi organización, animamos a los miembros a pertenecer a grupos guías. También los enviamos a nuestros propios congresos y a otras clases de capacitación. Les damos libros, casetes y otras herramientas de crecimiento personal. Personalmente paso tiempo todos los meses guiando y desarrollando a los líderes máximos de la organización. Cuando descubrimos, o un empleado descubre, que la persona podría prosperar en un cargo distinto o en otra división de la compañía, la animamos a explorar nuevas posibilidades y a realizar un cambio. Usted no puede impedir el crecimiento de sus empleados y esperar que así crezca su organización.

2. La prioridad de agregar valor a otros

El Grupo INJOY existe para agregar valor a las personas. Esa es nuestra misión principal. Primero lo hacemos con los miembros de nuestra organización; pero también lo hacemos por nuestros clientes. Por eso es que desarrollamos y proveemos consultoría, capacitación y recursos a organizaciones e individuos en todo el país y el mundo. El día que no podamos agregar valor a las personas será el día en que cerremos nuestras puertas.

3. El poder de la asociación

Una de mis citas favoritas viene de la Madre Teresa. Ella observó: «Puedes hacer lo que no puedo. Puedo hacer lo que no puedes. Juntos podemos hacer grandes cosas». Esa es una gran manera de describir la asociación.

Me llevó casi cuarenta años descubrir que no puedo hacer todo. (Usted quizás lo aprendió antes que yo; ¡mi excesiva energía, el bajo coeficiente intelectual y el inagotable optimismo se llevaron lo mejor de mí por años!) Así es que comprendí el poder de la asociación. Con los años nuestra organización ha aprendido más y más acerca de trabajar con otros. Ahora preferimos lograr nuestra misión por medio de la asociación. A Dave Sutherland, el ejecutivo en jefe del Grupo INJOY, le gusta recordar a todos que «la asociación

> «Puedes hacer lo que no puedo. Puedo hacer lo que no puedes. Juntos podemos hacer grandes cosas».
>
> —MADRE TERESA

empieza en el momento en que los líderes comprenden que les agregamos valor, y termina cuando se logra su visión».

En los últimos años, hemos extendido nuestra asociación para incluir alianzas estratégicas con otras organizaciones. Tales clases de sociedades han capacitado al Grupo INJOY para entrenar a miles de líderes en casi una docena de naciones en todo el mundo y para obsequiar decenas de miles de libros cada año a individuos en países en desarrollo.

He desarrollado un acróstico que describe lo que la asociación significa para mí. Como su socio [«partner» en inglés] le prometemos:

Poner primero sus necesidades en toda situación.

Agregar valor a su liderazgo personal.

Reconocer que servimos a un propósito común.

Tallar nuestros servicios para suplir su necesidad.

No dar por sentada la confianza puesta en nosotros.

Expresar excelencia en todo lo que hacemos.

Respetar la individualidad de todo el mundo.

Si podemos recordar esto como individuos y como organización, podemos ser buenos socios.

4. La práctica de levantar y desarrollar líderes

En el liderazgo todo surge y todo cae. Por eso es que he dedicado los últimos veinte años de mi vida a enseñar a liderar. También es la razón de que pase mucho tiempo descubriendo y desarrollando líderes. La manera más grandiosa de impactar una organización es enfocarse en el desarrollo del liderazgo. Si usted contrata buenas personas, las levanta como líderes y las desarrolla continuamente, casi no tendrá límites para el potencial de su organización.

5. La administración adecuada de la organización

Cualquier organización que desee continuar cumpliendo su misión debe aprender a administrar sus recursos. En nuestra compañía lo hacemos de tres maneras principales: administrando nuestros bienes para obtener lo mejor de ellos, colocando estratégicamente a nuestra gente para que puedan dar y recibir lo más posible, y entregándonos a causas dignas de valor. Si podemos hacer estas tres cosas, entonces estamos maximizando el uso de todos los recursos que tenemos.

> La manera más grandiosa de impactar una organización es enfocarse en el desarrollo del liderazgo.

6. El propósito de glorificar a Dios

El Grupo INJOY es una organización constituida principalmente por cristianos, y nuestras raíces están en ayudar a iglesias y pastores a alcanzar su potencial. Debido a nuestra herencia y a nuestras firmes convicciones creemos que todo lo que hacemos debe honrar a Dios.

Indudablemente los valores de su organización serán diferentes de los nuestros. Así es como debe ser. Sus valores deben ser el reflejo de las personas del equipo y su líder. Lo importante es que usted pase a través del proceso de descubrir y adoptar los valores del equipo. Una vez hecho eso, comprenderá mejor a su equipo, su misión y su potencial. No olvide que *los valores compartidos definen al equipo*. Esa es la Ley de la Identidad.

LOS VALORES AÑADEN VALOR A SU EQUIPO

Si usted en realidad nunca ha pensado en cómo los valores del equipo pueden revelar la identidad del mismo e incrementar su potencial, pase con su equipo por el siguiente proceso:

- *Exprese los valores.* Pase algún tiempo de reflexión o reúna un grupo de miembros claves del equipo para expresar los valores del mismo. Luego póngalos por escrito.

- *Compare valores con prácticas.* Luego pase algún tiempo observando al equipo en acción. Usted desea asegurarse de que los valores que identifica corresponden a los que se están viviendo. La energía y la eficacia del equipo aumentan cuando se alinean los valores expuestos y la conducta de sus miembros. Pero el equipo sufrirá si los valores no están alineados.

- *Enseñe los valores.* Una vez que usted haya establecido los valores correctos, debe enseñarlos a todos en el equipo. Hágalo de manera clara, creativa y continua.

- *Practique los valores.* Los valores no tienen valor alguno si no se ponen en práctica. Si usted descubre compañeros de equipo cuyas acciones no se corresponden con los valores del grupo, ayúdelos a hacer los cambios necesarios para alinearlos con el resto del equipo.

- *Institucionalice los valores.* Entreteja los valores del equipo dentro de la estructura del equipo. Por ejemplo, mi amigo Bill Hybels, pastor principal de la Iglesia de la Comunidad de Willow Creek, identifica «comunidad» como uno de los valores centrales de su iglesia. Para ayudar a reforzar ese valor dedican el primer tercio de toda reunión, ya sea de su personal, de ancianos o de la junta, a construir y mantener las relaciones personales entre los miembros de ese grupo.

- *Alabe públicamente los valores.* La verdad más grande en administración que he oído es que se hace lo que produce recompensa. Si usted alaba y honra a los individuos que personifican los valores del equipo, otros de sus miembros adoptarán y apoyarán aquellos valores. No existe mejor refuerzo.

Si usted es el líder de su equipo, es muy importante que lo haga pasar a través de este proceso, porque si no trabaja en ayudar a que el equipo adopte los valores que usted sabe que son importantes, los miembros del grupo crearán una identidad de su elección. Para bien o para mal, los valores de las personas más influyentes en el equipo se convertirán en los valores del mismo. Sin embargo, si usted implementa cada uno de los pasos que explico en resumen anteriormente, y continúa repitiéndolos con el tiempo, descubrirá que comenzará a cambiar el ambiente de su organización, y su personal empezará a adoptar una nueva identidad que usted les ayuda a descubrir. Una vez que desarrollen una identidad común de equipo trabajarán mejor juntos, aun cuando la organización crezca y cambie.

> *La verdad más grande en administración que he oído es que se hace lo que produce recompensa.*

NADA COMO EL HOGAR

Cuando me mudé a Atlanta, llegué a familiarizarme con una organización que ha desarrollado su propia identidad única y promueve un firme deseo de trabajo en equipo a pesar de ser una empresa enorme. Se trata de Home Depot.

Pues bien, no acostumbro hacer pequeños trabajos caseros. ¿Qué es lo opuesto de hábil? ¿Torpe? ¿Inútil manualmente? Cualquier cosa que sea, ese soy yo. Pero otra cosa es mi hijo, Joel Porter. Él nunca conoció una herramienta que no le gustara, y si algo se puede arreglar él inventará la manera de hacerlo. Cuando tenía trece años le dejamos formar un taller en un cuarto adyacente a nuestro garaje. Puso un banco de trabajo, instaló el mobiliario e hizo instalaciones eléctricas. ¡Un constructor amigo nuestro nos dijo que Joel había puesto tanta electricidad en ese pequeño cuarto como para iluminar toda una casa!

Cuando llegamos a Atlanta, Joel se consiguió un trabajo en Home Depot, y no podía estar más feliz. Todos los días llegaba a casa y nos hablaba de la compañía, de qué hizo ese día y de los valores que la empresa atesoraba.

Intrigado, me dediqué a hacer averiguaciones por mi cuenta. Descubrí que la compañía fue fundada por Bernie Marcus y Arthur Blank. Ellos abrieron su primera tienda en Atlanta en junio de 1979, después de ser despedidos, catorce meses antes, de Handy Dan, una cadena de tiendas dedicadas a mejoras en las viviendas localizada en la parte occidental de Estados Unidos. Marcus, un hombre con gran experiencia en ventas al por menor y talento de líder, había tenido por años una visión de una cadena nacional de enormes tiendas donde uno pudiera adquirir cualquier artículo para mejoras en el hogar. Su idea era ofrecer la más variada selección de productos al menor precio y con el mejor servicio posible al cliente.

Nace home depot

Hacer despegar a la compañía no era fácil, pero Marcus y Blank continuaron insistiendo, extendían lentamente el negocio, abrían más tiendas y atraían personas de primera clase. Marcus dijo:

«Solo somos tan buenos como nuestra gente, especialmente los hombres y las mujeres que trabajan todos los días en nuestras tiendas ... Por eso creemos que un modo seguro de que esta empresa crezca es declarar con claridad nuestros valores e inculcarlos en nuestros asociados.»[1]

Los líderes adecuados con los valores correctos han atraído a la gente adecuada para hacer de la compañía un éxito total. En 1979 empezaron con cuatro tiendas. En 1999 Home Depot tenía 775 tiendas, 160,000 empleados y ventas anuales por 38,400 millones de dólares.[2]

Los valores son realmente el corazón del éxito de Home Depot. Marcus explica:

En los veinte años anteriores nuestro fundamento ha sido una serie de ocho valores. Aunque no se escribieron hasta 1995, estos valores (el fundamento para la manera en que se maneja la empresa) nos permitieron explorar el panorama estadounidense y serán el vehículo para alcanzar nuestras metas ambiciosas en el mercado internacional ...

- *Excelente servicio al cliente.* Hacer lo que sea necesario para conseguir la lealtad del cliente.

- *Cuidar a nuestro personal.* Esta es la razón más importante para el éxito de The Home Depot.

- *Desarrollar un espíritu empresarial.* Creemos que nuestra estructura organizativa es una pirámide invertida: las tiendas y los clientes están en la cumbre y la administración principal en el fondo.

- *Respeto por todas las personas.* En todas partes hay individuos buenos y talentosos, y no nos podemos dar el lujo de hacer caso omiso de alguna fuente de personas buenas.

- *Forjar firmes relaciones con socios, clientes, vendedores y comunidades.*

- *Hacer lo correcto, no solo hacer buenas cosas.*

- *Restituir a nuestra comunidad como parte integral de hacer negocios.*

- *Devolución a accionistas.* Los inversionistas de The Home Depot se beneficiarán del dinero que nos han entregado para desarrollar nuestro negocio.[3]

Esos valores han hecho de la compañía un gran lugar de trabajo para las personas. Por ejemplo, desde el día en que Home Depot abrió ha ofrecido acciones a los empleados en vez de bonos. ¡Esa clase de trato ha hecho millonarios a más de mil de sus empleados!

Joel Porter no hace mucho dejó su empleo en Home Depot. Ahora trabaja para el Grupo INJOY en una capacidad técnica como nuestro gerente de producción. Sin embargo, su corazón siempre está con Home Depot. ¿Por qué? Porque la compañía tiene una identidad que él respeta. *Esta ha compartido valores, y esos valores compartidos definen al equipo.* Esa es la influencia que Home Depot ejerció en él, y esa es la influencia que la Ley de la Identidad puede tener en usted y en su equipo.

PENSAMIENTO DEL EQUIPO DE TRABAJO

Si sus valores son iguales a los del equipo,
usted se vuelve más valioso para el equipo.

CÓMO SER UN MEJOR MIEMBRO DEL EQUIPO

Si usted desea agregar valor a su equipo y ayudarlo a alcanzar su potencial, debe entonces compartir sus valores. Asegúrese primero de saber cuáles son. Luego examine sus propios valores y metas en comparación con estos. Si usted puede participar incondicionalmente de los valores del equipo, comprométase a alinearse con esos valores. Si no puede, entonces su falta de alineamiento será una fuente constante de frustración para usted y sus compañeros de equipo. Hasta podría buscar y encontrar un equipo diferente.

CÓMO SER UN MEJOR LÍDER DEL EQUIPO

Como líder de una organización usted tiene gran responsabilidad cuando se trata de los valores del equipo. He aquí mis recomendaciones para su proceder:

- Conozca los valores que el equipo debe adoptar.

- Viva primero usted esos valores.

- Comuníqueselos al equipo.

- Consiga la asimilación de los valores por medio de la conducta alineada entre compañeros de equipo.

Recuerde que el proceso lleva tiempo. Lograr que su gente participe puede ser sumamente difícil. Pero mientras mejor sea usted como líder, ellos más rápidamente lo aceptarán. Además, mientras más rápido lo acepten, más rápidamente aceptarán los valores que usted les comunica. (Para explorar este concepto de liderazgo con más profundidad, lea «La Ley del Apoyo» en *Las 21 leyes irrefutables del liderazgo.*)

$$\boxed{14}$$

LA LEY DE LA COMUNICACIÓN

La interacción aviva la acción

Continental Airlines era un desastre cuando Gordon Bethune asumió la dirección en 1994. Había sufrido diez cambios de liderazgo en diez años. Dos veces había pasado por procedimientos de bancarrota. Sus acciones tenían un lastimoso valor de $3.25 cada una. No hubo utilidades en una década. Los clientes se estaban alejando en grandes cantidades y los que usaban los servicios de Continental casi nunca estaban satisfechos porque, en palabras de Bethune, sus aviones «iban y venían como se les antojaba» sin previo aviso. ¡Eso no es lo que viajeros de negocios y turistas buscan en una línea aérea!

ÉPOCAS DE ENSAYO PARA EL EQUIPO

En su libro *From Worst to First* [Del peor al primero], Bethune describió el estado de Continental cuando él llegó:

> Continental era, antes de 1994, sencillamente la peor entre las diez líneas aéreas más grandes de la nación ... Por ejemplo, el Ministerio de Transporte mide las diez mejores líneas

aéreas en porcentaje de llegadas a tiempo ... *Continental estaba exactamente en el último lugar.* Mide la cantidad de informes de extravíos de equipaje por cada mil pasajeros. *Continental era la peor.* Mide la cantidad de quejas recibidas por cada cien mil pasajeros en cada línea aérea. *Continental era la que más recibía.* Eso no es todo: *Continental obtuvo en 1994 casi el triple de quejas que el promedio en la industria* y 30% más de quejas que la novena línea aérea, la segunda en pésimo servicio. Estábamos realmente enterrados en el último puesto en esa categoría ... No solamente éramos la peor de las grandes líneas aéreas. *Éramos lo peor de lo peor.*[1]

Cuando una compañía está así de mal, los empleados no logran ayudar pero se afectan. El estado de ánimo en Continental era desastroso. La cooperación no existía. La comunicación era escasa todo el tiempo. A los empleados se les había estado mintiendo con tanta frecuencia y descaro que no creían nada de lo que se les decía. Según Bethune, habían aprendido una estrategia de supervivencia: Esconderse. «A eso fue a lo que me uní en 1994», comentó Bethune, «una compañía con un producto pésimo, empleados iracundos, bajos salarios, una historia de administración ineficaz, y, como pronto supe, una bancarrota incipiente (nuestra tercera), que posiblemente nos mataría».[2]

El intento de hacer volver al equipo

La meta de Bethune era salvar Continental, pero sabía que para hacerlo era necesario cambiar la estructura de la empresa. La clave iba a ser la comunicación. Él sabía que la interacción positiva podría cambiar completamente a la aerolínea. Si lograba ganar la batalla de la comunicación, haría que los empleados volvieran a trabajar unidos por el bien del equipo, de los clientes y de los accionistas.

El primer paso de Bethune fue abrir las oficinas ejecutivas al resto del equipo. Cuando comenzó a trabajar para Continental, la suite del vigésimo piso en Houston que ocupaba la dirigencia máxima parecía una fortaleza. Sus puertas se mantenían cerradas, el área era vigilada por muchas cámaras de seguridad, y nadie podía entrar al área sin una adecuada identificación. El sitio no era exactamente acogedor. Para acabar con el factor de intimidación entre el liderazgo y el resto del equipo, Bethune literalmente abrió las puertas y ofreció mantenerlas abiertas para los empleados.

Lo siguiente que hizo Bethune fue tratar de acabar con la antigua burocracia que se había desarrollado con el paso de los años. Las reglas y los manuales habían tomado en Continental el lugar de la comunicación y el uso del juicio. El síntoma principal de ese modo de pensar era el libro de reglas para empleados, de veintitrés centímetros de grosor, que se había llegado a conocer como el «libro de las prohibiciones». Era tan detallado que establecía hasta el color del lápiz que un agente debía usar en una tarjeta de embarque. En un gesto significativo el principal ejecutivo en jefe Bethune, y el presidente de Continental Greg Brenneman, reunieron a los empleados en el estacionamiento, tiraron el manual en un basurero, lo rociaron con gasolina y lo quemaron.[3] El mensaje era claro. Todo en Continental iba a cambiar.

AMBIENTE DE COMUNICACIÓN

Continental no cambió de la noche a la mañana. Es más, los empleados se mostraron escépticos cuando Bethune y Brenneman expusieron su «plan de juego». Sin embargo, los líderes se mantuvieron reuniéndose con los demás, se comprometieron a ser sinceros con ellos y conservaron la paciencia. Si las noticias eran buenas, se las contaban a todos. Si eran malas, también las contaban. En todas las áreas de empleados colocaron tableros de anuncios que mostraban dos cosas: 1) sus evaluaciones del último año según las pautas que dictaba el Ministerio de Transporte; y 2) noticias diarias actualizadas de la compañía. Crearon un correo sonoro semanal de mensajes para todos en el equipo. También pusieron muchas comunicaciones por escrito, usando un boletín informativo mensual para los empleados llamado *Continental Times* y *Continental Trimestral*, el cual se enviaba por correo a los hogares de todos los empleados. Colocaron anuncios electrónicos tipo LED en cada máquina de café y de refrescos. Hasta contrataron líneas telefónicas directas 1-800 para preguntas e información, a las que cualquier empleado podía tener acceso desde cualquier parte del mundo.

Una empresa que se había caracterizado por la desconfianza y la falta de cooperación ha llegado a ser un lugar donde la comunicación es convincente. La política de comunicación de Bethune es sencilla: «Lo diremos, a menos que decirlo sea peligroso o ilegal».[4] Tardó tiempo, pero finalmente la compañía comenzó a cambiar. Los empleados empezaron a confiar en sus líderes. Comenzaron a trabajar unos con otros y a confiar entre ellos. Por primera vez en más de una década los empleados de Continental comenzaron a trabajar como un equipo.

Hoy día el servicio de Continental está entre los mejores en su industria. La moral de los empleados es óptima. Y la compañía es rentable. En 1994, el año en que Bethune tomó el mando, la empresa *perdió* $204 millones. En 1995 tuvo *utilidades* por $202 millones, que al año siguiente se duplicaron. Con el informe de abril del 2001 son veinticuatro los trimestres consecutivos de utilidades que Continental ha mostrado; esto es asombroso en una industria en que muchos de sus competidores luchan

> *La política de comunicación de Bethune es: «Lo diremos, a menos que decirlo sea peligroso o ilegal».*

para mantenerse en saldo positivo. Las acciones de la compañía se han dividido dos veces y el valor de cada participación vale más de diez veces lo que valía en 1994.

¿Qué hay en una palabra?

La comunicación no es la única razón del éxito de Continental. Pero sin buena comunicación es probable que la compañía habría continuado en piloto automático hacia su tercera (y definitiva) bancarrota. Se necesita comunicación para crear cambios positivos en una organización. *La interacción aviva la acción.* Ese es el poder de la Ley de la Comunicación.

Un equipo solo puede triunfar con buena comunicación, no importa que se trate de una familia, una empresa, un ministerio o un club de pelota. Los equipos eficaces tienen compañeros que están constantemente hablando unos con otros. La comunicación incrementa el compromiso y la conexión, lo que a su vez genera acción. De modo irónico, si usted quiere que su equipo *se desempeñe* en el nivel más alto, las personas que lo integran deben saber hablar y escuchar mutuamente.

> *Los equipos eficaces tienen compañeros que están constantemente hablando unos con otros.*

Asuntos de comunicación

Las consecuencias de que las personas no se comuniquen eficazmente pueden ser a menudo cómicas. Hace años me encontré la siguiente ilustración que explica lo que quiero decir. Es un resumen de una serie de memorándums en un recinto universitario:

Presidente al vicepresidente académico: El próximo jueves aparecerá el cometa Halley sobre esta región. Este es un acontecimiento que solo ocurre una vez cada setenta y cinco años. Llame a los líderes de división para que reúnan a sus profesores y alumnos en el campo atlético, y explíquenles este fenómeno. Si llueve, entonces cancele la observación y reúna a las clases en el gimnasio para ver una película acerca del cometa.

Vicepresidente académico al jefe de división: Por orden del presidente, el próximo jueves aparecerá el cometa Halley sobre el campo atlético. Si llueve, entonces cancele las clases y preséntese en el gimnasio con sus profesores y alumnos donde se mostrarán películas, un acontecimiento fenomenal que ocurre solo una vez cada setenta y cinco años.

Jefe de división a profesores: Por orden del fenomenal presidente, el próximo jueves aparecerá el cometa Halley en el gimnasio. En caso de lluvia sobre el campo atlético el presidente dará otra orden, algo que ocurre cada setenta y cinco años.

Profesor a estudiantes: El próximo jueves el presidente aparecerá en nuestro gimnasio con el cometa Halley, algo que ocurre cada setenta y cinco años. Si llueve, el presidente cancelará el cometa y nos ordenará salir a nuestro fenomenal campo atlético.

Nota de un estudiante a sus padres: Cuando llueva el próximo jueves sobre el campo atlético del instituto, el fenomenal presidente de setenta y cinco años de edad cancelará todas las clases y aparecerá en el gimnasio ante toda la universidad acompañado de Bill Halley y los cometas.

Scott Adams, creador de la tira cómica Dilbert, describió con maestría una organización donde todos se esfuerzan al máximo para debilitar la comunicación. El jefe envía a un empleado a trabajar durante un año en un proyecto que ha sido cancelado, entonces más adelante degrada a la persona por perder mucho tiempo. Los miembros del departamento de mercadeo inventan continuamente productos descabellados y los promocionan al público; luego piden a los ingenieros que los produzcan en un horario imposible. Mientras más altos son sus cargos en la organización, más despistados son. Se castiga a los pensadores, se recompensa a los perezosos y toda decisión es arbitraria. La tira cómica es divertidísima. Lo triste es que muchos trabajadores estadounidenses se identifican con ella.

Si alguna vez usted ha estado en un equipo donde sus compañeros no permiten a los demás saber lo que está pasando, entonces sabe cuán frustrante puede ser la mala comunicación. El equipo se estanca porque nadie sabe cuál es el programa verdadero. Tareas importantes quedan inconclusas porque cada uno de dos miembros del equipo cree que el otro es el encargado de hacerlas, o porque las personas duplican el trabajo de los demás. Departamentos dentro de la organización pelean porque cada uno cree que el otro lo está saboteando.

Richard Wellins, William Byham y Jeanne Wilson afirman en su libro *Empowered Teams* [Equipos con carta blanca]: «La comunicación se refiere al estilo y extensión de las interacciones, tanto entre los miembros como entre los miembros y los que están fuera del equipo. También se refiere a la manera en que los miembros manejan conflictos, toman decisiones e interaccionan a diario».

Un panorama distinto de la comunicación

Uno de los mejores ejemplos de la complejidad (y la importancia) de la buena comunicación se puede observar en un equipo profesional de fútbol americano en el medio minuto que antecede a una jugada. Cuando termina una jugada, el equipo ofensivo debe estar listo en solo cuarenta segundos para la siguiente. En ese tiempo, el mariscal de campo decide primero si hay suficiente tiempo para que el equipo se agrupe. Si hay tiempo, los reúne y les da la jugada. Si no lo hay, entonces comunica que llamará al jugador usando una clase de código en la línea de contacto.

Para muchas jugadas en el nivel profesional, el equipo se alinea con los jugadores en una formación y luego rotan antes de la jugada para intentar confundir a la defensa. Si el tiempo es poco, el mariscal de campo comunica a los jugadores que deben saltar esos pasos extras y simplemente alinearse en la formación que se utilizará para hacer la jugada.

Cuando los once jugadores ofensivos se acercan a la línea, cada uno está haciendo dos cosas: evaluando lo que está haciendo la defensa y poniendo atención a sus compañeros en busca de claves de comunicación. Los jugadores de la ofensiva/defensiva que bloquean ponen atención a la clase de jugadores que tiene el otro equipo en el juego y dónde se han situado. El centro, quien pasa el balón al mariscal de campo, es generalmente responsable de hacer intervenir a sus compañeros en el plan de bloqueo basado en la defensa.

Mientras tanto el mariscal de campo también evalúa a la defensa. Si cree que la jugada seleccionada podría fallar contra la defensa, es probable que use algunas palabras para decidir una jugada alterna en la línea de contacto. Si la defensa está alineada de tal manera que la jugada original ha de funcionar, pero el plan de bloqueo de los zagueros detrás de él hace parecer que fallará, entonces quizás cambie su labor de bloqueo.

Al mismo tiempo el mariscal de campo, los zagueros y los receptores están observando a la defensa para ver si están a punto de hacer algo extraño, como enviar jugadores extras tras el mariscal de campo para hacerle una entrada en una carga. Si esos jugadores ofensivos ven que se aproxima una carga, entonces, sin decir palabra, los receptores y los zagueros cambian sus asignaciones hacia un «plan B» predeterminado para esa jugada, y esperan que todos en el equipo hagan la misma evaluación.

El fútbol americano es un deporte sumamente complejo. El observador casual no tiene idea de cuánta comunicación se utiliza antes de cada jugada. A veces esta comunicación es sutil. Los jugadores pronuncian cosas en código. Usan señales con las manos. Un jugador podría simplemente señalar y comunicar mucha información a un compañero de equipo. Y a veces un mariscal de campo y un receptor comunican suficiente información, con solo una mirada, para hacer posible que anoten en la jugada.

La comunicación en su equipo

La comunicación en su equipo quizás no se parezca a lo que sucede en un campo de fútbol americano. Sin embargo, el éxito de su equipo y la capacidad de sus miembros de trabajar juntos dependen en gran manera de una buena comunicación. Déjeme darle algunas pautas que ayudarán a su equipo a mejorar en esta área. Todo equipo debe aprender a desarrollar buena comunicación en cuatro áreas:

1. Del líder a los compañeros de equipo

John W. Gardner observó: «Si he de nombrar un solo instrumento multiuso de liderazgo, ese es la comunicación». Si usted está familiarizado con alguno de mis libros sobre el liderazgo, entonces conoce mi creencia acerca de que todo surge y todo cae en el liderazgo. Lo que no he mencionado antes es que ese

> «Si he de nombrar un solo instrumento multiuso de liderazgo, ese es la comunicación».
>
> —JOHN W. GARDNER

liderazgo surge y cae con la comunicación. Si usted no puede comunicarse, no dirigirá con eficacia a otros.

Si usted dirige su equipo, obséquiese tres normas para vivirlas mientras se comunica con su gente:

- *Sea coherente*. Nada frustra más a los miembros del equipo que los líderes no logren organizar sus mentes. Una de las cosas que ganó el equipo de Gordon Bethune fue la coherencia en su comunicación. Sus empleados siempre sabían que podían depender de él y de lo que les hablaba.

- *Sea claro*. Su equipo no puede obrar si no sabe lo que usted quiere. No intente deslumbrar a nadie con su inteligencia; impresiónelos con su simple franqueza.

- *Sea cortés*. Todos merecen que se les muestre respeto, no importa cuál sea la posición de ellos o qué clase de historia tenga usted con ellos. Usted establece un tono para toda la organización si es amable con su personal.

No olvide que como líder, su comunicación pone el tono para la interacción entre su gente. Los equipos siempre reflejan a sus líderes. Pero no olvide que la buena comunicación no es de una sola vía. No debe ser de arriba hacia abajo o dictatorial. Los buenos líderes escuchan, invitan y luego animan a participar.

2. De los compañeros de equipo al líder

Los buenos líderes de equipo no quieren hombres o mujeres que digan sí a todo. Buscan una comunicación sincera y directa de su gente. Incluso el autocrático magnate del cine Sam Goldwyn bromeó: «Quiero que mi gente diga lo que piensa y sea sincera, aunque esto les cueste el empleo».

Siempre he animado a las personas de mi equipo a hablar franca y directamente conmigo. En nuestras reuniones a menudo nos devanamos los sesos hasta que gana la mejor idea. Con frecuencia los comentarios y observaciones de uno de los miembros de un equipo ayudan realmente al grupo. A veces no estamos de acuerdo. Eso está bien porque hemos desarrollado relaciones lo suficientemente firmes como para sobrevivir a los conflictos. Presentar toda proposición siempre mejora al equipo. Lo único que no quiero escuchar de un compañero de trabajo es: «Te pude haber dicho que eso no resultaría». Si usted lo sabe de antemano, es el momento de manifestarlo.

Además de la franqueza, la otra cualidad que los miembros del equipo deben mostrar cuando se comunican con sus líderes es el respeto. No es fácil dirigir un equipo. Se necesita mucho esfuerzo. Exige sacrificio personal. Requiere tomar decisiones difíciles y a veces impopulares. Debemos respetar a la persona que ha decidido tomar esa responsabilidad, y también debemos mostrarle lealtad.

3. Entre compañeros de equipo

Charlie Brower comentó: «Pocos individuos triunfan a menos que muchos otros quieran que triunfen». Para que un equipo experimente el éxito, todos sus miembros deben comunicarse por el bien común. Eso significa que han de:

- *Apoyar:* El ex jugador de la NBA Earvin «Magic» Johnson se refiere al apoyo parafraseando al presidente John F. Kennedy: «No preguntes qué pueden hacer tus compañeros de equipo por ti. Pregunta qué puedes hacer por ellos». Un equipo llega a un nivel totalmente nuevo cuando la comunicación se enfoca más en dar que en recibir.

- *Estar actualizados:* Los compañeros de equipo que repiten antiguos problemas y continuamente abren viejas heridas, no trabajan unidos. Y si no trabajan unidos, se hunden. Babe Ruth comentó: «Usted podría tener el grupo de estrellas más grandioso del mundo, pero si no juegan unidos, el club no valdrá un centavo».

- *Ser vulnerables:* Los equipos son como las pequeñas comunidades, que se desarrollan solo cuando las personas no adoptan poses entre sí. El psiquiatra M. Scott Peck observa en su libro *The Different Drum* [El repiqueteo diferente]: «Si hemos de utilizar significativamente la palabra comunidad, debemos restringirla a un grupo de individuos que han aprendido a comunicarse sinceramente unos con otros, y cuyas relaciones se profundizan más que sus máscaras de compostura».

Los equipos triunfan o fracasan basados en la manera en que sus miembros se comunican entre sí. Así lo expresó Martin Luther King, hijo: «Debemos aprender a vivir juntos como hermanos o pereceremos juntos como necios». Si la interacción es fuerte, entonces las

> «*No preguntes qué pueden hacer tus compañeros de equipo por ti. Pregunta qué puedes hacer por ellos*».
>
> —EARVIN «MAGIC» JOHNSON

acciones que toman los equipos pueden ser fuertes. *La interacción aviva la acción*. Esa es la esencia de la Ley de la Comunicación.

4. Entre el equipo y el público

Para la mayoría de los equipos la comunicación interna no es la única comunicación importante. De alguna manera interactúan con personas de fuera, como clientes o público en general. Cuando a los miembros del equipo los abordan personas de fuera del grupo, deben recordar tres «erres»: Ser *receptivos, responsables* y *realistas*. Si reciben comunicación gentil de otros, bien les hará responder siempre de forma oportuna y ser realistas acerca de dar y recibir expectativas. Las personas de afuera percibirán que sus inquietudes son bien recibidas.

Por otra parte, la cualidad más importante que un equipo puede mostrar cuando se trata de comunicarse con personas que no pertenecen a él es la unidad. Mientras más independientes sean los miembros del equipo, más difícil puede ser eso; no es fácil lograr que las águilas vuelen en formación. Sin embargo, el poder de la unidad es increíble.

Cuando vivía en la región central de Estados Unidos oí una antigua historia de un concurso de caballos de tiro en una feria rural. Ese es un evento en que varios caballos compiten por halar un trineo cargado con mucho peso. Un año el caballo campeón arrastró dos mil kilos. El segundo arrastró 1950 kilos. Un grupo de hombres enyuntaron a estos caballos para ver cuántos kilos podían arrastrar juntos. Arrastraron cinco mil quinientos kilos, es decir un incremento de más de 33% sobre sus esfuerzos individuales.

Hay gran poder en la unidad. Uno de los principios que siempre expreso a mi equipo es que cuando estamos planificando y devanándonos los sesos quiero todas las ideas y críticas sobre la mesa. Necesitamos una oportunidad para discutir nuestros asuntos. Pero una vez que salimos del salón debemos estar unidos, aunque hayamos enfrentado oposición o críticas. Nos mantenemos como un equipo firme.

> Trabajar unidos significa ganar unidos

Cuando se trata de cooperación, esta se deletrea «nosotros». Trabajar unidos significa ganar unidos. Pero ningún equipo trabaja unido a menos que se esté comunicando. Se necesita *interacción para avivar la acción*. Así es simplemente como funciona. Esa es la Ley de la Comunicación.

Unidad o caos

Una de las historias más notables de comunicación y equipo de trabajo con las que me he topado ocurrió entre los prisioneros de guerra estadounidenses que fueron capturados en Vietnam. A medida que aumentaba la participación en la guerra de Vietnam, también crecía el número de soldados estadounidenses capturados. Finalmente cayeron en manos enemigas 772 militares, la mayoría pilotos.

La mayoría de los prisioneros fueron a parar a la prisión Hao Lo, a la cual los hombres llamaban el Hanoi Hilton. Allí sufrieron torturas atroces y condiciones inhumanas. La mayoría se consumió. No era extraño que alguien de un metro ochenta de alto llegara a pesar cincuenta y cinco kilos. Sin embargo, lo peor para la mayoría de los hombres era la soledad obligada. El ex prisionero Ron Bliss explicó: «Usted queda aislado. Allí es cuando comienza el problema. Usted tiene que comunicarse prácticamente a cualquier costo. Quizás lo atrapen y lo torturen por algún tiempo, pero de todos modos lo hace».

Los captores norvietnamitas y el Hanoi Hilton intentaron acabar con los prisioneros golpeándolos físicamente, abatiéndoles el espíritu y aislándolos. Un hombre renuncia a la esperanza cuando piensa que es un individuo abandonado. A Jerry Driscoll, un prisionero que originalmente pensaba que lo podrían liberar después de algunos meses, un compañero le dijo que quizás podrían pasar dos años. «Cuando finalmente llegué a comprender eso, Dios mío, pensé que ese iba a ser un tiempo demasiado largo ... La noticia me acabó. Simplemente tomé mi cobija e hice un ovillo con ella y grité con toda esa angustia que iba a ser mucho tiempo. Dos años. Y cuando lo hice me sentí *bien. Puedo soportarlo. Puedo pasar dos años.* Por supuesto, cuando empezaron a pasar, fueron dos años, y dos años después de estos, y dos años más, hasta que en mi caso fueron siete años».

GOLPECITOS ENTRE LOS PRISIONEROS

La comunicación y la conexión con los demás prisioneros se volvieron necesarias para que los hombres soportaran y sobrevivieran. Para hacer posible esa comunicación crearon un ingenioso sistema. Mientras tenían en la misma celda a cuatro prisioneros (Carlyle Harris, Phillip Butler, Robert Peel y Robert Shumaker), idearon un código con golpecitos que podían usar en vez de palabras. Cuando los separaron, usaron el código para comunicarse y lo enseñaron a la mayor cantidad posible de prisioneros. A los pocos meses casi todos los prisioneros sabían el código y lo estaban usando. «El edificio sonaba como una manada de pájaros carpinteros fuera de control», recuerda el ex prisionero Ron Bliss.

Los hombres golpeaban las paredes entre las celdas o pasaban un alambre entre ellas y tiraban de él usando el código. Barrían o paleaban rítmicamente, enviándose mensajes unos a otros. También desarrollaron señales con las manos y otras vías de comunicación. El ex prisionero Thomas McNish comentó: «Varias veces transmitimos el equivalente de *La guerra y la paz* por distintos métodos de comunicación.[5]

Los prisioneros se convirtieron en un equipo, aun cuando los mantenían separados unos de otros y muchos que «hablaban» todo el tiempo no se vieron los rostros hasta que fueron liberados. Trabajaron juntos. Compartieron información. Se apoyaron mutuamente. Llegaron a estar tan unidos que decidieron que ninguno de ellos aceptaría ser liberado a menos de que todos lo fueran. El único que aceptaría la libertad temprana, el marino Douglas Hegdahl, lo hizo únicamente porque el teniente comandante Al Stafford le dio la orden directa de aceptarla. Y esta orden fue dada por una razón: Hegdahl había memorizado los 256 nombres de sus compañeros presos, los cuales los prisioneros querían que fueran comunicados a las autoridades al regresar él a casa.

Finalmente en París se firmó un cese al fuego en enero de 1973, en el cual se disponía la liberación de los prisioneros estadounidenses. Estos comenzaron a regresar a casa el 12 de febrero, y el 29 de marzo salieron los últimos prisioneros del Hanoi Hilton. Fueron liberados 462 en total. Esa cantidad pudo haber sido menor si no hubieran descubierto y mantenido una vía de comunicación mutua. *La interacción aviva la acción.* Y su conexión de unos con otros avivó su capacidad de soportar y de unirse como un equipo. Ese es el valor de la Ley de la Comunicación.

PENSAMIENTO DEL EQUIPO DE TRABAJO

La comunicación incrementa la conexión.

CÓMO SER UN MEJOR MIEMBRO DEL EQUIPO

¿Cuán comprometido está usted en comunicarse con los demás miembros de su equipo? ¿Está apoyándolos a todos, incluyendo a los que no son sus amigos? ¿Es usted receptivo y vulnerable, aunque eso no sea agradable? ¿Mantiene rencillas contra alguien del equipo? Si eso ocurre, usted necesita despejar el aire. Si hay barreras para el establecimiento de la buena comunicación entre usted y otro miembro del equipo, debe eliminarlas. Esa es su responsabilidad.

CÓMO SER UN MEJOR LÍDER DEL EQUIPO

Como el líder de una organización usted da el tono para la comunicación. En este capítulo menciono que la comunicación de un líder debe ser constante, clara y amable. Pero los buenos líderes también deben ser buenos escuchas. Cuando los líderes no escuchan:

- Dejan de obtener sabiduría.

- Dejan de «oír» lo que no se les dice.

- Los miembros del equipo dejan de comunicarse.

- Su indiferencia se empieza a extender a otras áreas.

Finalmente, no prestar atención lleva a la hostilidad, a la mala comunicación y al resquebrajamiento de la cohesión en el equipo.

Revísese en 360 grados. Pida a su jefe o guía, a sus colegas y a sus subordinados que le den sus opiniones relacionadas con las habilidades de escucha que usted tiene. Si no obtiene buenas calificaciones con todos ellos, entonces tranquilícese, escuche y trabaje para llegar a ser un mejor comunicador.

┌─────┐
│ **15** │
└─────┘

LA LEY DE LA VENTAJA

La diferencia entre dos equipos igualmente talentosos es el liderazgo

L os equipos siempre están buscando una ventaja. Estoy seguro de que usted lo ha notado: Un equipo de pelota contrata nuevos talentos o desarrolla nuevas jugadas para vencer a un rival fuerte; o incluso desarrolla todo un nuevo sistema para cambiar un legado de pérdidas. Los comercios invierten en la tecnología más reciente, mejorar su productividad. Las compañías despiden a sus agencias de publicidad y contratan una nueva para lanzar una campaña, porque desean obtener utilidades sobre un gran competidor. Las corporaciones desechan las últimas novedades en sistemas administrativos como los surfistas de canales de televisión desechan los programas repetidos. Todo el mundo anda en busca de la fórmula mágica que lo llevará al éxito. Mientras más competitivo es el mercado, más implacable es la búsqueda.

¿Cuál es la clave del éxito? ¿Talento? ¿Trabajo duro? ¿Tecnología? ¿Eficiencia? Un equipo necesita todo eso para triunfar, pero aun necesita algo más: Liderazgo. Creo que:

- *El personal* determina el potencial del equipo.

- *La visión* determina la dirección del equipo.

- *El trabajo* ético determina la preparación del equipo.

- *El liderazgo* determina el éxito del equipo.

Todo surge y todo cae en el liderazgo. Si un equipo tiene un gran liderazgo, entonces puede obtener todo lo que necesita para subir al más alto nivel.

CÓMO ENCONTRAR LA VENTAJA

Observe cualquier equipo que haya tenido gran éxito, y descubrirá que tiene un liderazgo firme. ¿Qué hizo ganar a General Electric el respeto del mundo empresarial? La ventaja del liderazgo de Jack Welch. ¿Qué selló la victoria de Estados Unidos en la guerra del Golfo Pérsico? La ventaja del liderazgo de los generales Norman Schwarzkopf y Colin Powell. ¿Qué llevó a los Bulls de Chicago a ganar seis campeonatos de la NBA? La ventaja del liderazgo de Phil Jackson y Michael Jordan. Por eso digo que *la diferencia entre dos equipos igualmente talentosos es el liderazgo.* Esa es la Ley de la Ventaja.

> *Observe cualquier equipo que haya tenido gran éxito, y descubrirá que tiene un liderazgo firme.*

Si usted realmente desea ver la diferencia que puede hacer el liderazgo, mire entonces a los mismos jugadores en el mismo equipo con distinto liderazgo. Los Lakers de Los Ángeles son un excelente ejemplo. A finales de la década de los noventa, pasaban dificultades a pesar de tener un talentoso grupo de jugadores, entre ellos Kobe Bryant, quien muchos esperaban que sería el próximo Michael Jordan, y Shaquille O'Neal, el mejor centro en el juego. Ambos jugadores fueron adquiridos en 1996; sin embargo, los Lakers continuaban teniendo graves problemas y no triunfaban como equipo. En 1999 el miembro del equipo Eddie

Jones comentó: «Algo no está bien en este equipo. Todos estamos luchando para mantenerlo unido y tratándose de un grupo con mucho talento, esto no debería estar sucediendo».[1]

Al año siguiente el equipo trajo a Phil Jackson, el hombre que había llevado a los Bulls de Chicago a seis campeonatos, para que dirigiera a los Lakers. Mantuvo intacto el mismo equipo con pocos cambios, porque sabía que el talento no era el problema. Jackson comentó de sus tres jugadores claves, O'Neal, Bryant y Glen Rice:

> Pienso que quizás tenemos tres de los jugadores más talentosos desde la época de Kareem, Worthy y Magic. No obstante, Baylor, West y Chamberlain (que estuvieron en los Lakers de 1968-71) eclipsaron a esas personas. Ellos eran tres de los más grandes anotadores y sin embargo no pudieron ganar un campeonato. De modo que sí, tenemos el talento, tenemos el espectáculo, tenemos todo lo demás, pero ¿cómo hacer que todas las piezas se complementen entre sí? Esa es precisamente mi especialidad como director: tratar de lograrlo. Y este equipo lo está aprendiendo.[2]

Liderazgo es comprender a los jugadores, juntarlos y conseguir que trabajen unidos como equipo para alcanzar su potencial. Y Jackson proveyó eso. El equipo se unió en solo una temporada. En el 2000 los Lakers ganaron el campeonato de la NBA, el cual todo el mundo creía que tenían el potencial de ganar. Lo hicieron en la misma ciudad, trabajando bajo las mismas condiciones y con los mismos jugadores que tuvieron en los años anteriores. Lo único que había cambiado era el liderazgo. Eso es lo que le dio al equipo la ventaja. *La diferencia entre dos equipos igualmente talentosos es el liderazgo.* Esa es la Ley de la Ventaja.

¿Es necesario un impulso?

Todo mejora con un buen liderazgo. Los líderes son impulsadores. Llevan el pensamiento de sus compañeros de equipo más allá de las antiguas fronteras de la creatividad. Elevan el rendimiento de otros, haciéndolos mejores de lo que eran antes. Mejoran la confianza en ellos mismos y entre ellos. Y levantan las expectativas de todos en el equipo. Mientras los administradores pueden a menudo mantener un equipo en su nivel corriente, los líderes pueden impulsarlo a un nivel más alto del que nunca ha alcanzado. La clave para eso es trabajar con las personas y hacer surgir lo mejor de ellas.

- *Los líderes cambian posesión por trabajo a aquellos que lo realizan.* Para que un equipo triunfe es necesario transferir responsabilidad muy profundamente, hasta las raíces, dentro de la organización. Eso requiere un líder que delegará autoridad y responsabilidad al equipo. Stephen Covey observó: «Las personas y las organizaciones no crecen mucho sin delegación y trabajo total del personal, porque están confinadas a las capacidades del jefe, y reflejan fortalezas y debilidades personales». Los buenos líderes no restringen a sus equipos; los liberan.

- *Los líderes crean un ambiente donde cada miembro quiere ser responsable.* Personas diferentes requieren distintas clases de motivación para dar lo mejor de sí. Una necesita ánimo. A otra se le debe empujar. Alguien más se levantará ante un gran desafío. Los buenos líderes saben cómo leer en las personas y encontrar la clave que las hará tomar responsabilidad por su parte en el equipo. También recuerdan que son responsables de su gente, pero no toman *el lugar de* ellos.

• *Los líderes preparan el desarrollo de capacidades personales.* El equipo puede alcanzar su potencial solo si cada uno de los individuos que lo integran alcanza su potencial. Los líderes eficaces ayudan a cada jugador a hacer eso. Por ejemplo, Phil Jackson es muy conocido por dar a sus jugadores libros que les ayuden a mejorar personalmente, no solo como jugadores de básquetbol sino como individuos.

• *Los líderes aprenden rápidamente y también animan a otros a aprender rápido.* Primero los líderes se impulsan a sí mismos a un nivel mayor; luego levantan a otros a su alrededor. Primero está el modelo, luego el liderazgo. Si todo el mundo está mejorando, entonces el equipo está mejorando.

Si usted quiere impulsar a un equipo, entonces bríndele el mejor liderazgo. La Ley de la Ventaja funciona todo el tiempo.

LAS LEYES DEL LIDERAZGO IMPACTAN AL EQUIPO

Es difícil describir todas las maneras en que el liderazgo puede mejorar a un equipo y darle una ventaja. Quizás para mí el mejor modo de describirlo es usando las 21 leyes de mi libro sobre el liderazgo. Los buenos líderes:

1. No limitan una organización como lo hacen otros. (Ley del Tope)

2. Tienen mayor influencia que otros. (Ley de la Influencia)

3. Valoran el proceso de desarrollo del personal más de lo que hacen otros. (Ley del Proceso)

4. Preparan al equipo para el viaje mejor de lo que lo hacen otros. (Ley de la Navegación)

5. Añaden valor por medio del servicio a los demás. (Ley de la Adición)

6. Se colocan en un fundamento de confianza que es más sólido que el de otros. (Ley del Terreno Firme)

7. Cuentan con mayor respeto de lo que reciben otros. (Ley del Respeto)

8. Trabajan en asuntos del liderazgo antes que otros. (Ley de la Intuición)

9. Atraen más líderes que otros. (Ley del Magnetismo)

10. Se conectan con las personas mejor de lo que hacen otros. (Ley de la Conexión)

11. Se rodean de personas clave más fuertes de lo que hacen otros. (Ley del Círculo Íntimo)

12. Otorgan poder a otros. (Ley del otorgamiento de Poderes)

13. Reproducen más líderes de lo que hacen otros. (Ley de Imagen)

14. Fortalecen a los miembros del equipo más de lo que hacen otros. (Ley del Apoyo)

15. Gana con equipos más que otros. (Ley de la Victoria)

16. Crean ímpetu e incitan al equipo a subir a niveles superiores en mejor forma de lo que hacen otros. (Ley del Gran Impulso)

17. Establecen prioridades de modo más eficaz que otros. (Ley de las Prioridades)

18. Renuncian a sus agendas personales más que otros. (Ley del Sacrificio)

19. Entienden el tiempo y lo usan más eficazmente que otros. (Ley del Momento Oportuno)

20. Hacen crecer a más líderes y organizaciones que otros. (Ley del Crecimiento Explosivo)

21. Dejan un legado que perdura más que los de otros. (Ley del Legado)

Los buenos líderes hacen las cosas un poco mejor de lo que las hacen otros. El resultado por lo general es la victoria. Esa es la Ley de la Ventaja.

CAMBIEMOS LOS MITOS SOBRE LAS MESAS

El liderazgo es la clave de la Ley de la Ventaja, pero mi deseo no es que usted piense que la responsabilidad del liderazgo recae siempre sobre una persona. Aunque la mayoría de los equipos tienen un líder designado que es finalmente el responsable de la supervisión del equipo, el verdadero liderazgo del equipo generalmente es compartido.

Descubro que cuando se trata de liderazgo muchas personas tienden a verlo en una de dos formas. A la primera la llamo el *mito de la cabecera de la mesa*. Esta es la idea de que en un equipo particular, una persona siempre está a cargo en cada situación. Es la idea de que este individuo particular ocupa de modo permanente la «cabecera de la mesa» en la organización y que todos los demás siempre tienen un papel subordinado a él. Por ejemplo, he aquí una ilustración que podría haber escrito alguien que está de acuerdo con el mito de la cabecera de la mesa:

Como todos saben, un ejecutivo no tiene prácticamente nada qué hacer, excepto:

Decidir lo que se debe hacer;

Pedir a alguien que lo haga;

Escuchar las razones de por qué no se debe hacer, por qué otra persona lo debe hacer, o por qué se debe hacer de modo diferente;

Supervisar para ver si el asunto se ha hecho, solo para descubrir que no;

Preguntar por qué;

Escuchar las excusas de la persona que debería haberlo hecho;

Supervisar de nuevo para ver si el asunto ya se hizo, solo para descubrir que se ha hecho de manera incorrecta;

Mostrar cómo se debió haber hecho;

Concluir que mientras se estaba haciendo, quizás se pudo haber dejado como estaba;

Preguntarse si no es el momento de deshacerse de una persona que no puede hacer algo bien;

Reflexionar en que la persona probablemente tiene cónyuge y una familia grande, y que seguramente cualquier sucesor sería así de malo, o peor;

Considerar cuán simple y mejor se habría realizado el asunto si alguien lo hubiera hecho por sí mismo en primer lugar;

Meditar con tristeza que alguien pudo haberlo hecho de modo correcto en veinte minutos y cuando las cosas cambiaron, alguien ha tenido que pasar dos días averiguando por qué a alguien más le ha llevado tres semanas hacerlo mal.

Es falsa la idea de que una persona siempre está llevando a cabo toda la dirección. La misma persona no siempre debe dirigir el equipo en toda situación. El desafío del momento a menudo determina al líder para ese reto, porque cada persona en el equipo tiene fortalezas que entran en juego. Permítame darle un ejemplo. Aun cuando dirijo el Grupo INJOY como su fundador, no siempre dirijo el equipo. Otras personas en el equipo tienen dones, habilidades y aptitudes que yo no poseo. Por tanto, cuando hace poco mudamos nuestras oficinas (junto con los empleados, sus equipos, nuestros suministros y computadoras, nuestra información y sistemas de comunicación, etc.) el trabajo exigió aptitudes complicadas de orientación y de increíble planificación.

La persona más obvia para conducir el equipo fue Frank Hartman, pensador logístico, excepcional planificador y destacado administrador. Frank ideó el plan para la mudanza. Tenía la autoridad y la responsabilidad para llevar a cabo el proceso y dirigir a todas las personas, incluyendo al ejecutivo en jefe y a otros funcionarios de la organización. Hizo un trabajo extraordinario. No perdimos un solo día de productividad en la oficina durante la mudanza. Nadie más en nuestro equipo pudo haberlo logrado de modo tan eficaz. Yo le pasé la pelota a Frank, él nos condujo con éxito y cumplió la Ley de la Ventaja.

La otra falsa idea acerca del liderazgo se va al otro extremo. La llamo el *mito de la mesa redonda*. Esta es la creencia de que todos en el equipo son iguales, que todas las opiniones valen lo mismo y que un equipo puede funcionar sin liderazgo. Eso tampoco es cierto. Un equipo que trata de funcionar como una democracia no logra hacer nada.

Todo el mundo es importante, pero no todo el mundo es igual. La persona con mayor experiencia, capacidad y productividad en un campo dado es más importante para el equipo en ese campo. La opinión del ejecutivo en jefe de General Electric, Jack Welch, tiene más peso que la del individuo que embala cajas en la línea de ensamblaje. Michael Jordan de la NBA vale más dinero que el defensa que se sienta en el banco. Así es. Eso no significa que Jack y Michael tengan más valor como *seres humanos*. A los ojos de Dios es igual el amor para todos. Pero cuando se trata de liderar el equipo, alguien debe dar un paso adelante.

DAR VENTAJA AL EQUIPO

En esencia el liderazgo es como una ventaja continua para el equipo. Los líderes ven más lejos que sus compañeros de equipo. Ven las cosas más rápidamente que ellos. Saben lo que va a suceder y pueden anticiparlo. En consecuencia, hacen que el equipo se mueva con antelación en la dirección adecuada, y por lo tanto que se encuentre en posición de ganar. Hasta un corredor regular puede ganar una carrera de cien metros contra un velocista de talla mundial, si le dan cincuenta metros de ventaja.

> *Todo el mundo es importante, pero no todo el mundo es igual.*

Mientras más grande sea el desafío, más grande es la necesidad de que el liderazgo provea muchas ventajas. Y mientras más líderes desarrolle un equipo, más grandes se vuelven las ventajas que el liderazgo provee. Si usted quiere triunfar y mantenerse en victoria por mucho tiempo, entrene jugadores del equipo para que se conviertan en mejores líderes.

En los deportes es fácil ver la ventaja que el liderazgo provee, pero el poder del liderazgo se transfiere a todos los campos. El negocio manejado por un buen líder encuentra a menudo su mercado antes que sus rivales, aunque estos tengan mayor talento. La organización sin fines de lucro dirigida por líderes fuertes recluta más personas, las capacita para liderar, y en consecuencia sirve a mayor cantidad de personas. Incluso en un área técnica como la ingeniería o la construcción el liderazgo es invaluable para garantizar que el equipo tenga éxito.

UNA EXCELENTE OPORTUNIDAD

Un tremendo ejemplo de cómo influye la Ley de la Ventaja en un área técnica se puede ver en la más grande hazaña de ingeniería en el mundo: el Puente Golden Gate. Concluido en 1937, su arco principal era más largo que cualquier otro puente de suspensión en el mundo, hasta que se construyó el Verrazano Narrows en la Ciudad de Nueva York en 1964. Si usted ha estado en San Francisco ha visto entonces cuán hermoso e impresionante es el puente Golden Gate. Pero la historia de su construcción es aun más impresionante.

La idea de un puente que cruzara el Golden Gate (la apertura de la Bahía de San Francisco), fue propuesta por primera vez en 1872, aunque nadie pensaba que realmente fuera posible. La idea no salió a relucir de nuevo, ni se tomó en serio, hasta 1916. La gente quería un puente por una simple razón: el crecimiento y la expansión de San Francisco se veían obstaculizados por su ubicación, puesto que estaba rodeada de agua por tres partes. Al norte había mucha tierra abierta, pero era difícil llegar. Aun cuando el condado Marín yacía solo a kilómetro y medio al otro lado del estrecho, para llegar allá era necesario hacer un viaje tortuoso de ciento sesenta kilómetros alrededor de la enorme área de la Bahía de San Francisco. La otra alternativa era tomar un ferry para atravesar la brecha, pero en horas de congestión los conductores debían esperar en fila hasta cuatro horas para cruzar.

Parecía que nunca se llevaría a cabo la construcción de un puente a través de Golden Gate. Los desafíos físicos y tecnológicos del proyecto eran abrumadores. La entrada de la bahía experimentaba fuertes corrientes marinas y vientos huracanados. La profundidad del canal, que alcanzaba más de cien metros en algunos puntos, también haría muy difícil la construcción. Más importante aun, cualquier puente que se construyera debería ser lo suficientemente alto para permitir el paso de grandes barcos que navegaban por debajo. Ingenieros de toda la nación calcularon que un puente costaría algo así como $250 millones. (¡En ese tiempo el valor de todas las propiedades de la ciudad de San Francisco totalizaba $375 millones!)

SALE A RELUCIR UNA VENTAJA

Entonces llegó Joseph B. Strauss, quien era el propietario de una empresa de ingenieros que había construido más de cuatrocientos puentes. Pero más importante que su experiencia era su gran visión y su poderoso liderazgo. Pensaba que podía construir con veinticinco millones de dólares un puente que atravesara Golden Gate. Strauss reunió en 1921 los diseños preliminares para un puente y comenzó a conseguir apoyo para el proyecto entre los líderes de los condados adyacentes a San Francisco. Incansablemente promocionó el puente. Al principio su influencia era extraoficial. Pero con el tiempo, después de la formación del Distrito de Carreteras y del Puente Golden Gate, fue nombrado ingeniero jefe del proyecto propuesto.

El puente no se habría construido si no hubiera sido por un líder como Strauss. Durante doce años luchó contra todo obstáculo imaginable y que se oponía al proyecto. Cuando la maquinaria política de San Francisco (incluyendo al ingeniero jefe de la ciudad, Michael O'Shaughnessy) se le opuso, él se reunió con líderes y ciudadanos de todos los condados para conseguir apoyo de las bases. Cuando el cuerpo de ingenieros del ejército y el Departamento de Guerra (que controlaban la tierra de ambos lados del estrecho) amenazaron con retirar su aprobación, Strauss fue a Washington y persuadió al secretario de guerra que garantizara la cooperación gubernamental. Cuando el Distrito de Carreteras y del Puente Golden Gate experimentó graves problemas de flujo económico, Strauss se reunió con Amadeo P. Giannini, fundador del Bank of America. En solo unas horas pudo persuadir a Giannini de que comprara bonos inmediatamente para mantener en rumbo el proyecto y de que se comprometiera a comprar más la próxima vez que se los ofrecieran. Strauss venció poderosos intereses de grupo, ambientalistas, problemas laborales y los estragos de la gran depresión, que golpeó en medio del proceso. Su energía e influencia eran asombrosas.

UN LÍDER QUE NO HACÍA LAS COSAS A SU MANERA

Una de las mayores fortalezas de Strauss era su capacidad de atraer buenos líderes e ingenieros. Para que el proyecto tuviera éxito llamó a los mejores diseñadores de puentes en el mundo. Cuando comprendió que su diseño original para el puente era inadecuado y podía poner en peligro el proyecto, lo abandonó y confió en sus líderes para crear algo mejor. «Strauss tenía una rara habilidad», comentó el escritor John Van der Zee, «para localizar y atraer a hombres de mayores capacidades que las suyas, hombres que aceptarían su liderazgo».[3]

Strauss era un líder de líderes, y no importa qué dificultad le lanzaban, él la manejaba. Era un líder natural que comprendía cómo influir en otros. Van der Zee observó:

Strauss era más fuerte en mercadear y promocionar ideas que en concebirlas por sí mismo. Parecía saber de modo instintivo a quién alcanzar, a quién llegar y convencer, quiénes serían los que tomarían las decisiones, las personas que contarían en una situación dada.[4]

Finalmente se abre el camino

La construcción del puente comenzó al fin en 1933. Strauss contrató de nuevo los mejores ingenieros que pudo encontrar para supervisar la construcción. Esa no fue una tarea pequeña. El equipo que construyó el puente invirtió veinticinco millones de horas de trabajo para completarlo.[5] Sin embargo, la construcción real pareció fácil en comparación con lo que se había necesitado antes de que el proceso comenzara. Cuando el puente estuvo finalmente terminado, Strauss observó que había necesitado dos décadas para convencer a la gente de que el puente era posible, ¡pero solo cuatro años para construirlo! Y lo terminó justo a tiempo. Murió a los sesenta y ocho años de edad, el año siguiente de la construcción del puente.

Mire entre bastidores de toda gran empresa y siempre encontrará un líder fuerte. El puente Golden Gate no se habría construido si Joseph Strauss no se hubiera tomado la responsabilidad personal por su ejecución ni se hubiera dedicado de todo corazón al proyecto. Esa es la realidad de la Ley de la Ventaja. Si un equipo quiere realizar su potencial y alcanzar sus metas, necesita un líder. Por eso digo que *la diferencia entre dos equipos igualmente talentosos es el liderazgo.*

Pensamiento del equipo de trabajo

Todo surge y todo cae en el liderazgo.

Cómo ser un mejor miembro del equipo

Usted no tiene que ser *el* líder para ser *un* líder en su equipo. Empiece hoy día el proceso de mejorar sus habilidades de liderazgo. Haga lo siguiente:

- Reconozca el valor del liderazgo.

- Responsabilícese personalmente por su crecimiento en liderazgo.

- Colóquese en un programa de desarrollo de liderazgo.

- Consígase un guía en liderazgo.

Una vez que usted personalmente se haya añadido valor está en capacidad de agregar valor e influenciar a otros para mejorar su equipo.

CÓMO SER UN MEJOR LÍDER DEL EQUIPO

Si usted es *el* líder de su equipo, entonces lo mejor que puede hacer por sus compañeros es seguir el ejemplo de Joseph Strauss. Agregue otros líderes al equipo.

Usted puede hacer eso en dos maneras. Primera, atraiga los mejores líderes que pueda: personas cuyo talento y potencial sean mayores que los suyos. Segunda, desarrolle ahora las personas del equipo. Mientras más fuerte sea el liderazgo del equipo, más grande es su potencial de triunfo. No olvide: todo surge y todo cae en el liderazgo.

LA LEY DE LA MORAL ALTA

Nada duele cuando se está ganando

Esta es una imagen que la mayoría de los estadounidenses nunca olvidará: la gimnasta Kerri Strug cargada en los brazos del entrenador Bela Karolyi hasta el podio para recibir su medalla de oro junto con sus seis compañeras de equipo en los Juegos Olímpicos de Verano 1996 en Atlanta. Fue un momento excepcional. Era la primera vez que el equipo de gimnasia femenina de Estados Unidos ganaba la medalla de oro, pero no es por eso que la gente recordaría este evento. Era también una gran imagen: la diminuta Strug de 39,5 kilos de peso en brazos del «gran oso» de su entrenador, un hombre considerado como el más grande entrenador de gimnasia en la historia. Pero esa tampoco es la razón. Será recordada porque es la imagen perfecta de la Ley de la Moral Alta.

Un principio para el equipo

Aunque usted no lo haya visto por televisión como yo lo vi, es probable que sepa la historia. En un deporte dominado por los equipos rusos y rumanos, el equipo de Estados Unidos en realidad estaba adelante en los juegos olímpicos. Las rusas empezaron bien, pero después de la primera rotación de eventos, las estadounidenses estaban en primer lugar. A medida que las atletas competían en cada evento, el liderazgo del equipo de EUA se afianzaba, no por mucho, pero sí sólidamente. Cuando los equipos llegaron al evento final, ejercicios en el piso para las rusas y salto para las estadounidenses, todo lo que el equipo de EUA debía hacer era terminar con solidez y la medalla de oro sería suya.

La penúltima en saltar para EUA era Dominique Moceanu, generalmente de gran actuación. Pero para la sorpresa de muchos, en su primer intento cayó sentada en vez de caer de pie, lo que le dio un puntaje muy bajo. Por fortuna, en salto femenino cada atleta tiene una segunda oportunidad, y solo cuenta el mejor de los dos puntajes. Sin embargo, de modo increíble, Moceanu perdió su segundo intento con los mismos resultados.

Aunque se esperaba otra actuación de Moceanu, la situación no era desesperada. A EUA aún le quedaba una atleta: Kerri Strug, quien había recibido los mejores puntajes en salto durante las pruebas de selección olímpica. Un buen salto suyo y la medalla de oro pertenecería al equipo. Pero cuando Strug intentó hacer su primer salto, sus pies no quedaron en una posición muy buena. Ella también resbaló y cayó. Peor todavía, se lesionó y aún debía completar otro salto para el equipo.

Ahora la situación era desesperada. Después de los acontecimientos algunos comentaristas observaron que EUA pudo haber ganado sin el segundo salto de Strug. Pero en ese instante la gimnasta rusa Rozalia Galiyeva aún debía competir en el ejercicio de piso. Al entrenador estadounidense Bela Karolyi le preocupaba que un puntaje alto de la rusa pudiera costarle a las suyas la victoria por la que habían luchado duro.

Strug sabía lo que debía hacer. Tenía que saltar, era su último intento del evento final en la competencia del equipo femenino. «Dame un último salto», la animó Karolyi. «Dame un gran último salto».

NO ERA LA PRIMERA VEZ PARA STRUG

Todo atleta que logra llegar a los niveles superiores sabe que esto significa sufrir dolor. Kerri Strug no era distinta. Además de todas las presiones, esguinces y contusiones normales, en el pasado se había recuperado de un desgarre muscular del estómago y una lesión de espalda por una caída de las barras paralelas desiguales. Karolyi se expresó así de ella: «Es una niña pequeña que nunca fue la más ruda ... siempre un poco tímida, siempre parada detrás de alguien más. Pero a veces esta es la persona con las mejores agallas».[1]

Una gimnasta tiene solo treinta segundos para completar su segundo salto después de que se han tabulado los puntajes del primero. En esos momentos Strug se enfocó en sí misma. Más tarde recordó: «Yo sabía que algo no andaba bien en mí. Oí que algo sonó. Me estuve diciendo que no fallaría en el salto o la medalla de oro se perdería y todo el trabajo duro y el esfuerzo se desmoronarían en unos pocos segundos. Solo hice una corta oración y le pedí a Dios que me ayudara».[2]

¿SUFRIMIENTO O VICTORIA?

Lo que Strug no sabía es que durante su primer salto se habían desgarrado dos ligamentos en su tobillo izquierdo. Pero eso no importaba. Voló por la pista, golpeó el trampolín, dio el salto con ayuda de las manos y voló por el aire. De manera milagrosa cayó a tierra sólidamente con ambos pies. Luego sintió un dolor insoportable. Rápidamente saludó a los jueces parada en un solo pie y entonces fue a dar contra el suelo. Había completado su salto, había obtenido su puntaje y todo el equipo consiguió su medalla de oro.

Después de eso la niña que siempre había estado en segundo plano, que nunca había sido la estrella de su gimnasio, se convirtió en la estrella del equipo olímpico. Todo el mundo parecía apreciar el sacrificio que hizo. El periodista deportivo E. M. Swift escribió:

> Lo único que Kerri sabía, además de la seguridad de la medalla de oro, era que se había lesionado demasiado como para participar en la competencia completa individual que se efectuaría dos días después, una meta a la que se había aferrado durante los últimos cuatro años. Este era su momento de mayor triunfo, y también el de mayor desilusión. Su voluntad había encontrado una manera de bloquear el dolor durante unos segundos cruciales, pero exigió un precio castigador. Kerri prácticamente se sacrificó por el equipo.[3]

Las propias palabras de Strug fueron directas y sencillas: «Cuando lo haces bien crees que vale la pena. Cuando sacrificas mucho y finalmente lo haces bien, se siente bien de verdad».[4] En otras palabras, *nada duele cuando se está ganando*. Esa es la Ley de la Moral Alta.

POR LA SUPERIORIDAD DEL EQUIPO

La Ley de la Moral Alta podría hacer sonar una campana en usted, porque la expresión de la ley fue inspirada por las palabras de Joe Namath, el mariscal de campo que ayudó a los Jets de Nueva York a ganar el Super Bowl en 1969. Como cualquier campeón, él comprendía que existe una euforia por ganar. Esa sensación puede ser tan fuerte que lo sostiene a usted a través de la disciplina, el dolor y el sacrificio que se requieren para rendir al máximo nivel.

Así es como se sintió Kerri Strug. Cuando enfrentó ese salto final sabía que su actuación ayudaría al equipo a ganar. Saber eso la fortaleció para no fallarle al equipo cuando más la necesitaban.

> *Es irónico, pero si usted juega lastimado puede poner al equipo en posición de ganar. Y si gana, nada duele.*

Quizás por eso George Allen, quien dirigió a los Redskins de Washington a principios de la década de los setenta, dijo: «Cada vez que usted gana nace de nuevo; cuando pierde muere un poco». Es irónico, pero si usted juega lastimado puede poner al equipo en posición de ganar. Y si gana, nada duele.

Lo que en realidad ayuda al equipo a dar lo mejor de sí es la moral alta. Esta puede hacer una gran diferencia. Cuando un equipo tiene la moral alta no solamente debe tratar con cualquier circunstancia que se le presente: crea sus propias circunstancias.

- *Quien recauda fondos* sabe que a las personas les gusta dar en circunstancias adecuadas.

- *El maestro* sabe que a los estudiantes les gusta desarrollarse bajo las circunstancias adecuadas.

- *El líder* sabe que a las personas les agrada obedecer bajo las circunstancias adecuadas.

- *El entrenador* sabe que los jugadores pueden ganar bajo las circunstancias adecuadas.

La moral alta es uno de los elementos esenciales en la creación de las circunstancias adecuadas para que cualquier equipo actúe en un nivel superior.

LA MORAL ALTA ES GRANDIOSA

Si el equipo está ganando, entonces la moral está alta; y si la moral está alta, entonces el equipo está en una posición de ganar. Por consiguiente, ¿qué es primero, la moral alta o ganar? Creo que la moral alta generalmente llega primero. ¿Por qué? Porque magnifica todo lo positivo que está sucediendo al equipo. He aquí lo que quiero decir:

1. La moral alta es el gran exagerador

Cuando el equipo como un todo es positivo, y todos los jugadores se sienten bien consigo mismos, *todo* parece bien. La preparación parece ser más suave. Toda división parece desaparecer. Las pequeñas victorias parecen dulces y las grandes nos hacen sentir casi invencibles. Las estrellas del equipo se dan a la hora de la verdad e incluso los jugadores de la banca parecen jugar más allá de sus capacidades normales.

Algunas personas llaman a esos momentos una racha o período de suerte. Pero eso en realidad solo es moral alta. En deportes, durante épocas de moral alta todos saltan al carro de la banda como fanáticos. En negocios grandes las personas compran las acciones de la compañía. En la farándula las revistas y las cadenas de televisión piden entrevistas, y los productores pagan grandes cantidades por los servicios del equipo. ¿Ha pasado el equipo de ser falto de talento a talentoso de la noche a la mañana? ¿Es realmente el equipo tan bueno como parece? Quizás no. El equipo simplemente está disfrutando la obra del gran exagerador.

2. La moral alta es el gran elevador

Cuando un equipo tiene la moral alta, la actuación de su gente sube a un nuevo nivel. El equipo se enfoca en su potencial, no en sus problemas. Sus miembros se vuelven más comprometidos. Y todo el mundo encuentra más fácil ser desinteresado. Los miembros del equipo están confiados, y tal confianza les ayuda a actuar en un nivel superior.

Cuando un equipo está perdiendo ocurre el efecto opuesto. Los jugadores empiezan a enfocarse en sus problemas. Baja en todos el nivel de compromiso. El equipo ahuyenta a otros en vez de atraerlos. Y todo el mundo se dedica a ver por sí mismo en vez de ver por sus compañeros. Cuando se está perdiendo todo duele.

3. La moral alta es el gran energizador

Otra cosa que la moral alta hace por el equipo es darle energía. Los jugadores se vuelven como el conejito Energizer: Todos se mantienen andando y corriendo. Ninguna montaña parece alta. Ningún proyecto parece demasiado difícil. Ninguna carrera parece muy larga. Su entusiasmo se levanta junto con su energía, y el equipo empieza a desarrollar un ímpetu que es casi imparable.

4. La moral alta es la gran eliminadora

Debido al ímpetu y a la energía que vienen con ella, la moral alta también se vuelve la gran eliminadora. Mientras un equipo que está perdiendo y experimentando moral baja puede llegar a herirse incluso por el menor de los problemas, un equipo con moral alta se mantendrá activo aun cuando enfrente un obstáculo enorme o agobiantes contratiempos. No importa cuán grandes sean los problemas, estos sencillamente parecen desaparecer.

5. La moral alta es el gran emancipador

Una de las otras cosas que la moral alta hace por el equipo es liberarlo. Al ganar se crea espacio para respirar. Un buen equipo con moral alta utilizará ese espacio para tomar riesgos e intentar nuevas cosas que de otra manera no haría. Se detiene para hacer preguntas que de otro modo no haría. Al hacer eso surge la creatividad y la innovación. Al final la moral alta libera al equipo para alcanzar su potencial.

LAS CUATRO ETAPAS DE LA MORAL

Quizás usted esté diciendo: «Perfecto, estoy de acuerdo. *Nada duele cuando se está ganando.* La moral alta es grandiosa para el equipo. ¿De qué manera se logra?» Déjeme decírselo. Si usted es un jugador, entonces debe: 1) tener buena actitud, 2) siempre dar lo mejor de sí, y 3) apoyar a la gente en el equipo, tanto a jugadores como a líderes. Si usted tiene poca influencia, entonces ejérzala modelando excelencia.

Sin embargo, si usted es uno de los líderes del equipo, entonces tiene una gran responsabilidad. Debe ser un modelo de excelencia, pero también debe hacer algo más: ayudar a las personas que dirige a desarrollar la clase de moral e ímpetu que ayudan a crear un equipo ganador. La clave para saber qué hacer se puede encontrar en las cuatro etapas de la moral:

Etapa 1: Moral escasa, el líder debe hacer todo

No hay nada más desagradable que estar en un equipo cuando nadie quiere estar en él. Si ese es el caso, el equipo generalmente es negativo, letárgico o desesperanzado. Esa es con frecuencia la atmósfera de un equipo que está perdiendo.

Si usted se encuentra en tal clase de situación, entonces haga lo siguiente:

- *Investigue la situación.* Lo primero que se debe hacer es poner atención a lo que el equipo está haciendo mal. Comience por arreglar lo que se ha desarreglado. Eso solo no le dará moral alta al equipo, pero dejará de darles a los jugadores razones para tener la moral baja.

- *Inspire confianza.* La única manera de que un equipo cambie es que la gente crea en sí misma. Como líder usted debe ser el iniciador de esa confianza. Muestre a las personas que usted cree en usted mismo y en ellas.

- *Produzca energía.* El deseo de cambiar sin la energía para hacerlo frustra a las personas. Para llevar al equipo un mayor nivel de energía, usted debe estar lleno de energía. Trabaje con energía el tiempo suficiente y finalmente alguien en el equipo se le pondrá a su lado y se le unirá. Luego lo hará otro. Al final la energía se extenderá.

- *Transmita esperanza.* La mayor necesidad de los jugadores en esta etapa es la esperanza. Napoleón Bonaparte dijo: «Los líderes son distribuidores de esperanza». Ayude a su gente a ver el potencial del equipo.

La única manera de hacer rodar la pelota en la etapa uno es que usted mismo comience a empujarla. Usted como líder no puede esperar que cualquier otro lo haga.

> *«Los líderes son distribuidores de esperanza».*
> —NAPOLEÓN BONAPARTE

Etapa 2: Moral baja, el líder debe hacer cosas productivas

Cualquier movimiento es al principio una gran victoria. Pero para crear moral positiva usted debe adquirir alguna velocidad. Debe ser productivo. ¡Después de todo usted no puede dirigir un auto estacionado! Para lograr que el equipo se mueva:

- *Modele una conducta que tenga gran rendimiento.* Los individuos hacen lo que ven hacer. La mejor manera de que aprendan lo que usted espera de ellos es que usted mismo lo haga.

- *Desarrolle relaciones con personas de potencial.* Para lograr que cualquier equipo se mueva en la dirección adecuada usted necesita jugadores que produzcan. En esta etapa su equipo quizás tenga algunos productores. Si es así, desarrolle relaciones con ellos. Si no, entonces encuentre individuos que tengan el potencial de ser productivos y comience con ellos. No pida demasiado de ellos muy pronto. Los líderes llegan al corazón antes de pedir una mano. Por eso usted debe comenzar por forjar relaciones.

* *Consiga pequeñas victorias y hable de ellas con sus compañeros de equipo.* Nada ayuda a las personas a crecer en capacidad y confianza como tener algunos triunfos en su haber. Eso es lo que usted quiere dar a las personas de su equipo. Empiece con quienes tienen el mayor potencial.

* *Comunique la visión.* Como ya expliqué en la Ley de la Brújula, la visión da dirección y confianza a los miembros del equipo. Mantenga continuamente la visión ante su equipo.

Una vez que el equipo esté en movimiento, usted puede comenzar a dirigir.

Etapa 3. Moral moderada, el líder debe hacer cosas difíciles

¿Recuerda cómo se sintió la primera vez que obtuvo su licencia de conducir? Quizás antes de recibirla disfrutó simplemente al sentarse en el asiento del conductor de un auto, imaginándose cómo sería manejar. Después, cuando ya tuvo su licencia y se le permitió sacar el auto, dar tan solo un paseo quizás era emocionante. En realidad no importaba a dónde iba. Pero a medida que usted crece, el solo manejar no es suficiente. Tener un destino se vuelve importante.

Lo mismo sucede con un equipo. Reunirlo y ponerlo en movimiento es un logro. Pero lo que importa es a dónde va. Para cambiar desde simplemente *mover el equipo* a *moverlo en la dirección correcta,* usted debe comenzar a hacer las cosas difíciles que ayudan al equipo a mejorar y a desarrollar alta moral. Eso incluye:

- *Crear cambios que hagan mejor al equipo.* Usted ya comprende la Ley de la Cadena. Recuerde tan solo que los líderes son responsables de minimizar el daño que cualquier miembro del equipo puede hacer por debilidad o actitud, y de maximizar la eficacia de todos los miembros del equipo al colocarlos en sus especialidades. A menudo esas acciones exigen decisiones difíciles.

- *Recibir el apoyo de los miembros del equipo.* Una cosa es lanzar visión sobre el equipo y otra es lograr que sus compañeros de equipo lo adopten. Sin embargo, esto es lo que se debe hacer para forjar una moral mayor. El equipo debe adoptarlo a usted como líder, abrazar los valores y la misión del grupo, y alinearse con sus expectativas. Si usted logra hacerlo podrá llevar el equipo a donde debe ir.

- *Comunicar el compromiso.* Parte del proceso de lograr que la gente adopte la visión viene de mostrarle el compromiso que usted tiene. La Ley del Apoyo de *Las 21 leyes irrefutables del liderazgo* dice que las personas apoyan al líder y después a la visión. Si usted ha demostrado constantemente gran competencia, buen carácter y firme compromiso, ya ha colocado la base para que su gente adopte.

- *Desarrollar y capacitar a los miembros para el triunfo.* Nada levanta más la moral que el éxito. La mayoría de las personas no logran triunfar por su cuenta. Necesitan ayuda, y esa es una de las razones principales para que alguien las dirija. Si usted invierte en sus compañeros de equipo, entonces les ayuda y el equipo triunfa.

Las dos etapas más difíciles en la vida del equipo son la primera, donde usted intenta crear movimiento en un equipo que no va a ninguna parte, y la tercera, donde usted se debe convertir en un agente de cambio. Estos son los momentos en que es más necesario el liderazgo. La etapa tres es para el líder el momento de hacer o destruir. Si usted puede triunfar en la etapa tres, entonces podrá crear una moral alta en su equipo.

Etapa 4: Moral alta, el líder debe hacer pocas cosas

En la etapa cuatro su labor como líder es ayudar al equipo a mantener la moral y el ímpetu en alto.

- *Mantenga al equipo enfocado y en curso.* La moral alta lleva a ganar, y al ganar se mantiene la moral. De ahí la importancia de que los miembros del equipo se mantengan enfocados. Si pierden el enfoque o se salen de curso dejarán de ganar. Recuerde además: mientras más lejos intente ir, más grande es el impacto de un error en la dirección. A usted no le perjudica salirse de su camino uno o dos pasos al querer cruzar una calle. Pero si quiere atravesar el océano, unos pocos grados lo pueden meter en un gran problema.

- *Comunique los triunfos.* Algo que ayuda mucho a mantener a las personas en su rumbo es saber que están haciendo lo correcto. Usted puede señalar eso comunicando los éxitos del equipo. Para elevar la moral no hay nada como ganar y celebrar la victoria.

- *Elimine lo que dañe la moral.* Una vez que el equipo está rodando en la dirección correcta, manténgalo en curso. La Ley del Gran Impulso, tomada de *Las 21 leyes irrefutables del liderazgo,* dice que el impulso es el mejor amigo del líder. Los líderes ven antes que otros, de modo que necesitan proteger al equipo de las cosas que lo pueden perjudicar.

- *Deje que otros líderes dirijan.* Cuando un líder prepara a otros miembros del equipo para conducir y luego les da libertad de hacerlo, está haciendo dos cosas: Primera, utiliza el ímpetu que ya tiene el equipo para crear nuevos líderes que lo guíen. Es más fácil levantar nuevos líderes que triunfen si son parte de un equipo triunfante. Segunda, aumenta el liderazgo del equipo, lo que lo hace aun más triunfador. Si un líder hace eso una y otra vez logra crear un ciclo de éxitos que alimentan la moral alta del equipo.

El proceso de levantar una moral alta es simple, pero no fácil. Se necesita un liderazgo fuerte y lleva tiempo. Si hay alguien que sea un maestro en ese proceso, ese es Ronald Reagan. Cuando Reagan llegó a la presidencia en 1981, la moral de Estados Unidos estaba en su nivel más bajo desde la gran depresión. Después de Watergate el pueblo había perdido la fe en el gobierno. La amenaza de una guerra nuclear con la Unión Soviética se mantenía latente en la mente de las personas. La inflación era descontrolada. Los precios del petróleo aumentaban y las tasas de intereses estaban por los cielos. El pueblo no podía haber estado más desmoralizado.

> *Las cuatro etapas de la moral*
>
> *1. Moral escasa: El líder debe hacer todo*
>
> *2. Moral baja: El líder debe hacer cosas productivas*
>
> *3. Moral moderada: El líder debe hacer cosas difíciles*
>
> *4. Moral alta: El líder debe hacer pocas cosas*

Ronald Reagan ayudó al pueblo a creer otra vez en la nación. Bajo su presidencia se reanimó la economía, terminó la guerra fría, cayó el Muro de Berlín y la gente volvió a creer en sí misma y en su país.

LA MORAL ALTA EN EL HOGAR

No es necesario que usted tenga el poder de un presidente o la capacidad de un atleta olímpico para practicar la Ley de la Moral Alta. Puede aplicar el principio a su negocio, a su servicio voluntario, o incluso a su familia. Es más, cuando la Ley de la Moral Alta está funcionando en su más alto nivel, el liderazgo levanta la moral del equipo, y el equipo levanta la moral del líder. Así es como debe ser. Nada duele cuando se está ganando.

Deseo hablar ahora de un equipo donde los miembros se inspiran y se levantan continuamente unos a otros hasta el punto de que su moral es alta y se mantienen victoriosos a pesar del dolor que sienten. Ese equipo está conformado por Dick Hoyt y su hijo Rick.

Cuando nació Rick Hoyt en 1962, sus padres tenían las típicas esperanzas motivadas de ser padres por primera vez. Pero entonces supieron que durante el nacimiento de su hijo el cordón umbilical se le había enredado en el cuello, impidiendo la llegada de oxígeno al cerebro. Más tarde le diagnosticaron parálisis cerebral a Rick. Su padre recuerda: «Cuando el niño tenía ocho meses los doctores nos dijeron que lo debíamos apartar, pues sería un vegetal toda la vida».[5] Pero los padres de Rick no hicieron eso. Decidieron criarlo como cualquier otro niño.

> *Cuando la Ley de la Moral Alta está funcionando en su más alto nivel, el liderazgo levanta la moral del equipo, y el equipo levanta la moral del líder.*

UNA ARDUA BATALLA

Criar a Rick como un niño normal era a veces una tarea difícil. Él es tetrapléjico, por lo que no habla, ya que tiene limitado su control de la lengua. Sin embargo, sus padres trabajaron en él, enseñándole todo lo que podían e incluyéndolo en las actividades familiares. A los diez años de edad la vida de Rick cambió cuando ingenieros de la Universidad Tufts inventaron un aparato que lo capacitaba para comunicarse vía computadora. Las primeras palabras que lenta y concienzudamente tecleó fueron: «Adelante Bruins». En ese momento la familia, que estaba siguiendo las finales de la NHL [Liga nacional de hockey, según sus siglas en inglés] con los Bruins de Boston, descubrió que Rick era un fanático del deporte.

En 1975, después de una larga batalla la familia al fin pudo ingresar a Rick en la escuela pública, donde se distinguió a pesar de sus limitaciones físicas. Su mundo estaba cambiando. Cambió aun más en los dos años siguientes. Cuando Rick supo que se realizaría una carrera 5K (cinco kilómetros) para recaudar fondos con el fin de ayudar a un atleta que había quedado paralizado en un accidente, le dijo a su padre que deseaba participar.

Dick, un teniente coronel jubilado de la guardia aérea nacional, frisaba los cuarenta años y no estaba en forma. Sin embargo, aceptó correr y empujar a su hijo en una silla de ruedas modificada. Dick recuerda que cuando cruzaron de penúltimos la línea de llegada su hijo tenía en el rostro «la sonrisa más grande que usted habría visto en su vida». Después de la carrera el muchacho escribió este simple mensaje: «Papá, me siento como si no fuera un minusválido». A partir de ese día sus vidas no volverían a ser las mismas.

Trabajo en equipo

¿Qué hace un padre cuando su hijo, quien siempre ha dependido de una silla de ruedas, dice que le gusta correr? Se convierte en sus manos y pies. Ese es el día en que nació el «Equipo Hoyt». Dick consiguió a Rick una silla de carreras más perfeccionada. Entonces el adolescente tetrapléjico y el papá fuera de forma comenzaron a correr juntos, y no casualmente. Al poco tiempo se decidieron a entrenar en serio, y en 1981 corrieron juntos su primer maratón de Boston. Desde entonces no se han perdido ese maratón en veinte años.

Después de cuatro años de correr maratones los dos decidieron que ya estaban listos para otro desafío: los triatlones, que combinan natación, ciclismo y atletismo. Ese no fue un desafío pequeño, especialmente porque Dick tendría que aprender a nadar. Pero lo hizo. Él explicó: «Rick es quien me ha motivado, porque si no fuera por él yo no estaría compitiendo. Lo que hago es prestarle mis manos y mis piernas para que él pueda estar allí compitiendo como cualquier otro».[6]

El triatlón Ironman de Hawaii está considerado como la carrera más difícil en el mundo. Consiste en tres etapas consecutivas: 3.850 metros de natación, 180 kilómetros en bicicleta, y una maratón completa de 42 kilómetros. Este es un terrible examen de resistencia para cualquier individuo. Dick y Rick compitieron en la carrera en 1989. En la parte de natación, Dick remolcaba un pequeño bote con Rick en él. Luego pedaleó los 180 kilómetros con Rick en un asiento sobre los manubrios de la bicicleta. Dick estaba agotado cuando llegó a la carrera a pie.

Sin embargo, es en estas situaciones en que contribuye la Ley de la Moral Alta. Lo único que Dick debía hacer era pensar en las palabras de su hijo:

Cuando estoy corriendo parece desaparecer mi incapacidad. Ese es el único lugar en que realmente me siento igual. Debido a toda la reacción positiva no me siento discapacitado en absoluto. Al contrario, me siento como la persona inteligente que soy y que no tiene límites.[7]

Nada duele cuando se está ganando. Al mantenerse corriendo, Dick estaría ganando para su hijo y eso hacía que valiera la pena todo el entrenamiento y el dolor. Dick cargó a Rick en su silla de carrera y se dirigieron a la línea de llegada del Ironman. Los dos terminaron la carrera en poco más de 13 horas y 43 minutos, un muy buen tiempo.

Desde entonces Rick obtuvo su título universitario y trabaja en la Universidad de Boston ayudando a diseñar sistemas de computación para personas con discapacidad. Por supuesto, aún compite con su padre, quien ahora tiene más de sesenta años de edad. En marzo del 2001 el equipo Hoyt ha terminado un total de 731 carreras. Han corrido 53 maratones y 135 triatlones, incluyendo cuatro con distancias como la de Ironman. Y se mantendrán corriendo. Dick afirma: «No hay nada en el mundo que los dos no podamos conquistar juntos».[8] Él sabe por qué lo dice. Por casi veinticinco años, él y su compañero de equipo han estado cosechando las recompensas de la Ley de la Moral Alta.

PENSAMIENTO DEL EQUIPO DE TRABAJO

Cuando usted lo hace bien, se siente bien;
cuando usted se siente bien, lo hace bien.

Cómo ser un mejor miembro del equipo

Si usted quiere recoger las recompensas de la Ley de la Moral Alta no puede esperar hasta que su moral sea alta para comenzar a actuar. Debe actuar dentro del sentimiento, no sentir dentro de la actuación. Empiece a desempeñarse en un nivel de excelencia apropiado para alguien que experimenta una temporada de triunfos. Su dedicación y entusiasmo le ayudarán en su rendimiento, y este comenzará a inspirar a algunos de sus compañeros de equipo.

Cómo ser un mejor líder del equipo

Si usted es un líder en su equipo debe comprender la clase de moral que su equipo está experimentando actualmente:

- *Moral escasa:* El equipo pasa una mala racha y está negativo.

- *Moral baja:* El equipo está haciendo algún progreso, pero no tienen unidad ni confianza.

- *Moral moderada:* El equipo está experimentando algunos triunfos y comienza a creer en sí mismo, pero se deben tomar algunas decisiones difíciles para llevarlo al nivel superior.

- *Moral alta:* El equipo está rindiendo en su potencial, está ganando y solo es necesario mantenerlo en la senda.

Una vez que usted haya determinado la etapa en que se encuentra su equipo, entonces aplique las pautas de este capítulo para que pueda llevarlo a la siguiente etapa.

┌─────┐
│ **17** │
└─────┘

LA LEY DE LOS DIVIDENDOS

La inversión en el equipo crece mucho a través del tiempo

Es uno de los más grandes forjadores de equipos en todos los deportes, sin embargo es probable que usted nunca haya oído de él. Observe estos impresionantes logros:

- Cuarenta temporadas consecutivas de básquetbol con por lo menos veinte triunfos

- Cinco campeonatos nacionales

- Primer puesto en su zona durante veinte de los últimos treinta y tres años

- 0.870 de porcentaje de triunfos en toda la vida

Su nombre es Morgan Wootten. ¿Por qué la mayoría de la gente nunca ha oído hablar de él? ¡Debido a que es un entrenador de básquetbol *de escuela secundaria!*

Cuando pedí el nombre del más extraordinario entrenador de básquetbol de todos los tiempos, la mayoría de las personas dijeron: Red Auerbach o John Wooden. No obstante, ¿sabe usted lo que John Wooden, el entrenador de UCLA llamado el Mago de Westwood, tiene que decir acerca de Morgan Wootten? Así se expresó: «La gente dice que Morgan Wootten es el mejor entrenador universitario de la nación. No estoy de acuerdo. No conozco un mejor entrenador en el ámbito colegial, universitario o profesional. Lo he dicho en cualquier parte y lo diré aquí: Siento un gran respeto por él».[1]

Esa es una recomendación muy firme del hombre que ganó diez campeonatos nacionales y entrenó a algunos de los jugadores más talentosos en el juego, entre ellos a Kareem Abdul-Jabbar. (A propósito, cuando Kareem estaba en el colegio, en la Academia Power Memorial, su equipo perdió un solo partido: ¡contra el equipo de Morgan Wootten!)

SIN PLANES DE SER UN FORJADOR DE EQUIPOS

Morgan Wootten nunca planificó entrenar un equipo. Fue un atleta aceptable en el colegio, pero nada especial. Sin embargo, era un excelente conversador. Su ambición al crecer era convertirse en abogado. Pero estudiando en la universidad, a los diecinueve años de edad, un amigo lo retó a que aceptara un empleo para entrenar niños de un orfanato en béisbol, un deporte del que sabía muy poco. El equipo no tenía uniformes ni material de equipamiento, y a pesar de trabajar duro perdieron todos los dieciséis partidos.

Durante esa primera temporada, una gran pasión nació en Wootten por esos muchachos. No pudo rechazar cuando ellos le pidieron que regresara y les enseñara fútbol americano. Además, había jugado fútbol en el colegio y sabía todo acerca de ese deporte. El equipo del orfanato ganó invicto el campeonato CYO [Organización católica para jóvenes, según sus siglas en inglés] de Washington, D.C. Pero aun más importante, Wootten comenzó a comprender que quería invertir su tiempo en los niños, no en casos legales.

Incluso ese primer año Wootten empezó a influir en la vida de los muchachos. Recuerda uno en particular que había comenzado a robar y la policía lo enviaba una y otra vez al orfanato. Describió al chico como alguien que ya tenía «dos strikes y medio en contra». Wootten hizo saber al muchacho que se estaba metiendo en problemas. Pero también lo tomó bajo su cuidado. El entrenador recuerda:

> Comenzamos a pasar tiempo juntos. Lo llevé a mi casa y probó las comidas de mamá. Pasó semanas con nosotros. Se volvió amigo de mi hermano y de mis hermanas. Aún está en Washington portándose muy bien y es conocido por muchas personas. Cualquiera estaría orgulloso de llamarlo su hijo. Llevaba una vida de crimen y prisiones, pero pudo haber sido peor, hasta que alguien le dio el regalo más grande que un padre puede darle a un hijo: su tiempo.

Darse a las personas de sus equipos es algo que Wootten ha hecho todos los años desde entonces. El entrenador de la NCAA, Marty Fletcher, ex jugador y asistente de Wootten, resumió así el talento de este último: «Su secreto es que hace sentir a cualquier persona como la más importante del mundo».[2]

SE CREA UNA DINASTÍA

No pasó mucho tiempo antes de que Wootten fuera invitado a convertirse en un entrenador asistente en una reconocida universidad local. Entonces con un par de años de experiencia en su haber llegó a ser el entrenador principal en la universidad DeMatha.

Cuando Wootten comenzó en la universidad en 1956, estaba tomando el control de muchos equipos perdedores. Reunió a todos los estudiantes de DeMatha que querían participar en deportes y les dijo:

> Muchachos, las cosas van a cambiar. Sé cuán malos equipos ha tenido DeMatha en estos últimos años, pero eso es tiempo pasado. Ganaremos en DeMatha y levantaremos una *tradición* de victorias. Comenzaremos hoy día ... Sin embargo, les voy a decir cómo lo haremos. Vamos a hacer un trabajo completo con todos lo equipos con que jugamos ... Con mucho trabajo, disciplina y dedicación, la gente va a oír de nosotros y nos van a respetar, porque DeMatha será un ganador.[3]

Ese año el equipo de fútbol americano ganó la mitad de sus partidos, lo cual era una hazaña. Fueron campeones de división en básquetbol y béisbol. Sus equipos han sido ganadores desde entonces. DeMatha se ha considerado por mucho tiempo como una dinastía.

Wootten fue inscrito el 13 de octubre del 2000 en el salón de la fama del básquetbol Naismith en Springfield, Massachusetts. En ese tiempo sus equipos habían acumulado un récord de 1.210-183. Con los años, más de doscientos cincuenta de sus jugadores han ganado becas universitarias. Doce jugadores de sus equipos universitarios pasaron a jugar en la NBA.[4]

No solo se trata de básquetbol

Sin embargo, ganar partidos y honra no es lo que más emociona a Wootten sino su inversión en los muchachos. Él dice:

> Los entrenadores en todo nivel a veces tienen la tendencia de perder de vista su propósito, especialmente después de que llega el éxito. Comienzan a poner el caballo detrás de

la carreta al trabajar más y más duro en el desarrollo de sus equipos, utilizando a sus muchachos para hacerlo; y se olvidan gradualmente que su propósito real debería ser el desarrollo de los muchachos, utilizando el equipo para hacerlo.[5]

La actitud de Wootten no solamente cosecha recompensas para un equipo sino para los individuos que lo conforman. Por ejemplo, cada uno de los muchachos de Wootten en cursos superiores, en un lapso de veintiséis años seguidos, tanto iniciadores como jugadores del banco, obtuvo una beca. El entrenador asistente Chuck Swenson, del Estado de Pensilvania, observó: «Aunque usted conozca a un muchacho que no es un gran jugador, si es jugador de DeMatha, él le ayudará con su programa. Con Morgan, usted sabe que está obteniendo un muchacho de calidad, que sacará buenas notas y trabajará duro para usted».[6] Gary Williams, entrenador principal de la Universidad de Maryland, dice: «Básicamente los jugadores de Wootten son tan atinados y hacen tantas cosas bien, que no podrían mejorar tanto como los muchachos de otros programas que no han recibido tan buen entrenamiento ... Ellos no son talentos sin pulir; son refinados».[7] Lo notable es que esto se dice de estudiantes de colegio, no de jugadores universitarios ni profesionales.

La inversión en el equipo crece con el tiempo. Morgan Wootten invierte en sus jugadores porque es lo que se debe hacer, y porque ellos le importan. Tal práctica ha hecho buenos a sus jugadores, triunfal a su equipo y notable su carrera. Él es el primer entrenador de básquetbol en haber ganado mil doscientos partidos en cualquier nivel. Desarrollar personas tiene su compensación de todos modos. Ese es el poder de la Ley de los Dividendos.

GRANDES INVERSIONISTAS

Usted ha leído a lo largo de los capítulos de este libro acerca de personas que se han dedicado a invertir en la gente de sus equipos. Esas inversiones pagan toda clase de magníficos dividendos. La inversión que Gordon Bethune hiciera en confianza ha dado como resultado mantener a Continental en el negocio y conservar el empleo de sus catorce mil empleados. La inversión de Bernie Marcus y Arthur Blank está pagando dividendos a los empleados que poseen acciones de Home Depot, incluyendo a mil empleados millonarios. La inversión de Jeff Skilling en Enron está pagando dividendos en la formación de nuevas iniciativas industriales por líderes en la compañía. Y la inversión de Lilly Tartikoff en las personas está pagando dividendos en la investigación sobre el cáncer. Generalmente el tiempo, el dinero y el esfuerzo que se invierten en desarrollar a los miembros de un equipo no lo cambian de la noche a la mañana, pero siempre dan dividendos. *La inversión en el equipo crece con el tiempo.*

> *El tiempo, el dinero y el esfuerzo que se invierten en desarrollar a los miembros de un equipo no lo cambian de la noche a la mañana, pero siempre dan dividendos.*

CÓMO INVERTIR EN SU EQUIPO

Creo que la mayoría de las personas reconocen que invertir en un equipo beneficia a todos los que lo conforman. La pregunta para la mayoría no es *por qué* sino *cómo*. Permítame hablarle de diez pasos que puede tomar para invertir en su equipo. Usted puede implementar esas prácticas si es jugador o entrenador, empleado o empleador, seguidor o líder. Siempre hay alguien en el equipo que se puede beneficiar de lo que usted tiene para ofrecer. Y cuando todos en el equipo invierten, entonces los beneficios son como el interés compuesto. Se multiplican.

Comience invirtiendo en su equipo por medio de:

1. Tomar la decisión de forjar un equipo...Esto inicia la inversión en el equipo.

Se dice que todo viaje comienza con el primer paso. Decidir que las personas en el equipo son dignas de desarrollo es el primer paso en la formación de un mejor equipo. Eso exige *compromiso*.

> *Decidir que las personas en el equipo son dignas de desarrollo es el primer paso en la formación de un mejor equipo.*

2. Preparar el mejor grupo posible... Esto eleva el potencial del equipo.

Como ya mencioné antes, mientras mejor sea la gente en el equipo, mejor es el potencial. Solo hay una clase de equipo del que usted podría ser parte donde *no debe* salir y encontrar los mejores jugadores disponibles: la familia. Usted debe mantenerse fiel a esos compañeros de equipo en las buenas y en las malas. Pero todas las demás clases de grupos se pueden beneficiar de la contratación de las mejores personas disponibles.

3. Pagar el precio para desarrollar el equipo...Esto asegura el crecimiento del equipo.

Cuando Morgan Wootten se extendió a sí mismo para beneficio del muchacho con dos strikes y medio en contra, él y su familia tuvieron que pagar un precio para ayudar a ese chico. Esto no era conveniente ni cómodo. Les costó energía, tiempo y dinero.

Desarrollar su equipo le costará. Usted deberá dedicar tiempo que podría usar para productividad personal. Tendrá que gastar dinero que podría usar para beneficio personal. Y a veces deberá hacer a un lado su agenda personal. Sin embargo, el beneficio para los individuos, y para el equipo, vale la pena. Todo lo que usted da es una inversión.

4. Hacer cosas juntos como equipo...Esto da sensación de comunidad al equipo.

Una vez leí esta declaración: «Aun cuando usted haya jugado el partido de su vida, es la sensación de trabajar en equipo lo que recordará. Usted olvidará las jugadas, los lanzamientos y el marcador, pero nunca olvidará a sus compañeros de equipo». Esto describe la comunidad que se desarrolla entre compañeros de equipo que pasan tiempo haciendo cosas juntos.

> *Aun cuando usted haya jugado el partido de su vida, es la sensación de trabajar en equipo lo que recordará.*

La única manera de desarrollar comunidad y cohesión entre sus compañeros de equipo es reuniéndose con ellos, no solamente en un ambiente profesional sino también personal. Existen muchos buenos modos de que se conecte con ellos y de conectarse unos con otros. Muchas familias que desean vincularse descubren que la clave está en acampar. Los colegas comerciales pueden socializar (de modo adecuado) fuera del trabajo. El *dónde* y *cuándo* no es tan importante como el hecho de que los miembros del equipo compartan experiencias comunes.

5. Facultar a los miembros del equipo con responsabilidad y autoridad...Esto levanta líderes para el equipo.

El mayor crecimiento para las personas a menudo ocurre como resultado del sufrimiento y el error de la experiencia personal. Cualquier equipo que quiere que las personas suban a un nivel superior de rendimiento, y niveles superiores de liderazgo, debe darle a sus miembros tanto autoridad como responsabilidad. Si usted es un líder de su equipo, no proteja su posición ni acapare su poder. Entréguelo. Ese es el único modo de facultar a su equipo.

6. Dar crédito al equipo por el éxito...Esto levanta la moral del equipo.

Mark Twain dijo: «Puedo vivir durante dos meses con un buen cumplido». Así es como se sienten la mayoría de las personas. Ellas están dispuestas a trabajar duro si reciben reconocimiento por sus esfuerzos. Por eso Napoleón Bonaparte observó: «Un soldado peleará bastante y duro por un pedazo de cinta coloreada». Halague a sus compañeros de equipo. Fomente el valor de los logros de ellos. Y si usted es el líder, échese la responsabilidad pero no el crédito. Hágalo y su equipo siempre peleará por usted.

> «Puedo vivir durante dos meses con un buen cumplido».
>
> —MARK TWAIN

7. Velar porque la inversión en el equipo valga la pena...Esto da responsabilidad al equipo.

Cuando usted invierte dinero espera una devolución, tal vez no de inmediato, pero sí seguramente con el tiempo. ¿Cómo sabe si está ganando o perdiendo en esa inversión? Debe ponerle atención y medir su progreso.

Lo mismo se aplica a la inversión en individuos. Usted debe observar si está obteniendo devolución por el tiempo, la energía y los recursos que está poniendo en ellos. Algunos se desarrollan rápidamente. Otros son más lentos para responder, y eso está bien. Lo más importante que usted quiere ver es progreso.

8. Dejar de invertir en jugadores que no crecen...Esto elimina pérdidas importantes al equipo.

Una de las experiencias más difíciles para cualquier equipo es dejar a un compañero detrás. Sin embargo, por el bien de sus compañeros de equipo, eso es lo que usted debe hacer si alguien en su equipo se niega a crecer o a cambiar. Como ya mencioné en la Ley de la Cadena, eso no significa que usted ame menos a esa persona. Simplemente quiere decir que deja de pasar su tiempo intentando invertir en alguien que no quiere o no puede hacer que el equipo mejore.

9. Crear nuevas oportunidades para el equipo...Esto permite al equipo extenderse.

No existe inversión más grandiosa que usted pueda hacer en un equipo que darle nuevas oportunidades. Cuando un equipo tiene la posibilidad de ganar nuevo terreno o enfrentar nuevos desafíos, es necesario extenderse para alcanzarlo. Ese proceso no solo da al equipo una oportunidad de crecer sino que también beneficia a todos sus miembros. Todo el mundo tiene la oportunidad de crecer hacia su potencial.

10. Dar al equipo la mejor oportunidad posible para triunfar...Esto garantiza grandes dividendos al equipo.

James E. Hunton dice: «Juntarse es un comienzo. Mantenerse juntos es progreso. Trabajar juntos es un éxito». Una de las cosas más importantes que usted puede hacer es eliminar obstáculos para el equipo, de modo que este tenga las mejores posibilidades de trabajar unido para triunfar. Si usted es miembro de un equipo, eso podría significar sacrificio personal o ayudar a otros a trabajar mejor juntos. Si usted es un líder, eso significa crear un gran ambiente para el grupo, y darle a cada persona lo que necesita en un momento dado para asegurar el éxito.

Una de las cosas extraordinarias acerca de invertir en un equipo es que el esfuerzo casi asegura grandes dividendos, puesto que un equipo puede hacer mucho más que los individuos. Rex Murphy, uno de los asistentes a mis conferencias, me dijo: «Donde hay una voluntad hay un camino; donde hay un equipo hay más de un camino».

> *Donde hay una voluntad hay un camino; donde hay un equipo hay más de un camino.*

MI INVERSIÓN PERSONAL Y EL RENDIMIENTO

Una vez que usted ha experimentado lo que significa invertir en su equipo, nunca podrá parar. Me llena de gozo pensar en mi equipo (en cómo mis compañeros me añaden valor y cómo yo les añado valor). Y exactamente como aumentan mi inversión y el rendimiento de ellos, mi alegría continúa aumentando.

Valoro a todos en mi equipo, y si pudiera, le diría acerca de todas las personas que lo integran. Pero puesto que esto es imposible, quiero al menos ponerle al corriente de los jugadores claves en mi círculo íntimo:

- Larry Maxwell (54 años): Me ama incondicionalmente. Ha llevado al Grupo INJOY a un nivel totalmente nuevo. Hace preguntas grandiosas. Mantiene enfocado a nuestro equipo. Me protege. ¡Es mi hermano mayor!

- Margaret Maxwell (37 años): Me conoce muy bien y me ama mucho. Su asociación me ha permitido subir a un nivel superior. Nuestro viaje juntos es mi mayor alegría.

- Dan Reiland (19 años): Asesora a pastores con mi corazón y experiencia, unidos a su perspectiva como mi pastor ejecutivo por muchos años. Él es el mejor amigo de un pastor... ¡y mío!

- Dick Peterson (18 años): Está en todos los detalles de mi compañía. Si abro la puerta, él la cierra. Si empiezo una frase, ¡él la concluye!

- Tim Elmore (15 años): Enseña mejor que yo mi material sobre el liderazgo. ¡Me da mejor material de liderazgo que el mío!

- Linda Eggers (14 años): Conoce mis fortalezas y mis debilidades. Me representa muy bien. Responde mejor que yo las inquietudes del equipo… ¡y mucho más rápidamente!

- Charlie Wetzel (8 años): Desarrolla más vidas de personas que cualquier otro en mi equipo. Toma mis ideas, lecciones y bosquejos y los convierte en libros. ¡Estos multiplican!

- Dave Johnson (7 años): Administra los recursos del Grupo INJOY para extender su influencia en todo el mundo. Es un genio de las finanzas que me ama y me comprende.

- Kevin Small (7 años): Energía sin límites, potencial sin límites. Ve una oportunidad a un kilómetro de distancia. Me encanta verme reflejado en él. ¡El rendimiento a la inversión es enorme!

- Dave Sutherland (7 años): Mi favorito. Ese es el hombre. Gran pensador. Puede hacer crecer la compañía sin mí. Siempre hay una anotación cuando le paso la pelota.

- Kirk Nowery (5 años): Me representa muy bien, le encantan los pastores y las iglesias locales. Cada noche cuenta la historia de cómo podemos agregar valor por medio de ISS. Tenemos esa gran oportunidad todas las noches.

- Doug Carter (5 años): Le encanta hablar a otros de la misión de EQUIP (mi organización sin fines de lucro). Ayuda a negociantes a pasar del éxito a la realización. Me ha llevado a un nuevo nivel total.

Todo lo que hago en esta etapa de mi vida es un esfuerzo colectivo. Cuando empecé a dictar seminarios hacía de todo. Seguramente había otras personas ayudando, pero lo más probable es que al mismo tiempo que me disponía a hablar, me dedicara a empacar una caja y a enviarla. Ahora simplemente aparezco y enseño. Mi maravilloso equipo cuida de todo lo demás. Incluso el libro que usted está leyendo es un esfuerzo de equipo.

Mi equipo es mi gozo. No hay nada que no haría por la gente de mi equipo, porque ellos hacen todo por mí:

Mi equipo me ha hecho mejor de lo que soy.

Mi equipo multiplica mis recursos para el bien de otros.

Mi equipo me capacita para hacer lo que hago con excelencia.

Mi equipo me ha permitido disponer de más tiempo.

Mi equipo me representa donde yo no puedo estar.

Mi equipo provee un ambiente de comunidad que yo disfruto.

Mi equipo llena los deseos de mi corazón.

Si sus experiencias de equipo no son tan positivas como le gustaría, entonces es tiempo de aumentar su nivel de inversión. Forjar un equipo para el futuro es exactamente como hacer crecer una cuenta de ahorros. Esta podría empezar lentamente, pero lo que usted pone en ella le da un gran rendimiento, así como los intereses compuestos obran con las finanzas. Inténtelo y descubrirá que la Ley de los Dividendos funciona de verdad. *La inversión en el equipo crece con el tiempo.*

🤜

PENSAMIENTO DEL EQUIPO DE TRABAJO

¿Está rindiendo beneficios la inversión que el equipo
ha hecho en usted?

CÓMO SER UN MEJOR MIEMBRO DEL EQUIPO

¿Está usted dando un buen rendimiento a la inversión que sus
compañeros de equipo están haciendo en usted? Piense en las
oportunidades que usted ha recibido y en las experiencias positivas de aprendizaje que ha tenido. ¿Las ha tomado con entusiasmo
o ha dejado que muchas de ellas se escapen?

Si usted ha sido displicente en perseguir oportunidades de
crecer, entonces cambie hoy sus actitudes. Crezca todo lo que pueda, y decida dar al equipo un gran rendimiento a la inversión que
él hace en usted.

CÓMO SER UN MEJOR LÍDER DEL EQUIPO

Como líder, usted más que cualquier otro, determina el ambiente de su organización y el hecho de que su gente esté invirtiendo en otros. Empiece por institucionalizar la inversión y hacerla
parte del ambiente de su organización. Estimule el crecimiento.
Separe tiempo y dinero para invertir en el equipo. Tome además
la responsabilidad de invertir en su núcleo de líderes. Mientras
más líderes tenga en el equipo y mientras más desarrollados estén,
mayores serán los dividendos.

EPÍLOGO

Muchas personas hablan de la química de grupo. Se oye mucho en deportes. Los analistas dirán: «Ese equipo seguramente poseía talento, pero no pudieron desarrollar la química. Por eso es que no rindieron de la manera en que todos esperaban».

Usted quizás se dio cuenta de que en este libro no existe la «ley de la química» y eso tal vez lo haya desilusionado. Sin embargo, permítame decirle por qué ese concepto no es una de las 17 leyes incuestionables del trabajo en equipo.

La química no es algo que usted pueda crear con habilidad o al implementar una técnica sencilla. Química es lo que se desarrolla cuando usted es capaz de implementar *todas* las leyes del trabajo en equipo. Mientras más leyes ponga en práctica, más química desarrollará su equipo. Cada vez que un jugador encuentra su lugar en el equipo, se crea una química positiva. Cada vez que un eslabón débil se reemplaza con un mejor jugador de la banca, se crea mejor química. Cuando un catalizador avanza hacia el trofeo y hace que se ejecute algo por vez primera, o cuando un líder descubre un modo de lograr que el equipo rinda en un nivel superior, se crea buena química. Cuando los jugadores finalmente cuentan unos con otros la química se hace mejor. Cada vez que el equipo asimila otra ley, la química se mejora y el equipo se hace más fuerte.

Espero que usted haya disfrutado las leyes. Más importante aun, espero que las leyes le ayuden a desarrollar el equipo de sus sueños. Adóptelas y fortalecerá a su equipo. ¡Se lo prometo!

NOTAS

Capítulo 1

1. Brandon Tartikoff y Charles Leerhsen, *The Last Great Ride* (Nueva York: Turtle Bay Books, 1992), p. 60.
2. "OncoLink: An Interview with Lilly Tartikoff", www.oncolink.upenn.edu.

Capítulo 2

1. Frye Gaillard, *If I Were a Carpenter: Twenty Years of Habitat for Humanity* (Winston-Salem, NC: John F. Blair, 1995).
2. "The History of Habitat", www.habitat.org.

Capítulo 3

1. "Bush Nominates Powell as Secretary of State", 17 diciembre 2000.
2. Colin Powell con Joseph E. Persico, *My American Journey* (Nueva York: Random House, 1995), p. 28.
3. Michael Hirsh y John Barry, "Leader of the Pack", *Newsweek*, www.newsweek.com, 25 diciembre 2000.
4. "Town Hall Meeting: January 25, 2001", www.state.gov.
5. "Packing Parachutes", extracto de cinta audio, www.charlieplumb.com.
6. "Charlie Plumb's Speech Content", www.charlieplumb.com.

Capítulo 4

1. "Mount Everest History/Facts", www.mnteverest.com.
2. James Ramsey Ullman, *Man of Everest: The Autobiography of Tenzing* (Londres: George G. Harrap and Co., 1955), p. 178.
3. Ibid., p. 250.
4. Ibid., p. 255.
5. Jim Lovell y Jeffrey Kluger, *Lost Moon: The Perilous Voyage of Apollo 13* (Boston: Houghton Mifflin, 1994), pp. 159-60.
6. W. David Compton, *Where No Man Has Gone Before: A History of Apollo Lunar Exploration Missions* (Washington, D.C.: NASA SP-4214, 1989).
7. Ullman, *Man of Everest*, p. 227.

Capítulo 5

1. "Quick Answers to the Most Frequently Asked Questions", www.oilspill.state.ak.us/history.
2. "Exxon's Appeal of the Valdez Oil Spill $5 Billion in Punitive Judgement", www.exxon.mobil.com.
3. Danny Cox con John Hoover, *Leadership When the Heat's On* (Nueva York: McGraw-Hill, 1992), pp. 69-70.
4. John Carl Roat, *Class-29: The Making of U.S. Navy SEALs* (Nueva York: Ballantine Books, 1998), p. 192.
5. Ibid., p. 7.
6. Ibid., p. 223.

Capítulo 6

1. "The President Suits Up for Practice", www.cbs.sportsline.com.
2. "The History of the 'I Have a Dream' Program", www.ihad.org.

Capítulo 7

1. Greg Farrell, "Building a New Big Blue", 23 noviembre 1999, www.usatoday.com.
2. "IBM Wants Business Partners to Focus on Growth", 2 marzo 1999, www.findarticles.com.
3. Farrell, "Building a New Big Blue".
4. Michelle Marchetti, "IBM's Marketing Visionary", *Sales and Marketing Management*, septiembre 2000, p. 55.
5. Proverbios 29.18, NVI.
6. Howard Schultz y Dori Jones Yang, *Pour Your Heart into It: How Starbucks Built a Company One Cup at a Time* (Nueva York: Hyperion, 1997), pp. 36-37.
7. Ibid., pp. 3-4.
8. Ibid., pp. 102.
9. Ibid., pp. 101.
10. Alex Frew McMillan, "Starbucks' Schultz on Being Big in Japan", www.cnn.com, 10 octubre 2001.
11. "Howard Schultz", *BusinessWeek*, www.businessweek.com, 14 enero 2002.
12. Schultz y Jones Yang, p. 200.

Capítulo 8

1. John C. Maxwell, *Actitud de vencedor* (Nashville: Grupo Nelson, 1997), p. 24.
2. Pat Riley, *The Winner Within* (Nueva York: Berkley Publishing Group, 1994), pp. 41, 52.

Capítulo 9

1. "Entrevista con Stacey Loizeaux".

2. John C. Maxwell, *Las 21 leyes irrefutables del liderazgo: Siga estas leyes y la gente lo seguirá a usted* (Nashville: Grupo Nelson, 2007), p. 71-72.

3. Barry J. Gibbons, *This Indecision is Final: 32 Management Secrets of Albert Einstein, Billie Holiday, and a Bunch of Other People Who Never Worked 9 to 5* (Chicago: Irwin Professional Publishing, 1996).

4. Colosenses 3.23–24.

5. Roat, *Class 29: The Making of U.S. Navy SEALs*, pp. 135-36.

6. "Statement of FBI Director Louis J. Freeh on the Arrest of FBI Special Agent Phillip Hanssen", www.fbi.gov, 20 febrero 2001.

7. Walter Pincus y Brooke A. Masters, "U.S. May Seek Death Penalty Against Accused Spy Hanssen", www.washingtonpost. com, 28 marzo 2001.

8. "Core Values", www.fbi.com, 30 marzo 2001.

9. "Statement of FBI Director Louis J. Freeh on the Arrest of FBI Special Agent Phillip Hanssen".

10. William A. Cohen, *El arte de ser líder* (Buenos Aires: Atlántida, 1990).

Capítulo 10

1. Stephen Franklin, "Founder a Force in Retail, Civic Affairs", www.chicagotribune.com 29 diciembre 2000.

2. "End of the Line", www.nytimes.com, 29 diciembre 2000.

3. "Historical Chonology—1925: Opening Retail Stores", 15 marzo 2001.

4. Allan Cox, *Straight Talk for Monday Morning* (Nueva York: John Wiley & Sons, 1990).

5. John C. Maxwell, *Las 21 cualidades indispensables de un líder: Conviértase en una persona que los demás quieren seguir* (Nashville: Grupo Nelson, 1999), pp. 134.

6. Robert Newall, "History Comes Alive in Valley Forge", www. vaportrails.com, 11 marzo 2001.

Capítulo 11

1. Michael D. Eisner con Tony Schwartz, *Work in Progress* (Nueva York: Random House, 1998), p. 171.
2. John Taylor, *Storming the Magic Kingdom: Wall Street Raiders and the Battle for Disney* (Nueva York: Alfred A. Knopf, 1987), p. 14.
3. Eisner, *Work in Progress*, p. 235.
4. "The Walt Disney Company Annual Report 2000: Financial Review", www.disney.go.com, 28 marzo 2001.
5. Adam Cohen, "eBay's Bid to Conquer All", *Time*, 5 febrero 2001, p. 48.
6. "Company Overview", http://news.ebay.com/about. cfm, 12 marzo 2001.

Capítulo 12

1. John Wooden con Jack Tobin, *They Call me Coach* (Chicago: Contemporary Books, 1988), p. 104.

Capítulo 13

1. Bernie Marcus y Arthur Blank con Bob Andelman, *Built from Scratch: How a Couple of Regular Guys Grew The Home Depot from Nothing to $30 Billion* (Nueva York: Times Business, 1999), pp. xvi-xvii.
2. "Company Information", www.homedepot.com, 11 abril 2001.
3. Marcus y Blank, *Built from Scratch*, p. xvii.

Capítulo 14

1. Gordon Bethune con Scott Huler, *From Worst to First: Behind the Scenes of Continental's Remarkable Comeback* (Nueva York: John Wiley and Sons, 1998), p. 4.

2. Ibid., p. 6.

3. Thomas A. Stewart, "Just Think: No Permission Needed", *Fortune*, 8 enero 2001, www.fortune.com.

4. Bethune, *From Worst to First*, p. 221.

5. "Return with Honor", *The American Experience*, www.pbs.org, 22 febrero 2001.

Capítulo 15

1. Mike Kahn, "Harris' Deletion No Surprise", www.cbs.sports-line.com, 24 febrero 1999.

2. Mike Rowland, *Los Angeles Magazine*, junio 2000, www.findarticles.com.

3. John Van der Zee, *The Gate: The True Story of the Design and Construction of the Golden Gate Bridge* (Lincoln, NE: Backinprint.com, 2000), p. 50.

4. Ibid., p. 42.

5. Craig A. Doherty y Katherine M. Doherty, *The Golden Gate Bridge* (Woodbridge, CT: Blackbirch Press, 1995), p. 17.

Capítulo 16

1. Johnette Howard, "True Grit", sportsillustrated.cnn.com, 24 julio 1996.

2. Ibid.

3. E. M. Swift, "Carried Away with Emotion", sportsillustrated.cnn.com, 8 diciembre 1996.

4. "Not Just the Wink of an Eye", www.strug.com, 30 marzo 2001.

5. David Tereshchuk, "Racing Towards Inclusion", www.teamhoyt.com, 14 marzo 2001.

6. "Father-Son Duo Are World Class Competitors, Despite Odds", www.cnn.com, 29 noviembre 1999.

7. Ibid.

8. Ibid.

Capítulo 17

1. Don Banks, "Teacher First, Seldom Second, Wootten has Built Monument to Excellence at Maryland's DeMatha High", *St. Petersburg Times*, 3 abril 1987, www.dematha.org.

2. John Feinstein, "A Down-to-Earth Coach Brings DeMatha to New Heights", *Washington Post*, 27 febrero 1984, www.dematha.org.

3. Morgan Wootten y Bill Gilbert, *From Orphans to Champions: The Story of DeMatha's Morgan Wootten* (Nueva York: Atheneum, 1979), pp. 24-25.

4. William Plummer, "Wooten's Way", *People*, 20 noviembre 2000, p. 166.

5. Wootten y Gilbert, *From Orphans to Champions*, pp. 12-13.

6. Feinstein, "A Down-to-Earth Coach Brings DeMatha to New Heights".

7. Ibid.

ACERCA DEL AUTOR

John C. Maxwell es un reconocido experto en liderazgo a nivel internacional, orador y autor que ha vendido más de 13 millones de libros. Sus organizaciones han capacitado a más de 2 millones de líderes en todo el mundo. El doctor Maxwell es el fundador de EQUIP y de INJOY Stewardship Services. Anualmente habla a compañías de la lista Fortune 500, líderes internacionales de gobierno y una variedad de públicos como la Academia Militar de Estados Unidos en West Point, la Liga Nacional de Fútbol Americano y los embajadores a las Naciones Unidas. Un autor de gran éxito de ventas de *New York Times, Wall Street Journal* y *Business Week*, Maxwell fue nombrado el mejor gurú de liderazgo en todo el mundo por Leadershipgurus.net. También fue uno de 25 autores y artistas nombrados para estar en la Sala de la Fama del Décimo Aniversario de Amazon.com. Tres de sus libros, *Las 21 leyes irrefutables del liderazgo, Desarrolle el líder que está en usted* y *Las 21 cualidades indispensables de un líder* han vendido cada uno más de un millón de ejemplares en inglés.